ADAM SMITH EM PEQUIM

ADAM SMITH EM PEQUIM
ORIGENS E FUNDAMENTOS DO SÉCULO XXI
GIOVANNI ARRIGHI

Tradução Beatriz Medina
Apresentação Theotonio dos Santos

Copyright © Giovanni Arrighi, 2007
Copyright desta edição © Boitempo Editorial, 2008

Título original: *Adam Smith in Beijing: Lineages of the Twenty-First Century*

Coordenação editorial	Ivana Jinkings
Editores	Ana Paula Castellani João Alexandre Peschanski
Assistentes editoriais	Ana Lotufo, Mariana Tavares e Vivian Miwa Matsushita
Apresentação	Theotonio dos Santos
Tradução	Beatriz Medina
Revisão técnica	Paulo Nakatani
Edição de texto	Mariana Echalar (preparação) Leticia Braun (revisão)
Capa	David Amiel
Diagramação	aeroestúdio
Coordenação de produção	Juliana Brandt
Assistência de produção	Livia Viganó

CIP-BRASIL. CATALOGAÇÃO NA FONTE
SINDICATO NACIONAL DOS EDITORES DE LIVROS, RJ.

A811a

Arrighi, Giovanni, 1937-
   Adam Smith em Pequim : origens e fundamentos do século XXI / Giovanni Arrighi ;
tradução Beatriz Medina. - São Paulo : Boitempo, 2008.
   432p.

   Tradução de: Adam Smith in Beijing : lineages of the twenty-first century
   Inclui bibliografia
   ISBN 978-85-7559-112-3

   1. Smith, Adam, 1723-1790. 2. Economia - Aspectos sociológicos. 3. Relações
econômicas internacionais. 4. China - Condições econômicas - Século XXI. I. Título.

08-0895.

CDD: 330
CDU: 330

É vedada a reprodução de qualquer parte deste livro sem a expressa autorização da editora.

1ª edição: abril de 2008
1ª edição revista: agosto de 2010; 1ª reimpressão: maio de 2017
2ª reimpressão: julho de 2021; 3ª reimpressão: abril de 2025

BOITEMPO
Jinkings Editores Associados Ltda.
Rua Pereira Leite, 373
05442-000 São Paulo SP
Tel.: (11) 3875-7250 / 3875-7285
editor@boitempoeditorial.com.br | boitempoeditorial.com.br
blogdaboitempo.com.br | youtube.com/tvboitempo

Para Andre Gunder Frank (1929-2005)

SUMÁRIO

Apresentação, *por Theotonio dos Santos* 9
Prefácio e agradecimentos 13
Introdução 17

PRIMEIRA PARTE: Adam Smith e a nova época asiática 27
  1. Marx em Detroit, Smith em Pequim 29
  2. A sociologia histórica de Adam Smith 55
  3. Marx, Schumpeter e a acumulação "interminável" de capital e poder 81

SEGUNDA PARTE: Rastreamento da turbulência global 107
  4. A economia da turbulência global 109
  5. Dinâmica social da turbulência global 131
  6. Crise de hegemonia 159

TERCEIRA PARTE: A hegemonia desvendada 183
  7. Dominação sem hegemonia 185
  8. A lógica territorial do capitalismo histórico 221
  9. O Estado mundial que nunca existiu 259

QUARTA PARTE: Linhagens da nova era asiática 283
  10. O desafio da "ascensão pacífica" 285
  11. Estados, mercados e capitalismo no Oriente e no Ocidente 317
  12. Origem e dinâmica da ascensão chinesa 357

Epílogo 383
Bibliografia 395
Índice remissivo 415

APRESENTAÇÃO
No rastro de Giovanni Arrighi

Theotonio dos Santos

A obra de Giovanni Arrighi vem deixando um rastro de inquietação intelectual no Brasil, ao colocar um público de cientistas sociais muito separado da evolução do pensamento progressista internacional, como o nosso, em contato com os esforços cada vez mais ricos que a crítica contemporânea vem desenvolvendo no exterior, sobretudo nos Estados Unidos. Este livro, com o sugestivo título *Adam Smith em Pequim*, é uma demonstração da dimensão desse esforço e do abismo que vem se cavando entre a intelectualidade brasileira e o pensamento de esquerda mundial. Sua publicação no Brasil, praticamente ao mesmo tempo em que sai a edição em inglês, busca sanar em parte tal abismo. Esperemos que novas iniciativas com o mesmo intuito se desenvolvam no mundo editorial brasileiro.

Trata-se de um livro de síntese. De um lado, uma densa síntese das próprias pesquisas do autor sobre o tema central e, de outro, um balanço crítico da ampla e profunda literatura desenvolvida nos Estados Unidos nos últimos anos, básica mas não unicamente, sobre a questão do possível, e mais ou menos próximo, estabelecimento da hegemonia da China sobre o sistema mundial e suas implicações nos mais diversos campos.

Não é sem razão que esta obra é dedicada a Andre Gunder Frank, conhecido no Brasil apenas por seu livro de 1966 (!) sobre desenvolvimento e subdesenvolvimento. Não podemos esperar que suas obras sobre acumulação mundial e a longa crise de 1966 a 2004 cheguem até nós, mas deveríamos esperar que pelo menos seu livro fundamental sobre a China tivesse encontrado eco no público intelectual brasileiro.

Giovanni Arrighi reconhece a contribuição absolutamente pioneira de Andre Gunder Frank ao estudo do papel histórico da China como potência hegemônica mundial até o século XVIII. A partir do seu livro *ReOrient*, de 1994 (que, aliás, ainda não foi traduzido para o português!), Frank estimulou um conjunto de estudos históricos sobre o papel da China no sistema mundial, os quais foram cuidadosamente revisados por Arrighi para desenvolver seu argumento final.

Segundo nosso autor, Adam Smith definiu claramente a importância histórica da China durante o século XVIII, ao demonstrar que sua potência econômica chegava a um equilíbrio entre a oferta e o mercado, que sacrificava a acumulação capitalista. Por sua vez, a Europa e em particular a Inglaterra privilegiavam a acumulação, levando a um desequilíbrio permanente que conduzia à rebaixa da taxa de lucro em função da redução da oferta de mão de obra em relação ao potencial de acumulação. Esse espectro de um horizonte final para o capitalismo sempre apareceu como uma ameaça teórica infranqueável e insuperável a um sistema tão dinâmico e exitoso, tal como era percebido pelos clássicos da economia política. Marx rompeu com essa ideia de um limite econômico ou demográfico (Malthus) ao capital e formulou uma teoria na qual a acumulação de capital desempenhava um papel central na compreensão do modo de produção capitalista. Para ele, a acumulação de capital encontrava sua limitação final na geração de uma nova classe social, capaz de colocar-se do ponto de vista da expansão e da socialização ilimitada das forças produtivas e portanto de um sistema social coletivista apto a elevar a humanidade a uma nova etapa de seu desenvolvimento: socialismo ou comunismo, conforme as tendências políticas dominantes.

Muito engenhosamente chegamos ao dilema que iluminará o livro de Arrighi. A China do equilíbrio que termina numa derrocada colossal era o mundo perfeito de Adam Smith, enquanto Marx, mais que o capitalismo britânico que tomou como base de estudo, definiu em suas obras o que seria posteriormente o capitalismo de Detroit, o mundo do fordismo.

Com essa alegoria teórica, Arrighi nos faz penetrar na crítica da economia política no capítulo 2, que trata da sociologia histórica de Adam Smith, e na reivindicação da dialética da acumulação capitalista "sem fim" do *Capital* de Marx e do ciclo econômico de Schumpeter, no capítulo 3. Com esses problemas encaminhados (note-se a falta de Kondratiev, que tanto aportou à ideia de ciclo longo, e a distância temporária de Braudel, que tanto influenciou seu longo século XX), Giovanni Arrighi parte para o "rastreamento da turbulência global" e analisa as questões da hegemonia, da crise global, de sua dinâmica social e finalmente da crise da hegemonia (que podemos associar ao sistema atual ou talvez a todo o sistema mundial posterior).

Apresentação

Estavam postas nesses capítulos as diretrizes para analisar em profundidade o conceito de hegemonia como consenso e legitimação, separando-o claramente do conceito de dominação. Com o primeiro se constrói um sistema global, com o segundo um episódio histórico de disputa pelo poder, como o vemos atualmente após o fracasso estadunidense na Guerra do Iraque. Chegamos assim à lógica territorial do capitalismo histórico, capítulo no qual vemos a geopolítica reivindicar com vigor seu lugar dentro do pensamento crítico. Esse capítulo mostra as ilusões que levaram a uma tentativa imperialista "sem limites" como pretendeu e pretende o grupo ideológico no poder nos Estados Unidos, defensor de um projeto de imperialismo norte-americano já fracassado e em plena crise.

Essa realidade fica muito clara no capítulo 9, que mostra a limitação de um sistema mundial (ou seria de uma potência dominante?) que não pode construir um Estado próprio, coisa que o antigo imperialismo colonial havia logrado fazer (mesmo o imperialismo inglês pôde integrar no seu Estado colonial uma potência como a Índia, que lhe forneceu os quadros militares para manter o império e realizar suas guerras de ocupação).

A quarta parte deste livro portentoso se dirige assim à problemática das linhagens da nova era asiática. Depois de eliminar a hipótese da manutenção da hegemonia absoluta norte-americana, ficam duas hipóteses: de um lado, uma acomodação do novo *hegemón* com os poderes em decadência produzindo um consenso de paz mundial. E lembremo-nos que a China tem as questões do Japão e da Índia para resolver, sem falar na questão russa (e da ex-União Soviética mantida em forma larvar como uma Comunidade de Estados). Tudo indica que esse seria um caminho mais viável e mais virtuoso, pois, de outro lado, o caminho seria o enfrentamento radical da China para impor sua hegemonia em escala mundial. Isso nos faria voltar ao período da Guerra Fria ou, pior ainda, ao princípio do século XX, quando a crise irresoluta da hegemonia inglesa conduziu a duas guerras mundiais antes de permitir uma solução relativamente pacífica, baseada na hegemonia norte-americana.

É notável o êxito literário de Giovanni Arrighi. A começar pelo provocante título. A continuar pela sua argumentação pausada, bem documentada, com um uso elegante e objetivo dos dados estatísticos. Havia que lamentar somente o autor ter centrado seu debate quase exclusivamente na esquerda norte-americana, sempre parcial apesar da extensão e da profundidade de seu esforço analítico e comprometido com os temas que aborda. Contudo, é necessário assinalar que um livro voltado fortemente para a crítica do eurocentrismo nos dê um exemplo desse tipo de desvio. Onde estão os autores do Terceiro Mundo que tanto aportaram e apor-

11

tam à discussão dessa temática? Isso é mais grave ainda quando Arrighi tem convivido conosco, latino-americanos, africanos, árabes, indianos, japoneses, chineses etc., em vários congressos, cursos, seminários e outras oportunidades mais constantes e mais pessoais.

Não creio, porém, que essa falha prejudique profundamente seu livro. A elaborada teia que construiu em torno do tema é uma contribuição demasiado séria e bastante completa para permitir-se esses luxos. De agora em diante, ninguém poderá referir-se a tais temas sem passar por este livro, já clássico em seu nascedouro.

Adam Smith tem seu pé bem posto na China (gostaria de indicar para Giovanni Arrighi e seus leitores a tese doutoral de José Valenzuela, da Universidade Autónoma Metropolitana, do México, que tenta analisar teoricamente uma economia mercantil pura, exercício teórico necessário para entender as manifestações não capitalistas e socialistas de modos de produção mercantis). Seu livro clássico nos mostra também que Karl Marx tem o pé assentado fortemente na evolução do capitalismo central, ainda que o modo de acumulação asiático tenha mostrado especificidades muito significativas que não somente afetam os caminhos da trajetória capitalista como abrem o espaço para a compreensão do socialismo como processo de transição essencialmente plural. Ao abrir esse caminho, Arrighi afetará também muito radicalmente qualquer discussão histórico-concreta sobre o socialismo, como a que desponta atualmente na América Latina sobre as características novas, mais complexas e globais do "socialismo do século XXI".

No rastro de Giovanni Arrighi estão temas, descobertas e pistas que a ciência social brasileira precisa conhecer e seguir.

Niterói, 29 de outubro de 2007

PREFÁCIO E AGRADECIMENTOS

Este livro continua e aprofunda duas obras anteriores: *O longo século XX* e *Caos e governabilidade no moderno sistema mundial*[1]. Concentra-se em dois fatos que, mais que tudo, vêm configurando a política, a economia e a sociedade mundiais. Um é a ascensão e o abandono do neoconservador Projeto para o Novo Século Norte-Americano; o outro é o surgimento da China como líder do renascimento econômico da Ásia oriental. Os muitos agentes, estatais ou não, que contribuíram para esses dois fatos receberão a atenção devida, mas o alvo principal desta análise serão os Estados norte-americano e chinês, como atores principais da transformação global em andamento.

Amigos, alunos e colegas que leram e comentaram o manuscrito antes da rodada final de revisões avaliaram seus componentes com discrepância incomum. Os capítulos mais apreciados por alguns foram os menos apreciados por outros. Capítulos e seções que alguns leitores consideraram fundamentais para a argumentação, outros acharam supérfluos. É normal haver discrepância na reação dos leitores, mas não na extensão encontrada neste livro. Acho que é possível atribuir a anomalia ao duplo objetivo do texto, sugerido no título, e aos diferentes métodos utilizados para atingi-lo.

Meu objetivo é tanto interpretar, à luz da teoria de desenvolvimento econômico de Adam Smith, a atual transferência do epicentro da economia política global da América do Norte para a Ásia oriental quanto apresentar uma interpretação de

---

[1] Respectivamente, *The Long Twentieth Century: Money, Power and the Origins of Our Times*, de 1994, e *Chaos and Governance in the Modern World System*, de 1999, escrito em parceria com Beverly J. Silver.

A riqueza das nações à luz dessa transferência. Esse duplo objetivo é buscado em toda a obra, mas alguns trechos se baseiam mais em argumentos teóricos, outros em análises históricas e outros ainda na discussão de fenômenos contemporâneos. É inevitável que leitores com pouca paciência para a teoria, para a análise de passados distantes e pouco conhecidos ou para a história ainda em formação sintam-se tentados a pular partes e até capítulos inteiros. Sabedor dessa possibilidade, fiz o que pude para assegurar que os que assim agirem ainda consigam entender a essência de pelo menos um dos dois argumentos gerais: o que trata do deslocamento do epicentro da economia política global para a Ásia oriental e o que trata de *A riqueza das nações*. Tudo o que peço em troca é que o livro seja julgado como um *todo*, e não apenas por suas partes isoladas.

Esta obra levou muito tempo para ficar pronta, e é longa a lista das minhas dívidas intelectuais. Sem a ajuda de muitos colaboradores da Ásia oriental, não teria tido acesso a textos importantíssimos em chinês e japonês, alguns dos quais estão na bibliografia. Ikeda Satoshi, Hui Po-keung, Lu Aiguo, Shih Miin-wen, Hung Ho-fung e Zhang Lu, todos me ajudaram muito nesse aspecto. Além disso, Ikeda apresentou-me a literatura japonesa sobre o sistema comercial tributário centrado na China; Hui ensinou-me a ler Braudel do ponto de vista da Ásia oriental; Hung guiou minhas incursões pela dinâmica social da China no fim do período imperial; e Lu Aiguo freou meu excesso de otimismo em relação à natureza das realizações recentes da China.

Versão anterior e mais curta da segunda parte foi publicada como "The Social and Political Economy of Global Turbulence" na *New Left Review*. Assim como parte do capítulo 1, ela aborda criticamente a obra de Robert Brenner. Faz parte da minha tentativa constante de convencer Brenner a levar a sociologia histórica mais a sério que a economia. Agradeço a Bob pelo estímulo intelectual que sua obra representa e por aceitar minhas críticas com espírito esportivo.

Uma versão anterior da terceira parte foi publicada como "Hegemony Unravelling-I" e "Hegemony Unravelling-II", na *New Left Review*. Os dois artigos foram inteiramente reestruturados e reescritos, mas muitas ideias do capítulo 8 ainda se baseiam num seminário que eu e David Harvey fizemos na Johns Hopkins University. Agradeço a David e aos participantes do seminário por me ajudarem a reconfigurar teses importantes de *O longo século XX* e de *Caos e governabilidade* num arcabouço analítico mais firme e sólido.

Trechos dos capítulos 1, 11 e 12 baseiam-se no artigo "Historical Capitalism, East and West", escrito em conjunto com Hui Po-keung, Hung Ho-fung e Mark Selden, e no artigo "States, Markets and Capitalism, East and West", somente de minha autoria. Já mencionei minha dívida intelectual para com Hui e Hung. Além

Prefácio e agradecimentos

disso, preciso agradecer a Mark Selden pela generosidade ao orientar minha tentativa de compreender a experiência da Ásia oriental, assim como pelos comentários ao capítulo 1.

Benjamin Brewer, Andre Gunder Frank, Antonina Gentile, Greta Krippner, Thomas Ehrlich Reifer, Steve Sherman, Arthur Stinchcombe, Sugihara Kaoru, Charles Tilly e Susan Watkins fizeram comentários úteis a estudos e artigos que, mais tarde, foram incorporados ao livro. Astra Bonini e Daniel Pasciuti ajudaram a produzir as ilustrações, e Dan também fez pesquisas bibliográficas sobre temas específicos. Baris Cetin Eren contribuiu mantendo atualizado o material do capítulo 7, e Ravi Palat e Kevan Harris bombardearam-me sem parar com provas a favor e contra meus argumentos, dos quais fiz bastante uso. Kevan também leu todo o manuscrito e deu valiosas sugestões concretas e editoriais. Patrick Loy mostrou-me algumas citações excelentes, e James Galbraith deu-me dicas úteis sobre Adam Smith e a China contemporânea. Os comentários de Joel Andreas, Nicole Aschoff, Georgi Derluguian, Amy Holmes, Richard Lachman, Vladimir Popov, Benjamin Scully e Zhan Shaohua foram utilíssimos na última rodada de revisões.

Perry Anderson e Beverly Silver, como sempre, foram meus principais conselheiros. Os papéis de "policial bonzinho" (Perry) e de "policial malvado" (Beverly) foram igualmente fundamentais na concretização desta obra. Sou gratíssimo a ambos pela orientação intelectual e pelo apoio moral.

Este livro é dedicado à memória de meu bom amigo Andre Gunder Frank. Nos 36 anos que se passaram desde 1969, quando nos conhecemos em Paris, até sua morte, lutamos juntos e entre nós para chegar à raiz das causas da desigualdade global. Tivemos muitas disputas, mas viajávamos pela mesma estrada e, no fim, descobrimos que seguíamos praticamente na mesma direção. Sei, porque ele me disse, que discordava de boa parte da minha crítica a Bob Brenner; mas acho que reconheceria a influência duradoura do seu pensamento na argumentação geral aqui exposta.

março de 2007

INTRODUÇÃO

"Quando o século XX começou", escreveu Geoffrey Barraclough em meados da década de 1960, "o poder europeu na Ásia e na África estava em seu auge; parecia que nenhuma nação poderia resistir à superioridade das armas e do comércio da Europa. Sessenta anos depois, só restavam os vestígios do domínio europeu. [...] Nunca antes em toda a história humana, ocorreu uma inversão tão revolucionária com tamanha rapidez." A mudança da posição dos povos da Ásia e da África "foi o sinal mais forte do advento de uma nova época". Barraclough não tinha dúvidas de que, quando a história da primeira metade do século XX – que para a maioria dos historiadores ainda era dominada por guerras e problemas europeus – fosse escrita de um ponto de vista mais distante, "nenhum tema terá mais importância do que a revolta contra o Ocidente"[1]. A tese deste livro é que, quando a história da *segunda* metade do século XX for escrita desse ponto de vista mais distante, é possível que nenhum tema seja mais importante do que o renascimento econômico da Ásia oriental. A revolta contra o Ocidente criou as condições políticas para a passagem do poder social e econômico para os povos do mundo não ocidental. O renascimento econômico da Ásia oriental é o primeiro sinal claro de que essa transferência de poder já começou.

Falamos de renascimento porque, nas palavras de Gilbert Rozman, "a Ásia oriental é uma grande região do passado que esteve na vanguarda do desenvolvimento mundial durante pelo menos dois mil anos, até os séculos XVI, XVII e

---

[1] Geoffrey Barraclough, *An Introduction to Contemporary History*, p. 153-4 [ed. bras.: *Introdução à história contemporânea*].

mesmo XVIII, e depois sofreu um eclipse relativamente rápido, mas profundo"[2]. O renascimento ocorreu em um processo de bola de neve, com "milagres" econômicos interligados, numa sucessão de Estados da Ásia oriental, a começar pelo Japão nas décadas de 1950 e 1960, passando por Coreia do Sul, Taiwan, Hong Kong, Singapura, Malásia e Tailândia nas décadas de 1970 e 1980, e culminando, nos anos 1990 e início dos anos 2000, com o surgimento da China como o centro de expansão econômica e comercial mais dinâmico do mundo. De acordo com Terutomo Ozawa, que apresentou a noção do processo em bola de neve para descrever a ascensão da Ásia oriental, "o milagre chinês, embora ainda em sua fase inicial, será, sem dúvida, [...] o *mais* extraordinário em termos de impacto sobre o resto do mundo, [...] principalmente sobre os países vizinhos"[3]. Numa linha semelhante, Martin Wolf declarou que

> Se [a ascensão da Ásia] prosseguir como nas últimas décadas, ela dará fim a dois séculos de dominação global da Europa e, em seguida, a seu gigantesco braço norte-americano. O Japão foi apenas o precursor do futuro asiático. O país mostrou-se pequeno demais e voltado demais para si mesmo para transformar o mundo. O que vem atrás – a China, principalmente – não é nem uma coisa nem outra. [...] A Europa foi o passado, os Estados Unidos são o presente e a Ásia dominada pela China será o futuro da economia global. Esse futuro parece fadado a se realizar. As grandes perguntas são quando e quão suavemente ele se dará.[4]

O futuro asiático vislumbrado por Wolf pode não ser tão inevitável quanto ele insinua. Mas ainda que ele esteja certo apenas em parte, o renascimento da Ásia oriental indica que a previsão de Adam Smith sobre uma derradeira equalização de poder entre o Ocidente conquistador e o não Ocidente conquistado pode finalmente se tornar realidade. Como Karl Marx depois dele, Smith via a "descoberta" europeia da América e do caminho marítimo para as Índias pelo Cabo da Boa Esperança como uma virada importantíssima na história do mundo. No entanto, ele era bem menos otimista que Marx quanto aos benefícios desses fatos para a humanidade.

> As consequências já foram grandiosas; porém, no curto período de dois ou três séculos decorrido desde essas descobertas, é impossível enxergar toda a extensão de suas conse-

---

[2] Gilbert Rozman, *The East Asian Region: Confucian Heritage and its Modern Adaptation*, p. 6.
[3] Terutomo Ozawa, "Pax Americana-Led Macro-Clustering and Flying-Geese-Style Catch-Up in East Asia: Mechanisms of Regionalized Endogenous Growth", p. 700, destaque do original. A metáfora da "bola de neve" foi apresentada por Ozawa em "Foreign Direct Investment and Structural Transformation: Japan as a Recycler of Market and Industry", p. 30-1.
[4] "Asia is Awakening", *Financial Times*, 22/9/2003.

Introdução

quências. Não há sabedoria humana capaz de prever quais benefícios ou quais infortúnios para a humanidade podem resultar desses fatos no futuro. Ao unir, em certa medida, as partes mais distantes do mundo, ao permitir que aliviem as necessidades umas das outras, aumentem a satisfação umas das outras e encorajem a indústria umas das outras, a tendência geral poderia parecer benéfica. No entanto, para os nativos tanto das Índias Ocidentais como das Índias Orientais, todos os benefícios comerciais que podem ter resultado desses fatos naufragaram e se perderam nos pavorosos infortúnios que ocasionaram. [...] Na época específica em que essas descobertas foram feitas, a *superioridade de força* era tão grande do lado dos europeus que eles puderam cometer impunemente todo tipo de injustiça nessas terras distantes. No futuro, talvez, os nativos desses países se tornarão mais fortes, ou os da Europa mais fracos, e os habitantes de todas as diversas partes do mundo poderão chegar àquela igualdade de coragem e de força que, por inspirar o temor mútuo, pode, por si só, transformar a injustiça das nações independentes numa espécie de respeito aos direitos uns dos outros.[5]

Em vez de os nativos da Europa se tornarem mais fracos e os de terras não europeias se tornarem mais fortes, nos quase dois séculos após a publicação de *A riqueza das nações* a "superioridade de força" do lado dos europeus e de seus rebentos na América do Norte e em outras regiões tornou-se ainda maior, assim como sua capacidade de "cometer impunemente todo tipo de injustiça" no mundo não europeu. Na verdade, enquanto Smith escrevia, o "eclipse" da Ásia oriental mal havia começado. Ao contrário, a paz, a prosperidade e o crescimento demográfico notáveis que a China viveu na maior parte do século XVIII foram fonte de inspiração para personagens importantes do Iluminismo europeu. Leibniz, Voltaire e Quesnay, entre outros, "buscaram na China instrução moral, condução no desenvolvimento institucional e provas que dessem sustentação à defesa de causas tão variadas quanto o absolutismo benevolente, a meritocracia e a economia nacional baseada na agricultura"[6]. O contraste mais espantoso com os Estados europeus eram o tamanho e a população do império chinês. Na caracterização de Quesnay, o império chinês era "tudo o que a Europa seria se esta se unisse sob um único soberano" – caracterização repetida na observação de Smith de que a extensão do "mercado interno" da China não era "muito inferior ao mercado de todos os vários países da Europa reunidos"[7].

---

[5] Adam Smith, *An Inquiry into the Nature and Causes of the Wealth of Nations* [doravante *The Wealth of Nations*], v. 2, p. 141, destaques nossos [ed. bras.: *A riqueza das nações*].
[6] Michael Adas, *Machines as Measure of Men: Science, Technology and Ideologies of Western Dominance*, p. 79; ver também Ho-fung Hung, "Orientalist Knowledge and Social Theories: China and European Conceptions of East-West Differences from 1600 to 1900", p. 254-80.
[7] François Quesnay, "From *Despotism in China*", p. 115; Adam Smith, *The Wealth of Nations*, v. 2, p. 202.

Adam Smith em Pequim

No decorrer do meio século seguinte, o grande avanço do poderio militar europeu solapou essa imagem positiva da China. Mercadores e aventureiros europeus vinham há tempos enfatizando a vulnerabilidade militar do império governado por uma classe de nobres e de estudiosos, ao mesmo tempo que se queixavam amargamente das desvantagens burocráticas e culturais enfrentadas no comércio com a China. Essas acusações e queixas promoveram uma visão basicamente negativa da China como império burocraticamente opressor e militarmente fraco. Em 1836, três anos antes de a Grã-Bretanha iniciar a primeira Guerra do Ópio contra a China (1839-1842), o autor de um ensaio anônimo publicado em Cantão declarou, em tom funesto, que "hoje, provavelmente, não há critério mais infalível de civilização e avanço das sociedades do que a competência que cada uma delas atingiu na 'arte assassina', a perfeição e a variedade de seus instrumentos de destruição mútua e a destreza com que aprenderam a usá-los". Então desdenha da marinha imperial chinesa, afirmando que se trata de uma "caricatura monstruosa", argumenta que canhões antiquados e exércitos indisciplinados tornam a China "sem força em terra" e vê essas fraquezas como sintomas de uma deficiência fundamental da sociedade chinesa como um todo. Ao reproduzir essas opiniões, Michael Adas acrescenta que a importância cada vez maior da proeza militar "em configurar avaliações europeias acerca do mérito geral dos povos não ocidentais foi de mau agouro para os chineses, que ficaram muito atrás dos agressivos 'bárbaros' ao sul de seus portões"[8].

No século seguinte à derrota da China na primeira Guerra do Ópio, o eclipse da Ásia oriental transformou-se no que Ken Pomeranz chamou de Grande Divergência[9]. O destino político e econômico de duas regiões mundiais caracterizadas até então por padrões de vida semelhantes divergiu de modo acentuado; a Europa ascendeu rapidamente ao zênite de seu poderio e a Ásia oriental despencou com a mesma rapidez para o seu nadir. No fim da Segunda Guerra Mundial, a China havia se tornado o país mais pobre do mundo; o Japão era um Estado "semissoberano", militarmente ocupado; e a maioria dos outros países da região ainda lutava contra o domínio colonial ou estava prestes a ser dilacerada pela divisão emergente da Guerra Fria. Na Ásia oriental, como no resto do mundo, houve poucos sinais de confirmação iminente da tese de Smith de que a ampliação e o aprofundamento das trocas na economia global serviriam de equalizadores do poder entre os

[8] Michael Adas, *Machines as Measure of Men*, p. 89-93, 124-5, 185-6. Ver também Geoffrey Parker, "Taking Up the Gun", p. 98-9.
[9] Kenneth Pomeranz, *The Great Divergence: Europe, China, and the Making of the Modern World Economy.*

Introdução

povos de origem europeia e não europeia. É verdade que a Segunda Guerra Mundial deu um tremendo impulso à revolta contra o Ocidente. Na Ásia e na África restabeleceram-se antigas soberanias e criaram-se dezenas de novas. Mas a descolonização veio acompanhada da formação do mais amplo e potencialmente destrutivo aparato de força ocidental que o mundo já havia visto[10].

A situação pareceu ter mudado no fim da década de 1960 e início dos anos 1970, quando o poderoso aparato militar dos Estados Unidos não foi capaz de coagir o povo vietnamita a uma cisão permanente segundo a divisão da Guerra Fria. Ao escrever sobre o bicentenário de *A riqueza das nações*, pouco depois que os Estados Unidos decidiram se retirar do Vietnã, Paolo Sylos-Labini perguntou se finalmente havia chegado a hora em que, como previra Smith, "os habitantes de todas as diversas partes do mundo [...] poderão chegar àquela igualdade de coragem e de força que, por inspirar o temor mútuo, pode por si só transformar a injustiça das nações independentes em uma espécie de respeito aos direitos uns dos outros"[11]. A conjuntura econômica também parecia favorecer os países que haviam passado a constituir o Terceiro Mundo[12]. Os recursos naturais tinham grande demanda, assim como a reserva de mão de obra abundante e barata. O fluxo de capital do Primeiro Mundo para os países do Terceiro (e do Segundo) Mundo teve uma grande expansão; a industrialização rápida dos países do Terceiro Mundo solapava a anterior concentração de atividades fabris nos países do Primeiro (e do Segundo) Mundo; e os países do Terceiro Mundo haviam se unido, passando por cima das divisões ideológicas, para exigir uma Nova Ordem Econômica Internacional.

Dezoito anos depois, ao reler as reflexões de Sylos-Labini, observei que fora prematura toda esperança (ou temor) de uma equalização iminente das oportunidades de os povos do mundo se beneficiarem do processo de integração econômi-

---

[10] Nas palavras de Stephen Krasner, a extensa rede de bases militares quase permanentes montada no exterior pelos Estados Unidos durante e após a Segunda Guerra Mundial não teve "precedente histórico; antes, nenhum Estado havia estacionado seus próprios soldados em território soberano de outros Estados em número tão elevado, durante um período tão longo, em tempo de paz" (Stephen Krasner, "A Trade Strategy for the United States", p. 21).

[11] Paolo Sylos-Labini, "Competition: The Product Markets", p. 230-2.

[12] O Terceiro Mundo foi um produto conjunto da revolta contra o Ocidente e da ordem mundial da Guerra Fria. Enquanto o mundo historicamente não ocidental passou a se agrupar quase inteiramente no Terceiro Mundo, o Ocidente histórico se dividiu em três componentes distintos. O mais próspero (América do Norte, Europa ocidental e Austrália), além do Japão, passou a constituir o Primeiro Mundo. Um dos menos prósperos (União Soviética e Europa oriental) passou a constituir o Segundo Mundo; e o outro (América Latina) uniu-se ao mundo não ocidental para constituir o Terceiro Mundo. Com o fim da Guerra Fria e o desaparecimento do Segundo Mundo, as expressões Primeiro e Terceiro Mundos tornaram-se anacrônicas e foram substituídas pelas expressões Norte e Sul globais, respectivamente. Neste livro, usaremos a designação velha ou nova dependendo do contexto.

ca mundial em andamento. Na década de 1980, a escalada da competição no mercado financeiro mundial, encabeçada pelos Estados Unidos, esgotou de repente a oferta de recursos aos países do Terceiro e do Segundo Mundos e provocou forte contração da demanda mundial por seus produtos. Os termos de intercâmbio penderam novamente a favor do Primeiro Mundo com tanta força e rapidez como haviam pendido contra na década de 1970. Desorientado e desorganizado pela turbulência crescente da economia global, e extremamente pressionado pela nova intensificação da corrida armamentista, o império soviético desintegrou-se. Não tendo mais duas superpotências para jogar uma contra a outra, os países do Terceiro Mundo precisavam agora competir com os antigos países do Segundo Mundo para ter acesso aos mercados e aos recursos do Primeiro Mundo. Ao mesmo tempo, os Estados Unidos e seus aliados europeus aproveitaram a oportunidade criada pelo colapso da União Soviética para impor, com certo sucesso, o "monopólio" global do uso legítimo da violência e promover a crença de que a superioridade de sua força não só era a maior de todos os tempos, como também inquestionável em termos práticos[13].

Ainda assim, observei também que essa reação não havia feito as relações de poder voltarem à situação anterior a 1970. Afinal, o declínio do poder soviético havia sido acompanhado do crescimento do que Bruce Cumings chamou de "arquipélago capitalista" da Ásia oriental[14]. O Japão era, de longe, a maior "ilha" desse arquipélago. Das outras, as mais importantes eram as cidades-Estado de Singapura e Hong Kong, o Estado-guarnição de Taiwan e o Estado seminacional da Coreia do Sul. Nenhum deles era poderoso, segundo o padrão convencional. Enquanto Hong Kong não era sequer um Estado soberano, os outros três maiores – Japão, Coreia do Sul e Taiwan – dependiam totalmente dos Estados Unidos, não só para proteção militar, como também para suprimento de energia e de alimentos e para o escoamento lucrativo de seus manufaturados. Ainda assim, o poder econômico coletivo do arquipélago como nova "oficina" e "caixa registradora" do mundo obrigou os centros tradicionais do poder capitalista – Europa ocidental e América do Norte – a se reestruturar e reorganizar seus próprios setores industriais, sua própria economia e seu próprio modo de vida[15].

Afirmei que esse tipo de bifurcação entre os poderes militar e econômico não tinha precedentes nos anais da história capitalista e poderia se desenvolver em três direções bem distintas. Os Estados Unidos e seus aliados europeus poderiam usar

---

[13] Giovanni Arrighi, *The Long Twentieth Century: Money, Power and the Origins of Our Times*, p. 21-2 [ed. bras.: *O longo século XX: dinheiro, poder e as origens de nosso tempo*].
[14] Bruce Cumings, "The Political Economy of the Pacific Rim", p. 25-6.
[15] Giovanni Arrighi, *The Long Twentieth Century*, p. 22.

Introdução

sua superioridade militar para impor um "pagamento de proteção" aos centros capitalistas emergentes da Ásia oriental. Se a tentativa fosse bem-sucedida, talvez viesse a existir o primeiro império verdadeiramente global da história do mundo. Se essa tentativa não se realizasse ou não fosse bem-sucedida, com o tempo a Ásia oriental poderia se tornar o centro de uma sociedade de mercado mundial do tipo vislumbrado por Adam Smith. Mas é possível também que essa bifurcação resultasse em um caos mundial interminável. Como expliquei na época, parafraseando Joseph Schumpeter, antes que a humanidade se asfixie (ou se deleite) na masmorra (ou no paraíso) do império global centrado no Ocidente ou da sociedade de mercado centrada na Ásia oriental, "ela poderá se consumir nos horrores (ou nas glórias) da violência crescente que vem acompanhando a liquidação da ordem mundial da Guerra Fria"[16].

As tendências e os acontecimentos dos treze anos decorridos desde que isso foi escrito mudaram radicalmente a probabilidade de cada um desses efeitos realmente se produzir. A violência mundial cresceu ainda mais e, como se argumenta na terceira parte deste livro, o fato de o governo Bush ter adotado o Projeto para o Novo Século Norte-Americano como reação aos acontecimentos de 11 de setembro de 2001 foi, em aspectos importantes, uma tentativa de dar vida ao primeiro império verdadeiramente global da história do mundo. O fracasso abissal do projeto no campo de testes iraquiano não eliminou, embora tenha reduzido bastante, a possibilidade de o império global centrado no Ocidente vir a se concretizar. A possibilidade de um caos mundial interminável provavelmente aumentou. Mas aumentou também a possibilidade de assistirmos à formação de uma sociedade de mercado mundial centrada na Ásia oriental. A perspectiva mais auspiciosa desse efeito deve-se, em parte, às consequências desastrosas da aventura iraquiana para o poder mundial dos Estados Unidos. A maior parte, no entanto, deve-se ao avanço econômico espetacular da China desde o início da década de 1990.

As consequências da ascensão da China são grandiosas. A China não é vassala dos Estados Unidos, como o Japão ou Taiwan, nem é uma reles cidade-Estado, como Hong Kong e Singapura. Embora seu poderio militar empalideça quando comparado ao dos Estados Unidos e o crescimento de suas indústrias ainda dependa das exportações para o mercado norte-americano, a riqueza e o poder dos Estados Unidos dependem igualmente, ou ainda mais, da importação de mercadorias chinesas baratas e da compra, por parte da China, de títulos do Tesouro norte-americano. O mais importante é que, cada vez mais, a China vem substi-

---

[16] Ibidem, p. 354-6, parafraseando Joseph Schumpeter, *Capitalism, Socialism, and Democracy*, p. 163 [ed. bras.: *Capitalismo, socialismo e democracia*].

tuindo os Estados Unidos como principal motor da expansão comercial e econômica na Ásia oriental e em outras partes do mundo.

A tese geral apresentada neste livro é que o fracasso do Projeto para o Novo Século Norte-Americano e o sucesso do desenvolvimento econômico chinês, tomados em conjunto, tornaram mais provável do que nunca, nos quase dois séculos e meio desde a publicação de *A riqueza das nações*, a concretização da ideia de Smith de uma sociedade mundial de mercado baseada em uma maior igualdade entre as civilizações. Este livro está dividido em quatro partes, uma mais teórica e três mais empíricas.

Os capítulos da primeira parte expõem o embasamento teórico desta investigação. Começo examinando a recente descoberta da importância da teoria de desenvolvimento econômico de Adam Smith para a compreensão daquilo que Pomeranz chamou de Grande Divergência. Em seguida, reconstruo a teoria de Smith e comparo-a às teorias de desenvolvimento econômico de Marx e Schumpeter. Na primeira parte, minhas teses principais são, em primeiro lugar, que Smith não era nem defensor nem teórico do desenvolvimento capitalista e, em segundo lugar, que sua teoria dos mercados como instrumentos de domínio é particularmente relevante para a compreensão das economias de mercado não capitalistas, como era a China antes de sua incorporação secundária no sistema europeu de Estados globalizante e como poderá voltar a ser no século XXI sob condições históricas nacionais e mundiais totalmente distintas.

Os capítulos da segunda parte utilizam a perspectiva smithiana ampliada, exposta na primeira parte, para acompanhar a turbulência global – que precedeu a adoção, pelos Estados Unidos, do Projeto para o Novo Século Norte-Americano e preparou o terreno para ele – e a ascensão econômica da China. A origem da turbulência é atribuída à acumulação excessiva de capital em um contexto global marcado pela revolta contra o Ocidente e outros levantes revolucionários da primeira metade do século XX. O resultado foi a primeira crise profunda da hegemonia dos Estados Unidos no fim da década de 1960 e início da década de 1970, que chamarei de "sinalizadora da crise" da hegemonia norte-americana. Os Estados Unidos reagiram a essa crise competindo agressivamente pelo capital no mercado financeiro global e intensificando a corrida armamentista com a União Soviética, na década de 1980. Embora essa reação tenha reavivado a boa fortuna política e econômica dos Estados Unidos além das expectativas mais otimistas de seus promotores, ela também teve como consequência inesperada o agravamento da turbulência na economia política global e a dependência cada vez maior da riqueza nacional e do poder dos Estados Unidos com relação à poupança, ao capital e ao crédito de investidores e de governos estrangeiros.

Introdução

A terceira parte analisa a adoção do Projeto para o Novo Século Norte-Americano pelo governo Bush como reação a esses efeitos inesperados da política norte-americana anterior. Depois de analisar a debacle do projeto, reformulo sua adoção e seu fracasso segundo uma perspectiva smithiana ampliada, exposta na primeira parte e aprofundada na segunda. O argumento é que a aventura iraquiana confirmou com ainda mais intensidade o veredito anterior acerca da Guerra do Vietnã, ou seja, a superioridade da força ocidental atingiu seu limite e apresenta forte tendência a implodir. Além disso, os vereditos do Vietnã e do Iraque parecem se completar. Assim como a derrota no Vietnã levou os Estados Unidos a trazer a China de volta à política mundial para conter os danos políticos do fracasso militar, o resultado da debacle iraquiana pode significar o surgimento da China como a verdadeira vencedora da guerra dos Estados Unidos contra o terror.

A quarta parte trata especificamente da dinâmica de ascensão da China. Depois de ressaltar as dificuldades que os Estados Unidos enfrentam na tentativa de devolver o gênio da expansão econômica chinesa à lâmpada da dominação norte-americana, enfatizo como é fundamentalmente falha a tentativa de prever o comportamento futuro da China diante dos Estados Unidos, de seus vizinhos e do mundo em geral com base na experiência passada do sistema de Estados ocidental. Em primeiro lugar, a expansão global do sistema ocidental alterou seu modo de funcionamento, tornando boa parte da experiência passada irrelevante para a compreensão das transformações atuais. O mais importante é que, enquanto a relevância do legado histórico do sistema de Estados ocidental diminuía, a relevância do antigo sistema centrado na China aumentava. Até onde podemos dizer, a nova época asiática, se é que existirá, será portadora de uma hibridação fundamental dos dois legados.

O epílogo resume as razões por que a tentativa norte-americana de reverter a transferência de poder para o Sul global saiu pela culatra. Ela precipitou o que chamarei de "crise terminal" da hegemonia norte-americana e criou condições nunca antes tão favoráveis para o surgimento do tipo de comunidade de civilizações que Smith vislumbrou. O surgimento dessa comunidade não está assegurado. A dominação ocidental pode se repetir de maneiras mais sutis que no passado e, acima de tudo, ainda há a possibilidade de um longo período de violência crescente e caos mundial interminável. A ordem ou a desordem mundial que acabará por se produzir depende em boa parte da capacidade dos Estados mais populosos do Sul, em primeiro lugar a China e a Índia, de abrir para si e para o mundo um caminho de desenvolvimento mais igualitário em termos sociais e mais sustentável em termos ecológicos do que o caminho que enriqueceu o Ocidente.

PRIMEIRA PARTE

Adam Smith e a nova época asiática

1
MARX EM DETROIT, SMITH EM PEQUIM

"O esforço de modernização feito pela China nos últimos anos", escreveu John K. Fairbank às vésperas da repressão na praça de Tiananmen em 1989, "tem escala tão titânica que chega a ser difícil compreendê-lo."

> A economia dirigida da China pode passar para o livre mercado de bens, capital, pessoas e até ideias? Se assim for, a ditadura do Partido sobreviverá? Um período de construção de ferrovias e cidades, típico do século XIX, coincide com o florescimento da tecnologia eletrônica pós-industrial. Questões do Renascimento e do Iluminismo do Ocidente competem com a revisão dos valores da própria China. A mudança é impetuosa; o desenvolvimento da China é forçado ao máximo. É difícil encontrar unidade entre a teoria e a prática de Wang Yang-ming, tão admirada desde o século XVI. Não admira que as reformas de Deng Xiaoping confundam a nós, assim como ao povo da China.[1]

O sucesso das reformas foi totalmente inesperado. "Nenhum economista", observa Thomas Rawski, "previu o imenso dinamismo da China."[2] Até Paul Krugman o entendeu mal. Quando a expansão econômica do leste da Ásia entrou na fase chinesa, ele traçou um paralelo entre a dependência da Ásia oriental em relação ao investimento pesado e à grande transferência de mão de obra das fazendas para as fábricas e a dependência similar que ocorreu com os países do Pacto de Varsóvia na década de 1950. "Do ponto de vista do ano 2010", concluiu, "as atuais projeções de supremacia asiática extrapoladas a partir de tendências recentes po-

---

[1] John K. Fairbank, "Keeping Up with the New China", p. 17.
[2] Thomas G. Rawski, "Reforming China's Economy: What Have We Learned?", p. 139.

derão parecer tão bobas quanto as antigas previsões da década de 1960 a respeito da supremacia industrial soviética do ponto de vista dos anos Brejnev."[3] Pior ainda, em 1996, numa conferência em Taipei, um "famoso economista norte-americano" disse à plateia que a Rússia e não a China "acertou o caminho da reforma" – opinião repetida no ano seguinte pela tese da revista *The Economist* de que a transformação econômica da China e seu crescimento não se manteriam caso o país não desistisse da reforma gradual em favor de alguma variante chinesa da terapia de choque[4].

Embora o crescimento econômico chinês tenha desacelerado durante a crise asiática oriental de 1997-1998, a China evitou a experiência catastrófica dos países que seguiram o conselho do *Economist*. Na verdade, à luz da proteção da China contra os piores efeitos da crise, Joseph Stiglitz inverteu a tese do *Economist* e afirmou que o sucesso chinês se devia exatamente a *não* ter abandonado o gradualismo em favor das terapias de choque defendidas pelo chamado Consenso de Washington. Ele afirmou que, ao contrário da Rússia, a China "nunca confundiu os fins [o bem-estar da população] com os meios [a privatização e a liberação do comércio]".

> Reconheceu que, para manter a estabilidade social, ela precisava evitar o desemprego em massa. A criação de empregos teria de andar de mãos dadas com a reestruturação. Quando a China se liberalizou, foi gradualmente, de modo a assegurar que os recursos humanos deslocados fossem reaproveitados em uso mais eficiente e não deixados num desemprego infrutífero.[5]

Enquanto em 2001 a bolha econômica dos Estados Unidos explodia e o crescimento econômico chinês surgia como principal força de recuperação na Ásia oriental e em outras partes do mundo, as projeções mais antigas de uma iminente nova era asiática já não pareciam tão bobas quanto Krugman imaginara dez anos antes. Mas o próprio objetivo e as consequências sociais da espetacular ascensão econômica chinesa sofreram uma análise severa tanto na China quanto no exterior. Parece que poucos fora do Partido Comunista Chinês – e, pelo que sabemos,

---

[3] Paul Krugman, "The Myth of Asia's Miracle", p. 78. Há uma avaliação comparativa mais equilibrada do crescimento econômico soviético em Vladimir Popov, "Life Cycle of the Centrally Planned Economy: Why Soviet Growth Rates Peaked in the 1950s", disponível em: <http://www.nes.ru/%7Epopov/documents/Soviet%20Growth-Boston.pdf>.
[4] Thomas G. Rawski, "Reforming China's Economy", p. 140; "The Death of Gradualism", China Survey, *The Economist*, 8/3/1997.
[5] Joseph Stiglitz, *Globalization and Its Discontents*, p. 125-6 [ed. bras.: *A globalização e seus malefícios: a promessa não-cumprida de benefícios globais*]. Dois anos mais tarde, Joshua Cooper Ramo, membro do Conselho de Relações Exteriores dos Estados Unidos e do Centro de Política Externa da Grã-Bretanha, sugeriu que era possível falar do surgimento de um "Consenso de Pequim" (Joshua Cooper Ramo, *The Beijing Consensus: Notes on the New Physics of Chinese Power*).

até mesmo dentro dele – levaram a sério a afirmação de Deng de que o objetivo das reformas era criar uma economia de mercado *socialista*. Dois anos depois que Deng reiterou o lema "Enriquecer é glorioso", Elisabeth Wright disse, no *Times* (Londres), que "o dinheiro substituiu o marxismo como deus da China". Depois de libertados da prisão, até os ativistas pró-democracia de Tiananmen tenderam "a adotar a estrada comercial [...] muitas vezes unindo forças com os filhos da elite do partido". Depois de um período de declínio, a filiação ao Partido Comunista começou a crescer sem parar, não por convicção ideológica, mas pela praticidade política e comercial. "Não é à toa", acrescentou ela, "que o sistema atual da China é chamado de 'mercadismo-leninismo'."[6]

Os efeitos socialmente corrosivos do ganhar dinheiro logo foram atacados. Num livro publicado em Hong Kong em 1997, reeditado em Pequim no ano seguinte e que se transformou em *best seller*, He Qinglian, formada pela Universidade de Fudan, defendeu que os principais resultados das reformas de Deng foram a enorme desigualdade, a corrupção generalizada e a erosão da base moral da sociedade. Em sua opinião, mais do que produção de nova riqueza, o que houve na década de 1990 foi um "saque" – ou seja, a transferência da propriedade do Estado para os detentores do poder e seus apaniguados e a transferência da economia pessoal dos cidadãos comuns para as empresas estatais por meio dos bancos estatais. As únicas coisas que sobraram para o povo comum foram o cinismo e o colapso da ética. Ao reproduzir as opiniões de He, Liu Binyan e Perry Link concordaram com sua afirmativa de que o sistema era autodestrutivo e, portanto, insustentável[7].

Os marxistas ocidentais se agarraram a esse tipo de acusação para descartar a ideia de que ainda existia algum tipo de socialismo na China, seja de mercado, seja outro qualquer. Assim, ao apresentar o longo artigo de Martin Hart-Landsberg e Paul Burkett, "China and Socialism", os organizadores da *Monthly Review* afirmaram que

> quando um país pós-revolucionário segue o caminho do desenvolvimento capitalista, sobretudo se tenta obter crescimento muito rápido, um passo leva a outro até que as características prejudiciais e destrutivas do sistema capitalista finalmente voltam à

---

[6] E. Wright, "To Be Rich is Glorious", *World Press Review*, v. 41, n. 7, 1994, p. 10-1. O lema "Enriquecer é glorioso" surgiu em 1982, mas seu impacto só cresceu depois de 1992, quando, numa viagem às províncias do sul da China, Deng conclamou todo o país a se dedicar aos negócios e a enriquecer "com mais ousadia ainda" e "ainda mais depressa" do que na década de 1980 (Binyan Liu e Perry Link, "A Great Leap Backward?").

[7] Binyan Liu e Perry Link, "A Great Leap Backward?", p. 23.

tona. Em vez da promessa de um mundo novo de "socialismo de mercado", o que distingue a China hoje é a velocidade com que se apagam as antigas conquistas igualitárias e se criam desigualdades flagrantes e destruição humana e ecológica. [...] Não há caminho de mercado para o socialismo, se isso significa pôr de lado as necessidades humanas mais urgentes e a promessa de igualdade humana.[8]

Embora ninguém negue a invasão de tendências capitalistas na esteira das reformas de Deng, sua natureza, extensão e consequências continuam controvertidas mesmo entre os marxistas. Samir Amin, por exemplo, acha que, por enquanto, o socialismo na China não ganhou nem perdeu. "Contanto que o princípio de acesso igualitário à terra seja reconhecido e eficazmente implementado", afirma, "não é tarde demais para a ação social influir com sucesso nessa evolução ainda incerta."

A revolução e o mergulho na modernidade transformaram o povo da China mais do que qualquer outro povo do Terceiro Mundo hoje. As classes populares chinesas têm confiança em si. [...] Em grande parte, rejeitam atitudes submissas. [...] As lutas sociais são ocorrência diária, contam-se aos milhares, costumam ser violentas e nem sempre resultam em fracasso.[9]

A evolução recente corrobora a avaliação de Amin quanto à extensão e à eficácia das lutas populares na China. Em fevereiro de 2006, diante da desigualdade e da inquietação crescentes no campo, o governo chinês anunciou iniciativas importantes sob a bandeira de um "novo campo socialista" que ampliavam a assistência médica, a educação e os benefícios previdenciários para os agricultores, enquanto adiava mais uma vez a privatização da terra. "O governo central mudou de rumo para se concentrar no desenvolvimento desigual", explicou Wen Tiejun, da Universidade de Renmin. "O abismo econômico está criando conflito social e o conflito social está se tornando um problema cada vez mais grave." Um mês depois, pela primeira vez em uma década, o Congresso Nacional do Povo inflamou-se com um debate ideológico sobre socialismo e capitalismo, que muitos supuseram ter sido precipitado pelo longo período de rápido crescimento econômico na China. O uso dos mecanismos de mercado não foi questionado, mas sim as disparidades gritantes entre ricos e pobres, o aumento da corrupção, a exploração da mão de obra e a ocupação de terras. "Quando se cria uma economia de mercado num lugar como a China, onde o Estado de direito é imperfeito", comentou Liu Guoguang, da Aca-

---

[8] Harry Magdoff e John Bellamy Foster, "China and Socialism: Market Reform and Class Struggle. Editors' Foreword", p. 6. Embora haja vozes discordantes, essa passou a ser a opinião predominante entre os esquerdistas ocidentais.

[9] Samir Amin, "China, Market Socialism, and U.S. Hegemony", p. 268, 274-5.

demia Chinesa de Ciências Sociais, "quando não se enfatiza o espírito socialista de justiça e de responsabilidade social, a economia de mercado criada será uma economia de mercado elitista."[10]

O que é uma "economia de mercado *elitista*"? É o mesmo que uma economia de mercado *capitalista*? O que mais pode ser a economia de mercado? Economia de mercado *socialista* não seria um paradoxo, como parecem acreditar esquerda, direita e centro? E se não é um paradoxo, o que é e em que condições se pode esperar que se concretize? Na tentativa de transpor o abismo entre o discurso oficial de Pequim, que enfatiza o "socialismo com características chinesas", e a realidade do capitalismo desregrado do qual as autoridades do partido são sócios vorazes, o Partido Comunista iniciou, em 2005, uma campanha entre líderes políticos e acadêmicos importantes para modernizar e mobilizar o marxismo a fim de enfrentar o que Hu Jintao, líder do Partido Comunista, chamou de "mudanças, contradições e problemas em todos os campos". A campanha envolve novas traduções da literatura marxista, atualização dos textos sobre o marxismo para secundaristas e universitários e pesquisa sobre como redefinir o marxismo com o intuito de configurar as políticas da China num momento em que, cada vez mais, as empresas privadas se tornam a base de sua economia[11].

Seja qual for o resultado da campanha, a confusão que cerca as reformas de Deng é sintomática dos desentendimentos generalizados sobre a relação entre economia de mercado, capitalismo e desenvolvimento econômico. Esses desentendimentos são teóricos e práticos. É absolutamente possível, e até provável, que sejam resolvidos na prática antes de serem resolvidos na teoria. Mas isso não é desculpa para não procurar a solução teórica antes da solução prática, e é o que tentaremos fazer neste livro.

Marxismo neosmithiano

A evolução no terreno ideológico é pouco confiável como indicador da realidade social. Pode sinalizar tanto a presença quanto a ausência da realidade que pretende representar. Assim, num ensaio intitulado "Marx em Detroit", publicado no ápice da retomada da influência marxista na esteira de 1968, o filósofo marxista Mario Tronti rejeitou a ideia de que a formação de partidos comunistas

---

[10] Jim Yardley, "China Unveils Plan to Aid Farmers, but Avoids Land Issue", *The New York Times*, 23/2/2006, e Joseph Kahn, "A Sharp Debate Erupts in China Over Ideologies", *The New York Times*, 12/3/2006.

[11] Edward Cody, "China Confronts Contradictions Between Marxism and Markets", *The Washington Post*, 5/12/2005.

e social-democratas de inspiração marxista tivesse transformado a Europa no epicentro da luta de classes[12]. O verdadeiro epicentro, afirmava, eram os Estados Unidos, onde a influência marxista havia sido mínima, mas os trabalhadores haviam conseguido forçar o capital a se reestruturar para acomodar suas exigências de salários mais altos. Na Europa, Marx vivia ideologicamente, mas era nos Estados Unidos que as relações entre capital e trabalho eram "objetivamente marxianas".

> Durante pelo menos meio século, até o período posterior à Segunda Guerra Mundial, Marx podia ser lido [nos Estados Unidos] na realidade das lutas e das reações provocadas pelas reivindicações das lutas. Isso não significa que os livros de Marx nos ofereçam a interpretação das lutas trabalhistas norte-americanas. Ao contrário, significa que essas lutas nos dão a chave para interpretar com exatidão os textos mais avançados de Marx [...] *O capital* e os *Grundrisse*.[13]

A tese de Tronti era expressão da crise de identidade sofrida pelo marxismo numa época de influência renovada no Ocidente capitalista. Desde seu início como teoria do desenvolvimento capitalista e doutrina de transformação socialista, o marxismo viu sua influência migrar incessantemente do centro para locais cada vez mais periféricos do capitalismo mundial. No fim da década de 1960, o epicentro de sua difusão passou a ser os países pobres do Terceiro Mundo, como China, Vietnã, Cuba e as colônias africanas de Portugal – países cuja realidade social pouco ou nada tinha em comum com a realidade teorizada em *O capital* e nos *Grundrisse*. Foi nessa época que, sob o impacto conjunto das dificuldades dos Estados Unidos no Vietnã e das revoltas estudantis, o marxismo migrou de volta para o Primeiro Mundo. Mas quando os radicais ocidentais começaram a ler *O capital*, acharam difícil reconhecer a importância da obra para seus interesses políticos. Como recorda David Harvey:

> No início da década de 1970, era difícil ver a pertinência direta do volume I de *O capital* para as questões políticas predominantes na época. Precisávamos de Lenin para ir de Marx à compreensão da guerra imperialista que tanto nos irritava no Vietnã. [...] E isso frequentemente envolvia um ato de fé em toda a história do movimento marxista (ou em algum personagem carismático, como Mao ou Castro) para acreditarmos na ligação interna entre *O capital* de Marx e tudo aquilo em que estávamos interessados. Isso não significa que no texto não houvesse nada que fascinasse e gratificasse; o entendi-

---

[12] Esse foi na verdade o título de uma seção do posfácio da segunda edição de seu livro *Operai e capitale* (p. 267-311 [ed. port.: *Operários e capital*]), mas também poderia ser o título do posfácio como um todo.

[13] Ibidem, p. 269, 300, 303-4.

34

Marx em Detroit, Smith em Pequim

mento extraordinário vindo da ponderação sobre o fetiche da mercadoria, a noção maravilhosa de como a luta de classes havia alterado o mundo, desde as formas mais primitivas de acumulação de capital descritas por Marx [...]. Mas o fato era que *O capital* não tinha lá muita importância direta para a vida cotidiana.[14]

Não há dúvida de que um abismo enorme separava a teoria do capital de Marx do marxismo de Fidel Castro, Amílcar Cabral, Ho Chi Minh e Mao Tsé-tung, e que esse abismo só poderia ser transposto com um ato de fé na unidade da história marxista. Mas não é de todo verdade que no fim da década de 1960 e início dos anos 1970 a teoria do capital de Marx não tinha relação direta com a vida cotidiana do Primeiro Mundo. Aquela foi uma época de conflitos de classes cada vez mais intensos na Europa e em outras regiões, e Tronti não foi o único a pensar que essas lutas, como as lutas anteriores nos Estados Unidos, lançavam nova luz sobre *O capital* de Marx[15]. Foi nesse contexto que um número cada vez maior de marxistas ocidentais, de ambos os lados do Atlântico, redescobriu o processo de produção e os conflitos de classe no local de trabalho que figuravam com tanto destaque no volume I de *O capital*. Até a década de 1960, nenhum teórico marxista de algum relevo havia aceito o convite de Marx para "deixar por algum tempo a esfera barulhenta [do mercado], onde tudo acontece na superfície e à vista de todos os homens, e seguir [o possuidor do dinheiro e o possuidor da força de trabalho] até a morada oculta da produção", onde, prometia, "descobriremos finalmente o segredo da formação do lucro"[16]. Abandonada pelos marxistas, a morada oculta da produção ficou reservada à sociologia industrial e à história da mão de obra nos Estados Unidos, que inspirou Tronti a descobrir Marx em Detroit. Mas na década de 1970 os marxistas finalmente redescobriram o processo de produção como terreno disputado das prerrogativas gerenciais e da resistência dos trabalhadores à exploração[17].

---

[14] David Harvey, *Spaces of Hope*, p. 6-7 [ed. bras.: *Espaços de esperança*].

[15] Sobre a tendência intelectual e política do *operaísmo* iniciada por Tronti, ver Steve Wright, *Storming Heaven: Class Composition and Class Struggle in Italian Autonomist Marxism* e "Children of a Lesser Marxism?". Inspirados em parte por Antonio Negri, discípulo de Tronti, Michel Aglietta (*A Theory of Capitalist Regulation: The US Experience*) e outros representantes da escola francesa da regulação puseram a organização do processo de produção, nascida das lutas operárias e da reação dos capitalistas na indústria automobilística dos Estados Unidos (fordismo), no âmago de sua conceituação do capitalismo no século XX.

[16] Karl Marx, *Capital* (1959), v. 1, p. 176 [ed. bras.: *O capital*].

[17] Nos Estados Unidos, a redescoberta marxista do processo de produção foi iniciada por Harry Braverman (*Labor and Monopoly Capital: The Degradation of Work in the Twentieth Century* [ed. bras.: *Trabalho e capital monopolista: a degradação do trabalho no século XX*]), por economistas políticos radicais da escola da estrutura social da acumulação e pela etnografia industrial de Michael Burawoy. Ver, entre outros, Richard Edwards, *Contested Terrain*; David Gordon, Richard Edwards e Michael

Em vez de descobrir o segredo da formação do lucro, como Marx prometera, essa redescoberta aprofundou a brecha entre os marxistas preocupados principalmente com a emancipação do Terceiro Mundo em relação à herança recebida do imperialismo colonial e os marxistas preocupados principalmente com a emancipação da classe operária. O problema é que *O capital* trazia ideias importantíssimas sobre o conflito de classes; mas os pressupostos de Marx sobre o desenvolvimento do capitalismo em escala mundial não resistiam ao exame empírico.

Os pressupostos de Marx têm muita semelhança com a tese do "mundo plano" que Thomas Friedman vem divulgando nos últimos anos. Depois de ler (ou reler) o *Manifesto Comunista*, Friedman se diz "espantado com a incisividade com que Marx detalhou as forças que aplainaram o mundo durante o surgimento da Revolução Industrial e como previu o modo como essas mesmas forças continuariam aplainando o mundo até o presente"[18]. Depois, cita os famosos trechos em que Marx e Engels defendem que a necessidade de expandir constantemente o mercado leva a burguesia a criar vínculos em "todo o globo terrestre", a substituir as velhas indústrias nacionais por indústrias "que já não empregam matérias-primas nacionais, mas sim matérias-primas vindas das regiões mais distantes, e cujos produtos se consomem não somente no próprio país mas em todas as partes do mundo". Como consequência, o "antigo isolamento de regiões e nações autossuficientes" dá lugar a "um intercâmbio universal e uma universal interdependência das nações" – interdependência universal que traz em sua esteira o desenvolvimento capitalista generalizado.

> Com o rápido aperfeiçoamento dos instrumentos de produção e o constante progresso dos meios de comunicação, a burguesia arrasta para a torrente da civilização todas as nações, até mesmo as mais bárbaras. Os baixos preços de seus produtos são a artilharia pesada que destrói todas as muralhas da China [...] Sob pena de ruína total, ela obriga todas as nações a adotar o modo burguês de produção, constrange-as a abraçar a chamada civilização, isto é, a se tornarem burguesas. Em uma palavra, cria um mundo à sua imagem e semelhança.[19]

Como Harvey observou bem antes de Friedman, é difícil imaginar descrição mais convincente da "globalização" como conhecemos hoje do que a que Marx e

---

Reich, *Segmented Work, Divided Workers: The Historical Transformation of Labor in the United States*; e Michael Burawoy, *Manufacturing Consent: Changes in the Labor Process Under Monopoly Capitalism*. Ela chegou ao ponto máximo com a adoção generalizada de *O capital* como um dos clássicos da teoria sociológica em muitas universidades norte-americanas.

[18] Thomas L. Friedman, *The World Is Flat: A Brief History of the Twenty-First Century*, p. 201-4.

[19] Karl Marx e Friedrich Engels, *Manifesto Comunista*, p. 43, 44.

Engels fizeram há 150 anos[20]. Mas o que Friedman não vê, e Marx e Engels não previram, é que nesses 150 anos a interdependência cada vez maior das nações não "aplainou" o mundo com o desenvolvimento capitalista generalizado. Se a atual recentralização da economia global na Ásia resultará num mundo mais plano, seja ele de que tipo for, essa é uma questão que, por enquanto, temos de deixar aberta. O certo é que, nos últimos dois séculos, a crescente interdependência entre os mundos ocidental e não ocidental tem sido associada não à convergência teorizada no *Manifesto Comunista*, mas a uma enorme divergência.

Mais ou menos ao mesmo tempo em que Tronti e outros redescobriam Marx nas moradas ocultas da produção fordista, Andre Gunder Frank lançava a metáfora "desenvolvimento do subdesenvolvimento" para descrever e explicar essa enorme divergência. Esta, afirmava ele, nada mais era que a expressão do processo de expansão capitalista global, que gerava desenvolvimento (riqueza) em seus pontos centrais (Europa ocidental e, mais tarde, América do Norte e Japão) e ao mesmo tempo subdesenvolvimento (pobreza) no resto do mundo. O processo foi apresentado com base numa série de relações metrópole-satélite, nas quais a metrópole se apropria do excedente econômico dos satélites para seu próprio desenvolvimento econômico, ao passo que os "satélites permanecem subdesenvolvidos por falta de acesso a seu próprio excedente e em consequência da mesma polarização e das contradições exploradoras que a metrópole *impõe* e *mantém* na estrutura interna do satélite". Os mecanismos de apropriação e expropriação do excedente variaram no tempo e no espaço; mas a estrutura de metrópole e satélite ou centro e periferia do processo de expansão capitalista continuou valendo, sempre polarizando, em vez de equalizar, a riqueza e a pobreza das nações[21].

O conceito de desenvolvimento do subdesenvolvimento de Frank foi muito criticado, porque reduz as relações de classe a um epifenômeno das relações centro-periferia. Numa dessas críticas, Robert Brenner admitiu que "a expansão do capitalismo através do comércio e do investimento não traz consigo, automaticamente, o desenvolvimento econômico capitalista que o Marx do *Manifesto* previra".

> Ao longo do crescimento do mercado mundial, pode-se tanto construir quanto demolir as muralhas da China contra o avanço das forças produtivas. Quando houve esse "desenvolvimento do subdesenvolvimento", como Frank destacou [corretamente], a "burguesia nacional" passou a se interessar não pelo [...] desenvolvimento, mas pelo apoio exatamente

---

[20] David Harvey, "Globalization in Question".
[21] Andre Gunder Frank, *Capitalism and Underdevelopment in Latin America*, p. 9-15.

Adam Smith em Pequim

ao sistema de classes de produção e de extração de excedentes [que] limitam o avanço econômico. [...] Como afirmou Frank, esperar que, nessas circunstâncias, a penetração capitalista desenvolva o país seria, em geral, uma esperança infundada.[22]

Ainda assim, Brenner considerou basicamente falho o esquema de Frank porque ele trata a classe "como fenômeno derivativo, nascido diretamente da necessidade de maximizar o lucro". Em termos mais específicos, o problema da descrição de Frank é que "as exigências do mercado, do lucro, determinam a estrutura de classes, sujeita apenas às limitações da geografia e da demografia, como se a importância desses fatores não fosse, por sua vez e em grande parte, social e historicamente determinada, e como se o próprio potencial de lucro não dependesse da estrutura de classes"[23]. Em outras palavras, para Brenner a principal razão pela qual a previsão de desenvolvimento capitalista generalizado do *Manifesto* não se concretizou não foi a tendência inerentemente polarizadora do processo de formação do mercado mundial, mas sim a incapacidade inerente da formação do mercado mundial de gerar desenvolvimento capitalista, a menos que no nível local preexistissem condições sociais adequadas.

Brenner apontou duas condições como fundamentais. Em primeiro lugar, os que organizam a produção precisam ter perdido a capacidade de reproduzir a si mesmos e sua posição de classe estabelecida fora da economia de mercado. Em segundo lugar, os produtores diretos precisam ter perdido o controle dos meios de produção. A primeira condição é necessária para ativar e manter a competição que forçará os organizadores da produção a cortar custos para maximizar o lucro por meio da especialização e das inovações. A segunda condição, por sua vez, é necessária para ativar e manter a competição que obrigará os produtores diretos a vender sua força de trabalho aos organizadores da produção e a se submeter à disciplina imposta a eles. Essas duas condições, afirma Brenner, não são criadas automaticamente pela disseminação global das trocas de mercado na busca do lucro. Ao contrário, são criadas pela história social específica dos países sujeitos à influência do mercado mundial. Portanto, a principal razão pela qual a previsão de desenvolvimento capitalista generalizado do *Manifesto* não se concretizou foi porque somente em alguns países a história da luta de classes criou as duas condições necessárias para o desenvolvimento capitalista[24].

---

[22] Robert Brenner, "The Origins of Capitalist Development: A Critique of Neo-Smithian Marxism", p. 90-1.

[23] Ibidem, p. 86.

[24] Idem, "World System Theory and the Transition to Capitalism: Historical and Theoretical Perspectives", p. 1, 4-6; "The Origins of Capitalist Development", p. 35-6.

Brenner contrasta seu modelo de desenvolvimento capitalista – que é uma reformulação da teoria da produção capitalista de Marx esboçada no volume I de *O capital* – com aquele apresentado por Adam Smith em *A riqueza das nações*. No modelo de Smith, a riqueza de um país é função da especialização das tarefas produtivas decorrente da divisão de trabalho entre as unidades produtivas, cujo grau é determinado, por sua vez, pelo tamanho do mercado. Nesse modelo, argumenta Brenner, o processo de desenvolvimento econômico é impulsionado pela expansão do mercado, e não importa se quem organiza a produção perdeu ou não a capacidade de reproduzir sua posição de classe fora da economia de mercado e se os produtores diretos perderam ou não o controle dos meios de produção. Nesse aspecto, o modelo de Smith é a matriz de grande variedade de modelos de desenvolvimento capitalista, inclusive o de Frank, que Brenner caracteriza como exemplos de "marxismo neosmithiano"[25].

Os limites e as contradições dessa caracterização se tornarão evidentes conforme avançamos. No entanto, para nosso propósito atual, ela tem a vantagem de traçar uma distinção entre o desenvolvimento da economia de mercado e o desenvolvimento capitalista propriamente dito. Apesar de esboçada com referência específica à origem do desenvolvimento capitalista na Europa, ainda assim essa distinção é compatível com a avaliação de Amin de que, desde que o princípio de acesso igual à terra continue a ser reconhecido e implementado, não é tarde demais para que a ação social na China contemporânea desvie a evolução numa direção não capitalista. Contanto que esse princípio seja mantido na prática, a segunda condição de desenvolvimento capitalista de Brenner (a de que os produtores diretos percam o controle dos meios de produção) não se estabelece por completo. Portanto, apesar da disseminação das trocas de mercado na busca do lucro, a natureza do desenvolvimento da China não é necessariamente capitalista.

É claro que isso não significa que o socialismo vá bem na China comunista, nem que esse seja o provável resultado da ação social. Significa apenas que, mesmo que o socialismo já tenha sido derrotado na China, o capitalismo, segundo essa definição, ainda não venceu. O resultado social do imenso esforço de modernização da China continua indeterminado e, pelo que sabemos, socialismo e capitalismo, entendidos com base na experiência passada, podem não ser as noções mais úteis para acompanhar e compreender como a situação evolui.

---

[25] Idem, "The Origins of Capitalist Development", p. 33-41.

A dinâmica smithiana e a Grande Divergência

Para um grupo crescente de estudiosos, o ressurgimento econômico da China – seja qual for o resultado social final – deu origem a uma nova consciência de que há uma diferença histórica mundial fundamental entre os processos de formação do mercado e os processos de desenvolvimento capitalista. Faz parte dessa nova consciência a descoberta (ou redescoberta) de que, durante o século XVIII, o comércio e o mercado eram mais desenvolvidos na Ásia oriental em geral, e na China em particular, do que na Europa. Ao interpretar esse desenvolvimento maior, R. Bin Wong questionou o argumento de Philip Huang de que, antes da Revolução Industrial, a Europa crescia numa trajetória evolucionária direcionada para o aprimoramento econômico ilimitado, ao passo que a China crescia numa trajetória "involucionária" de "crescimento sem desenvolvimento", caracterizada pela remuneração decrescente de um número cada vez maior de dias trabalhados por ano[26]. Contra essa opinião, Wong afirmou que as trajetórias europeia e chinesa tinham características importantes em comum que "faziam parte da dinâmica smithiana de crescimento baseado no mercado e sustentado pela intensificação do trabalho nas regiões avançadas da China e da Europa nos séculos que precederam a Revolução Industrial"[27].

Como já observamos e elaboraremos melhor no capítulo 2, a essência dessa dinâmica é um processo de aprimoramento econômico impulsionado por ganhos de produtividade que acompanham a divisão do trabalho, cada vez maior e mais profunda, limitada apenas pela extensão do mercado. Quando o aprimoramento econômico eleva os rendimentos e a demanda efetiva, a extensão do mercado aumenta, criando assim condições para novas rodadas de divisão do trabalho e aperfeiçoamento econômico. Entretanto, com o tempo esse círculo virtuoso vai de encontro aos limites impostos à extensão do mercado pela escala espacial e pelo ambiente institucional do processo. Quando se atingem esses limites, o processo

---

[26] "Na experiência euro-americana, a mudança agrária no início e no decorrer do período moderno foi acompanhada, em geral, da expansão tanto da produção absoluta quanto da produção por unidade de trabalho. Portanto, foi importante distinguir o que poderia ser chamado de simples 'crescimento', com expansão da produção, do 'desenvolvimento', com aumento da produtividade do trabalho. No caso da China, entretanto, essa distinção é fundamental [...] [porque] nos seis séculos que precederam a Revolução [...] a produção agrícola expandiu-se o suficiente para acompanhar o enorme crescimento populacional, mas principalmente pela intensificação e pela involução. A produtividade e a renda por dia de trabalho estagnaram, como na intensificação, ou encolheram, como na involução" (Philip C. C. Huang, *The Peasant Family and Rural Development in the Yangzi Delta, 1350-1988*, p. 12).

[27] Roy Bin Wong, *China Transformed: Historical Change and the Limits of European Experience*, p. 16-23, 30-1.

cai numa armadilha de equilíbrio de alto nível. Segue-se daí que, se a Europa e a China passavam pela mesma dinâmica smithiana, o verdadeiro enigma não é por que a China ficou presa numa armadilha de equilíbrio de alto nível, mas por que a Europa escapou da armadilha através da Revolução Industrial.

Frank e Pomeranz levantaram a mesma questão de modo ainda mais explícito. Frank destacou que o próprio Smith via a China à frente da Europa na mesma trajetória desenvolvimentista e não previu o rompimento europeu.

> Smith [...] foi o último grande teórico social (ocidental) a avaliar que a Europa chegou atrasada ao desenvolvimento da riqueza das nações: "A China é um país muito mais rico que qualquer região da Europa", observou Smith, em 1776. Ele não previu nenhuma mudança nessa comparação e não pareceu perceber que estava escrevendo no início do fenômeno que veio a ser chamado de "revolução industrial".[28]

Pomeranz, por sua vez, questionou em termos empíricos o argumento de que a Europa ocidental cresceu mais depressa que a China porque seu mercado de bens e de fatores de produção era mais eficiente. Ainda em 1789, argumenta ele,

> o mercado de terra, de mão de obra e de produtos da Europa ocidental [...] estava, em termos gerais, provavelmente *mais longe* da competição perfeita – quer dizer, era menos provável que se compusesse de inúmeros compradores e vendedores com oportunidade de escolher com liberdade dentre muitos parceiros comerciais – do que o mercado da maior parte da China e, assim, era menos adequado ao processo de crescimento vislumbrado por Adam Smith.[29]

Tomadas em conjunto, essas teses têm alguma semelhança com o fato de Tronti ter descoberto Marx em Detroit. Assim como ele percebeu uma discrepância fundamental entre a aceitação ideológica do marxismo pela Europa e a maior relevância factual da história da classe operária norte-americana para a correta interpretação de *O capital* de Marx, Wong, Frank e Pomeranz perceberam discrepância igualmente fundamental entre a adoção ocidental da ideologia do livre mercado e a maior relevância factual da China no fim do período imperial para a

---

[28] Andre Gunder Frank, *ReOrient: Global Economy in the Asian Age*, p. 13.
[29] Kenneth Pomeranz, *The Great Divergence: Europe, China, and the Making of the Modern World Economy*, p. 17; destaque do original. A ideia de que a China, no final do período imperial, caracterizava-se por condições de competição quase perfeitas já estava implícita na descrição que Ramon Myers fez de sua economia como "reticular" ou "em teia". Nessa descrição, a economia reticular consistia em organizações econômicas de pequena escala que se contratam umas às outras num ambiente muito competitivo, contando quase exclusivamente com o mercado para cuidar do custo das transações. Citado em John Lee, "Trade and Economy in Preindustrial East Asia, c. 1500-c. 1800: East Asia in the Age of Global Integration", p. 19.

interpretação correta de *A riqueza das nações* de Smith. Parafraseando Tronti, descobriram Smith em Pequim.

Essa nova descoberta, como a anterior, tem interesse mais que meramente historiográfico. Levanta questões da maior importância teórica e prática. Em primeiro lugar, se a dinâmica smithiana comum das economias europeia e chinesa não puder explicar a maciça concentração de fontes minerais de energia no transporte e na indústria que impulsionou o avanço do Ocidente para a supremacia global, o que poderá? Em segundo lugar, por que a globalização do capitalismo industrial no século XIX, liderada pelos britânicos, foi associada ao agudo declínio econômico da Ásia oriental, principalmente do seu centro chinês, durante pelo menos um século (digamos, da Primeira Guerra do Ópio até o fim da Segunda Guerra Mundial)? E por que esse longo declínio foi seguido de um ressurgimento econômico ainda mais vertiginoso daquela mesma região na segunda metade do século XX? Haverá alguma ligação entre a precedente primazia regional e global da economia de mercado chinesa e seu ressurgimento atual? E, se houver, como isso ajuda a entender a natureza, as causas e as consequências futuras desse ressurgimento?

Wong, Frank e Pomeranz concentram-se na primeira pergunta e dão respostas diferentes, mas complementares. Seguindo E. Anthony Wrigley, Wong concebe a revolução industrial britânica como contingência histórica sem muita relação com os acontecimentos anteriores. Sua principal característica foram os ganhos de produtividade advindos do carvão como nova fonte de calor e do vapor como nova fonte de energia mecânica, que superavam em muito o que poderia ser conseguido com a dinâmica smithiana. "Assim que ocorreu esse rompimento fundamental, a Europa seguiu em frente numa nova trajetória econômica." Mas o rompimento propriamente dito continua sem explicação: "tecnologias de produção", segundo nos dizem, "não mudam de acordo com lógicas econômicas simples e diretas". Assim como as "forças de produção" dos textos marxistas, elas são "a variável exógena que impulsiona outras mudanças econômicas"[30].

Em contraste com Wong, Frank relaciona a ocorrência da revolução industrial na Inglaterra-Europa e sua não ocorrência na China-Ásia a resultados opostos da dinâmica smithiana comum. Na Ásia em geral, e na China em particular, a expansão econômica criou o excedente de mão de obra e a escassez de capital que estão por trás da armadilha smithiana de equilíbrio de alto nível. Na Europa, ao contrá-

---

[30] Roy Bin Wong, *China Transformed*, p. 48-52. Cf. Edward A. Wrigley, *Continuity, Chance and Change: The Character of the Industrial Revolution in England*, e "The Limits to Growth: Malthus and the Classical Economists".

Marx em Detroit, Smith em Pequim

rio, a expansão econômica criou escassez de mão de obra e excedente de capital. Foi esse resultado inverso que, segundo Frank, levou à Revolução Industrial após 1750[31]. Assim, o intenso surto de inovações tecnológicas que permanece exógeno (ou seja, inexplicado) na reconstrução que Wong faz das dinâmicas europeia e chinesa torna-se endógeno na reconstrução de Frank. Entretanto, essa explicação endógena da Revolução Industrial não explica por que a dinâmica smithiana comum teve efeitos opostos no Ocidente e no Oriente.

Pomeranz apresenta uma explicação quando atribui o que chama de Grande Divergência a diferenças no suprimento de recursos e nas relações centro-periferia, ou seja, ao fato de que as Américas abasteciam as regiões-centro do noroeste da Europa com um volume muito mais abundante de produtos primários e de demanda de manufaturados do que as regiões-centro da Ásia oriental podiam obter em suas próprias periferias. Como Wong, Pomeranz baseia-se na tese anterior de Wrigley de que o rico suprimento doméstico de combustível fóssil barato foi essencial para a decolagem da revolução industrial na Grã-Bretanha. Mas, em sua opinião, sem o suprimento americano de produtos primários, teria sido impossível que a tecnologia e o investimento europeus se desenvolvessem no sentido de poupar mão de obra e consumir terra e energia, no exato momento em que o aumento da pressão por recursos, antes compartilhada por todas as regiões [centrais?] da economia global, forçava o desenvolvimento da Ásia oriental na direção de poupar cada vez mais recursos e absorver cada vez mais mão de obra. Esse alívio ecológico

> baseava-se não apenas na abundância natural do Novo Mundo, mas também no modo como o comércio de escravos e outras características dos sistemas coloniais europeus criou um novo *tipo* de periferia, que permitiu à Europa trocar um volume sempre maior de exportação de manufaturados por um volume sempre maior de produtos que exigiam uso intensivo da terra.[32]

As teses de Pomeranz levaram Brenner a reiterar ainda mais enfaticamente sua crítica anterior ao marxismo smithiano. Num artigo em coautoria com Christopher Isett, ele questiona a identificação que Pomeranz faz entre a evolução no delta do Yang-tsé e na Inglaterra antes da Revolução Industrial.

> No delta do Yang-tsé, os principais agentes econômicos possuíam acesso direto, fora do mercado, aos meios de reprodução. Portanto, estavam protegidos da exigência de alocar seus recursos da maneira mais produtiva para reagir à concorrência. Como

---

[31] Andre Gunder Frank, *ReOrient*, p. 304.
[32] Kenneth Pomeranz, *The Great Divergence*, p. 20, destaque do original; p. 264.

Adam Smith em Pequim

resultado, tinham condições de alocar seus recursos de maneira que, embora individualmente sensata, ia contra as necessidades agregadas do desenvolvimento econômico, fazendo com que a região sofresse um padrão malthusiano de evolução econômica que acabou por provocar, nos séculos XVIII e XIX, a crise demográfico-ecológica. Na Inglaterra, em contraste com o delta do Yang-tsé, os principais agentes econômicos tinham perdido a capacidade de garantir sua reprodução econômica, seja pela coação extra-econômica dos produtores diretos, seja pela posse total dos meios de subsistência. Portanto, ao mesmo tempo que estavam livres, foram compelidos pela concorrência a alocar seus recursos de modo a maximizar sua taxa de retorno (o lucro do comércio). A região viveu, como resultado, um padrão smithiano de evolução econômica *ou crescimento auto-sustentado*, que não a levou à crise nem demográfica nem ecológica nos séculos XVIII e XIX, mas sim à Revolução Industrial.[33]

Como na crítica que fez anteriormente ao marxismo neosmithiano, Brenner enfatiza mais uma vez a dependência dos agentes econômicos em relação ao mercado como condição de sua concorrência mútua, o que obriga todos e cada um a se especializar, investir e inovar. E enfatiza mais uma vez a primazia da estrutura social interna dos países e regiões sobre suas relações com outros países e regiões na determinação das trajetórias de desenvolvimento. Mas o crescimento smithiano, que na crítica ao marxismo neosmithiano era "autolimitante", na crítica a Pomeranz tornou-se "autossustentável", de certa forma, e prelúdio à Revolução Industrial. Na nova posição de Brenner, o crescimento autolimitante não é smithiano e, sim, malthusiano.

Deixando de lado a caracterização que Brenner faz do crescimento smithiano como autolimitante numa crítica e autossustentável na outra – discrepância esta que ele não explica –, observamos que até Huang, que critica tanto quanto Brenner a identificação que Pomeranz faz entre a evolução no delta do Yang-tsé e na Inglaterra antes da Revolução Industrial, não acha que "uma simples noção malthusiana de crise de subsistência, impulsionada exclusivamente pela pressão populacional," descreva de modo adequado as tendências no delta do Yang-tsé no século XVIII. Na opinião de Huang, a crise iminente foi provocada, em primeiro lugar, pela comercialização, ou seja, pela dependência crescente dos agentes econômicos em relação ao mercado.

No norte da China, embora a comercialização oferecesse oportunidades de enriquecimento a alguns, trouxe empobrecimento aos muitos que assumiram os riscos do mer-

---

[33] Robert Brenner e Christopher Isett, "England's Divergence from China's Yangzi Delta: Property Relations, Microeconomics, and Patterns of Development", p. 613, destaques nossos.

cado mas não se saíram tão bem. No delta do Yang-tsé, a comercialização involucioná-ria representada pela cultura do algodão e da seda permitiu que a economia agrícola absorvesse mais população, mas não alterou de modo substancial o contexto preexis-tente de desigualdade social. O resultado da conjuntura de pressão populacional com-binada com desigualdade foi a formação de uma classe camponesa pobre em expansão (em números absolutos, embora não necessariamente em termos proporcionais à po-pulação), que incluía desde trabalhadores agrícolas sem terra a agricultores rendeiros que também se empregavam como diaristas.[34]

Assim, quaisquer que sejam as diferenças de trajetória do desenvolvimento eu-ropeu e chinês antes da Revolução Industrial – e, como veremos, são muitas –, em geral se concorda (Huang inclusive) que o grau de comercialização não está entre elas. Portanto, a descoberta de Smith em Pequim por Wong, Frank e Pomeranz não era miragem. No entanto, a explicação que dão para a divergência entre os caminhos do desenvolvimento da Europa e da Ásia oriental despreza aspectos his-tóricos importantes dessa divergência ou deixa no ar uma série de perguntas sus-citadas por eles mesmos.

Em primeiro lugar, embora o suprimento de combustível fóssil barato tenha alguma validade como uma das razões para que a Grã-Bretanha escapasse da ar-madilha smithiana mais cedo que o resto da Europa durante a Revolução Indus-trial, ele não explica por que a China, um dos países mais bem dotados do mundo em termos de jazidas de carvão, não escapou do mesmo modo. Mais importante ainda, o reaproveitamento e os subprodutos da mineração, do transporte e da uti-lização do carvão, assim como o suprimento americano de produtos primários, só se tornaram fundamentais para o rompimento britânico-europeu mais para o fim do século XIX, ou seja, bem depois de a Revolução Industrial ter se iniciado. Como observa Patrick O'Brien:

> A Grande Divergência e a Revolução Industrial são parte de uma narrativa interligada; e o grau de divergência na produtividade da mão de obra e na renda real entre a Europa e a China, que surgiu com tamanha clareza em 1914, é inconcebível sem o suprimento maciço de alimentos básicos e de matéria-prima importados das Américas e de outros produtores primários. Mas como esses suprimentos surgiram em grande quantidade na segunda metade do século XIX, a questão do que deu início à Revolução Industrial e a questão do que a sustentou não deveriam ser fundidas numa só.[35]

[34] Phillip C. C. Huang, "Development or Involution in Eighteenth-Century Britain and China? A Review of Kenneth Pomeranz's *The Great Divergence: China, Europe, and the Making of the Modern World Economy*", p. 531.
[35] Patrick O'Brien, "Metanarratives in Global Histories of Material Progress", p. 360, 364, 367.

Em segundo lugar, como defende Frank, de acordo com todos os indícios disponíveis (inclusive a avaliação do próprio Adam Smith), antes da Grande Divergência, os salários e a demanda eram mais altos e o capital mais abundante na Europa do que Ásia, e essa diferença, muito provavelmente, contribuiu para que a tecnologia econômica poupasse mão de obra e consumisse energia no Ocidente, mas não no Oriente. Ainda assim, Frank não explica por que os processos de formação do mercado, que estavam mais avançados no Oriente, foram associados a salários e demanda mais altos e a capital mais abundante no Ocidente. Pela descrição que o próprio Frank faz, antes da Revolução Industrial a única vantagem competitiva dos europeus diante do Oriente estava na extração e no transporte da prata americana, assim como no investimento em vários empreendimentos comerciais, inclusive o comércio intra-asiático. Entretanto, em sua opinião, essa única vantagem competitiva permitiu que os europeus se mantivessem na Ásia durante três séculos, mas não permitiu que conquistassem posição dominante na economia global, que continuou centrada na Ásia, porque o fluxo de prata americana beneficiava mais as economias asiáticas do que as europeias. Durante o século XVIII, as manufaturas europeias não eram competitivas na Ásia, e a China permaneceu como "depósito final" do dinheiro do mundo[36]. Mas, se assim foi, por que a China foi atingida pela escassez e a Europa pelo excedente de capital? E por que a Europa teve maior demanda de mão de obra e pagou salários mais altos que a China?

Em terceiro lugar, o enigma do modo como a Europa escapou da armadilha smithiana de equilíbrio de alto nível durante a Revolução Industrial deve ser abordado em conjunto com o enigma do motivo por que a globalização da Revolução esteve associada, durante cerca de um século, ao declínio econômico e, em seguida, ao rápido renascimento econômico da Ásia oriental. Ao concluir sua avaliação crítica da tese de Pomeranz, O'Brien pergunta:

> [...] se a economia inglesa poderia (salvo pelo carvão e pelo envolvimento íntimo com as Américas) ter seguido o caminho do delta do Yang-Tsé, então por que até essa região comercializada e avançada do Império Manchu levou tanto tempo para recuperar a posição e o *status* econômico que possuía na economia mundial em meados do século XVIII?[37]

Como veremos, a questão realmente interessante e difícil não é por que demorou tanto para que o delta do Yang-tsé, a China e a Ásia oriental recuperas-

---

[36] Andre Gunder Frank, *ReOrient*, p. 283, 356-7.
[37] Patrick O'Brien, "Metanarratives in Global Histories of Material Progress", p. 367, destaque do original.

sem o terreno econômico que haviam perdido para o Ocidente desde meados do século XVIII. É, isso sim, como e por que a China conseguiu recuperar tanto terreno, e tão depressa, *depois* de mais de um século de colapso político-econômico. Seja como for, o modelo da Grande Divergência deve nos revelar alguma coisa não só a respeito de sua origem, mas também de sua evolução ao longo do tempo e de suas possibilidades.

A persistência do legado smithiano

Kaoru Sugihara tentou construir um modelo igualmente abrangente. Embora concorde substancialmente com as descrições de Pomeranz e de Wong acerca da origem da Grande Divergência, ele se desvia delas quando enfatiza a importância das grandes diferenças de proporção homem-terra entre as regiões centrais da Ásia oriental e da Europa ocidental antes de 1800, tanto como causa quanto como efeito da Revolução Industri*osa* da Ásia oriental, para a qual não há nem precedentes nem paralelo. Do século XVI até o século XVIII, afirma ele, o desenvolvimento de instituições que absorviam mão de obra e de tecnologias que faziam uso intensivo de mão de obra como reação às restrições de recursos naturais (principalmente a escassez de terra) permitiu que os Estados da Ásia oriental tivessem grande aumento populacional, acompanhado não da deterioração, mas de melhora modesta do padrão de vida[38].

Essa fuga das restrições malthusianas foi especialmente notável na China, cuja população cresceu várias vezes até um máximo de 100 a 150 milhões de habitantes e então caiu, ao passo que em 1800 chegou a quase 400 milhões de habitantes. "Esse foi claramente um marco demográfico mundial", observa Sugihara, "e seu impacto no PIB mundial foi muito maior que o da Grã-Bretanha pós-Revolução Industrial, cuja participação no PIB mundial em 1820 era de menos de 6%." O "milagre chinês", nome que Sugihara dá a essa conquista, repetiu-se em menor escala territorial no Japão, onde o crescimento populacional foi menos explosivo que na China, mas a melhora do padrão de vida foi mais significativa[39].

Na verdade, o conceito de "revolução industriosa" (*kinben kakumei*) foi apresentado por Hayami Akira em referência ao Japão do período Tokugawa. Em sua

---

[38] Kaoru Sugihara, "The East Asian Path of Economic Development: A Long-term Perspective", p. 82, 94 e 117, nota 2. O foco exclusivo em Sugihara nesta seção deve-se ao fato de que, até onde sei, ele é o único observador que tentou construir um modelo abrangente da origem, da evolução e dos limites da Grande Divergência. O objetivo aqui é esmiuçar a hipótese que guiará nossa investigação, e não apresentar um relato histórico da Divergência, o que será feito na terceira e quarta partes deste livro.
[39] Ibidem, p. 79, 89-90, e "The State and the Industrious Revolution in Japan".

opinião, o fim da servidão do campesinato no século XVII, o fortalecimento da agricultura familiar, o aumento populacional e a escassez crescente de terra arável contribuíram juntos para o surgimento de um modo de produção que contava intensamente com o investimento em mão de obra humana. Embora os camponeses tivessem de trabalhar mais e por mais tempo, sua renda também aumentou. Portanto, aprenderam a dar valor ao trabalho e desenvolveram uma forte ética com base nele[40]. Mais tarde, esse conceito foi usado por Jan de Vries em referência à Europa pré-industrial, no sentido importante e diferente de preâmbulo à Revolução Industrial causado pela demanda crescente das famílias rurais por bens de mercado[41].

Ao usar o conceito em relação à China, Sugihara, assim como Wong e Pomeranz, concebe a Revolução Industriosa não como preâmbulo à Revolução Industrial, mas sim como desenvolvimento baseado no mercado, sem nenhuma tendência inerente a gerar o caminho desenvolvimentista de uso intensivo de capital e energia iniciado pela Grã-Bretanha e levado ao extremo pelos Estados Unidos. Ainda assim, a afirmação principal de Sugihara é que a instrumentalidade e o resultado da Revolução Industriosa da Ásia oriental criou um caminho tecnológico e institucional distinto, que teve papel fundamental na configuração das respostas dessa região asiática aos desafios e às oportunidades criados pela Revolução Industrial ocidental. Nesse aspecto, foi especialmente importante o desenvolvimento de um arcabouço institucional que absorvesse mão de obra e se concentrasse na unidade doméstica (com frequência na família, mas nem sempre) e, em menor extensão, na comunidade da aldeia. Contra a opinião tradicional de que falta força interna à produção em pequena escala para o aprimoramento econômico, Sugihara ressalta vantagens importantes desse arcabouço institucional em comparação com a produção em grande escala baseada em classes que se tornou dominante na Inglaterra. Enquanto na Inglaterra os trabalhadores eram privados da oportunidade de participar de questões gerenciais e de desenvolver as habilidades interpessoais necessárias para a especialização flexível, na Ásia oriental

> preferia-se a capacidade de realizar bem várias tarefas à especialização numa tarefa específica, e encorajava-se o desejo de cooperar com outros membros da família em vez de se promover o talento individual. Acima de tudo, era importante que cada membro da família tentasse se encaixar no padrão de trabalho da fazenda, reagisse de modo flexível às necessidades extraordinárias ou de emergência, se solidarizasse com os pro-

---

[40] Citado em John Lee, "Trade and Economy in Preindustrial East Asia, c. 1500-c. 1800", p. 6.
[41] Jan de Vries, "The Industrial Revolution and the Industrious Revolution".

Marx em Detroit, Smith em Pequim

blemas relacionados ao gerenciamento da produção e previsse e prevenisse os possíveis problemas. O talento gerencial, com certa base geral de habilidade técnica, era capacidade estimulada ativamente no nível familiar.[42]

Além disso, desde que os camponeses da Ásia oriental seguissem os códigos sociais, o custo por transação comercial era pequeno e o risco envolvido nas inovações técnicas era relativamente baixo. Embora o arcabouço institucional da Ásia oriental deixasse pouco espaço para as grandes inovações e para o investimento em capital fixo ou no comércio de longa distância, oferecia oportunidades excelentes para o desenvolvimento das tecnologias de uso intensivo de mão de obra, o que contribuiu de modo inegável para a melhoria das condições de vida, uma vez que mantinha em pleno emprego todos os membros da unidade doméstica. A diferença entre esse tipo de desenvolvimento e o desenvolvimento pelo caminho ocidental "era que [o primeiro] mobilizava recursos humanos em vez de não humanos"[43].

De acordo com Sugihara, essa disposição para mobilizar recursos humanos em vez de não humanos na busca do aprimoramento econômico continuou a caracterizar o caminho desenvolvimentista da Ásia oriental, mesmo quando os países da região tentaram incorporar a tecnologia ocidental à sua economia. Assim, na década de 1880, o governo japonês adotou uma estratégia de industrialização baseada no reconhecimento de que, no Japão, tanto a terra quanto o capital eram escassos, ao passo que a mão de obra era abundante e de qualidade relativamente boa. A nova estratégia encorajava "o uso ativo da tradição de tecnologia de uso intensivo de mão de obra, modernização da indústria tradicional e adaptação consciente da tecnologia ocidental a condições de reservas naturais distintas". Sugihara chama esse caminho desenvolvimentista híbrido de "industrialização intensiva em mão de obra", porque "absorveu e utilizou a mão de obra de modo mais completo e dependeu menos da substituição da mão de obra por maquinaria e capital do que o caminho ocidental"[44].

Na primeira metade do século XX, a industrialização com uso intensivo de mão de obra aumentou a competitividade dos produtos japoneses em comparação com outros países asiáticos, como a Índia, que tinha longa tradição de tecnologia de uso intensivo de mão de obra, mas era impedida pelo domínio colonial de se desenvolver na mesma direção que o Japão. No entanto, a fusão dos caminhos de desenvolvimento da Ásia oriental e do Ocidente continuou limitada durante a

[42] Kaoru Sugihara, "The East Asian Path of Economic Development", p. 87.
[43] Ibidem, p. 88, 90.
[44] Ibidem, p. 94, 99.

Segunda Guerra Mundial. Como resultado, apesar do aumento da produtividade da terra e do crescimento dos setores que faziam uso intensivo de mão de obra, a produtividade do trabalho na Ásia oriental continuou atrás da produtividade do Ocidente e a participação da região no PIB mundial continuou a diminuir. Pela descrição de Sugihara, não fica claro o que exatamente impediu que a fusão dos dois caminhos se concretizasse de maneira mais completa do que na primeira metade do século XX. No entanto, ele é bastante explícito quanto às circunstâncias que *permitiram* que a fusão se concretizasse inteiramente (e desse frutos extraordinários) depois da Segunda Guerra Mundial. Uma primeira circunstância foi a mudança política radical da situação resultante da criação do regime de Guerra Fria sob a hegemonia dos Estados Unidos.

> Em contraste com a situação pré-guerra, esperava-se que o Japão usasse sua força econômica para impedir a penetração comunista na Ásia e fosse capaz de importar toda matéria-prima e os recursos necessários, inclusive petróleo, do resto do mundo (em contrapartida, a proibição dos Estados Unidos à exportação de petróleo para o Japão, em 1941, foi a causa imediata do [ataque a Pearl Harbor]). No período pós-guerra, o Japão também teve oportunidades favoráveis para aumentar a exportação de manufaturados para países ocidentais avançados. Essa mudança nas circunstâncias internacionais permitiu que o Japão, e mais tarde vários outros países asiáticos, buscasse a introdução sistemática de indústrias químicas e pesadas com uso intensivo de capital e recursos naturais numa economia com mão de obra relativamente barata e disciplinada.[45]

A segunda circunstância que facilitou a fusão dos caminhos de desenvolvimento da Ásia oriental e do Ocidente depois da Segunda Guerra Mundial foi a tendência dos Estados Unidos e da União Soviética, em competição entre si, a usar recursos minerais abundantes como base para criar complexos industriais militares poderosos, que se apoiavam na produção em grande escala dos setores de siderurgia, aviões, armamento, veículos espaciais e petroquímica. Em consequência, o uso de capital e de recursos naturais no caminho de desenvolvimento ocidental se intensificou ainda mais, criando novas oportunidades de especialização lucrativa não só nos setores que faziam uso mais intensivo de mão de obra, como também naqueles que poupavam relativamente os recursos das indústrias de uso intensivo de capital. O Japão logo aproveitou essas oportunidades, passando da industrialização com uso intensivo de mão de obra – estratégia que buscava combinar diretamente, em setores ou fábricas específicas, tecnologia importada e mão de obra

---

[45] Ibidem, p. 81.

barata e treinada para substituir o capital – para o desenvolvimento de setores e empresas interligados em que havia uso de mão de obra e de capital em diferentes graus de intensidade, ao mesmo tempo em que mantinha a forte tendência geral, tradicional na Ásia oriental, a utilizar mais os recursos humanos que os recursos não humanos[46].

Finalmente, o surto de nacionalismo durante a Guerra Fria criou condições para a competição feroz entre os países em industrialização com salários relativamente baixos e os países de renda mais alta.

> Assim que subiam os salários num país, ainda que fracionalmente, [esse país] tinha de buscar um setor industrial novo que produzisse mercadorias de qualidade mais alta para sobreviver à concorrência, criando efeito semelhante ao "padrão de 'gansos voadores' de desenvolvimento econômico". Ao mesmo tempo, o surgimento sucessivo de novos países com baixos salários garantiu o prolongamento das linhas de "gansos voadores". Foi esse aspecto da industrialização, parte do alargamento do caminho da Ásia oriental, o responsável pelo aumento da participação da região no PIB mundial.[47]

Assim, o ressurgimento econômico da Ásia oriental deveu-se não à convergência para o caminho ocidental de uso intensivo de capital e de elevado consumo de energia, mas à fusão entre esse caminho e o caminho asiático, que faz uso intensivo de mão de obra e poupa energia. Na opinião de Sugihara, essa fusão tem consequências fundamentais para o futuro da economia e da sociedade mundiais. A Revolução Industrial, que inaugurou o caminho ocidental, afirma ele, foi um "milagre da produção" que expandiu enormemente a capacidade produtiva de uma pequena parte da população mundial. A Revolução Industriosa, que inaugurou o caminho da Ásia oriental, por sua vez, foi um "milagre da distribuição" que criou a possibilidade de difundir os benefícios do milagre da produção para a vasta

---

[46] Ibidem, p. 105-10, 112-4.
[47] Ibidem, p. 110. O padrão de "gansos voadores" de desenvolvimento econômico ao qual Sugihara se refere é o modelo de "setor dominante" de difusão das inovações industriais. Apresentado por Kaname Akamatsu ("A Theory of Unbalanced Growth in the World Economy"), foi depois desenvolvido em várias versões novas (Kiyoshi Kojima e Terutomo Ozawa, "Toward a Theory of Industrial Restructuring and Dynamic Comparative Advantage"; Bruce Cumings, "The Origins and Development of the Northeast Asian Political Economy: Industrial Sectors, Product Cycles, and Political Consequences"; Terutomo Ozawa, "Foreign Direct Investment and Structural Transformation: Japan as a Recycler of Market and Industry"; Kiyoshi Kojima, "The 'Flying Geese' Model of Asian Economic Development: Origin, Theoretical Extensions, and Regional Policy Implications"; Terutomo Ozawa, "Pax Americana-Led Macro-Clustering and Flying-Geese-Style Catch-Up in East Asia: Mechanisms of Regionalized Endogenous Growth"). Uma dessas versões está por trás do processo de bola de neve de Ozawa e seus milagres interligados na Ásia oriental, como mencionamos na "Introdução" e discutiremos no capítulo 11.

Adam Smith em Pequim

maioria da população mundial por meio de uma industrialização que faz uso intensivo de mão de obra e poupa energia. Na verdade, em vista da destruição ambiental associada à difusão da industrialização, o milagre da distribuição só pode continuar se "o caminho ocidental [convergir] para o caminho da Ásia oriental, e não o contrário"[48].

A tese de Sugihara pode ser resumida nas Figuras 1.1 e 1.2, que mostram a participação no PIB mundial e o PIB per capita dos principais Estados que seguem o caminho de desenvolvimento ocidental e o caminho da Ásia oriental (Grã-Bretanha e Estados Unidos no primeiro caso, China e Japão no segundo). Como se pode ver na Figura 1.2, a Revolução Industrial ocidental do fim do século XVIII e início do século XIX fortaleceu a tendência constante de ampliação da diferença do PIB per capita em favor dos principais Estados ocidentais. No entanto, como se vê na Figura 1.1, no que tange à participação no PIB mundial, a Revolução Industriosa da Ásia oriental conseguiu contrabalançar o impacto da Revolução Industrial ocidental durante o início do século XIX, levando a um alargamento ainda maior do abismo em favor da Ásia oriental. De 1820 a 1950, conforme a Revolução Industriosa da Ásia oriental atingia seu limite e a Revolução Industrial ocidental entrava em seu segundo e verdadeiramente revolucionário estágio – com a aplicação das novas fontes de energia à produção de meios de produção e ao transporte de longa distância (ferrovias e navios a vapor) –, a participação no PIB mundial pendeu drasticamente a favor do caminho ocidental. Depois de 1950, quando o caminho ocidental, com uso intensivo de capital e energia, atingiu seu próprio limite e quando a incorporação seletiva de tecnologia ocidental no caminho da Ásia oriental, poupador de energia e com uso intensivo de mão de obra, deu frutos, este último começou a reduzir a diferença do PIB per capita (Figura 1.2) e a reduzir ainda mais a diferença de participação no PIB mundial total (Figura 1.2)[49].

O argumento central deste livro é uma versão revista e ampliada dessa tese. A revisão começará com o esclarecimento conceitual das noções de crescimento smithiano baseado no mercado e de desenvolvimento capitalista propriamente dito. O caminho de desenvolvimento de Sugihara, com uso intensivo da mão de obra e poupador de energia, é semelhante ao que Huang chama de "crescimento involucionário". Como Sugihara, Huang reconhece que a absorção do trabalho não

---

[48] Kaoru Sugihara, "The East Asian Path of Economic Development", p. 116.

[49] A medição do PIB em termos de paridade do poder de compra faz o PIB per capita da Ásia oriental e sua participação no PIB mundial parecerem significativamente maiores do que pareceriam caso fosse usada a taxa de câmbio corrente. No entanto, a tendência esboçada no texto seria a mesma, mesmo que nas medições fosse usado o câmbio corrente.

Figura 1.1 – PIB conjunto como percentual do PIB mundial: EUA + Reino Unido comparado a China + Japão

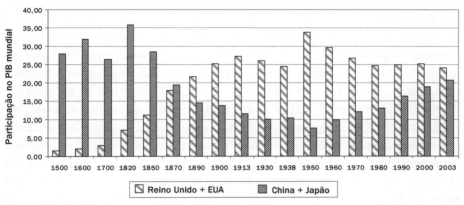

PIB em milhões de dólares internacionais de Geary-Khamis para 1990.
Baseado em Angus Maddison, *Contours of the World Economy, 1-2030 AD*.

Figura 1.2 – PIB conjunto per capita: EUA + Reino Unido comparado a China + Japão (documentado)

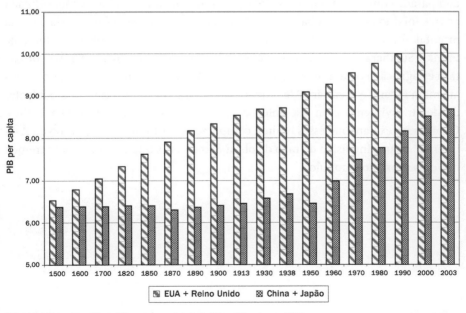

PIB per capita registrado em dólares internacionais de Geary-Khamis para 1990.
Baseado em Angus Maddison, *Contours of the World Economy, 1-2030 AD*.

agrícola e secundário realizado por mulheres, crianças e idosos reduziu o custo operacional da produção das unidades domésticas e deu-lhes vantagem competitiva em relação às unidades capitalistas maiores, que usavam mão de obra contratada. No entanto, para Huang, o quase desaparecimento, depois do século XVII, das fazendas maiores, que se baseavam em mão de obra assalariada e existiam anteriormente em regiões da China, não constitui "desenvolvimento" nem "evolução" ao longo do caminho específico da Ásia oriental, como acredita Sugihara, mas sim "crescimento sem desenvolvimento" ou "involução"[50]. Se, como fazem Huang e Brenner, identificamos "evolução" e "desenvolvimento" com a substituição da produção doméstica, com uso intensivo de mão de obra, pela produção em unidades que empregam mão de obra assalariada, com uso intensivo de capital, esse desaparecimento deveria mesmo ser classificado como "involucionário". Mas se deixamos em aberto a possibilidade de que a produção com uso intensivo de mão de obra venha a ter papel duradouro na promoção do desenvolvimento econômico, como imagina Sugihara, então essa classificação é injustificável. Isso leva à questão de qual é o conceito específico de desenvolvimento baseado no mercado mais útil para descrever e explicar o declínio e o ressurgimento da Ásia oriental como principal região de crescimento econômico mundial.

A questão sobre qual é exatamente a dinâmica smithiana baseada no mercado comparada com a dinâmica capitalista propriamente dita está intimamente ligada ao que foi dito acima. Ambas as Revoluções Industriosas, a da Europa e a da Ásia oriental, foram casos de dinâmica smithiana, como afirmam Wong, Pomeranz, Frank e Sugihara? Ou foram experiências distintas, que conduziram a Ásia oriental à estagnação econômica e a Europa ao crescimento econômico ilimitado, como afirmam Huang e Brenner? Além disso, Sugihara indica que o caminho ocidental de desenvolvimento com uso intensivo de capital tinha seus próprios limites. Quais eram exatamente esses limites, comparados aos limites do caminho da Ásia oriental, de uso intensivo de mão de obra? São essas as questões que abordaremos nos dois próximos capítulos.

---

[50] Phillip C. C. Huang, "Development or Involution in Eighteenth-Century Britain and China?", p. 514, 534.

2
A SOCIOLOGIA HISTÓRICA DE ADAM SMITH

Se os economistas tiveram algo a dizer sobre o tema do desenvolvimento econômico, "foi só porque não se restringiram à teoria econômica, mas estudaram, via de regra de modo bastante superficial, a sociologia histórica ou fizeram suposições sobre o futuro econômico". À guisa de ilustração, Joseph Schumpeter prossegue e lista "divisão do trabalho, origem da propriedade privada da terra, aumento do controle sobre a natureza, liberdade econômica e segurança social" como "elementos mais importantes para a constituição da 'sociologia econômica' de Adam Smith". Todos esses elementos, acrescentou, "dizem claramente respeito ao arcabouço social do curso econômico dos acontecimentos, não a alguma espontaneidade imanente deste último"[1].

A afirmação de Schumpeter visava distinguir entre a preocupação tradicional da teoria econômica com os movimentos para o equilíbrio, ou em torno dele, e a sua própria preocupação com o desenvolvimento econômico, entendido como "perturbação do equilíbrio [...] espontânea e descontínua, que altera e desloca para sempre o estado de equilíbrio antes existente". A separação entre "estática" e "dinâmica" permitiu aos teóricos econômicos, mais notadamente J. B. Clark, ver que os elementos dinâmicos, como aumentos de capital e de população ou mudanças na técnica e na organização produtiva, perturbam os equilíbrios estáticos. Contudo, esses elementos dinâmicos permaneceram exógenos, fato sem explicação na teoria econômica. Na opinião de Schumpeter, essa metodologia teve alguma justificativa

---

[1] Joseph Schumpeter, *The Theory of Economic Development*, p. 59-60, nota [ed. bras.: *Teoria do desenvolvimento econômico*].

no caso dos aumentos de capital e de população, mas não no caso das mudanças da organização técnica e produtiva. Estas se originaram dentro do próprio processo econômico e, portanto, tinham de ser tratadas como fontes endógenas de desenvolvimento econômico. Essa abordagem é paralela à de Marx, para quem "há um desenvolvimento econômico *interno*, e não mera adaptação da vida econômica à mudança dos dados". Entretanto, como Schumpeter prontamente admitiu, sua análise "cobre apenas uma pequena parte do terreno [de Marx]"[2].

A preocupação metodológica de Schumpeter com a deficiência da teoria econômica tem muita relação com a importante distinção entre dois tipos diferentes de desenvolvimento econômico baseado no mercado. Um tipo ocorre dentro de dado arcabouço social; aproveita o potencial oculto de crescimento econômico desse arcabouço, mas não altera de modo fundamental o arcabouço propriamente dito. Podem ocorrer mudanças fundamentais do arcabouço social capazes de aumentar ou reduzir o potencial de crescimento econômico. Mas elas nascem de processos e ações de natureza não econômica, *e não dentro do processo de crescimento econômico*. Esse tipo de desenvolvimento corresponde em geral, mas de modo algum exatamente, às noções de crescimento smithiano, Revolução Industriosa e desenvolvimento não capitalista baseado no mercado que encontramos repetidas vezes no capítulo 1.

Em contrapartida, o segundo tipo de desenvolvimento econômico com base no mercado tende a destruir o arcabouço social dentro do qual ocorre e a criar condições (não necessariamente concretizadas) para o surgimento de novos arcabouços sociais com potencial de crescimento diferente. O arcabouço social também pode mudar por outras razões além da dinâmica interna do processo econômico. Nesse caso, contudo, as mudanças nascidas de processos e ações de natureza não econômica são secundárias ou subordinadas às mudanças nascidas dentro do processo econômico. Esse tipo de desenvolvimento, que chamaremos de schumpeteriano ou marxiano dependendo do contexto, corresponde também em geral, mas de modo algum exatamente, às noções de Revolução Industrial e desenvolvimento capitalista com base no mercado.

O objetivo deste capítulo é elucidar a natureza do primeiro tipo de desenvolvimento econômico como teorizado pelo próprio Smith. Vamos nos concentrar especificamente em sua concepção do mercado como instrumento de governo; da competição e da divisão do trabalho como condições de expansão econômica que interagem mutuamente num arcabouço social estabelecido; de caminho "natural"

---

[2] Ibidem, p. 60, nota; destaque do original.

e "antinatural" de desenvolvimento; e de riqueza nacional como fonte de poder nacional. As críticas de Marx e Schumpeter à concepção de desenvolvimento econômico de Smith serão examinadas no capítulo 3, que trata especificamente da tendência capitalista de superar barreiras à autoexpansão do capital por meio da destruição "criativa" (e não tão criativa assim) dos arcabouços sociais em que antes se baseava a expansão econômica. Usaremos, então, essas concepções diferentes de desenvolvimento econômico para reformular a tese de Sugihara sobre a contínua importância para a sociedade mundial do caminho de desenvolvimento iniciado pela Revolução Industriosa da Ásia oriental.

O mercado como instrumento de governo

Entre os "principais economistas do passado", Smith talvez seja "um dos mais amplamente citados e um dos mais raramente lidos"[3]. Sendo ou não verdade, porém, ele é, ao lado de Marx, certamente um dos mais incompreendidos. Três mitos em particular cercam seu legado: de que era teórico e defensor da "autorregulação" do mercado; de que era teórico e defensor do capitalismo como motor da expansão econômica "interminável"; e de que era teórico e defensor do tipo de divisão de trabalho que se estabeleceu na fábrica de alfinetes descrita no primeiro capítulo de *A riqueza das nações*. Na verdade, ele não era nada disso.

Como Donald Winch argumentou de modo bastante abalizado, a descrição que Smith faz da economia política como "ramo da ciência do estadista ou legislador" e de sua própria contribuição como "teoria" ou conjunto de "princípios gerais" relativos à lei e ao governo, é uma caracterização exata de suas intenções e realizações[4]. Longe de teorizar um mercado autorregulado, que funcionaria melhor com um Estado mínimo ou sem Estado algum, *A riqueza das nações*, assim como a *Teoria dos sentimentos morais* e as não publicadas *Lectures on jurisprudence* [Aulas de jurisprudência], pressupunha a existência de um Estado forte que

---

[3] Robert Heilbroner, "Economic Predictions", p. 73. Numa recordação pessoal, Frank nota que, como tantas vezes já se observou, "os três primeiros capítulos (dos 32) [de *A riqueza das nações*] [...] é o máximo que o imprudente leitor moderno avançará no livro. (Isso *foi* o máximo que tivemos no curso de Frank Knight sobre a história do pensamento econômico, na Universidade de Chicago. [...] Milton Friedman abandonou Smith quase totalmente, preferindo substituí-lo por Alfred Marshall [...] [instruindo-nos] a aprender com as *notas de rodapé* dos *Princípios de economia* [...] e a relegar ao esquecimento quase todo o texto empiricamente rico e os apêndices)" (Andre Gunder Frank, "On the Roots of Development and Underdevelopment in the New World: Smith and Marx vs the Weberians", p. 121; destaque do original).

[4] Donald Winch, *Adam Smith's Politics: An Essay in Historiographic Revision*. Ver também Knud Haakonssen, *The Science of a Legislator: The Natural Jurisprudence of David Hume and Adam Smith*, e Patricia Werhane, *Adam Smith and His Legacy for Modern Capitalism*.

criaria e reproduziria as condições de existência do mercado; usaria o mercado como instrumento eficaz de governo; regulamentaria seu funcionamento; e interviria ativamente para corrigir ou contrabalançar resultados social ou politicamente indesejáveis. Na verdade, o objetivo da economia política de Smith era tanto "dar ao Estado [...] receita suficiente para os serviços públicos" quanto "permitir a subsistência [...] com fartura para o povo, ou mais propriamente, permitir-lhe obter [...] essa subsistência para si"[5]. Nesse esforço, as esferas em que Smith aconselhava o legislador a intervir eram muitíssimas, como dar proteção contra ameaças internas e externas à segurança dos indivíduos e do Estado (polícia e defesa nacional), ministrar a justiça, prover a infraestrutura física necessária para facilitar o comércio e as comunicações, regulamentar a moeda e o crédito e educar a massa da população para contrabalançar o efeito negativo da divisão do trabalho sobre sua qualidade intelectual. Nessas e em outras esferas, o conselho de Smith ao legislador baseava-se em considerações mais sociais e políticas do que econômicas[6].

A crença dogmática nos benefícios do governo minimalista e do mercado autorregulado, típica do "credo liberal" do século XIX, ou a crença igualmente dogmática no poder curativo das "terapias de choque" defendidas pelo Consenso de Washington no fim do século XX, eram totalmente alheias a Smith. Na verdade, ele provavelmente concordaria com a tese de Karl Polanyi de que tais crenças são utópicas e impraticáveis. Esperar que a total liberdade de comércio se estabelecesse na Grã-Bretanha parecia-lhe "tão absurdo quanto esperar que alguma Oceana ou Utopia venha a se instalar nela". E nem essa liberdade total ("perfeita liberdade", como às vezes ele a chamava) seria condição necessária para a prosperidade econômica. "Se nenhuma nação puder prosperar sem o gozo da perfeita liberdade e da perfeita justiça, então não há no mundo nação que já tenha prosperado." E embora Smith nunca deixasse dúvidas de que era favorável à liberalização do comércio, opunha-se com todo o vigor a tudo que lembrasse as terapias de choque das décadas de 1980 e 1990. Se grandes setores da economia fossem afetados, a mudança "jamais deve se impor de repente, mas de sim modo lento, gradual e depois de muito aviso". Deveria haver cuidado especial para retirar a proteção de setores que empregassem "grande número de mãos" ou do comércio de artigos de subsistência que despertasse forte reação popular. Na verdade, neste último caso "o go-

---

[5] Adam Smith, *An Inquiry into the Nature and Causes of the Wealth of Nations* [doravante *The Wealth of Nations*], v. 1, p. 449 [ed. bras.: *A riqueza das nações*].

[6] Donald Winch, *Adam Smith's Politics*, capítulos 5, 6 e 7; Knud Haakonssen, *The Science of a Legislator*, p. 93-5, 160 ss.; Patricia Werhane, *Adam Smith and His Legacy for Modern Capitalism*; e Jerry Z. Muller, *Adam Smith in His Time and Ours: Designing the Decent Society*, p. 140-8.

verno deve ceder aos preconceitos [do povo] e, para preservar a tranquilidade pública, estabelecer o sistema que o povo aprova"[7].

O uso do mercado pelo governo, em outras palavras, tinha não só propósito social como também estava sujeito a fortes restrições sociais. Por exemplo, as razões pelas quais Smith achava absolutamente irreal esperar que o livre-comércio se estabelecesse de todo na Grã-Bretanha eram estritamente sociais.

> Não só os preconceitos do público, como também, de modo muito mais insuperável, o interesse particular de muitos indivíduos, se opõem terminantemente a isso. Se os oficiais do exército se opusessem a qualquer redução de suas tropas com o mesmo zelo e unanimidade com que os principais industriais se posicionam contra toda lei que possa aumentar o número de seus rivais no mercado doméstico, se os primeiros animassem seus soldados da mesma maneira com que os segundos inflamam seus trabalhadores para atacar com violência e indignação os proponentes de tal regulamentação, tentar reduzir o exército seria tão perigoso quanto hoje se tornou a tentativa de diminuir, em todo e qualquer aspecto, o monopólio que nossos fabricantes obtiveram contra nós.[8]

A competição e a queda da taxa de lucro

Assim como Smith não era teórico nem defensor do capitalismo como motor da expansão econômica "interminável", também não era teórico nem defensor de mercados "autorregulados". Ao contrário da opinião geral, a ideia de que, com o tempo, a acumulação de capital tende a fazer a taxa de lucro cair e acaba pondo fim à expansão econômica não é de Marx, e sim de Smith. Como veremos no capítulo 3, a versão do próprio Marx da "lei" da tendência de queda da taxa de lucro visa, na verdade, a demonstrar que a versão de Smith é excessivamente pessimista quanto ao potencial de desenvolvimento capitalista a longo prazo.

---

[7] A essência da argumentação e todas as citações desse parágrafo são de Donald Winch, "Science of the Legislator: Adam Smith and After", p. 504-9. A tese de que Smith teria concordado com a condenação de Polanyi ao credo liberal é minha. O próprio Polanyi é um pouco ambíguo a respeito da relação de Smith com o credo liberal. Embora critique Smith por inventar, numa leitura errada do passado, o conceito de Homem Econômico, ainda assim admitiu que "a riqueza era para [Smith] meramente um aspecto da vida da comunidade, a cujos propósitos permanecia subordinada [...]. Não há insinuação em sua obra de que os interesses econômicos dos capitalistas formulem a lei da sociedade; nenhuma insinuação de que seriam eles os porta-vozes seculares da providência divina que governaria o mundo econômico como entidade separada. Nele, a esfera econômica ainda não está sujeita a leis próprias que nos dão padrões de bem e de mal" (Karl Polanyi, *The Great Transformation: The Political and Economic Origins of Our Time*, p. 43-7, 111-2 [ed. bras.: *A grande transformação: as origens da nossa época*]).

[8] Adam Smith, *The Wealth of Nations*, v. 1, p. 493-4.

Na versão da "lei" de Smith, a tendência de queda da taxa de lucro resulta do aumento de competição que inevitavelmente acompanha a acumulação de uma massa crescente de capital dentro de esferas de produção e canais de comércio estabelecidos.

Em qualquer país, conforme aumenta o capital, o lucro que se pode apurar com seu emprego necessariamente diminui. Torna-se cada vez mais difícil encontrar, dentro do país, um método lucrativo para empregar qualquer novo capital. Surge, como consequência, a competição entre capitais diferentes, o dono de um esforça-se para tomar posse do emprego que é ocupado por outro [...]. [Para isso, ele] deve não só vender sua mercadoria um pouco mais barato, como também, para poder obtê-la, pagar às vezes um pouco mais caro [...]. Desse modo, o lucro que se pode obter com o uso do capital diminui, por assim dizer, nas duas pontas.[9]

A abertura de novas esferas de produção e canais de comercialização pode contrabalançar a tendência por algum tempo. Mas se há liberdade de entrada no mercado (a "perfeita liberdade" de Smith), a tendência volta inevitavelmente sob o impacto da competição renovada.

A criação de toda nova indústria, de todo novo ramo de comércio ou de toda nova prática na agricultura é sempre uma especulação que promete a quem a projetou lucro extraordinário. Às vezes esse lucro é imenso e às vezes, talvez com mais frequência, seja bem o contrário; mas em geral não apresenta proporção regular em relação àquele das antigas atividades da região. Se o projeto dá certo, é comum que a princípio o lucro seja bem alto. Quando a prática ou o ramo de comércio se torna bem estabelecido e conhecido, a competição o reduz ao nível dos outros setores.[10]

Esse nível geral ao qual o lucro se reduz pode ser alto ou baixo, dependendo de mercadores e fabricantes terem condições de restringir a entrada de novos participantes em suas esferas de funcionamento por meio de acordos privados ou de regulamentação governamental. Se eles não têm essas condições, o lucro diminuirá até ser considerado "tolerável" em vista dos riscos envolvidos no em-

---

[9] Ibidem, v. 1, p. 375. Algumas páginas adiante, Smith afirma a mesma coisa de modo mais sucinto: "Todo o capital do país aumentando, a competição entre os diferentes capitais dos quais ele se compõe naturalmente aumentaria com isso. Os proprietários desses capitais específicos seriam forçados a se contentar com uma proporção menor do produto desse trabalho que seus respectivos capitais empregaram" (p. 378).

[10] Ibidem, v. 1, p. 128. Esse ponto de vista, totalmente aceito por Ricardo e Marx, anuncia de modo claro a teoria das inovações de Schumpeter (Paolo Sylos-Labini, "Competition: The Product Markets", p. 219).

prego do capital no comércio e na produção[11]. Mas se puderem restringir a entrada de novos participantes e manter a oferta restrita no mercado, o lucro será bem maior do que o nível tolerável. No primeiro caso, a expansão do comércio e da produção *chega* ao fim em razão do lucro baixo; no segundo caso, é *levada* ao fim pela tendência de mercadores e fabricantes de manter o lucro no nível mais alto possível[12]. Seja como for, o processo econômico não gera espontaneamente nenhuma tendência a superar os limites impostos ao crescimento econômico pela queda da taxa de lucro.

Ao dar conselhos aos governos sobre como lidar com essas tendências, Smith não mostra nenhuma das disposições pró-capital típicas das ideologias liberal e neoliberal posteriores. Pelo contrário,

> Na concepção de Smith [...] a queda da taxa de lucro seria um fenômeno positivo *se* fosse um reflexo da eliminação gradual dos vários tipos de barreira monopolistas [...], ou seja, um fenômeno positivo, desde que fosse reflexo do aumento da competição e não caísse ao nível mínimo aceitável.[13]

Em outras palavras, para Smith, é tarefa essencial dos governos assegurar a competição dos capitalistas entre si para reduzir o lucro ao mínimo necessário para compensar o risco de investir recursos no comércio e na produção. Essa interpretação se encaixa na definição de Smith sobre os interesses contrastantes das "três grandes ordens originais e constituintes de toda sociedade civilizada", ou seja, os que vivem de renda, os que vivem de salário e os que vivem de lucro. O interesse das duas primeiras ordens (ou classes sociais, como diríamos hoje), argumenta Smith, tende a coincidir com o interesse social geral, porque o valor real da renda da terra e do salário tende a subir com a expansão econômica e cair com o declínio econômico da sociedade. Em contrapartida, o interesse dos que vivem de lucro pode se chocar com o interesse social geral, porque sempre envolve a ampliação do mercado e o estreitamento da competição. E embora "alargar o mercado possa ser, com frequência, bastante coerente com o interesse do público [...], estreitar a competição sempre será contra ele e só servirá aos negociantes, porque este aumentará seu lucro acima do que seria natural, cobrando, em benefício próprio, um tributo absurdo de seus concidadãos"[14].

---

[11] "A taxa de lucro ordinária mais baixa deve estar sempre um pouco acima do suficiente para compensar os prejuízos ocasionais aos quais todo emprego de patrimônio está sujeito" (Adam Smith, *The Wealth of Nations*, v. 1, p. 107-8).
[12] Ver Paolo Sylos-Labini, "Competition", p. 216-20.
[13] Ibidem, p. 220; destaque do original.
[14] Adam Smith, *The Wealth of Nations*, v. 1, p. 276, 278.

Pior ainda, além de se chocar com o interesse geral, os que vivem de lucro promovem seu interesse com maior lucidez, poder e determinação do que as outras classes sociais. O conforto e a segurança da situação do proprietário de terras "tornam-no, com demasiada frequência, não apenas ignorante como também incapaz daquela dedicação da mente necessária para prever e entender as consequências de toda regulamentação pública". Quanto ao que vive de salário, "ele é incapaz de compreender o interesse social geral ou de entender sua ligação com seu próprio interesse". Além disso, nas deliberações públicas "sua voz é pouco ouvida e menos considerada, a não ser em algumas ocasiões específicas, quando seu clamor é estimulado, atiçado e apoiado por seus empregadores, não em seu interesse, mas no interesse deles". Os que vivem de lucro, em contrapartida, principalmente aqueles que empregam mais capital, "atraem para si, por sua riqueza, a maior parte da consideração do público". E "durante toda a vida estão envolvidos em planos e projetos, têm [...] mais conhecimento de seu próprio interesse do que [aquele que vive de renda] tem do dele"[15].

Portanto, em prol do interesse social geral, os legisladores são aconselhados a se contrapor e não ceder aos interesses e ao poder capitalista. Longe de se mostrar simpático ao capital, o conselho de Smith ao legislador era, quase invariavelmente, simpático à mão de obra.

> Nossos mercadores e principais fabricantes queixam-se muito do mau efeito dos salários elevados no aumento do preço, reduzindo, portanto, a venda de suas mercadorias no país e no exterior. Nada dizem a respeito do mau efeito do lucro elevado. Silenciam em relação ao efeito pernicioso de seus próprios ganhos. Queixam-se somente dos ganhos dos outros.[16]

Na opinião de Smith, queixar-se de salários elevados é ainda mais injustificável porque a "remuneração liberal do trabalho" é efeito do aumento da renda nacional e ao mesmo tempo causa de aumento da população e da industriosidade da gente comum. "Queixar-se disso é lamentar o efeito necessário e a causa da maior prosperidade"[17]. Em lugar nenhum, a ligação entre salário elevado e progresso econômico foi mais evidente do que nas colônias norte-americanas.

---

[15] Ibidem, v. 1, p. 276-8.

[16] Ibidem, v. 1, p. 110; também v. 2, p. 113.

[17] Ibidem, v. 1, p. 90-1. Como observa Winch, não há aqui nenhuma insinuação da posterior insistência de Thomas Malthus com respeito às expectativas sinistras causadas pela redução do lucro na agricultura e pelo pauperismo em massa, questão à qual voltaremos no capítulo 3 (Donald Winch, "Science of the Legislator", p. 513-4).

A sociologia histórica de Adam Smith

Todo colono recebe mais terra do que conseguiria cultivar. Não tem renda da terra e quase nenhum imposto para pagar. [...] Tem todos os motivos para conseguir a maior produção possível, que é, portanto, quase inteiramente sua. [...] Assim sendo, anseia por reunir trabalhadores vindos de toda parte e remunerá-los com o mais liberal dos salários. Mas esse salário liberal, somado à abundância e ao preço baixo da terra, logo faz com que os trabalhadores o abandonem para se tornar também proprietários de terras e remunerar, com igual liberalidade, outros trabalhadores, que logo os abandonarão pela mesma razão por que deixaram o primeiro patrão. [...] Em outros países, arrendamentos e lucros consomem o salário e as duas ordens superiores oprimem a ordem inferior. Mas nas novas colônias o interesse das duas ordens superiores obriga-as a tratar a inferior com mais generosidade e humanidade, ao menos onde essa ordem inferior não se encontra em estado de escravidão.[18]

Entretanto, as condições da nova colônia são excepcionais, porque ela "terá sempre, por algum tempo, patrimônio de menos em relação ao tamanho de seu território e será mais subpovoada em relação ao tamanho de seu patrimônio do que a maioria dos outros países". Smith compara essa condição com aquela do país "totalmente povoado em relação ao que seu território pode sustentar ou seu patrimônio pode empregar" e com "uma quantidade de patrimônio tão grande [...] empregada em cada ramo específico quanto permitir a natureza e o tamanho do setor". Em um país assim, "a competição [...] e, consequentemente, o lucro ordinário seria o mais baixo possível". Smith duvida que algum país "já tenha atingido esse grau de opulência", mas menciona dois candidatos prováveis e radicalmente diferentes: China e Holanda[19].

Adiante voltaremos à análise comparativa que Smith faz das condições de desenvolvimento na China, na Europa e na América do Norte. Por enquanto, observemos que, nesse contexto, Smith compara as colônias norte-americanas com a China e a Holanda para ilustrar sua concepção de desenvolvimento econômico como processo inserido em um ambiente social, institucional e físico específico e por ele limitado. Em termos mais específicos, Smith concebe o desenvolvimento econômico como o preenchimento com pessoas e capital físico ("patrimônio") de um recipiente espacial ("país"), que engloba um volume dado de recursos naturais e é configurado internamente e restringido externamente por leis e instituições. Quando o recipiente espacial tem "patrimônio de menos" e está "subpovoado", como no caso das colônias norte-americanas, há grande potencial de crescimento econômico – condição ou "estado" que Smith chama de "progressista". Em contra-

---

[18] Adam Smith, *The Wealth of Nations*, v. 2, p. 76-7.
[19] Ibidem, v. 1, p. 103-8.

Adam Smith em Pequim

partida, quando o recipiente espacial tem "patrimônio total" e está "totalmente povoado", como no caso da China e da Holanda, o potencial de crescimento econômico, caso exista, não é tão grande – condição ou "estado" que Smith chama de "estacionário", mas que na linguagem contemporânea seria descrito como maturidade econômica. A tarefa do legislador é dotar seus domínios de leis e instituições que possibilitem a concretização total do potencial de crescimento. Assim, para Smith, a China parecia "estar há muito estacionária" e ter "provavelmente há muito" "adquirido aquele conjunto completo de riquezas que a natureza de seu solo e de seu clima e sua situação com relação aos outros países lhe permitiram adquirir". Entretanto, esse conjunto completo de riquezas "pode ser muito inferior àquele que, com outras leis e instituições, a natureza de seu solo, clima e situação poderiam permitir"[20].

Não está claro, ao menos para este leitor, até que ponto Smith achava que a mudança das leis e das instituições de um país poderia superar os limites impostos ao crescimento econômico pelo tamanho do país e pelo volume dos recursos naturais. No entanto, está claro que, como afirmou Schumpeter, o processo de desenvolvimento econômico, como entendido por Smith, não tem nenhum mecanismo *inerente* de superação da tendência de acomodação a um "estado estacionário" ou de permanência numa "armadilha de equilíbrio de alto nível", como Mark Elvin caracterizou a situação estacionária da China no fim do período imperial[21]. Smith não sugere em lugar nenhum que a mão invisível do mercado, agindo por conta própria, possa livrar a economia dessa armadilha. Se algo ou alguém pode fazer isso, é a mão visível do governo, com mudanças adequadas de leis e de instituições. Intimamente ligado a isso, também está claro que, ao provocar mudanças de leis e de instituições, os governos não só são submetidos a fortes restrições sociais, como já observado, mas também reagem a contradições do processo de desenvolvimento econômico que são fundamentalmente mais sociais que econômicas.

A divisão do trabalho e a deterioração da qualidade intelectual da população

A questão da ação do Estado em resposta às contradições sociais do desenvolvimento econômico nos leva ao terceiro mito que cerca o legado de Smith: o mito de que ele era teórico e defensor do tipo de divisão de trabalho descrito nos trechos iniciais de *A riqueza das nações*. Tornou-se famosa a afirmativa de Schumpe-

[20] Ibidem, v. 1, p. 106.
[21] Mark Elvin, *The Pattern of the Chinese Past*, p. 314, e capítulo 11 a seguir.

64

A sociologia histórica de Adam Smith

ter de que ninguém, nem antes nem depois de Smith, jamais pensou em dar à divisão de trabalho o peso que ele deu. Para Smith, "esse é praticamente o único fator de progresso econômico"[22]. Enquanto a segunda afirmativa é um exagero, a primeira só é verdadeira com relação à divisão do trabalho *entre* unidades de produção independentes ligadas por trocas no mercado (a "divisão social do trabalho" de Marx) e não à divisão do trabalho *dentro* das unidades de produção (a "divisão técnica do trabalho" de Marx)[23].

Na narrativa de *A riqueza das nações*, esses dois tipos de divisão de trabalho ocupam posição estratégica oposta à que têm no primeiro volume de *O capital* de Marx. Este começa sua história pelo mercado e pela divisão social subjacente do trabalho, mas logo nos convida a deixar a "esfera barulhenta" do mercado e seguir o dono dos meios de produção e o possuidor da força de trabalho até a "morada oculta da produção" para descobrir "não só como o capital produz, mas também como o capital é produzido"[24]. Smith, em contrapartida, começa sua história com o exemplo de uma fábrica de alfinetes para ilustrar como a divisão de trabalho melhora a força produtiva da mão de obra. A partir daí, no entanto, ele deixa a morada oculta da produção e concentra-se na divisão social do trabalho (entre cidade e campo ou entre atividades e setores econômicos); nas trocas de mercado que ligam as unidades especializadas em diferentes atividades econômicas; na competição que promove mais divisão e especialização do trabalho entre ramos de comércio e de produção; e no que os governos podem fazer para promover, regulamentar e aproveitar a sinergia entre competição e divisão do trabalho. É só ao defender a ação do governo na educação das massas, perto do final de *A riqueza das nações*, que Smith volta implicitamente à divisão técnica do trabalho. Mas em vez de enfatizar seus efeitos positivos sobre o poder produtivo da mão de obra, como faz no início da história, agora denuncia seu efeito deletério sobre a força de trabalho.

> Com o progresso da divisão do trabalho, o emprego da imensa maioria daqueles que vivem do trabalho, ou seja, da maior parte do povo, passa a se limitar a algumas operações muito simples, com frequência a uma ou duas. Mas a compreensão da maior parte dos homens forma-se necessariamente a partir de sua atividade ordinária. O homem que passa a vida realizando algumas operações simples, cujos efeitos também são, talvez, sempre os mesmos ou quase os mesmos, não tem oportunidade de exercer seu entendimento ou de exercitar sua inventividade para descobrir expedientes e remover

---

[22] Joseph Schumpeter, *History of Economic Analysis*, p. 187 [ed. bras.: *História da análise econômica*].
[23] Karl Marx, *Capital* (1959), v. 1, p. 350-6 [ed. bras.: *O capital*].
[24] Ibidem, p. 176.

dificuldades que nunca surgem. Portanto, ele perde naturalmente o hábito desse esforço e, em geral, torna-se tão estúpido e ignorante quanto pode se tornar uma criatura humana [...]. Ele é totalmente incapaz de julgar os grandes e extensos interesses de seu país; e a menos que haja um esforço bem específico para fazer dele algo diferente, também é incapaz de defender seu país na guerra [...]. Isso corrompe até mesmo a atividade de seu corpo e torna-o incapaz de exercer sua força com vigor e perseverança em todo e qualquer emprego diferente daquele para o qual foi criado. Desse modo, a destreza em sua atividade específica parece ser adquirida à custa de suas virtudes intelectuais, sociais e marciais. Mas em toda sociedade refinada e civilizada, é esse o estado em que cairá necessariamente o pobre trabalhador, ou seja, a maior parte do povo, a menos que o governo se esforce para impedi-lo.[25]

Deixando de lado, por enquanto, o efeito negativo da divisão técnica do trabalho sobre as virtudes marciais, seu efeito negativo sobre a capacidade de julgar o interesse nacional é coerente com a má opinião observada anteriormente em Smith a respeito da capacidade de quem vive de salário de "compreender o interesse social geral ou de entender sua ligação com seu próprio interesse". No entanto, ao afirmar que a divisão técnica do trabalho reduz a capacidade do trabalhador assalariado de descobrir expedientes inteligentes e criativos para remover dificuldades de seu próprio serviço ou de realizar com eficácia serviços que sejam "diferentes daquele para o qual foi criado", Smith parece contradizer a tese anterior de que o mesmo fenômeno melhora o poder produtivo da mão de obra. E. G. West, por exemplo, encontra "notável incoerência" entre essas duas teses, principalmente diante do fato de que uma das razões pelas quais Smith espera que a divisão de trabalho melhore a produtividade do trabalho é porque ela aumenta a inventividade dos trabalhadores ao direcionar toda sua atenção para a descoberta de métodos mais fáceis ou mais rápidos de realizar operações simples[26].

Nathan Rosenberg, contrapondo-se a West, argumentou que, "embora a divisão de trabalho tenha efeitos potencialmente desastrosos sobre as qualidades morais e intelectuais da força de trabalho e embora Smith se preocupasse a sério com esses efeitos, ele não temia que isso constituísse impedimento grave à contínua mudança tecnológica"[27]. Em apoio a esse argumento, Rosenberg ressalta que, para Smith, as inovações tecnológicas tinham duas fontes, além da inventividade dos trabalhadores: a atividade dos produtores de bens de capital e a atividade daqueles que Smith chamava de "filósofos", e que hoje chamaríamos de cientistas.

---

[25] Adam Smith, *The Wealth of Nations*, v. 2, p. 302-3.
[26] Edwin G. West, "Adam Smith's Two Views on the Division of Labour", p. 26.
[27] Nathan Rosenberg, "Adam Smith on the Division of Labour: Two Views or One?", p. 138-9.

A sociologia histórica de Adam Smith

Todo o aperfeiçoamento da maquinaria [...] não foi, de modo algum, invenção daqueles que tiveram ocasião de usar as máquinas. Muitas melhorias foram feitas pela engenhosidade dos fabricantes das máquinas, quando fazê-las se tornou negócio de um ramo específico; e algumas por aqueles ditos filósofos ou homens de especulação, cuja profissão é nada fazer, mas tudo observar; e que, por isso, muitas vezes são capazes de combinar os poderes dos objetos mais distantes e dessemelhantes. Com o progresso da sociedade, a filosofia ou a especulação torna-se, como todas as outras profissões, negócio ou ocupação principal de uma classe específica de cidadãos. Como todos os outros empregos, ela também é subdividida num grande número de ramos diferentes, cada um dos quais dá ocupação a uma tribo ou classe específica de filósofos; e essa subdivisão [...], como em todos os outros ramos, melhora a destreza e poupa tempo. Cada indivíduo se torna mais especializado em seu ramo específico, mais trabalho é feito no total, e a quantidade de ciência é assim consideravelmente aumentada.[28]

Rosenberg sugere que, no esquema de Smith, a importância relativa dessas três fontes de mudança tecnológica (produtores diretos, produtores de meios de produção e filósofos/cientistas) varia com o progresso da divisão de trabalho. Nos primeiros estágios desse progresso, o nível de conhecimento e de compreensão da maioria da população é considerável, e todos os envolvidos no processo de produção podem contribuir com as inovações simples, mas necessárias para poupar tempo e energia e superar dificuldades. Quanto mais avança a divisão de trabalho, menor a capacidade da maioria da população de contribuir para a mudança tecnológica, em parte por causa da crescente complexidade das inovações e em parte por causa da crescente atrofia do intelecto, associada ao trabalho cada vez mais monótono e uniforme. No entanto, enquanto o nível modal de conhecimento e compreensão encolhe, a especialização extensiva na produção de conhecimento propriamente dito permite níveis mais elevados de realização científica, o que gera oportunidades únicas e sem precedentes de progresso técnico[29]. Como explica o próprio Smith,

Embora numa sociedade incivilizada haja bastante variedade nas ocupações dos indivíduos, na sociedade como um todo isso não acontece. Todo homem faz ou é capaz de fazer quase tudo que qualquer outro homem faz ou é capaz de fazer. Todo homem tem um grau considerável de conhecimento, engenhosidade e capacidade de invenção; mas pouquíssimos homens têm um grau elevado dessas qualidades. Entretanto, o grau que comumente se tem costuma ser suficiente para conduzir qualquer atividade simples da sociedade. No Estado civilizado, ao contrário, embora haja pouca variedade nas ocupa-

[28] Adam Smith, *The Wealth of Nations*, v. 1, p. 14.
[29] Nathan Rosenberg, "Adam Smith on the Division of Labour", p. 136-7.

Adam Smith em Pequim

ções da maior parte dos indivíduos, há uma variedade quase infinita delas na sociedade como um todo. Essas ocupações variadas apresentam uma variedade quase infinita de objetos para a contemplação dos poucos que [...] têm tempo e gosto para examinar a ocupação dos outros. A contemplação de variedade tão grande de objetos exercita necessariamente sua mente em comparações e combinações infinitas e torna seu entendimento, ao mesmo tempo e em grau extraordinário, agudo e abrangente.[30]

A interpretação que Rosenberg faz desse trecho como um retrato da troca dos produtores diretos pelos cientistas como principais agentes da mudança da técnica e da organização produtiva é válida, desde que a limitemos em dois aspectos importantes. Em primeiro lugar, a troca em questão é coerente com a concepção de Smith de desenvolvimento econômico como processo inserido em determinado ambiente físico, institucional e social e por ele limitado. Ela simplesmente especifica os mecanismos pelos quais, de um lado, a expansão do mercado nacional devida ao crescimento da renda e, de outro, a divisão de trabalho cada vez maior sustentam uma à outra num círculo virtuoso de crescimento econômico, desde que o recipiente territorial no qual ambas estão contidas consiga acomodar a massa sempre crescente de capital sem fazer a taxa de lucro cair abaixo do nível mínimo aceitável. Mas Smith não sugere em lugar nenhum que o aumento da divisão do trabalho possa, por si só, impedir que a economia fique presa em uma armadilha de equilíbrio de alto nível (seu "estado estacionário"), caso o recipiente contenha "excesso de patrimônio" e "excesso de população". Como observamos anteriormente, apenas a mão visível do governo pode livrar a economia dessa armadilha por intermédio de mudanças adequadas de leis e de instituições.

Em segundo lugar, apesar de usar uma fábrica de alfinetes para ilustrar os efeitos positivos da especialização sobre a força produtiva da mão de obra, o trecho citado acima e seu contexto geral deixam claríssimo que Smith atribui os efeitos mais positivos sobre essa força produtiva ao surgimento de unidades e ramos especializados da produção (isto é, à maior divisão social do trabalho), mais do que à especialização dos papéis da mão de obra dentro das unidades propriamente ditas (isto é, à maior divisão técnica do trabalho). Em outras palavras, os dois fatos que, para Smith, são mais importantes para o aumento da força produtiva do trabalho são o surgimento de um setor especializado na produção de bens de capital e o surgimento de indivíduos e de organizações especializados na produção de conhecimento científico. Embora ambos dependam do aumento *do tamanho do mercado*, não dependem necessariamente, ao contrário do surgimento de papéis

[30] Adam Smith, *The Wealth of Nations*, v. 2, p. 304.

especializados no trabalho, de um aumento do *tamanho das unidades de produção* ligadas ao mercado.

O total ceticismo de Smith quanto à eficiência e à utilidade das grandes empresas reforça ainda mais essa tese. Esse ceticismo é evidente não só por seu já discutido conselho aos governos para que combatam o poder das grandes empresas, como também por sua visão negativa a respeito das sociedades anônimas. "Essas companhias, embora talvez possam ter sido úteis para iniciar alguns ramos do comércio e fazer, à própria custa, uma experiência que o Estado talvez não achasse prudente, mostraram-se, a longo prazo e universalmente, incômodas ou inúteis, e administraram mal ou confinaram o setor."[31] Como os acionistas "raramente tentam entender alguma coisa dos negócios da companhia" e "não se dão o trabalho de fazê-lo, mas recebem contentes os dividendos semestrais ou anuais, segundo o que os diretores acharem adequado pagá-los",

> Negligência e prodigalidade [...] sempre predominarão, mais ou menos, na administração dos negócios desse tipo de companhia. É por isso que as sociedades anônimas criadas para o comércio exterior [...] muito raramente tiveram sucesso sem contar com privilégio exclusivo; e, com frequência, nem com ele tiveram sucesso. Sem privilégio exclusivo, elas comumente administraram mal o setor. Com privilégio exclusivo, administraram-no mal e confinaram-no.[32]

"Negligência e prodigalidade" administrativa não são as únicas razões do mau desempenho das sociedades anônimas. A falta de flexibilidade para se adaptar às condições locais também é importante no caso de companhias que operam ao mesmo tempo em vários mercados nacionais sem privilégios exclusivos – ou seja, companhias que se assemelham bastante às multinacionais de hoje.

> Comprar num mercado para vender, com lucro, em outro, quando há muitos concorrentes em ambos; vigiar não só as variações ocasionais da demanda, mas também as variações muito maiores e muito mais frequentes da concorrência ou da oferta que aquela demanda provavelmente vai gerar em outros; e ajustar, com destreza e bom senso, a quantidade e a qualidade de cada sortimento de bens a todas essas circunstâncias é uma espécie de guerra cujas operações mudam com frequência e praticamente não podem ser realizadas com sucesso sem que se exerça aquela vigilância e aquela atenção incansáveis que não se pode esperar por muito tempo de diretores de uma sociedade anônima.[33]

---

[31] Ibidem, v. 2, p. 255.
[32] Ibidem, v. 2, p. 264-5.
[33] Ibidem, v. 2, p. 278.

Smith admite que, quando "todas as operações podem se reduzir à dita rotina ou à tamanha uniformidade de método que admita pouca ou nenhuma variação", a sociedade anônima pode ser capaz de "funcionar com sucesso sem privilégio exclusivo". Mas ele só menciona quatro atividades em que isso poderia ocorrer: bancos, seguros, construção e manutenção de canais navegáveis e fornecimento de água a uma grande cidade. A indústria, definitivamente, não é uma delas.

> As sociedades anônimas, que são criadas para o bem-estar público com o propósito de promover alguma manufatura específica, além de administrar mal seus próprios negócios, diminuindo o patrimônio geral da sociedade, dificilmente, em outros aspectos, deixarão de fazer mais mal do que bem. Não obstante as intenções mais honradas, a parcialidade inevitável de seus diretores para com ramos específicos da manufatura [...] constitui real desencorajamento para o resto e rompe, necessariamente, mais ou menos aquela proporção natural que, não fosse assim, viria a se estabelecer entre a industriosidade judiciosa e o lucro, e que, para a industriosidade geral do país, é, de todos os encorajamentos, o maior e o mais eficaz.[34]

Caminhos alternativos para a opulência

A referência no trecho acima à "proporção natural [...] entre a industriosidade judiciosa e o lucro" nos traz um quarto esclarecimento a respeito da concepção que Smith faz do desenvolvimento econômico. Como já dissemos, Smith destaca a China e a Holanda como exemplos mais prováveis de país "totalmente povoado em relação ao que seu território pode manter ou seu patrimônio pode empregar" e com "quantidade de patrimônio tão grande [...] empregada em cada ramo específico quanto permitir a natureza e a extensão do setor". No entanto, Smith também nos diz que a China e a Holanda chegaram a essa situação de maturidade econômica desenvolvendo-se por caminhos muito diferentes.

A China é várias vezes mencionada como exemplo de país que seguiu o caminho da maturidade econômica chamado por Smith de "curso natural das coisas" ou "progresso natural da opulência". Assim, no curso "natural" das coisas, "a maior parte do capital [...] é, em primeiro lugar, dirigido para a agricultura, depois para a manufatura e por último para o comércio exterior". A extensão e o aprimoramento do cultivo criam demanda para o investimento na manufatura, e a expansão da produção agrícola e industrial, por sua vez, gera um excedente de mercadorias que pode ser trocado no exterior por mercadorias de maior valor. "Se as

---

[34] Ibidem, v. 2, p. 279-82.

instituições humanas [...] nunca perturbassem o curso natural das coisas, a rique-za progressiva e o aumento das cidades seriam, em todas as sociedades políticas, consequentes e proporcionais à melhoria e ao cultivo do território ou país."[35]

A Holanda, em contrapartida, é considerada o exemplo mais extremo (típico--ideal, na linguagem de Max Weber) de país que seguiu o caminho europeu em direção à maturidade econômica, chamado por Smith de "antinatural e retrógrado".

> Embora [a] ordem natural das coisas deva ter ocorrido em algum grau em todas [...] as sociedades, em todos os Estados modernos da Europa ela foi, em vários aspectos, intei-ramente invertida. O comércio exterior de algumas cidades criou todas as suas melho-res manufaturas, ou as que eram adequadas para o comércio distante; e juntos, manu-faturas e comércio exterior, deram origem aos principais aprimoramentos da agricultura. Os modos e costumes que a natureza de seu governo original criou, e que permaneceram depois que esse governo muito se alterou, forçaram-nas necessariamen-te a essa ordem antinatural e retrógrada.[36]

A descrição que Smith faz da China é muito diversa das condenações de Montesquieu, Diderot e Rousseau, que acabaram dando origem à famosa noção de Marx de um "modo de produção asiático". No entanto, ela não é tão cheia de admiração quanto a descrição da ala sinófila do Iluminismo europeu, represen-tada notadamente por Leibniz, Voltaire e Quesnay[37]. As fontes de informação que inspiraram estes últimos foram ridicularizadas algumas vezes por terem sido "redigidas [...] por viajantes fracos e errantes; com frequência, por missio-nários estúpidos e mentirosos"[38]. O importante é que as leis e as instituições da China foram chamadas às falas por impor limites desnecessários à expansão econômica. Assim, depois de afirmar que o "mercado interno" da China era pro-vavelmente tão grande quanto o de todos os países da Europa somados e que se expandira tanto quanto permitiam seu território, seus recursos naturais e sua situação em relação a outros países, Smith diz que um "país que negligencia [...] o comércio exterior, e que só admite navios de nações estrangeiras em um ou dois portos, não pode realizar o mesmo volume de negócios que seria possível caso tivesse leis e instituições diferentes".

---

[35] Ibidem, v. 1, p. 403-5.
[36] Ibidem, v. 1, p. 405-6.
[37] Quanto à divisão do Iluminismo entre admiradores e detratores da China de Qing, ver Michael Adas, *Machines as Measure of Men: Science, Technology and Ideologies of Western Dominance*, p. 79-93. Quanto ao modo de produção asiático de Marx, ver Perry Anderson, *Lineages of the Absolutist State*, p. 462-549.
[38] Adam Smith, *The Wealth of Nations*, v. 2, p. 251.

O comércio exterior mais extenso [...] que somasse a esse grande mercado interno o mercado estrangeiro de todo o resto do mundo, ainda mais se parte considerável desse comércio fosse realizado com navios chineses, dificilmente deixaria de aumentar muitíssimo a manufatura da China e melhorar muitíssimo a força produtiva de seu setor manufatureiro. Com navegações mais extensas, os chineses aprenderiam naturalmente a arte de usar e construir por conta própria todas as diversas máquinas usadas em outros países, assim como os outros aprimoramentos da arte e dos ofícios praticados em todas as diversas partes do mundo. Segundo seu plano atual, eles têm pouca oportunidade de se aperfeiçoar com o exemplo de outras nações, exceto o dos japoneses.[39]

Deixando de lado, por enquanto, o problema da exatidão histórica, essa crítica às leis e às instituições chinesas não significa, de forma alguma, que as leis e as instituições europeias fossem superiores às chinesas, e menos ainda que o caminho europeu "antinatural e retrógrado" de desenvolvimento econômico fosse superior ao caminho "natural" chinês. A crítica simplesmente exprime a opinião de que a suposta negligência chinesa com o comércio exterior impedia que o caminho chinês "natural" seguisse inteiramente seu curso. Mas Smith não sugere em lugar nenhum que a China poderia ou deveria ter seguido o caminho europeu "antinatural e retrógrado". Ao contrário, o principal objetivo de seu conselho aos estadistas europeus é desviar o curso do desenvolvimento de seus países para o caminho "natural".

Smith justificava esse conselho com base em vários argumentos. Em parte, justificava-o em termos do impacto que diversos tipos de investimento poderiam ter sobre o mercado interno e a riqueza nacional. Afirmava que os capitais empregados na agricultura e no comércio varejista têm o maior impacto positivo, porque precisam permanecer no país, "confinados quase a um lugar preciso, à fazenda e à loja do varejista". O capital empregado no comércio atacadista, ao contrário, "parece não ter residência fixa nem necessária e pode perambular de um lugar para outro, conforme possa comprar mais barato ou vender mais caro". No entanto, ele terá um impacto diferente no mercado nacional caso seja empregado no "comércio interno" (isto é, "comprar numa região e vender em outra do mesmo país a produção da industriosidade desse país") ou no "comércio exterior de consumo" (isto é, "comprar mercadorias estrangeiras para consumo interno") ou no "comércio de transporte" (isto é, "realizar o comércio de países estrangeiros, ou escoar a produção excedente de um país para outro"). O capital investido no comércio interno tem o maior impacto positivo, porque "um capital igual gera mais receita e

---

[39] Ibidem, v. 1, p. 106; v. 2, p. 202.

cria mais empregos para o povo do país". O capital investido na compra de mercadorias estrangeiras para consumo interno tem impacto positivo menos garantido e imediato que o comércio interno, porque não há segurança de que a receita e o emprego criados no exterior com a compra das mercadorias estrangeiras acabe gerando receita e emprego equivalentes na economia do país investidor. Mas o menor impacto positivo é o do capital de um país investido no comércio de transporte, porque está "completamente fora da sustentação do trabalho produtivo daquele país específico e sustenta o de países estrangeiros"[40].

Esse primeiro argumento a favor do caminho "natural" de desenvolvimento afirma simplesmente que a melhor maneira de desenvolver uma economia de mercado nacional é começar com a expansão e o aprimoramento da agricultura e do comércio interno. Essa expansão e esse aprimoramento criam oportunidades para o desenvolvimento espontâneo das atividades manufatureiras numa relação de apoio mútuo com as atividades agrícolas. O crescimento agrícola e industrial, por sua vez, gera um excedente de mercadorias que é mais lucrativo vender no exterior, em troca de outras mercadorias, do que vender no mercado interno. Quando o comércio exterior faz aumentar ainda mais o tamanho do mercado, surgem novas oportunidades para o aparecimento de novos ramos de produção especializados e para a acumulação de capital além e acima do que se pode empregar com lucro "para suprir o consumo e sustentar o trabalho produtivo daquele país específico". Quando isso acontece, "a parte excedente [do capital] transborda naturalmente para o comércio de transporte e é empregado para prestar o mesmo serviço em outros países".

> O comércio exterior de transporte é efeito e sintoma natural da grande riqueza nacional; mas não parece ser sua causa natural. Aqueles estadistas que se dispuseram a favorecê-lo com um encorajamento específico parecem ter confundido o efeito e o sintoma com a causa.[41]

Esse argumento a favor do caminho "natural" de desenvolvimento econômico é completado por mais dois argumentos que exemplificam a linha antiurbana de Smith. Como observou Rosenberg, essa linha é consequência lógica da dupla tese de Smith de que a concentração geográfica torna as áreas urbanas epicentros de restrições ao processo competitivo e que a população rural está menos sujeita ao efeito negativo da divisão de trabalho que a população urbana[42].

---

[40] Ibidem, v. 1, p. 385, 389-92, 456.
[41] Ibidem, v. 1, p. 395.
[42] Nathan Rosenberg, "Adam Smith on the Division of Labour", p. 138, nota.

Os habitantes da cidade, por estarem reunidos num só lugar, podem se misturar com facilidade. Do mesmo modo, o comércio mais insignificante realizado nas cidades [...] formou corporações; e mesmo onde isso nunca ocorreu, predomina o espírito corporativista, a desconfiança contra os estrangeiros, a aversão a ter aprendizes ou a transmitir os segredos da profissão em geral, e muitas vezes lhes ensina, por associações e acordos voluntários, a impedir toda livre competição que não conseguem proibir com leis e estatutos locais [...], Os habitantes do campo, [ao contrário,] dispersos por lugares distantes, não podem se misturar com facilidade. Não só nunca formaram corporações, como o espírito corporativista nunca predominou entre eles.[43]

Essa diferença entre a situação urbana e a situação rural, muitas vezes apoiada pela legislação, permite aos "habitantes da cidade elevar seu preço sem temer o preço mais baixo oferecido pela livre competição do homem do campo [...] [e] de estrangeiros". Embora sejam os "senhores de terras, fazendeiros e trabalhadores do campo" que acabem pagando esse preço mais alto, eles raramente se opõem aos monopólios urbanos apoiados pelo Estado, porque "o clamor e a argúcia de mercadores e fabricantes nos convencem facilmente de que o interesse privado de uma parte, e de uma parte subordinada da sociedade, é o interesse geral do todo"[44]. Smith repete aqui o argumento discutido anteriormente sobre a capacidade que têm aqueles que vivem do lucro de impor à sociedade o interesse de uma classe, que não corresponde ao interesse geral. Mas ao fazer isso, ele mostra a distinção entre trabalhadores rurais e urbanos que faltava na discussão acerca dos interesses de classe daqueles que vivem de lucro, de renda e de salário. Afinal, diz-se que a relação de troca desigual entre a cidade e o campo beneficia não só os mercadores e os fabricantes que promovem sua criação, como também os trabalhadores urbanos.

É nesse contexto que Smith afirma que o trabalhador rural está menos sujeito que o operário industrial aos efeitos negativos da divisão técnica do trabalho. Embora "em geral considerado o padrão da estupidez e da ignorância", ao trabalhador rural comum "raramente falta o juízo e o discernimento" necessários para manusear a grande variedade de instrumentos e materiais com que trabalha. "Seu entendimento [...], acostumado a levar em conta uma variedade maior de objetos, costuma ser muito superior ao do outro, cuja atenção toda, de manhã à noite, costuma se ocupar com uma ou duas operações bem simples." Além disso, as condições instáveis da produção agrícola, "com cada mudança de clima, assim como muitos outros acidentes", exigem constantemente muito juízo e discernimento do trabalhador rural, estimulando-os assim em grau muito maior do que

[43] Adam Smith, *The Wealth of Nations*, v. 1, p. 140-1; ver também v. 2, p. 483-4.
[44] Ibidem, v. 1, p. 142-3.

A sociologia histórica de Adam Smith

nos trabalhadores urbanos, que enfrentam condições de produção "que são sempre as mesmas ou quase as mesmas". Na verdade, quando têm oportunidade de se tornar pequenos proprietários, os trabalhadores rurais são empresários melhores do que os grandes proprietários[45].

Na ausência de restrições à competição nas áreas urbanas, a inteligência e o talento superiores dos trabalhadores rurais vão se refletir na posição e no salário superiores destes em relação aos trabalhadores urbanos, como se dizia ocorrer em países que seguiam o caminho "natural" de desenvolvimento, como a China. Mas em países onde se seguiu o caminho "antinatural", como na Europa, valia o contrário. No entanto, Smith observa que, ao menos na Grã-Bretanha, esse estado de coisas "antinatural" vinha mudando sob o peso da própria contradição.

> Essa mudança pode ser considerada consequência necessária, embora muito tardia, do encorajamento extraordinário dado à industriosidade das cidades. O patrimônio nelas acumulado torna-se tão grande com o tempo que [...], por aumentar a concorrência, reduz necessariamente o lucro. A redução do lucro na cidade expulsa o patrimônio para o campo, onde, ao criar nova demanda de mão de obra rural, aumenta necessariamente os salários. Então ele se espalha [...] pela face da terra e, por ser empregado na agricultura, é devolvido em parte ao campo, à custa do qual, em grande medida, fora originalmente acumulado nas cidades.[46]

O conselho de Smith ao legislador é facilitar essa convergência espontânea do caminho "antinatural" para o "natural". Ao resumir as razões de seu conselho, ele afirma que "o maior objetivo da economia política de todos os países é aumentar as riquezas e o poder desse país". Mesmo assim, o capital "adquirido em cada país pelo comércio e pela manufatura é uma posse muito precária e incerta", a não ser que, ao menos em parte, "tenha sido assegurado e concretizado no cultivo e no aprimoramento de suas terras".

> Já se disse com muita propriedade que o mercador não é necessariamente cidadão de nenhum país em particular. Em grande medida, é indiferente para ele em que lugar realiza seu comércio; e o desgosto mais fútil o levará a remover seu capital, e com ele toda a indústria que sustenta, de um país para outro. Não se pode dizer que alguma parte dele pertença a algum país em particular, até que, por assim dizer, tenha se espalhado pela face daquele país, seja em prédios ou no duradouro aprimoramento das terras [...]. As revoluções ordinárias da guerra e do governo esgotam facilmente as fon-

---

[45] Ibidem, v. 1, p. 141-2, 410-9.
[46] Ibidem, v. 1, p. 142-3. Sobre a remuneração do trabalho agrícola em relação ao trabalho industrial ser maior na China do que na Europa, ver também ibidem, v. 2, p. 201.

Adam Smith em Pequim

tes daquela riqueza que brota tão-somente do comércio. Aquela que brota dos aprimoramentos mais sólidos da agricultura é muito mais duradoura e não pode ser destruída senão pelas convulsões mais violentas ocasionadas por ataques destruidores de nações hostis e bárbaras no decorrer de um ou dois séculos inteiros.[47]

Riqueza e poder

A ligação entre "riquezas" e "poder" feita por Smith ao resumir as razões para defender a maior convergência entre o caminho "antinatural" europeu de desenvolvimento e o caminho mais "natural" leva-nos de volta à sua concepção de economia política como "ramo da ciência do estadista ou do legislador". "A riqueza, como diz o sr. Hobbes, é poder." Imediatamente depois de citar Hobbes, Smith delimita sua concordância, acrescentando que "a pessoa que adquire ou herda uma grande fortuna não adquire ou herda necessariamente o poder político, seja civil ou militar". A riqueza pode dar ao seu possuidor "os meios de adquirir a ambos", mas "também não os transmite necessariamente a ele". O poder que realmente transmite "imediata e diretamente" é "o poder de comprar; um certo comando sobre todo o trabalho, ou todo produto do trabalho que está no mercado"[48].

Como ressaltou Albert Hirschman, substituir o poder transmitido através do controle dos meios de violência pelo poder transmitido através da posse da riqueza era, para Smith, o efeito mais positivo do desenvolvimento do comércio e da indústria[49]. Antes desse desenvolvimento, os grandes proprietários de terra não tinham melhor uso para sua produção excedente do que sustentar um grande número de serviçais, que dependia inteiramente deles e formava um exército particular. Nessas circunstâncias, era muito difícil para o governo central restringir a violência dos grandes senhores, "que [declaravam] guerra segundo seus caprichos, quase sempre uns contra os outros e com grande frequência contra o rei" e transformavam o campo aberto em um "cenário de violência, rapinagem e desordem". Mas o que o poder político e militar do governo central não conseguia, "o funcionamento silencioso e imperceptível do comércio e da manufatura exterior provocou aos poucos".

Aos poucos, eles deram aos grandes proprietários algo que podia ser trocado por todo o excedente de produção de suas terras e que eles mesmos podiam consumir sem ter de

---

[47] Ibidem, v. 1, p. 394, 444-5.

[48] Ibidem, v. 1, p. 35.

[49] Albert O. Hirschman, *The Passions and the Interests: Political Arguments for Capitalism before Its Triumph*, p. 100-2 [ed. bras.: *As paixões e os interesses: argumentos políticos a favor do capitalismo antes do seu triunfo*].

A sociologia histórica de Adam Smith

dividir com seus rendeiros ou apaniguados. [...] Talvez por um par de fivelas de dia-
mante, ou por algo igualmente frívolo e inútil, trocam a manutenção [...] de mil homens durante um ano e, com isso, todo o peso e autoridade que estes poderiam lhes
dar [...]; e assim, para gratificar a mais infantil, a mais cruel e a mais sórdida de todas
as vaidades, trocaram gradualmente todo seu poder e autoridade [...] [e] tornaram-se
tão insignificantes quanto qualquer burguês ou comerciante mais remediado da cidade. O governo regular estabeleceu-se tanto no campo quanto na cidade, e ninguém
tem poder suficiente para perturbar seu funcionamento seja em um, seja em outro.[50]

Aqui Smith parece esquecer que, embora a riqueza não se traduza imediata e
diretamente em poder político, é ela que fornece os meios para adquiri-lo de
modo mais indireto; e que, em outro trecho, ele descreveu a maneira como mercadores e fabricantes urbanos (cujo poder e autoridade são aqui considerados
insignificantes) tinham capacidade de impor ao Estado e à sociedade seu interesse particular contra o interesse nacional. Como veremos no capítulo 3, a concepção redutiva que Smith faz do dinheiro como simples meio de pagamento limita
sua capacidade de ver a relação de longo prazo e em grande escala entre a busca
do lucro e a busca do poder. No entanto, no presente contexto, podemos resolver
a aparente contradição entre as afirmativas opostas de Smith quanto ao funcionamento do comércio externo e da manufatura – de que fortaleceram o governo
central e de que criaram forças poderosas que interferiram na capacidade do governo central de defender o interesse nacional – se observarmos que elas se refe-
rem a funções e "estágios" diferentes do desenvolvimento nacional.

A primeira afirmativa refere-se à centralização do uso legítimo da violência no
território de um Estado nacional existente ou prestes a existir. Nesse aspecto,
Smith condena a existência de líderes guerreiros e saúda o papel que o funcionamento da manufatura e do comércio exterior teve na derrocada desse sistema europeu peculiar ("feudalismo"), por meio da expansão das trocas de mercado das
áreas urbanas para as rurais. Em contraste, a segunda afirmativa refere-se a uma
situação em que o uso legítimo da violência foi centralizado com sucesso e a economia de mercado nacional instalou-se por completo. Nessas circunstâncias, o
superdesenvolvimento "antinatural" das manufaturas e do comércio exterior
torna-se o principal obstáculo à capacidade do governo central de promover o
interesse nacional. Daí o conselho de Smith ao legislador de contrabalançar o poder de mercadores e fabricantes fazendo-os competir entre si para baixar preços e
lucros. Na primeira situação, o principal limite ao poder do governo central vem

---

[50] Adam Smith, *The Wealth of Nations*, v. 1, p. 433-9.

do controle dos proprietários de terra sobre os meios de violência; na segunda, vem do controle dos mercadores e fabricantes sobre a riqueza. Mas em ambas as situações, a maior preocupação de Smith é o estabelecimento e a preservação da capacidade do governo central de promover o interesse nacional.

É claro que a promoção do interesse nacional contra ameaças e resistências internas está intimamente relacionada à sua promoção na arena internacional, e Smith nunca deixa dúvidas de que "proteger a sociedade contra a violência e a invasão de outras sociedades independentes" é "o primeiro dever do soberano" e "tem muito mais importância que a opulência". No interesse da defesa nacional, ele se dispõe, portanto, a apoiar políticas que, em sua opinião, têm efeitos negativos sobre a riqueza da nação. "Se alguma manufatura específica for necessária [...] para a defesa da sociedade, talvez nem sempre seja prudente depender dos vizinhos para o seu fornecimento; e se essa manufatura não puder ser mantida internamente, talvez não seja insensato que todos os outros ramos da indústria sejam tributados para sustentá-la." Do mesmo modo, Smith classifica a Lei da Navegação de 1651, que deu aos navios britânicos o monopólio do comércio britânico, como "talvez o mais sábio de todos os regulamentos comerciais da Inglaterra", ainda que tenha "nascido da animosidade nacional" e não de considerações econômicas. "Naquela época específica, a animosidade nacional visava ao mesmíssimo objetivo que a sabedoria mais deliberada recomendaria: a diminuição do poder naval da Holanda, única potência naval que poderia ameaçar a segurança da Inglaterra."[51]

Smith via grande contradição entre a necessidade de defesa nacional e o desenvolvimento econômico nacional. O aumento da riqueza nacional torna o país um alvo mais atraente para os vizinhos mais pobres. Mas a divisão de trabalho da qual depende o aumento da riqueza nacional solapa as virtudes marciais do grande corpo da população. Em nações de pastores e de agricultores, com pouco comércio exterior e somente manufaturas domésticas, "todo homem [...] é guerreiro ou logo se transforma em guerreiro". Não é o que ocorre em nações de trabalhadores industriais, comerciais e agrícolas especializados, que não foram preparados para a guerra pelo seu emprego, nem têm tempo para se dedicar a exercícios marciais. Com o progresso da riqueza nacional e da divisão do trabalho, "o grande corpo do povo torna-se [assim] totalmente antimarcial [...] e a menos que o Estado tome novas providências para a defesa pública, os hábitos naturais do povo tornam-no totalmente incapaz de se defender"[52].

---

[51] Ibidem, v. 1, p. 486-7; v. 2, p. 28, 213. Para uma discussão detalhada, ver Knud Haakonssen, *The Science of a Legislator*, p. 93-5, 160 ss.

[52] Adam Smith, *The Wealth of Nations*, v. 2, p. 216-20.

A sociologia histórica de Adam Smith

Ao aconselhar o legislador sobre as medidas de defesa pública que devem ser tomadas para resolver a contradição da tendência do desenvolvimento econômico a tornar a nação mais propensa a ataques e ao mesmo tempo mais incapaz de se defender, Smith baseia-se fundamentalmente na ampliação de sua teoria das vantagens da divisão social do trabalho para a "arte da guerra".

> O estado da mecânica, assim como o de alguns outros ofícios aos quais ela necessariamente está ligada, determina o grau de perfeição com que [o ofício da guerra] pode ser realizado em qualquer momento específico. Mas para levá-lo a esse grau de perfeição, é necessário que ele se torne a única ou principal ocupação de uma classe específica de cidadãos, e a divisão do trabalho é tão necessária para o aperfeiçoamento desse ofício quanto para o de outro qualquer.[53]

No entanto, a ampliação da divisão do trabalho para o ofício da guerra não pode se basear na iniciativa privada. Nos outros ofícios, "a divisão do trabalho é introduzida naturalmente pela prudência dos indivíduos", mas somente o Estado pode induzir o cidadão particular "a dedicar a maior parte de seu tempo a essa ocupação peculiar". De acordo com esse ponto de vista, a criação do exército regular moderno tem várias vantagens sobre o uso de milícias irregulares. Permite maior especialização das atividades militares; inculca as qualidades da regularidade, da ordem e da pronta obediência ao comando, que, "nos exércitos modernos, têm mais importância [...] que a destreza e o talento dos soldados no uso das armas"; e "estabelece, com força irresistível, a lei do soberano nas províncias mais remotas do império e mantém algum grau de governo regular em países que, não fosse assim, não admitiriam nenhum"[54].

Até na discussão da defesa nacional, Smith retorna à sua imensa preocupação com a centralização do poder nas mãos do governo nacional. Mas ao concluir essa discussão com a "grande mudança causada no ofício da guerra pela invenção das armas de fogo", ele levanta questões para as quais *A riqueza das nações* não oferece resposta coerente. Ele nos diz que o principal efeito dessa grande mudança foi aumentar "ainda mais tanto a despesa de treinar e disciplinar um número qualquer de soldados em tempos de paz quanto de usá-los em tempos de guerra". O armamento e a munição encareceram muito, assim como as fortificações de que a cidade necessita "para resistir, mesmo que por algumas semanas, ao ataque da artilharia [moderna]". O resultado inevitável foi uma verdadeira revolução nas relações internacionais.

[53] Ibidem, v. 2, p. 219.
[54] Ibidem, v. 2, p. 219-22, 228-9.

Na guerra moderna, a grande despesa com armas de fogo dá vantagem evidente à nação que puder suportar melhor tal despesa; consequentemente, à nação opulenta e civilizada contra a nação pobre e bárbara. Antigamente, a nação opulenta e civilizada achava difícil se defender das nações pobres e bárbaras. Nos tempos modernos, a nação pobre e bárbara acha difícil se defender das nações opulentas e civilizadas. A invenção das armas de fogo [...] com certeza é favorável tanto à permanência quanto à ampliação da civilização.[55]

Surgem de imediato dois conjuntos de perguntas. Em primeiro lugar, é possível que as vantagens conferidas às nações ricas pela guerra moderna, mantidas todas as outras condições, sejam maiores no caminho "antinatural" do que no caminho "natural" de desenvolvimento econômico, dado o papel maior que a indústria, o comércio exterior e a navegação desempenham nas primeiras? E se for assim, como a preferência de Smith pelo caminho "natural" de desenvolvimento pode ser conciliado com a prioridade que ele atribui à defesa em detrimento da opulência? Ou, dito de outro modo, as nações "opulentas e civilizadas" que se desenvolvem no caminho "natural" não se expõem à agressão de nações menos "opulentas e civilizadas" que se desenvolvem no caminho "antinatural", como já ocorria com a Índia na época do próprio Smith e logo ocorreria também com a China? Em segundo lugar, e em relação íntima com as perguntas anteriores, se a riqueza buscada no caminho "antinatural" é fonte de força militar superior e se a força militar superior foi a razão pela qual os europeus puderam se apropriar dos benefícios da maior integração da economia global à custa das nações não europeias, fossem estas "bárbaras" ou "civilizadas", como sustenta Smith no trecho citado na "Introdução" deste livro, como é que o "comércio de todos os países para todos os países" poderia provocar a "igualdade de forças" entre as nações do mundo, como ele afirmou? Que forças, se que é que existe alguma, impediriam que esse comércio gerasse um círculo virtuoso de enriquecimento e de aumento de poder para os povos de origem europeia e um círculo vicioso de empobrecimento e de perda de poder para a maioria dos outros povos?

Essas perguntas vão bem além do horizonte da sociologia histórica de Smith. No entanto, são fundamentais para o que nos interessa. Para respondê-las, precisamos dar um passo atrás para reexaminar as diferentes concepções de desenvolvimento econômico descritas no capítulo 1 e um passo à frente para ver que luz as teorias de desenvolvimento capitalista de Marx e de Schumpeter podem lançar sobre o ocaso e o ressurgimento da Ásia oriental como principal região de desenvolvimento mundial.

---

[55] Ibidem, v. 2, p. 230-1.

3
MARX, SCHUMPETER E A ACUMULAÇÃO "INTERMINÁVEL" DE CAPITAL E PODER

A reconstrução anterior da sociologia histórica de Adam Smith confirma que a "descoberta" de Smith em Pequim, discutida no capítulo 1, não é miragem. Não só o próprio Smith vê a China do fim do período imperial como exemplo de desenvolvimento com base no mercado, como via também que ela tinha avançado *quase* até onde podia chegar aquele desenvolvimento. Digo "quase" porque Smith achava que o maior envolvimento no comércio exterior, sobretudo se realizado com navios chineses, poderia aumentar ainda mais a riqueza nacional da China. Apesar dessa desvantagem, Smith considerava a China, mais que a Europa, o modelo de desenvolvimento econômico com base no mercado mais aconselhável a ser promovido pelos governos.

Nesse aspecto, a tese de Frank de que, segundo Smith, a "Europa chegou atrasada ao desenvolvimento da riqueza das nações" é verdadeira apenas em parte. Smith acreditava que o desenvolvimento econômico da Europa ocorria em economias nacionais menores que a China e, ao mesmo tempo, ao longo de um caminho "antinatural", que ele considerava menos favorável ao interesse nacional do que o caminho "natural" da China. No entanto, em sua opinião, a Holanda atingiu uma situação de opulência semelhante à da China, ainda que em escala geográfica incomparavelmente menor.

Em termos mais gerais, o problema da noção de crescimento smithiano usada por Wong, Frank e Pomeranz, assim como por seus críticos (ver o capítulo 1), é que Smith teorizou que o desenvolvimento econômico ocorria não em um único caminho, mas em dois: o "antinatural" ou baseado no comércio exterior, típico da Europa, e o "natural" ou baseado no comércio interno, típico da China. Como

De Vries, Huang e Brenner, portanto, Smith considerava que a China e a Europa se desenvolveram em caminhos distintos; diversamente deles, no entanto, ele não via no caminho europeu maior potencial de crescimento do que no chinês. Ao contrário, considerava que os dois caminhos levavam a um estado estacionário ou equilíbrio de alto nível. A China e a Holanda já haviam atingido esse estado; mas o crescimento econômico de todos os países, inclusive as colônias norte--americanas ainda com "pouco patrimônio" e "subpovoadas", aos poucos acabariam chegando a um estado semelhante.

A noção de estado estacionário de Smith (e a noção de armadilha de equilíbrio de alto nível que dela deriva) não deveria se confundir, como sói acontecer, com a noção malthusiana de obstáculos populacionais ao crescimento econômico. A diferença entre as duas pode ser esclarecida pela Figura 3.1, na qual e_1 representa o equilíbrio de baixo nível semelhante àquele teorizado por Malthus e e_2 representa o equilíbrio de alto nível semelhante ao estado estacionário teorizado por Smith[1]. O eixo horizontal x mostra o nível de renda per capita (y/p), sendo y a renda e p a população. O eixo vertical y mostra tanto a taxa de crescimento da renda (dy/y) quanto a taxa de crescimento populacional (dp/p). Assim, a curva dy/y descreve a relação entre a taxa de crescimento da renda (dy/y) e o nível de renda per capita (y/p). Postula-se que, até certo ponto, o nível crescente de renda per capita está associado ao aumento e, depois desse ponto, à queda da taxa de crescimento da renda. A curva dp/p, por sua vez, descreve a relação entre a taxa de crescimento populacional (dp/p) e o nível de renda per capita (y/p). Postula-se que, até certo ponto, o nível crescente de renda per capita está associado ao aumento e, depois desse ponto, à queda da taxa de crescimento populacional. Embora as duas curvas tenham forma semelhante, como mostra o gráfico, supõe-se que a taxa de crescimento populacional suba mais acentuadamente do que a taxa de crescimento da renda nos níveis mais baixos de renda per capita e caia menos acentuadamente nos níveis elevados. Quando a curva dy/y é mais alta que a curva dp/p, a taxa de crescimento da renda excede a taxa de crescimento populacional e, portanto, a renda per capita (y/p no eixo horizontal) aumenta; e quando a curva dy/y está mais baixa do que a curva dp/p, a taxa de crescimento populacional excede a taxa de crescimento da renda e, portanto, a renda per capita (y/p no eixo horizontal) diminui.

---

[1] O gráfico da Figura 3.1 deriva de outro parecido, concebido originalmente por Richard Nelson para ilustrar sua teoria da armadilha de equilíbrio de baixo nível. Ver Richard Nelson, "A Theory of the Low-level Equilibrium Trap in Underdeveloped Economies", e, para representações mais elaboradas da mesma ideia, Harvey Leibenstein, *Economic Backwardness and Economic Growth* [ed. bras.: *Atraso e desenvolvimento econômico*].

Figura 3.1 – Armadilhas de equilíbrio de baixo nível (malthusianas) comparadas a armadilhas de equilíbrio de alto nível (smithianas)

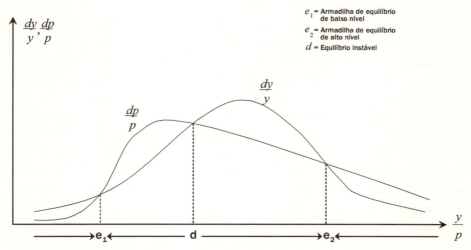

Baseado em Richard Nelson, "A Theory of the Low-Level Equilibrium Trap in Underdeveloped Economies".

y/p = renda per capita
dy/y = taxa de crescimento da renda
dp/p = taxa de crescimento populacional

Essas suposições geram três pontos de equilíbrio (e_1, d e e_2) – ou seja, pontos em que as taxas de crescimento da renda e da população são iguais e, portanto, a renda per capita não muda. No entanto, o ponto d representa um equilíbrio instável, no sentido em que mesmo um pequeno aumento (redução) da renda per capita resulta numa taxa de renda mais alta (mais baixa) do que o crescimento populacional e, portanto, num aumento (queda) da renda per capita até chegar a e_2 (e_1). Os pontos e_1 e e_2, por sua vez, representam equilíbrios estáveis, porque qualquer afastamento deles para a esquerda ou para a direita resultará em diferenças na taxa de renda e de crescimento populacional que levarão a renda per capita de volta a eles. Embora ambos sejam equilíbrios estáveis, e_1 representa o equilíbrio de baixo nível e e_2 o de alto nível. O equilíbrio de baixo nível representa melhor a noção malthusiana de obstáculos populacionais ao crescimento econômico, porque o que impede que a renda per capita suba acima de e_1 é o aumento acentuado da taxa de crescimento populacional; a noção smithiana de estado estacionário, ao contrário, é mais bem representada pelo equilíbrio de alto nível, porque o que impede a renda per capita de subir acima de e_2 é o declínio acentuado da taxa de crescimento da renda.

A Figura 3.1 também pode esclarecer a noção de Schumpeter de desenvolvimento econômico sem tendência inerente a transformar o arcabouço social no qual ocorre. Assim que uma economia consegue se livrar do equilíbrio de baixo nível e_1 porque atingiu uma renda per capita mais alta que d, o crescimento econômico segue até que a diminuição da receita reduza a taxa de aumento da renda per capita ao mesmo nível da taxa de crescimento populacional. Quando isso acontece, a economia acomoda-se no equilíbrio de alto nível e_2 (estado estacionário de Smith) e um novo crescimento só é possível se a mão visível do Estado (ou algum outro processo ou ação exógenos) fizer nascer um arcabouço social com maior potencial de crescimento, mudança que seria representada, na Figura 3.1, por uma elevação para a direita da curva dy/y. No entanto, essa mudança só permite que a economia prossiga até um equilíbrio mais elevado; ela não gera um processo de crescimento sem limite. Assim, uma representação como a da Figura 3.1 não pode retratar o que Schumpeter considera a característica mais importante do desenvolvimento *capitalista*: sua tendência a destruir os arcabouços sociais em que ocorre e criar condições para o surgimento de novos arcabouços com maior potencial de crescimento.

Ao afirmar que, antes da Grande Divergência, a Inglaterra já se desenvolvia num caminho de crescimento ilimitado, Huang e Brenner têm em mente o desenvolvimento caracterizado por esse tipo de tendência. Para Brenner, o ingrediente mais importante desse desenvolvimento era a separação entre os produtores diretos e os meios de produção, necessário para forçar os trabalhadores a vender sua força de trabalho a grandes unidades de produção, competindo entre eles. Ele afirma que a ausência dessa condição é a razão pela qual o desenvolvimento baseado no mercado não assumiu na China o caráter ilimitado que teve na Inglaterra. Huang admite que, até o século XVII, também havia na China grandes fazendas cuja base era o trabalho assalariado. Mas também vê sua subsequente substituição pela produção doméstica em pequena escala como a principal razão pela qual o desenvolvimento da China baseado no mercado não adquiriu as características mais dinâmicas do caminho europeu.

As posições de Huang e Brenner, derivadas da crítica da economia política de Marx para a qual nos voltaremos agora, contrastam de modo acentuado com as ideias expressas em *A riqueza das nações*. Ao elevar a produção em grande escala e a divisão técnica do trabalho a condição para o desenvolvimento econômico ilimitado, eles viram de cabeça para baixo a opinião negativa de Smith sobre os dois fenômenos. A tese de Sugihara sobre a importância duradoura da Revolução Industriosa da Ásia oriental não questiona as vantagens competitivas da produção em grande escala com base no trabalho assalariado, típica do caminho europeu.

No entanto, ele sustenta, em primeiro lugar, que o desenvolvimento por esse caminho tem seus próprios limites e, em segundo lugar, que, quando se alcançam tais limites, o caminho da Revolução Industriosa da Ásia oriental é o que mais promete continuar o desenvolvimento econômico. Embora Sugihara não cite Smith nesse contexto, sua avaliação positiva das vantagens da produção doméstica em pequena escala, típica do caminho da Ásia oriental – mais notadamente, a conservação de uma força de trabalho capaz de realizar bem várias tarefas, de reagir com flexibilidade a variações do ambiente de produção natural e social e de prever, prevenir e resolver problemas relativos ao gerenciamento da produção –, é eminentemente smithiana. Como veremos no capítulo 6, isso também é típico das teorias recentes sobre a chamada produção flexível. Será possível que o ressurgimento da Ásia oriental justifique ao menos alguns aspectos do ponto de vista smithiano sobre o desenvolvimento com base no mercado?

Para responder a essa pergunta, precisamos antes esclarecer o conceito de desenvolvimento *capitalista* baseado no mercado e sua importância para o entendimento da Grande Divergência e do atual ressurgimento econômico da Ásia oriental. Meu argumento, neste capítulo, é que as teorias de desenvolvimento capitalista de Marx e Schumpeter realmente apresentam ideias importantíssimas sobre a especificidade do caminho europeu de desenvolvimento. Mas são ainda menos úteis que a sociologia histórica de Smith para resolver a questão da relação entre o desenvolvimento da Europa, com base no comércio exterior, e a superioridade da força militar que, durante pelo menos três séculos, permitiu que os europeus se apropriassem da maior parte dos benefícios da crescente integração da economia global. Portanto, reapresentarei as teorias de Marx e Schumpeter num arcabouço analítico que nos permitirá tratar da questão no restante do livro.

A acumulação "interminável" de capital

Em sua crítica da economia política, subtítulo de *O capital*, Marx não exprime somente opiniões diferentes de Smith sobre questões específicas, como a acumulação de capital e a queda da taxa de lucro ou a divisão social e técnica do trabalho. Ele segue uma linha de pesquisa totalmente diferente; altera, por assim dizer, a natureza e o tópico da conversa. Seus interlocutores não são os governos, os legisladores de Smith, mas as classes sociais. Seu assunto não é o enriquecimento e o aumento de poder das nações, mas o enriquecimento e o aumento de poder dos possuidores do capital diante dos possuidores da força de trabalho. Sua estratégia de pesquisa não privilegia a competição no mercado, mas sim o conflito de classes e a mudança técnica no local de trabalho.

Essa mudança da natureza e do tópico da conversa foi fonte de grande confusão sobre a teoria *implícita* de desenvolvimento nacional de Marx. Digo implícita porque, explicitamente, Marx não tem tal teoria. O que ele tem é uma teoria do desenvolvimento do capitalismo em escala mundial, que, como observado no capítulo 1, anteviu com argúcia o entendimento atual da "globalização", mas previu equivocadamente que o desenvolvimento capitalista generalizado "aplainaria" o mundo, no sentido que Thomas Friedman dá à expressão. Na verdade, Marx estava tão confiante no aplainamento iminente do mundo que baseou toda a sua teoria da produção capitalista na premissa de um mundo sem fronteiras, no qual a força de trabalho estaria inteiramente despossuída dos meios de produção e todas as mercadorias, inclusive a força de trabalho, seriam trocadas livremente a preços mais ou menos iguais ao seu custo de produção[2].

Embora Marx não tenha teoria explícita do desenvolvimento nacional, a teoria do desenvolvimento capitalista, implícita em sua análise, difere da de Smith em vários aspectos. Uma primeira diferença, que condiciona todas as outras, é que, para Marx, os agentes capitalistas participam das trocas de mercado com um objetivo que não é transformar mercadorias em mercadorias de maior utilidade. Smith exclui essa possibilidade com base em que, embora as mercadorias sejam úteis por si sós, "o dinheiro não serve a nenhum outro propósito além do de comprar bens".

> O homem que compra nem sempre quer vender de novo, mas frequentemente quer usar ou consumir; enquanto aquele que vende sempre quer comprar de novo. Um pode frequentemente ter feito tudo, mas o outro nunca terá feito mais do que metade do seu negócio. Não é pelo dinheiro que o homem deseja o dinheiro, mas pelo que pode comprar com ele.[3]

---

[2] Embora irrealista, essa premissa se justificava pelo objetivo teórico de Marx de demonstrar que, *mesmo num mundo ideal de competição perfeita*, seria de esperar que a subordinação cada vez maior da mão de obra ao capital no local de trabalho, ao lado do custo cada vez menor das mercadorias necessárias para reproduzir a força de trabalho, resultasse no enriquecimento relativo e no aumento do poder dos possuidores de capital diante dos possuidores da força de trabalho. No entanto, a premissa não fazia (e ainda não faz) nenhum sentido como descrição das condições reais de desenvolvimento capitalista em épocas e lugares diferentes. Na verdade, em algumas de suas análises históricas – mais notadamente da luta de classes na França –, o próprio Marx afasta-se de sua crítica da economia política, define os interesses de classe em relação a um espaço político-econômico nacional (como faz Smith) e nunca menciona as moradas ocultas da produção. Ver Giovanni Arrighi, Terence K. Hopkins e Immanuel Wallerstein, *Antisystemic Movements*, cap. 1.

[3] Adam Smith, *An Inquiry into the Nature and Causes of the Wealth of Nations* [doravante *The Wealth of Nations*], v. 1, p. 460 [ed. bras.: *A riqueza das nações*].

Marx simboliza a lógica de Smith com a fórmula da troca de mercadorias M-D-M', na qual o dinheiro (D) é simples meio de transformação de um conjunto de mercadorias (M) em outro (M'), de maior utilidade. Em seguida, compara essa lógica com a do capitalista, cujo negócio se completa (ou seja, atinge seu objetivo) quando o dinheiro (D), investido na compra de uma combinação específica de mercadorias (M), gera, pela venda no mercado, um volume maior de dinheiro (D'). Daí a fórmula geral do capital de Marx, D-M-D', que significa simplesmente que, para os investidores capitalistas, a compra de mercadorias é estritamente instrumental para o aumento do valor monetário de seu patrimônio de D para D'. Na verdade, se e quando as circunstâncias criam oportunidades mais lucrativas no sistema de crédito do que no comércio e na produção de mercadorias, a transformação de dinheiro em mercadorias pode ser inteiramente omitida (como na fórmula abreviada do capital de Marx, D-D')[4].

Marx nunca explica de maneira clara por que os agentes capitalistas buscam o objetivo aparentemente irracional de acumular dinheiro pelo dinheiro. Na verdade, sua frase "Acumulai, acumulai!, dizem Moisés e os profetas" parece ser o reconhecimento de que não ele tem explicação racional para a acumulação de dinheiro como fim em si. No entanto, pouco antes de proferir a frase, ele afirma que "o amor pelo poder é um elemento do desejo de ficar rico"[5]. Assim, estamos de volta à equação de Hobbes de riqueza e poder que Smith sanciona apenas para reduzir o poder ligado ao dinheiro ao "poder de compra". Marx rejeita explicitamente essa redução e, embora não nos diga exatamente que tipo de poder o dinheiro confere e como ele se relaciona com outros tipos de poder, toda a sua obra indica que a acumulação "infinita" de dinheiro é a fonte primária de poder da sociedade capitalista.

Isso fica evidente numa segunda diferença entre a teoria implícita de Marx e a teoria explícita de Smith sobre o desenvolvimento nacional com base no mercado. Marx concorda com Smith que o caminho europeu de desenvolvimento econômico se baseou mais no comércio (exterior) de longa distância do que no comércio (interno) de curta distância. Tanto no *Manifesto* quanto no *Capital*, afirma categoricamente que a "história moderna do capital", ou seja, a ascensão da burguesia e da indústria moderna ao poder na Europa, "data da criação, no século XVI, do comércio que abrange o mundo e do mercado que abrange o mundo"[6].

---

[4] Karl Marx, *Capital* (1959), v. 1, p. 146-55; *Capital* (1962), v. 3, p. 343-4 [ed. bras.: *O capital*].
[5] Ibidem, v. 1, p. 592-5.
[6] Ibidem, v. 1, p. 146.

Os mercados das Índias Orientais e da China, a colonização da América, o comércio colonial, o incremento dos meios de troca e das mercadorias em geral imprimiram ao comércio, à indústria e à navegação um impulso deconhecido até então [...] A pequena burguesia industrial suplantou os mestres das corporações; a divisão [social] do trabalho entre as diferentes corporações desapareceu diante da divisão [técnica] do trabalho dentro da própria oficina.[7]

No entanto, o que para Smith é caminho "antinatural" de desenvolvimento econômico, para Marx é caminho capitalista. E, mais importante, a preocupação de Smith com a necessidade de contrabalançar o poder capitalista com a ação do governo, assim como sua preferência pelo desenvolvimento com base na agricultura e no comércio interno, são completamente estranhas a Marx. Em sua opinião, com a criação da indústria moderna e do mercado mundial, os governos perderam toda a capacidade de contrabalançar o poder da burguesia, que "conquistou [...] a soberania política exclusiva no Estado representativo moderno"[8], reduzindo os governos, na prática, ao papel de comitês para gerenciar seus negócios. Quanto às nações e civilizações asiáticas, que Smith tomava como exemplos do caminho "natural" de desenvolvimento e que, na descrição do próprio Marx, constituíram o mercado que tornou possível o surgimento do caminho capitalista europeu, não teriam possibilidade de sobreviver ao massacre da burguesia europeia. "Do mesmo modo que [a burguesia] subordinou o campo à cidade, os países bárbaros ou semibárbaros aos países civilizados, subordinou os povos camponeses aos povos burgueses, o Oriente ao Ocidente."[9]

Por estar inteiramente concentrado no poder de classe, Marx se esquece de nos dizer como a riqueza da burguesia pôde se traduzir com tanta facilidade em poder político, nacional e internacionalmente. Em termos nacionais, é provável que ele concordasse com Smith que a riqueza e a concentração geográfica davam à burguesia o poder de impor ao Estado seus interesses de classe específicos à custa do interesse nacional geral. No entanto, é evidente que achava que esse poder crescera tanto desde a publicação de *A riqueza das nações* que toda tentativa de contrabalançá-lo a curto e médio prazos seria inútil. Contudo, também é possível que Marx discordasse de Smith e achasse que, ao menos em alguns países europeus, o interesse burguês agora coincidisse com o interesse nacional, no sentido em que o caminho capitalista, do qual a burguesia era portadora, passara a ser

---

[7] Karl Marx e Friedrich Engels, *Manifesto Comunista*, p. 41.

[8] Ibidem, p. 42.

[9] Ibidem, p. 44. [Note-se que onde se lê "povos camponeses" e "povos burgueses", o original inglês traz *nations of peasants* e *nations of bourgeois*. (N. E.)]

Marx, Schumpeter e a acumulação "interminável" de capital e poder

"concebido e apresentado como a força motriz do [...] desenvolvimento de todas as energias 'nacionais'" (para parafrasear Antonio Gramsci)[10].

Marx é mais explícito, mas não muito coerente, quando trata dos mecanismos pelos quais o poder econômico da burguesia se traduz em poder de algumas nações diante das outras. O mecanismo mencionado no *Manifesto* e, em várias ocasiões, em *O capital* é a superioridade competitiva da produção capitalista. "Os baixos preços de seus produtos são a artilharia pesada que destrói todas as muralhas da China [...]"[11]. No entanto, num dos capítulos finais do primeiro volume de *O capital*, Marx menciona explicitamente as guerras do ópio contra a China como exemplo da contínua importância da força militar como "parteira" da transformação capitalista da sociedade mundial[12].

Como veremos no capítulo 11, mesmo depois que os canhões britânicos venceram a muralha de regulamentações governamentais que fechavam a economia de mercado da China, os mercadores e os fabricantes britânicos tiveram dificuldade para competir com seus colegas chineses na maioria das atividades. No que diz respeito à China, a força militar real, mais do que a artilharia metafórica das mercadorias baratas, foi a chave para a subjugação do Oriente ao Ocidente. Mesmo assim, precisamos saber o que tornou os "povos burgueses" militarmente superiores aos "povos camponeses" – ou, para sermos mais exatos, se e como o desenvolvimento econômico pelo caminho capitalista se associou a um crescimento maior do poder militar do que o desenvolvimento pelo caminho não capitalista com base no mercado. Sobre essa questão, Marx tem ainda menos a dizer que Smith. Ao se concentrar exclusivamente na ligação entre capitalismo e industrialismo, Marx acaba não dando nenhuma atenção à ligação íntima entre esses fenômenos e o militarismo. Mas mesmo o que ele diz sobre a superioridade econômica do desenvolvimento capitalista é menos direto do que o que Huang e Brenner indicam nos trechos citados no capítulo 1.

Isso nos leva a uma terceira diferença importante entre Marx e Smith. Como observamos no capítulo 2, enquanto a linha de pesquisa de Smith o leva da fábrica de alfinetes à investigação do mercado e da divisão social do trabalho, a linha de pesquisa de Marx leva-o à morada oculta da produção para investigar a relação entre trabalho e capital e a divisão técnica do trabalho. Nessas moradas, Marx descobre que a mudança técnica e organizacional se origina não só da competição entre capitalistas e do surgimento de novos ramos especializados de comércio e de

---

[10] Antonio Gramsci, *Selections from the Prison Notebooks*, p. 181-2.
[11] Karl Marx e Friedrich Engels, *Manifesto Comunista*, p. 44.
[12] Karl Marx, *Capital* (1959), v. 1, p. 751

produção, como já teorizara Smith, mas também do conflito incessante entre capital e mão de obra sobre salários e condições de trabalho. Nesse aspecto, a concentração da produção em unidades de tamanho crescente e a maior divisão técnica do trabalho que a acompanha, consideradas por Smith inimigas da eficiência econômica e da qualidade intelectual da força de trabalho, parecem a Marx condições essenciais para as inovações que permitem aos capitalistas lançar sobre os trabalhadores a pressão competitiva, tornando-os vulneráveis à substituição por outros trabalhadores, por máquinas e pelo conhecimento incorporado à organização controlada pelo capital.

> Se, a princípio, o trabalhador vende sua força de trabalho ao capital porque lhe faltam os meios materiais para produzir a mercadoria, agora sua própria força de trabalho recusa seus serviços a menos que tenha sido vendida ao capital. Suas funções só podem ser exercidas no ambiente que existe na oficina do capitalista depois da venda.[13]

Essa é a afirmação central da crítica de Marx à economia política de Smith. Seja qual for o efeito sobre a eficiência econômica e sobre a qualidade intelectual da força de trabalho, o tamanho crescente das unidades de produção e a maior divisão técnica do trabalho são, para Marx, condições essenciais para a tomada de poder e para o enriquecimento dos possuidores de capital em relação aos possuidores de força de trabalho. A mudança técnica e organizacional não é neutra para as classes; ela é o instrumento de uma subordinação cada vez mais substancial do trabalho ao capital. Embora esse processo de subordinação de classe envolva aumento constante da produtividade da força de trabalho *realmente empregada pela empresa capitalista*, não é tão claro o que Marx pensava da eficácia do processo na promoção do desenvolvimento econômico nos níveis nacional, regional e global.

Por um lado, ele concorda explicitamente com Smith que a divisão técnica do trabalho tem efeito deletério sobre a qualidade moral e intelectual da força de trabalho. A divisão técnica do trabalho, diz ele, "converte o trabalhador numa monstruosidade aleijada por forçar sua destreza detalhista à custa de um mundo de capacidades e instintos produtivos". Essa tendência, por sua vez, pode se tornar obstáculo a um maior desenvolvimento econômico, porque a divisão do trabalho, sempre em expansão e em mudança na sociedade, "lança sem cessar massas de capital e de trabalhadores de um ramo da produção para outro" e, portanto, "necessita da variação do trabalho, da fluência da função, da mobilidade universal do

---

[13] Ibidem, v. 1, p. 360.

Marx, Schumpeter e a acumulação "interminável" de capital e poder

trabalho" mais do que das "monstruosidades aleijadas" criadas pela forma capitalista da indústria moderna[14].

Assim, implicitamente, Marx parece concordar aqui com Smith que a divisão técnica do trabalho é, em última instância, menos benéfica para o desenvolvimento econômico que a divisão social do trabalho. Além disso, mesmo quando descreve o desdobramento da Revolução Industrial nos setores da indústria no século XIX, sua ênfase recai quase totalmente na divisão social e não na divisão técnica do trabalho. Nessa descrição, a mudança tecnológica se espalha pelas esferas da indústria "interligadas por serem fases separadas de um processo, mas mesmo assim [...] isoladas pela divisão social do trabalho".

> Assim, a fiação por máquinas fez da tecelagem por máquinas uma necessidade, e juntas tornaram imperativa a revolução mecânica e química que ocorreu no branqueamento, na estamparia e no tingimento. Assim também [...] a revolução da fiação do algodão exigiu a invenção da descaroçadora para separar as sementes da fibra; foi somente por causa dessa invenção que a produção de algodão se tornou possível na imensa escala atualmente necessária. Entretanto, mais especialmente, a revolução dos modos de produção da indústria e da agricultura tornou necessária uma revolução nas condições gerais do processo social de produção, isto é, nos meios de comunicação e transporte. [...] [O]s meios de comunicação e transporte herdados do período manufatureiro logo se tornaram peias insuportáveis para a indústria moderna, com sua pressa febril de produção, sua imensa extensão, seus saltos constantes de capital e de trabalho de uma esfera de produção para outra e suas ligações recém-criadas com os mercados do mundo inteiro. Assim, [...] os meios de comunicação e transporte adaptaram-se gradualmente aos modos de produção da indústria mecânica, com a criação de vapores fluviais, ferrovias, vapores marítimos e telégrafos. Entretanto, a imensa massa de ferro que agora tem de ser forjada, fundida, cortada, perfurada e moldada exigiu, por sua vez, máquinas ciclópicas [que só podiam ser construídas por meio de outras máquinas].[15]

A não ser pelo alcance global, não há nada nessa descrição específica que não caiba no relato de Smith sobre o desenvolvimento econômico como processo impulsionado pela crescente divisão do trabalho, inclusive o surgimento de setores especializados na produção de bens de capital e de organizações e indivíduos especializados na produção de conhecimento científico. Se há alguma coisa especificamente capitalista nesse processo de difusão da Revolução Industrial, não é o emprego de mão de obra assalariada em unidades de tamanho cada vez maior. É,

---

[14] Ibidem, v. 1, p. 360-3; 486-9.
[15] Ibidem, v. 1, p. 383-4.

Adam Smith em Pequim

isso sim, a autoexpansão do capital que está por trás do processo e abala constantemente qualquer equilíbrio existente entre os ramos de produção em qualquer momento específico: "As diferentes esferas de produção, é verdade, tendem constantemente ao equilíbrio [...]. Mas essa tendência constante ao equilíbrio [...] só se exerce na forma de reação contra a perturbação constante desse equilíbrio"[16]. Essa perturbação constante do equilíbrio é o que mais tarde Schumpeter chamou de "destruição criativa" do capitalismo.

Crises capitalistas e destruição criativa

Como antecipamos no capítulo 2, a ideia de que a acumulação de capital ao longo do tempo tende a reduzir a taxa de lucro, acabando por dar fim à expansão econômica, não é de Marx, mas de Smith. Para Marx, essa tendência é real, mas não é, de modo algum, obstáculo insuperável para uma nova expansão, como é para Smith. Ao contrário, "como representante da forma geral da riqueza – [isto é,] dinheiro –, o capital é o impulso infinito e ilimitado para superar sua barreira limitadora. [...] Todo limite surge como barreira a ser superada".

> De acordo com essa tendência, o capital leva para além das barreiras e dos preconceitos nacionais [...], assim como todas as satisfações tradicionais, confinadas, complacentes, enrijecidas de necessidades atuais e reproduções de antigos modos de vida. É destrutivo com tudo isso, revoluciona-o constantemente, aniquilando todas as barreiras que impedem o desenvolvimento das forças de produção, a expansão das necessidades [...] e a exploração e a troca de forças naturais e mentais.[17]

Esse impulso infinito e ilimitado é inseparável da tendência à crise do desenvolvimento capitalista. Smith não fala de crise para caracterizar a situação de superacumulação, intensificação da concorrência entre capitais e declínio da lucratividade que acaba pondo fim à expansão. Para ele, essa situação é resultado natural de um processo de desenvolvimento econômico embutido num ambiente geográfico e institucional específico e por ele limitado. Para Marx, ao contrário, a queda geral e persistente da taxa de lucro numa economia em que o comércio, a produção e a acumulação são todos realizados visando ao lucro está fadada a ser sentida como crise – ou seja, como período de instabilidade e funcionamento desordenado. O mais importante é que, depois de descartar a possibilidade de que os agentes capitalistas acumulem dinheiro como um fim em si

[16] Ibidem, v. 1, p. 355-6.
[17] Idem, *Grundrisse: Foundations of the Critique of Political Economy*, p. 334, 408, 410.

92

Marx, Schumpeter e a acumulação "interminável" de capital e poder

mesmo – ou, mais corretamente, pelo poder social e político que transmite – e de desdenhar a subordinação ainda mais concreta do trabalho ao capital no processo de produção, Smith descarta também a possibilidade das chamadas crises de superprodução. Marx, ao contrário, atribui no mínimo tanta importância a esse tipo de crise quanto às crises associadas à superacumulação de capital e à tendência de queda da taxa de lucro.

> A *superprodução* é condicionada especificamente pela lei geral de produção de capital: produzir até o limite determinado pelas forças produtivas, ou seja, explorar o máximo de mão-de-obra com o máximo de capital, sem nenhuma consideração pelo verdadeiro limite do mercado ou pelas necessidades sustentadas pela capacidade de pagar; e isso é executado por meio [...] da constante reconversão de receita em capital, enquanto, por outro lado, a massa dos produtores permanece amarrada ao nível médio de necessidades e assim deve permanecer de acordo com a natureza da produção capitalista.[18]

A noção de crise de superprodução baseia-se em pressupostos contrários relativos à capacidade do salário real de acompanhar o aumento da produtividade da mão de obra, mais que à noção de crise de superacumulação. As crises de superacumulação ocorrem porque há tamanha abundância de capital em busca de investimento nos canais estabelecidos de comércio e produção que a concorrência entre seus possuidores permite ao salário real subir no mesmo ritmo ou até mais depressa do que os aumentos da produtividade do trabalho. As crises de superprodução, ao contrário, ocorrem porque os possuidores do capital alcançam tão bom êxito em passar a pressão competitiva para a mão de obra que o salário real deixa de acompanhar o aumento da produtividade do trabalho, impedindo assim que a demanda agregada efetiva possa se expandir de par com a oferta agregada.

Como ressaltou Paul Sweezy, o pressuposto de que o salário real deixa de acompanhar o aumento da produtividade do trabalho é mais coerente com a teoria de Marx acerca da subordinação cada vez mais substancial do trabalho ao capital do que o pressuposto contrário[19]. No entanto, a consistência teórica de Marx não nos diz respeito aqui[20]. De qualquer modo, para o nosso objetivo atual, o que mais in-

---

[18] Idem, "Crisis Theory (from *Theories of Surplus Value*)", p. 465.

[19] Paul Sweezy, *The Theory of Capitalist Development*, p. 100-8, 133-86 [ed. bras.: *Teoria do desenvolvimento capitalista: princípios de economia política marxista*].

[20] Como ressalta o próprio Sweezy, a questão de saber se a introdução das máquinas e outros aparelhos que poupam trabalho consegue ou não impedir que o salário real aumente tão depressa quanto a produtividade do trabalho não pode ser resolvida em termos teóricos gerais (Paul Sweezy, *The Theory of Capitalist Development*, p. 105-6). Como veremos nos capítulos 5 e 6, essa questão pode ser resolvida em termos empíricos.

teressa na descrição que Marx apresenta das crises capitalistas não é sua origem, mas suas consequências – ou seja, o fato de que Marx as concebe como momentos de reorganização capitalista fundamental.

Assim como Smith, Marx enfatiza como a queda persistente e generalizada da taxa de lucro transforma a competição entre capitalistas de jogo de soma positiva, em que os capitais se beneficiam da expansão uns dos outros, em jogo de soma zero (ou até negativa), ou seja, em "competição assassina" cujo objetivo primário é tirar os outros capitais do negócio, mesmo que isso signifique sacrificar o próprio lucro, contanto que ajude a atingir o objetivo. Por trás dessa transformação está a existência de um excesso ou excedente de capital em busca de investimento na compra e venda de mercadorias acima do nível que impediria a taxa de lucro de cair abaixo do patamar considerado "razoável" ou "tolerável". Para impedir ou contrabalançar essa queda, o capital excedente precisa ser expulso.

> Enquanto as coisas vão bem, a concorrência finge uma fraternidade operacional da classe capitalista [...], de modo que cada [capitalista] participa do espólio à proporção do tamanho do seu respectivo investimento. Mas assim que a questão não é mais dividir os lucros, mas sim dividir os prejuízos, todos tentam reduzir ao mínimo seu quinhão e jogá-lo sobre o vizinho. A classe, como tal, perderá inevitavelmente. Até que ponto cada capitalista individualmente [...] participará [do prejuízo] é decidido pela força e pela esperteza; a concorrência, então, torna-se uma luta entre irmãos hostis. O antagonismo entre o interesse individual de cada capitalista e o interesse da classe capitalista como um todo vem então à superfície, assim como, antes, a identidade daqueles interesses funcionava na prática por meio da competição.[21]

No entanto, a queda da taxa de lucro e a intensificação da luta competitiva não terminam no estado estacionário. Ao contrário, levam à destruição do arcabouço social no qual a acumulação está embutida e à criação de novo arcabouço. Na descrição de Marx, essa destruição criativa assume três formas principais: aumento do volume dos capitais e reorganização da empresa comercial; formação de população excedente e nova divisão internacional do trabalho; e surgimento de novos e maiores centros de acumulação de capital. Examinaremos rapidamente cada um deles.

Marx faz a distinção entre *concentração* de capital – aumento do volume dos capitais individuais advindos da acumulação – e *centralização* de capital, que transforma "muitos capitais pequenos em poucos grandes". Quando a concorrência se intensifica e a taxa de lucro cai, os pequenos capitais "passam, em parte, para as mãos de seus conquistadores e, em parte, desaparecem".

---

[21] Karl Marx, *Capital* (1962), v. 3, p. 248.

Marx, Schumpeter e a acumulação "interminável" de capital e poder

O chamado excesso de capital sempre se aplica essencialmente a um excesso de capital cuja queda da taxa de lucro não é compensada pela massa de lucro [...] ou a um excesso que põe capitais incapazes de agir por conta própria à disposição dos administradores de grandes empresas, sob a forma de crédito.[22]

É fundamental, nesse aspecto, o papel do sistema de crédito, que "se torna uma arma nova e terrível na batalha da concorrência e é [...] transformado num enorme mecanismo social de centralização dos capitais". A centralização, por sua vez, amplia e apressa a mudança tecnológica e organizacional:

a acumulação [...] é claramente um procedimento lentíssimo se comparado à centralização. [...] O mundo ainda estaria sem ferrovias se tivesse de esperar até que a acumulação levasse uns poucos capitais individuais ao ponto de permitir a construção de uma ferrovia. A centralização [ao contrário] conseguiu isso num piscar de olhos por meio de sociedades anônimas.[23]

A centralização e a reorganização do capital andam de mãos dadas com a formação do exército industrial de reserva e a reorganização da divisão internacional do trabalho. A extensão e a aceleração da mudança tecnológica e organizacional fortalecem a tendência do desenvolvimento capitalista a fazer uso intensivo do capital e a poupar mão de obra, gerando uma "população de trabalhadores relativamente supérfluos" – isto é, relativamente para a necessidade normal de acumulação de capital. Essa população excedente, então, fica disponível para novas rodadas de desenvolvimento capitalista numa escala sempre crescente.

A massa de riqueza social, que sobeja com o avanço da acumulação e pode se transformar em capital adicional, lança-se freneticamente sobre ramos antigos da produção, cujo mercado se expande de repente, ou ramos recém-formados, como as ferrovias [...], cuja necessidade brota do desenvolvimento dos antigos. Em todos esses casos, deve haver a possibilidade de se lançarem de repente grandes massas de homens nos pontos decisivos sem prejuízo para a escala de produção em outras esferas. A superpopulação fornece essas massas.[24]

Ao criar de modo endógeno um suprimento "ilimitado" de mão de obra – ou seja, como resultado do próprio processo de desenvolvimento capitalista –, "o moderno sistema industrial [...] adquire uma elasticidade, uma capacidade de

---

[22] Idem, *Capital* (1959), v. 1, p. 625-6; *Capital* (1962), v. 3, p. 246.
[23] Idem, *Capital* (1959), v. 1, p. 626-8.
[24] Ibidem, v. 1, p. 628-32.

expansão súbita, aos pulos e saltos, que não encontra impedimento, a não ser no suprimento de matéria-prima e na distribuição da produção". E mesmo assim, esse impedimento é apenas uma barreira a ser superada. Não só a maquinaria "aumenta o suprimento de matéria-prima, do mesmo modo, por exemplo, que a descaroçadora de algodão aumentou a produção de fibra", como, mais fundamentalmente,

> o preço baixo dos artigos produzidos pela maquinaria e os meios de transporte e comunicação aprimorados fornecem armas para conquistar o mercado externo. Ao arruinar a produção manual em outros países, a maquinaria converte-os forçosamente em campos de fornecimento de matéria-prima. Desse modo [...] a Índia foi obrigada a produzir algodão, lã, cânhamo, juta e anil para a Grã-Bretanha. Por tornar constantemente "supérflua" parte da mão-de-obra, a indústria moderna, em todos os países onde lançou raízes, estimula a emigração e a colonização de terras estrangeiras, que são, portanto, convertidas em terrenos de produção de matéria-prima para a metrópole; assim como a Austrália, por exemplo, foi convertida numa colônia para produzir lã. Surge a nova e internacional divisão de trabalho, adequada às exigências dos principais centros da indústria moderna, que converte parte do globo num campo de produção principalmente agrícola para suprir a outra parte, que fica como terreno principalmente industrial.[25]

Marx repete aqui a tese do *Manifesto* de que o preço baixo da indústria moderna foi a principal arma com que a burguesia europeia conquistou e reestruturou o mercado global. Entretanto, nesse contexto, a destruição das economias não capitalistas de outros países e a colonização de terras estrangeiras por meio da remoção e da reinstalação da população excedente criam não um mundo à imagem da Europa burguesa, como no *Manifesto*, mas um mundo de fornecedores de matéria--prima em benefício da indústria europeia. Voltaremos, nos capítulos seguintes, a essa discrepância, que reflete resultado bem diferente da reformulação do mundo, promovida pela Europa, em economias de mercado recém-criadas pela colonização europeia, como as Américas, e em economias de mercado há muito presas numa armadilha smithiana de equilíbrio de alto nível, como a Índia e a China. Por enquanto, ressaltamos que a observação de Marx de que o sistema de crédito é "um enorme mecanismo social de centralização dos capitais" não se refere apenas aos capitalistas que operam dentro de determinada jurisdição política, mas também a capitalistas que operam em mais de uma jurisdição.

Isso nos leva ao terceiro resultado principal do processo de destruição criativa de Marx. Como a linha de pesquisa seguida no *Capital* abstrai o papel dos Estados

---

[25] Ibidem, v. 1, p. 450-1.

Marx, Schumpeter e a acumulação "interminável" de capital e poder

no processo econômico, Marx discute a dívida nacional e o sistema de crédito sob a rubrica de "acumulação primitiva", ou seja, "acumulação que não resulta do modo de produção capitalista, mas é seu ponto de partida". Ele admite, no entanto, a importância constante da dívida nacional como meio de transferir capital excedente de centros de acumulação capitalista em declínio para outros em ascensão.

> Com a dívida nacional, surgiu o sistema de crédito internacional, que esconde frequentemente uma das fontes da acumulação primitiva nesse ou naquele povo. Assim, as vilanias do sistema veneziano de ladroagem constituíram uma das bases secretas da riqueza de capital da Holanda, a quem Veneza, em sua decadência, emprestou grandes quantias. E assim foi com a Holanda e a Inglaterra. No início do século XVIII [...], a Holanda havia deixado de ser a nação preponderante no comércio e na indústria. Um de seus principais ramos de negócio, portanto, [passou a ser] emprestar quantias enormes de capital, principalmente para a grande rival Inglaterra. [E a] mesma coisa está acontecendo hoje entre a Inglaterra e os Estados Unidos.[26]

Marx nunca explicou as consequências teóricas dessa observação histórica. Apesar do espaço considerável dedicado ao "capital que lida com dinheiro" no terceiro volume de *O capital*, ele nunca resgatou a dívida nacional de seu confinamento aos mecanismos de uma acumulação que "não resulta do modo de produção capitalista, mas é seu ponto de partida". No entanto, no trecho acima, o que surge como "ponto de partida" em centros novos (Holanda, Inglaterra, Estados Unidos) também é "resultado" de longos períodos de acumulação de capital em centros decadentes (Veneza, Holanda, Inglaterra). Num aspecto importante, a concepção de desenvolvimento nacional implícita nessa observação histórica concorda com a de Smith, porque reconhece que o tamanho dos "recipientes" jurisdicionais nos quais o capital se acumula tem importância. Embora os quatro recipientes em sequência (Veneza, Holanda, Inglaterra e Estados Unidos) tenham se desenvolvido, em diversos graus, pelo caminho extrovertido, baseado no comércio exterior – que Smith chama de "antinatural" e Marx de capitalista –, com o tempo tornaram-se pequenos demais para acomodar a acumulação "interminável" de capital sem provocar o declínio persistente da lucratividade. Marx só viveu o bastante para ver o início do declínio da Inglaterra. Entretanto, como veremos na segunda parte do livro, houve declínio persistente não só na Grã-Bretanha, como também, um século depois, nos Estados Unidos.

Apesar de suas expectativas otimistas sobre o impulso interminável do capitalismo para ultrapassar todas as barreiras limitadoras, Marx teve de admitir que,

---

[26] Ibidem, v. 1, p. 713; 755-6.

Adam Smith em Pequim

historicamente, esse impulso havia sido submetido àquele tipo de restrição física e institucional que Smith enfatizava. No entanto, isso só é verdadeiro quando lemos a sequência de principais Estados capitalistas de Marx como uma série de discretos episódios nacionais de desenvolvimento capitalista, espacial e temporalmente delimitados. Mas se lemos essa sequência como uma série de estágios interligados de desenvolvimento capitalista em escala mundial, obtemos um quadro diferente, que reitera a ideia do impulso do capitalismo para ultrapassar todas as barreiras limitadoras. Em outras palavras, Marx concorda implicitamente com Smith que todos os recipientes jurisdicionais que abrigaram as principais organizações capitalistas de uma dada época acabaram com "excesso de estoque" de capital e, assim, sofreram declínio de lucratividade e tendência à estagnação. Todavia, ele considera que o sistema de crédito internacional fornece capital como uma fuga da estagnação, por meio da migração para um recipiente maior – como os Estados Unidos em relação à Inglaterra, a Inglaterra em relação à Holanda e a Holanda em relação a Veneza – no qual sua expansão pode recomeçar em maior grau. Portanto, até para Marx a tendência à expansão interminável só se refere ao desenvolvimento do capitalismo em escala mundial, não no interior de um Estado específico.

A análise que Schumpeter faz da destruição criativa do capitalismo, como ele mesmo prontamente admitiu, cobre apenas uma pequena parte do terreno de Marx, mas tem a vantagem de destacar ideias fundamentais que a linha de pesquisa de Marx não trouxe à luz ou tendia a obscurecer. Uma dessas ideias é o conceito de prosperidade e de depressão como lados opostos do processo de destruição criativa. Para Schumpeter, a destruição incessante de antigas estruturas econômicas e a criação de novas por meio da inovação "não só constituem fontes importantes de ganho imediato, como também produzem, indiretamente, através do processo que põem em andamento, a maioria daquelas situações em que surgem ganhos e perdas inesperados e em que as operações especulativas adquirem alcance significativo"[27]. Nesse processo, o excesso de lucro – "preços espetaculares" bem além dos necessários para atrair os esforços da pequena minoria que os recebe – tem duplo papel. Dá incentivo constante à inovação, mas também é um motor que impulsiona,

> com muito mais eficácia do que faria a distribuição mais igualitária e mais "justa", a atividade daquela grande maioria de empresários que recebe de volta uma compensa-

---

[27] Joseph Schumpeter, *Capitalism, Socialism, and Democracy*, p. 83 [ed. bras.: *Capitalismo, socialismo e democracia*]; idem, *Business Cycles: A Theoretical, Historical, and Statistical Analysis of the Capitalist Process*, p. 80.

Marx, Schumpeter e a acumulação "interminável" de capital e poder

ção muito modesta, nada ou menos do que nada, e ainda assim se esforçam ao máximo porque têm o grande prêmio diante dos olhos e superestimam sua possibilidade de obter resultados igualmente bons.[28]

Entretanto, em vez de colher prêmios espetaculares, a "grande maioria" impelida para o setor ativa a concorrência, que não só elimina o excesso de lucro, como provoca prejuízos generalizados porque destrói as combinações produtivas preexistentes. Do mesmo modo, Schumpeter divide em duas fases o funcionamento incessante do processo de destruição criativa: a fase de revolução propriamente dita e a fase de absorção dos resultados da revolução.

> Enquanto essas coisas estão sendo iniciadas, temos despesas ágeis e "prosperidade" predominante [...] e quando [elas] se completam e seus resultados aparecem, temos a eliminação de elementos antiquados da estrutura industrial e "depressão" predominante.[29]

Na concepção de Schumpeter, as inovações voltadas para o lucro (e seu impacto sobre a pressão competitiva) aglomeram-se *no tempo*, gerando oscilações da economia como um todo: de longas fases de "prosperidade" predominante a longas fases de "depressão" predominante. No entanto, como já se argumentou, é igualmente plausível a hipótese de que elas também se aglomerem *no espaço*. Podemos, então, substituir "quando" por "onde" na citação acima e lê-la como descrição da polarização espacial de zonas de "prosperidade" predominante e zonas de "depressão" predominante[30].

Apesar de se referir com frequência às estruturas industriais, o conceito de destruição criativa de Schumpeter tem a vantagem de definir de forma bastante ampla, como "realização de novas combinações", as inovações que embasam o processo. Elas incluem não apenas as inovações tecnológicas e organizacionais na indústria, mas também todas as inovações comerciais – a abertura de um novo mercado, de uma nova rota comercial, de uma nova fonte de suprimento, a comercialização de um novo produto ou a criação de uma nova organização de compras e de descarte de mercadorias – que consigam "conduzir" a economia para novos canais. Schumpeter chama os agentes dessa condução de "empreendedores": indivíduos que podem ser ou não "capitalistas", no sentido de que exercem controle substancial sobre os meios de produção e de pagamento, mas têm a capacidade de perceber e agarrar as oportunidades de excesso de lucro que pode ser aproveitado

---

[28] Idem, *Capitalism, Socialism, and Democracy*, p. 73-4.
[29] Ibidem, p. 68.
[30] Giovanni Arrighi, Beverly J. Silver e Benjamin D. Brewer, "Industrial Convergence and the Persistence of the North-South Divide", p. 17-8. Ver também o capítulo 8 a seguir.

Adam Smith em Pequim

por meio de um desvio do fluxo estabelecido da vida econômica. Como ilustração do que tem em mente, Schumpeter destaca "o tipo moderno de 'capitão da indústria' [...], ainda mais quando se reconhece nele a identidade, de um lado, digamos, de empreendedor comercial da Veneza do século XII [...] e, de outro, de potentado de aldeia que combina a agricultura e o comércio de gado, digamos, com uma cervejaria rural, uma pensão e uma loja".

> Mas seja qual for o tipo, uma pessoa só é empreendedora quando realmente "realiza novas combinações"; e perde esse caráter assim que monta seu negócio, quando se limita a gerenciá-lo como os outros gerenciam seus negócios.[31]

Os capitalistas são donos do dinheiro, do direito ao dinheiro ou de bens materiais, e podem realizar funções empreendedoras, mas não são definidos por elas, cuja função específica é dar aos empreendedores os meios de pagamento necessários para empurrar o sistema econômico para novos canais. Tipicamente, isso ocorre por meio do fornecimento de crédito; e já que toda poupança e todos os fundos de reserva costumam fluir para instituições de crédito, e a demanda total de poder de compra, existente ou a ser criado, concentra-se nessas instituições, o "banqueiro" é "o capitalista por excelência. Está entre os que querem criar novas combinações e os possuidores dos meios produtivos".

> Conceder crédito, nesse sentido, funciona como uma ordem dada ao sistema econômico para se acomodar aos propósitos do empreendedor, como uma ordem dada aos bens de que ele precisa: significa confiar a ele as forças produtivas.[32]

Os produtores e os negociantes de poder de compra encontram empreendedores no mercado de dinheiro ou capital, onde trocam o poder de compra presente pelo poder de compra futuro. "Na luta diária de preços entre os dois grupos, decide-se o destino das novas combinações."

> Todos os planos e previsões para o futuro no sistema econômico afetam [o mercado de dinheiro], todas as condições da vida nacional, todos os eventos políticos, econômicos e naturais [...]. *O mercado de dinheiro é sempre*, por assim dizer, *o quartel-general do*

---

[31] Joseph Schumpeter, *The Theory of Economic Development*, p. 66, 78, 131-6 [ed. bras.: *Teoria do desenvolvimento econômico*]. Schumpeter destaca que os empreendedores "não formam uma classe social", como ocorre com os proprietários de terras, os capitalistas ou os operários. Eles podem ser de qualquer classe social e, se bem-sucedidos, passar para uma posição de classe mais privilegiada. Mas "a posição de classe que pode ser atingida não é, como tal, uma posição de empreendedores, mas sim caracterizada como classe de proprietários de terras ou de capitalistas, conforme sejam usados os proventos da empresa" (p. 78-9).

[32] Ibidem, p. 69, 74, 107.

Marx, Schumpeter e a acumulação "interminável" de capital e poder

sistema capitalista, do qual saem as ordens para as várias divisões; e aquilo que é debatido e decidido ali é sempre, em essência, o estabelecimento de planos para o desenvolvimento futuro.[33]

Por mais diferentes que pareçam, as concepções de desenvolvimento capitalista de Marx e de Schumpeter mais se completam do que se contradizem. O próprio Schumpeter confessou que o que tinha a dizer sobre o desempenho do capitalismo apenas aprofundou o "[relato] nada menos que brilhante das realizações do capitalismo" que Marx fez no *Manifesto*[34]. E, na verdade, não consigo ver nada de que Marx pudesse discordar na descrição da destruição criativa de Schumpeter que citamos. As diferenças entre Schumpeter e Marx dizem respeito basicamente às contradições e aos agentes que acabariam levando à superação do capitalismo como sistema social. Mas no que diz respeito à dinâmica capitalista, eles simplesmente a observaram de pontos de vista diferentes e, assim, viram facetas diversas, mas compatíveis, do fenômeno[35].

Reprise e trailer

Nossa reconceituação do caminho "antinatural" de desenvolvimento de Smith como caminho capitalista sugere que a fuga europeia da armadilha de equilíbrio de alto nível não foi uma novidade do século XIX. Ao contrário, a fuga da Revolução Industrial no século XIX foi precedida e preparada por fugas anteriores, realizadas com grandes reorganizações dos centros e das redes do capitalismo europeu. Essa tendência é inseparável do que tanto Smith quanto Marx destacaram como principal especificidade do caminho europeu: sua extroversão, sua inserção no mercado global e a direção "retrógrada" do seu avanço do comércio exterior para a indústria e a agricultura. Desse ponto de vista, a prática generalizada de buscar na agricultura a origem ou a falta de dinâmica capitalista é enganosa. Para usar uma metáfora que Frank apreciava, isso lembra a famosa procura do relógio perdido debaixo do poste errado; a riqueza e o poder da burguesia europeia não se originaram da agricultura, mas do comércio exterior de longa distância; e mesmo a indústria só se tornou sua base principal depois de vários séculos[36].

---

[33] Ibidem, p. 125-6; destaques nossos.
[34] Idem, *Capitalism, Socialism, and Democracy*, p. 7.
[35] Ver John E. Elliott, "Marx and Schumpeter on Capitalism's Creative Destruction: A Comparative Restatement".
[36] Ver Giovanni Arrighi, *O longo século XX: dinheiro, poder e as origens de nosso tempo*, capítulos 2 e 3, e capítulo 8 a seguir. Sobre a metáfora do "relógio perdido", ver Andre Gunder Frank, *ReOrient: Global Economy in the Asian Age*, p. 338-9.

Igualmente generalizada e enganosa é a prática de atribuir ao desenvolvimento capitalista em nível nacional características que, historicamente, pertencem ao desenvolvimento capitalista em nível global e vice-versa. A teoria da centralização do capital de Marx e da crescente divisão técnica do trabalho em unidades de produção cada vez maiores, por exemplo, só é válida no nível global. Embora as ferrovias tenham sido inventadas e construídas pela primeira vez na Grã-Bretanha, apenas quando de sua introdução nos Estados Unidos em escala geográfica incomparavelmente maior – com a contribuição decisiva do capital excedente britânico – elas levaram à reorganização do capital em grandes empresas verticalmente integradas. Se o centro do desenvolvimento capitalista não tivesse passado da Grã-Bretanha para os Estados Unidos, talvez nunca ocorresse o grande salto adiante da divisão técnica do trabalho provocado por essa reorganização. Na verdade, apesar da Revolução Industrial, ou talvez por causa dela, durante o século XIX a Grã-Bretanha viveu a consolidação do capitalismo familiar e a redução, não o aumento, da integração vertical dos processos de produção[37].

Inversamente, a tese de que o desenvolvimento capitalista pressupõe a separação entre os produtores agrícolas e os meios de produzir sua subsistência, que Brenner deriva de Marx, tem alguma validade como descrição das condições que facilitaram o desenvolvimento do capitalismo na Grã-Bretanha. Entretanto, no nível global, essa separação mais parece ser *consequência* da destruição criativa do capitalismo – ou seja, a produção de uma população excedente relativa – do que uma de suas precondições. De todo modo, ela definitivamente não foi precondição para o desenvolvimento capitalista em outros países europeus, como França e Suíça, nem nos Estados Unidos, onde a base agrícola dos maiores avanços técnicos e organizacionais da história capitalista se assentou na destruição da população nativa, no transplante forçado de povos africanos escravizados e no povoamento com a população europeia excedente.

As dificuldades envolvidas na identificação da natureza capitalista do caminho europeu de desenvolvimento levou Frank a ver sua busca como "não muito melhor que a busca do alquimista pela pedra filosofal, que transforma o vil metal em ouro"[38].

---

[37] Sobre o papel das ferrovias na promoção da integração vertical e da administração burocrática da empresa capitalista, ver Alfred Chandler, *The Visible Hand: The Managerial Revolution in American Business*, cap. 3 a 5. Quanto aos indícios da persistência das empresas familiares e da redução da integração vertical na Grã-Bretanha durante o século XIX, ver Giovanni Arrighi e Beverly J. Silver, *Caos e governabilidade no moderno sistema mundial*, cap. 2.

[38] Andre Gunder Frank, *ReOrient*, p. 332, citando Chaudhuri sobre a analogia com a busca do alquimista pela pedra filosofal (cf. Kirti N. Chaudhuri, *Asia before Europe: Economy and Civilization of the Indian Ocean from the Rise of Islam to 1750*, p. 84).

Marx, Schumpeter e a acumulação "interminável" de capital e poder

A frustração de Frank é compreensível, e ele tem bases empíricas sólidas para rejeitar a tentativa de identificar as diferenças entre os caminhos de desenvolvimento da Europa e da Ásia oriental a partir da presença de "capitalistas" em uma região e da sua ausência em outra. Como observou William Rowe, e como confirmará nossa análise no capítulo 11, "seja qual for a razão, as divergências entre a história chinesa e a ocidental desde 1500 não se devem ao fato de que o Ocidente progressista descobriu o capitalismo e o Estado moderno, e a China não"[39].

Como será discutido com mais detalhes no capítulo 11, a característica que nos permite distinguir os caminhos de desenvolvimento com base no mercado da Europa e da Ásia oriental não é a presença por si só de instituições comerciais e governamentais específicas, mas sua combinação em estruturas de poder diferentes. Assim, o caminho "antinatural" de Smith difere do caminho "natural" não porque tenha um número maior de capitalistas, mas porque os capitalistas têm maior poder de impor seu interesse de classe à custa do interesse nacional. Na reconceituação que Marx faz do caminho "não natural" de Smith como caminho capitalista, esse poder maior transformou os governos em comitês de gerenciamento dos negócios da burguesia. Embora, na melhor das hipóteses, isso seja um exagero e, na pior, uma falsa caracterização da maioria dos Estados europeus, é provavelmente uma descrição bastante exata dos Estados que foram os líderes do caminho europeu de desenvolvimento. Como explica Fernand Braudel:

> O capitalismo só triunfa quando se identifica com o Estado, quando é o Estado. Em sua primeira grande fase, a das cidades-Estado italianas de Veneza, Gênova e Florença, o poder estava nas mãos da elite endinheirada. Na Holanda do século XVII, a aristocracia dos Regentes governava a favor e até de acordo com as diretivas dos negociantes, mercadores e emprestadores de dinheiro. Do mesmo modo, na Inglaterra, a Revolução Gloriosa de 1688 marcou a ascensão dos negócios ao trono, de modo semelhante ao que ocorreu na Holanda.[40]

A não ser pelo acréscimo de Gênova e Florença a Veneza, e pela omissão do último líder do desenvolvimento capitalista (os Estados Unidos), é a mesma sequência de centros capitalistas declinantes e emergentes que, segundo Marx, estavam ligados entre si pela reciclagem do capital excedente por meio do sistema de crédito internacional. Nas duas sequências, os Estados que se identificaram com o capitalismo – as cidades-Estado italianas, o proto-Estado-nação holandês e, final-

---

[39] William Rowe, "Modern Chinese Social History in Comparative Perspective", p. 262.
[40] Fernand Braudel, *Afterthoughts on Material Civilization and Capitalism*, p. 64-5 [ed. bras.: *A dinâmica do capitalismo*].

Adam Smith em Pequim

mente, um Estado, o inglês, que passava pelo processo de se tornar não só Estado nacional, como também centro de um império marítimo e territorial que dava a volta ao mundo – foram maiores e mais poderosos que seus antecessores. Nossa tese será que é essa *sequência* de acumulação interminável de capital e poder que, mais que tudo, define o caminho europeu de desenvolvimento como "capitalista"; e, inversamente, que a ausência de algo comparável a essa sequência na Ásia oriental pode ser considerada o sinal mais claro de que, antes da Grande Divergência, o caminho de desenvolvimento da Ásia oriental era tão baseado no mercado quanto o europeu, mas não era portador da dinâmica capitalista.

Sustentaremos ainda que essa especificidade do caminho europeu de desenvolvimento só pode ser compreendida em conjunto com duas outras tendências. Uma é a tendência das crises de superacumulação a provocar longos períodos de expansão financeira que, parafraseando Schumpeter, fornecem os meios de pagamento necessários para empurrar o sistema econômico para novos canais. Como sublinha Braudel, essa tendência não é uma invenção do século XIX. Em Gênova no século XVI e em Amsterdã no século XVIII, assim como na Grã-Bretanha no final do século XIX e nos Estados Unidos no final do século XX, "depois de uma onda de crescimento [...] e de acumulação de capital em escala que ultrapassa os canais normais de investimento, o capitalismo financeiro já estava em condições de tomar posse e dominar, pelo menos por algum tempo, todas as atividades do mundo dos negócios"[41]. Embora a princípio essa dominação tenda a reanimar a fortuna dos centros capitalistas oficiais, com o tempo ela se torna fonte de turbulência política, econômica e social, no decorrer da qual os arcabouços sociais de acumulação existentes são destruídos; o "quartel-general do sistema capitalista", no sentido que Schumpeter dá à expressão, desloca-se para novos centros; e criam-se arcabouços sociais de acumulação mais abrangentes sob a liderança de Estados ainda mais poderosos[42]. Se e até que ponto a expansão financeira liderada pelos Estados Unidos nas décadas de 1980 e 1990 se encaixa nesse padrão é tema da segunda parte deste livro.

No entanto, nem a expansão financeira recorrente do capitalismo histórico nem a sequência de Estados cada vez mais poderosos com que o capitalismo se identificou podem ser compreendidas a não ser em relação a outra tendência: a intensa competição entre Estados pelo capital móvel, que Max Weber chamou de

---

[41] Idem, *Civilization and Capitalism, 15th-18th Century*, v. 3: *The Perspective of the World*, p. 604 [ed. bras.: *Civilização material, economia e capitalismo*, v. 3: *O tempo do mundo*].

[42] Sobre aspectos diferentes desse padrão, ver Giovanni Arrighi, *O longo século XX*, e Giovanni Arrighi e Beverly J. Silver, *Caos e governabilidade no moderno sistema mundial*.

"distinção histórica mundial da época [moderna]"[43]. Essa tendência é a chave para resolver o problema da relação entre capitalismo, industrialismo e militarismo, implicitamente levantado mas não resolvido por Smith e sobre o qual nem Marx nem Schumpeter tinham nada de interessante a dizer. Como notamos no capítulo 2, a observação de Smith de que a grande despesa da guerra moderna dá vantagem militar às nações ricas sobre as pobres suscita duas perguntas intimamente ligadas. A primeira: dado o importante papel que a manufatura, o comércio exterior e a navegação tiveram no caminho de desenvolvimento "antinatural" – que, acompanhando Marx, rebatizamos de caminho capitalista –, os países que se desenvolvem por ele adquiririam vantagem militar não só sobre as nações pobres, mas também sobre as economias de mercado ricas que se desenvolvem pelo caminho "natural" de Smith? E a segunda: se a riqueza buscada no caminho capitalista é fonte de força militar superior, e se a força militar superior é a razão pela qual os europeus puderam se apropriar dos benefícios da maior integração da economia global à custa das nações não europeias, como sustenta Smith, que forças podem impedir que essa integração reproduza a operação conjunta de um círculo virtuoso de enriquecimento e de aumento de poder dos povos de origem europeia e de um círculo vicioso de empobrecimento e de perda de poder da maioria dos outros povos?

Essas perguntas serão respondidas na terceira e na quarta parte do livro. A terceira parte se concentrará especificamente na acumulação de capital e de poder aparentemente "interminável" do caminho capitalista, que culminou com a tentativa norte-americana de criar, pela primeira vez na história mundial, um Estado verdadeiramente global. Mostrará que a sinergia entre capitalismo, industrialismo e militarismo, impulsionada pela competição entre Estados, gera realmente um círculo virtuoso de enriquecimento e de aumento de poder dos povos de origem europeia e um círculo vicioso correspondente de empobrecimento e perda de poder para a maioria dos outros povos. Parte integrante dessa tendência é a polarização espacial do processo de destruição criativa numa zona de predominância de prosperidade, que acabou sendo o Norte global, e uma zona de pre-

---

[43] Max Weber, *Economy and Society*, p. 354 [ed. bras.: *Economia e sociedade*]. Segundo Weber, enquanto na época pré-moderna a formação dos impérios mundiais eliminava liberdades e poderes das cidades que constituíam os *loci* principais da expansão capitalista, na época moderna esses *loci* caem sob o domínio de "Estados nacionais concorrentes numa condição de luta perpétua pelo poder na paz ou na guerra. [...] Os Estados separados tinham de competir pelo capital móvel, que lhes ditava as condições para ajudá-los a chegar ao poder". Foi essa luta competitiva que criou as maiores oportunidades para o capitalismo moderno (Max Weber, *General Economic History*, p. 249 [ed. bras.: *História geral da economia*]).

Adam Smith em Pequim

dominância de depressão, que acabou sendo o Sul global. Mas mostrará também, em primeiro lugar, que essa polarização provocou problemas cada vez mais insuperáveis de legitimidade social e política para a reprodução da dominação do Norte e, em segundo lugar, que a tentativa dos Estados Unidos de superar esses problemas pela via coercitiva saiu pela culatra e criou oportunidades sem precedentes para o aumento do poder social e econômico dos povos do Sul global.

A quarta e última parte do livro se concentrará nas condições históricas mundiais que permitiram à China ser pioneira desse aumento de poder. A tese de Sugihara de que a intensa competição entre os Estados Unidos e a União Soviética durante a Guerra Fria e o surto de nacionalismo do antigo mundo colonial criaram conjuntamente, na Ásia oriental, um ambiente geopolítico favorável para a hibridação dos caminhos da Revolução Industrial e da Revolução Industriosa será reformulada em meus próprios termos e desdobrada em duas novas direções. Em primeiro lugar, argumentarei que os próprios caminhos da Revolução Industrial e da Revolução Industriosa tiveram origem nos ambientes geopolíticos contrastantes surgidos na Europa e na Ásia oriental no decorrer do que Braudel chama de "longo" século XVI com relação à história europeia (1350-1650)[44] e que corresponde quase exatamente à era Ming da história da Ásia oriental (1368--1643). Mostrarei que essa diferença de ambiente geopolítico constitui explicação simples, mas convincente, do surgimento de dois caminhos distintos de desenvolvimento na Europa e na Ásia oriental que, no devido tempo, levaram à Grande Divergência. Mas também argumentarei que a superioridade do caminho europeu em relação ao caminho asiático-oriental dependeu fundamentalmente da sinergia entre as capacidades financeira e militar, coisa difícil de manter numa economia global cada vez mais integrada e competitiva. Assim que a sinergia deixou de funcionar, como ocorreu nas últimas décadas do século XX, o Japão tornou-se o precursor e a China a portadora do caminho de desenvolvimento híbrido e baseado no mercado, que, parafraseando Fairbank, continua a causar confusão dentro e fora da China.

---

[44] Fernand Braudel, *Civilization and Capitalism*, v. 3: *The Perspective of the World*, p. 79.

SEGUNDA PARTE

Rastreamento da turbulência global

4
A ECONOMIA DA TURBULÊNCIA GLOBAL

"A depressão", escreveu Thorstein Veblen pouco depois do fim da Grande Depressão de 1873-1896, "é basicamente uma moléstia dos afetos dos homens de negócios. Eis a sede da dificuldade. A estagnação da indústria e as dificuldades sofridas pelos trabalhadores e outras classes são da natureza dos sintomas e dos efeitos secundários." Portanto, para ter eficácia, os remédios precisam ser tais que "atinjam esse centro nervoso do problema e [...] devolvam os lucros a uma taxa 'razoável'"[1]. Entre 1873 e 1896, os preços caíram irregular mas inexoravelmente, fenômeno que David Landes chamou de "a deflação mais drástica da memória humana". Juntamente com os preços, a taxa de juros caiu "a tal ponto que os teóricos econômicos começaram a cogitar a possibilidade de o capital se tornar tão abundante quanto um bem gratuito. E o lucro encolheu, enquanto a depressão que hoje reconhecemos como periódica parecia se arrastar interminavelmente. Parecia que o sistema econômico estava se esgotando"[2].

Na verdade, o sistema econômico não estava "se esgotando". A produção e o investimento continuaram a crescer não só nos países recém-industrializados da época (mais notadamente, Alemanha e Estados Unidos), como também na Grã-Bretanha – tanto que, escrevendo na mesma época que Landes, outro historiador declarou que a Grande Depressão de 1873-1896 não passou de um "mito"[3]. Ainda assim, como indica Veblen, não existe contradição em dizer que houve "grande

---

[1] Thorstein Veblen, *The Theory of Business Enterprise*, p. 241 [ed. bras.: *Teoria da empresa industrial*].
[2] David S. Landes, *The Unbound Prometheus: Technological Change and Industrial Development in Western Europe from 1750 to the Present*, p. 231 [ed. bras.: *Prometeu desacorrentado: transformação tecnológica e desenvolvimento industrial na Europa Ocidental de 1750 até os dias de hoje*].
[3] Samuel B. Saul, *The Myth of the Great Depression, 1873-1896*.

Adam Smith em Pequim

depressão" numa época de expansão constante na produção e no investimento. Ao contrário, a Grande Depressão não foi um mito exatamente *porque* a produção e o comércio na Grã-Bretanha e no mundo em geral se expandiram e ainda estavam se expandindo depressa demais para que o lucro se mantivesse num nível considerado "razoável".

Em termos mais específicos, a grande expansão do comércio mundial em meados do século XIX levou à intensificação, em todo o sistema, das pressões competitivas sobre os agentes da acumulação de capital. Um número cada vez maior de empresas comerciais, num número cada vez maior de lugares, em toda a economia mundial centrada no Reino Unido, atrapalhavam umas às outras na compra de insumos e na distribuição da produção, destruindo assim, entre si, os "monopólios" anteriores, ou seja, o controle mais ou menos exclusivo que exerciam sobre nichos específicos do mercado.

> Essa passagem do monopólio para a concorrência foi provavelmente o fator mais importante na criação de condições para a empresa industrial e comercial europeia. Agora, o crescimento econômico também era luta econômica, luta que servia para separar os fortes dos fracos, para desencorajar uns e enrijecer outros, para favorecer as novas [...] nações à custa das antigas. O otimismo quanto ao futuro de progresso indefinido deu lugar à incerteza e a uma sensação de agonia.[4]

Mas então, de repente, como por mágica,

> a roda girou. Nos últimos anos do século, os preços começaram a subir e, com eles, o lucro. Quando os negócios melhoraram, a confiança voltou; não a confiança instável e evanescente dos breves *booms* que entremearam a escuridão das décadas precedentes, mas uma euforia geral que não predominava desde [...] o início da década de 1870. Tudo parecia certo outra vez, apesar do brandir de armas e das referências marxistas admonitórias à "última fase" do capitalismo. Em toda a Europa ocidental, esses anos vivem na lembrança como os bons e velhos dias, a época eduardiana, a *belle époque*.[5]

Como veremos, não havia nada de mágico na restauração súbita do lucro em nível mais "razoável" e na consequente recuperação das burguesias britânica e ocidental da moléstia provocada pela competição "excessiva". Por enquanto, observaremos simplesmente que nem todos se beneficiaram dos "bons tempos" de 1896-1914. Em termos internacionais, o principal beneficiário da recuperação foi a

---

[4] David S. Landes, *The Unbound Prometheus*, p. 240.
[5] Ibidem, p. 231.

A economia da turbulência global

Grã-Bretanha. Enquanto sua supremacia industrial minguava, o sistema financeiro triunfava e os serviços de transporte, representação comercial, corretagem de seguros e intermediação no sistema mundial de pagamentos tornaram-se mais indispensáveis do que nunca[6]. Mas, mesmo na Grã-Bretanha, nem todo mundo se beneficiou. É especialmente digno de nota o declínio geral do salário real britânico depois de meados da década de 1890, o que inverteu a tendência de elevação rápida do meio século anterior[7]. Para a classe operária da então potência hegemônica, a *belle époque* foi, assim, uma época de refreamento do meio século anterior, em que houve melhora de sua situação econômica. Sem dúvida, isso deu mais impulso à renovada euforia da burguesia britânica. Entretanto, logo o "brandir de armas" fugiu ao controle, precipitando uma crise da qual o sistema capitalista mundial centrado nos britânicos nunca se recuperaria.

A análise de Robert Brenner daquilo que ele chama de "estagnação persistente" de 1973-1993 e a subsequente "retomada" da economia norte-americana e mundial não se refere a essa experiência precoce do capitalismo mundial com a depressão, a retomada e a crise, mas sua argumentação principal convida o tempo todo à comparação entre as duas[8]. Portanto, vou tomá-la como ponto de partida para uma análise comparativa entre dois longos períodos de turbulência global com um século de distância entre eles, com o intuito de determinar o que é verdadeiramente novo e anômalo na turbulência global de nossos dias. Neste capítulo, reconstruo o argumento de Brenner, concentrando-me em seus aspectos mais interessantes e essenciais. No capítulo 5, reexamino o argumento criticamente, concentrando-me em seus limites e pontos fracos e, no capítulo 6, incorporo essas críticas à minha própria interpretação da turbulência global que preparou o cenário tanto para a crise terminal da hegemonia dos Estados Unidos quanto para o ressurgimento econômico da Ásia oriental. Concluirei a segunda parte deixando explícitas as ligações entre meu argumento sobre a turbulência global e o arcabouço teórico desenvolvido na primeira parte do livro.

---

[6] Eric J. Hobsbawm, *Industry and Empire: An Economic History of Britain since 1750*, p. 125 [ed. bras.: *Da revolução industrial inglesa ao imperialismo*].

[7] Samuel B. Saul, *The Myth of the Great Depression*, p. 28-34; Michael Barratt Brown, *The Economics of Imperialism*, tabela 14.

[8] Robert Brenner, "The Economics of Global Turbulence: A Special Report on the World Economy, 1950-1998", *The Boom and the Bubble: The U.S. in the World Economy* [ed. bras.: *O boom e a bolha*], *The Economics of Global Turbulence: The Advanced Capitalist Economies from Long Boom to Long Downturn, 1945-2005*. Este último livro consiste no longo ensaio de 1998, publicado como número especial da *New Left Review*, com prefácio e posfácio novos. A não ser com referência ao prefácio e ao posfácio, mantive as referências à publicação de 1998.

111

Desenvolvimento desigual: *do* boom *à crise*

Brenner concebe o longo *boom* das décadas de 1950 e 1960 e a crise de lucratividade que pôs fim ao *boom* de 1965 a 1973 como enraizados no que chama de "desenvolvimento desigual". Em sua definição, o desenvolvimento desigual é o processo pelo qual os retardatários do desenvolvimento capitalista tentam e acabam conseguindo alcançar os líderes desse desenvolvimento[9]. Concentrando-se na Alemanha e no Japão como os retardatários mais bem-sucedidos entre os que tentaram alcançar, depois da Segunda Guerra Mundial, as realizações desenvolvimentistas anteriores dos Estados Unidos, Brenner defende que foi a capacidade desses dois países de combinar a tecnologia de alta produtividade, cujos pioneiros foram os Estados Unidos, com o grande e elástico suprimento de mão de obra com baixo salário, acumulado nos setores rural e de pequenas empresas, que elevou sua taxa de lucro e de investimento. No início da década de 1960, essa tendência não afetou negativamente a produção e o lucro norte-americanos, porque "os bens produzidos no exterior continuaram, em sua maioria, incapazes de competir no mercado dos Estados Unidos e porque os produtores norte-americanos dependiam pouco das vendas externas"[10]. Na verdade, embora o "desenvolvimento econômico desigual provocasse o declínio *relativo* da economia interna dos Estados Unidos [...], ele foi também precondição para a contínua vitalidade das forças dominantes dentro da economia política norte-americana".

As empresas multinacionais e bancos internacionais americanos, voltados para a expansão no exterior, precisavam de mercados lucrativos para investimento direto no estrangeiro. Os fabricantes de base nacional, que precisavam aumentar suas exportações, exigiam o crescimento rápido da demanda externa de suas mercadorias. O Estado imperial norte-americano, preocupado em "conter o comunismo" e manter o mundo seguro para a livre empresa, buscava o sucesso econômico de seus aliados e concorrentes como base para a consolidação política da ordem capitalista do pós-guerra. [...] Assim, todas essas forças dependiam do dinamismo econômico da Europa e do Japão para a concretização de seus objetivos próprios.[11]

---

[9] Idem, "The Economics of Global Turbulence", p. 39-137, e *The Boom and the Bubble*, p. 9-24. O uso que Brenner faz da expressão "desenvolvimento desigual" (*uneven development*) lembra o de Trotski e Lenin, mas difere radicalmente do uso contemporâneo mais comum, que designa a tendência do desenvolvimento capitalista a polarizar e diversificar o espaço geográfico. Ver principalmente Samir Amin, *Unequal Development* [ed. bras.: *Desenvolvimento desigual*]; e Neil Smith, *Uneven Development: Nature, Capital and the Production of Space* [ed. bras.: *Desenvolvimento desigual: natureza, capital e a produção de espaço*]. A menos quando especificado, usarei essa expressão no mesmo sentido que lhe atribui Brenner.

[10] Robert Brenner, "The Economics of Global Turbulence", p. 91-2.

[11] Idem, *The Boom and the Bubble*, p. 14-5.

A economia da turbulência global

Em resumo, até o início da década de 1960, o desenvolvimento desigual foi um jogo de soma positiva, que sustentava "uma simbiose, ainda que extremamente conflitante e instável, entre líder e seguidores, entre desenvolvedores precoces e tardios, entre país hegemônico e países subordinados"[12]. Parafraseando a descrição que Landes faz da Grande Depressão de 1873-1896, ele ainda não havia se transformado em "luta econômica", em jogo de soma zero ou mesmo negativa que beneficiaria alguns à custa dos outros. Segundo a descrição feita pelo próprio Brenner a respeito do início da Longa Retração de 1973 a 1993, foi exatamente nisso que o desenvolvimento desigual se transformou entre 1965 e 1973. Nessa época, a Alemanha e o Japão haviam não só alcançado, mas até "passado à frente do líder americano [...] num setor importante após o outro – têxteis, aço, automóveis, máquinas-ferramentas, eletrônicos de consumo". O mais importante foi que os novos produtores de baixo custo, situados nesses e em outros países seguidores, começaram a "invadir mercados até então dominados por produtores das regiões líderes, principalmente Estados Unidos e também Reino Unido"[13].

Essa irrupção de mercadorias de baixo preço nos mercados norte-americano e mundial solapou a capacidade dos fabricantes norte-americanos "de assegurar a taxa de lucro estabelecida em seus investimentos de capital e trabalho", provocando, entre 1965 e 1973, um declínio de mais de 40% da taxa de retorno do capital social. Os fabricantes norte-americanos reagiram de várias maneiras a essa intensificação da concorrência nacional e internacional. Cobraram preços abaixo do custo por seus produtos, ou seja, buscaram o lucro estabelecido somente sobre o capital circulante; reprimiram os aumentos salariais; e modernizaram instalações e equipamentos. No entanto, em última instância, a arma norte-americana mais decisiva na incipiente luta competitiva foi a drástica desvalorização do dólar em relação ao iene japonês e ao marco alemão[14].

Até certo ponto, a desvalorização foi, por si só, resultado da deterioração da balança comercial dos Estados Unidos, decorrente da perda de competitividade dos industriais norte-americanos diante dos alemães e dos japoneses. Ainda assim, o efeito dessa balança comercial sobre o valor das três moedas foi consideravelmente ampliado por políticas governamentais que desestabilizaram (e acabaram por desorganizar) o regime de padrão dólar-ouro internacional, criado no final da Segunda Guerra Mundial. Afinal de contas, os governos alemão e japonês reagiram à pressão inflacionária gerada em suas economias nacionais expandindo

[12] Ibidem, p. 15.
[13] Idem, "The Economics of Global Turbulence", p. 41, 105-8.
[14] Ibidem, p. 93-4; idem, *The Boom and the Bubble*, p. 17-8.

Adam Smith em Pequim

a produção exportadora e reprimindo a demanda interna, o que aumentou ainda mais o superávit comercial e a procura especulativa por suas moedas[15]. No fim do mandato de Johnson e no início do de Nixon, o governo americano tentou inverter a maré de crescente instabilidade monetária internacional com austeridade fiscal e políticas monetárias severas. Entretanto, logo

> o custo político de manter uma política anti-inflacionária séria, sem falar da queda alarmante do mercado de ações [...], mostrou-se inaceitável para o governo Nixon. Bem antes da derrota dos republicanos nas eleições parlamentares de novembro de 1970, e enquanto as elevadas taxas de juros ameaçavam sufocar a recuperação, o governo recorreu novamente ao estímulo fiscal e o Fed contentou-se com uma política de crédito fácil. Como Nixon afirmaria vários meses depois, "agora somos todos keynesianos".[16]

A virada dos Estados Unidos na direção das políticas macroeconômicas expansionistas, em meados da década de 1970, tocou o dobre fúnebre do padrão dólar-ouro. Enquanto os juros caíam nos Estados Unidos e permaneciam altos ou em elevação na Europa e no Japão, o dinheiro especulativo de curto prazo fugiu do dólar, fazendo disparar o déficit norte-americano na balança de pagamentos (no curto e no longo prazos). A tentativa morna do acordo smithsoniano de dezembro de 1971 de manter taxas fixas de câmbio por meio da desvalorização de 7,9% do dólar em relação ao ouro e da revalorização do marco em 13,5% e do iene em 16,9% em relação ao dólar não conseguiu conter a nova pressão de baixa que o governo Nixon impôs à moeda norte-americana em outra rodada de estímulo econômico. Em 1973, a pressão tornou-se insuportável e resultou em nova macrodesvalorização do dólar e no abandono formal do sistema de taxas de câmbio fixas a favor do câmbio flutuante[17].

Brenner afirma que a desvalorização acentuada do dólar em relação ao marco (um total de 50% entre 1969 e 1973) e ao iene (um total de 28,2% entre 1971 e 1973) assegurou "o tipo de virada dos custos relativos que [o setor fabril dos Estados Unidos] havia sido incapaz de conseguir por meio do crescimento da produtividade e da contenção salarial". A virada teve efeito eletrizante sobre a economia norte-americana. A lucratividade, o aumento dos investimentos e a produtividade do trabalho na indústria recuperaram-se e a balança comercial norte-americana voltou a ter superávit. O impacto sobre as economias alemã e japonesa foi exatamente oposto. A competitividade da indústria diminuiu agudamente e foi a vez

---

[15] Idem, "The Economics of Global Turbulence", p. 94, 116, 119, 126-30.
[16] Ibidem, p. 120-1.
[17] Ibidem, p. 121-3.

A economia da turbulência global

delas "de abandonar a elevada taxa de retorno se queriam manter as vendas". A crise global de lucratividade não havia sido superada. Mas agora seu fardo era dividido de maneira mais igualitária entre os principais países capitalistas[18].

Em suma, o desenvolvimento econômico desigual, entendido como processo em que os retardatários conseguem alcançar as potências econômicas que estão na liderança, produziu tanto o longo *boom* do pós-guerra quanto a crise de lucratividade do fim da década de 1960 e início da década de 1970. Enquanto prosseguia a tentativa de alcançar os que estavam na frente, o círculo virtuoso de lucro elevado, altos investimentos e aumento da produtividade se manteve. Mas assim que os retardatários, ou pelo menos os dois maiores, alcançaram de fato o antigo líder, o resultado foi o excesso de capacidade produtiva mundial e a consequente pressão de baixa sobre a taxa de lucro. A princípio, as indústrias norte-americanas suportaram o grosso da pressão. Contudo, logo a desvalorização maciça do dólar em relação ao marco e ao iene, apoiada pelo governo norte-americano, distribuiu a queda da lucratividade de maneira mais homogênea entre as três principais potências capitalistas.

Excesso de capacidade instalada e estagnação persistente

O desenvolvimento desigual gerou o excesso de capacidade instalada que provocou a queda geral da taxa de lucro entre 1965 e 1973. Mas o principal responsável pela persistência da estagnação comparativa de 1973 a 1993 foi o fracasso das empresas e dos governos capitalistas em restaurar o nível anterior de lucratividade com a eliminação da capacidade excedente. No conceito de Brenner, há "supercapacidade e superprodução" (duas palavras que ele sempre usa juntas) quando "há demanda insuficiente para permitir que as empresas de custo mais elevado mantenham a taxa de lucro anterior". Essas empresas, portanto, são "obrigadas a deixar de usar parte de seus meios de produção e só podem utilizar o restante baixando o preço e, portanto, a lucratividade. Há supercapacidade e superprodução *com relação à taxa de lucro até então existente*"[19]. Ou se elimina o excesso de oferta de ca-

---

[18] Ibidem, p. 123-4, 137.

[19] Ibidem, p. 25-6; destaque do original. Como observado, Brenner usa sempre juntas as expressões "supercapacidade" e "superprodução", substituindo-as às vezes pela expressão "superacumulação" (p. ex., *The Boom and the Bubble*, p. 32, 159). Como veremos nos capítulos 5 e 6, o que ele descreve é uma crise de superacumulação, da qual o excesso de capacidade instalada e a superprodução são manifestações distintas. No entanto, ao não esclarecer em termos conceituais a diferença entre excesso de capacidade instalada e superprodução, Brenner cria dificuldades consideráveis para a avaliação empírica de sua importância real, tanto em termos absolutos quanto relativos a outras manifestações da crise subjacente de superacumulação.

Adam Smith em Pequim

pacidade produtiva, ou a taxa de lucro cairá, com todas as terríveis consequências causadas por essa queda na economia capitalista, que vão da redução das taxas de investimento e de crescimento da produtividade à queda do salário real e do nível de emprego. A tese de Brenner é que, pelo menos até 1993, o excesso de oferta de capacidade produtiva, que está por trás da crise de lucratividade de 1965-1973, longe de ter sido eliminado, no mínimo aumentou, reduzindo continuamente a lucratividade.

A tese baseia-se em duas linhas de argumentação, uma que diz respeito às empresas capitalistas e outra aos governos. No conceito de capitalismo mundial de Brenner, não há mecanismo espontâneo de mercado que impeça o surgimento do excesso de capacidade instalada num grande número de setores industriais, nem que ele se torne característica crônica da economia mundial depois que se desenvolve. As empresas que incorrem em custos mais altos têm meios e incentivos para resistir à saída de setores industriais superpovoados, mas o excesso de capacidade instalada e a queda do lucro não desencorajam, necessariamente, as recém-chegadas. As que incorrem em custos mais altos resistem a sair, porque grande parte de seu patrimônio tangível e intangível "só pode ser realizado nas linhas de produção já estabelecidas e se perderia caso [tais empresas] mudassem essas linhas". Além disso, "o crescimento mais lento da demanda, expressão inevitável da redução do crescimento de investimento e de salários, que resulta inevitavelmente da queda da taxa de lucro, torna cada vez mais difícil passar para novas linhas". Portanto, essas empresas "têm todas as razões para defender seu mercado [buscando a taxa de retorno média sobre seu custo circulante somente] e contra-atacar, acelerando o processo de inovação e investimento em capital fixo adicional". A adoção dessa estratégia, por sua vez, "tenderá a estimular os primeiros inovadores na redução de custos a acelerar eles mesmos a mudança técnica, aumentando ainda mais a supercapacidade e a superprodução já existentes"[20].

Ao mesmo tempo, o agravamento da supercapacidade não impede a entrada de novas empresas no setor e o consequente aumento da pressão de baixa sobre a taxa de lucro. "Pelo contrário, é de esperar que a queda inicial da lucratividade [...] intensifique o ímpeto mundial na busca de custos de produção ainda mais baixos, através da combinação de mão de obra ainda mais barata com níveis técnicos mais elevados em regiões de desenvolvimento ainda tardio." O caso mais visível desses recém-chegados durante a longa retração foram os produtores sediados num número limitado de países ditos menos desenvolvidos – principalmente na Ásia

---

[20] Idem, "The Economics of Global Turbulence", p. 32-3.

A economia da turbulência global

oriental, mas também em lugares como México e Brasil – que conseguiram avanços significativos no mercado mundial de manufaturados, intensificando ainda mais a pressão de baixa sobre os preços e a lucratividade. "Em resumo, não só houve saída de menos, como também entrada demais."[21]

Em grande parte, essa primeira linha de argumentação se desenvolveu dedutivamente com base em indícios empíricos circunstanciais. O grosso dos indícios empíricos e da narrativa histórica diz respeito à segunda linha de argumentação, segundo a qual o governo das principais potências capitalistas, principalmente os Estados Unidos, dividem a responsabilidade por agravar, e não atenuar, a tendência do mercado a saída de menos e entrada demais. Nesse aspecto, a principal contribuição de Brenner para o nosso entendimento acerca da longa retração foi mostrar que os governos em questão agiram menos como reguladores, embora o tenham sido, e mais como participantes ativos, e até protagonistas, da luta competitiva em todo o sistema que pôs os capitalistas uns contra os outros desde o fim da década de 1960.

Como já observado, em sua descrição da crise de lucratividade, Brenner já via a tentativa diligente do governo norte-americano de provocar uma grande desvalorização do dólar americano em relação ao marco e ao iene como contribuição decisiva para transferir o fardo da crise dos Estados Unidos para os industriais alemães e japoneses. Do mesmo modo, em sua descrição da longa retração, Brenner mostra como o vaivém das desvalorizações e revalorizações da moeda foi instrumento fundamental da ação do governo na luta competitiva entre os capitalistas. Três pontos importantes de virada político-econômica marcam esse vaivém de desvalorização e revalorização da moeda: a "revolução" monetarista de Reagan e Thatcher em 1979-1980, que inverteu a desvalorização do dólar americano na década de 1970; o Acordo Plaza de 1985, que retomou a desvalorização do dólar; e o chamado "Acordo Plaza invertido" de 1995, que mais uma vez reverteu a desvalorização. Examinaremos rapidamente a descrição que Brenner faz da relação entre esses pontos de virada e a persistência da superprodução e da supercapacidade na indústria, que está por trás da longa retração.

No fim da década de 1970, a macropolítica norte-americana de déficits federais, extrema flexibilidade monetária e "negligência benigna" com relação ao câmbio do dólar chegou ao limite de sua capacidade de manter a expansão econômica e de restaurar a competitividade e a lucratividade da indústria dos Estados Unidos. A política "havia permitido às economias capitalistas avançadas transcender a re-

---

[21] Ibidem, p. 34; idem, *The Boom and the Bubble*, p. 26, 31, 37.

Adam Smith em Pequim

cessão da crise do petróleo de 1974 e 1975 e continuar a se expandir durante o resto da década". No entanto, "os estímulos keynesianos mostraram-se profundamente ambivalentes" em seus efeitos. Embora sustentassem o crescimento da demanda nacional e internacional, "as medidas keynesianas ajudaram a perpetuar a supercapacidade e a superprodução, impedindo o remédio amargo da crise, e até mesmo da depressão, que historicamente limpou o terreno para novos aumentos [da lucratividade]". A redução da lucratividade, por sua vez, tornou as empresas "incapazes e avessas [...] a produzir um aumento tão grande da oferta quanto no passado, quando a taxa de lucro era mais alta [...], e o resultado foi que o déficit público sempre crescente da década de 1970 produziu menos aumento de *produção* do que de *preços*". A escalada da pressão inflacionária foi acompanhada de déficits nunca vistos no balanço de pagamentos norte-americano. Em 1977 e 1978, esses déficits "provocaram um ataque especulativo devastador à moeda americana, que ameaçou a posição do dólar como moeda de reserva internacional, [limpando o terreno] para uma grande mudança de ponto de vista". Essa grande mudança veio com a revolução monetarista de Reagan e Thatcher em 1979 e 1980[22].

De acordo com Brenner, o principal objetivo da mudança era reavivar a lucratividade, não só e principalmente na indústria, mas no setor de serviços de baixa produtividade e, mais ainda, nos setores financeiros nacional e internacional, por meio de reduções tributárias para as empresas, aumento do desemprego e eliminação dos controles sobre o capital. No entanto, ao contrário das soluções keynesianas anteriores, o tratamento monetarista queria restaurar a lucratividade ministrando o remédio amargo da crise. O aperto sem precedentes do crédito provocou

---

[22] Idem, *The Boom and the Bubble*, p. 33-4; destaque do original. A descrição de Brenner da sequência de fatos que levou à revolução monetarista (ou contrarrevolução, como prefiro caracterizá-la) é o elo mais fraco de sua história sobre a longa retração. Antes de mais nada, ele nos leva a perguntar por que, em condições de supercapacidade e de superprodução, os estímulos keynesianos provocaram aumento de preço e não de produção e, ao fazer isso, por que o aumento de preço não resultou em lucro maior. O mais importante é que ele não nos diz como e por que a política americana, "que visava recuperar a competitividade industrial dos Estados Unidos", resultou, ao contrário, em déficits comerciais nunca antes vistos, apesar da escalada simultânea das medidas protecionistas (o Acordo Multifibras de 1973, a Lei do Comércio de 1974 contra o "comércio desleal" e a intensificação das chamadas "restrições voluntárias de exportação", impostas aos países da Ásia oriental). Em seu texto mais antigo, ele sugere três razões para esse resultado distorcido: a política macroeconômica norte-americana "mais estimulante do que a dos rivais", o crescimento mais lento da produtividade da mão de obra norte-americana e a tolerância aparentemente maior "dos capitalistas rivais no exterior à redução da lucratividade". Ver Robert Brenner, "The Economics of Global Turbulence", p. 179-80. No entanto, essas são explicações *ad hoc*, que não se encaixam com clareza em sua tese de "saída de menos, entrada demais" e, como veremos nos capítulos 5 e 6, não abordam as causas mais fundamentais do devastador ataque especulativo ao dólar em 1979 e 1980.

A economia da turbulência global

"um expurgo daquela grande fatia de empresas industriais de custo alto e lucro baixo que havia sido sustentada pela expansão keynesiana do crédito". Embora a pressão inflacionária tenha sido rapidamente controlada, os juros reais altíssimos dos Estados Unidos e a subida do dólar a eles associada "ameaçou provocar um colapso mundial, a começar pelos Estados Unidos"[23].

O colapso foi evitado com a volta "fortuita" do keynesianismo – com força total. O "programa monumental" de Reagan de "gastos militares e redução tributária para os ricos [...] compensou parte da devastação do aperto monetário do crédito e manteve a economia funcionando". É claro que a política reaganista trouxe de volta o déficit em transações correntes, também com força total, especialmente porque, "a partir desse ponto, a maior parte do resto do mundo evitou os déficits públicos keynesianos". Como na década de 1970, o déficit sem precedentes forneceu "as injeções de demanda necessárias [...] para tirar a economia mundial da recessão do período de 1979 a 1982". No entanto, ao contrário da década de 1970, o déficit ainda maior dos Estados Unidos não provocou ataques especulativos ao dólar. Ao contrário, o atrativo dos juros altíssimos e o empurrão do Ministério da Fazenda japonês resultaram num imenso fluxo de capital do mundo inteiro para os Estados Unidos, levando à valorização acentuada da moeda norte-americana[24].

A sinergia entre pressão inflacionária reduzida, juros reais elevados, entrada maciça de capital e dólar em ascensão ia ao encontro do objetivo do governo Reagan de fortalecer o capital financeiro norte-americano. Ainda assim, "mostrou-se catastrófica para grandes setores da indústria dos Estados Unidos". Sob forte pressão do Congresso e de muitos executivos importantes de grandes empresas do país, o governo Reagan "teve pouca opção além de realizar uma mudança de direção que marcou época". A peça central dessa mudança que marcou época foi o Acordo Plaza de 22 de setembro de 1985, pelo qual as potências do G-5, sob pressão norte-americana, aceitaram uma ação conjunta para ajudar os industriais norte-americanos por meio da redução do câmbio do dólar. No dia seguinte, o acordo foi completado com o aumento das denúncias dos Estados Unidos contra as práticas comerciais "desleais" dos outros países. As denúncias logo se concretizaram numa escalada de ameaças, apoiadas por novas leis (mais notadamente, a Lei Geral de Comércio e Concorrência [Omnibus Trade and Competition Act], de 1988, e a Lei de Impedimentos Estruturais [Structural Impediments Act], de 1989), para fechar o mercado norte-americano aos principais concorrentes estrangeiros (principal-

[23] Idem, *The Boom and the Bubble*, p. 35-6.
[24] Idem, p. 36, 54-5.

119

Adam Smith em Pequim

mente da Ásia oriental), "como um porrete para limitar suas importações [através de 'restrições voluntárias às exportações'] e forçar a abertura do mercado deles às exportações norte-americanas e ao investimento estrangeiro direto"[25].

Ao buscar a desvalorização radical do dólar e ao mesmo tempo aumentar as medidas protecionistas e de "abertura de mercados", o governo Reagan seguia as pegadas dos governos Nixon, Ford e Carter. No entanto, o resultado dessas iniciativas na década de 1980 e início da de 1990 foi bem diferente do que se obteve na década de 1970.

> O Acordo Plaza e seus desdobramentos foram o ponto de virada da crise da indústria norte-americana e grande divisor de águas na economia mundial como um todo. Provocaram dez anos de grande desvalorização mais ou menos contínua do dólar em relação ao iene e ao marco, acompanhados de uma década de congelamento do salário real. Assim, simultaneamente, abriram caminho para a recuperação da competitividade da indústria norte-americana, juntamente com a aceleração do crescimento das exportações; para a crise secular da indústria alemã e japonesa; e para a expansão sem precedentes da indústria exportadora em toda a Ásia oriental, onde as economias, em sua maioria, amarraram a moeda ao dólar e, portanto, garantiram para os exportadores industriais grande vantagem na concorrência com seus rivais japoneses quando o dólar caiu, entre 1985 e 1995.[26]

Em 1993, as tendências engendradas pelo Acordo Plaza, juntamente com o abalo anterior da estrutura industrial norte-americana, que havia sido provocado pelo arrocho inaudito do crédito no início da década de 1980, resultaram na retomada da lucratividade, do investimento e da produção nos Estados Unidos. Parafraseando Veblen, o remédio fabricado pelo governo para curar a moléstia dos afetos dos homens de negócios parecia ter, finalmente, atingido o centro nervoso do problema e restaurado a taxa "razoável" de lucro. No entanto, o tratamento teve alguns efeitos colaterais graves.

Na opinião de Brenner, o principal problema foi que a retomada norte-americana ocorreu principalmente à custa de seus rivais japoneses e europeus ocidentais e pouco fez para superar a supercapacidade e a superprodução subjacentes na indústria que perseguiam a economia global. Essa natureza de soma zero da retomada norte-americana foi problemática para os próprios Estados Unidos. Por um lado, "o crescimento cada vez mais lento da demanda mundial e, em particular, a intensificação conjunta da concorrência internacional na indústria" limitavam a

---

[25] Ibidem, p. 54, 59-60.
[26] Ibidem, p. 60-1.

A economia da turbulência global

retomada também lá. Mais persuasivamente, os Estados Unidos não podiam se dar ao luxo de enfrentar "uma crise verdadeiramente grave de seus principais parceiros e rivais", sobretudo o Japão.

Essa contradição emergiu de maneira aguda na esteira da crise do peso mexicano, em 1994 e 1995. A crise e o resgate norte-americano da economia mexicana levaram a uma nova corrida ao dólar, que acentuou ainda mais a tendência de baixa da década anterior. Quando o iene chegou ao câmbio máximo de 79 por dólar, em abril de 1995, "os produtores japoneses não puderam sequer cobrir seus custos variáveis e [...] a máquina de crescimento japonesa pareceu travar". Ainda sob o choque do colapso mexicano e do impacto desastroso sobre a estabilidade financeira internacional (e com as eleições presidenciais de 1996 despontando no horizonte), o governo Clinton simplesmente não podia se arriscar a sofrer uma versão japonesa da derrocada mexicana.

> Mesmo que a crise japonesa pudesse ser contida, ela provavelmente traria consigo a liquidação em grande escala do enorme patrimônio norte-americano em mãos japonesas, principalmente bônus do Tesouro. Esse fato faria as taxas de juros dispararem, assustaria o mercado de câmbio e, talvez, trouxesse o risco de recessão bem no momento em que a economia americana parecia finalmente pronta a endireitar-se.[27]

Liderado pelo secretário do Tesouro, Robert Rubin, os Estados Unidos entabularam um acordo de ação conjunta com a Alemanha e o Japão, que visava reverter a tendência de alta do iene e a tendência de baixa do dólar. Essa dupla inversão seria obtida reduzindo mais os juros do Japão em relação aos dos Estados Unidos e aumentando substancialmente a compra japonesa de títulos em dólar, como bônus do Tesouro, assim como as compras alemãs e americanas de dólares no mercado monetário. Mais tarde chamado de "Acordo Plaza invertido", ele representou uma "meia-volta espantosa e totalmente inesperada da postura política tanto dos Estados Unidos quanto de seus principais aliados e rivais, mais ou menos do mesmo modo que o Acordo Plaza original, de 1985"[28].

Com essa meia-volta, os governos das maiores economias do mundo trocaram de papel no minueto de ajuda mútua. "Assim como o Japão e a Alemanha haviam concordado com o Acordo Plaza [...] para salvar a indústria norte-americana da crise na primeira metade da década de 1980, com grande custo para eles, os Estados Unidos [foram agora] obrigados a realizar um resgate bem parecido do setor industrial do Japão a caminho da crise – novamente com resultados excepciona-

---

[27] Ibidem, p. 130-1.
[28] Idem.

121

Adam Smith em Pequim

líssimos."[29] Esses resultados excepcionalíssimos transformaram a retomada econômica norte-americana, então em andamento, no *boom* e na bolha da segunda metade da década de 1990.

Retomada insustentável

Mesmo antes de 1995, a recuperação da lucratividade da indústria americana traduziu-se no aumento do preço das ações. O "Acordo Plaza invertido" ampliou esse aumento para os investidores estrangeiros ao puxar para cima o valor do dólar. O mais importante foi que o acordo "despejou uma torrente de dinheiro do Japão, da Ásia oriental e do exterior em geral no mercado financeiro norte-americano, o que aumentou acentuadamente os juros e abriu caminho para a forte elevação do endividamento das empresas para financiar a compra de ações na bolsa". Nesse aspecto, a política japonesa foi importantíssima. Não só as autoridades japonesas bombearam dinheiro diretamente para os Estados Unidos, comprando dólares e títulos do governo norte-americano, como também encorajaram as seguradoras japonesas a seguir o exemplo, afrouxando a regulamentação sobre os investimentos no exterior. Além disso, ao derrubar a taxa oficial de desconto para 0,5%, o governo japonês permitiu que os investidores – inclusive, e acima de tudo, os investidores norte-americanos – fizessem empréstimos no Japão quase de graça, convertessem os ienes em dólares e investissem em outro lugar, principalmente nas bolsas de valores norte-americanas[30].

Essa inundação de capital estrangeiro nos Estados Unidos e a valorização do dólar a ela associada foram ingredientes essenciais para transformar o *boom* do valor dos ativos anterior a 1995 na bolha que veio em seguida. Entretanto, na descrição de Brenner, essa transformação provavelmente não ocorreria sem o estímulo do Federal Reserve norte-americano. Apesar do famoso alerta de dezembro de 1996 para a "exuberância irracional" do mercado de ações, Greenspan "nada fez para demonstrar, por seus atos, que se preocupava seriamente com o valor altíssimo dos ativos". Ao contrário: enquanto expandia sem parar a oferta nacional de moeda, ele não elevou significativamente os juros, não impôs aos bancos exigências de maior reserva nem elevou a exigência de margem na compra de títulos. Pior ainda: enquanto a bolha ganhava impulso, Greenspan foi muito além.

Na primavera [segundo trimestre] de 1998, ele racionalizava explicitamente a gatunagem do preço dos ativos em termos de ganhos de produtividade da "Nova Econo-

[29] Ibidem, p. 127.
[30] Ibidem, p. 139-41.

A economia da turbulência global

mia", que, para ele, mantinham a inflação baixa e ao mesmo tempo davam credibilidade às expectativas dos investidores de "crescimento extraordinário do lucro num futuro distante". Ele também demonstrou apreço caloroso pelo aumento de investimento nas empresas e no consumo interno, que brotavam do efeito de riqueza provocado pela explosão do valor dos títulos e fortaleciam o *boom*. [...] Os especuladores da bolsa não estariam errados caso concluíssem que o presidente do Fed, apesar da cautela profissional, considerava sua exuberância não apenas racional, como também sensata e benéfica.[31]

A entrada de capital provocada pelo "Acordo Plaza invertido" e pelo regime de crédito fácil do Fed foram condições necessárias para a bolha do mercado de ações. Mas a "principal força ativa" na dilatação da bolha foram as empresas não financeiras norte-americanas que exploraram essas condições para "ampliar enormemente seu endividamento com o propósito de comprar ações em volume colossal – seja para realizar fusões e aquisições de outras empresas, seja simplesmente para recomprar suas próprias ações em poder do público". Ao entrar na "maior onda de acúmulo de dívidas da história", as empresas norte-americanas forçaram o preço dos ativos a níveis sem precedentes. "Já que o aumento do preço dos ativos, ao aumentar o patrimônio nominal e, portanto, as garantias, facilitou a tomada de ainda mais empréstimos, a bolha conseguiu se sustentar, além de alimentar a forte tendência cíclica de melhora já em andamento.[32]"

Por mais espetacular que fosse, a retomada não sinalizou a superação do problema secular de supercapacidade e superprodução da indústria. Ao contrário, a inflação do valor nominal do patrimônio e o "efeito de riqueza" induzido pela bolha na demanda do consumidor levou as empresas a investir bem mais do que permitiria o lucro realmente apurado. Em consequência, assim que o efeito de riqueza deixou de subsidiar o crescimento da produtividade, dos investimentos e da demanda do consumidor, "as empresas [...] estavam fadadas a sofrer uma pressão de baixa realmente torturante sobre o lucro". Na verdade, escrevendo em meados de 2001, Brenner já observava o impacto inicial da explosão da bolha e da "imensa saturação da capacidade produtiva que restou em sua esteira" sobre a economia norte-americana e mundial – em especial o declínio desastroso do lucro das empresas não financeiras, que eliminou "praticamente todos os ganhos de lucratividade obtidos na expansão da década de 1990" e a violenta contração da acumulação de capital[33].

---

[31] Ibidem, p. 143-6.
[32] Ibidem, p. 146-7, 151-2.
[33] Ibidem, p. 209-17; 248-53, 261-4.

Adam Smith em Pequim

Ao especular quão grave seria a retração subsequente, Brenner destacou que a "questão subjacente" é "se as grandes recessões e crises [...] que marcaram a década de 1990, assim como o surgimento de novos setores em todo o mundo capitalista avançado, finalmente livrou a indústria internacional da tendência à produção excedente e compensou o [...] aumento da complementaridade" necessária "para finalmente sustentar a expansão internacional dinâmica". No cômputo geral, ele descobriu que, na verdade, não houve esse abalo. Ao contrário, em sua avaliação, a explosão da bolha deixou a economia norte-americana "sobrecarregada de muitas forças estagnantes, que refrearam a economia japonesa no final de sua bolha", ou seja, "*tanto* a espiral descendente provocada pela bolha invertida *quanto* o setor fabril internacional ainda restringido pela supercapacidade e pela superprodução". A economia norte-americana talvez tivesse condições de evitar a crise bancária que debilitou o Japão, mas faltavam "a imensa poupança e os superávits nas transações correntes que, até então, permitiram ao Japão continuar avançando". Portanto, a economia norte-americana era vulnerável não só à "redução destrutiva da demanda", que se seguiria à tentativa de reduzir o imenso endividamento das empresas e das famílias norte-americanas, como também à possibilidade de violentas retiradas de investimentos estrangeiros e consequentes ataques especulativos ao dólar [34].

Nessas circunstâncias, Brenner achou que os Estados Unidos tinham mais probabilidade de conduzir a economia mundial a uma recessão que reforçaria a si mesma do que a uma recuperação. Em certo sentido, tal recessão seria a "continuação da crise internacional de 1997 e 1998, temporariamente adiada pela última fase de alta do mercado acionário norte-americano, mas nunca resolvida de todo". Como na crise anterior, "a Ásia oriental será novamente o barril de pólvora do mundo", dada a enorme supercapacidade do Japão e de outros países da região de exercer forte pressão de baixa sobre a lucratividade em termos locais e globais[35]. Prudentemente, Brenner não se comprometeu com nenhum cenário específico. Mas a tese central por trás de todas as suas proposições nos deixa com a impressão avassaladora de que a longa retração está longe de acabar e que, na verdade, o pior ainda está por vir[36].

---

[34] Ibidem, p. 269, 276-8; destaques do original.

[35] Ibidem, p. 278-82.

[36] Essa opinião foi reiterada na versão de 2006 do ensaio de 1998: "A verdade é que, ainda hoje, quase cinco anos no novo ciclo de negócios pós-nova economia que começou em fevereiro de 2001, os indicadores macroeconômicos básicos não mostram sinal claro de que a longa retração tenha sido superada. [...] Enquanto isso, os desequilíbrios financeiros e as bolhas de preço dos ativos excederam até seus antecessores do final da década de 1990, que já haviam batido recordes, e agigantaram-se como nuvens escuras sobre a economia global" (Robert Brenner, *The Economics of Global Turbulence*, p. xxviii-xxix).

A economia da turbulência global

Essa tese central diz que a persistência da relativa estagnação da economia mundial em geral, nos últimos trinta anos, deveu-se a "saída de menos" e a "entrada demais" – de menos e demais em relação ao que seria necessário para devolver a lucratividade da indústria ao nível obtido no longo *boom* das décadas de 1950 e 1960. Como vimos, Brenner liga essa tendência à ação de reforço mútuo do comportamento das empresas que incorrem em custos mais altos e à política governamental das três maiores economias do mundo. Em consequência dessa combinação, cada uma delas e a economia do mundo em geral foram impedidas "de expurgar meios de produção supérfluos e de custo elevado pelos *métodos capitalistas padrão* de falência, contenção e demissões".

> As empresas de custo mais alto e lucro menor foram, assim, capazes de ocupar durante muito tempo posições econômicas que, em termos abstratos, poderiam ser finalmente preenchidas por empresas mais produtivas, lucrativas e dinâmicas. Mas permitir que as empresas menos produtivas e lucrativas saiam do mercado, *deixando o ciclo dos negócios seguir seu curso natural*, provavelmente transformaria a longa retração, com suas recessões relativamente graves, mas ainda assim limitadas, numa *completa depressão*. Em termos simples, a precondição para devolver a saúde ao sistema seria uma deflação da dívida, levando ao que Marx chamou de "massacre do valor do capital". Mas como a única maneira sistemática de conseguir isso seria pela depressão, a única alternativa real era continuar com a expansão da dívida, o que contribuiu tanto para a estagnação quanto para a instabilidade financeira.[37]

Em sua descrição da longa retração, Brenner menciona dois momentos em que o método capitalista "padrão" de crise estrutural funcionou rapidamente: o início da década de 1980, com Reagan, e meados da década de 1990, com Clinton. Mas assim que o abalo ameaçou provocar depressão no sistema como um todo, a ação combinada dos principais Estados capitalistas interrompeu o "massacre do valor do capital" com a expansão da dívida pública e privada. "Mas, embora o crescimento da dívida [...] ajudasse a afastar a depressão, também retardava aquela recuperação da lucratividade que era condição fundamental para a revitalização econômica.[38]"

Brenner nunca nos diz como seria a "depressão", em oposição à "estagnação comparativa" da longa retração. Nos trechos citados, o contexto deixa claro que seria um fato muito mais destrutivo. Mas a diferença nunca é explicitada e nos leva a perguntar, em primeiro lugar, se o capitalismo mundial já viveu, de fato, esse

---

[37] Idem, *The Boom and the Bubble*, p. 113, e "The Economics of Global Turbulence", p. 152; destaques nossos.
[38] Idem, "The Economics of Global Turbulence", p. 151-2.

Adam Smith em Pequim

alegado abalo "clássico", "natural", "padrão", e a completa depressão; em segundo lugar, se assim for, que alteração das condições históricas permitiu ao capitalismo contemporâneo evitar a mesma experiência; e, por último, quais são as consequências dessa mudança para o futuro do capitalismo e da sociedade mundiais?

Duas longas retrações comparadas

Na busca de respostas a essas perguntas, é útil comparar o esboço da grande depressão de 1873 a 1896, apresentado no começo deste capítulo, com a descrição que Brenner faz da longa retração ou estagnação persistente entre 1973 e 1993. Apesar da designação generalizada de *depressão* para o período mais antigo[39], essa comparação revela de imediato semelhanças espantosas. Ambas foram longos períodos de lucratividade reduzida; ambas se caracterizaram pela intensificação da pressão competitiva sobre as empresas capitalistas no sistema como um todo; e ambas foram precedidas de uma expansão excepcionalmente constante e lucrativa do comércio e da produção mundiais. Além disso, em ambos os períodos a crise de lucratividade e a intensificação da concorrência brotaram da mesma fonte que a expansão precedente: o êxito dos países atrasados em "alcançar" as conquistas desenvolvimentistas antes "monopolizadas" por um país líder. Se substituirmos os Estados Unidos pelo Reino Unido como país líder e a Alemanha e o Japão pelos Estados Unidos e pela Alemanha, a interpretação que Brenner nos oferece sobre a longa retração do fim do século XX pode muito bem se aplicar à do fim do século XIX. É interessante que a noção de "concorrência excessiva", surgida no Japão durante a crise de lucratividade do fim da década de 1960 e início da década de 1970, e que às vezes Brenner usa para caracterizar a condição subjacente da longa retração de 1973 a 1993, apareceu pela primeira vez nos círculos empresariais na retração do fim do século XIX, principalmente nos Estados Unidos[40].

As diferenças entre as duas longas retrações são, em aspectos fundamentais, ainda mais importantes que suas semelhanças, como veremos. Assim, diante da situação de intensificação da concorrência comparável à do fim do século XX, o

[39] Como já observado, a grande depressão de 1873 a 1896 foi chamada de "mito" exatamente porque se caracterizou pela desaceleração da taxa de crescimento, e não pelo colapso da produção, do comércio e do investimento como na verdadeira "Grande Depressão" da década de 1930. Mas nas décadas de 1870 e 1880 a lucratividade realmente entrou em colapso e continuou reduzidíssima no início da década de 1890. Brenner não trata dessa ambiguidade semântica do termo "depressão", mas claramente essa questão precisa ser enfrentada para dar sentido ao uso frequente que ele faz da palavra.
[40] Terutomo Ozawa, *Multinationalism, Japanese Style: The Political Economy of Outward Dependency*, p. 66-7; Thorstein Veblen, *The Theory of Business Enterprise*, p. 216; e Martin J. Sklar, *The Corporate Reconstruction of American Capitalism, 1890-1916: The Market, the Law, and Politics*, p. 53-6.

A economia da turbulência global

capitalismo mundial, no fim do século XIX, sofreu uma estagnação relativa durante mais de vinte anos, com muitas crises e recessões breves ou locais, mas sem o tal abalo no sistema como um todo que, de acordo com Brenner, é o método capitalista padrão para restaurar a lucratividade. Especialmente na indústria, continuou a ocorrer "entrada demais" e "saída de menos", assim como grandes inovações tecnológicas e organizacionais que intensificaram, em vez de atenuar, a pressão da concorrência sobre o sistema como um todo. A longa retração do fim do século XIX não se limitou a testemunhar o começo da chamada Segunda Revolução Industrial. Mais importante que isso, ela assistiu ao surgimento das empresas modernas nos Estados Unidos, com múltiplas unidades integradas verticalmente, que predominaram no século seguinte. "Quase inexistentes no fim da década de 1870, essas empresas integradas passaram a dominar vários dos setores mais vitais [dos Estados Unidos] em menos de três décadas."[41]

Apesar da ausência de uma crise do sistema como um todo, a lucratividade foi restaurada nos últimos anos do século e gerou a virada da *belle époque* do início do século XX. Como observamos no capítulo 3, e especificaremos ainda mais nos próximos capítulos, essa virada pode estar ligada à reação contra a intensificação da concorrência no sistema como um todo, que caracterizou o capitalismo mundial desde seus rudimentos pré-industriais até o presente. Essa reação consiste na tendência do sistema como um todo, centrado na economia capitalista líder da época, à "financeirização" dos processos de acumulação de capital. Como parte integrante da transformação do jogo de soma positiva da competição entre capitalistas em jogo de soma negativa, essa tendência também agiu como mecanismo fundamental para a restauração da lucratividade, ao menos temporariamente, nos centros em declínio mas ainda hegemônicos do capitalismo mundial. Desse ponto de vista, conseguimos perceber semelhanças não só entre a Grande Depressão de 1873 a 1896 e a longa retração de 1973 a 1993, como também entre a *belle époque* do início do século XX e o renascimento econômico dos Estados Unidos e a grande euforia da década de 1990[42].

Embora possa ser prematuro o veredito sobre o resultado final da retomada econômica norte-americana da década de 1990, sabemos que a *belle époque* do início do século XX terminou com a catástrofe das duas guerras mundiais e com o colapso econômico global intermediário da década de 1930. Na verdade, esse co-

---

[41] Alfred Chandler, *The Visible Hand: The Managerial Revolution in American Business*, p. 285.
[42] Giovanni Arrighi, *O longo século XX: dinheiro, poder e as origens de nosso tempo*; Giovanni Arrighi e Beverly J. Silver, *Caos e governabilidade no moderno sistema mundial*; idem, "Capitalism and World (Dis)Order".

lapso é a única ocorrência, nos últimos 150 anos, que corresponde à imagem que Brenner faz do abalo do sistema como um todo ou "depressão completa". Se esse é realmente o significado da imagem de Brenner, devemos concluir que tal crise parece ter sido uma ocorrência excepcional, e não o método capitalista "padrão" ou "natural" para recuperar a lucratividade. O que até agora se repetiu foi a tendência do desenvolvimento desigual, no sentido que Brenner dá à expressão, a gerar um longo *boom*, seguido de um longo período de intensificação da concorrência, redução da lucratividade e estagnação comparativa; esse período, por sua vez, é seguido pelo aumento da lucratividade, com base na expansão financeira centrada na principal economia da época. O único colapso sistêmico dos últimos 150 anos ocorreu na transição da primeira para a segunda rodada de desenvolvimento desigual.

Cabe perguntar, então, se não estará em formação um colapso comparável, e se essa ocorrência é condição tão "fundamental" para a revitalização da economia global quanto Brenner parece pensar. Para responder a essa pergunta, devemos ressaltar não só as semelhanças, como também as diferenças entre as duas longas retrações – ambas, na verdade, igualmente espantosas. Embora as duas retrações tenham se caracterizado pelo aumento da luta competitiva, elas se desenrolaram em trajetórias radicalmente diferentes. Como já observado, entre 1873 e 1896 a principal forma de concorrência entre empresas era a "guerra de preços", que resultou na "deflação mais drástica da memória humana". De modo intimamente relacionado a essa tendência, os governos dos principais países capitalistas submeteram suas moedas aos mecanismos autorreguladores do padrão metálico, abandonando assim as desvalorizações e revalorizações como modo de luta competitiva.

No entanto, os governos se tornaram, cada vez mais, defensores ativos da indústria nacional, com práticas protecionistas e mercantilistas, como a construção de impérios coloniais ultramarinos, minando assim a unidade do mercado mundial. Embora a Grã-Bretanha continuasse a praticar unilateralmente o livre-comércio, também permaneceu na vanguarda da expansão territorial e da construção de um império ultramarino. A partir da década de 1880, essa trajetória de intensificação da concorrência entre Estados pela construção de impérios traduziu-se na escalada da corrida armamentista entre as potências capitalistas em ascensão e no declínio que acabou atingindo seu ponto máximo na Primeira Guerra Mundial. Apesar de ter participado ativamente dessa disputa, a Grã-Bretanha continuou a fornecer capital para a economia mundial por meio de duas grandes ondas de investimento no exterior, a da década de 1880 e a de 1900, que incluíram a remessa de recursos significativos para os Estados Unidos.

Em todos esses aspectos, a luta competitiva durante a longa retração do fim do século XX desenrolou-se por um caminho radicalmente diferente. Na década de 1970, em particular, o preço das commodities mais subiu do que desceu, numa inflação que foi provavelmente uma das maiores do sistema como um todo em tempos de paz. Embora a pressão inflacionária tenha sido contida nas décadas de 1980 e 1990, os preços continuaram a subir durante toda a longa retração. No início, o último tênue vínculo entre a circulação monetária e o padrão metálico – o padrão câmbio-dólar-ouro estabelecido em Bretton Woods – foi interrompido e nunca mais recuperado. Como destaca Brenner, os governos dos principais países capitalistas, portanto, tiveram condições de usar a desvalorização e a revalorização da moeda como modo de luta competitiva. E embora o fizessem sistematicamente, ainda assim continuaram a promover a integração do mercado mundial com uma série de negociações que liberalizaram ainda mais o comércio e o investimento globais, resultando na formação da Organização Mundial do Comércio (OMC).

Portanto, em vez de se minar, a unidade do mercado mundial consolidou-se ainda mais durante esse período. E não houve nenhum sinal de corrida armamentista entre as potências capitalistas em ascensão e em declínio. Ao contrário, durante e principalmente depois da escalada final de armamento da Guerra Fria na década de 1980, a capacidade militar global concentrou-se ainda mais do que antes nas mãos dos Estados Unidos. Ao mesmo tempo, em vez de fornecer capital para o restante da economia mundial, como fez a Grã-Bretanha durante a longa retração e a expansão financeira anteriores, desde a década de 1980 os Estados Unidos absorveram capital em taxas historicamente sem precedentes, como observa o próprio Brenner. Em todos esses aspectos, a trajetória da luta competitiva na longa retração mais recente difere radicalmente da mais antiga. Nossa próxima tarefa será explicar essa combinação de semelhanças e diferenças entre as duas longas retrações e descobrir que nova luz esse tipo de comparação lança sobre a descrição que Brenner faz da turbulência global dos últimos trinta anos.

5
DINÂMICA SOCIAL DA TURBULÊNCIA GLOBAL

Brenner apresenta a sua descrição da longa retração como uma crítica do que ele chama de teorias "da oferta" das crises capitalistas. Apresentadas de várias formas tanto pela esquerda quanto pela direita, essas teorias defendiam que, na década de 1960, a mão de obra obtivera, nos países capitalistas mais ricos, força suficiente para espremer os lucros e, assim, minar os mecanismos de acumulação capitalista. Embora reconheça que a mão de obra possa de fato ter essa possibilidade em termos locais e temporários, Brenner considera inconcebível que ela possa acumular o poder necessário para provocar uma retração de longo prazo no sistema como um todo.

> Via de regra, a mão-de-obra não pode provocar uma retração sistêmica por tempo prolongado porque, em geral, o que se poderia chamar de esfera potencial de investimento para o capital em qualquer linha de produção costuma ir além do mercado de trabalho afetado por sindicatos e/ou partidos políticos, ou regulado por normas, valores e instituições apoiados pelo Estado. Assim, as empresas geralmente conseguem contornar e, portanto, reduzir a força institucionalizada dos trabalhadores a qualquer momento dado, investindo onde os trabalhadores não têm capacidade de resistir. Na verdade, precisam fazer isso ou serão atacadas e derrotadas competitivamente por outros capitalistas que o farão.[1]

Segue-se que, como explica Brenner, a pressão "vertical" sobre o capital vinda de baixo – ou seja, do trabalho – não poderia provocar, nem provocou, o arrocho

---

[1] Embora Brenner mencione a imigração – "a menos que [...] restrita por meios políticos" – como outro mecanismo de redução do poder dos trabalhadores, ele dá ênfase avassaladora à mobilidade do capital. Cf. Robert Brenner, "The Economics of Global Turbulence: A Special Report on the World Economy, 1950-1998", p. 18-20.

Adam Smith em Pequim

dos lucros, generalizado no espaço e prolongado no tempo, que está por trás da longa retração. Somente a pressão "horizontal" da competição entre capitalistas conseguiria isso[2].

Essa hipótese se baseia no pressuposto de que há, de fato, "mão de obra mais barata que pode ser combinada com meios de produção que incorporem algo como o nível atual de tecnologia sem perda de eficiência (ou seja, a custo unitário mais baixo)". De acordo com Brenner, esse pressuposto se justifica por duas razões. Em primeiro lugar, "a força de trabalho de regiões com longa história de desenvolvimento econômico tende a receber salários substancialmente mais elevados do que é possível explicar apenas com referência ao seu nível de produtividade"; em segundo lugar, "em períodos igualmente longos, a mudança técnica tende a reduzir a habilidade necessária para produzir qualquer série dada de produtos, e o resultado é que a força de trabalho capaz de fazer esses produtos sem perda de eficiência se amplia o tempo todo e o salário exigido para pagá-la é proporcionalmente reduzido"[3].

Em resumo, por razões históricas que Brenner não investiga, a força de trabalho nos países capitalistas "avançados" assegurou para si uma remuneração pelo esforço bem maior que aquela justificada por sua produtividade. Isso, por si só, as deixa vulneráveis à concorrência da força de trabalho que, por razões históricas igualmente não investigadas, aceita salário mais baixo do que sua produtividade real ou potencial poderia justificar. Ao mesmo tempo, a mudança técnica aumenta constantemente esse reservatório global de operários mal pagos ou candidatos a operários que pode ser mobilizado para contornar a pressão sobre a lucratividade advinda de trabalhadores bem pagos. A única pressão sobre a lucratividade que os capitalistas não conseguem contornar é a pressão advinda da concorrência com outros capitalistas.

Há dois problemas fundamentais nessa argumentação. Em primeiro lugar, ela parece ser logicamente incoerente, porque afirma que no passado os trabalhadores dos países capitalistas "avançados" conseguiram obter remuneração mais alta do que justificaria sua produtividade, contrariando a afirmativa teórica de que toda tentativa nesse sentido tiraria esses trabalhadores do mercado mundial. Além disso, o argumento superestima a facilidade com que, tanto no presente quanto no passado, o suprimento de mão de obra mais barata pode ser mobilizado para flanquear a mais cara. Esclareceremos esses problemas examinando mais uma vez os registros históricos.

[2] Ibidem, p. 23.
[3] Ibidem, p. 18.

Dinâmica social da turbulência global

Conflito de classes e concorrência entre capitalistas

A análise da longa retração de 1873 a 1896 nos dá fortes indícios a favor e contra a tese de Brenner acerca da predominância das relações horizontais (entre capitalistas) sobre as verticais (trabalho-capital) para gerar arrocho prolongado e generalizado do lucro. A favor do argumento de Brenner, pode-se ressaltar que os conflitos intensos entre capital e trabalho – seja pela atividade grevista constante, como na Grã-Bretanha e nos Estados Unidos, seja pela formação de partidos operários, como na Alemanha e em outros países – *seguiram-se* ao surgimento da longa retração da lucratividade em vez de precedê-la. Não há dúvida de que a concorrência intensa entre os capitalistas, na forma de uma guerra de preços incansável, foi a primeira e mais importante força motriz do aumento substancial do salário real que ocorreu durante a longa retração, principalmente na Grã-Bretanha. Também é plausível supor que o aumento nacional do salário real tenha sido responsável, pelo menos em parte, pelo crescimento explosivo do investimento externo britânico na década de 1880. O argumento de Brenner sobre o fim do século XX ajusta-se, assim, às principais características da experiência do fim do século XIX. Entretanto, o ajuste está longe de ser perfeito.

Embora a concorrência entre os capitalistas fosse, sem dúvida, a força primária que reduziu a lucratividade e empurrou para cima o salário real por meio de uma drástica deflação de preços, a resistência dos trabalhadores, na forma de atividade grevista crescente e organização de classe, não contribuiu de modo significativo para aquele resultado, ao impedir que o salário nominal caísse tão depressa quanto os preços? E essa resistência não afetou, por si só, a trajetória da concorrência entre os capitalistas ao fortalecer a tendência não só de exportação de capital da Grã-Bretanha e de importação de mão de obra dos Estados Unidos, mas também de "politização" da concorrência através da retomada das práticas neomercantilistas e de construção de impérios ultramarinos em escala inaudita? Seja qual for a resposta exata a essas perguntas, a distinção absoluta e ligeira de Brenner entre conflitos horizontais e verticais e sua exclusão *a priori* destes últimos como possível fator contributivo de redução geral e persistente da lucratividade são inadequadas para destrinçar a interação histórica entre os dois tipos de conflito[4].

Do mesmo modo, a tese de Brenner relativa ao flanqueamento inevitável da vantagem dos trabalhadores nos principais países capitalistas por meio do fator internacional da mobilidade ignora aspectos importantíssimos de como realmente funcionou a mobilidade na retração mais antiga. A maior parte do capital exporta-

---

[4] Para um conjunto de respostas para essas perguntas, ver Beverly J. Silver, *Forças do trabalho: movimentos de trabalhadores e globalização desde 1870*, p. 132-7.

do pela Grã-Bretanha e pelos países menos importantes do período não envolvia o deslocamento da produção industrial, e sim a construção de infraestrutura nos territórios ultramarinos e a expansão da demanda pela produção da Grã-Bretanha e de outros setores industriais metropolitanos, aumentando ao mesmo tempo a oferta de matéria-prima barata e de bens-salário. Longe de reduzir a força da mão de obra nos principais centros capitalistas, esse padrão de investimento ultramarino consolidou-a. Ao mesmo tempo, embora a imigração constante possa ter ajudado a conter a força crescente da mão de obra norte-americana, a emigração maciça, oriunda principalmente da Grã-Bretanha, certamente ajudou a aumentar o poder da mão de obra europeia. Como observa Göran Therborn, no século XIX a Europa em geral e a Grã-Bretanha em particular foram escoadouros migratórios praticamente ilimitados de mão de obra. "Até o centro inglês da indústria global era uma área exportadora de migrantes. [...] Uma estimativa conservadora calcula que cerca de 50 milhões de europeus emigraram do continente no período entre 1850 e 1930, o que corresponde a cerca de 12% de sua população em 1900.[5]"

Tudo levado em conta, parece que o caráter persistente e geral do arrocho do lucro no fim do século XIX deveu-se não só à intensificação da concorrência entre os capitalistas, como também à resistência efetiva dos trabalhadores à tentativa de fazê-los suportar o custo da concorrência e à dificuldade encontrada pelos capitalistas para contornar essa resistência. Em parte em razão dessas dificuldades, no meio século que sucedeu o fim da longa retração de 1873 a 1896, a concorrência entre os capitalistas tornou-se cada vez mais politizada: as guerras literais entre potências capitalistas em ascensão e em declínio, mais do que as guerras de preço entre empresas capitalistas, passaram a dominar a dinâmica dos conflitos, fossem eles horizontais ou verticais. A partir do fim da década de 1890 até a Primeira Guerra Mundial, essa transformação foi providencial para reavivar a lucratividade. Entretanto, acabou por resultar no colapso do mercado mundial centrado no Reino Unido e numa nova e mais cruel rodada de conflitos entre imperialistas. Para todos os fins práticos, nas décadas de 1930 e 1940 não houve mercado mundial digno de nota. Nas palavras de Eric Hobsbawm, o capitalismo mundial recuara "para o iglu de suas economias de Estados-nações e dos impérios a eles associados"[6].

Nessas circunstâncias, os conflitos entre trabalho e capital evoluíram por dois caminhos distintos e cada vez mais divergentes. O primeiro foi o caminho predo-

---

[5] Göran Therborn, *European Modernity and Beyond: The Trajectory of European Societies, 1945-2000*, p. 40.
[6] Eric Hobsbawm, *Nations and Nationalism since 1780: Programme, Myth, Reality*, p. 132 [ed. bras.: *Nações e nacionalismo desde 1780: programa, mito e realidade*].

Dinâmica social da turbulência global

minantemente "social" de movimentos abrigados no local de produção, cuja principal arma de luta era o poder desorganizador que a produção em massa deixa nas mãos de trabalhadores que ocupam posições estratégicas. Esses movimentos se originaram na Grã-Bretanha no fim do século XIX, mas assumiram forma quase ideal e típica nos Estados Unidos. O segundo foi o caminho predominantemente "político" dos movimentos abrigados na estrutura burocrática dos partidos políticos, cuja principal arma era a tomada do poder estatal e a rápida modernização dos Estados que caíam sob seu controle. Originou-se na Europa continental, principalmente na Alemanha, mas assumiu sua forma típico-ideal na União Soviética[7].

Os rumos da luta nos dois caminhos foram inteiramente definidos pelas duas guerras mundiais. Eles se caracterizaram por um padrão semelhante: a militância trabalhista declarada aumentou às vésperas das duas guerras, reduziu-se temporariamente durante os conflitos propriamente ditos e explodiu assim que terminaram. A Revolução Russa ocorreu durante a onda de militância trabalhista da Primeira Guerra Mundial, e a da Segunda Guerra Mundial assistiu à disseminação dos regimes comunistas na Europa oriental, na China, na Coreia do Norte e no Vietnã. Foi nesse contexto de militância trabalhista crescente no centro e de revolução comunista nas regiões periféricas e semiperiféricas que se estabeleceram os parâmetros sociais da ordem mundial norte-americana pós-guerra[8]. A forma e a intensidade da concorrência entre os capitalistas, ou seja, a rivalidade e as guerras mundiais entre os imperialistas, definiram a forma e a intensidade da luta dos trabalhadores nesse período. Mas o *feedback* da luta dos trabalhadores na trajetória dos conflitos entre os capitalistas foi bem mais forte na primeira metade do século XX do que durante a longa retração de 1873 a 1896. De fato, na ausência desse forte *feedback*, seria difícil explicar o surgimento, no fim da Segunda Guerra Mundial, do regime internacional que Aristide Zolberg chamou de "favorável à mão de obra"[9].

---

[7] Giovanni Arrighi e Beverly J. Silver, "Labor Movements and Capital Migration: The US and Western Europe in World-Historical Perspective", p. 183-216.

[8] Beverly J. Silver, *Forças do trabalho*, p. 126-31, 137-57.

[9] Aristide R. Zolberg, "Response: Working-Class Dissolution". É verdade que as reformas "favoráveis à mão de obra", que ocorreram após o estabelecimento da hegemonia norte-americana – ou seja, políticas macroeconômicas que favorecem o pleno emprego –, vieram de mãos dadas com a repressão feroz de todos os setores do movimento trabalhista que buscavam uma transformação social mais profunda do que a oferecida pelo contrato social do pós-guerra. Ainda assim, as reformas feitas sob a pressão da agitação cada vez maior da mão de obra e do avanço da revolução comunista constituíram uma transformação importante quando comparadas ao regime do *laissez-faire* característico do período de hegemonia mundial da Grã-Bretanha. Ver Giovanni Arrighi e Beverly J. Silver, *Chaos and Governance in the Modern World System*, p. 202-7 [ed. bras.: *Caos e governabilidade no moderno sistema mundial*]; Beverly J. Silver, *Forças do trabalho*, p. 153-4.

Ao lado da reconstituição do mercado mundial patrocinada pelos Estados Unidos, agora sobre bases novas e mais sólidas, esse regime criou as condições institucionais para a retomada da lucratividade no sistema como um todo que está por trás do longo *boom* das décadas de 1950 e 1960. Não tenho nenhuma discordância específica com relação à tese de Brenner de que o "desenvolvimento desigual", no sentido que ele dá à expressão, foi um determinante fundamental do longo *boom* e da longa retração que se seguiram. Mas sua insistência em afirmar que os conflitos entre capital e trabalho não tiveram papel significativo na determinação da extensão, da duração e da forma da retração parece ainda menos justificável do que em períodos comparáveis anteriores.

Começaremos observando que, no fim do século XX, a luta dos trabalhadores teve papel muito mais proativo diante da concorrência entre os capitalistas do que no fim do século XIX. Enquanto no período anterior a intensificação dos conflitos entre capital e trabalho e os aumentos mais significativos do salário real *se seguiram* ao surgimento da retração, na segunda metade do século XX eles a *precederam*. Ao defender sua tese contra o papel da força dos trabalhadores na produção do arrocho persistente do lucro no sistema como um todo, Brenner concentra-se quase exclusivamente na contenção do poder dos trabalhadores nos Estados Unidos nos últimos anos da década de 1950 e início da década de 1960; como essa contenção ocorreu antes da crise de lucratividade, argumenta ele, a crise não poderia dever-se à pressão dos trabalhadores[10]. Infelizmente, o foco concentrado na única "árvore" de um episódio de conflito de classes local e de curto prazo impede que Brenner veja a "floresta" do fluxo *multinacional* nascente de conflitos por salários e condições de trabalho que, entre 1968 e 1973, culminou com o que E. H. Phelps Brown denominou, com toda a justiça, de "explosão salarial"[11]. Vinda na esteira de vinte anos de elevação do salário real nas principais regiões da economia mundial e numa época de intensificação da concorrência entre os capitalistas em todo o mundo, essa explosão salarial não exerceu apenas uma pressão de baixa sobre a lucratividade no sistema como um todo, como tantos enfatizaram[12]. Mais importante ainda foi o impacto considerável e duradouro que teve sobre a trajetória subsequente da concorrência entre os capitalistas.

---

[10] Robert Brenner, "The Economics of Global Turbulence", p. 52-4, 58-63.

[11] Ernest Henry Phelps Brown, "A Non-Monetarist View of the Pay Explosion".

[12] Ver, entre outros, Makoto Itoh, *The World Economic Crisis and Japanese Capitalism*, p. 50-3; Philip Armstrong, Andrew Glyn e John Harrison, *Capitalism since World War II: The Making and Breakup of the Great Boom*, p. 269-76; Philip Armstrong e Andrew Glyn, *Accumulation, Profits, State Spending: Data for Advanced Capitalist Countries 1952-1983*.

Isso nos leva a uma segunda observação sobre as diferenças entre as duas longas retrações de fim de século. Embora às vezes mencione a inflação de preços, Brenner costuma esquecer o caráter particularmente inflacionário da retração que descreve, ainda mais extraordinário quando comparado ao forte caráter deflacionário da retração do fim do século XIX. Brenner nunca questiona essa particularidade, nem faz a pergunta intimamente relacionada a ela sobre a razão por que a crise de lucratividade de 1965 a 1973 testemunhou a quebra do último tênue elo entre a circulação monetária e o padrão metálico, em violento contraste com a tendência das décadas de 1870 e 1880 à difusão do padrão-ouro e de outros regimes de base metálica.

É verdade que Brenner admite implicitamente que o abandono final das tentativas mornas de deter a onda especulativa contra o sistema ouro-dólar por parte de Washington, em 1970, não foi apenas uma trama para transferir a pressão de queda do lucro industrial dos norte-americanos para os japoneses e para os alemães através do realinhamento radical do câmbio. Como menciona de passagem, "o custo político para manter uma política anti-inflacionária séria [...] logo mostrou-se inaceitável para o governo Nixon"[13]. Qual era esse "custo político", e se tinha algo que ver com as relações entre capital e trabalho, ele não diz. Como veremos no próximo item deste capítulo, no caso dos Estados Unidos esse custo era sistêmico em termos mundiais e nacionais. No entanto, até mesmo nos Estados Unidos, internamente dilacerados por intensos conflitos sociais em razão da guerra do Vietnã e dos direitos civis, é claro que o preço político de submeter a circulação monetária à disciplina de um padrão metálico tinha componentes sociais, inclusive o custo e o risco de alienar a mão de obra da ideologia e das práticas do bloco social dominante[14].

De fato, os indícios mais convincentes do papel desempenhado pelo poder do trabalho no abandono final do padrão-ouro não vêm dos Estados Unidos, mas do país que na década de 1960 fora o mais férreo defensor do retorno ao regime puramente baseado no ouro: a França de De Gaulle. A defesa do padrão-ouro findou de repente, e para nunca mais voltar, em maio de 1968, quando De Gaulle teve de conceder um enorme aumento salarial para impedir que os trabalhadores ficassem do lado dos estudantes rebelados. Se a circulação monetária fosse submetida ao mecanismo automático do padrão metálico, esse aumento salarial seria impos-

---

[13] Robert Brenner, "The Economics of Global Turbulence", p. 120-1.
[14] Beverly J. Silver, *Forças do trabalho*, p. 157-9.

Adam Smith em Pequim

sível. Sabendo muito bem disso, De Gaulle fez o necessário para recuperar a paz social e deixou de sonhar com a volta ao ouro[15].

Como indicam as experiências norte-americana e francesa, o poder do trabalho na transição do *boom* para a estagnação relativa do fim da década de 1960 e início da década de 1970 não foi mero reflexo da concorrência entre os capitalistas, como fora, em boa parte, no início da retração do fim do século XIX[16]. Ao contrário, foi importante o suficiente para dar sua contribuição independente não só para o arrocho da lucratividade por trás da transição, como também para o caminho inflacionário e não deflacionário do início da retração. Isso não significa que a concorrência entre os capitalistas também não agisse para arrochar o lucro, nem que os trabalhadores e seu poder social tivessem se beneficiado da natureza inflacionária da retração; é claro que não. Isso só significa que o modelo de Brenner – a predominância quase absoluta da concorrência entre os capitalistas sobre o conflito entre capital e trabalho – combina ainda menos com a retração mais recente do que com a mais antiga.

O exame mais atento dos efeitos da mobilidade do capital sobre o poder do trabalho traz mais indícios para essa avaliação. Na década de 1970 em particular, houve de fato forte tendência do capital, inclusive do capital industrial, de "migrar" para países de renda e salário mais baixos. No entanto, como Beverly Silver registrou em detalhes, o deslocamento das atividades industriais dos países mais ricos para os mais pobres levou, com mais frequência, ao surgimento de novos e fortes movimentos trabalhistas nos locais de baixos salários onde houve investimentos, em vez da inequívoca "corrida para o fundo do poço". Embora, a princípio, as grandes empresas tenham sido atraídas para lugares específicos do Terceiro Mundo – como Brasil, África do Sul e Coreia do Sul – porque pareciam oferecer mão de obra barata e dócil, a expansão subsequente dos setores de produção em massa com uso intensivo de capital criou novas classes trabalhadoras militantes com considerável poder desorganizador. Essa tendência já estava em evidência no fim do século XIX e início do XX na indústria têxtil, carro-chefe do capitalismo

---

[15] Completamente esquecida hoje, a ligação entre os acontecimentos de maio de 1968 e o fim repentino da defesa do padrão ouro por parte dos franceses também foi pouco notada na época. No entanto, recordo-me de maneira muito viva, pelas notícias dos jornais, como maio de 1968 provocou a súbita inversão do apoio francês ao padrão-ouro como meio de enfrentar a supremacia do dólar americano.

[16] Como observamos no capítulo 4, o salário real subiu durante toda a Grande Depressão de 1873 a 1896. Apesar de se poder atribuir esse aumento à resistência dos trabalhadores aos cortes do salário nominal nas décadas de 1880 e 1890, a princípio ele se deveu inteiramente à concorrência entre os capitalistas, que derrubou os preços mais depressa do que os salários.

Dinâmica social da turbulência global

britânico. Mas foi bem mais forte nos setores principais do capitalismo norte-americano, como o automobilístico[17].

Assim, as tentativas do capital para contornar a pressão da mão de obra sobre a lucratividade por meio do deslocamento industrial tendeu a privá-lo de benefícios consideráveis, que se associavam à produção contígua aos mercados mais ricos e em ambientes políticos mais seguros, sem na verdade fornecer os vários benefícios esperados de suprimento de mão de obra abundante, barata e fácil de disciplinar. Agindo em conjunto com outras tendências que discutiremos adiante, esta deu sua própria contribuição, na década de 1980, para que houvesse um redirecionamento maciço do fluxo de capital transnacional das regiões de baixa e média renda para os Estados Unidos. Mais uma vez, não nego que o deslocamento industrial tenha ajudado a reduzir a força dos trabalhadores nos países que receberam o maior fluxo líquido de capital. Estou dizendo simplesmente que, em termos gerais, isso tendeu a ser um tiro pela culatra no que se refere à lucratividade e, no que diz respeito aos Estados Unidos, esse fluxo líquido, que era exportador, passou a ser imensamente importador. Embora a força da mão de obra tenha decaído durante a longa retração, como de fato ocorreu, a mobilidade do capital não é explicação muito convincente.

A migração da mão de obra também não constitui uma explicação muito plausível. É verdade que a migração de mão de obra nos últimos 35 anos se originou predominantemente nos países pobres, em proporção muito maior do que no fim do século XIX, constituindo, portanto, uma ameaça competitiva maior para os trabalhadores dos centros industriais mais ricos. No entanto, no fim do século XX a capacidade dos trabalhadores dos países mais ricos para evitar a concorrência da força de trabalho imigrante (muitas vezes pela adoção de ideologias e práticas racistas) foi muito maior[18].

---

[17] Beverly J. Silver, *Forças do trabalho*, principalmente capítulos 2 e 3. Brenner e Silver fazem uso, ambos, do modelo do ciclo do produto, de Raymond Vernon, "International Investment and International Trade in the Product Cycle". Brenner ("The Economics of Global Turbulence", p. 18) usa-o para sustentar, em bases apriorísticas, os pressupostos de seu próprio modelo, enquanto Silver (*Forças do trabalho*, p. 84-101) usa-o para mostrar empiricamente os limites do deslocamento industrial para contornar a resistência da mão de obra.

[18] Essa capacidade maior se reflete no fato de que, em termos proporcionais, os fluxos migratórios do fim do século XIX eram maiores que os de hoje, apesar do avanço tecnológico dos transportes que houve desde então. Ver David Held et al., *Global Transformations*, capítulo 6. Além disso, os operários imigrantes foram protagonistas de várias das lutas trabalhistas mais combativas e bem-sucedidas dos Estados Unidos na década de 1990, por exemplo a campanha Justice for Janitors [Justiça para os Zeladores]. Ver Roger Waldinger et al., "Helots No More: A Case Study of the Justice for Janitors Campaign in Los Angeles".

Em resumo, o argumento de Brenner acerca da predominância absoluta da concorrência entre os capitalistas sobre as lutas entre capital e trabalho na determinação da contração persistente da lucratividade no sistema como um todo não leva em conta a complexa interação histórica entre os conflitos horizontais e verticais. Embora, em termos históricos mundiais, a concorrência entre os capitalistas tenha sido realmente a influência predominante – contanto que incluamos, nas formas mais importantes dessa concorrência, as guerras entre os capitalistas –, os conflitos entre capital e trabalho nunca foram mera "variável dependente", ainda mais às vésperas e nos primeiros estágios da retração mais recente[19]. Não só os conflitos por salários e condições de trabalho nas regiões centrais contribuíram para o arrocho inicial da lucratividade no período fundamental entre 1968 e 1973, como, o que é ainda mais importante, forçou os grupos dominantes dos principais países capitalistas a escolher uma estratégia inflacionária, e não deflacionária, para o gerenciamento da crise.

Em termos claros, no final do longo *boom* do pós-guerra, a força da mão de obra nas regiões centrais foi suficiente para que qualquer tentativa de fazê-la recuar por meio de uma grave deflação fosse arriscada demais em termos sociais e políticos. Em contrapartida, a estratégia inflacionária prometia flanquear o poder dos trabalhadores com eficácia muito maior do que conseguiria o fator internacional da mobilidade. Na verdade, foi a grande estagnação associada à inflação da década de 1970 – a "estagflação", como se dizia na época – e seus efeitos sobre a concorrência entre os capitalistas e sobre as relações entre capital e trabalho que minaram efetivamente o poder dos trabalhadores dos países ricos, abrindo caminho para o colapso sob o impacto da contrarrevolução de Reagan e Thatcher. No entanto, para entender a importância dessa evolução e seu impacto na trajetória subsequente da longa retração não basta que nos concentremos nas relações entre capital e trabalho. Mais importantes ainda foram as relações Norte-Sul, para as quais nos voltaremos agora.

O Sul em risco

Em sua crítica aos teóricos da oferta, Brenner compara a disposição destes em ver a economia mundial como mera soma de componentes nacionais com sua tentativa de buscar uma lógica própria nos processos sistêmicos.

---

[19] Giovanni Arrighi e Beverly J. Silver, *Caos e governabilidade no moderno sistema mundial.*

Dinâmica social da turbulência global

[A] ênfase que os teóricos da oferta dão às instituições, às políticas e ao poder levou-os a estruturar excessivamente suas análises numa base país a país, em termos de Estados e economias nacionais; e a ver a economia internacional como uma espécie de transbordamento das economias nacionais e os problemas econômicos sistêmicos como originários da acumulação de problemas locais. Eu, ao contrário, adotarei a economia internacional – *a acumulação de capital e a lucratividade do sistema como um todo* – como ponto teórico privilegiado a partir do qual é possível analisar suas crises e as crises dos componentes nacionais.[20]

Por mais que a intenção seja louvável, a análise de Brenner não cumpre a promessa e concentra-se quase exclusivamente em três economias-Estados nacionais (Estados Unidos, Japão e Alemanha) e suas relações mútuas, com referências ocasionais a outros países da Europa ocidental e aos "milagres econômicos" da Ásia oriental. A China só aparece de passagem no final de "Global Turbulence" [Turbulência global] e com pouco mais de detalhe nas últimas páginas de *O boom e a bolha*. No prefácio de 2006 a *Global Turbulence*, Brenner não pôde deixar de se referir ao desempenho econômico espetacular da China desde a publicação dos primeiros textos. No entanto, afirma que a ascensão da China não altera em nada as conclusões a que chegou tendo como base a análise anterior, concentrada em Estados Unidos, Alemanha e Japão[21].

Aparentemente, a grande maioria dos Estados e o grosso da população do mundo não influenciam em nada o funcionamento da economia mundial de Brenner. Ele admite que concentrar-se em três países "causa distorções". Mas, sem especificar quais são essas distorções, justifica seu foco limitado baseando-se em três argumentos. Em primeiro lugar, em 1950 as economias norte-americana, alemã e japonesa, em conjunto, "respondiam por 60% da produção (em termos de paridade de poder de compra) das dezessete principais economias capitalistas e, em 1994, esse número subira para 66%". Em segundo lugar, cada uma das três economias "estava [...] no centro de grandes blocos nacionais que efetivamente dinamizavam e dominavam". E, finalmente, "a interação entre essas três economias foi [...] um dos pontos mais importantes da evolução do mundo capitalista avançado durante o pós-guerra"[22].

Essas premissas são questionáveis por duas razões. O peso conjunto das três economias em questão é mesmo considerável, embora um pouco menor do que

---

[20] Robert Brenner, "The Economics of Global Turbulence", p. 23; destaques do original.

[21] Idem, *The Economics of Global Turbulence: The Advanced Capitalist Economies from Long Boom to Long Downturn, 1945-2005*, p. 323-9, 340-3.

[22] Idem, "The Economics of Global Turbulence", p. 9.

Adam Smith em Pequim

indicam as fontes de Brenner[23]. Todavia, como mostra a Figura 5.1, sua participação na exportação mundial total foi de menos de 30% na maior parte do tempo e, embora na década de 1980 o aumento da participação alemã e japonesa tenha compensado ou mais que compensado a queda da participação norte-americana, a participação de cada um desses países vem caindo desde meados da década de 1990, em violento contraste com o rápido aumento da participação chinesa. Além disso, a participação conjunta no valor agregado na indústria dos três países – ramo de atividade em que Brenner se concentra – declinou significativamente no decorrer da longa retração. A queda deveu-se em grande parte à industrialização rápida de muitos países do Sul global, que Alice Amsden chamou de "ascensão do 'resto'". Mesmo excluindo a China, a participação global do Sul no valor agregado da indústria subiu de 10,7% em 1975 para 17,0% em 1998, e sua participação na exportação mundial de manufaturados cresceu ainda mais depressa, de 7,5% em 1975 para 23,3% em 1998[24]. Ao tratar do Sul global de forma superficial, Brenner tende, assim, a deixar de lado um dos elementos mais dinâmicos da intensificação da concorrência, à qual ele atribui tanta importância.

O segundo problema do foco limitado a esses três países é mais grave: é como se a política mundial fosse expulsa da análise da dinâmica capitalista. Ninguém duvida que a interação entre Estados Unidos, Japão e Alemanha tenha sido "um dos pontos básicos" da evolução do capitalismo mundial desde a Segunda Guerra Mundial, mas certamente não foi o único nem o mais importante. Como Brenner admite implicitamente num dos trechos que citamos no capítulo 4, a interação norte-americana com a Alemanha e o Japão durante todo o longo *boom* estava totalmente inserida nas relações entre Estados Unidos, União Soviética e China definidas pela Guerra Fria, e era por elas dominada. A crise de lucratividade que

---

[23] Usando os dados mais inclusivos do Banco Mundial, a participação conjunta no PNB "mundial" parece ter sido praticamente constante, não subindo quase nada: de 53,1% em 1960 para 53,6% em 1999 (calculado com base em dados de 1984 e 2001 do Banco Mundial). O PNB "mundial" exclui os ex-países comunistas da União Soviética e da Europa oriental e outros países sobre os quais não há dados comparáveis de 1960 e 1999. No entanto, todos os indícios disponíveis mostram que a exclusão tem como efeito fazer os números acima subirem no máximo um ou dois pontos percentuais.

[24] Alice Amsden, *The Rise of "The Rest"* e "Good-bye Dependency Theory, Hello Dependency Theory", tabelas 1 e 2. Ao recalcular os percentuais de Amsden para incluir a China, obtenho um aumento da participação do Sul no valor agregado na indústria mundial de 11,9% em 1975 para 21,8% em 1998. Como já se demonstrou, esse aumento da participação do Sul no valor agregado na indústria reflete a forte convergência Norte-Sul no grau de industrialização, acompanhado, entretanto, pela total *falta* de convergência da renda. Ver Giovanni Arrighi, Beverly J. Silver e Benjamin D. Brewer, "Industrial Convergence and the Persistence of the North-South Divide"; idem, "A Reply to Alice Amsden"; idem, "Industrial Convergence and the Persistence of the North-South Divide: a Rejoinder to Firebaugh".

Dinâmica social da turbulência global

Figura 5.1 – Exportação nacional como percentual da exportação mundial total

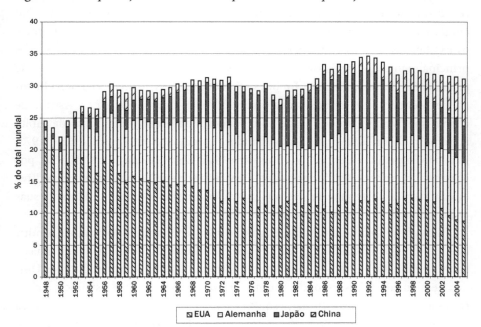

Percentual da exportação mundial em dólares norte-americanos atuais.
Fonte: Estatística comercial internacional da OMC.

marcou a transição do longo *boom* para a longa retração, assim como a grande estagflação da década de 1970, foram elas mesmas profundamente afetadas pela crise paralela da hegemonia norte-americana que resultou da escalada da Guerra do Vietnã e da derrota final dos Estados Unidos. Quanto à contrarrevolução neoliberal de Reagan e Thatcher, ela não foi apenas nem primeiramente uma reação à crise não resolvida de lucratividade, como foi também e sobretudo uma reação ao aprofundamento da crise da hegemonia. Durante todo o tempo, as trajetórias da concorrência entre os capitalistas e da interação entre as três maiores economias do mundo foram configuradas pelo contexto político mais amplo. Na verdade, a ausência quase total desse contexto na história de Brenner é fonte não só de distorções como também de indeterminabilidade.

Consideremos a ligação entre a crise de lucratividade do fim da década de 1960 e início da década de 1970 e o colapso contemporâneo do padrão câmbio-ouro-dólar. Como vimos, Brenner admite implicitamente que os "custos políticos" tiveram seu papel no abandono do ouro, mas ainda assim sustenta a tese de que seu determinante primário foi a luta competitiva entre os industriais norte-americanos

Adam Smith em Pequim

e seus rivais alemães e japoneses. Já criticamos esse argumento por ignorar o papel relativamente autônomo que a força dos trabalhadores desempenhou na crise. No entanto, o determinante de maior importância não foi nem a concorrência entre os capitalistas nem as relações entre trabalho e capital, mas os efeitos diretos e, principalmente, indiretos da escalada da Guerra do Vietnã sobre o balanço de pagamentos norte-americano. Embora seja notável a ausência do Vietnã na história de Brenner, esses efeitos acabam surgindo em algumas ocasiões. Assim, ele afirma que "o aumento dos gastos com a Guerra do Vietnã" foi a razão da súbita aceleração da inflação nos Estados Unidos, que desacelerou entre 1965 e 1973, mas não impediu o crescimento do salário real. Essa aceleração da inflação, por sua vez, é considerada responsável pelo enfraquecimento da posição competitiva das indústrias norte-americanas nos mercados interno e externo diante de suas rivais alemãs e japonesas no mesmo período[25].

Essas observações casuais mostram que mesmo Brenner é obrigado a admitir que, por trás da intensificação da concorrência entre as indústrias americanas e estrangeiras e dos caprichos dos conflitos entre capital e trabalho nos Estados Unidos e em outros países, esconde-se uma variável eminentemente sistêmica, embora política, que seu projeto de pesquisa excluiu de qualquer consideração. Essa variável oculta é a luta pelo poder, com a qual o governo norte-americano tentou conter, pelo uso da força, o desafio conjunto do nacionalismo e do comunismo no Terceiro Mundo. Quando a escalada da guerra no Vietnã não conseguiu dobrar a resistência vietnamita e, ao contrário, provocou oposição generalizada nos próprios Estados Unidos, a luta atingiu seu clímax nos mesmos anos da crise de lucratividade. Como já argumentei, o custo da guerra, inclusive o custo dos programas que visavam conter a maré de oposição interna, não só contribuiu para o arrocho do lucro como também foi a causa mais fundamental do colapso do regime de câmbio fixo de Bretton Woods e da enorme desvalorização do dólar americano que se seguiu[26].

Como sustenta Brenner, a desvalorização do dólar entre 1969 e 1973 ajudou os Estados Unidos a impingir à Alemanha e ao Japão o fardo da crise de lucratividade e a deter a pressão do aumento salarial sobre o lucro dentro do país. Mas eu argumentaria que essa redistribuição do fardo foi, em grande parte, subproduto das políticas que visavam, em primeiro lugar, livrar o governo norte-americano das

[25] Robert Brenner, "The Economics of Global Turbulence", p. 97, e *The Boom and the Bubble: The U.S. in the World Economy*, p. 102, 119 [ed. bras.: *O boom e a bolha*].
[26] Giovanni Arrighi, *The Long Twentieth Century: Money, Power and the Origins of Our Times*, p. 300-8, 320-1 [ed. bras.: *O longo século XX: dinheiro, poder e as origens de nosso tempo*].

Dinâmica social da turbulência global

restrições monetárias em sua luta pelo domínio do Terceiro Mundo. Ao menos a princípio, a liquidação do padrão câmbio-ouro-dólar pareceu dar ao governo norte-americano uma liberdade de ação sem precedentes para aproveitar os recursos do mundo simplesmente emitindo sua própria moeda[27]. No entanto, essa carta branca não conseguiu evitar a derrota dos Estados Unidos no Vietnã nem interromper o declínio vertiginoso do prestígio e do poder norte-americanos que veio em sua esteira. Na verdade, ela intensificou esse declínio, provocando uma espiral inflacionária mundial que ameaçou destruir toda a estrutura de crédito norte--americana e as redes mundiais de acumulação de capital, das quais a riqueza norte-americana se tornara mais dependente do que nunca[28].

O declínio do poder e do prestígio norte-americanos atingiu seu ponto máximo no fim da década de 1970, com a Revolução Iraniana, o novo aumento do preço do petróleo, a invasão soviética do Afeganistão e nova e séria crise de confiança em relação ao dólar americano. Brenner quase não menciona esse aprofundamento da crise da hegemonia norte-americana como contexto em que, entre 1979 e 1982, a política monetária do governo dos Estados Unidos passou da frouxidão total ao arrocho extremo. Ele atribui essa mudança ao "ataque especulativo devastador contra a moeda norte-americana que ameaçou a posição do dólar como moeda de reserva internacional". Mas não apresenta explicação satisfatória para esse ataque e não dá atenção aos temores dos árabes com relação ao Afeganistão e ao Irã, que, segundo a *Business Week*, estavam por trás da elevação do preço do ouro até o recorde histórico de 875 dólares em janeiro de 1980[29]. Como no caso do fim do padrão câmbio-ouro-dólar dez anos antes, a guerra e a revolução no Sul, e não a concorrência entre os capitalistas das três maiores economias do mundo, foram a força motriz básica da contrarrevolução monetarista de 1979 a 1982. Mais uma vez, mudanças fundamentais na esfera monetária tiveram consequências importantes tanto na luta entre os capitalistas quanto na luta de classes das regiões centrais. Contudo, o estímulo mais forte para a mudança veio da crise sem solução da hegemonia norte-americana no Terceiro Mundo, e não da crise da lucratividade em si.

Também aqui pode ser útil destacar as peculiaridades da longa retração do fim do século XX em comparação com a retração de 1873 a 1896. Embora raramente

---

[27] Riccardo Parboni, *The Dollar and its Rivals*, p. 47, 89-90.

[28] Giovanni Arrighi, *The Long Twentieth Century*, p. 310-4, 317-20. Como veremos no capítulo 6, o chamado primeiro "choque do petróleo" de 1973 e 1974 foi uma variável importantíssima da espiral inflacionária mundial que liga a crise da hegemonia norte-americana do fim da década de 1960 e início da década de 1970 ao devastador ataque especulativo contra o dólar americano no fim dos anos 1970.

[29] Citado em Michael Moffitt, *The World's Money: International Banking from Bretton Woods to the Brink of Insolvency*, p. 178 [ed. bras.: *Dinheiro do mundo: de Bretton Woods à beira da insolvência*].

Adam Smith em Pequim

destacadas, as diferenças que se observam nas relações Norte-Sul das duas longas retrações são ainda mais significativas que aquelas entre trabalho e capital. A diferença mais importante e abrangente é que a retração mais antiga ocorreu no meio da última e maior onda de conquistas territoriais e colonização do Sul pelo Norte, enquanto a retração mais recente ocorreu na ponta da esteira da maior onda de descolonização da história mundial[30]. Houve, entrementes, a grande "revolta contra o Ocidente" da primeira metade do século XX, que, de acordo com a opinião de Barraclough citada na "Introdução", marcou o início de uma época inteiramente nova na história mundial. Embora na década de 1990 o poder aparentemente ilimitado do Ocidente tenha feito as primeiras revoltas do Sul parecerem insignificantes, para não dizer inúteis, nem a origem, nem a trajetória, nem as consequências da longa retração podem ser decifradas com exatidão senão à luz da mudança fundamental que ocorreu nas relações Norte-Sul no meio século anterior. Para ilustrar essa questão, mais uma vez me concentrarei nos aspectos monetários das duas longas retrações.

No item anterior, atribuímos o caráter inflacionário da retração mais recente à impossibilidade social e política de submeter as relações entre capital e trabalho das regiões centrais à disciplina de um padrão metálico, como foi o caso no fim do século XIX. No entanto, a natureza e a força dessa restrição social nas regiões centrais dependiam dos arranjos políticos específicos que vinculavam o centro à periferia. Nada ilustra melhor isso do que a relação íntima entre a fidelidade da Grã--Bretanha ao padrão-ouro e a cobrança de impostos no subcontinente indiano. O império britânico na Índia foi fundamental em dois aspectos principais.

Em primeiro lugar, o militar; nas palavras de lorde Salisbury, "a Índia é um quartel inglês nos mares orientais, do qual podemos extrair qualquer número de soldados sem pagar por eles"[31]. Inteiramente financiadas pelo contribuinte indiano, essas tropas foram organizadas como exército colonial ao estilo europeu e regularmente utilizadas na série interminável de guerras com as quais a Grã-Bretanha abriu a Ásia e a África para o comércio, o investimento e a influência ocidentais[32]. Elas foram "o punho de ferro sob a luva de veludo do expansionismo vitoriano [...], a princi-

---

[30] Sobre ondas de colonização e de descolonização, ver Albert Bergesen e Ronald Schoenberg, "Long Waves of Colonial Expansion and Contraction, 1415-1969".

[31] Citado em B. R. Tomlinson, "India and the British Empire, 1880-1935", p. 341.

[32] Se tomarmos Ásia e África em conjunto, houve 72 campanhas militares britânicas isoladas entre 1837 e 1900 (Brian Bond, ed., *Victorian Military Campaigns*, p. 309-11). Numa contagem diferente, a Grã-Bretanha travou cinquenta grandes guerras coloniais entre 1803 e 1901 (Anthony Giddens, *The Nation-State and Violence*, p. 223 [ed. bras.: *O Estado-nação e a violência*]).

Dinâmica social da turbulência global

pal força coerciva por trás da internacionalização do capitalismo industrial"[33]. Ainda em 1920, os soldados indianos constituíam mais de 87% dos soldados que a Grã-Bretanha utilizou no Iraque para sufocar uma grande revolta contra a ocupação militar britânica. "Talvez, então, o maior problema enfrentado pelo império anglófono do nosso tempo seja muito simples: o Reino Unido tinha o exército indiano; os Estados Unidos, não.[34]"

Em segundo lugar, e igualmente importante, os infames *home charges** e o controle do Banco da Inglaterra sobre as reservas de moeda estrangeira indianas, que juntos transformaram a Índia no "pivô" da supremacia financeira e comercial global da Grã-Bretanha. O déficit do balanço de pagamentos da Índia com relação à Grã-Bretanha e o superávit com relação a todos os outros países permitiram à metrópole saldar seu déficit em transações correntes com o resto do mundo. Sem a contribuição forçada da Índia no balanço de pagamentos da Grã-Bretanha imperial, seria impossível que esta usasse "a renda do investimento no ultramar para aumentar o investimento externo e devolver ao sistema monetário internacional a liquidez que absorvia como renda de investimentos". Além disso, as reservas monetárias indianas "constituíram uma grande massa de manobra que as autoridades monetárias britânicas podiam usar para suplementar suas próprias reservas e manter Londres como centro do sistema monetário internacional"[35].

Ao impor a disciplina monetária interna igualmente a trabalhadores e capitalistas, os grupos dominantes da Grã-Bretanha enfrentaram situação totalmente diferente daquela que os líderes norte-americanos enfrentariam um século depois. Antes de mais nada, o exercício das funções hegemônicas mundiais – inclusive a série sem fim de guerras travadas no Sul global – não envolve o tipo de pressão inflacionária que a Guerra do Vietnã gerou nos Estados Unidos. Não só as guerras

[33] David Washbrook, "South Asia, the World System, and World Capitalism", p. 481.

[34] Niall Ferguson, "Cowboys and Indians", *The New York Times*, 24/5/2005. Em 2003, os Estados Unidos exerceram forte pressão sobre o governo indiano para que este colaborasse com uma divisão completa de 17 mil soldados. Mesmo que o governo indiano quisesse, o ambiente político do país simplesmente não permitiria. "Em retrospecto, esse foi um dos fatos mais importantes dos primeiros trinta meses da Guerra do Iraque. A falta do compromisso indiano fez com que nenhuma outra grande oferta de soldados [com a irônica exceção do exército britânico] fosse iminente" (Paul Rogers, "Fragments of the 'War on Terror'", *openDemocracy*, 25/8/2005).

* Os *home charges* ("encargos domésticos") eram pagos pela Índia à Grã-Bretanha para custear os dividendos pagos aos acionistas da Companhia das Índias Ocidentais, as aposentadorias dos funcionários da Companhia, os equipamentos e suprimentos militares e os juros sobre a dívida pública. (N. T.)

[35] Marcello de Cecco, "Inflation and Structural Change in the Euro-dollar Market", p. 62-3. Veja em Bagchi a explicação completa dos impostos que a Grã-Bretanha cobrou da Índia no fim do século XIX e início do século XX (Amiya K. Bagchi, *Perilous Passage: Mankind and the Global Ascendancy of Capital*, p. 239-43).

foram financiadas pelo dinheiro indiano, como também, uma vez que foram travadas por soldados indianos e de outras colônias, não exigiram o tipo de despesa social com que o governo norte-americano teve de arcar para conter a oposição interna ao aumento de baixas.

Fora o custo da guerra, ao contrário dos Estados Unidos no fim do século XX, a Grã-Bretanha pôde internalizar os benefícios (para os súditos da metrópole) e externalizar o custo (para os súditos da colônias) dos incessantes "ajustes estruturais" envolvidos na sujeição da moeda ao padrão metálico. O controle coercivo sobre o superávit do balanço de pagamentos da Índia permitiu que a Grã-Bretanha transferisse o fardo do seu constante déficit comercial para contribuintes, trabalhadores e capitalistas indianos[36]. No mundo pós-colonial, em contrapartida, não havia uma coerção tão patente à disposição. Os Estados Unidos enfrentaram a opção rígida entre equilibrar os déficits comerciais e de transações correntes com a redução drástica da economia nacional e dos gastos no exterior ou transferir para os credores estrangeiros uma cota cada vez maior de sua renda futura. A escolha da estratégia inflacionária de gerenciamento da crise não foi ditada apenas pela impossibilidade social e política de submeter a economia nacional norte-americana à redução drástica, nem pelo alívio da pressão da concorrência estrangeira que a estratégia poderia trazer para as indústrias norte-americanas. Foi também uma tentativa mais ou menos consciente de *não* escolher entre duas alternativas igualmente intragáveis. O aprofundamento da crise da hegemonia norte-americana no fim da década de 1970 e o ataque especulativo devastador contra o dólar provocado por ele foram um lembrete chocante de que a escolha não podia mais ser adiada.

A contrarrevolução monetária iniciada no último ano do governo Carter e implantada com mais força por Reagan foi uma reação pragmática a essa situação. Como observa Brenner, a reviravolta aprofundou, em vez de atenuar, a crise de lucratividade. Mas, como ele também observa, ela inverteu, além das expectativas mais otimistas de seus perpetradores, a queda vertiginosa do poder norte-americano mundial nos quinze anos anteriores[37]. Para entender essa inversão inesperada, devemos mais uma vez mudar de foco e reexaminar criticamente os processos de concorrência entre os capitalistas que estão no centro da análise de Brenner.

---

[36] Sobre o constante déficit comercial da Grã-Bretanha, ver, entre outros, Andre Gunder Frank, "Multilateral Merchandise Trade Imbalances and Uneven Economic Development", e Marcello de Cecco, "Inflation and Structural Change in the Euro-dollar Market".

[37] Giovanni Arrighi, *The Long Twentieth Century*, p. 323-4.

Dinâmica social da turbulência global

As bases financeiras da retomada norte-americana

Como vimos, Brenner atribui a persistência da "superprodução e supercapacidade" depois de 1973 em parte ao comportamento das empresas de custo mais alto, que tinham "todas as razões para defender seu mercado e contra-atacar, acelerando o processo de inovação e investimento em capital fixo adicional", e em parte a ações dos governos norte-americano, japonês e alemão, que agravaram, em vez de atenuar, a tendência subjacente de saída de menos e entrada demais. Também observamos que, embora a ação governamental ocupe o centro do palco na narrativa histórica de Brenner, o argumento teoricamente mais importante sobre as empresas é desenvolvido, em grande parte, por dedução, com base em indícios circunstanciais.

O principal problema desse importantíssimo argumento é que ele se concentra quase exclusivamente na indústria. Brenner não dá justificativa explícita para isso, como faz ao se concentrar na economia norte-americana, japonesa e alemã. A identificação teórica e histórica do capitalismo com o capitalismo *industrial* parece ser para ele, como para a maioria dos cientistas sociais, marxistas ou não, uma questão de fé, que não exige justificativa. Mas a participação do valor agregado gerado na indústria mundial foi comparativamente pequeno, encolhendo sem parar de 28% em 1960 para 24,5% em 1980 e 20,5% em 1998. Além disso, a contração foi maior do que a média nos países capitalistas "avançados" de Brenner: a participação conjunta de América do Norte, Europa ocidental, Austrália e Japão caiu de 28,9% em 1960 para 24,5% em 1980 e 19,7% em 1998[38].

Brenner parece ter consciência desse problema, mas o vê como sintoma da crise econômica, mais do que como razão para questionar a relevância e a validade de sua ênfase na indústria. Assim, ao comentar a "enorme expansão" vivida pelo setor não industrial norte-americano na década de 1980, ele a interpreta como "sintoma do amplo declínio econômico que acompanhou a crise da indústria na economia norte-americana, que pode ser proveitosamente chamado de 'desindustrialização', com todas as suas conotações negativas"[39]. A certa altura, contudo, ele acha necessário apresentar uma justificativa para esse foco na indústria.

Tornou-se padrão subestimar a importância do setor industrial, apontando a redução de sua participação no emprego total e no PIB. Mas, durante a década de 1990, o setor das grandes indústrias norte-americanas ainda respondia por 46,8% do lucro total

[38] Os percentuais foram calculados com base nos dados de 1984 e 2001 do Banco Mundial. Os valores mundiais incluem todos os países cujos dados estavam disponíveis em 1960, 1980 e 1998. Valor agregado é PIB.

[39] Robert Brenner, *The Boom and the Bubble*, p. 79.

149

apurado no setor empresarial não-financeiro (economia empresarial menos o setor financeiro) e, em 1999, foi responsável por 46,2% desse total. A escalada da lucratividade industrial pré-tributação foi, de fato, *a* fonte da recuperação paralela da lucratividade pré-tributos na economia privada como um todo.[40]

Deixando de lado o fato de que não está claro por que o lucro do setor financeiro não é incluído na comparação, a justificativa não suporta um exame empírico atento. Como mostrou Greta Krippner, baseando-se na análise minuciosa dos indícios disponíveis, não só a participação do lucro empresarial total norte-americano apurado pelos setores financeiro, securitário e imobiliário quase alcançou, na década de 1980, e ultrapassou, na década de 1990, a participação apurada pela indústria, como também, e ainda mais importante, *as próprias empresas não financeiras* aumentaram drasticamente, nas décadas de 1970 e 1980, o investimento em títulos financeiros com relação ao investimento em instalações e equipamentos, e tornaram-se cada vez mais dependentes das fontes de receita e de lucro financeiro com relação aos ganhos obtidos com atividades produtivas. É especialmente significativa a descoberta de Krippner de que a indústria não só domina como *conduz* essa tendência à "financeirização" da economia não financeira[41].

Brenner não apresenta nenhum indicador do seu conceito de "supercapacidade e superprodução" comparável aos indicadores múltiplos de financeirização da economia não financeira apresentados por Krippner. No entanto, Anwar Shaikh apresenta dois indicadores de "utilização de capacidade instalada" na indústria norte-americana, um baseado em suas próprias medições e outro nas medições do Federal Reserve Board, que podemos adotar como indicadores *invertidos* e imperfeitos de supercapacidade[42]. Durante todo o período de 1947 a 1995, ambos os indicadores mostram bastante flutuação, mas nenhuma tendência clara a longo prazo. Em termos mais específicos, na linha de argumentação de Brenner, ambos

---

[40] Ibidem, p. 68-70; destaque do original.

[41] Greta R. Krippner, "The Financialization of the American Economy". A análise de Krippner baseia-se em dados obtidos nas Contas de Fluxo de Fundos [Flow of Funds Accounts] do Federal Reserve; nas Contas de Renda e Produto Nacionais [National Income and Product Accounts] do Bureau of Economic Analysis; nas declarações de imposto de renda das empresas ao Internal Revenue Service (IRS) norte-americano; e em dados do balanço de pagamentos e do Crédito Tributário Externo do IRS.

[42] Anwar Shaikh, "Explaining the Global Economic Crisis", p. 140-1. Um problema sério no uso desses dois indicadores, ou mesmo de outro indicador qualquer, para medir a "supercapacidade" de Brenner é que, como já observado, ele sempre utiliza essa expressão em conjunto com "superprodução" e nunca nos diz como deslindar os conceitos expressos pelos dois termos. Essa fusão torna impossível saber qual seria o indicador válido de supercapacidade ou de superprodução. Mas, a menos que o uso do termo supercapacidade seja totalmente inútil e não tenha significado próprio, é sensato supor que *aumentos* da supercapacidade de Brenner se reflitam em *reduções* da utilização da capacidade e vice-versa.

os indicadores, principalmente os de Shaikh, indicam que a supercapacidade da indústria norte-americana diminuiu drasticamente durante os últimos anos do longo *boom* e aumentou de modo ainda mais drástico durante a crise de lucratividade que marcou a transição do longo *boom* para a longa retração. Depois de 1973, ao contrário, ambos os indicadores continuaram a apresentar flutuações consideráveis, mas não mostram indícios que apoiem a tese de Brenner de que a longa retração se caracterizou por uma supercapacidade acima do normal. Os números do Federal Reserve Board mostram que a utilização da capacidade instalada voltou ao que era na década de 1950, sem tendência em nenhuma direção, enquanto os de Shaikh mostram a utilização da capacidade na década de 1970 em nível mais alto que na década de 1950, e mais alto ainda nas décadas de 1980 e 1990, indicando uma supercapacidade comparativamente baixa e em declínio.

Completadas com o que é possível estimar a partir desses indicadores imperfeitos, as descobertas nada ambíguas de Krippner lançam sérias dúvidas sobre os pressupostos *a priori* de Brenner sobre o comportamento das indústrias de custos mais altos. A reação predominante dessas empresas ao surgimento de concorrentes com custos mais baixos em seu mercado não parece ter sido a defesa ardorosa de seu magro capital e o contra-ataque com investimentos adicionais em capital fixo para aumentar ainda mais a supercapacidade. Embora certamente esse tipo de reação estivesse presente, a reação predominante foi, em termos capitalistas, bem mais racional. Diante do aumento da concorrência internacional (principalmente em setores de intercâmbio intensivo, como a indústria), as empresas com custos mais altos reagiram à queda do lucro subtraindo do investimento em capital fixo e em mercadorias uma proporção cada vez maior da receita e desviando-a para a liquidez e para a acumulação nos canais financeiros.

É isso o que Krippner observa em termos empíricos. Mas é também o que deveríamos esperar em termos teóricos, sempre que o retorno do capital investido em comércio e em produção cai abaixo de determinado patamar e a concorrência entre os capitalistas torna-se um jogo de soma zero ou negativa. Nessas condições – exatamente aquelas que, de acordo com Brenner, caracterizaram a longa retração –, os riscos e as incertezas envolvidos no reinvestimento da receita no comércio e na produção são elevados, e é sensato, em termos comerciais, usá-la para aumentar a liquidez do patrimônio como arma defensiva ou ofensiva numa luta competitiva cada vez maior, tanto dentro quanto fora do setor ou esfera específica de atividade econômica em que a empresa se especializou. Afinal, a liquidez permite que as empresas não só fujam do "massacre do valor do capital" – que sucede, mais cedo ou mais tarde, a superacumulação de capital e a intensificação da concorrência em linhas antigas e novas de negócios –, como também se apoderem, a preço de banana, do patrimônio, dos clientes e dos fornecedores de empre-

Adam Smith em Pequim

sas menos prudentes e "irracionalmente exuberantes" que continuam a afundar seu fluxo de caixa em capital fixo e em mercadorias.

Em certo sentido, essa estratégia competitiva nada mais é que a continuação, por outros meios, da lógica do ciclo do produto que o próprio Brenner invoca em outro contexto. A lógica do ciclo do produto significa para as principais organizações capitalistas, em dada época, a transferência incessante de recursos, por meio de um tipo ou outro de "inovação", de nichos de mercado que ficavam superpovoados (e, portanto, menos lucrativos) para nichos menos povoados (e, portanto, mais lucrativos). Quando o aumento da concorrência reduz a disponibilidade de nichos lucrativos e relativamente vazios nos mercados de commodities, as principais organizações capitalistas dispõem de um último refúgio, para o qual podem recuar e transferir para outros a pressão da concorrência. Esse último refúgio é o "quartel-general do sistema capitalista" de Schumpeter: o mercado de dinheiro[43].

Nesse aspecto, o capital norte-americano do fim do século XX vinha seguindo trajetória análoga à do capital britânico um século antes, que também reagira à intensificação da concorrência industrial por meio da financeirização. Como ressaltou Halford Mackinder num discurso a um grupo de banqueiros de Londres, na virada do século, quando a financeirização do capital britânico já estava em estágio avançado: a industrialização de outros países aumentou a importância de uma única câmara de compensação, que "sempre estará onde há maior propriedade de capital. [...] Somos em essência o povo que tem capital, e os que têm capital sempre aproveitam a atividade de cérebros e de músculos de outros países"[44]. Certamente foi assim na *belle époque* do início do século XX, quando quase metade do patrimônio britânico estava no exterior e cerca de 10% da renda nacional consistia de juros sobre investimentos externos[45].

---

[43] Como já indicamos no capítulo 3, e elaboraremos melhor no capítulo 8, essa tendência da concorrência intensa entre os capitalistas no sistema como um todo resultar na financeirização persistente do capital tem sido o sinal mais claro de continuidade das várias formas de organização que o capitalismo histórico assumiu antes e depois da Revolução Industrial. Há uma discussão detalhada sobre isso em Giovanni Arrighi, *The Long Twentieth Century*, p. 220-38.

[44] Citado em Peter J. Hugill, *World Trade since 1431: Geography, Technology, and Capitalism*, p. 305.

[45] Alec K. Cairncross, *Home and Foreign Investment, 1870-1913*, p. 3, 23. Como observou Peter Mathias, o investimento externo britânico "não era apenas 'capital cego', mas sim 'capital cego' de *investidores* organizados por financistas e empresários com os olhos fitos no comércio que floresceria enquanto a empresa estivesse funcionando". O fato de os britânicos terem construído ferrovias nos Estados Unidos e, com mais razão ainda, em países como Austrália, Canadá, África do Sul e Argentina, "foi utilíssimo para abrir essas vastas massas terrestres e os setores em desenvolvimento de exportação de produtos primários [...] à Grã-Bretanha" (Peter Mathias, *The First Industrial Nation: An Economic History of Britain 1700-1914*, p. 329; ver também Stanley D. Chapman, *Merchant Enterprise in Britain: From the Industrial Revolution to World War I*, p. 233 ss.).

Dinâmica social da turbulência global

Apesar do maior poder econômico, militar e político dos Estados Unidos em comparação com o império britânico, foi mais difícil para o capital norte-americano aproveitar a "atividade de cérebros e de músculos" de outros países por meio da financeirização. É verdade que a primazia norte-americana na formação de empresas multinacionais verticalmente integradas foi um meio muito eficaz de fazer funcionar esse aproveitamento durante o século XX; e é claro que a imigração "drenou" cérebros e músculos do mundo todo ao longo da história norte-americana[46]. No entanto, ao contrário da Grã-Bretanha no século XIX, os Estados Unidos não estavam estruturalmente orientados para desempenhar o papel de câmara de compensação global; sua relação com a economia global era mais a de uma economia continental concentrada em si mesma e, em boa medida, autossuficiente.

Essa diferença foi destacada por um centro de estudos criado no início da década de 1950, com patrocínio da Fundação Woodrow Wilson e da Associação Nacional de Planejamento. Ao questionar o pressuposto de "que um sistema econômico mundial suficientemente integrado pudesse ser de novo obtido por meios essencialmente semelhantes aos empregados no século XIX", foi indicado que os Estados Unidos, embora "credor maduro" como a Grã-Bretanha do século XIX, tinham uma relação totalmente diferente com o mundo. Esta última estava "inteiramente integrada ao sistema econômico mundial e, em boa medida, tornava possível o sucesso do seu funcionamento em razão de [sua] dependência do comércio exterior, da influência generalizada de suas instituições comerciais e financeiras e da coerência básica entre as políticas econômicas nacionais e as necessárias à integração econômica mundial". Os Estados Unidos, ao contrário, só estão "parcialmente integrados ao sistema econômico mundial, com o qual também competem e cujo modo e ritmo de funcionamento costumeiros tendem periodicamente a perturbar. Não existe nenhuma rede de instituições comerciais e financeiras norte-americanas que una e administre as operações cotidianas do sistema comercial mundial"[47].

---

[46] As grandes empresas norte-americanas tornaram-se multinacionais quase ao mesmo tempo em que completavam sua integração continental (Stephen Hymer, "The Multinational Corporation and the Law of Uneven Development", p. 121). Em 1902, os europeus já falavam de "invasão americana"; em 1914, o investimento direto dos Estados Unidos no exterior chegou a 7% do PNB norte-americano, o mesmo percentual de 1966, quando novamente os europeus se sentiram ameaçados por um "desafio americano". Ver Mira Wilkins, *The Emergence of Multinational Enterprise: American Business Abroad from the Colonial Era to 1914*, p. 71, 201.

[47] William Y. Elliott (Ed.), *The Political Economy of American Foreign Policy: Its Concepts, Strategy, and Limits*, p. 43. Essa diferença é importante para explicar por que, mesmo no auge da sua cruzada liberal nas décadas de 1980 e 1990, os Estados Unidos não aderiram unilateralmente aos preceitos do credo liberal, como fez a Grã-Bretanha no fim do século XIX e início do século XX. Ver Beverly J. Silver e Giovanni Arrighi, "Polanyi's 'Double Movement': The *Belle Époques* of British and U.S. Hegemony Compared".

Adam Smith em Pequim

Sob as condições de fragmentação cada vez maior e de colapso final do mercado mundial que caracterizaram a luta entre os capitalistas na primeira metade do século XX, a escala, o egocentrismo e a relativa autossuficiência da economia dos Estados Unidos deram ao capital norte-americano algumas vantagens decisivas na competição. A primazia dos Estados Unidos na formação de empresas multinacionais verticalmente integradas permitiu que eles contornassem, por meio de investimentos diretos, o protecionismo cada vez maior desse período. No entanto, o próprio sucesso dos Estados Unidos ao promover a reunificação e a expansão do mercado global depois do fim da Segunda Guerra Mundial diminuiu essas vantagens; e a intensificação da concorrência internacional que veio em seguida transformou-as, em certos aspectos, em desvantagens.

O mercado mundial ampliado e unificado permitiu que empresas sediadas em países menores, menos egocentrados e menos auto-suficientes gozassem de alcance e economia de escala comparáveis às das empresas norte-americanas. As vantagens das empresas multinacionais com integração vertical e administração burocrática, avassaladoras quando às centenas e, em sua maioria, norte-americanas, logo desapareceram quando seu número e sua variedade (inclusive a origem) sofreu crescimento explosivo. Na década de 1980, estimou-se que havia acima de 10 mil delas e, no início dos anos 1990, três vezes mais[48]. Quando a concorrência mútua se intensificou, elas foram obrigadas a subcontratar empresas pequenas para as atividades antes realizadas dentro da própria organização. A tendência à integração vertical e à burocratização das empresas, que trouxe sucesso ao capital norte-americano desde a década de 1870, começou, assim, a ser superada pela tendência à rede informal e à revitalização subordinada das pequenas empresas[49].

Como veremos nos próximos capítulos, essa inversão da tendência de organização empresarial foi importantíssima para promover a competitividade da economia da Ásia oriental perante os Estados Unidos. Contudo, por enquanto observaremos que a falta de integração orgânica dos Estados Unidos na economia global, que foi a grande vantagem do capital norte-americano na primeira metade do século XX, transformou-se em restrição à capacidade desse capital para

---

[48] John M. Stopford e John H. Dunning, *Multinationals: Company Performance and Global Trends*, p. 3; Satoshi Ikeda, "World Production", p. 48.

[49] Giovanni Arrighi e Beverly J. Silver, *Caos e governabilidade no moderno sistema mundial*, cap. 2; ver Manuel Castells e Alejandro Portes, "World Underneath: the Origins, Dynamics, and Effects of the Informal Economy", p. 27-9; Michael J. Piore e Charles F. Sabel, *The Second Industrial Divide: Possibilities for Prosperity*, p. 4-5, 15, 19-20; Bennett Harrison, *Lean and Mean: The Changing Landscape of Corporate Power in the Age of Flexibility*, p. 244-5.

Dinâmica social da turbulência global

aproveitar a tendência à financeirização que ganhava ímpeto na década de 1970, nacional e internacionalmente, sob o impacto da intensificação da concorrência e da crise de lucratividade a ela associada. Também nesse aspecto, a estratégia inflacionária de gerenciamento da crise adotada pelos Estados Unidos no governo Nixon foi contraproducente. Qualquer que fosse o sucesso que obtivesse na redistribuição do fardo da crise de lucratividade, passando-o do capital norte--americano para a mão de obra norte-americana e para seus concorrentes estrangeiros, a estratégia saiu pela culatra, porque, em vez de atrair, repeliu a massa crescente de liquidez, liberada pela financeirização dos processos de acumulação de capital em escala mundial, da economia e da moeda norte-americanas. Do mesmo modo, a principal razão pela qual a contrarrevolução monetarista teve sucesso tão espantoso na reversão do declínio do poder norte-americano foi que provocou o redirecionamento maciço do fluxo global de capital para os Estados Unidos e para o dólar.

Esse redirecionamento fez com que os Estados Unidos passassem de maior fonte de liquidez mundial e de investimentos externos diretos, como nas décadas de 1950 e 1960, para a maior nação credora e absorvedora de liquidez do mundo, desde a década de 1980 até o presente. A extensão do redirecionamento pode ser avaliada pela mudança nas transações correntes no balanço de pagamentos norte--americano, mostrada na Figura 5.2. Brenner provavelmente está certo em duvidar que níveis de endividamento dessa ordem sejam sustentáveis a longo prazo. Contudo, durante pelo menos vinte anos, a dívida externa crescente permitiu que os Estados Unidos transformassem a crise cada vez pior da década de 1970 numa *belle époque* totalmente comparável ao período eduardiano da Grã-Bretanha e, em alguns aspectos, bem mais espetacular.

Em primeiro lugar, ela permitiu que os Estados Unidos conseguissem pelos meios financeiros o que não conseguiriam pela força das armas: derrotar a União Soviética na Guerra Fria e domar o Sul rebelado. Enormes empréstimos externos, principalmente do Japão, foram essenciais para a corrida armamentista durante o governo Reagan – em primeiro lugar, mas não de maneira exclusiva, por meio da Iniciativa de Defesa Estratégica – bem além do que a União Soviética poderia suportar. Combinada ao apoio generoso à resistência afegã contra a ocupação soviética, a corrida obrigou a União Soviética a enfrentar um duplo confronto, que ela não poderia vencer em lado nenhum: no Afeganistão, a alta tecnologia de seu aparato militar enfrentou as mesmas dificuldades que levaram os Estados Unidos à derrota no Vietnã; na corrida armamentista, os Estados Unidos podiam mobilizar recursos financeiros totalmente fora do alcance da União Soviética.

155

Figura 5.2 – Equilíbrio de transações correntes (1980-2005)

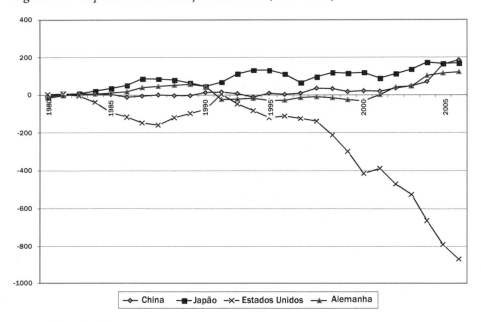

Dados em bilhões de dólares norte-americanos atuais.
Fonte: Fundo Monetário Internacional, banco de dados de resultados mundiais, setembro de 2006.

Ao mesmo tempo, o redirecionamento maciço do fluxo de capital para os Estados Unidos transformou a inundação de capital que os países do Sul viveram na década de 1970 numa "seca" súbita na década de 1980. Com a crise da dívida mexicana em 1982 como primeiro sinal, essa seca foi provavelmente o fator isolado mais importante para transferir a pressão da concorrência do Norte para o Sul e provocar uma grande bifurcação no destino das regiões meridionais nas décadas de 1980 e 1990. Regiões que, por razões históricas, apresentavam boa vantagem na concorrência pela participação na expansão da demanda norte-americana por produtos industriais baratos, mais notadamente a Ásia oriental, tenderam a se beneficiar do redirecionamento do fluxo de capital, porque a melhora de seu balanço de pagamentos reduziu a necessidade de competir com os Estados Unidos no mercado financeiro mundial e chegou a transformar algumas delas em grandes credoras destes. Outras regiões, principalmente a África subsaariana e a América Latina, tinham, por razões históricas, mais desvantagens na briga por um quinhão da demanda norte-americana. Estas tenderam a sofrer dificuldades no balanço de pagamentos, o que as colocou na posição sem esperanças de precisar competir

Dinâmica social da turbulência global

diretamente com os Estados Unidos no mercado financeiro mundial[50]. Seja como for, os Estados Unidos se beneficiaram em termos econômicos e políticos, já que as empresas e os órgãos governamentais norte-americanos estavam em melhores condições para mobilizar, na luta pelo poder e pela concorrência globais, as mercadorias baratas e o crédito que os "vencedores" do Sul forneciam com entusiasmo, assim como o patrimônio que os "perdedores" do Sul, querendo ou não, tinham de ceder a preço de banana.

Finalmente, o fluxo maciço de capital estrangeiro foi essencial para o "keynesianismo com força total", que resgatou a economia norte-americana e mundial da profunda recessão provocada pela mudança da política monetária extremamente frouxa para outra extremamente rígida. Essa recessão e o fim ideológico e prático do Estado de bem-estar social que a acompanhou foi a verdadeira virada no colapso da força dos trabalhadores nos Estados Unidos e em outras regiões centrais. É verdade que a estagflação da década de 1970 já minara a resistência dos trabalhadores à tentativa de passar o fardo do aumento da concorrência para seus ombros. Mas foi só na década de 1980, nos países centrais em geral e nos Estados Unidos em particular, que a pressão vinda de baixo sobre o salário nominal cedeu e os trabalhadores passaram a confiar no controle governamental da inflação como a melhor possibilidade de proteger seu padrão de vida. Como Alan Budd, assessor de Margaret Thatcher, admitiu publicamente mais tarde: "Em termos marxistas, foi montada uma crise do capitalismo que recriou o exército industrial de reserva e permitiu aos capitalistas apurar altos lucros desde então"[51].

Como sustenta Brenner, o enfraquecimento da força de trabalho foi maior nos Estados Unidos do que em outras regiões centrais e, portanto, contribuiu para a retomada da lucratividade norte-americana na década de 1990. Na mesma linha, Alan Greenspan atribuiu mais tarde o sucesso dos Estados Unidos no aumento do lucro e da produtividade, em comparação com as empresas japonesas e europeias, ao "mercado de trabalho relativamente inflexível e, portanto, mais caro" do Japão e da Europa. "Como o nosso custo de demitir trabalhadores é mais baixo", explicou em seguida, "o custo potencial de contratar e o risco associado à expansão do emprego é menor."[52] Embora esse tenha sido, sem dúvida, um fator da retomada da

---

[50] Para uma análise preliminar das vantagens comparativas da Ásia oriental e das desvantagens da África subsaariana no novo ambiente global das décadas de 1980 e 1990, ver Giovanni Arrighi, "The African Crisis: World Systemic and Regional Aspects", p. 24-31 [ed. bras.: "A crise africana: aspectos regionais e sistêmicos do mundo"].

[51] Citado em David Harvey, *Spaces of Hope*, p. 7 [ed. bras.: *Espaços de esperança*].

[52] "For Greenspan, Flexibility Key to U.S. Gains", *Internacional Herald Tribune*, 12/7/2000.

lucratividade norte-americana na década de 1990, o foco limitado de Brenner (e de Greenspan) na indústria é, mais uma vez, enganoso, porque a virada se deveu, em primeiro lugar, não ao crescimento comparativamente mais lento do salário real norte-americano, mas à reorientação geral da economia dos Estados Unidos para aproveitar ao máximo a financeirização, tanto nacional quanto mundialmente. Desse ponto de vista, certamente a "desindustrialização" dos Estados Unidos e de outras regiões centrais teve conotações negativas para os operários mais afetados por ela; mas não teve esse significado assustador para a economia norte-americana como um todo, especialmente para os estratos mais ricos. Ao contrário, ela foi a condição necessária para que houvesse a grande retomada da riqueza e do poder norte-americanos na década de 1990, quando, para parafrasear a descrição de Landes da época eduardiana, apesar do brandir de armas no Sul e no antigo Oriente, e das referências admonitórias ao iminente choque de civilizações, tudo parecia certo outra vez.

6
CRISE DE HEGEMONIA

Ao ressaltar as dificuldades envolvidas na atribuição de prioridade causal a qualquer dos elementos em interação que impulsionaram a expansão econômica da Ásia oriental nas décadas de 1970 e 1980, Robert Wade convidou-nos a pensar "mais em termos de abrir um cadeado de segredo do que um de chave"[1]. O que é verdadeiro na expansão da Ásia oriental também é, e com mais razão, na turbulência global que preparou o palco para o seu desenrolar. O desenvolvimento desigual de Brenner, sem dúvida alguma, é um dos elementos do segredo; mas não é absolutamente a chave que abre o mecanismo da acumulação de capital em escala mundial da segunda metade do século XX – do *boom* para a crise, a estagnação relativa e a *belle époque*.

O segredo que destrava esses mecanismos é o estabelecimento e a crise da hegemonia mundial norte-americana, dentro da qual se embutiam o desenvolvimento desigual, a concorrência entre os capitalistas e a ação do Estado. Para remodelar a descrição que Brenner faz da turbulência global do ponto de vista social e político mais amplo defendido no capítulo 5, usarei a definição de hegemonia de Gramsci como algo diferente do puro domínio. De acordo com essa definição, hegemonia é o poder *adicional* que advém a um grupo dominante em virtude de sua capacidade de *guiar* a sociedade numa direção que não só serve aos interesses do grupo dominante como também é percebida pelos grupos subordinados como a serviço de interesses mais gerais. É o inverso da noção de "deflação de poder", usada por Talcott Parsons para designar situações em que a sociedade só pode ser governada pelo uso genera-

[1] Robert Wade, "East Asian Economic Success: Conflicting Perspectives, Partial Insights, Shaky Evidence", p. 312.

lizado da força ou ameaça de seu uso. Se os grupos subordinados têm confiança em seus governantes, os sistemas de dominação podem ser governados sem recurso à força. Mas se a confiança míngua, isso não é mais possível. Do mesmo modo, pode-se dizer que a noção de hegemonia de Gramsci consiste na "inflação de poder", que decorre da capacidade dos grupos dominantes de apresentar seu domínio como se servisse não só aos seus interesses, como também aos dos grupos subordinados. Quando essa credibilidade falta ou míngua, a hegemonia se esvazia na pura dominação, ou seja, no que Ranajit Guha chamou de "domínio sem hegemonia"[2].

Enquanto falamos de liderança no contexto nacional, como faz Gramsci, o aumento do poder de um Estado diante de outros Estados é componente importante e, por si só, uma das medidas da busca bem-sucedida do interesse geral (ou seja, "nacional"). Mas quando usamos a palavra liderança no contexto internacional para designar o fato de que um Estado dominante conduz o *sistema* de Estados numa direção desejada, o interesse geral não pode ser definido em termos de aumento do poder de um Estado isolado sobre os outros, porque por definição esse poder não pode aumentar no sistema como um todo. Mesmo assim, o interesse geral do sistema como um todo pode ser identificado quando nos concentramos nos aspectos "coletivos" do poder, em vez dos "distributivos". Os aspectos distributivos do poder dizem respeito a uma relação de jogo de soma zero, no qual um participante só ganha poder quando outros o perdem. Os aspectos coletivos do poder, ao contrário, referem-se a uma relação de jogo de soma positiva, no qual a cooperação entre participantes distintos aumenta seu poder sobre terceiros ou sobre a natureza. Assim, embora o interesse geral do sistema de Estados não possa ser definido em termos de mudanças da distribuição de poder entre os Estados, pode ser definido em termos de aumento do poder coletivo dos grupos dominantes do sistema como um todo sobre terceiros ou sobre a natureza[3].

Falaremos de crise de hegemonia para designar a situação em que falta ao Estado hegemônico dominante os meios ou a vontade de continuar conduzindo o sistema de Estados numa direção em geral considerada capaz de expandir não só seu poder, como também o poder coletivo dos grupos dominantes do sistema. As crises não resultam necessariamente no fim dos detentores da hegemonia. É bem relevan-

---

[2] Giovanni Arrighi e Beverly J. Silver, *Chaos and Governance in the Modern World System*, p. 26-7 [ed. bras.: *Caos e governabilidade no moderno sistema mundial*]; Talcott Parsons, "Some Reflections on the Place of Force in Social Process"; Ranajit Guha, "Dominance Without Hegemony and its Historiography", p. 231-2.
[3] Giovanni Arrighi e Beverly J. Silver, *Chaos and Governance in the Modern World System*, p. 27-8. Sobre a distinção entre os aspectos distributivo e coletivo do poder, ver Talcott Parsons, "The Distribution of Power in American Society", p. 199-225.

Crise de hegemonia

te para nosso estudo a distinção entre as crises de hegemonia que assinalam problemas que acabam resolvidos em períodos bastante longos, e que chamaremos de "crises sinalizadoras", e as crises que não são resolvidas e, portanto, marcam o fim do detentor da hegemonia, e que chamaremos de "crises terminais". Como decorre de nossa definição de hegemonia, um Estado pode permanecer dominante mesmo depois da crise terminal de sua hegemonia, situação que, acompanhando Guha, caracterizaremos como dominação sem hegemonia.

Neste capítulo recontaremos a história traçada por Brenner acerca do *boom*, da estagnação relativa e da bolha como história do estabelecimento, da crise sinalizadora e da recuperação temporária (*belle époque*) da hegemonia dos Estados Unidos. Na terceira parte do livro voltarei às forças que, na esteira do 11 de Setembro, apressaram a crise terminal da hegemonia norte-americana e consolidaram a liderança da China no renascimento econômico da Ásia oriental.

A hegemonia dos Estados Unidos e a crise sinalizadora

A forma específica que o desenvolvimento desigual assumiu depois da Segunda Guerra Mundial, ao contrário das formas que tomou, digamos, no século XIX ou na primeira metade do século XX, estava totalmente inserida na formação e na evolução da hegemonia mundial norte-americana na época da Guerra Fria e foi por elas configurada. A hegemonia mundial norte-americana, por sua vez, apresentava um caráter social singular, que se refletiu em arranjos institucionais do sistema como um todo bem diferentes daqueles que estavam por trás da economia global do século XIX, centrada no Reino Unido. Esses arranjos tinham origem eminentemente política e orientação social. Baseavam-se na crença generalizada das autoridades norte-americanas de que "a nova ordem mundial era a única garantia contra o caos seguido de revolução" e que "a segurança do mundo tinha de se basear no poder norte-americano, exercido por meio de sistemas internacionais"[4]. Era igualmente generalizada a crença de que as lições do New Deal tinham importância na esfera internacional.

> Assim como, cada vez mais, o governo do New Deal assumiu responsabilidade ativa pelo bem-estar da nação, os planejadores da política externa norte-americana assumiram responsabilidade cada vez maior pelo bem-estar do mundo... O país não podia se isolar dos problemas mundiais. Além disso, como em termos nacionais, não poderia selecionar e escolher os melhores problemas, distinguindo política de economia, segu-

[4] Franz Schurmann, *The Logic of World Power: An Inquiry into the Origins, Currents, and Contradictions of World Politics*, p. 44, 68.

rança de prosperidade, defesa de bem-estar. No léxico do New Deal, assumir responsabilidade significava intervenção governamental em grande escala.[5]

Na ideia original de Franklin Roosevelt, o New Deal seria "globalizado" por meio das Nações Unidas, e a União Soviética seria incluída entre os países pobres do mundo que deveriam se incorporar à evolução da Pax Americana para benefício e segurança de todos. No entanto, no projeto político mal-acabado, porém mais realista, que se materializou no governo Truman, a contenção do poder soviético tornou-se o principal princípio organizador da hegemonia dos Estados Unidos, e o controle norte-americano sobre a moeda mundial e seu poder militar tornaram-se os meios principais dessa contenção[6]. Esse modelo mais realista não era tanto a negação da ideia original de criar um Estado global de bem-estar social; era mais a sua transformação no projeto de criar um "Estado da guerra e do bem-estar social" em escala mundial, em concorrência e oposição ao sistema soviético de Estados comunistas[7].

A rapidez e a extensão do processo de desenvolvimento desigual, com o qual Brenner relaciona tanto o *boom* do pós-guerra quanto a retração subsequente, não podem ser entendidas sem referência aos sucessos e às falhas desse projeto. O modelo foi extremamente bem-sucedido ao iniciar uma das maiores expansões da história capitalista no sistema como um todo. Sem ele, o capitalismo mundial talvez passasse por um longo período de estagnação, para não dizer de total depressão. A contração foi evitada com o funcionamento conjunto do keynesianismo militar e social em escala mundial. O keynesianismo militar – ou seja, os enormes gastos com o rearmamento dos Estados Unidos e de seus aliados e a mobilização de uma ampla rede de bases militares quase permanentes – foi, sem dúvida nenhuma, o elemento mais dinâmico e visível dessa combinação. Mas a disseminação do keynesianismo social patrocinada pelos Estados Unidos – ou seja, a busca do governo pelo pleno emprego, pelo elevado consumo de massa no Norte ocidental e pelo "desenvolvimento" no Sul global – também foi um fator essencial[8].

---

[5] Ann-Marie Burley, "Regulating the World: Multilateralism, International Law, and the Projection of the New Deal Regulatory State", p. 125-6, 129-32.

[6] Franz Schurmann, *The Logic of World Power*, p. 5, 67, 77.

[7] Tomamos emprestada a expressão de James O'Connor. Ver James O'Connor, *The Fiscal Crisis of the State*.

[8] Sobre o papel importantíssimo do keynesianismo militar para o início da expansão, ver, entre outros, Fred Block, *The Origins of International Economic Disorder: A Study of the United States International Monetary Policy from World War II to the Present*, p. 103-4; Thomas J. McCormick, *America's Half Century: United States Foreign Policy in the Cold War*, p. 77-8, 98; Giovanni Arrighi, *The Long Twentieth Century: Money, Power and the Origins of Our Times*, p. 295-8 [ed. bras.: *O longo século XX: dinheiro, poder e as origens de nosso tempo*]. Sobre as variantes norte e sul do keynesianismo social, ver Giovanni Arrighi e Beverly J. Silver, *Chaos and Governance in the Modern World System*, p. 202-11; Beverly J. Silver, *Forças do trabalho: movimentos de trabalhadores e globalização desde 1870*, p. 146-57.

Crise de hegemonia

A reconstrução e a atualização dos parques industriais alemão e japonês, peça básica do desenvolvimento desigual de Brenner, foram aspectos integrantes da internacionalização do Estado norte-americano da guerra e do bem-estar social. Como observa Cumings, ao comentar especificamente a abordagem norte-americana da reindustrialização japonesa, "a política de contenção de George Kennan sempre foi limitada e parcimoniosa, baseada na ideia de que existiam no mundo quatro ou cinco estruturas industriais: os soviéticos tinham uma e os Estados Unidos tinham quatro, e as coisas deveriam ser mantidas assim". A "ideia" de Kennan traduziu-se no patrocínio norte-americano à reindustrialização japonesa. A Guerra da Coreia tornou-se o "'Plano Marshall do Japão'. [...] Os suprimentos de guerra impeliram o Japão em seu triunfante caminho industrial"[9]. A reconstrução e a atualização do parque industrial alemão promovidas pelos Estados Unidos ocorreram por caminhos diferentes, mas igualmente eficazes. É claro que a Alemanha foi um dos principais beneficiários do Plano Marshall e dos gastos militares norte-americanos no exterior. Mas a contribuição mais importante foi o patrocínio que os Estados Unidos deram à união econômica da Europa ocidental. Como declarou John Foster Dulles, em 1948, "uma Europa saudável" não podia ser "dividida em pequenos compartimentos". Teria de se organizar num mercado "suficientemente grande para justificar os métodos modernos de produção barata para o consumo de massa". A Alemanha reindustrializada era um componente essencial dessa nova Europa[10].

Longe de ser um processo espontâneo nascido "de baixo para cima", a partir das ações dos acumuladores capitalistas, como ocorreu no século XIX sob a hegemonia britânica, o desenvolvimento desigual sob a hegemonia norte-americana foi um processo "de cima para baixo" consciente e ativamente encorajado pelo Estado da guerra e do bem-estar social globalizante norte-americano. Essa diferença explica não só a rapidez e a extensão do longo *boom* depois da Segunda Guerra Mundial como também a combinação específica de limites e contradições que a transformou na estagnação relativa das décadas de 1970 e 1980. A descrição de Brenner do início da longa retração destaca um desses limites e contradições: o sucesso na equiparação cria novos concorrentes e a concorrência in-

---

[9] Bruce Cumings, "The Origins and Development of the Northeast Asian Political Economy: Industrial Sectors, Product Cycles, and Political Consequences", p. 60; idem, "The Political Economy of the Pacific Rim", p. 31; ver também Jerome B. Cohen, *Japan's Postwar Economy*, p. 85-91; Takafusa Nakamura, *The Postwar Japanese Economy*, p. 42; Makoto Itoh, *The World Economic Crisis and Japanese Capitalism*, p. 142.

[10] Citado em Thomas J. McCormick, *America's Half Century*, p. 79-80.

tensificada exerce pressão de baixa sobre o lucro das principais empresas. Na medida em que foi um resultado imprevisto do projeto da Guerra Fria, isso não constituiu apenas uma limitação, mas também uma contradição da política norte-americana. Ainda assim, seria mais plausível supor que o resultado fosse o custo previsto, mas inevitável, de políticas cujo objetivo primário não era econômico, mas social e político – ou seja, a contenção do comunismo, o controle do nacionalismo e a consolidação da hegemonia norte-americana.

A contradição mais séria da política norte-americana estava alhures, ou seja, exatamente nas dificuldades para atingir esses objetivos sociais e políticos. É verdade que nos centros em ascensão da acumulação de capital o crescimento econômico rápido, o baixo nível de desemprego e a disseminação real do consumo de massa elevado consolidaram a hegemonia de uma ou outra variante do capitalismo liberal. Entretanto, como já foi observado, mesmo nesses centros o triunfo político do capitalismo liberal não reduziu e, no final, acabou por fortalecer a disposição dos trabalhadores para obter um quinhão maior do produto social através da luta direta ou da mobilização eleitoral. Assim, as políticas de Washington durante a Guerra Fria impuseram um duplo arrocho sobre o lucro: o primeiro, com a intensificação da concorrência entre os capitalistas, que elas promoveram ao criar condições favoráveis à atualização e à expansão do aparelho produtivo do Japão e da Europa ocidental; e o segundo, derivado do fortalecimento social da mão de obra, que elas incentivaram ao buscar o emprego quase pleno e o consumo de massa elevado em todo o mundo ocidental.

Esse duplo arrocho estava fadado a produzir uma crise de lucratividade no sistema como um todo, mas não há razão para que ele, por si só, tivesse de causar a crise da hegemonia norte-americana que se tornou o fato dominante da década de 1970. Se os problemas de lucratividade se subordinaram a essa crise hegemônica mais ampla, foi porque no Sul global o Estado da guerra e do bem-estar social norte-americano não atingiu nem os objetivos sociais nem os políticos. Em termos sociais, o "Fair Deal" que Truman prometeu aos países pobres do mundo em seu discurso de posse, em 1949, nunca se materializou na redução real do abismo de renda que separava o Norte do Sul. Quando os países do Terceiro Mundo aceleraram seu esforço de industrialização, caminho amplamente receitado para atingir o "desenvolvimento", houve de fato uma convergência industrial entre o Norte e o Sul, mas, como já observamos, não houve nenhuma convergência de renda. Portanto, os países do Terceiro Mundo suportavam os custos sem colher os esperados benefícios da industrialização. Pior ainda: em 1970, Robert McNamara, então presidente do Banco Mundial, admitiu que níveis ainda mais altos de crescimento do

Crise de hegemonia

Produto Nacional Bruto (PNB) não resultaram na esperada melhora do bem-estar nas nações do Terceiro Mundo[11].

Em parte relacionado a esse fracasso social, o fracasso político do Estado da guerra e do bem-estar social norte-americano foi bem mais visível. O epicentro, é claro, foi a guerra no Vietnã, na qual os Estados Unidos não conseguiram prevalecer, apesar das baixas norte-americanas em número cada vez maior e da mobilização de equipamento militar e de poder de fogo sem precedentes históricos num conflito desse tipo. O resultado foi que os Estados Unidos perderam boa parte de sua credibilidade política como polícia do mundo, estimulando assim as forças nacionalistas e revolucionárias sociais que as políticas da Guerra Fria pretendiam restringir. Juntamente com boa parte da credibilidade política de seu aparato militar, os Estados Unidos também perderam o controle do sistema monetário mundial. Como afirmamos no capítulo 5, a escalada das despesas públicas para sustentar o empreendimento militar no Vietnã e superar a oposição à guerra dentro do país, por meio do programa Grande Sociedade, fortaleceu a pressão inflacionária nos Estados Unidos e na economia mundial em geral, aprofundou a crise fiscal do Estado norte-americano e acabou levando ao colapso o sistema de câmbio fixo, cujo centro era os Estados Unidos.

É claro que é impossível saber se o regime de Bretton Woods sobreviveria sem os efeitos da Guerra do Vietnã. Nem é possível saber o que aconteceria com o capitalismo mundial caso o desenvolvimento desigual tivesse sido impulsionado "de baixo para cima", como no século XIX, e não "de cima para baixo", como sob o regime norte-americano durante a Guerra Fria. O que estou dizendo, ao contrário de Brenner, é que, em termos históricos, o desenvolvimento desigual depois da Segunda Guerra Mundial estava embutido, do início ao fim, nas rivalidades da Guerra Fria e foi, portanto, inteiramente configurado pelos sucessos e fracassos das estratégias e das estruturas mobilizadas pelo Estado da guerra e do bem-estar social hegemônico norte-americano. A intensificação da concorrência entre os capitalistas e a crise de lucratividade a ela associada foram importantes como sinal de que o longo *boom* do pós-guerra chegara ao limite. Mas foram apenas um elemento da ampla crise sinalizadora de hegemonia que revelou, ao mesmo tempo, os limites e as contradições das políticas norte-americanas durante a Guerra Fria[12].

[11] Robert McNamara, "The True Dimension of the Task", p. 5-6.
[12] Sobre a Guerra do Vietnã como fato central da crise sinalizadora da hegemonia norte-americana, ver capítulo 5 deste livro e Giovanni Arrighi, *The Long Twentieth Century*, p. 215-7, 300, 320-2.

Adam Smith em Pequim

Financeirização e contrarrevolução monetarista

Como indicamos no capítulo 5, a contrarrevolução monetarista de 1979 a 1982 foi uma virada bem mais decisiva na evolução do capitalismo norte-americano e mundial do que o Acordo Plaza de 1985 e o Acordo Plaza invertido de 1995, aos quais Brenner parece atribuir importância igual ou ainda maior. Por mais importantes que tenham sido em outros aspectos, os acordos de 1985 e 1995 foram momentos de ajuste dentro do processo de renovação da hegemonia norte-americana, que começara com a troca das políticas monetárias ultrafrouxas pelas extremamente rígidas. Antes da mudança, as políticas monetária e fiscal norte-americanas tendiam mais a repelir do que a atrair a massa crescente de capital que buscava se acumular através dos canais financeiros. Pior ainda, apesar dos efeitos positivos da competitividade das indústrias norte-americanas enfatizados por Brenner, eles criaram condições de acumulação em escala mundial que não beneficiaram nem o Estado nem o capital norte-americanos.

Foi importantíssimo nesse aspecto o crescimento explosivo do eurodólar e de outros mercados financeiros extraterritoriais. É curioso que Brenner quase não mencione essa evolução, embora ela tenha começado no mesmo período da sua transição do *boom* para a retração e tenha deixado uma marca indelével na década de 1970. Criado na década de 1950 para receber depósitos em dólares de países comunistas que não queriam se arriscar a fazê-los nos Estados Unidos, o mercado do eurodólar cresceu principalmente com os depósitos das multinacionais norte--americanas e com as atividades internacionais dos bancos de Nova York. Depois de aumentar constantemente durante a década de 1950 e nos primeiros anos da década de 1960, ele passou a crescer de forma exponencial a partir de meados dos anos 1960, com os títulos em moeda europeia mais do que quadruplicando de valor entre 1967 e 1970[13].

Por mais difícil que seja descobrir exatamente o que estava por trás dessa explosão, é plausível supor que ela tenha sido deflagrada pela crise conjunta da lucratividade e da hegemonia norte-americana que ocorreu naquela época. Embora Brenner se concentre na indústria norte-americana que produzia dentro do país, sabemos que as grandes empresas norte-americanas que funcionavam no exterior também começaram a enfrentar a concorrência mais acirrada dos rivais europeus[14]. Além disso, a Europa foi o epicentro da explosão salarial de 1968 a 1973. A

---

[13] Eugène L. Versluysen, *The Political Economy of International Finance*, p. 16-22; Marcello de Cecco, "Inflation and Structural Change in the Euro-Dollar Market", p. 11; Andrew Walter, *World Power and World Money*, p. 182.

[14] Alfred Chandler, *Scale and Scope: The Dynamics of Industrial Capitalism*, p. 615-6.

Crise de hegemonia

pressão horizontal da intensificação da concorrência e a pressão vertical das reivindicações da mão de obra devem ter dado ímpeto muito grande à preferência que as multinacionais norte-americanas que funcionavam no exterior demonstravam pela liquidez. Como nos Estados Unidos as condições de reinvestimento lucrativo do fluxo de caixa na produção eram ainda menos favoráveis que na Europa, era bastante sensato em termos comerciais que as multinacionais norte-americanas "estacionassem" seu crescente patrimônio líquido em euromoedas e outros mercados cambiais estrangeiros, em vez de repatriá-lo.

Seja como for, o crescimento explosivo dos mercados de euromoeda deu aos especuladores cambiais, até mesmo bancos e empresas norte-americanas, uma imensa massa de manobra para jogar contra e, portanto, minar a estabilidade do sistema de câmbio fixo controlado pelos Estados Unidos. E assim que o sistema desmoronou, abriram-se as comportas para que uma massa cada vez maior de liquidez sob controle privado competisse com os agentes estatais norte-americanos e outros na produção de dinheiro e crédito mundiais. Três tendências que se reforçavam mutuamente estavam em ação nessa luta competitiva em particular.

Em primeiro lugar, o colapso do regime de câmbio fixo deu novo ímpeto à financeirização do capital, porque aumentou o risco e a incerteza nas atividades comerciais e industriais. As flutuações do câmbio tornaram-se um dos principais determinantes das variações de posição do fluxo de caixa, das vendas, do lucro e do patrimônio das empresas em diferentes países e moedas. Para se proteger dessas variações, ou lucrar com elas, as multinacionais tenderam a aumentar a massa de liquidez mobilizada na especulação financeira em mercados cambiais extraterritoriais, nos quais havia maior liberdade de ação e era mais fácil encontrar serviços especializados[15].

Em segundo lugar, combinada à perda de credibilidade dos Estados Unidos como polícia do mundo, a enorme desvalorização da moeda norte-americana no início da década de 1970 levou os governos do Terceiro Mundo a adotar uma postura mais agressiva na negociação do preço de suas exportações de matérias-primas industriais, principalmente petróleo. A intensificação da concorrência entre os capitalistas e o aumento do esforço de industrialização dos países de renda baixa e média já haviam provocado um aumento significativo do preço das matérias-primas antes de 1973. Entretanto, o fato de o governo norte-americano ter admitido na prática, em 1973, a derrota no Vietnã, seguido imediatamente pelo esfacelamento do mito da invencibilidade israelense durante a Guerra do

---

[15] Ver, entre outros, Susan Strange, *Casino Capitalism*, p. 11-3.

Yom Kippur, estimulou a Organização dos Países Exportadores de Petróleo (Opep) a proteger seus membros contra a depreciação do dólar de maneira mais eficaz, impondo um aumento que em poucos meses quadruplicou o preço do petróleo bruto. Por vir na esteira da explosão salarial, esse chamado primeiro "choque do petróleo" aprofundou a crise de lucratividade e fortaleceu a tendência inflacionária nos principais países capitalistas. E, mais importante, gerou um superávit de 80 bilhões de "petrodólares", boa parte dos quais foram estacionados ou investidos em euromoedas e em outros mercados cambiais no exterior. Portanto, a massa de liquidez em mãos privadas, que poderia ser utilizada na especulação financeira e na criação de novo crédito fora dos canais publicamente controlados, recebeu forte estímulo adicional[16].

Finalmente, a tremenda expansão da oferta mundial de dinheiro e de crédito, devida à combinação da política monetária norte-americana extremamente frouxa com o crescimento explosivo da liquidez em mãos privadas nos mercados cambiais estrangeiros, não veio acompanhada de condições de demanda capazes de impedir a desvalorização do capital financeiro. É verdade que havia bastante demanda de liquidez, não só por parte das empresas multinacionais para se proteger das flutuações cambiais ou para especular, mas também por parte de países de renda baixa e média para manter seu esforço desenvolvimentista num ambiente cada vez mais competitivo e volátil. Entretanto, em grande parte, essa demanda aumentou mais a pressão inflacionária do que a expansão do endividamento solvente.

> Antes, os países, com exceção dos Estados Unidos, tinham de manter algum tipo de equilíbrio em seu balanço de pagamentos. Tinham de "merecer" o dinheiro que queriam gastar no exterior. Agora podiam pegá-lo emprestado. Com a liquidez aparentemente capaz de expansão infinita, os países considerados dignos de crédito não tinham mais limites externos para seus gastos no estrangeiro. [...] Nessas circunstâncias, o déficit do balanço de pagamentos, por si só, já não constituía restrição à inflação interna. Os países deficitários podiam fazer empréstimos indefinidamente na máquina mágica da liquidez. [...] Não surpreende que a inflação mundial continuasse a acelerar durante a década e os temores de colapso do sistema bancário privado se tornassem cada vez mais fortes. Mais e mais dívidas eram "renegociadas", e vários países pobres tornaram-se flagrantemente insolventes.[17]

---

[16] Makoto Itoh, *The World Economic Crisis and Japanese Capitalism*, p. 53-4, 60-8, 116; Marcello de Cecco, "Inflation and Structural Change in the Euro-Dollar Market", p. 12; Susan Strange, *Casino Capitalism*, p. 18.

[17] David Calleo, *The Imperious Economy*, p. 137-8.

Crise de hegemonia

Em resumo, a interação entre a crise de lucratividade e a crise de hegemonia, combinada à estratégia norte-americana inflacionária de gerenciamento da crise, resultou num período de dez anos de aumento da desordem monetária mundial, de escalada da inflação e de deterioração constante da capacidade do dólar norte-americano de servir como meio de pagamento mundial, moeda de reserva e unidade contábil. O foco limitado de Brenner sobre a lucratividade da indústria não permitiu que ele visse esse contexto mais amplo de desmoronamento das bases monetárias da ordem capitalista mundial. De que adiantava tirar parte da pressão sobre o lucro da indústria norte-americana com políticas monetárias frouxas se, no processo, o capital financeiro, começo e fim da acumulação capitalista, era abundante a ponto de ser um bem gratuito? Não foi o abuso do privilégio norte-americano de emitir moeda que na verdade empurrou o capital para os meios monetários alternativos, privando assim o Estado norte-americano de uma de suas principais alavancas de poder mundial?

A raiz do problema do capitalismo norte-americano e mundial na década de 1970 não foi simplesmente a baixa taxa de lucro. Afinal de contas, a queda da *taxa* de lucro na busca de uma *massa* maior de lucro era uma tradição do capitalismo histórico havia muito estabelecida[18]. O problema real na década de 1970 foi que a política monetária norte-americana tentou estimular o capital a manter o comércio e a produção mundiais em expansão, ainda que essa expansão se tornasse a causa primária do aumento de custo, risco e incerteza para o capital empresarial em geral e norte-americano em particular. Não surpreende que somente uma fração da liquidez criada pelas autoridades monetárias norte-americanas tenha ido para novas instalações de comércio e de produção. A maior parte seguiu para a oferta de dinheiro extraterritorial, que se multiplicou várias vezes com os mecanismos de criação de dinheiro entre bancos privados e prontamente ressurgiu no mercado mundial para competir com os dólares emitidos pelo Federal Reserve.

Em última instância, essa concorrência crescente entre dinheiro público e dinheiro privado não beneficiou o governo norte-americano, porque a expansão da oferta privada de dólares liberou um grupo cada vez maior de países das restrições do balanço de pagamentos e, portanto, minou os privilégios de emissão de moeda de Washington. Tampouco beneficiou o capital norte-americano, já que a expansão da oferta pública de dólares alimentou o mercado externo de

---

[18] Nisso, Marx e Smith concordavam inteiramente. Ver Karl Marx, *Capital* (1962), v. 3, p. 245-6 [ed. bras.: *O capital*].

moeda com mais liquidez do que seria possível reciclar com segurança e lucratividade. Portanto, forçou os bancos norte-americanos, e outros intermediários financeiros que controlavam esse mercado, a competir ferozmente entre si para empurrar o dinheiro para países considerados merecedores de crédito e, na verdade, baixar o padrão para avaliar esse merecimento.

Por ter se desenrolado, como de fato ocorreu, no contexto de uma crise cada vez mais profunda da hegemonia norte-americana, essa competição mutuamente destrutiva culminou no devastador ataque especulativo contra o dólar em 1979 e 1980. Quaisquer que fossem as reais motivações e as justificativas ostensivas para a reversão súbita da política monetária norte-americana que se seguiu ao ataque, sua verdadeira importância a longo prazo – e a principal razão pela qual acabou reavivando a prosperidade norte-americana para além da expectativa de todos – foi ter dado fim repentino a essa competição destrutiva. Não só o governo norte-americano parou de alimentar o sistema com liquidez, como, mais importante ainda, começou a competir agressivamente pelo capital no mundo todo, com taxas de juros altíssimas, incentivos fiscais, aumento da liberdade de ação para produtores e especuladores capitalistas e, quando se materializaram os benefícios da nova política, a valorização do dólar, o que provocou o redirecionamento maciço do fluxo de capital na direção dos Estados Unidos, como discutimos no capítulo 5. Para falarmos cruamente, a essência da contrarrevolução monetarista foi o deslocamento da ação estatal norte-americana do lado da oferta para o lado da demanda na expansão financeira em andamento. Com esse deslocamento, o governo dos Estados Unidos parou de competir com a crescente oferta privada de liquidez e, em vez disso, criou condições enérgicas de demanda para a acumulação dessa liquidez através dos canais financeiros.

A contrarrevolução monetarista não foi um evento isolado, mas sim um processo constante que teria de ser gerenciado. A descrição que Brenner faz da cooperação entre os Estados e da concorrência entre os principais países capitalistas nas décadas de 1980 e 1990 é especialmente útil por ressaltar as oscilações que caracterizaram esse gerenciamento. Sempre que o processo ameaçava sair do controle e provocar o colapso do sistema, os principais Estados capitalistas cooperavam para afastar o perigo, aliviando a pressão competitiva sobre os produtores mais imediatamente ameaçados de colapso: indústrias norte-americanas às vésperas do Acordo Plaza de 1985; indústrias japonesas e, em menor grau, europeias ocidentais às vésperas do Acordo Plaza invertido de 1995. Mas assim que se afastava o perigo, a concorrência entre os Estados recomeçava, até que a ameaça de novo colapso surgisse no horizonte. Por mais esclarecedora que seja, essa descrição não nos diz se o processo tem limites; e, caso tenha, quais são.

Crise de hegemonia

A belle époque *como prelúdio da crise terminal*

Ao escrever no início da década de 1990, antes do início da retomada analisada por Brenner, mas depois de a contrarrevolução monetarista já ter transformado a crise da década de 1970 na nova *belle époque* do capitalismo norte-americano e mundial, defendi que "a similaridade mais notável [entre essa nova *belle époque* e a do início do século XX] foi a falta quase completa de percepção, por parte de seus beneficiários, de que a prosperidade súbita e sem precedentes de que gozavam não se baseava na solução da crise de acumulação que precedera os belos tempos". Ao contrário, "a prosperidade recém-descoberta baseava-se na transferência da crise de um conjunto de relações para outro. Era apenas questão de tempo até que a crise ressurgisse de forma mais problemática"[19].

Esse diagnóstico lembra a avaliação de Brenner de que a retomada econômica norte-americana da segunda metade da década de 1990 não constituía "a transcendência definitiva da longa retração" e que, na verdade, o pior ainda estava por vir. Ainda assim, há duas diferenças principais entre o diagnóstico de Brenner a respeito da crise de lucratividade que está por trás da turbulência global dos últimos trinta anos e o meu. A primeira delas é que interpreto a crise de lucratividade como um aspecto da crise mais ampla da hegemonia. E a segunda é que vejo a financeirização do capital, e não a persistente "supercapacidade e superprodução" da indústria, como a reação capitalista predominante contra a crise conjunta de lucratividade e hegemonia.

Como veremos na terceira parte do livro, a reação do governo Bush ao 11 de Setembro precipitou a crise terminal da hegemonia dos Estados Unidos, portanto levando a *belle époque* norte-americana mais cedo para o fim. No entanto, a principal razão pela qual a *belle époque* norte-americana estava fadada a ser um fenômeno temporário, independentemente do que Bush ou qualquer outro presidente norte--americano fizesse, é que as expansões financeiras têm impacto fundamentalmente contraditório sobre a estabilidade do sistema. A curto prazo – entenda-se que, nesse contexto, o curto prazo significa décadas, em vez de anos –, as expansões financeiras tendem a estabilizar a ordem existente porque permitem que os grupos hegemônicos dominantes repassem para os grupos nacional e internacionalmente subordinados o fardo da intensificação da concorrência que ameaça sua hegemonia. Esbocei acima o processo pelo qual o governo dos Estados Unidos conseguiu transformar a financeirização do capital de fator de crise da hegemonia norte-americana durante a década de 1970 para fator de reflação para a riqueza e para o poder dos Estados Unidos. Com mecanismos diferentes, podem-se perceber reversões análogas, embo-

---

[19] Giovanni Arrighi, *The Long Twentieth Century*, p. 324.

ra menos espetaculares, não só no decorrer da expansão financeira centrada no Reino Unido no fim do século XIX e início do XX, mas até no decorrer da expansão financeira centrada nos Países Baixos em meados do século XVIII[20].

No entanto, com o tempo, as expansões financeiras tendem a desestabilizar a ordem em vigor por meio de processos que são tanto sociais e políticos quanto econômicos. Em termos econômicos, elas desviam sistematicamente o poder de compra do investimento em commodities (até mesmo a força de trabalho), criador de demanda, para a acumulação e a especulação, exacerbando assim os problemas de realização dos lucros. Em termos políticos, tendem a se associar ao surgimento de novas configurações de poder, que minam a capacidade do Estado hegemônico dominante de se aproveitar da intensificação da concorrência em todo o sistema. E, em termos sociais, trazem consigo a redistribuição maciça de remuneração e de deslocamentos sociais, que tendem a provocar movimentos de resistência e rebelião nos grupos e nos estratos subordinados, cujos modos de vida tradicionais sucumbem ao ataque.

A forma assumida por essas tendências e a maneira como elas se relacionam entre si no espaço e no tempo variaram de uma expansão financeira para outra. Mas é possível perceber certa combinação dessas três tendências nas duas transições hegemônicas que se concluíram até agora no capitalismo histórico: da hegemonia holandesa para a britânica e da britânica para a norte-americana. Nas transições passadas, elas acabaram resultando no colapso total e aparentemente irremediável da organização do sistema, só superado quando esse sistema foi reconstituído sob nova hegemonia[21]. O *crash* da bolsa de valores e a Grande Depressão da década de 1930 – única ocorrência nos últimos 150 anos que corresponde à imagem que Brenner faz de uma crise do sistema como um todo ou "depressão total" – foram um elemento integrante do colapso mais recente. O sucesso que a contrarrevolução monetarista obteve ao transformar a expansão financeira da década de 1970 na força motriz da reflação da riqueza e do poder norte-americanos nas décadas de 1980 e 1990 não foi, em si, uma garantia de que não voltaria a ocorrer colapso sistêmico análogo. Ao contrário, a própria escala e o alcance dessa transformação podem ter exacerbado os problemas de realização de lucros no mundo todo, a ponto de tornar a "depressão total" ainda mais provável[22].

---

[20] Giovanni Arrighi e Beverly J. Silver, *Chaos and Governance in the Modern World System*, capítulo 1 e Conclusão.

[21] Ibidem, capítulos 1, 3 e Conclusão.

[22] Em resposta a uma crítica de James Crotty, Brenner admite que as políticas monetárias duras exacerbaram os problemas de realização de lucros em 1969-1970. Ver James Crotty, "Review of *Turbulence in the World Economy* by Robert Brenner", e a réplica de Brenner, na sequência desse artigo. Entretanto, é curioso que ele mal mencione os problemas de realização muito mais graves criados pela política monetária bem mais dura, persistente e generalizada das décadas de 1980 e 1990.

Crise de hegemonia

Entretanto, mais uma vez o lado econômico da situação evoluiu em combinação com as dimensões política e social da transição em andamento. E embora o lado econômico da atual transição seja, em aspectos importantíssimos, semelhante ao das transições passadas, como testemunha a intensificação da concorrência entre os capitalistas e a financeirização do capital a ela associada, sua política e sua sociologia são bem diferentes. Como já observado, no decorrer da longa retração e da *belle époque* mais recentes não houve, como no decorrer da longa retração e da *belle époque* do fim do século XIX e início do século XX, a tendência à transformação da concorrência entre empresas numa luta interestatal por territórios em escala mundial, associada ao crescimento da corrida armamentista entre potências capitalistas em ascensão e em declínio. Ao contrário, a capacidade militar global concentrou-se, ainda mais do que antes, nas mãos dos Estados Unidos e as potências capitalistas em ascensão e em declínio continuaram a trabalhar pela consolidação da unidade do mercado mundial. É claro que é impossível dizer se isso mudaria caso os problemas cada vez maiores de realização de lucros precipitassem uma grande depressão sistêmica. Por enquanto, contudo, parece que a segmentação crescente do mercado mundial, que contribuiu decisivamente para o colapso econômico da década de 1930, não é fator da atual transição.

Intimamente ligado ao que explicamos acima, as forças sociais que configuraram e restringiram a concorrência entre os capitalistas no fim do século XX são muito diferentes das que estavam em ação na transição anterior. Embora a contrarrevolução monetarista tenha obtido bastante sucesso ao minar a capacidade da mão de obra das regiões centrais e da maioria das nações do Sul global para obter uma fatia maior do bolo nacional e mundial, esse sucesso tem seus limites e suas contradições. O principal deles, como enfatiza o próprio Brenner, é o fato de que a retomada econômica norte-americana da década de 1990, e a constante dependência da economia mundial em relação ao crescimento econômico dos Estados Unidos, basearam-se num aumento do endividamento externo norte-americano sem precedentes na história do mundo. É quase impossível reproduzir uma situação desse tipo durante determinado tempo sem transformar em puro tributo, ou "pagamento de proteção", os mais de 2 bilhões de dólares (e cada vez mais) de que os Estados Unidos precisam *diariamente* para equilibrar suas transações correntes com o resto do mundo. No entanto, como veremos na terceira parte do livro, a tentativa norte-americana de transformar a cobrança desse tributo na base de um novo império verdadeiramente universal pela primeira vez na história fracassou redondamente e criou uma situação de instabilidade política global sem precedentes desde as décadas de 1920 e 1930.

173

Adam Smith em Pequim

No final da *belle époque* do capitalismo holandês, em 1778, o periódico *De Borger* escreveu: "Todos dizem 'será a última vez e depois de mim o dilúvio!', como o provérbio de nossos vizinhos [franceses] que adotamos em atos, se não em palavras"[23]. Isso praticamente resume a filosofia que está por trás de todas as expansões financeiras e *belles époques* do capitalismo histórico, mesmo as mais recentes. A principal diferença entre aquela época e os dias de hoje é o poder incomparavelmente maior que o Estado hegemônico em declínio gera.

Como argumentou David Calleo, os sistemas internacionais se dividem não só porque novas potências desequilibradas e agressivas questionam a ordem existente, como também porque potências em declínio, em vez de se ajustar e se acomodar, tentam cimentar a hegemonia que se esvai, transformando-a em dominação exploradora[24]. Em 1999, Beverly Silver e eu concluímos a comparação entre as transições hegemônicas atuais e as passadas no mundo ocidental, ressaltando a reversão histórica do papel desempenhado pelas duas causas dos colapsos sistêmicos de Calleo. Na época da *belle époque* do capitalismo holandês, o poder mundial da Holanda já estava tão diminuído que a resistência ao ajuste e à acomodação praticamente não influiu no colapso sistêmico subsequente, em comparação com a influência exercida pelos Estados nacionais emergentes, agressivos e construtores de impérios, em primeiro lugar a Grã-Bretanha e a França. Hoje, ao contrário, estamos na outra ponta do espectro.

> Não há novas potências [militares] agressivas e dignas de crédito que possam provocar o colapso do sistema-mundo centrado nos Estados Unidos, mas estes têm mais capacidade do que a Grã-Bretanha, há um século, de converter o declínio de sua hegemonia em dominação exploradora. Se o sistema entrar em colapso, será primariamente em virtude da resistência norte-americana ao ajuste e à acomodação. Do mesmo modo, o ajuste e a acomodação dos Estados Unidos ao crescente poder econômico da Ásia oriental é condição essencial para que haja uma transição não-catastrófica para uma nova ordem mundial. Condição igualmente essencial é o surgimento de nova liderança global nos principais centros de expansão econômica da Ásia oriental [...], disposta e capaz de dar conta da tarefa de fornecer soluções de nível sistêmico aos problemas de nível sistêmico deixados pela hegemonia norte-americana.[25]

---

[23] Citado em Charles R. Boxer, *The Dutch Seaborne Empire 1600-1800*, p. 291.

[24] David P. Calleo, *Beyond American Hegemony: The Future of the Western Alliance*, p. 142. Transformei as expressões "preeminência que se esvai" e "hegemonia exploradora" de Calleo respectivamente em "hegemonia que se esvai" e "dominação exploradora", para combinar com a distinção gramsciana entre hegemonia e dominação adotada neste capítulo e no livro todo.

[25] Giovanni Arrighi e Beverly J. Silver, *Chaos and Governance in the Modern World System*, p. 288-9.

Desde que isso foi escrito, a resistência norte-americana ao ajuste e à acomodação concretizou-se, de forma mais extremada do que todos esperavam, no Projeto para o Novo Século Norte-Americano, cuja primeira experiência desastrosa no Iraque precipitou a crise terminal da hegemonia dos Estados Unidos e consolidou ainda mais a transmissão do poder econômico global para a Ásia oriental. Mas ainda não sabemos se o resultado catastrófico da aventura iraquiana é o prelúdio de catástrofes ainda maiores ou se ensinou o povo e o governo norte-americanos a se ajustar à nova realidade do poder mundial. O mesmo acontece com a questão do surgimento de uma nova liderança global na Ásia oriental, com capacidade para fornecer soluções de nível sistêmico para os problemas deixados pela hegemonia norte-americana. Essas questões serão abordadas na terceira e na quarta partes do livro. Mas antes de prosseguirmos esclarecerei melhor meu argumento sobre a turbulência global, explicitando suas ligações com o arcabouço teórico desenvolvido na primeira parte do livro.

Reprise e trailer

Apesar de Brenner caracterizar a longa retração do fim do século XX como uma situação de superprodução, o que ele descreve, na verdade, é uma variante do tipo de superacumulação de capital que, na teoria do desenvolvimento econômico de Smith, derruba a taxa de lucro e põe fim à expansão econômica. Como argumentamos no capítulo 3, a noção de superprodução de Marx deveria ser reservada a situações em que a disposição dos acumuladores capitalistas a poupar mão de obra impede que a demanda agregada se expanda de par com a oferta agregada. Uma situação assim pode ter *resultado* da contrarrevolução monetarista, mas definitivamente não foi a *causa* da crise conjunta de lucratividade e hegemonia que provocou a contrarrevolução propriamente dita.

A semelhança entre o declínio da lucratividade no fim do século XX e a teoria do desenvolvimento econômico de Smith está longe de ser perfeita, porque a teoria de Smith pressupõe a existência de um soberano que ativa e regulamenta a concorrência entre os capitalistas no interesse geral, enquanto o declínio da lucratividade do fim do século XX ocorreu num contexto global que se caracterizou por múltiplas soberanias. Entretanto, no nosso conceito, os Estados hegemônicos têm funções governamentais no nível global e, assim sendo, implementam políticas que podem ou não seguir o conselho que Smith dá aos governos. Portanto, as primeiras políticas norte-americanas durante a Guerra Fria seguiram o espírito, se não a letra, do conselho de Smith, tanto porque criaram condições para a intensificação subsequente da concorrência entre os capitalistas quando atualizaram e expandiram o aparato produtor japonês e europeu ocidental, quanto porque restringiram a capacidade dos capitalistas de transferir para a mão de obra o fardo da intensificação da concorrência quando promoveram o emprego quase pleno no Norte e o desenvolvimento no Sul. Já a contrarrevolução monetarista patrocinada pelos Estados Unidos na década de 1980 fez exatamente o oposto do que Smith aconselhava que os governos fizessem, porque, sob o famoso lema "Não há alternativa" ("There is no alternative", ou Tina), ela promoveu o restabelecimento da lucratividade com políticas que possibilitaram aos capitalistas transferir o fardo da pressão competitiva para a mão de obra e para os grupos subordinados do mundo todo.

Como observamos no capítulo 5, tanto Brenner quanto Greenspan ressaltaram que o enfraquecimento da força de trabalho, maior nos Estados Unidos do que na Europa e no Japão, contribuiu para a retomada da lucratividade norte-americana a partir da década de 1990. No entanto, a teoria de Smith acerca da queda da taxa de lucro nos estimula a abordar uma questão mais importante, que é a contribuição dessa retomada para a deterioração da competitividade das empresas norte-americanas interna e externamente. O equilíbrio das transações correntes nos pagamentos de um país é medida tão boa de sua competitividade geral quanto qualquer outra. Como mostra a Figura 5.2, depois da retomada da lucratividade norte-americana em meados da década de 1990, o déficit dos Estados Unidos sofreu verdadeira explosão, enquanto a Alemanha e o Japão continuaram a gerar superávit. Essa divergência não indicaria, talvez, que Smith estava certo ao afirmar que o lucro elevado tem mais "efeitos perniciosos" sobre a competitividade dos negócios do que os salários elevados de que tanto se queixam os capitalistas, ainda mais diante do enorme aumento da relação entre a renda média dos diretores executivos norte-americanos e a do operário médio que acompanhou a deterioração da competitividade global das empresas norte-americanas? Em 1980, essa relação era 40:1; vinte anos depois, 475:1, ou seja, vinte a trinta vezes maior do que nos países europeus e no Japão, apesar de esses países alcançarem ou superarem os Estados Unidos em termos de produtividade por hora trabalhada. A remuneração extravagante paga aos diretores executivos nos Estados Unidos, longe de ser parte da solução, pode muito bem ter sido parte do problema do declínio da competitividade das empresas norte-americanas[26].

Seja como for, a causa provável e mais fundamental desse declínio foi a reversão da tendência à integração vertical e à burocratização das empresas mencionada no capítulo 5. A intensificação da pressão competitiva no fim do século XIX, como teorizou Smith um século antes, fez o lucro cair a um nível quase

---

[26] Ver Robin Blackburn, *Banking on Death, or, Investing in Life: The History and Future of Pensions*, p. 201; Tony Judt, "Europe vs. America"; Mark Reutter, "Workplace Tremors", *The Washington Post*, 23/10/2005.

Crise de hegemonia

"intolerável" e provocou reações generalizadas entre os capitalistas contra o "excesso de concorrência". Os industriais norte-americanos em particular, como escreveu Edward S. Meade em 1900, estavam "cansados de trabalhar para o público"; queriam "lucro maior sem ter de lutar tão desesperadamente para obtê-lo" e buscavam meios "de deter essa luta problemática, cujos benefícios [foram] quase todos para o consumidor com os preços baixos"[27].

Um meio óbvio de restringir a concorrência foi a combinação horizontal: fusão por meio de associações, compra ou tomada do controle acionário de empresas que utilizavam mais ou menos a mesma matéria-prima para obter a mesma produção em vista do mesmo mercado. Com combinações desse tipo, as empresas concorrentes podiam fixar a produção, as compras e as vendas conjuntas em níveis que garantissem lucro maior e reunir recursos para abrir mercados não regulados, desenvolver novas tecnologias e organizar suas operações com mais eficiência . No entanto, as combinações horizontais eram difíceis de realizar em mercados saturados, ou seja, exatamente onde elas eram mais necessárias, sobretudo dada a ausência de apoio do governo.

Quando factível, um modo mais eficaz de restringir a concorrência era a integração vertical, ou seja, a fusão das operações de uma empresa com as de fornecedores e clientes, de modo a assegurar suprimentos "a montante" da produção primária e vazão "a jusante" rumo ao consumo final. As empresas multiunitárias que resultavam dessa fusão podiam reduzir o custo das transações, os riscos e as incertezas envolvidos na movimentação de insumos e produtos por meio dos subprocessos sequenciais da produção e da troca que ligava a compra de insumos primários à distribuição do produto final. Enquanto a programação mais eficaz dos fluxos permitia o uso mais intenso das instalações e do pessoal na produção e na distribuição, a coordenação administrativa garantia fluxo de caixa mais seguro e pagamento mais rápido dos serviços prestados. Quando esse fluxo de caixa maior e mais constante que esse tipo de centralização assegurava foi reaproveitado na criação de hierarquias gerenciais com o intuito de acompanhar e regular os mercados e os processos de trabalho, as empresas verticalmente integradas tiveram vantagens decisivas na concorrência com empresas unitárias ou multiunitárias menos especializadas. Uma vez estabelecidas, essas hierarquias constituíram barreiras imponentes à entrada de participantes nos setores reorganizados com sucesso pela integração vertical[28].

---

[27] Citado em Martin J. Sklar, *The Corporate Reconstruction of American Capitalism, 1890-1916: The Market, the Law, and Politics*, p. 56.
[28] Alfred Chandler, *The Visible Hand: The Managerial Revolution in American Business*, p. 7, 299.

Adam Smith em Pequim

A tendência à combinação horizontal e à integração vertical provocada pela concorrência mortal do fim do século XIX desenvolveu-se de maneira desigual nos três principais países industriais da época: Grã-Bretanha, Estados Unidos e Alemanha. As empresas alemãs, com o apoio fundamental do governo, moveram--se com sucesso nas duas direções, dando origem a um sistema supercentralizado e coeso de empresas comerciais que se tornou modelo das teorias marxistas de capitalismo monopolista estatal. As empresas britânicas, em contrapartida, foram levadas a se especializar ainda mais na intermediação comercial e financeira e obtiveram menos êxito na passagem para a combinação horizontal e, principalmente, para a integração vertical. As empresas norte-americanas ficaram mais ou menos a meio caminho: tiveram menos êxito que as empresas alemãs na criação de combinações horizontais, mas finalmente surgiram como as mais bem-sucedidas na prática da integração vertical[29].

Assim, enquanto a intensificação da pressão competitiva e a queda da lucratividade no fim do século XIX confirmaram a tese de Smith de que as expansões econômicas são limitadas pelo ambiente institucional específico em que se inserem, o resultado da luta competitiva na Alemanha e nos Estados Unidos confirmou a tese de Marx de que a concentração e a centralização do capital destruiriam o antigo ambiente institucional e criariam outro com maior potencial de crescimento. Embora os marxistas tenham se fixado durante muito tempo no modelo alemão de capitalismo monopolista estatal, foi nos Estados Unidos que a integração vertical criou o tipo de organização empresarial e de divisão técnica do trabalho que Marx teorizou no *Capital*, como acabou indicando a "descoberta" de Tronti de que Marx está em Detroit, discutida no capítulo 1.

A longa retração do fim do século XX, ao contrário, parece confirmar as previsões de Smith, não só do ponto de vista de suas causas (superacumulação dentro de um ambiente institucional específico), como também de seu resultado: a retomada de formas empresariais mais descentralizadas, muito mais baseadas na divisão social do trabalho entre unidades de produção do que na divisão técnica do trabalho dentro das unidades. Já no fim da década de 1960, Peter Drucker previa que o domínio de grandes empresas norte-americanas como General Motors e U.S. Steel estava para acabar, em meio a uma "turbulência" comparável à do meio século decorrido antes da Primeira Guerra Mundial. Como observa Krugman, a previsão de Drucker mostrou-se profética[30].

---

[29] Idem, *Scale and Scope*; Giovanni Arrighi e Beverly J. Silver, *Chaos and Governance in the Modern World System*, p. 121-30.

[30] Peter Drucker, *The Age of Discontinuity* [ed. bras.: *Uma era de descontinuidade*]; Paul Krugman, "Age of Anxiety", *The New York Times*, 28/11/2005.

Crise de hegemonia

Na década de 1980, a crise das empresas com integração vertical e administração burocrática tornou-se real. "A grande empresa, com estrutura vertical nacional e separação das funções entre pessoal administrativo e operários", escreveram Manuel Castells e Alejandro Portes, "não parece mais ser o último estágio da evolução necessária rumo ao gerenciamento industrial racionalizado. As redes de atividades econômicas, redes de empresas e aglomerações coordenadas de trabalhadores, parecem constituir um modelo emergente de sucesso na produção e na distribuição." Numa linha semelhante, Michael Piore e Charles Sabel argumentaram que o triunfo da produção em massa, obtido em empresas gigantescas com administração burocrática, sobre a "especialização flexível" da produção artesanal em pequenos lotes, realizada em pequenas e médias unidades empresariais coordenadas pelas relações do mercado, não era completo nem irreversível[31].

Como ressaltou Bennett Harrison, o retrato da grande empresa como "quase um dinossauro, cada vez mais incapaz de competir no mundo 'pós-industrial', que se caracteriza por demanda de consumo sempre flutuante, concorrência internacional aquecida e necessidade de formas de trabalho e interação entre empresas mais 'flexíveis'", foi muito exagerado. Em vez de murchar, "o poder econômico concentrado está mudando de formato, enquanto as grandes empresas criam todo tipo de alianças e acordos financeiros e tecnológicos de curto e longo prazo entre si, com todos os níveis do governo e com legiões de empresas, em geral (mas nem sempre) menores, que agem como fornecedoras e contratadas". Nesse processo, deixaram em nível mínimo os empregos permanentes ("centrais") e deslocaram o máximo possível dos contingentes ("periféricos") para os extremos da rede, muitas vezes em localizações geográficas diferentes. Assim, as próprias grandes empresas recorreram às redes para descentralizar a produção fora do seu domínio

---

[31] Manuel Castells e Alejandro Portes, "World Underneath: The Origins, Dynamics, and Effects of the Informal Economy", p. 29-30; Michael J. Piore e Charles F. Sabel, *The Second Industrial Divide: Possibilities for Prosperity*, p. 4-5, 15, 19-20. Esse tipo de afirmação renovou o interesse pela noção de Alfred Marshall acerca dos "distritos industriais" como *locus* de "economias externas" (quer dizer, externas a unidades empresariais individuais), que permitem às pequenas empresas sobreviver e prosperar sem explorar as "economias internas" de escala e envergadura à disposição das grandes empresas. Ver Alfred Marshall, *Industry and Trade*, p. 283-8; Giacomo Becattini, "The Marshallian Industrial District as a Socio-Economic Notion"; Sebastiano Brusco, "Small Firms and Industrial Districts: The Experience of Italy". Entretanto, como deveria ser evidente desde o capítulo 2, por trás da noção de Marshall está, quase sem ser notado, o ceticismo de Smith quanto à vantagem competitiva das grandes empresas em razão das inevitáveis "negligência e prodigalidade" dos administradores, sua falta de flexibilidade para se adaptar às condições locais e os efeitos deletérios da divisão técnica do trabalho sobre a qualidade da mão de obra.

Adam Smith em Pequim

organizacional, mantendo o máximo controle possível sobre o mercado e sobre os recursos tecnológicos e financeiros[32].

Com tudo isso admitido, a importância histórica mundial da mudança não deve ser subestimada por, no mínimo, duas razões. Primeira razão: a mudança mostra como as vantagens competitivas das empresas com integração vertical e administração burocrática dependiam de duas condições históricas peculiares: de um lado, a segmentação do mercado mundial na primeira metade do século XX e, de outro, o conjunto de recursos espaciais e naturais da quase continental economia nacional norte-americana. Essas vantagens eram consideráveis enquanto o número e a variedade dessas empresas foram pequenos e o comércio foi um mau substituto do investimento direto como meio de entrar no relativamente protegido mercado nacional e colonial do mundo. Mas assim que a hegemonia norte-americana promoveu a reunificação do mercado mundial e o número e a variedade de estruturas empresariais proliferaram mundo afora, as vantagens da integração vertical e da administração burocrática começaram a diminuir, enquanto as vantagens da divisão social do trabalho com coordenação informal, enfatizadas por Smith e Marshall, aumentaram de modo proporcional. O resultado não é a volta ao capitalismo familiar do século XIX, mas a grande variedade de formas híbridas de negócios empresariais e não empresariais, os quais diferem todos radicalmente da organização empresarial dominante do século XX.

Segunda razão: a estratégia das grandes empresas de transformar as vantagens da pequena empresa em instrumento de consolidação e expansão de seu próprio poder esteve em evidência por toda parte. Mas em nenhum lugar essa estratégia resultou em crescimento econômico tão rápido e generalizado quanto na Ásia oriental. Como veremos na terceira parte do livro, esse resultado está na base da transferência do poder econômico para a Ásia oriental e pode-se ver sua origem na hibridação entre a tradição de desenvolvimento não capitalista baseado no mercado da região e a tradição ocidental de desenvolvimento capitalista. Entretanto, nos Estados Unidos o resultado da estratégia em questão foi bem diferente e, em vez de resolver, aprofundou a crise da indústria antes dominante.

A manifestação mais dramática do aprofundamento dessa crise foi a substituição da General Motors pelo Wal-Mart como "padrão de empresa" do país. Na década de 1950, a GM era a maior empresa norte-americana e sua receita constituía 3% do PIB nacional. Hoje, o Wal-Mart tomou o lugar da GM com uma força de trabalho de 1,5 milhão de pessoas e receita de 2,3% do PIB nacional. Mas os dois

---

[32] Bennett Harrison, *Lean and Mean: The Changing Landscape of Corporate Power in the Age of Flexibility*, p. 8-12.

modelos têm diferenças fundamentais. A GM era uma empresa industrial com integração vertical que instalou unidades de produção em todo o mundo, mas continuou profundamente enraizada na economia norte-americana, onde era fabricado e vendido o grosso de seus produtos. O Wal-Mart, ao contrário, é basicamente um intermediário comercial entre os fornecedores estrangeiros (em sua maioria asiáticos), que fabricam a maior parte de seus produtos, e os consumidores norte-americanos, que compram a maior parte deles. A mudança de posto entre as duas empresas como modelo de negócio pode, assim, ser tomada como símbolo e medida de como os Estados Unidos se transformaram de nação de produtores em nação cujo papel de entreposto financeiro global lhe permite, parafraseando Mackinder, "participar da atividade de cérebros e de músculos de outros países".

Como insistem os defensores do novo modelo de empresa norte-americana, o Wal-Mart é um explorador extremamente inovador das fontes mais baratas de oferta e das técnicas mais eficientes de aquisição e distribuição, o que lhe permitiu fornecer aos seus cerca de 20 milhões de clientes diários ampla variedade de produtos a preço baixo e contribuir de maneira significativa para o *boom* da produtividade dos Estados Unidos desde a década de 1990. Mas, como argumentaram os detratores do novo modelo, o Wal-Mart foi líder não só em preços mais baixos e maior produtividade, como também, e principalmente, na redistribuição da renda da mão de obra para o capital e na transformação dos trabalhadores, parafraseando Marx, em "monstruosidades aleijadas" e mercadorias descartáveis. Aproveitando a posição de maior varejista da história mundial, escreve Barry Lynn, o Wal-Mart achatou os salários e os benefícios não só no varejo, como também na indústria e nos transportes. "O Wal-Mart e um número crescente das empresas dominantes hoje em dia [...] estão programados [...] para reduzir os salários e os lucros de milhões de pessoas e de empresas menores que fazem e cultivam o que vendem, para decompor linhas inteiras de produção em nome da eficiência." "Houve um tempo", comenta Krugman ao descrever o tratamento violento que o Wal-Mart dá aos funcionários, "em que a companhia que tratasse tão mal assim seus operários viraria alvo fácil das lideranças sindicais." Hoje, entretanto, empregadores como o Wal-Mart "não temem que trabalhadores enfurecidos reajam à guerra contra os salários formando sindicatos, porque sabem que as autoridades governamentais, que supostamente deveriam proteger o direito do trabalhador, farão todo o possível para ficar do lado dos que cortam salários"[33].

---

[33] Jeff Madrick, "Wal-Mart and Productivity", *The New York Times*, 2/9/2004; Barry Lynn, "The Case for Breaking Up Wal-Mart"; Paul Krugman, "The War Against Wages", *The New York Times*, 6/10/2006.

Em resumo, a ascensão do Wal-Mart e de suas estratégias contra a mão de obra são, de um lado, manifestações da crise das indústrias antes dominantes e, de outro, da contrarrevolução monetarista que facilitou a financeirização do capital norte-americano. O Wal-Mart não criou essas circunstâncias, porém, ao aproveitá-las, tornou-se agente ativo da sua consolidação. Em outras palavras, ao contribuir para a retomada da lucratividade à custa da mão de obra, fortaleceu a posição dos Estados Unidos como câmara de compensação financeira mundial, permitindo, portanto, que uma minoria cada vez maior e mais influente da população dos Estados Unidos participe da atividade de cérebros e de músculos de outros países, sem ter de usar os seus.

TERCEIRA PARTE

A hegemonia desvendada

7
DOMINAÇÃO SEM HEGEMONIA

Na virada do século XXI, as palavras começadas com "I" – império e imperialismo – voltaram à moda. Em que pese a opinião de John Ikenberry, essa volta não se deveu ao advento da "era unipolar norte-americana", na qual, "[pela] primeira vez na era moderna, o Estado mais poderoso do mundo pode atuar no palco global sem as restrições de outras grandes potências"[1]. Essa era começou com a derrocada do bloco soviético em 1989, mas durante a década de 1990 a palavra da moda foi "globalização", não império nem imperialismo; e como o próprio Ikenberry observa, o inigualável poder global dos Estados Unidos era discutido sob a rubrica da "hegemonia". Até pensadores críticos, inclusive muitos marxistas, viam pouco uso analítico para os conceitos de império e imperialismo[2]. Depois da Guerra do Golfo de 1991, Cumings afirmou que seria preciso um microscópio eletrônico para discernir o uso da palavra "imperialismo" como descrição para o papel dos Estados Unidos no mundo[3]. Hipérbole, é claro; mas o exagero continha importante elemento de verdade.

A publicação de *Empire*, em 2000, também não alterou muito a situação, já que Hardt e Negri simplesmente deram nova roupagem e uma torção radical aos princípios básicos da linguagem da globalização, como a proposição de que, nas atuais condições de integração econômica e informativa global, nenhum Estado nacional, nem mesmo os Estados Unidos, podem ser o centro de um projeto imperialista. Na verdade, Hardt e Negri apresentaram o império como um tipo de lógica e de

---

[1] G. John Ikenberry, "Illusions of Empire: Defining the New American Order", *The New York Times*, 16/3/2004.

[2] Leo Panitch e Sam Gindin, "Global Capitalism and American Empire", p. 2-3.

[3] Bruce Cumings, "Global Realm with no Limit, Global Realm with no Name", p. 47-8.

estrutura de domínio mundial que, em aspectos importantíssimos, era a antítese do imperialismo teorizado pelos marxistas no século XX[4].

O verdadeiro rompimento com a década de 1990 só aconteceu em 2001, quando o governo Bush reagiu aos acontecimentos do 11 de Setembro adotando um novo programa imperial, o Projeto para o Novo Século Norte-Americano. Existe uma estranha semelhança entre esse reflexo e as ações que, sessenta anos antes, anunciaram o primeiro século norte-americano. A Grande Depressão da década de 1930 e o surgimento do fascismo na Europa e no Japão convenceram Roosevelt de que a *pax americana* era necessária para garantir a segurança e a prosperidade nacionais. Mas seria difícil enfrentar as correntes não intervencionistas da política externa enquanto o povo norte-americano acreditasse que o isolamento continental garantiria sua segurança. Schurmann defendeu que, entre a deflagração da guerra europeia e Pearl Harbor, "Roosevelt, sem dúvida, rezou por alguma demonstração dramática de que isso não era verdade". Quando suas orações foram atendidas, "Roosevelt fez uso astuto dos sentimentos ideológicos de nacionalismo despertados por Pearl Harbor para elaborar uma ideologia de imperialismo, com a qual prometeu ordem, segurança e justiça aos norte-americanos"[5].

Assim que a Segunda Guerra Mundial acabou, entretanto, os sentimentos isolacionistas reafirmaram-se. Truman e o secretário de Estado, Acheson, sabiam muito bem que apelar para as razões de Estado e para os interesses econômicos norte-americanos não seria suficiente para superá-los. Portanto, ao redigir o texto que se tornou a Doutrina Truman, seguiram o famoso conselho de Arthur Vandenberg de "apavorar o povo norte-americano", exagerando a ideia de ameaça comunista global[6]. O truque serviu para conquistar o apoio do Congresso ao Plano Marshall. Mas era preciso algo mais para assegurar recursos para o rearmamento norte-americano e europeu em grande escala previsto no documento 68 do NSC [National Security Council, ou Conselho de Segurança Nacional], que Truman aprovou no início de abril de 1950. O documento do NSC não citava números exatos, mas as estimativas indicavam despesas anuais 300% acima das originalmente requeridas pelo Pentágono em 1950.

> Não era fácil para o governo a tarefa de conseguir esse volume de dinheiro com um Congresso conservador em termos fiscais, mesmo em nome do anticomunismo. Seria

---

[4] Michael Hardt e Antonio Negri, *Empire*, p. xiv, 327-32 [ed. bras.: *Império*]. Para várias avaliações críticas do livro, ver Gopal Balakrishnan, *Debating Empire*.
[5] Franz Schurmann, *The Logic of World Power: An Inquiry into the Origins, Currents, and Contradictions of World Politics*, p. 40-1.
[6] Thomas J. McCormick, *America's Half Century: United States Foreign Policy in the Cold War*, p. 77-8.

Dominação sem hegemonia

necessária uma situação internacional de emergência e, desde novembro de 1949, o secretário Acheson previa uma ocorrência desse tipo num momento qualquer de 1950 na orla asiática – na Coreia, no Vietnã, em Taiwan ou nos três. Dois meses depois de o presidente examinar o NSC-68, houve a crise. Acheson diria mais tarde: "Veio a Coreia e nos salvou".[7]

É difícil dizer o que o presidente Bush pediu em suas orações nos oito meses decorridos entre a posse e o 11 de Setembro, mas sabemos que os promotores do Projeto para o Novo Século Norte-Americano dentro do governo aguardavam uma oportunidade para implementar a nova estratégia imperial que vinham elaborando havia muito tempo[8]. Os primeiros meses no cargo não foram propícios, mas Osama bin Laden, para parafrasearmos Acheson, salvou-os. Como observou Michael Mann, ele lhes deu "o poder de mobilização popular e os alvos"[9]. A ameaça dos "fundamentalistas" muçulmanos e dos "Estados delinquentes" tornou-se o novo fator de medo, apavorando o povo norte-americano e conquistando o apoio quase unânime do Congresso à invasão do Iraque que Cheney, Rumsfeld e Wolfowitz vinham defendendo sem sucesso havia quase uma década[10].

Foi essa evolução que reviveu as palavras com "I" para descrever o novo projeto imperial dos Estados Unidos. O projeto fracassou em seus objetivos de maneira mais rápida e vertiginosa do que esperavam até mesmo seus críticos; sendo assim, talvez as palavras com "I" saiam de circulação tão depressa quanto entraram. Todavia, ainda que isso aconteça, é de esperar que as circunstâncias sociais, políticas e econômicas que levaram ao surgimento do Projeto para o Novo Século Norte--Americano e à sua adoção pelo governo Bush persistam de uma maneira ou de outra. Tem especial interesse se e como essas circunstâncias se relacionam com a turbulência da economia política global discutida na segunda parte do livro e como elas mudaram sob o impacto da guerra ao terrorismo.

Neste capítulo, analisarei o desenrolar do projeto imperial neoconservador e a transformação da hegemonia norte-americana naquilo que, de acordo com Guha,

---

[7] Ibidem, p. 98.

[8] Para detalhes sobre o Projeto para o Novo Século Norte-Americano, ver o site <www.newamericancentury.org>. Sobre a ascensão de seus promotores ao poder, ver Arthur Jr. Schlesinger, "The Making of a Mess".

[9] Michael Mann, *Incoherent Empire*, p. 9.

[10] Sobre a determinação dos neoconservadores de travar a guerra contra o Iraque muito antes do 11 de Setembro, ver Ron Suskind, *The Price of Loyalty: George W. Bush, the White House, and the Education of Paul O'Neill*, e Richard Clarke, *Against All Enemies: Inside America's War on Terror*. Clarke relata a agora famosa (e infame) reunião de gabinete na qual, menos de um dia depois dos ataques, Rumsfeld ressaltou que não existiam "alvos decentes para bombardear no Afeganistão " e que, portanto, "devíamos pensar em bombardear o Iraque em vez dele", porque tinha "alvos melhores".

187

chamávamos antes de dominação sem hegemonia. Irei me concentrar primeiro no duplo fracasso da guerra no Iraque, que não conseguiu pôr fim à chamada síndrome do Vietnã, tampouco lançar as bases de um novo século norte-americano. Em seguida, tratarei do fracasso do projeto imperial neoconservador no combate ao declínio econômico dos Estados Unidos e concluirei indicando que a consequência mais importante e não intencional da aventura iraquiana foi a consolidação da tendência de recentralização da economia global na Ásia oriental e, dentro desta, na China.

A persistência da síndrome do Vietnã

Nos seis meses após a declaração oficial do fim das hostilidades, muitos comentaristas observaram que, embora o Iraque não seja o Vietnã, o uso cada vez mais frequente de imagens como "atoleiro", "atrito", "abismo de credibilidade", "iraquização" fizeram com que o debate atual parecesse ser "tanto sobre o Vietnã quanto sobre o Iraque"[11]. No Iraque, assim como no Vietnã, a crescente dificuldade dos Estados Unidos para superar a resistência de um adversário militar comparativamente insignificante comprometeu a credibilidade do poderio norte-americano no mundo em geral. Mas precisamente porque o Iraque não é o Vietnã, afirmo que o fracasso no Iraque constitui ameaça muito mais grave para o poderio norte-americano do que o fracasso no Vietnã.

Como já observado, a Guerra do Vietnã foi o principal acontecimento da "crise sinalizadora" da hegemonia norte-americana; mas na década de 1980, e principalmente na de 1990, a crise sinalizadora de 1968 a 1973 deu lugar ao notável ressurgimento da riqueza e do poder norte-americanos – uma *belle époque* em tudo comparável àquela vivida pela Grã-Bretanha um século atrás. Esse ressurgimento chegou ao seu apogeu depois do colapso da União Soviética, quando os Estados Unidos começaram a se apresentar – e a ser assim reconhecidos – como a maior potência militar que o mundo jamais vira. Entretanto, por trás dessa fachada escondia-se o problema de que o veredicto do Vietnã nunca chegou a ser revertido, nem a credibilidade real do poderio militar norte-americano fora inteiramente restaurada.

A longa série de confrontos militares em que os Estados Unidos se envolveu depois da derrota no Vietnã foi digna de nota por ter evitado com o máximo cuidado as condições que levaram àquela primeira debacle. Nesse aspecto, é exemplar a fuga do Líbano, depois que o bombardeio da base de Fuzileiros Navais em Beirute matou 241 norte-americanos. A partir daí até o colapso da União Soviética, os

[11] Craig R. Whitney, "Watching Iraq, and Seeing Vietnam", *The New York Times*, 9/11/2003.

Dominação sem hegemonia

Estados Unidos travaram guerras por procuração (como na Nicarágua, no Camboja, em Angola, no Afeganistão e no apoio ao Iraque na guerra contra o Irã)[12], contra inimigos insignificantes (Granada, Panamá) ou em aéreas em que a alta tecnologia do aparato norte-americano tinha vantagem absoluta (Líbia)[13].

Ao mesmo tempo, os Estados Unidos aceleraram a corrida armamentista com a União Soviética – basicamente, mas não apenas, por meio da iniciativa de Defesa Estratégica – bem além do que Moscou poderia suportar em termos econômicos. A escalada deixou a União Soviética presa num duplo confronto: no Afeganistão, onde seu aparato militar de alta tecnologia enfrentava as mesmas dificuldades que levaram à derrota dos Estados Unidos no Vietnã, e na corrida armamentista, na qual os norte-americanos podiam mobilizar recursos financeiros muito além do alcance soviético. No entanto, a derrota final da União Soviética não contribuiu em nada para eliminar a síndrome do Vietnã. Na medida em que foi causada pelo poderio dos Estados Unidos, deveu-se não à força militar norte-americana, mas à capacidade financeira superior. E na medida em que teve origem militar, confirmou o veredicto do Vietnã, em vez de revertê-lo. Demonstrou que, tanto no Afeganistão quanto no Vietnã, os aparatos militares de alta tecnologia controlados pelas superpotências da Guerra Fria eram ineficazes para policiar em terra o Terceiro Mundo, por mais que conseguissem reproduzir o "equilíbrio do terror".

O colapso da União Soviética, no entanto, criou oportunidades para testar o pressuposto bastante comum de que, sem a ajuda soviética, os vietnamitas não conseguiriam derrotar os Estados Unidos, assim como os chefes guerreiros afegãos e os mujahedins não conseguiriam derrotar a União Soviética sem ajuda

[12] Em março de 1984, sem se incomodar com as atrocidades de Saddam Hussein, Rumsfeld voou para Bagdá, como enviado de Reagan, para oferecer o apoio norte-americano no mesmo dia em que o Iraque atacou o Irã com armas químicas. Quatro anos depois, enquanto Hussein arrasava centenas de aldeias no norte do Iraque e matava milhares de curdos, Washington ofereceu a ele subsídios de 500 milhões de dólares para a compra de produtos agrícolas dos Estados Unidos. No ano seguinte, o governo norte-americano dobrou o subsídio para 1 bilhão de dólares e forneceu a ele matrizes de alta qualidade de antraz e material de uso duplo, passíveis de serem usados para fabricar armas químicas e biológicas. Ver Seumas Milne, "We Are Sleepwalking Into a Reckless War of Aggression", *The Guardian*, 27/9/2002, e Arundhati Roy, "Not Again", *The Guardian*, 27/9/2002.
[13] O fato de o "Recuo do Terceiro Mundo" (Third World Rollback) – como a Doutrina Reagan que inspirou esses confrontos algumas vezes foi chamada – ter saído pela culatra não significa que não tenha causado danos e sofrimentos indizíveis aos países em questão. Para dar apenas um exemplo, 300 mil crianças morreram, direta ou indiretamente, em consequência de a assassina organização Unita [União Nacional para a Independência Total de Angola] ter prolongado a guerra civil angolana com apoio norte-americano. Ver David Aaronovitch, "The Terrible Legacy of the Reagan Years", *The Guardian*, 8/6/2004. Sobre os efeitos a longo prazo da Doutrina Reagan na criação de futuros terroristas, ver Mahmood Mamdani, *Good Muslim, Bad Muslim: America, the Cold War, and the Roots of Terror*.

Adam Smith em Pequim

norte-americana. Além disso, a subjugação de Moscou abriu terreno para mobilizar o Conselho de Segurança da ONU e legitimar as ações policiais dos Estados Unidos num patamar impossível desde a Guerra da Coreia. A invasão do Kwait por Saddam Hussein criou de imediato a oportunidade ideal para essa mobilização, e os Estados Unidos souberam aproveitá-la, apresentando um espetáculo televisivo de seu poder de fogo *high-tech*[14]. Ainda assim, como destacou John McCain, a vitória na primeira Guerra do Golfo "não pôs fim ao domínio da síndrome do Vietnã sobre a consciência nacional [norte-americana]" – em sua opinião, porque Saddam Hussein não foi afastado do poder[15]. A primeira Guerra do Golfo, como observaram outros comentaristas, "pretendia ser tudo o que o Vietnã não foi. Em vez do uso longo e gradual da força, o objetivo era superar o inimigo e retirar-se rapidamente"[16]. Conhecida como Doutrina Powell, essa estratégia foi o ápice do esforço norte-americano não tanto para reverter, mas para evitar outro veredicto como o do Vietnã.

A tentativa de testar a capacidade militar dos Estados Unidos de policiar em terra o Terceiro Mundo veio logo depois da primeira Guerra do Golfo, sob o disfarce de missão "humanitária" na Somália. O fracasso foi total: a transmissão pela televisão do corpo de um norte-americano sendo arrastado pelas ruas de Mogadíscio reviveu no país a síndrome do Vietnã e levou à retirada imediata dos soldados norte-americanos. Mas, durante o governo Clinton, a Doutrina Powell tornou-se um constrangimento cada vez maior e levou a secretária de Estado, Madeleine Albright, a fazer sua famosa pergunta: "De que adianta ter esse grande exército do qual tanto falamos se não podemos usá-lo?".

O objetivo principal das missões "humanitárias" na Bósnia, e contra o que restou da Iugoslávia, foi exatamente mostrar que havia razão para "ter esse grande exército". A Guerra do Kosovo também pretendia mostrar que o endosso prévio da ONU às ações policiais que os Estados Unidos resolvessem realizar era bem-vindo,

---

[14] De acordo com o general Anthony Zinni, a Tempestade no Deserto, de 1991, "deixou a impressão de que a terrível confusão que nos aguarda no exterior pode ser superada, de certo modo, por soldados bons e íntegros, como na Segunda Guerra Mundial. Na verdade, a única razão pela qual a Tempestade no Deserto funcionou foi porque conseguimos ir contra o único idiota do planeta que foi estúpido o suficiente para nos desafiar a travar mais uma vez a Segunda Guerra Mundial" (Tom Clancy, Anthony Zinni e Tony Koltz, *Battle Ready*).

[15] Citado em Craig R. Whitney, "Watching Iraq, and Seeing Vietnam", *The New York Times*, 9/11/2003. Sem dúvida alguma, uma opinião semelhante teve grande papel na fixação dos promotores do Novo Século Norte-Americano pela retirada de Hussein. Wolfowitz, por exemplo, criticou o primeiro governo Bush, do qual foi subsecretário político para a Defesa, por não "cuidar de Saddam" após a Guerra do Golfo, em 1991 ("Democrats Target Wolfowitz on Iraq Crisis", *The New York Times*, 18/5/2004).

[16] Michael R. Gordon, "A Sequel, Not a Rerun", *The New York Times*, 18/3/2003.

mas dispensável. Bastava o endosso mais confiável da Otan. Entretanto, em termos militares, tudo o que a Guerra do Kosovo conseguiu provar foi o que todos já sabiam: que Washington tem capacidade tecnológica para bombardear qualquer país que desejar até fazê-lo desaparecer. Mas não mostrou que o governo norte-americano estava disposto a arriscar a vida de cidadãos norte-americanos em ações policiais no exterior que o público norte-americano não conseguia entender bem.

Às vésperas do 11 de Setembro, a má vontade de correr tais riscos ainda era os pés de barro do colosso militar norte-americano. O choque dos ataques ao World Trade Center e ao Pentágono mudou a situação, oferecendo um *casus belli* que fazia sentido para o público norte-americano. Mas até na Guerra do Afeganistão, que teve apoio nacional e internacional generalizado, o governo Bush mostrou pouca inclinação a arriscar baixas norte-americanas, ainda que essa relutância significasse comprometer o pretenso objetivo dos Estados Unidos na guerra de capturar Bin Laden "vivo ou morto". Em vez disso, os afegãos travaram a maioria dos combates em terra, levando à zombaria um comentarista do *Washington Post*:

> Os Estados Unidos travaram essa guerra bem baratinho. A reação ao pior ataque em solo norte-americano foi a contratação de mercenários. O país nem sequer enviou soldados para fechar a fronteira com o Paquistão. Quem sabe quantos guerreiros de Bin Laden passaram por ela? Quem sabe o próprio Bin Laden não estava entre eles?[17]

A incompetência e a irracionalidade motivada pela ideologia são explicações comuns e às vezes plausíveis para os muitos casos de comportamento incompreensível do governo Bush. No entanto, travar a Guerra do Afeganistão "bem baratinho", sem correr o risco de haver baixas na caçada a Bin Laden, foi uma opção perfeitamente racional se o objetivo da Guerra ao Terror era não apenas capturar terroristas, mas também refazer a geografia política da Ásia ocidental na busca de um novo século norte-americano. Do ponto de vista desse objetivo mais amplo, o Afeganistão era um lugar bem pouco propício para testar a disposição dos norte-americanos a sofrer baixas em guerras no exterior depois do 11 de Setembro. Foi bastante sensato supor que "terminar o serviço" no Afeganistão custaria mais vidas norte-americanas e que cada baixa traria bem menos retorno político e econômico do que prosseguir e vencer o Iraque.

A blitz bem-sucedida em Bagdá pareceu confirmar essa expectativa, já que as forças armadas iraquianas praticamente não ofereceram resistência. Entretanto, em junho de 2003, o número de baixas norte-americanas começou a aumentar de for-

---

[17] Richard Cohen, "Even a Low-Risk War Brings Its Own Cost", *International Herald Tribune*, 9/1/2002.

Adam Smith em Pequim

ma implacável. Pior ainda, o retorno político e econômico de cada baixa diminuiu vertiginosamente quando os planos dos Estados Unidos de refazer o Iraque – para não dizer a Ásia ocidental – para atender aos interesses norte-americanos colidiram com a realidade local e tiveram de ser revistos, reduzidos ou totalmente abandonados. Mas, dessa vez, Washington parecia decidido a "terminar o serviço", embora não cansasse de redefinir a natureza desse "serviço". Um ano depois da invasão, em meio a dificuldades cada vez maiores, Bush lançou o slogan "Temos de manter o curso no Iraque", apesar da crítica aberta dos generais. "O curso", retorquiu o general Zinni, ex-comandante do Centcom [Central Command], "é rumo às cataratas do Niágara."[18] Em 2005, não só o exército dos Estados Unidos parecia totalmente incapaz de terminar o serviço, qualquer que fosse, como também passou a enfrentar um colapso de qualidade e moral semelhante ao que ocorreu no Vietnã, e sem a convocação de soldados. Parecia que a alternativa não era mais entre ganhar ou perder; como explicou um oficial dos Fuzileiros Navais, "podemos perder no Iraque e destruir nosso exército ou simplesmente perder". Em dezembro de 2006, o ex-secretário de Estado Colin Powell disse, na CBS News, que "o Exército na ativa está praticamente alquebrado", enquanto Bush, pela primeira vez, admitia que os Estados Unidos não estavam ganhando a guerra no Iraque e ordenou ao novo secretário de Defesa, Robert Gates, que elaborasse um plano para aumentar o efetivo do Exército e do Corpo de Fuzileiros, plano que ele mesmo rejeitara havia poucos meses[19]. Mas nesse ínterim o gerenciamento da crise já suplantara a política com base em princípios.

> A única superpotência do mundo não age mais; ao contrário, em geral reage à última má notícia vinda de Bagdá, seja ela qual for. Enquanto os acontecimentos no Iraque fogem ao seu controle, a estratégia do presidente George W. Bush para travar sua "guerra global ao terror" jaz em ruínas. Ele navega sem bússola [...] O Iraque era o primeiro passo. O sucesso ali abriria caminho para que o governo Bush prosseguisse de modo semelhante para o segundo, terceiro e quarto passos. Os desapontamentos e as frustrações resultantes desse primeiro passo agora deixam o projeto todo destroçado.[20]

Já em 2004, um especialista em defesa do conservador Lexington Institution viu quão grave era o problema para os Estados Unidos, "porque agora o mundo

---

[18] Chalmers Johnson, "Why I Intend to Vote for John Kerry", p. 1

[19] Paul Krugman, "Time to Leave", *The New York Times*, 21/11/2005; editorial, "Army Stretched to Breaking", *Minneapolis-St. Paul Star Tribune*, 20/2/2006; Paul Rogers, "A Tale of Two Insurgencies", *openDemocracy*, 1/6/2006; Peter Baker, "U.S. Not Winning War in Iraq, Bush Says for First Time", *The Washington Post*, 20/12/2006.

[20] Andrew Bacevich, "Bush's Illusions", *International Herald Tribune*, 22/12/2006.

Dominação sem hegemonia

inteiro pode ver o padrão do Vietnã e da Somália no Iraque". Em outubro de 2006, até Bush teve de admitir que o surto prolongado de violência no Iraque "poderia ser" comparável à Ofensiva Tet, que indispôs o público norte-americano contra a Guerra do Vietnã[21]. Na realidade, o problema que os Estados Unidos enfrentam no Iraque é bem mais grave do que o do Vietnã. A situação de bloqueio político é semelhante. Naquela época, Washington sentiu-se incapaz de pôr fim à guerra muito depois de sua inutilidade ter se tornado evidente, porque a retirada, nas palavras de Nixon, mostraria que os Estados Unidos eram "um pobre gigante indefeso" e inspiraria "totalitarismo e anarquia pelo mundo afora"[22]. Do mesmo modo, apesar da atual situação "grave e deteriorada" no Iraque, até Brent Scowcroft, crítico da guerra, afirmou que a retirada sem que se desse um jeito de terminar o serviço mostraria que "o colosso norte-americano tropeçou, perdeu a determinação", encorajando assim terroristas e extremistas do mundo todo[23]. Mas a perda de poder que os Estados Unidos enfrentam sendo incapazes de impor sua vontade à resistência iraquiana é muito maior e menos remediável do que a sofrida com a derrota no Vietnã.

A principal razão para isso não é a dependência dos Estados Unidos ao petróleo do Leste Asiático, como sustentam muitos comentaristas, inclusive alguns dos primeiros críticos da guerra, como George Soros[24]. Ao contrário, como já se observou, é que, apesar das semelhanças, o Iraque não é o Vietnã. Em termos puramente militares, os rebeldes iraquianos, ao contrário dos vietnamitas, não dirigem veículos blindados, não têm larga experiência em guerrilhas em ambientes naturais

---

[21] Bryan Bender, "Study Ties Hussein, Guerrilla Strategy", *The Boston Globe*, 11/10/2004; Michael Fletcher e Peter Baker, "Iraq Violence, 'No Child' Occupy Bush", *The Washington Post*, 19/10/2006.

[22] William Pfaff, "Reclaiming the U.S. Army", *International Herald Tribune*, 24-25/7/2004.

[23] Brent Scowcroft, "Why America Can't Just Walk Away", *International Herald Tribune*, 4/1/2007. Na verdade, as ações norte-americanas evocaram a imagem do "pobre gigante indefeso" bem antes de a retirada ter sido sequer considerada. Assim, numa formulação mais extravagante, o jornal *Arab News*, da Arábia Saudita, descreveu o poder militar norte-americano na esteira das revelações de Abu Ghraib como "um monstrengo com a velocidade de reação de um touro musculoso e a compreensão limitada de um camundongo". Citado em Philip Kennicott, "A Wretched New Picture of America", *The Washington Post*, 5/5/2004. Essa imagem remete à "metáfora horripilante" com que Mann ilustrou sua avaliação presciente de que o "império norte-americano se transformará num gigante militar, num palpiteiro econômico, num esquizofrênico político e num fantasma ideológico. O resultado é um monstro perturbado e deformado, que cambaleia desajeitado pelo mundo" (Michael Mann, *Incoherent Empire*, p. 13).

[24] "Depois que invadimos o Iraque, não conseguimos nos desenredar. É provável que aumente a pressão nacional para nos retirarmos, como na Guerra do Vietnã, mas a retirada causaria danos irreparáveis à nossa posição no mundo. Nesse aspecto, o Iraque é pior do que o Vietnã por causa da nossa dependência com relação ao petróleo do Oriente Médio" (George Soros, "The US Is Now in the Hands of a Group of Extremists", *The Guardian*, 26/1/2004).

favoráveis, nem gozam do apoio de uma superpotência como a União Soviética. Nesse e em outros aspectos, eles são muito menos formidáveis como adversários que os vietnamitas. Além disso, durante as três décadas que separam a retirada norte-americana do Vietnã da invasão do Iraque, as forças armadas dos Estados Unidos sofreram uma reestruturação fundamental que visava especificamente reverter o veredicto do Vietnã. Essa "profissionalização" das forças armadas pretendia melhorar as condições de combate e, ao mesmo tempo, livrá-las das restrições que a rotatividade constante de soldados civis e oficiais temporários impunha à ação e à disciplina militares. Combinada com o extraordinário avanço tecnológico do arsenal norte-americano ocorrido nesse período de cerca de trinta anos, essa reestruturação transformou o aparato militar dos Estados Unidos em força muito mais letal do que na época da Guerra do Vietnã.

Em resumo, a disparidade de forças entre os invasores norte-americanos e a resistência no Iraque foi incomparavelmente maior do que no Vietnã. Foi por isso que o governo Bush esperava que a invasão do Iraque revertesse o veredicto do Vietnã; mas é também a razão de o fracasso ter sido um golpe muito maior na credibilidade do poderio militar norte-americano do que a derrota na Indochina. Se a Doutrina Powell levou à pergunta sobre a serventia de um grande exército que não pode ser usado, o atoleiro iraquiano, como observou Andrew Bacevich, levou a uma pergunta muito mais perturbadora: "De que adianta usar esse grande exército se o resultado é Faluja, Najaf e Karbala?"[25].

É claro que os Estados Unidos continuarão a ser a potência militar dominante no mundo ainda por algum tempo, seja qual for o resultado da Guerra no Iraque. Mas assim como as dificuldades dos Estados Unidos no Vietnã precipitaram a crise sinalizadora da hegemonia norte-americana, é bem provável que se considere, em retrospecto, que as dificuldades dos Estados Unidos no Iraque precipitaram sua crise terminal[26]. Essa crise vinha se formando havia muito tempo e estava fadada a acontecer, mais cedo ou mais tarde, de uma maneira ou de outra, fossem quais fossem as ações do governo Bush ou de qualquer outro governo. Mas a ma-

[25] Andrew Bacevich, "A Modern Major General", p. 132.

[26] De um ponto de vista diferente, Fred Halliday apresentou argumento semelhante ao afirmar que "na primavera de 2004, estamos no meio de uma das maiores e mais rebeldes crises *globais* dos tempos modernos. Não é uma guerra mundial, um conflito militar estratégico entre grandes Estados – o tipo de conflito que, com duas guerras mundiais e uma guerra fria, dominou o século XX; nem é uma grande crise econômica internacional, como a de 1929 e a de 1973 (menos grave). Mas, em todos os níveis da vida social e política, enfrentamos uma situação que tem sérias probabilidades de afetar a todos na Terra e gerar graves consequências globais". Ver seu "America and Arabia After Saddam", *openDemocracy*, 13/5/2004.

Dominação sem hegemonia

neira específica como está acontecendo agora foi determinada pela decisão de invadir o Iraque na esperança de que a vitória fácil revertesse o veredicto do Vietnã e lançasse as bases de um novo século norte-americano.

Como já observado, a guerra travada por Clinton no Kosovo pretendia mostrar, entre outras coisas, que o apoio da ONU às ações policiais norte-americanas, apoiadas pela Otan, era dispensável. Já a Guerra do Iraque travada por Bush pretendia mostrar que até a Otan era dispensável. O pressuposto, nas palavras de um especialista neoconservador em política externa, era:

> [...] nos últimos quinhentos anos ou mais, nunca houve abismo maior entre as potências número 1 e número 2 do mundo. Dada essa dominação norte-americana, [o governo Bush] acreditou que bastava exprimir firmemente o interesse nacional norte-americano para que todos se acomodassem.[27]

Na verdade, quase ninguém que tivesse importância se acomodou. Com exceção da Grã-Bretanha, que se comporta cada vez mais como o 55º estado da União, e da patética "coalizão dos voluntários"[28], o resto do mundo rejeitou a liderança norte-americana de modo nunca visto nos anais da hegemonia dos Estados Unidos. É verdade que muitos estrangeiros que criticaram a invasão do Iraque viram poucos motivos para se alegrar com o apuro norte-americano. Um importante assessor do Instituto de Relações Internacionais da França explicou:

> Quando os Estados Unidos se afundam no exterior, isso gera um grande desafio para o resto do mundo. Se os Estados Unidos simplesmente se retirassem agora, outros países se veriam na estranha posição de ter de pressionar os norte-americanos a ficar, embora antes tenham implorado para que não se arriscassem a invadir sem uma resolução das Nações Unidas. Depois de uma retirada rápida, o foco da preocupação internacional logo passaria do risco da dominação global norte-americana para o perigo de um mundo privado do envolvimento internacional norte-americano. O problema é que, se a estratégia atual no Iraque realmente não funcionar, não há alternativa convincente. É pouco provável que enviar mais soldados norte-americanos ou entregar o poder aos

---

[27] Norman Ornstein, do American Enterprise Institute, citado em Roger Cohen, David E. Sanger e Steven R. Weisman, "Challenging the Rest of the World With a New Order", *The New York Times*, 12/10/2004.

[28] Já no fim de 2004, a coalizão era considerada uma "piada". Dos 28 países aliados que ainda mantinham soldados no Iraque, "somente 8 têm mais de 500. A maioria está lá para servir de fachada. E pela dificuldades do idioma e do equipamento, alguns contingentes, como os 28 soldados da Macedônia e os 29 do Casaquistão, podem mais atrapalhar que ajudar" (Nicholas Kristof, "Brother, Can You Spare a Brigade?", *The New York Times*, 11/12/2004). Desde então, todos os contigentes de alguma relevância, salvo os da Grã-Bretanha e da Austrália, retiraram-se ou anunciaram sua retirada.

Adam Smith em Pequim

iraquianos faça muita diferença. Os Estados Unidos estão numa furada, mas nós também estamos.[29]

É provável que um raciocínio nessa linha tenha motivado a resolução unânime do Conselho de Segurança da ONU, em 16 de outubro de 2003, que deu certa legitimidade jurídica à ocupação comandada pelos Estados Unidos e conclamou os governos do mundo a apoiá-la. Entretanto, para os Estados Unidos, a importância da legitimidade jurídica como tal era basicamente, para não dizer exclusivamente, um meio de obter recursos de outros Estados para cobrir os custos humanos e financeiros cada vez mais altos da ocupação do Iraque. Na verdade, o principal objetivo para apressar a votação da resolução pelo Conselho de Segurança da ONU era assegurar o sucesso da "conferência dos doadores" que os Estados Unidos haviam convocado para a semana seguinte, em Madri, e cujo mau resultado, como veremos no capítulo 9, é um bom exemplo da deflação que o poder norte-americano sofreu em consequência de sua transformação de hegemonia em pura dominação.

Exemplo ainda melhor foi o declínio da influência norte-americana na Ásia ocidental, cuja geografia política supostamente seria refeita após a invasão do Iraque para adequá-la aos interesses e aos valores norte-americanos. Na primavera de 2004, os problemas do Iraque tiraram todo e qualquer significado prático da questão de como os Estados Unidos usariam a ocupação, levando Thomas Friedman a lamentar:

> Corremos o risco de perder algo muito mais importante do que apenas a guerra no Iraque. Corremos o risco de perder os Estados Unidos como instrumento de inspiração e de autoridade moral no mundo. Nunca vi, em toda a minha vida, uma época em que os Estados Unidos e seu presidente fossem tão odiados em todo o mundo quanto hoje. [...] [A] guerra ao terrorismo é uma guerra de ideias, e para termos a mínima chance de vencer precisamos manter a credibilidade de nossas ideias. [...] Não podemos vencer sozinhos a guerra de ideias contra [quem nos atingiu em 11 de Setembro]. Só os árabes e muçulmanos podem. [...] Mas é difícil fazer parceria com alguém quando se é tão radioativo que ninguém quer se aproximar.[30]

Na verdade, os Estados Unidos se tornaram tão "radioativos" que os planos de promover uma série de reformas políticas cosméticas no chamado Grande Oriente Médio tiveram de ser abandonados. Quando, em fevereiro de 2004, um jornal árabe publicou um resumo do apelo do governo Bush aos países mais ricos do

---

[29] Dominique Moisi, "The World Is Trapped in the Iraqui Quagmire", *Financial Times*, 14/11/2003.
[30] "Restoring Our Honor", *The New York Times*, 6/5/2004.

196

mundo para que fizessem pressão a favor da mudança política na Ásia ocidental, vários líderes árabes se enfureceram e até Mubarak chamou o plano de "ilusório"; o governo voltou atrás rapidamente. Alguns meses depois, na reunião de cúpula do G8 em Sea Island, na Geórgia, Washington tentou usar as ferramentas do "poder brando", patrocinando uma pauta multilateral baseada num relatório da ONU sobre o desenvolvimento humano no mundo árabe. Entretanto, os redatores do relatório criticaram duramente a iniciativa, ressaltando que os Estados Unidos tinham pouca credibilidade no mundo árabe e que, quanto mais discutissem o relatório de desenvolvimento da ONU, mais reduziriam a autoridade do trabalho. Em dezembro de 2004, quando o secretário de Estado, Colin Powell, chegou a uma reunião de cúpula no Marrocos que pretendia promover a democracia em todo o mundo árabe, os Estados Unidos haviam desistido de tentar assumir a liderança. Os líderes árabes, como observou uma autoridade norte-americana, estavam "dispostos a aceitar a ajuda, mas não [estavam] dispostos a realizar as reformas"[31].

O problema dos Estados Unidos não era apenas a opinião generalizada, entre árabes e muçulmanos, de que a invasão do Iraque visava fortalecer Israel diante da resistência palestina e do mundo árabe em geral, nem o ressentimento com a repetição em escala maior, no Iraque, do tipo de dominação coerciva do qual Israel fora pioneiro nos territórios palestinos: a "simetria notável da tática militar", a "mesma desatenção com o sofrimento das vítimas" e a "solicitude excessiva com o infortúnio dos agressores"[32]. O problema era também, e principalmente, a ideia dos grupos governantes do mundo árabe e muçulmano de que a subserviência aos Estados Unidos tinha custo e risco mais altos que o confronto. Enquanto as dificuldades no Iraque tornavam praticamente inócuas as ameaças norte-americanas de usar a força militar contra outros países muçulmanos, o Estado que mais se fortaleceu com a guerra no Iraque foi o Irã, ele mesmo o próximo na lista de alvos dos Estados Unidos a ter de mudar de regime na região da Ásia ocidental.

> Os Estados Unidos destruíram o arqui-inimigo do Irã e causaram grande prejuízo à própria credibilidade norte-americana na região; os aliados políticos do Irã no Iraque, entre curdos e xiitas, integraram-se à nova estrutura de governo e nunca estiveram tão

---

[31] Joel Brinkley, "U.S. Slows Bid to Advance Democracy in Arab World", *The New York Times*, 5/12/2004; François Heisbourg, "Mideast Democracy is a Long-Term, Global Project", *International Herald Tribune*, 23/3/2004.

[32] Nos meses anteriores à guerra, autoridades norte-americanas e israelenses exprimiram muito claramente a esperança de que a vitória rápida dos Estados Unidos contra o Iraque aumentasse a segurança de Israel, demonstrando aos líderes árabes que não valia a pena desafiá-la. Para uma boa seleção de declarações nesse sentido, ver Sukumar Muralidharan, "Israel: An Equal Partner in Occupation of Iraq".

Adam Smith em Pequim

fortes; e hoje o país está em condições de desempenhar papel importante, para não dizer decisivo, na formação de qualquer novo sistema social e político iraquiano. O Irã [...] não está descontente em ver os norte-americanos atolados [no Iraque] por longo período, a um custo considerável. Está felicíssimo porque, pela primeira vez na política dos países árabes, a comunidade xiita [...] adquiriu *status* público, legítimo e internacionalmente reconhecido.[33]

O domínio xiita no Iraque, somado ao governo xiita no Irã, é especialmente ameaçador para os Estados governados por sunitas que fazem fronteira com o Iraque e ficam situados ao longo do golfo Pérsico, porque representa o perigo de agitação crescente das populações xiitas há muito reprimidas. "Se o Iraque se tornar república islâmica", alertou o rei Abdulá da Jordânia, "enfrentaremos todo um conjunto de novos problemas que não se limitarão às fronteiras do Iraque." Esse temor criou espaço para que os Estados Unidos mobilizassem os governantes sunitas contra o Irã, mas esse espaço é estritamente limitado pela percepção crescente de que é perigoso, para todos os líderes árabes, aliar-se demais aos Estados Unidos[34].

É difícil dizer qual será o resultado final da invasão norte-americana do Iraque na grande região asiático-ocidental. Até mesmo a "vitória" iraniana pode se mostrar temporária, dadas a atrofia e a impopularidade cada vez maiores do regime dos aiatolás e a possibilidade de outra ação mal avaliada por parte dos Estados Unidos. Na verdade, segundo Seymour Hersh e as notícias do *The New York Times*, parece que a Casa Branca de Bush esteve intimamente envolvida no planejamento do bombardeio e da invasão de Israel no Líbano e no apoio da ofensiva contra o Hezbollah. No entanto, essa ação também fracassou. Em vez de criar um *casus belli* plausível com o Irã, mostrou a vulnerabilidade de Israel ao caos gerado na região com a invasão do Iraque. Embora esse novo fracasso, ao lado da dependência norte-americana para com a boa vontade xiita no Iraque, torne pouco plausível o ataque militar ao Irã, o envio de dois aviões de transporte e seus respectivos grupos de combate para o golfo Pérsico, em janeiro de 2007, pretendia, nas palavras de um oficial militar graduado dos Estados Unidos, "lembrar aos iranianos que podemos nos concentrar neles também"[35]. Nessas circunstâncias, só dá para apos-

---

[33] Fred Halliday, "America and Arabia After Saddam", *openDemocracy*, 13/5/2004.

[34] Roula Khalaf, "Iranian Nuclear Ambitions Worry Gulf Arab States", *Financial Times*, 18-19/12/2004; John F. Burns e Robert F. Worth, "Iraqi Campaign Raises Questions of Iran's Sway", *The New York Times*, 15/12/2004; Borzou Daragahi, "Jordan's King Risks Shah's Fate, Critics Warn", *Los Angeles Times*, 1/10/2006; Brent Scowcroft, "Why America Can't Just Walk Away", *International Herald Tribune*, 4/1/2007.

[35] Zia Mian, "Choosing War, Confronting Defeat", *Economic and Political Weekly*, 7/10/2006; David E. Sanger, "On Iran, Bush Confronts Haunting Echoes of Iraq", *The New York Times*, 28/1/2007; Michael

Dominação sem hegemonia

tar que, seja qual for o resultado final da aventura no Iraque, não será nada parecido com o que foi planejado. Longe de ser o primeiro ato de um novo século norte-americano, muito provavelmente será o último ato do primeiro e único século norte-americano, o "longo" século XX.

A estranha morte do projeto de globalização

A ideia de que assistimos à crise terminal da hegemonia norte-americana torna-se mais convincente quando nos voltamos para o impacto da guerra no Iraque sobre a centralidade dos Estados Unidos na economia política global. Como ressaltou Harvey, os objetivos do projeto imperial neoconservador, tanto no palco nacional quanto no mundial, combinava apenas em parte com as declarações neoliberais de crença em mercados que supostamente se autorregulavam. Caso o funcionamento dos mercados livres ameaçasse a centralidade americana, os neoconservadores se dispunham a transformar a guerra de baixa intensidade, travada no mundo inteiro sob o regime do neoliberalismo, em confronto drástico, capaz de eliminar a ameaça de uma vez por todas. A invasão do Iraque pretendia ser esse confronto: o primeiro movimento tático numa estratégia de longo prazo que visava utilizar o poderio militar para impor o controle norte-americano sobre a torneira global do petróleo e, assim, sobre a economia global durante outros cinquenta anos ou mais[36].

Os efeitos inesperadamente desastrosos da invasão do Iraque nos levam a perguntar o que tanto ameaçou o poderio norte-americano no resultado do "projeto de globalização" das décadas de 1980 e 1990, a ponto de levar os neoconservadores à arriscada aventura iraquiana. A liberalização do comércio mundial e dos movimentos de capital patrocinada pelos Estados Unidos não havia redundado numa grande reflação do poder norte-americano depois das múltiplas crises da década de 1970? A confiança no veredicto do mercado global centralizado nos Estados Unidos e por eles regulado, complementada pelo uso prudente da guerra de baixa intensidade, não era a melhor garantia de se repetir a centralidade norte-americana na economia política global?

Apesar de toda a retórica do mercado livre, o governo Bush nunca foi tão entusiasta quanto o governo Clinton do processo de liberalização multilateral do

---

Slackman, "Iraqi Ties to Iran Create New Risks for Washington", *The New York Times*, 8/6/2006; Fred Halliday, "Lebanon, Israel, and the 'Greater West Asian Crisis' ", *openDemocracy*, 18/8/2006; William Pfaff, "Can Bush Forestall Defeat?", *International Herald Tribune*, 13-14/1/2007; Gabriel Kolko, "The Great Equalizer: Lessons from Iraq and Lebanon", *Japan Focus*, 25/8/2006.

[36] David Harvey, *The New Imperialism*, p. 24-5, 75-8, 84-5, 190-2, 201-2 [ed. bras.: *O novo imperialismo*].

comércio e dos movimentos de capital, que constituía o principal aspecto institucional da chamada globalização. Na verdade, a palavra "globalização" raramente se insinuou, se é que isso chegou a acontecer, nos discursos do presidente Bush. De acordo com importante assessor presidencial, a palavra "deixa-o pouco à vontade". Em dezembro de 2003, quando o governo Bush foi multado pela OMC por causa das tarifas sobre o aço importado cobradas em 2002, e ameaçado de sanções retaliativas de 2,3 bilhões de dólares, o assessor explicou que a Casa Branca "acha que o que deu errado nos anos 1990 foi que nos esquecemos de colocar os interesses norte-americanos em primeiro lugar. Sendo assim, a globalização soa como a criação de um monte de regras que podem restringir as opções do presidente e que diluem a influência norte-americana"[37].

A tentativa do governo Bush de se livrar das restrições que a globalização impôs ao poder norte-americano foi mais evidente no âmbito financeiro. Niall Ferguson, ao comparar a posição financeira dos Estados Unidos com a da Grã-Bretanha um século antes, ressaltou que, no caso desta última, a "hegemony" também significou "hege*money*". Como banqueiro do mundo, a Grã-Bretanha, no apogeu imperial, "nunca teve de se preocupar com ataques especulativos à libra", ao passo que os Estados Unidos, para "derrubar os 'regimes delinquentes', primeiro no Afeganistão e agora no Iraque, é o maior devedor do mundo". Essa situação foi resultado da escalada do déficit nas transações correntes do balanço de pagamentos norte-americano, discutida nos capítulos 5 e 6.

> Assim, a ideia do presidente Bush de um mundo reconfigurado pela força militar para ajustá-lo ao gosto norte-americano tem um corolário picante: o esforço militar necessário será (involuntariamente) financiado pelos europeus – inclusive pelos tão vilipendiados franceses – e pelos japoneses. Isso não dá a eles uma pequena influência sobre a política norte-americana, segundo o princípio de que quem paga o almoço escolhe o

---

[37] Citado em David E. Sanger, "While America Sells Security, China Is Buying Its Dollars", *The New York Times*, 7/12/2003. Ver também Chalmers Johnson, *The Sorrows of Empire: Militarism, Secrecy, and the End of the Republic*, p. 272. "O 11 de Setembro foi o maior golpe na promessa de globalização [...]. A partir daí [...] os Estados Unidos recuaram integralmente para o modo 'primeiro o interesse nacional' [...]. Agora, quando o presidente Bush fala com alguma convicção em cooperação ou integração entre fronteiras, é sempre no contexto da guerra ao terrorismo, e nos termos mais estritos" (Andres Martinez, "The Borders Are Closing", *Los Angeles Times*, 1/6/2005). Do mesmo modo, o governo Bush passou dos acordos multilaterais de livre-comércio para os bilaterais. A única negociação multilateral que apoiou – a nova rodada comercial global iniciada em Doha, no Qatar, pouco depois dos ataques do 11 de Setembro – foi rompida de maneira espetacular dois anos depois, em Cancún, em grande parte em virtude dos subsídios agrícolas norte-americanos e europeus.

Figura 7.1 – *Balanço de transações correntes como percentual do PIB mundial*

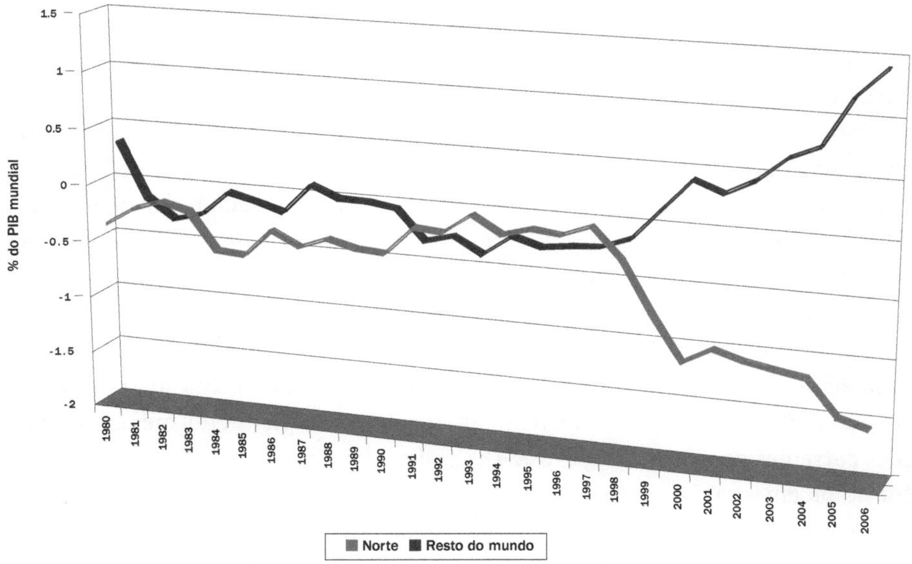

Fonte: Banco de Dados de Resultados Econômicos do FMI, setembro de 2006.

cardápio? Balzac já disse que, quando um devedor deve muito, tem poder sobre os credores; o que mata é ser um pequeno devedor. Parece que o sr. Bush e seus homens levaram a lição a sério.[38]

De fato, os europeus não foram os principais financiadores do enorme déficit norte-americano nas transações correntes. Como mostra a Figura 7.1, desde a crise asiática de 1997-1998 as transações correntes dos países do Norte do globo, *tomados em conjunto* (ou seja, o antigo Primeiro Mundo, incluindo o Japão), sofreram déficit cada vez maior, em boa parte em virtude do déficit norte-americano, ao qual corresponde o superávit cada vez maior das transações correntes no resto do mundo (ou seja, dos antigos Terceiro e Segundo Mundos). Como veremos no Epílogo, essa bifurcação extraordinária envolve a dependência crescente do domínio financeiro global do Norte e principalmente dos Estados Unidos ao fluxo de dinheiro e crédito oriundo dos mesmos países com maior

---

[38] Niall Ferguson, "The True Cost of Hegemony", *The New York Times*, 20/4/2003. O argumento é aprofundado em seu livro *Colossus: The Price of America's Empire*, p. 261-95.

probabilidade de serem vítimas desse domínio. Não surpreende que o diretor de pesquisa de um centro de estudos norte-americano tenha advertido para o perigo da situação que vem se criando: "Contamos cada vez mais com um grupo de credores que não são nossos amigos mais íntimos, mas que têm cada vez mais participação nos Estados Unidos"[39].

Por enquanto, os financiadores mais importantes do déficit norte-americano em transações correntes foram os governos da Ásia oriental, que se dedicaram a compras maciças de títulos do Tesouro norte-americano e a acumular reservas em dólar – em primeiro lugar os japoneses, mas também os chineses, em nível cada vez mais significativo[40]. A principal motivação desses e de outros governos que têm financiado o crescente déficit norte-americano em transações correntes não é estritamente econômica, mas sim política. O próprio Ferguson cita a declaração de Kenneth S. Rogoff, então economista-chefe do FMI, de que ficaria "bastante preocupado [com] o país em desenvolvimento que tivesse déficits enormes em transações correntes ano após ano, até onde se pode alcançar, de 5% ou mais [do PIB], a cor do orçamento passando de preto para vermelho". É claro que, como Rogoff se apressou em acrescentar, os Estados Unidos não são um país "em desenvolvimento"; mas, como nem Rogoff nem Ferguson notaram, também não são um país "desenvolvido" comum. Os Estados Unidos esperam e obtêm de outros governos e instituições internacionais, o FMI em primeiro lugar, tratamento preferencial no trato de suas finanças que nenhum outro Estado, por mais "desenvolvido" que seja, poderia esperar. Isso não se deve basicamente ao efeito Balzac, mas ao peso e à

---

[39] Citado em Frederick Kempe, "Why Economists Worry About Who Holds Foreign Currency Reserves", *The Wall Street Journal*, 9/5/2006.

[40] Enquanto "na década de 1990 o investidor estrangeiro despejava trilhões de dólares em ações e compras de empresas norte-americanas [...], [agora] a maior parte do dinheiro vem não de investidores privados, mas de governos estrangeiros, encabeçados por Japão e China. Em vez de lucro, o objetivo é estabilizar o câmbio. [...] Muitos economistas defendem que os bancos centrais asiáticos criaram uma versão informal do sistema de Bretton Woods de câmbio fixo, que durou desde pouco depois da Segunda Guerra Mundial até o início da década de 1970" (Edmund Andrews, "The Dolar is Down, but Should Anyone Care?", *The New York Times*, 16/11/2004). No fim de 2004, os estrangeiros possuíam cerca de 13% das ações norte-americanas, 24% dos títulos de empresas e 43% dos títulos do Tesouro norte-americano (Robert J. Samuelson, "The Dangerous Dollar", *The Washington Post*, 17/11/2004). Já em agosto de 2006, o maior detentor estrangeiro de títulos do Tesouro norte-americano era o Japão (664 bilhões de dólares), seguido da China (339 bilhões). O montante chinês superava o dos três maiores detentores do Norte (Grã-Bretanha, Alemanha e Canadá) somados (300 bilhões de dólares). Além disso, em um nível desconhecido, os mais de 200 bilhões de dólares detidos pela Grã-Bretanha incluem amplos holdings de investidores não britânicos no mercado financeiro e nas instituições do país; calculado com base nos dados fornecidos em Floyd Norris, "Accessory for a U.S. Border Fence: A Welcome Mat for Foreign Loans", *The New York Times*, 4/11/2006.

Dominação sem hegemonia

centralidade inigualáveis dos Estados Unidos na economia global; e à noção generalizada (ao menos antes da atual crise do Iraque) de que o poderio militar norte--americano é essencial para a estabilidade política do mundo. Nesse aspecto, poder e centralidade na economia política global têm muito mais importância para os Estados Unidos do que jamais tiveram para a Grã-Bretanha, porque, como argumentamos no capítulo 5, a Grã-Bretanha podia contar com algo que os Estados Unidos não têm: o império territorial da Índia, do qual podia extrair recursos financeiros e militares quase ilimitados.

Portanto, podemos resumir da seguinte maneira a condição de dominação norte-americana sem "hege*money*". Como no caso da Grã-Bretanha em fase comparável de declínio relativo, o crescente déficit norte-americano em transações correntes reflete a deterioração da posição competitiva das empresas norte-americanas em termos nacionais e internacionais. E como no caso da Grã-Bretanha, embora menos bem-sucedido, o capital norte-americano enfrentou em parte essa deterioração especializando-se na intermediação financeira global. Entretanto, ao contrário da Grã-Bretanha, os Estados Unidos não têm império territorial do qual possam extrair os recursos necessários para manter a supremacia político-militar num mundo cada vez mais competitivo. É claro que a Grã-Bretanha acabou perdendo a supremacia. Quando a concorrência entre os antigos e os novos rivais na construção de impérios se intensificou e criou ambiente favorável para a rebelião nas colônias, o custo do império subiu muito além de seus benefícios. Quando a Grã-Bretanha viu que era cada vez mais difícil fazer com que o império se pagasse, sem falar na geração de superávit, o país se endividou cada vez mais com os Estados Unidos, que combinavam custo de proteção mais baixo com mais competência na guerra industrializada do que a Grã-Bretanha e todos os seus rivais. Com o tempo, essa situação obrigou Londres a liquidar o império ultramarino e a se contentar com a posição de sócio minoritário da nova potência hegemônica. Ainda assim, foram necessárias duas guerras mundiais, nas quais a Grã-Bretanha venceu militarmente, mas foi derrotada financeiramente, para que ela perdesse a posição de maior nação credora do mundo[41].

Os Estados Unidos, por outro lado, tornaram-se nação endividada muito mais cedo e de forma muito mais maciça que o Reino Unido não só pela tendência ao consumismo, mas também porque não tinham uma Índia da qual tirar, gratuitamente, todos os soldados de que precisavam para travar uma série tão interminá-

---

[41] Giovanni Arrighi e Beverly J. Silver, *Chaos and Governance in the Modern World System*, p. 72-87 [ed. bras.: *Caos e governabilidade no moderno sistema mundial*].

Adam Smith em Pequim

vel de guerras no Sul do globo quanto a Grã-Bretanha durante sua própria hegemonia. Não só Washington teve de fazer uso intensivíssimo de capital para pagar por esses soldados e por seu arsenal, como também, em vez de cobrar tributos de um império ultramarino, teve de competir de modo agressivo no mercado financeiro mundial pelo capital necessário para equilibrar o crescimento explosivo de seu déficit em transações correntes. Embora nisso os Estados Unidos tenham obtido enorme sucesso nas décadas de 1980 e 1990, o capital que atraíram, ao contrário das contribuições indianas para o balanço de pagamentos britânico, não veio de graça. Pelo contrário, gerou um fluxo de rendimentos para os residentes no exterior que só fez crescer e tornou cada vez mais difícil equilibrar o déficit norte-americano em transações correntes[42].

Segue-se que a *belle époque* norte-americana da década de 1990 baseou-se num círculo virtuoso que, a qualquer momento, podia se tornar vicioso. Esse círculo virtuoso, mas potencialmente vicioso, baseava-se na sinergia de duas condições: a capacidade dos Estados Unidos de se apresentar como responsáveis pelas funções globais de mercado de último recurso e como potência político-militar indispensável; e a capacidade e disposição do resto do mundo de fornecer aos Estados Unidos o capital de que estes precisavam para continuar exercendo essas duas funções em escala cada vez maior. A derrocada do bloco soviético, as "vitórias" espetaculares na primeira Guerra do Golfo e na Guerra da Iugoslávia e o surgimento da bolha da nova economia deram impulso tremendo à sinergia entre a riqueza e o poder norte-americanos, de um lado, e o fluxo de capital estrangeiro, de outro. Mas se qualquer uma dessas condições mudasse, a sinergia poderia se inverter e transformar o círculo virtuoso em vicioso.

Como chegou ao governo logo após a explosão da bolha da nova economia, Bush tinha toda a razão em se sentir "pouco à vontade" com as políticas da época

---

[42] Desse modo, no fim de setembro de 2006, o *Wall Street Journal* noticiou que, pela primeira vez em pelo menos noventa anos, os Estados Unidos estavam visivelmente pagando mais a credores externos do que estavam recebendo com os investimentos no exterior, retornando assim à situação do século XIX, quando emprestaram enormes quantias da Europa. Além do fato de as enormes quantias serem emprestadas agora da Ásia e não da Europa, há uma diferença fundamental entre a situação de país devedor dos Estados Unidos no século XIX e a de hoje: no século XIX, os empréstimos financiaram a construção de ferrovias e de infraestrutura, o que fortaleceu a produtividade da economia norte-americana, ao passo que hoje financiam o consumo público e privado que os Estados Unidos não conseguem mais suprir de modo competitivo (Mark Whitehouse, "US Foreign Debt Shows Its Teeth as Rates Climb", *The Wall Street Journal*, 7/9/2005; Paul Krugman, "Debt and Denial", *The New York Times*, 8/2/2006).

204

Clinton[43]. Durante a expansão da bolha, a maior parte do capital estrangeiro que fluiu para os Estados Unidos era capital privado em busca de lucro, e os próprios investidores privados formavam uma massa amorfa com pouca ou nenhuma influência sobre a política norte-americana. No entanto, como observamos, depois que a bolha explodiu, o fluxo de capital para os Estados Unidos tornou-se mais político e os governos que financiaram o crescente déficit norte-americano em transações correntes necessariamente ganharam uma influência nada negligenciável sobre a política do país. Essa influência maior não representou um problema imediato para Washington, porque a maioria dos Estados credores da Ásia oriental, sobretudo o Japão, sentia-se profundamente dependente dos Estados Unidos para sua segurança e prosperidade. Como veremos, essa situação mudou radicalmente com o surgimento da China como destino alternativo para as exportações e os investimentos da Ásia oriental e como importante credor dos Estados Unidos. Mas até se abstrairmos o fator China, a dependência financeira crescente com relação aos governos estrangeiros restringiu necessariamente a capacidade norte-americana de defender o interesse nacional nas negociações multilaterais e bilaterais que promoveram e regulamentaram a integração econômica global. Em junho de 1997, por exemplo, ao voltar de uma reunião do G8 em Denver, em que o governo Clinton gabou-se da pujança da economia norte-americana, o primeiro-ministro japonês disse a uma plateia em Nova York que o Japão se sentira tentado a vender grandes lotes de títulos do Tesouro norte-americano durante as negociações do país com os Estados Unidos sobre a venda de automóveis e, de novo, quando o câmbio flutuou desvairadamente enquanto os Estados Unidos pareciam só se preocupar com questões internas. Como observou um comentarista, Hashimoto "simplesmente lembrou a Washington que, embora tivesse criado uma economia [...] robusta, os bancos centrais asiáticos é que tinham a hipoteca"[44].

A decisão do governo Bush de reagir ao 11 de Setembro com uma guerra prolongada em várias frentes tornou mais urgente a necessidade de mudar a política

---

[43] Antes da invasão do Iraque, as comparações aziagas entre os Estados Unidos pós-bolha e o Japão tornaram-se comuns. Não ajudou em nada as ações norte-americanas terem caído em 2002 pelo terceiro ano consecutivo, na queda mais prolongada desde 1939-1941 (David Leonhardt, "Japan and the U.S.: Bubble, Bubble, Toil and Trouble", *The New York Times*, 2/10/2002; Stephen Roach, "The Next Japan?", disponível em: <www.morganstanley.com>, acessado em 21/10/2002). A combinação nunca vista de estímulos fiscais e financeiros adotada pelo governo Bush (ver a seguir) amainou, mas nunca eliminou completamente o temor de que os Estados Unidos pudessem repetir nos anos 2000 a experiência japonesa da década de 1990.

[44] William Pesek, "Commentary: Across Asia, the Sound of Sharpening Knives", *International Herald Tribune*, 7/12/2004.

Adam Smith em Pequim

da década de 1990, pois como financiar uma guerra dessas a partir de endividamento tão grande com outros países? Havia quatro respostas possíveis a essa pergunta: elevar a tributação; fazer ainda mais empréstimos no exterior; fazer a guerra pagar por si mesma; ou explorar os lucros do monopólio da cunhagem de
moeda (senhoriagem) de que gozavam os Estados Unidos em virtude da aceitação
geral do dólar norte-americano como moeda internacional.

Elevar os impostos estava fora de questão. Depois de vencer as eleições com
promessas de uma grande redução de impostos, o governo Bush não poderia
elevá-los sem desagradar ao núcleo de sua base eleitoral, cometendo assim suicí-
dio político. Além disso, a popularidade do esforço de guerra baseava-se em boa
parte na crença promovida pelo governo de que os Estados Unidos não teriam de
escolher entre armas e manteiga e que poderiam ter ambos em grande quantidade.
De fato, o governo usou a crise do 11 de Setembro para iniciar duas guerras, aproveitando para gastar o superávit acumulado pela administração anterior e ao mesmo tempo reduzir impostos. Em retrospecto, lamenta Friedman, os Estados Unidos, "em seguida à bolha da informática, fizeram surgir a bolha do 11 de Setembro
[...]. A primeira foi financiada por investidores temerários e a segunda, por governo e Congresso temerários"[45].

Fazer mais empréstimos no exterior era possível, mas dentro de limites econômicos e políticos. Em termos econômicos, o limite foi determinado pela necessidade de manter os juros baixos para reavivar a economia nacional após a queda
de Wall Street em 2000 e 2001, e que o 11 de Setembro agravara ainda mais. Politicamente, o limite foi determinado pela relutância do governo Bush em dar aos
governos estrangeiros mais influência sobre a política norte-americana. No entanto, os empréstimos feitos de governos estrangeiros (sobretudo da Ásia oriental), assim como sua influência, de fato aumentaram depois do 11 de Setembro.
Desse modo, o financiamento do déficit ficou, cada vez mais, à mercê dos bancos
centrais da Ásia oriental. Mas essa situação resultou menos de uma política norte-
-americana consciente de que estava aumentando o endividamento do que da
decisão dos governos estrangeiros de continuar financiando, por razões próprias,
o déficit em transações correntes que fugia ao controle dos Estados Unidos[46].

Era mais fácil falar do que fazer a guerra pagar por si. A mudança já citada da
guerra inacabada do Afeganistão para o Iraque não se deveu somente à expecta-

[45] Thomas Friedman, "The 9/11 Bubble", *The New York Times*, 2/12/2004.
[46] Floyd Norris, "Is It Time for the Dollar to Fall in Asia?", *International Herald Tribune*, 22/10/2004;
Eduardo Porter, "Private Investors Abroad Cut Their Investments in the U.S.", *The New York Times*,
19/10/2004.

Dominação sem hegemonia

tiva de que este último seria terreno mais favorável para a vitória fácil dos Estados Unidos, exemplificada pela famosa observação de Rumsfeld de que o Iraque tinha "alvos melhores" que o Afeganistão. Deveu-se também à expectativa de que o petróleo iraquiano forneceria recursos para a consolidação do poder norte-americano no Iraque e na Ásia ocidental em geral. Como sabemos agora, ambas as expectativas se frustraram. Depois que os "alvos iraquianos melhores" foram vencidos, o petróleo iraquiano não conseguiu nem começar a cobrir a rápida escalada do custo da guerra, que se arrastava sem solução à vista.

> Antes da guerra, as autoridades recusavam-se a discutir os custos, a não ser para insistir que seriam mínimos. Só depois que os tiros começaram e que o Congresso não estava mais em condições de obstruir é que o governo pediu 75 bilhões de dólares para o Fundo de Liberdade do Iraque. Então, depois de declarar "missão cumprida" e impor uma grande redução fiscal [...], o sr. Bush disse ao Congresso que precisava de mais 87 bilhões [...] e alertou que os soldados norte-americanos sofreriam se o dinheiro não chegasse logo.

Um ano depois, ele fez a mesma advertência e pediu ao Congresso mais 25 bilhões[47]. No fim de 2006, o Congresso aprovara mais de 500 bilhões de dólares para as guerras no Iraque e no Afeganistão, além das operações relacionadas ao terrorismo em outros pontos, e previu-se que a Guerra ao Terror ultrapassaria, em 2007, o custo (corrigido pela inflação) de todas as guerras norte-americanas, com exceção da Segunda Guerra Mundial[48].

Como não era possível aumentar os impostos, havia limites para novos empréstimos externos e a guerra não estava se pagando; os privilégios de senhoriagem norte-americanos tornaram-se a principal fonte de financiamento das guerras de Bush. Como escreveu um comentarista pouco depois da invasão do Iraque, qualquer cínico poderia ver de que forma os países estrangeiros forneciam bens, serviços e recursos aos Estados Unidos em troca de pedaços caríssimos de papel "como brilhante conspiração norte-americana".

> Nas décadas de 1980 e 1990, os responsáveis pela política [norte-americana] convenceram várias economias a liberalizar seus mercados financeiros. Em geral, essa liberalização terminou em crises financeiras, crises cambiais ou uma combinação de ambas. Esses desastres reduziram o investimento nacional nos países atingidos, inspiraram medo profundo do déficit em transações correntes e geraram forte desejo de acumular reservas em moeda estrangeira. O modo mais seguro era investir os recursos superavi-

---

[47] Paul Krugman, "The Wastrel Son", *The New York Times*, 18/5/2004.
[48] Peter Baker, "U.S. Not Winning War in Iraq, Bush Says for the First Time", *The Washington Post*, 20/12/2006; "Costs of Major U.S. Wars", *CounterPunch*, 5/5/2006.

207

Adam Smith em Pequim

tários do país na maior economia do mundo e nos mercados mais líquidos de capitais. Quando não for mais possível convencer os estrangeiros crédulos a financiar os Estados Unidos, o dólar cairá. Como as obrigações norte-americanas são em dólar, quanto maior a queda, menor se tornará a dívida norte-americana com o resto do mundo. Desse modo, a última fase da "conspiração" será o calote parcial por meio da desvalorização do dólar.[49]

No fim de 2004, o *Economist* calculou a queda do dólar, nos três anos anteriores, em 35% em relação ao euro e em 24% em relação ao iene, e estimou em quase 11 trilhões a reserva de títulos em dólar em mãos estrangeiras. "Se o dólar cair mais 30%, como preveem alguns, será o maior calote da história; não o calote convencional do serviço da dívida, mas o calote por roubo, que fará sumir trilhões de dólares dos títulos em poder dos estrangeiros."[50] Ao que parece, o "maior calote da história" ainda está para acontecer. Mas, aconteça ou não, o fato de os Estados Unidos estarem explorando o privilégio de senhoriagem para consumir ao mesmo tempo armas e manteiga bem além de seus meios pode adiar, mas não evitar indefinidamente o ajuste estrutural fundamental do país, necessário para refletir a redução substancial de sua competitividade na economia global.

As causas de mais longo prazo dessa redução da competitividade, anteriores à invasão do Iraque, já foram discutidas no capítulo 6. Desde a invasão, cada vez mais observadores norte-americanos lamentaram essa perda de competitividade não só nas atividades de pouca tecnologia e uso intensivo de mão de obra, como também nas atividades de alta tecnologia e uso intensivo de conhecimento, que são a espinha dorsal da vantagem comparativa dos Estados Unidos[51]. As multinacionais norte-americanas viram receitas e lucros crescerem, mas esse crescimento ocorreu principalmente no exterior e essas empresas só podem manter sua parti-

---

[49] Martin Wolf, "A Very Dangerous Game", *Financial Times*, 30/9/2003. Para relatos mais complexos da "conspiração" norte-americana, ver Robert H. Wade, "The Invisible Hand of the American Empire", *openDemocracy*, 13/3/2003, e Andre Gunder Frank, "Meet Uncle Sam – Without Clothes – Parading Around China and the World".

[50] "The Disappearing Dollar", *The Economist*, 2/12/2004.

[51] Ver, entre outros, Adam Segal, "Is America Losing Its Edge?"; Jean Kumagai e William Sweet, "East Asia Rising", *IEEE Spectrum Online*, 19/10/2004; William J. Broad, "U.S. Is Losing Its Dominance in the Sciences", *The New York Times*, 3/5/2004; Eduardo Porter, "Innovation and Disruption Still Going Hand in Hand", *The New York Times*, 6/12/2004; David Baltimore, "When Science Flees the U.S.", *The Los Angeles Times*, 29/11/2004; Thomas Friedman, "Fly Me to the Moon", *The New York Times*, 5/12/2004; Keith Bradsher, "Made in U.S., Shunned in China", *The New York Times*, 18/11/2005; Paul G. Roberts, "Another Grim Jobs Report. How Safe Is Your Job?", *CounterPunch*, 18/4/2006; Joellen Perry e Marcus Walker, "Europeans' Appetite for Imports Benefits Chin at the Expense of the U.S.", *The Wall Street Journal*, 11/9/2006.

Dominação sem hegemonia

cipação no mercado global se reinvestirem o lucro no exterior[52]. A valorização da moeda de outros países (mais notadamente a China), considerada por muitos o remédio para a perda de competitividade, pode ajudar, mas a experiência passada não é encorajadora.

> Há indícios abundantes de que a obsessão norte-americana pela moeda está mal colocada. Desde 1976 o iene quase triplicou de valor em relação ao dólar. Mas não tem havido melhora significativa da posição bilateral dos Estados Unidos em relação ao Japão, antigo bicho-papão dos industriais norte-americanos.[53]

O ajuste dos Estados Unidos à nova realidade da economia global envolverá a combinação de mais desvalorização do dólar, valorização das moedas dos países com maior superávit em transações correntes e redirecionamento desses superávits do financiamento do déficit norte-americano para a criação de demanda em outros lugares, principalmente na Ásia oriental. Esse ajuste final pode ser "violento", com a derrocada do dólar, ou "suave"[54]. Seja como for, o ajuste resultará inevitavelmente numa queda ainda maior do controle norte-americano sobre os recursos econômicos mundiais, na redução do peso e da centralidade do mercado norte-americano na economia global e na diminuição do papel do dólar como meio de pagamento internacional e moeda de reserva.

O governo Bush mostrou ter alguma noção dos riscos que corre ao contar demais com a desvalorização do dólar e com o calote da dívida norte-americana aos estrangeiros para sustentar sua competitividade. Assim, em junho de 2003, na conferência de Doha, John Snow, secretário do Tesouro, convenceu os ministros da Fazenda dos demais países do G7 a assinar uma declaração conjunta em que se afirmava que o mercado deveria determinar o câmbio. A declaração foi interpretada como sinal de que Washington estava abandonando oficialmente a política do dólar forte da época Clinton e o dólar despencou de imediato em relação a to-

---

[52] Louis Uchitelle, "Increasingly, American-Made Doesn't Mean in the U.S.A.", *The New York Times*, 19/3/2004.

[53] James Kynge e Christopher Swann, "US Risks Paying High Price for Calls Over Currency Flexibility", *Financial Times*, 26/9/2003. Do mesmo modo, entre julho de 2001 e março de 2006, o euro subiu 44% em relação ao dólar, mas o déficit bilateral norte-americano com a eurozona aumentou 75% (Christopher Swann, "Revaluation of the Renminbi Will Do Little to Reduce US Deficit", *Financial Times*, 28/3/2006). Em termos mais gerais, a enorme desvalorização do dólar entre 2001 e 2004, em vez de reduzir o déficit comercial norte-americano, fez com que batesse novo recorde de 617,7 bilhões de dólares. Como mostra a Figura 5.2, o déficit norte-americano em transações correntes vem aumentando desde meados da década de 1990, quer quando o dólar se valorizou (de 1995 a 2000), quer quando se desvalorizou (de 2001 a 2004).

[54] Martin Wolf, "A Very Dangerous Game", *Financial Times*, 30/9/2003.

209

das as principais moedas. Mas sempre que a queda ameaçou se transformar em derrocada, as autoridades norte-americanas repetiram a ladainha sobre a importância da moeda forte: "Ninguém no mercado sabe direito o que [isso] ainda significa, mas para o caso de ser anunciado um surto de intervenção todos preferem se proteger e parar de vender as verdinhas"[55].

A confusão no mercado justificou-se totalmente à luz da contradição entre a adoção retórica da importância da moeda forte e a extrema frouxidão monetária e fiscal com que o governo Bush manteve a recuperação da economia norte-americana depois do *crash* de 2001 e financiou o custo cada vez maior da Guerra ao Terror. Essa extrema frouxidão lembra a política norte-americana dos últimos anos da Guerra do Vietnã, quando John B. Connally, secretário do Tesouro de Nixon, celebrizou-se ao dizer ao mundo preocupado: "O dólar é nossa moeda e problema de vocês"[56]. No entanto, a queda do dólar acabou se transformando em problema dos Estados Unidos. Por um breve instante, em janeiro de 1980, a elevação do preço do ouro ao extraordinário nível de 875 dólares a onça parecia assinalar o fim iminente do padrão-dólar *de facto*, adotado em 1971 – ano em que os Estados Unidos finalmente abandonaram o compromisso de comprar ouro pelo preço fixo de 35 dólares a onça. Na verdade, o dólar logo se recuperou da derrocada e, desde então, manteve-se o padrão-dólar *de facto*. À luz dessa experiência, a vontade do governo Bush de forçar ao máximo o abuso do privilégio de emitir moeda talvez se deva à crença de que, caso ocorra o pior, Washington pode sair da beira do abismo e gozar de mais vinte anos como emissor inconteste de moeda[57].

No caso de nova derrocada do dólar comparável à do fim da década de 1970, entretanto, seria bem mais difícil e talvez impossível para os Estados Unidos recuperar o controle do sistema monetário mundial. Na década de 1980, o dólar norte-americano recuperou a posição de moeda mundial em virtude da inversão súbita e radical da extrema frouxidão para o extremo aperto da política monetária norte-americana, acompanhada pelo acirramento da competição dos Estados Unidos por capital mundo afora, com juros altíssimos, incentivos fiscais e aumento da liberdade de ação para especuladores e produtores capitalistas[58]. Mas o próprio sucesso dessa inversão política, que atraiu volume imenso de capital, transformou os Estados Unidos de país credor em maior devedor do mundo. Os credores norte-

---

[55] Charlotte Denny, "Trap a Dragon, Mr. Bush, and Lose an Election", *The Guardian*, 3/11/2003.
[56] Mark Landler, "Sidelined by U.S. and Asia, Singing the Euro Blues", *The New York Times*, 12/12/2004.
[57] Essa crença parece implícita na tese de Cheney, descrita por Paul O'Neill, de que "Reagan provou que os déficits não importam". Citado em John Cassidy, "Taxing", *The New Yorker*, 26/1/2004.
[58] Como vimos nos capítulos 5 e 6, a inversão da política começou no governo Carter, mas só se materializou inteiramente com Reagan.

Dominação sem hegemonia

-americanos podem se conter, e com certeza o farão, caso cogitem puxar o tapete de um devedor tão grande. Com a devida vênia a Balzac, nem assim faria sentido para eles dobrar os empréstimos feitos ao país que deu um calote parcial na dívida ao praticar uma desvalorização maciça de sua moeda[59]. Além disso, depois de já ter concedido incentivos extraordinários ao capital, pouco resta aos Estados Unidos a oferecer no caso de nova derrocada do dólar. Nessas circunstâncias de endividamento nunca visto e de exaustão dos incentivos, o aumento dos juros, como feito no governo Reagan, provocaria um retraimento interno bem mais grave, sem nenhuma garantia de ser seguido de recuperação robusta. Portanto, o aumento grande dos juros agravaria, em vez de aliviar, a redução relativa da economia norte-americana causada pela derrocada do dólar.

A isso devemos acrescentar que, no fim da década de 1970, havia pouca ou nenhuma alternativa viável ao dólar norte-americano como moeda internacional. O euro ainda era mais projeto do que realidade. O marco alemão e o iene japonês, em rápida valorização, não tinham o peso econômico global nem o apoio institucional nacional necessários para se tornarem meio de pagamento internacional importante ou moeda de reserva. Não tendo para onde ir, o capital – que estava fugindo do dólar – foi principalmente para o ouro. Mas nenhuma potência capitalista tinha interesse na remonetarização do ouro numa época de estagnação econômica mundial, ainda mais diante da influência que tal remonetarização daria à União Soviética. Nessas circunstâncias, a tentativa norte-americana de preservar o padrão-dólar pôde contar com a cooperação ativa de todos os governos importantes na regulamentação monetária mundial.

Também nesse aspecto a situação, hoje, é bem diferente. Os governos importantes ainda podem se dispor, em grande medida, a cooperar com o governo dos Estados Unidos para preservar o padrão-dólar. Mas essa boa vontade tem bases diferentes – e menos favoráveis aos Estados Unidos – das da década de 1980. Como explicou recentemente Lawrence Summers, ex-secretário do Tesouro, a dependência norte-americana com relação ao dinheiro estrangeiro é "ainda mais angustiante" que a dependência norte-americana em relação a fontes de energia estrangeiras.

> Em um sentido concreto, os países que têm moeda e títulos norte-americanos em seus bancos também têm a prosperidade norte-americana nas mãos. Essa possibilidade deveria deixar os norte-americanos pouco à vontade. Há algo de estranho no fato de a maior potência do mundo ser o maior devedor do mundo. Evidentemente, é verdade

---

[59] Martin Wolf, "The World Has a Dangerous Hunger for American Assets", *Financial Times*, 8/12/2004.

Adam Smith em Pequim

que os governos e os investidores estrangeiros que financiam a gastança da superpotência não têm motivos para fazer a economia norte-americana falir, desfazendo-se de repente de suas reservas em dólar. A crise financeira que se seguiria prejudicaria seriamente suas próprias economias. Mas depois de finalmente ter saído do equilíbrio de terror da Guerra Fria, os Estados Unidos não deveriam aceitar de maneira leviana a nova versão de destruição mútua, caso isso possa ser evitado.[60]

De fato, é bem mais difícil para os Estados Unidos resolver o novo "equilíbrio do terror" a seu favor do que no caso com a União Soviética. Como já observado, a vantagem decisiva dos Estados Unidos durante a Guerra Fria foi financeira. Mas, no novo confronto, o poder financeiro não está a favor, mas sim contra os Estados Unidos. Se o abuso do privilégio de senhoriagem resultar novamente na derrocada do dólar, os governos da Europa e da Ásia oriental estão em posição muito melhor do que há 25 anos para criar alternativas viáveis ao padrão-dólar. Contudo, não devemos esquecer que, nesses assuntos, a regra é a inércia e o destronamento do dólar não exige que outra moeda qualquer ocupe seu lugar.

Desalojar uma moeda dominante pode levar anos. A libra esterlina manteve seu papel internacional central durante meio século no mínimo, depois que o PIB dos Estados Unidos ultrapassou o da Grã-Bretanha no fim do século XIX. Mas acabou perdendo o *status*. Se os Estados Unidos continuarem no atual caminho perdulário, é provável que o dólar sofra destino semelhante. No entanto, é provável que no futuro nenhuma moeda, como, por exemplo, o euro, assuma seu lugar. Ao contrário, o mundo pode se voltar para um sistema de reserva em várias moedas, como dólar, euro e iene (e até mesmo o iuane, em algum momento futuro). [...] Talvez seja possível lidar com o abandono lento e constante do dólar. Mas se os Estados Unidos continuarem a mostrar a mesma negligência com sua própria moeda, o resultado será a queda rápida do dólar e o aumento dos juros norte-americanos.[61]

Em resumo, como muitos de seus críticos, o governo Bush talvez ache que a queda do dólar não é problema norte-americano, mas meio bastante eficaz de obrigar amigos e inimigos a financiar o esforço de guerra e o crescimento econômico dos Estados Unidos. Na verdade, a queda do dólar na década de 2000 é a manifestação de uma crise muito mais grave da hegemonia norte-americana do que a queda do dólar na década de 1970. Seja ela gradual ou violenta, é a manifestação (e o fator) da perda relativa e absoluta da capacidade dos Estados Unidos de manter a centralidade no interior da economia política global. Para apreciar por completo a

---

[60] Lawrence H. Summers, "America Overdrawn".
[61] "The Passing of the Buck?", *The Economist*, 2/12/2004.

Dominação sem hegemonia

extensão e a natureza dessa perda, devemos mudar nosso foco para o que talvez pareça, em retrospecto, o maior fracasso do projeto imperial neoconservador: permitir que a China se torne o possível novo centro da economia política global.

A síndrome da China

Às vésperas do 11 de Setembro, John Mearsheimer concluía *The Tragedy of Great Power Politics*, produto mais ambicioso da recente teoria das relações internacionais norte-americanas, com um prognóstico sobre as consequências da ascensão econômica chinesa para o poder norte-americano e a recomendação do remédio.

> A China ainda está distante do ponto em que terá poder [econômico] suficiente para investir na hegemonia regional. Sendo assim, não é tarde demais para que os Estados Unidos [...] façam o possível para retardar a ascensão da China. Na verdade, é provável que os imperativos estruturais do sistema internacional, que são poderosos, forçarão os Estados Unidos a abandonar a política de envolvimento construtivo em um futuro próximo. De fato, há sinais de que o novo governo Bush deu os primeiros passos nessa direção.[62]

No fim das contas, ao se ver preso no atoleiro iraquiano, o governo Bush foi forçado a aprofundar, em vez de abandonar, o envolvimento construtivo com a China. Em 2003, no caminho de ida e volta para a conferência da Apec [Asia-Pacific Economic Cooperation, ou Cooperação Econômica da Ásia e do Pacífico], realizada em Bangcoc, Bush evitou retórica e geograficamente o país que já estivera no centro da política de segurança nacional de seu governo[63]. Como

---

[62] John J. Mearsheimer, *The Tragedy of Great Power Politics*, p. 402. O argumento de Mearsheimer reproduz a tese de Wolfowitz, de 1992, de que o objetivo da política externa deveria ser "impedir que qualquer potência hostil domine uma região cujos recursos sejam, sob controle consolidado, suficientes para gerar poder global" (citado em Chalmers Johnson, *The Sorrows of Empire: Militarism, Secrecy, and the End of the Republic*, p. 85-6). Mearsheimer reiterou sua posição numa entrevista dada oito meses depois do 11 de Setembro: "Os Estados Unidos se esforçarão ao máximo [...] para conter a China e quebrar suas pernas, assim como quebraram as pernas da Alemanha imperial na Primeira Guerra Mundial, do Japão na Segunda Guerra Mundial e da União Soviética durante a Guerra Fria". Ao mesmo tempo, admitiu que "seria quase impossível desacelerar o crescimento econômico chinês". Para os Estados Unidos, afirmou, a estratégia mais eficaz seria criar uma "coalizão de equilíbrio" político e militar que incluísse Japão, Vietnã, Coreia, Índia e Rússia. Os Estados Unidos, então, poderiam apoiar a Rússia numa disputa de fronteira com a China; apoiar o Japão numa disputa com a China por rotas marítimas; ou poderia "entrar em guerra em nome de Taiwan" (Harry Kreisler, "Through the Realist Lens").

[63] "No primeiro esboço do *Defense Policy Guidance*, de 1992, redigido por Paul Wolfowitz e Lewis Libby, não estava claro onde seria mais provável que surgisse o novo rival da supremacia norte-americana. A Europa e o Japão, assim como a China, estavam entre os candidatos. No entanto, quando o governo Bush tomou posse, os proponentes dessa doutrina de supremacia só viam surgir um possível competidor em futuro próximo: a China" (John Gershman, "Remaking Policy in Asia?").

213

observou o *Financial Times*, essa é uma "mudança significativa para um presidente que assumiu o cargo alardeando o rompimento com a política clintoniana de envolvimento com a China, insistindo, nas primeiras semanas de governo, que a China era um 'concorrente estratégico' dos Estados Unidos". Quando as questões de segurança na Ásia ocidental começaram a pesar cada vez mais sobre o governo norte-americano, as advertências contra a ameaça chinesa deram lugar a um envolvimento com Pequim ainda maior do que no governo Clinton. A inversão foi tão completa que a Casa Branca passou a se gabar de manter melhores relações com a China do que todos os governos desde que Richard Nixon reatou com a República Popular da China[64].

Como veremos no capítulo 10, Washington não abandonara absolutamente a ideia de conter a China com várias estratégias, até mesmo a de "coalizão de equilíbrio" político e militar do jeito que Mearsheimer aprecia. Contudo, quanto mais os Estados Unidos se enredavam na Guerra ao Terror e dependiam de crédito e de mercadorias estrangeiras baratas, mais a China conseguia impor um tipo de "imperativo estrutural" diferente daqueles vislumbrados por Mearsheimer. Como ressaltou Krugman, quando o secretário do Tesouro norte-americano foi a Pequim pedir a valorização do iuane e não recebeu satisfação, uma das razões foi que o superávit comercial da China com os Estados Unidos era mais que compensado pelo déficit comercial com outros países. Outra razão foi que:

> [...] atualmente os Estados Unidos têm pouca influência na China. O sr. Bush precisa da ajuda da China para lidar com a Coreia do Norte. [...] Além disso, a compra de títulos do Tesouro norte-americano pelo banco central da China é uma das principais maneiras de os Estados Unidos financiarem seu déficit comercial. [...] Apenas quatro meses depois da Operação Flight Suit [Macacão de Piloto], a superpotência transformou-se em pedinte das nações que costumava insultar. Missão cumprida![65]

Além disso, o governo Bush está bem a par do perigo de a imposição de tarifas à China como modo de forçar a valorização da moeda sair pela culatra. Como afirmou repetidas vezes Greg Mankiw, assessor econômico de Bush, muitos empregos norte-americanos foram perdidos em setores – máquinas, equipamentos de transporte, semicondutores – em que a concorrência chinesa é leve. E, mais importante, a valorização do iuane apenas substituiria a importação chinesa pela

---

[64] James Harding e Peter Spiegel, "Beijing Looms Large in the White House's Defence Strategy", *Financial Times*, 17/10/2003. Ver também Roger Cohen, "The Iraqi Silver Lining: Closer U.S.-China Ties", *The International Herald Tribune*, 13/12/2006.
[65] Paul Krugman, "The China Syndrome", *The New York Times*, 5/9/2003.

de outros fornecedores estrangeiros mais caros. O resultado para os Estados Unidos seria aumento de inflação, maior perda de competitividade e redução do número de empregos, em vez de aumento[66].

O efeito combinado da forte mão econômica da China com os problemas de Washington na Ásia ocidental logo se refletiram não só nas relações mútuas dos dois países, como também nas respectivas posições diante de terceiros. Às vésperas da reunião de 2003 da Apec, em Bangcoc, o *New York Times* noticiou que os líderes políticos e empresariais da Ásia viam a hegemonia norte-americana "erodir de forma sutil, mas inconfundível, enquanto os países asiáticos [viam] a China como potência regional cada vez mais importante". Embora os Estados Unidos ainda fossem o maior parceiro comercial da região, a China estava se aproximando rapidamente e logo se tornou o maior parceiro comercial dos dois aliados estratégicos mais importantes dos norte-americanos, o Japão e a Coreia do Sul. O mais importante foi que a noção local a respeito da política da situação sofreu uma virada radical. Um importante empresário de Singapura, que um ano antes acusara a China de ser um rolo compressor prestes a esmagar as economias mais fracas do sudeste da Ásia, traçou um quadro totalmente diferente no segundo semestre de 2003. "A sensação é de que a China tenta ao máximo agradar, ajudar, acomodar-se aos vizinhos, enquanto os Estados Unidos são vistos como país cada vez mais envolvido com sua própria política externa, impondo à força ao mundo esse programa"[67]. Em 2006, a virada das ideias resultou em mudança igualmente radical na geopolítica da situação.

> Muitos acordos que inspiraram medidas de segurança no sudeste da Ásia nos últimos cinquenta anos foram pensados como bastiões contra a expansão comunista chinesa. Agora, o sudeste da Ásia, cujos líderes viam os Estados Unidos tradicionalmente como âncora da segurança regional, falam sobre a necessidade de fortalecer o relacionamento com Pequim.[68]

Houve sinais de redução da influência dos Estados Unidos até mesmo na esfera cultural, em que, dos filmes de Hollywood à MTV, a sedução norte-americana ainda era a mais forte. Impedidos de visitar os Estados Unidos por causa da difi-

---

[66] "Mr. Wen's Red Carpet", *The Economist*, 11/12/2003.
[67] Jane Perlez, "Asian Leaders Find China a More Cordial Neighbor", *The New York Times*, 18/10/2003; idem, "With U.S. Busy, China Is Romping with Neighbors", *The New York Times*, 3/12/2003; Philip Pan, "China's Improving Image Challenges U.S. in Asia", *The Washington Post*, 15/11/2003; Glenn Kessler, "U.S., China Agree to Regular Talks", *The Washington Post*, 8/4/2005.
[68] Donald Greenlees, "Asean Hails the Benefits of Friendship with China", *The International Herald Tribune*, 1/11/2006.

Adam Smith em Pequim

culdade de obter vistos depois do 11 de Setembro, um número cada vez maior de asiáticos começou a viajar para a China, para estudos ou turismo. As trocas culturais fluíram nos dois sentidos: os chineses tornaram-se o principal grupo de turistas da região; os estudantes asiáticos aproveitaram a proliferação de oportunidades de estudo superior na China; e os estudantes chineses de classe média, impossibilitados de pagar as altas anuidades norte-americanas, foram para os *campi* do sudeste asiático[69].

Foi na esfera econômica, porém, que a ascensão da influência chinesa se mostrou mais extraordinária. Entre 2001 e 2004, a China foi responsável por um terço do aumento total do volume mundial de importações, tornando-se assim "a locomotiva do restante da Ásia oriental" e desempenhando papel importante na recuperação econômica do Japão[70]. Essa liderança do papel econômico da China foi considerado "mais um indício da mudança do poder geopolítico em andamento na Ásia".

> Em poucos anos, a China tornou-se uma potência econômica com força política cada vez maior numa região onde os Estados Unidos já reinaram incontestes. [...] Grande parte da nova condição da China vem de sua promoção a uma das maiores nações comerciais do mundo e, nesse processo, a mercado importante para os vizinhos exportadores. Mas nesse poder há uma forte dimensão política, já que os novos líderes de Pequim se mostram dispostos a pôr de lado as antigas disputas e cativar, em vez de importunar, as outras nações.[71]

Parte integrante dessa mudança foi a importância cada vez maior da China em detrimento dos Estados Unidos, mesmo fora da Ásia oriental. No sul da Ásia, o comércio com a Índia subiu de 300 milhões de dólares em 1994 para mais de 20 bilhões em 2005, causando uma "meia-volta" na relação entre os dois países e no envolvimento mútuo e inigualável, tanto no nível governamental quanto no empresarial[72]. O fracasso da tentativa de Washington de aumentar o controle da "torneira global do petróleo" na Ásia ocidental ficou extraordinariamente patente com a assinatura de importante acordo petrolífero entre Pe-

---

[69] Jane Perlez, "Chinese Move to Eclipse U.S. Appeal in South Asia", *The New York Times*, 18/11/2004.
[70] "The Passing of the Buck?", *The Economist*, 2/12/2004. Em 2004, a China ultrapassou os Estados Unidos e tornou-se o maior parceiro comercial do Japão desde que há registros.
[71] Tyler Marshall, "China's Stature Growing in Asia", *The Los Angeles Times*, 8/12/2003.
[72] Anna Greenspan, "When Giants Stop Scuffling and Start Trading", *The International Herald Tribune*, 14/9/2004; N. Vidyasagar, "Meet India's Future nº 1 Bilateral Trade Partner", *The Times of India*, 9/2/2005; Somini Sengupta e Howard French, "India and China Poised to Share Defining Moment", *The New York Times*, 10/4/2005; Niraj Dawar, "Prepare Now for a Sino-Indian Trade Boom", *Financial Times*, 31/10/2005.

Dominação sem hegemonia

quim e Teerã, em outubro de 2004[73]. Mais para o sul, o petróleo alimenta o ímpeto da China rumo à África. Em 2000, Pequim abriu mão de forma voluntária de dívidas africanas legítimas no valor de 1,2 bilhão de dólares e nos cinco anos seguintes o comércio entre África e China aumentou de pouco menos de 10 bilhões de dólares para mais de 40 bilhões de dólares. A cada ano, mais empresários chineses – dez vezes mais em 2006 que em 2003 – chegam à África para investir nas áreas em que as companhias ocidentais não têm interesse em negociar, enquanto o governo chinês oferece auxílio ao desenvolvimento sem impor nenhuma das condições ligadas à ajuda ocidental (a não ser que não reconheçam Taiwan). Os líderes africanos buscam cada vez mais no Oriente o comércio, a ajuda e as alianças políticas, libertando-se dos vínculos históricos do continente com a Europa e os Estados Unidos[74]. Também foram muito importantes as iniciativas chinesas na América do Sul. Enquanto Bush fez apenas uma rápida visita à reunião da Apec no Chile, em 2004, Hu Jintao passou duas semanas visitando Argentina, Brasil, Chile e Cuba, anunciou mais de 30 bilhões de dólares em novos investimentos e assinou contratos de longo prazo que garantirão à China o fornecimento de matérias-primas básicas. Os desdobramentos políticos parecem avançar com mais rapidez no Brasil, onde Lula namorou várias vezes a ideia de uma "aliança estratégica" com Pequim, e na Venezuela, onde Chávez comemorou a venda crescente de petróleo à China como forma de libertar o país da dependência em relação ao mercado norte-americano[75].

Em 2004, a União Europeia e a China estavam a caminho de se tornarem os maiores parceiros comerciais uma da outra. Combinados à designação mútua de "parceiro estratégico", às reuniões conjuntas e às frequentes visitas de Estado, esses laços econômicos cada vez mais estreitos provocaram referências ao eixo nascente "Europa-China" nas questões mundiais. "Eixo" pode ser uma palavra forte demais; mas se essa aliança realmente se realizar, será em grande medida por causa da noção comum de que a política financeira e militar dos Estados Unidos constitui grave ameaça à segurança e à prosperidade do mundo. Como descreveu uma autoridade da Comissão Europeia: "Os Estados Unidos são o parceiro silencioso na

---

[73] Kaveh Afrasiabi, "China Rocks the Geopolitical Boat", *Asia Times Online*, 6/11/2004.

[74] John Murphy, "Africa, China Forging Link", *The Baltimore Sun*, 23/11/2004; Karby Leggett, "Staking a Claim", *The Wall Street Journal*, 29/3/2005; Elizabeth Economy e Karen Monaghan, "The Perils of Beijing's Africa Strategy", *The International Herald Tribune*, 1/11/2006; "Africa and China", *The Economist*, 3/11/2006.

[75] Larry Rohter, "China Widens Economic Role in Latin America", *The New York Times*, 20/11/2004; Juan Forero, "China's Oil Diplomacy in Latin America", *The New York Times*, 1/3/2005. Ver também Richard Lapper, "Latin America Quick to Dance to China's Tune", *Financial Times*, 10/11/2004.

mesa de reuniões UE-China, não em termos de pressão, mas do nosso interesse mútuo em desenvolver o multilateralismo e conter o [...] comportamento norte--americano"[76].

A China também começou a ofuscar os Estados Unidos na promoção da liberalização multilateral do comércio. Em termos regionais, teve sucesso na integração com os países da Asean [Association of South East Asian Nations, ou Associação de Nações do Sudeste Asiático], ao mesmo tempo em que formava laços econômicos com Japão, Coreia do Sul e Índia. Em termos globais, uniu-se ao Brasil, à África do Sul e à Índia para liderar a ofensiva do G20 na reunião de 2003 da OMC, em Cancún, contra o sistema de dois pesos e duas medidas do Norte – que impunha a abertura do mercado do Sul, porém se mantinha ferozmente protecionista, sobretudo em setores comparativamente mais vantajosos para o Sul. Também nesse aspecto a postura da China contrastou muito com a dos Estados Unidos, que abandonou as negociações comerciais multilaterais em proveito de acordos bilaterais, visando a romper a aliança do Sul que se formou em Cancún ou conquistar apoio à Guerra ao Terror[77].

Como veremos no capítulo 9, só em 2006 o fracasso vertiginoso do projeto imperial neoconservador tornou-se fato geralmente aceito. Mas em 4 de julho de 2004, dia da Independência dos Estados Unidos, a revista do *New York Times* já questionava o novo século norte-americano dos neoconservadores com o anúncio na reportagem de capa do provável advento do "século chinês":

A economia dos Estados Unidos é cerca de oito vezes maior que a da China. [...] Os norte-americanos ganham *per capita* 36 vezes mais que os chineses. E também não há escassez de possíveis obstáculos no caminho da China. Os bancos podem quebrar. Os pobres e as minorias podem se revoltar. A arrogante Taiwan e a lunática Coreia do Norte podem impelir a China à guerra. Os Estados Unidos podem impor impostos sobre tudo o que a China nos envia. Ainda assim, afora [...] o cataclismo nuclear, parece que nada conseguirá segurar a China por muito tempo. Desde 1978 [...] passou de praticamente ausente do comércio internacional a terceira nação com mais atividade comercial no mundo, atrás dos Estados Unidos e da Alemanha e à frente do Japão. [...] Vinte e uma recessões, uma depressão, duas quedas da bolsa de valores e duas guerras mundiais não conseguiram impedir o crescimento da economia norte-americana no

---

[76] David Shambaugh, "China and Europe: The Emerging Axis".

[77] Russell L. Smith e Caroline G. Cooper, "The US and Economic Stability in Asia", *Asia Times Online*, 6/12/2003; Aileen Kwa, "The Post-Cancun Backlash and Seven Strategies to Keep the WTO Off the Tracks", *Focus on Trade*, 95, novembro de 2003; Michael Vatikiotis e David Murphy, "Birth of a Trading Empire", *Far Eastern Economic Review*, 20/3/2003.

Dominação sem hegemonia

último século. [...] A China está pronta para crescimento semelhante neste século. Mesmo que, em média, o povo chinês não tenha a riqueza dos norte-americanos, e mesmo que os Estados Unidos continuem com o jogo duro econômico e sejam líderes em tecnologia, ainda assim a China será um competidor cada vez mais extraordinário. Se algum país suplantar os Estados Unidos no mercado mundial, esse país será a China.[78]

Em resumo, longe de lançar as bases para um segundo século norte-americano, a ocupação do Iraque comprometeu a credibilidade do poderio militar dos Estados Unidos, reduziu ainda mais a centralidade do país e da moeda na economia política global e fortaleceu a tendência à promoção da China como alternativa à liderança norte-americana na Ásia oriental e em outras regiões. Seria difícil imaginar fracasso mais rápido e completo do projeto imperial neoconservador. Mas se a aposta do governo Bush na supremacia global tem grandes chances de entrar para a história como uma das várias "bolhas" que marcaram a crise terminal da hegemonia norte-americana, sua explosão transformou, mas não eliminou, as circunstâncias históricas mundiais que geraram o Projeto para o Novo Século Norte-Americano[79]. Embora não sejam mais hegemônicos no sentido em que vimos usando a palavra, os Estados Unidos continuam a ser a potência militar predominante no mundo e ainda têm influência considerável no novo "equilíbrio do terror", que une sua política econômica à dos seus concorrentes e financiadores estrangeiros. Para identificar os possíveis usos futuros desse poder residual, devemos nos voltar agora para os processos históricos que estão por trás da relação entre capitalismo e imperialismo.

---

[78] Ted C. Fishman, "The Chinese Century", *The New York Times Magazine*, 4/7/2004.
[79] "Supunha-se que o Iraque assinalaria o novo poderio global dos Estados Unidos; na verdade, pode se mostrar o arauto de seu declínio [...]. Depois que a bolha do poder norte-americano furou num contexto global que já se inclinava em outra direção, pode se esvaziar bem mais depressa do que se imaginava" (Martin Jacques, "The Disastrous Foreign Policies of the US Have Left it More Isolated than Ever, and China Is Standing By to Take Over", *The Guardian*, 28/3/2006. George Soros, em *The Bubble of American Supremacy: Correcting the Misuse of American Power*, caracterizou a aposta neoconservadora na supremacia global como "bolha" bem antes que seu desenrolar deixasse isso evidente.

8
A LÓGICA TERRITORIAL
DO CAPITALISMO HISTÓRICO

"Imperialismo é uma palavra que escapa fácil da língua." Como John A. Hobson há um século, Harvey observa que a palavra adquiriu tantos significados diferentes que seu uso analítico, ao contrário do polêmico, exige esclarecimentos[1]. O significado mais geral é extensão ou imposição do poder, autoridade ou influência de um Estado sobre outros Estados ou comunidades sem Estado. Compreendido isso, o imperialismo está por aí há muito tempo sob formas muito variadas. Mas o ramo especial do imperialismo que Harvey chama de "imperialismo capitalista" ou "imperialismo do tipo capitalista" é o que precisamos investigar para entender por que a maior potência capitalista da história do mundo, os Estados Unidos, desenvolveu um aparato militar de destrutividade sem igual e sem precedentes e demonstrou uma intensa vontade de mobilizá-lo para concretizar o mais ambicioso projeto de domínio mundial já concebido.

Harvey define o imperialismo do tipo capitalista como "fusão contraditória" de dois componentes: "a política de Estado e de império" e "os processos moleculares de acumulação de capital no espaço e no tempo". O primeiro componente refere-se às "estratégias políticas, diplomáticas e militares invocadas e usadas por um Estado (ou uma coleção de Estados que funcionam como bloco de poder político) na luta para fazer valer seus interesses e atingir seus objetivos no mundo em geral". Essa luta é impelida por uma "lógica de poder territorial", ou seja, uma lógica na qual o controle do território e de seus recursos humanos e naturais constitui a base

[1] David Harvey, *The New Imperialism*, p. 26 [ed. bras.: *O novo imperialismo*]. A respeito da definição clássica de imperialismo de Hobson e de sua utilidade para mapear analiticamente os significados diferentes (muitas vezes opostos) que a palavra assumiu em termos históricos, ver Giovanni Arrighi, *The Geometry of Imperialism*.

Adam Smith em Pequim

da busca de poder. O segundo componente, por sua vez, refere-se ao fluxo de poder econômico "através do espaço contínuo, rumo a entidades territoriais e para longe delas [...] pela prática diária de produção, trocas, comércio, fluxo de capital, transferência de dinheiro, migração de mão de obra, transferência de tecnologia, especulação monetária, fluxo de informações, impulsos culturais e assemelhados". A força motriz desses processos é a "lógica de poder capitalista", ou seja, a lógica na qual o controle do capital econômico constitui a base da busca de poder[2].

A fusão desses componentes é sempre problemática e muitas vezes contraditória (ou seja, dialética). Nenhuma das lógicas pode ser reduzida à outra. Assim, "seria difícil entender a Guerra do Vietnã ou a invasão do Iraque [...] somente em termos das exigências imediatas da acumulação de capital", porque é plausível argumentar que "tais empreendimentos inibem, em vez de melhorar, a sorte do capital". Entretanto, do mesmo modo,

> é difícil entender a estratégia territorial geral dos Estados Unidos de contenção do poder soviético depois da Segunda Guerra Mundial, estratégia que preparou o cenário da intervenção norte-americana no Vietnã, sem admitir a necessidade obrigatória, sentida pelos defensores dos interesses comerciais norte-americanos, de manter o máximo possível do mundo aberto à acumulação de capital por meio da expansão do comércio [...] e das oportunidades de investimento estrangeiro.[3]

Embora as lógicas territorial e capitalista do poder não possam ser reduzidas uma à outra e, às vezes, a lógica territorial venha na frente, "o que distingue o imperialismo de tipo capitalista de outras concepções de império é que a lógica capitalista é que domina". Mas se assim é, pergunta Harvey, "como a lógica territorial de poder, que tende a se fixar no espaço de modo constrangedor, reage à dinâmica aberta da acumulação interminável de capital?". E se a hegemonia no sistema global é propriedade de um Estado ou coleção de Estados, "como a lógica capitalista

---

[2] David Harvey, *The New Imperialism*, p. 26-7. Harvey refere-se à minha própria distinção entre a lógica de poder capitalista e a territorialista (Giovanni Arrighi, *The Long Twentieth Century: Money, Power and the Origins of Our Times*, p. 33-4 [ed. bras.: *O longo século XX: dinheiro, poder e as origens de nosso tempo*]). Entretanto, o uso que ele faz da distinção difere do meu em dois pontos importantes. Para ele, a lógica territorialista refere-se às políticas estatais e a lógica capitalista refere-se à política da produção, das trocas e da acumulação. Para mim, ao contrário, ambas as lógicas referem-se primariamente a políticas estatais. Além disso, parece que Harvey pressupõe que todos os processos de mercado (como trocas, comércio, migração de mão de obra, transferência de tecnologia, fluxo de informações e assemelhados) são impelidos pela lógica capitalista. Não parto de tal pressuposto. Como veremos, essas diferenças resultam numa descrição histórica da relação entre capitalismo e práticas imperialistas que se afasta em aspectos fundamentais da descrição de Harvey.
[3] David Harvey, *The New Imperialism*, p. 29-30.

A lógica territorial do capitalismo histórico

pode ser gerida de modo a manter o Estado hegemônico?". A tentativa dos Estados hegemônicos de manter sua posição em relação à acumulação interminável de capital não os induz inevitavelmente a ampliar, expandir e intensificar militar e politicamente seu poder a ponto de pôr em risco a própria posição que pretendem manter? Os Estados Unidos, no governo de George W. Bush, não estavam caindo nessa armadilha, apesar do alerta de 1987 de Paul Kennedy de que o excesso de alcance e de extensão várias vezes mostrou ser o calcanhar de aquiles dos Estados e impérios hegemônicos? E, finalmente, "se os Estados Unidos, por si sós, não são mais grandes e engenhosos o suficiente para gerenciar a ampliadíssima economia mundial do século XXI, então que tipo de acumulação de poder político, sob que tipo de sistema político, será capaz de ocupar seu lugar, dado que o mundo ainda está fortemente comprometido com a acumulação de capital sem limites?"[4].

Na busca de respostas a essas perguntas, Harvey interpreta a adoção do Projeto para o Novo Século Norte-Americano pelo governo Bush como abordagem de alto risco para manter a hegemonia norte-americana nas condições de integração global inaudita que se criou com a acumulação interminável de capital no fim do século XX. Se os Estados Unidos conseguissem estabelecer um regime amistoso no Iraque, fazer o mesmo no Irã, consolidar sua presença estratégica na Ásia central e, assim, dominar as jazidas de petróleo da bacia do Cáspio, "então poderiam, pelo controle da torneira global do petróleo, alimentar esperanças de manter o controle efetivo da economia global pelos próximos cinquenta anos". Como todos os concorrentes econômicos dos Estados Unidos, tanto na Europa quanto na Ásia oriental, dependem muito do petróleo da Ásia ocidental,

> [o] que seria melhor para os Estados Unidos evitarem aquela concorrência e garantirem sua própria posição hegemônica do que controlar o preço, as condições e a distribuição do principal recurso econômico de que dependem os concorrentes? E, para isso, o que seria melhor do que usar a única linha de força em que os Estados Unidos ainda são todo-poderosos – a força militar?[5]

Contudo, mesmo que essa estratégia tivesse sucesso militar, isso não seria suficiente para manter a posição *hegemônica* dos Estados Unidos. Assim, às vésperas da invasão norte-americana do Iraque, Thomas Friedman afirmara que não havia "nada de ilegítimo nem imoral na preocupação dos Estados Unidos com o fato de um ditador cruel e megalomaníaco ter influência excessiva sobre o recurso natural

---

[4] Ibidem, p. 33-5; Paul Kennedy, *The Rise and Fall of the Great Powers: Economic Change and Military Conflict from 1500 to 2000* [ed. bras.: *Ascensão e queda das grandes potências*].
[5] David Harvey, *The New Imperialism*, p. 24-5, 75-8.

que alimenta a base industrial do mundo". Mas os Estados Unidos precisavam tomar cuidado para transmitir ao público e garantir ao mundo que a intenção era "proteger o direito de sobrevivência econômica do mundo" e não o nosso próprio direito de nos fartarmos, e que os Estados Unidos estavam "agindo pelo bem do planeta, não apenas para alimentar os excessos norte-americanos. [...] Se ocuparmos o Iraque e simplesmente instalarmos um autocrata mais pró-americano para administrar o posto de gasolina iraquiano (como fizemos em outros Estados árabes produtores de petróleo), essa guerra seria imoral"[6].

Harvey usa o argumento de Friedman para ilustrar a diferença, que já discutimos no capítulo 6, entre hegemonia no sentido gramsciano e dominação pura e simples. Em seguida, observa que no último meio século os Estados Unidos contaram frequentemente com meios coercivos para subjugar ou liquidar grupos antagônicos dentro do país e sobretudo no exterior. Mesmo assim, a coação era "apenas uma base parcial e às vezes contraproducente do poder norte-americano". Outra base igualmente indispensável era a capacidade dos Estados Unidos de mobilizar o consenso e a cooperação internacionais, agindo de modo a tornar plausível aos outros a afirmativa de que agiam em nome do interesse geral, mesmo quando na verdade punham em primeiro lugar o limitado interesse norte--americano[7]. Ainda para justificar a invasão do Iraque, o governo Bush fez o que pôde para convencer o mundo de que os Estados Unidos agiam "pelo bem do planeta, não apenas para alimentar excessos norte-americanos", como sugerira Friedman. Entretanto, fora dos Estados Unidos poucos levaram essa alegação a sério. Desde o princípio, o principal problema não era que faltasse credibilidade às racionalizações sobre "armas de destruição em massa" e "conexão Iraque-Al Qaeda", mas sim que a invasão se inserisse num projeto político mais amplo de dominação global norte-americana que enfatizava de maneira explícita a preservação do poder dos Estados Unidos por mais um século, quaisquer que fossem os interesses dos outros detentores de poder. A tentativa de implementar o plano com a decisão unilateral de invadir o Iraque "criou um elo de resistência [...] entre França, Alemanha e Rússia, apoiado até pela China". Esse súbito realinhamento geopolítico tornou "possível discernir os contornos difusos de um bloco de poder eurasiano que há muito tempo Halford Mackinder previra que poderia dominar o mundo com facilidade em termos geopolíticos"[8].

---

[6] Citado em David Harvey, *The New Imperialism*, p. 24.
[7] Ibidem, p. 39-40.
[8] Ibidem, p. 84-5. Sobre a importância atual de Mackinder para o pensamento geoestratégico, ver também Paul Kennedy, "Mission Impossible?".

A lógica territorial do capitalismo histórico

À luz do constante e antigo temor de Washington de que um bloco assim realmente pudesse se concretizar, a ocupação do Iraque assumiu significado ainda mais amplo.

Isso não só é tentativa de controlar a torneira global do petróleo e, portanto, a economia global por meio da dominação do Oriente Médio, como também constitui uma poderosa cabeça-de-ponte militar norte-americana na massa terrestre eurasiana, que, tomada em conjunto com as alianças que se formam desde a Polônia e descem pelos Bálcãs, garante aos Estados Unidos forte posição geoestratégica na Eurásia com potencial para no mínimo desorganizar toda a consolidação de um poder eurasiano que possa ser, na verdade, o próximo passo daquela acumulação interminável de poder político que sempre deve acompanhar a acumulação igualmente interminável de capital.[9]

Foram esses planos de longo alcance que levaram os observadores a falar de um "novo" imperialismo. No entanto, como observa Harvey, "o equilíbrio de forças em ação dentro da lógica capitalista indica direções bem diferentes"[10]. A interação dessas forças com a lógica do expansionismo territorial constitui o tema deste capítulo. Começarei apresentando os conceitos de Harvey de "ajuste espacial" [*spatial fix*] e "acumulação por desapropriação" [*accumulation by dispossesion*] e em seguida os usarei para contar à minha maneira o longo processo histórico de desenvolvimento capitalista e de expansão territorial que culminou – e atingiu seu limite – no projeto fracassado de um império norte-americano verdadeiramente universal.

Superacumulação e produção de espaço

Uma das características mais essenciais (e teoricamente negligenciadas) do capitalismo histórico é a "produção de espaço". Esse processo não só foi essencial para a sobrevivência do capitalismo em conjunturas especialmente difíceis, como defendeu Henri Lefebvre[11], como também foi condição fundamental para a formação e o aumento do alcance global do capitalismo como sistema social histórico. A teoria de Harvey de um "ajuste espaciotemporal", ou, para abreviar, "ajuste espacial", aplicado à tendência para a crise da acumulação interminável de capital é uma explicação convincente do motivo por que a produção de espaço foi ingre-

[9] David Harvey, *The New Imperialism*, p. 85.
[10] Ibidem, p. 86.
[11] Henri Lefebvre, *The Survival of Capitalism: Reproduction of the Relations of Production* [ed. port.: *A reprodução das relações de produção*].

225

Adam Smith em Pequim

diente tão essencial da reprodução ampliada do capitalismo[12]. Em *O novo imperialismo*, essa teoria é utilizada para ressaltar a ligação entre o surgimento do Projeto para o Novo Século Norte-Americano e a crise de superacumulação das décadas de 1970 e 1980, assim como as contradições entre a lógica territorial que está por trás desse projeto e a lógica capitalista. A palavra inglesa *fix* ("ajuste", "conserto") tem duplo significado:

> Determinada porção do capital total está literalmente fixada na e sobre a terra, de modo físico, durante um período relativamente longo (dependendo da duração de sua vida física e econômica). Algumas despesas sociais (como educação pública e assistência médica) também se tornam territorializadas e permanecem geograficamente imóveis por meio de compromissos do Estado. O "ajuste" (*fix*) espaciotemporal, por outro lado, é metáfora para um tipo específico de solução para crises capitalistas por meio de adiamento temporal e expansão geográfica.[13]

O significado literal da palavra *fix* chama a atenção para a dependência da acumulação de capital com relação à existência de um ambiente de instalações construídas com esse fim (como portos, ferrovias, estradas, aeroportos, redes de telégrafo, sistemas de fibra óptica, oleodutos, rede elétrica, rede de água e de esgoto, além de fábricas, escritórios, moradias, hospitais e escolas), que constituem o capital fixo *embutido* na terra, ao contrário das formas de capital fixo (como navios, caminhões, aviões e máquinas) que podem ser deslocadas. É somente ao fixar algumas infraestruturas físicas *no* espaço que o capital, em todas as suas formas fisicamente móveis, pode se mover de fato *pelo* espaço em busca do lucro máximo[14].

Em contraste, o significado metafórico da palavra *fix* [conserto, ajuste, remendo] destaca a tendência da acumulação de capital bem-sucedida no estímulo incessante da redução e até na eliminação das barreiras espaciais – o que Marx chamava de "aniquilação do espaço através do tempo" –, minando sem querer os privilégios monopolistas vinculados a lugares específicos por meio da intensificação da concorrência no espaço geográfico. Como resultado dessa tendência, periodicamente o capital acumula, acima de tudo, o que pode ser reinvestido com lucro na produção e na troca de mercadorias dentro de sistemas territoriais existentes. Esse excedente de capital materializa-se em estoques de mercadorias enca-

---

[12] David Harvey, *Limits to Capital*, e os ensaios reunidos em *Spaces of Capital: Towards a Critical Geography*.

[13] Idem, *The New Imperialism*, p. 115.

[14] Ibidem, p. 99-100.

A lógica territorial do capitalismo histórico

lhadas (dos quais só é possível se livrar com prejuízo), em capacidade produtiva ociosa e em liquidez que não tem onde ser investida de modo lucrativo. A incorporação de espaço novo ao sistema de acumulação "repara" (ou seja, dá uma solução a) a crise subsequente de superacumulação ao absorver esses excedentes, primeiro com o "diferimento temporal" [*temporal deferral*] e depois com a expansão espacial do sistema de acumulação. A absorção pelo diferimento temporal refere-se especificamente à produção de espaço, ou seja, à utilização de capital excedente para disponibilizar o novo espaço e dotá-lo da infraestrutura necessária, tanto física quanto social. A absorção pela ampliação espacial, por sua vez, refere-se à utilização de capital excedente nas novas combinações produtivas que se tornam lucrativas com a expansão geográfica do sistema de acumulação depois que o novo espaço foi produzido de maneira adequada[15].

O efeito combinado das tendências para as quais os dois significados de "ajuste espacial" [*spatial fix*] chamam nossa atenção é uma variante geográfica do processo de "destruição criativa" de Schumpeter, que discutimos no capítulo 3. Como explica Harvey:

> O efeito agregado é [...] que o capitalismo busca perpetuamente criar uma paisagem geográfica que facilite suas atividades em determinado momento, apenas para destruí-la e construir uma paisagem totalmente diferente num momento posterior para acomodar a sede perpétua de acumulação interminável de capital. Assim é a história da destruição criativa escrita na paisagem da verdadeira geografia histórica da acumulação de capital.[16]

A lista de inovações que impulsionam o processo de destruição criativa realmente, definida pelo próprio Schumpeter, incluía mudanças da configuração espacial do comércio e da produção. Schumpeter, porém, nunca detalhou a relação entre inovações que alteravam a configuração espacial do comércio e da produção e outros tipos de inovação. É isso o que Harvey faz ao sublinhar o papel inter-relacionado das vantagens da tecnologia e da localização na geração do excesso de lucro que impulsiona a dinâmica schumpeteriana. Nessa dinâmica, como observamos no capítulo 3, o excesso de lucro (a "remuneração espetacular" de Schumpeter) tem duplo papel. De um lado, é um incentivo constante à inovação e, de outro, impulsiona a atividade daquela vasta maioria de empresários que entra no setor gerador de excesso de lucro e, no processo, deflagra a concorrência que não só elimina o excesso de lucro, como também provoca prejuízo generalizado porque

[15] Ibidem, p. 98-9, 109-12.
[16] Ibidem, p. 101.

Adam Smith em Pequim

destrói as combinações produtivas preexistentes. Harvey teoriza um processo semelhante, mas concentra-se no fato de que, como indivíduos, os capitalistas podem obter excesso de lucro não só porque adotam melhor tecnologia, mas também porque buscam lugares melhores.

> Existe, portanto, uma troca direta entre mudar de tecnologia ou de localização na busca competitiva do excesso de lucro. [...] [Em] ambos os casos, o excesso de lucro apurado por capitalistas individualmente [...] desaparece assim que outros capitalistas adotam a mesma tecnologia ou se mudam para lugares igualmente vantajosos. [...] Na medida em que as oportunidades de excesso de lucro oriundas da localização são eliminadas [...], maior o incentivo competitivo dos capitalistas individualmente para destruir a base do equilíbrio [resultante] por meio da mudança tecnológica [...]. A concorrência [portanto] promove simultaneamente mudanças da configuração espacial da produção, mudanças nas misturas tecnológicas, reestruturação de relações de valor e mudanças temporais na dinâmica geral de acumulação. O aspecto espacial da concorrência é ingrediente volátil dessa mistura volátil de forças.[17]

Em geral, as mudanças espaciotemporais da dinâmica geral de acumulação que absorvem o capital excedente "ameaçam [...] os valores já fixados no lugar (embutidos na terra), mas ainda não realizados". Assim,

> A vasta quantidade de capital fixado no lugar age como âncora da capacidade de concretizar o ajuste espacial em outro lugar. [...] Se o capital realmente se muda, ele deixa atrás de si um rastro de devastação e desvalorização; as desindustrializações vividas no coração do capitalismo [...] nas décadas de 1970 e 1980 são casos desse tipo. Se o capital não se muda ou não pode mudar-se [...], então o capital superacumulado fica para ser desvalorizado diretamente pela deflagração de uma recessão deflacionária ou depressão.[18]

Seja como for, os ajustes espaciais envolvem volatilidade inter-regional e redirecionamento do fluxo de capital de um espaço para outro. O redirecionamento pode ser suave ou gerar o que Harvey chama de "crises de mudança" [*switching crises*][19]. Ele não especifica o que são exatamente essas crises. Contudo, sua linha de argumentação parece ser que as crises de mudança são momentos de impasse que surgem da resistência à relocalização envolvida nos ajustes espaciotemporais,

---

[17] Idem, *Limits to Capital*, p. 390-3; e também *The New Imperialism*, p. 96-8. *Mutatis mutandis*, as considerações de Harvey sobre a relação entre inovações tecnológicas e a luta por vantagem na localização também se aplicam às inovações do produto.

[18] Idem, *The New Imperialism*, p. 116.

[19] Ibidem, p. 121-3; *Limits to Capital*, p. 428-9.

A lógica territorial do capitalismo histórico

que volta e meia revolucionam a geografia histórica do capitalismo. Essa resistência nasce em parte da lógica contraditória da acumulação de capital propriamente dita. Na verdade, "quanto mais o capitalismo se desenvolve", argumenta Harvey, "mais ele tende a sucumbir às forças propícias à inércia geográfica".

> A circulação de capital está cada vez mais aprisionada em infra-estruturas físicas e sociais imóveis, elaboradas para sustentar certos tipos de produção [...], processos de trabalho, sistemas de distribuição, padrões de consumo e assim por diante. Volumes crescentes de capital fixo [...] limitam a mobilidade desinibida. [...] Alianças territoriais, que muitas vezes se tornam cada vez mais poderosas e mais profundamente entranhadas, surgem [...] para conservar privilégios já conquistados, sustentar investimentos já feitos, manter intactos acordos locais e proteger-se dos ventos frios da concorrência espacial. [...] Não é possível obter novas configurações espaciais, porque as desvalorizações regionais não conseguem seguir seu curso.[20]

As forças da inércia geográfica podem, entretanto, se originar em parte na resistência não à mudança econômica como tal, mas nas consequências políticas e sociais reais ou imaginárias dos ajustes espaciais. Ao discutir a resistência às consequências políticas, Harvey concentra-se na China como localização mais promissora do ajuste espacial eficaz para a crise de super-acumulação em andamento. Não só a China se tornou o atrator de investimento estrangeiro direto com maior crescimento, como também seu mercado interno cresce mais depressa que todos os outros. Na opinião de Harvey, são ainda mais fantásticas as possibilidades de investimento de longo prazo em infraestrutura. O esforço envolvido na construção de novos sistemas de metrô, autoestradas, ferrovias e na atualização da infraestrutura urbana "é muito maior *in totum* do que aquela realizada pelos Estados Unidos nas décadas de 1950 e 1960, com potencial para absorver excedentes de capital ainda durante vários anos"[21].

Em grande parte financiada pelo déficit, essa produção maciça de novo espaço traz consigo o risco de uma grande crise fiscal do Estado chinês. No entanto, supondo que essa crise possa ser evitada ou superada com sucesso, o ajuste espaciotemporal "tem consequências globais não só por absorver o capital superacumulado, mas também por alterar o equilíbrio do poder econômico e político a favor da China [...] e talvez colocar a região asiática, sob liderança chinesa, em posição muito mais competitiva diante dos Estados Unidos". É essa possibilidade que torna ainda mais provável a resistência norte-americana ao ajuste espacial suave, apesar

---

[20] Idem, *Limits to Capital*, p. 428-9.
[21] Idem, *The New Imperialism*, p. 123.

Adam Smith em Pequim

de esse processo ter a melhor possibilidade de solucionar a crise subjacente de superacumulação[22]. Assim, a associação entre ajustes espaciais e mudanças hegemônicas reforça a situação paradoxal que enfrentam sempre os centros dominantes do desenvolvimento capitalista. O desenvolvimento irrestrito de novas regiões leva a desvalorização a esses centros, por meio da intensificação da concorrência internacional. O desenvolvimento restrito no exterior limita a concorrência internacional, mas impede oportunidades de investimento lucrativo do capital excedente e, assim, provoca desvalorizações geradas internamente[23].

Se o centro ameaçado pela concorrência também é um centro hegemônico, qualquer resultado pode reduzir não só o valor de seu patrimônio, como também seu poder. Pior ainda, pode prejudicar a estabilidade social do centro ameaçado, porque os ajustes espaciais das crises de superacumulação têm sempre uma dimensão social que afeta seu ímpeto de modo positivo ou negativo. A princípio, Harvey derivou essa dimensão social da observação que Hegel faz na *Filosofia do direito* de que a sociedade burguesa parece incapaz de resolver, por mecanismos *internos*, o problema da desigualdade e da instabilidade sociais que nascem da tendência a superacumular riqueza num polo e privação no outro. Assim, a sociedade civil "madura" é levada a buscar soluções *externas*, por meio do comércio exterior e de práticas coloniais ou imperiais[24]. Em *O novo imperialismo*, Harvey complementa essa observação com a tese de Hannah Arendt de que "a comunidade de Hobbes é uma estrutura vacilante e precisa sempre dispor de muletas novas vindas de fora; caso contrário, desmoronaria da noite para o dia no caos sem objetivo e sem sentido dos interesses privados do qual brotou"[25].

Harvey acha a proposição de Arendt especialmente adequada para os Estados Unidos. Nessa "sociedade imigrante multicultural bastante extraordinária [...], o individualismo competitivo e feroz [...] revoluciona perpetuamente a vida social, econômica e política [...] [e torna] a democracia cronicamente instável". A dificuldade de obter coesão interna numa sociedade com tanta mistura étnica e tão intensamente individualista produziu a tradição que Richard Hofstadter descreveu no início da década de 1960 como "estilo paranoico" da política norte-americana, ou seja, a tradição de que o medo de algum "outro" (como o comunismo, o socialismo, o anarquismo, os "agitadores externos" ou, para a esquerda, as conspirações

---

[22] Ibidem, p. 123-4.

[23] Idem, *Limits to Capital*, p. 435.

[24] G. W. Hegel, *The Philosophy of Right*, p. 149-52 [ed. bras.: *Princípios da filosofia do direito*]; David Harvey, *Spaces of Capital*, cap. 14; *Limits to Capital*, p. 414-5.

[25] Hannah Arendt, *The Origins of Totalitarianism*, p. 142 [ed. bras.: *Origens do totalitarismo*].

A lógica territorial do capitalismo histórico

capitalistas ou do Estado) é essencial para criar solidariedade política na frente interna[26]. Às vezes, "o país todo parece agitado a ponto de ser ingovernável". Apesar do *boom* econômico e do fim da ameaça comunista com o término da Guerra Fria (ou por causa disso), a década de 1990 foi uma dessas épocas, na avaliação de Harvey, e parte do encanto eleitoral de George W. Bush em 2000 deveu-se "à sua promessa de oferecer uma bússola moral independente e firme a uma sociedade civil que estava saindo do controle". Seja como for, o 11 de Setembro "foi o estímulo para romper com o comportamento dissoluto dos anos 1990". Nesse aspecto, a guerra contra o Iraque não foi um mero desvio das dificuldades internas, mas "a oportunidade grandiosa de impor internamente uma nova sensação de ordem social e pôr de joelhos a comunidade das nações". Mais uma vez, o "cruel inimigo de fora tornou-se a força primordial para exorcizar ou domar os demônios que se escondiam internamente"[27].

Essas observações indicam que os *spatial fixes* [ajustes espaciais] são restringidos não só pela resistência à relocalização econômica e aos realinhamentos geopolíticos a ela associados, mas também pela resistência à mudança social. Afinal, ambos os significados de *spatial fix* têm aspectos sociais incontornáveis. A fixação literal do capital na forma de portos, estradas, aeroportos, rede elétrica, rede de água e de esgoto, fábricas, moradias, hospitais, escolas etc. na e sobre a terra cria algo além da paisagem geográfica que facilita a acumulação de capital. Também cria um hábitat humano específico de reprodução e interação social. Por outro lado, o *spatial fix* metafórico das crises de superacumulação engloba muito mais do que a desvalorização do capital fixado em e sobre a terra, que fica obsoleto com a criação da nova paisagem geográfica. Envolve também a devastação do hábitat humano embutido na paisagem obsolescente da acumulação de capital.

Como Polanyi ressaltou há muito tempo com referência especial à crise de superacumulação do fim do século XIX e início do século XX, as devastações desse tipo provocam inevitavelmente a "autoproteção da sociedade" em formas políticas tanto progressistas quanto reacionárias, mobilizada por forças que buscam retardar ou reverter a relocalização das atividades econômicas e do poder político cau-

---

[26] David Harvey, *The New Imperialism*, p. 15-6, 49; Richard Hofstadter, *The Paranoid Style in American Politics and Other Essays*. Hofstadter apresentou a noção do estilo paranoico da política norte-americana com referência específica aos direitistas radicais que conseguiram aprovar Barry Goldwater na convenção de 1964 do Partido Republicano. Hoje, observa Krugman, esses radicais controlam tanto o Congresso quanto a Casa Branca, de modo que a "paranoia política [...] se tornou a linha predominante" ("The Paranoid Style", *The New York Times*, 9/10/2006).
[27] David Harvey, *The New Imperialism*, p. 16-7.

231

Adam Smith em Pequim

sada pelo ajuste espacial[28]. Essa mobilização reforça a inércia geográfica e torna mais problemática a solução da crise de superacumulação. Contudo, há uma saída possível para esse impasse, ou seja, o uso de meios financeiros "para livrar o sistema da superacumulação com a imposição de crises de desvalorização aos territórios vulneráveis". Harvey chama a mobilização desses meios de "lado sinistro e destrutivo dos ajustes espaciotemporais para o problema da superacumulação"[29]. Examinaremos rapidamente o que isso envolve.

Acumulação por desapropriação

Ao discutir a absorção de capital excedente na produção de espaço novo, Harvey ressalta que a conversão de estoques encalhados e a capacidade produtiva ociosa em investimentos em infraestrutura depende fundamentalmente do papel mediador das instituições financeiras e estatais. "Capital excedente em camisas e calçados não pode se transformar diretamente em aeroportos ou institutos de pesquisa." Mas as instituições estatais e financeiras têm capacidade de gerar crédito proporcional ao capital excedente encerrado na produção de camisas e calçados e oferecê-lo a entidades capazes e dispostas a investi-lo em aeroportos, institutos de pesquisa ou quaisquer outras formas de investimento em infraestrutura envolvidas na produção de espaço novo. É claro que os Estados também têm o poder de converter o capital excedente na produção de espaço novo por meio do financiamento do déficit ou pela aplicação de receitas fiscais em investimento em infraestrutura[30].

No mundo real do capitalismo, essa função construtiva das finanças públicas e privadas está invariavelmente entrelaçada com os *booms* e as quebras por especulação dos mercados fundiário e imobiliário e da dívida do governo. Os excessos especulativos desviam capital do comércio e da produção e acabam como desvalorizações. No entanto, a redução da especulação levaria a um "resultado igualmente odioso do ponto de vista do capitalismo".

A transformação de configurações espaciais no ambiente construído seria impedido e a paisagem física necessária para a acumulação futura não teria esperanças de se materializar. [...] A especulação crescente e a apropriação irrestrita, por mais custosas que

---

[28] Polanyi não fala de ajustes espaciais nem de crises de superacumulação. Ainda assim, sua ênfase na oposição de "habitação *versus* progresso" passa a mesma ideia de contradição fundamental entre, de um lado, a tendência do capital de transformar impiedosamente as paisagens geográficas e, de outro, a tendência das comunidades inseridas nessas paisagens de resistir a essas transformações impiedosas (Karl Polanyi, *The Great Transformation: The Political and Economic Origins of Our Time*, cap. 3 [ed. bras.: *A grande transformação: as origens da nossa época*]).

[29] David Harvey, *The New Imperialism*, p. 134-5.

[30] Ibidem, p. 113; *Limits to Capital*, p. 404.

232

A lógica territorial do capitalismo histórico

sejam para o capital e prejudiciais à vida da mão-de-obra, geram o fermento caótico do qual podem brotar as novas configurações espaciais.[31]

Desde que os excessos especulativos favoreçam, em vez de atrapalhar, o surgimento de novas configurações espaciais que permitam ao comércio e à produção expandir-se mais do que poderiam nas configurações preexistentes, eles são "males necessários" de um jogo que, em tudo mais, é de soma positiva. Foi assim que a retórica oficial justificou os excessos especulativos e a "exuberância irracional" da década de 1990: afirmou-se que, em última instância, a mobilidade espacial irrestrita do capital beneficiava a reprodução ampliada da economia global, inclusive de seus componentes mais vulneráveis. Entretanto, sob a retórica oficial está a realidade mais destrutiva do jogo de soma negativa que atrapalhou, em vez de facilitar, o surgimento de novas configurações espaciais.

Como a guerra em relação à diplomacia, a intervenção do capital financeiro apoiado pelo poder estatal significa, com frequência, acumulação por outros meios. A aliança profana entre o poder estatal e os aspectos predatórios do capital financeiro cria o fio cortante do "capitalismo de abutres", que tanto diz respeito às práticas canibais e às desvalorizações forçadas quanto ao desenvolvimento global harmonioso.[32]

Harvey prossegue, observando que esses "outros meios" são o que Marx, acompanhando Smith, chamou de meios de acumulação "primitiva" ou "original". Ele cita e sanciona a observação de Arendt de que "o surgimento de dinheiro 'supérfluo' [...] que não consegue mais encontrar investimento produtivo dentro das fronteiras nacionais" criou uma situação no fim do século XIX e início do XX em que o "pecado original do simples roubo", de Marx, "acabou tendo de se repetir para que o motor da acumulação não parasse de repente". Como situação semelhante parece ter surgido outra vez no fim do século XX e início do XXI, Harvey defende a "reavaliação geral do papel contínuo e da persistência das práticas predatórias da acumulação 'primitiva' ou 'original' na longa geografia histórica da acumulação de capital". E como ele acha estranho chamar um processo em andamento de "primitivo" ou "original", propõe substituir essas palavras pelo conceito de "acumulação por desapropriação"[33].

Historicamente, a acumulação por desapropriação assumiu muitas formas diferentes, como a conversão de várias formas de direito de propriedade (comum,

---

[31] Idem, *Limits to Capital*, p. 398; ver também *The New Imperialism*, p. 131-2.
[32] Idem, *The New Imperialism*, p. 136.
[33] Ibidem, p. 142-4; Karl Marx, *Capital* (1959), v. 1, p. 713 [ed. bras.: *O capital*]; Hannah Arendt, *The Origins of Totalitarianism*, p. 148.

Adam Smith em Pequim

coletiva, estatal etc.) em direitos exclusivos de propriedade privada; a apropriação colonial, semicolonial, neocolonial e imperial de ativos e recursos naturais; e a eliminação de alternativas ao uso capitalista dos recursos humanos e naturais. Embora muito tenha sido contingente e ocasional no *modus operandi* desses processos, o capital financeiro e o sistema de crédito foram alavancas importantes de desapropriação, enquanto os Estados, com o monopólio da violência e das definições de legalidade, foram protagonistas fundamentais. Mas sejam quais forem suas manifestações, agências e instrumentos,

> [o] que a acumulação por desapropriação faz é liberar um conjunto de ativos (inclusive força de trabalho) a custo baixíssimo (zero, em alguns casos). O capital superacumulado pode tomar posse desses ativos e empregá-los imediatamente em uso lucrativo.[34]

Na opinião de Harvey, o surgimento da ideologia neoliberal e da política de privatização associada a ela a partir do fim da década de 1970 constitui a vanguarda da fase atual de acumulação por desapropriação. O colapso da União Soviética e a privatização selvagem realizada sob o título de "terapia de choque", e aconselhada por potências capitalistas e instituições financeiras internacionais, foi um episódio importante da liberação a preço de banana de ativos até então inacessíveis. Entretanto, teve a mesma importância a liberação de ativos desvalorizados em outros países de baixa renda na esteira das crises financeiras que marcaram a liberalização dos fluxos de capital nas décadas de 1980 e 1990[35]. É claro que sempre há o perigo de que crises locais e desvalorizações localizadas saiam de controle e deflagrem um colapso global ou provoquem a revolta contra o sistema, visto como seu gerador. Portanto, enquanto orquestra o processo a seu próprio favor, a potência hegemônica precisa organizar "operações de resgate" para manter nos trilhos a acumulação global de capital. A mistura de coação e consenso usada nesses resgates varia consideravelmente. Ainda assim, conclui Harvey,

> [ela revela] como a hegemonia é construída com mecanismos financeiros de modo a beneficiar o país hegemônico, enquanto leva os Estados subalternos pelo caminho supostamente dourado do desenvolvimento capitalista. O cordão umbilical que liga acumulação por desapropriação a reprodução ampliada é aquele dado pelo capital financeiro e pela instituição de crédito, apoiados, como sempre, pelo poder estatal.[36]

Como vimos no capítulo 3, Marx também enfatizava o papel fundamental que as instituições financeiras e estatais tiveram ao vincular a acumulação por

---

[34] David Harvey, *The New Imperialism*, p. 145-9.
[35] Ibidem, p. 149-50, 156-61.
[36] Ibidem, p. 151-2.

A lógica territorial do capitalismo histórico

desapropriação (a acumulação primitiva) em diferentes locais à reprodução ampliada do capitalismo histórico. Contudo, ao contrário de Harvey, ele concentrava-se exclusivamente no papel da dívida nacional e do sistema de crédito internacional como meios de cooperação invisível entre capitalistas que "fomentaram" a acumulação de capital repetidas vezes no espaço-tempo do sistema capitalista mundial desde o seu surgimento até a época em que ele escreveu. Observamos que, na sequência de Marx de Estados capitalistas cooperantes, o que surge como "ponto de partida" num centro novo (Holanda, Inglaterra, Estados Unidos) é, ao mesmo tempo, "resultado" de longos períodos de acumulação de capital (e finalmente de superacumulação) em centros antes estabelecidos (Veneza, Holanda, Inglaterra). Além disso, embora Marx não o diga explicitamente, cada novo centro principal de sua sequência é uma entidade de escala e alcance territorial maior que seus predecessores.

A sequência de Marx, nos termos da conceituação de Harvey, descreve uma série de ajustes espaciais de escala e alcance cada vez maiores que oferecem vias de escape lucrativas para o capital excedente que se superacumula em centros capitalistas antes estabelecidos e, ao mesmo tempo, *reduzem* a necessidade de acumulação por desapropriação nos centros recém-surgidos. Se essa tendência ainda estivesse em ação nos dias de hoje, os Estados Unidos e outros centros maduros de acumulação de capital estariam emprestando "volumes enormes de capital" a centros emergentes. Então, por que é que os Estados Unidos, em vez de emprestar, toma emprestados volumes enormes de capital, como já foi constatado no capítulo 5, ao ritmo de mais de 2 bilhões de dólares por dia? E por que é que parte cada vez maior desse capital vem de centros emergentes, principalmente da China?

Essa anomalia assinala um bloqueio dos mecanismos que no passado facilitaram a absorção de capital excedente em ajustes espaciais de tamanho e alcance cada vez maiores. Harvey não trata dessa anomalia, mas sua teoria do ajuste espacial indica que o fortalecimento das forças econômicas, políticas e sociais de inércia geográfica podem ser a causa do bloqueio. Embora essa seja, sem dúvida alguma, parte da explicação, outra razão poderia ser que a acumulação por desapropriação chegou ao seu limite, seja porque o principal centro emergente (a China) está acumulando capital por outros meios – hipótese plausível, como veremos no capítulo 12 –, seja porque os meios coercivos não podem mais criar um ajuste espacial de tamanho e alcance suficientes para absorver de modo lucrativo a massa de capital excedente nunca antes vista que está se acumulando no mundo todo.

Harvey não investiga essa possibilidade nem esclarece a ligação entre o fato de Washington ter adotado o programa do Novo Século Americano e a acumu-

235

Adam Smith em Pequim

lação por desapropriação. Embora sugira que "a desapropriação do petróleo iraquiano" poderia marcar o princípio da continuação, por meios militares, da acumulação por desapropriação, ele também afirma que a lógica territorial específica
que o projeto imperial neoconservador buscou impor era profundamente incoerente com a lógica capitalista de poder. Ainda que as despesas militares possam
estimular a economia norte-americana no curto prazo, seu efeito mais duradouro
será o maior endividamento externo dos Estados Unidos e, portanto, a maior vulnerabilidade à fuga de capitais. Os riscos para o capital financeiro em continuar
suportando a dívida nacional aumentará proporcionalmente, e se essa situação não
mudar, mais cedo ou mais tarde a fuga de capitais levará a economia norte-americana a um "ajuste estrutural" que trará consigo "um grau nunca visto de austeridade, sem nada parecido desde a Grande Depressão da década de 1930"[37].

Harvey especulou que, nessas circunstâncias, os Estados Unidos "ficariam extremamente tentados a usar seu poder sobre o petróleo para frear a China, provocando, no mínimo, um conflito geopolítico na Ásia central e talvez espalhando-o
para um conflito mais global". A única alternativa realista para resultado tão desastroso, em sua opinião, seria algum tipo de "novo 'New Deal'" encabeçado pelos
Estados Unidos e pela Europa, nacional e internacionalmente. "Isso significa libertar a lógica do capital [...] das suas correntes neoliberais, reformular o poder estatal
segundo linhas bem mais intervencionistas e redistributivas, restringir o poder
especulativo do capital financeiro e descentralizar ou controlar democraticamente
o poder avassalador dos oligopólios e monopólios (especialmente [...] do complexo militar-industrial)." Esse projeto alternativo lembra o "ultraimperialismo" das
potências capitalistas cooperantes vislumbrado por Karl Kautsky há muito tempo
e, como tal, tem suas próprias conotações e consequências negativas. Ainda assim,
"parece propor uma trajetória imperial bem menos violenta e bem mais benevolente do que o grosseiro imperialismo militarista proposto atualmente pelo movimento neoconservador dos Estados Unidos"[38].

Nos quatro anos decorridos desde que isso foi escrito, o desenrolar do projeto
imperial neoconservador excluiu a possibilidade de que a apropriação do petróleo
iraquiano por meios militares pudesse dar início a uma fase de acumulação por
desapropriação e aumentou ainda mais a dívida externa dos Estados Unidos e sua
vulnerabilidade à fuga de capitais. Entretanto, até agora o capital financeiro e os
governos estrangeiros continuam a subscrever a dívida nacional norte-americana,
de modo que nenhuma fuga de capitais levou a economia dos Estados Unidos ao
ajuste estrutural que lhes daria certa austeridade e, muito menos, a algo compará-

[37] Ibidem, p. 201-2, 204-9.
[38] Ibidem, p. 209-11.

A lógica territorial do capitalismo histórico

vel à experiência da década de 1930. Embora a fuga e o ajuste estrutural continuem possíveis, é difícil dizer como os Estados Unidos reagiriam caso eles de fato se materializassem. Como veremos na quarta parte do livro, o fracasso no Iraque não desencorajou os Estados Unidos a adotar estratégias com relação à China que podem deflagrar o tipo de conflito geopolítico vislumbrado por Harvey. Mas o ambiente econômico e político global tornou-se menos propício a esse resultado e, de qualquer modo, o projeto "ultraimperialista" euro-americano não é a única alternativa, nem a mais plausível, para o grosseiro imperialismo militarista posto em prática com tão pouco sucesso pelo governo Bush.

Para identificar toda a gama de possibilidades históricas propostas pelo desenrolar da hegemonia norte-americana, os conceitos de ajuste espacial e de acumulação por desapropriação devem ser reconfigurados de um ponto de vista histórico mais amplo e extenso do que o de Harvey. Dentro dessa óptica, o novo imperialismo surgirá como resultado, de um lado, de um longo processo histórico de tamanho e alcance cada vez maiores e, de outro, da tentativa dos Estados Unidos de levar esse processo a cabo por meio da formação de um governo mundial centrado neles próprios. Essa tentativa, afirmo eu, fazia parte da hegemonia norte-americana desde o princípio. No governo de George W. Bush, ela simplesmente atingiu seu limite e, com toda a probabilidade, deixará de ser o determinante principal das transformações em andamento na economia política global.

Superacumulação e financeirização

Em *Origens do totalitarismo*, Arendt faz uma observação reveladora, embora um tanto funcionalista, sobre a relação entre a acumulação de capital e a acumulação de poder:

> A insistência de Hobbes no poder como motor de tudo o que é humano [...] surgiu da proposição teoricamente indiscutível de que a acumulação infindável de propriedade precisa se basear numa acumulação infindável de poder. [...] O processo ilimitado de acumulação de capital *necessita* da estrutura política de um "poder tão ilimitado" que possa proteger a propriedade crescente, tornando-se constantemente mais poderoso. [...] Esse processo de acumulação infindável de poder *necessário* para a proteção da acumulação infindável de capital determinou a ideologia "progressista" do fim do século XIX e prenunciou o surgimento do imperialismo.[39]

---

[39] Hannah Arendt, *The Origins of Totalitarianism*, p. 143. Grifei "necessita" e "necessário" para destacar, para referência futura, a natureza funcionalista da tese de Arendt.

Adam Smith em Pequim

Depois de citar essa observação teórica, Harvey escreve que ela corresponde "exatamente" à minha própria descrição empírica da sucessão de organizações dominantes que promoveu e sustentou a formação do sistema capitalista mundial, desde as cidades-Estado italianas até as fases de hegemonia holandesa, britânica e norte-americana[40].

> Assim como no fim do século XVII e início do XVIII o papel hegemônico tornou-se grande demais para um país com o tamanho e os recursos das Províncias Unidas, no início do século XX esse papel tornou-se grande demais para um Estado com o tamanho e os recursos do Reino Unido. Em ambos os casos, o papel hegemônico coube a um Estado – o Reino Unido no século XVIII, os Estados Unidos no século XX – que passou a gozar de uma "renda de proteção" substancial, ou seja, vantagens de custo exclusivas, associadas à insularidade geoestratégica absoluta ou relativa. [...] Mas esse Estado, em ambos os casos, também foi portador de peso suficiente na economia mundial capitalista para ser capaz de alterar o equilíbrio de poder entre os Estados concorrentes na direção que bem quisesse. E como a economia mundial capitalista expandiu-se consideravelmente no século XIX, o território e os recursos necessários para tornar-se hegemônico no início do século XX eram muito maiores do que no XVIII.[41]

Embora inegável, a correspondência não é "exata", como sugere Harvey. Afinal, a observação de Arendt refere-se à acumulação de poder e capital *dentro dos Estados*, enquanto a minha se refere à acumulação de poder e capital num *sistema de Estados* em evolução. A diferença é fundamental em mais de um aspecto.

Arendt chama nossa atenção para o processo pelo qual os Estados capitalistas tendem a vivenciar individualmente a acumulação de "dinheiro supérfluo" (ou seja, de mais capital do que é possível reinvestir com lucro dentro das fronteiras nacionais) e a necessidade de se tornar mais poderoso para proteger a propriedade crescente. Desse ponto de vista, o imperialismo de tipo capitalista é uma política que visa tanto a encontrar aplicações externas lucrativas para o capital excedente quanto a fortalecer o Estado. Minha observação, ao contrário, chama nossa atenção para o processo pelo qual organizações capitalistas cada vez mais poderosas tornaram-se agentes da expansão de um sistema de acumulação e domínio que, desde o princípio, englobava uma multiplicidade de Estados. Desse ponto de vista, o imperialismo de tipo capitalista é um aspecto das lutas constantes pelas quais os Estados capitalistas usaram meios coercivos na tentativa de

---

[40] David Harvey, *The New Imperialism*, p. 34-5. Minhas observações empíricas foram feitas independentemente das teses teóricas de Arendt. Sou grato a Harvey por mostrar a correspondência entre elas.
[41] Giovanni Arrighi, *The Long Twentieth Century*, p. 62.

A lógica territorial do capitalismo histórico

virar a seu favor as mudanças espaciais causadas pela acumulação "interminável" de capital e poder[42].

Como ressalta Harvey, o capital financeiro, apoiado pelo poder estatal, tem papel mediador fundamental tanto na produção de espaço envolvida na reprodução ampliada do capital quanto nas "práticas canibalistas e desvalorizações forçadas" que constituem a essência da acumulação por desapropriação. No entanto, ele é vago a respeito das coordenadas históricas mundiais desse papel. Como Arendt, parece adotar o ponto de vista de que o capital financeiro foi um ramo do capitalismo industrial do século XIX. Embora isso possa ser verdadeiro no caso do desenvolvimento capitalista de alguns Estados, certamente não é verdadeiro no caso do desenvolvimento capitalista em escala mundial.

Como antecipamos no capítulo 3, Braudel demonstrou que a financeirização (capacidade do capital financeiro de "tomar posse e dominar, ao menos por algum tempo, todas as atividades do mundo dos negócios") como reação à superacumulação de capital ("acumulação de capital em escala que ultrapassa os canais normais de investimento") esteve em evidência na economia europeia muito antes de o capitalismo se associar ao industrialismo. A isso devemos agora acrescentar que Braudel também apresenta uma lista de datas, lugares e agentes que nos permite basear no espaço e no tempo históricos mundiais as considerações teóricas de Harvey sobre o capital financeiro. Braudel sugere que os holandeses terem abandonado o comércio, por volta de 1740, para se tornarem "os banqueiros da Europa" foi típico de uma tendência sistêmica mundial recorrente. O mesmo processo foi visível na Itália no século XV e novamente por volta de 1560, quando os grupos dominantes da diáspora empresarial genovesa abandonaram aos poucos o comércio para exercer, durante cerca de setenta anos, o controle das finanças europeias comparável àquele que o Banco de Compensações Internacionais [Bank of International Settlement, BIS], da Basileia, teve no século XX, "controle tão discreto e sofisticado que os historiadores, durante muito tempo, deixaram de percebê-lo". Depois dos holandeses, os britânicos repetiram a tendência durante e após a Grande Depressão de 1873-1896, quando "a aventura fantástica da Revolução Industrial" criou superabundância de capital pecuniário. É preciso acrescentar que, depois da aventura igualmente fantástica do chamado fordismo-keynesianismo, o capital norte-americano seguiu trajetória semelhante a partir da década de 1970. "[Todo] desenvolvimento capitalista desse tipo, ao chegar ao estágio de expansão

---

[42] Prefiro o adjetivo "interminável" ao "infindável" usado por Arendt, porque "interminável" transmite a ideia mais exata de uma acumulação que supostamente "nunca acaba" e, ao mesmo tempo, é um "fim em si mesma", quer realmente acabe ou não.

Adam Smith em Pequim

financeira, parece ter anunciado, em certo sentido, sua maturidade: [é] *um sinal do outono.*"[43]

À luz dessas observações, a fórmula geral do capital definida por Marx (DMD') pode ser reinterpretada como se descrevesse não só a lógica dos investimentos capitalistas isolados, como também o padrão constante do capitalismo mundial. O aspecto central desse padrão é a alternância de épocas de expansão material (fases DM de acumulação de capital) com fases de expansão financeira (fases DM'). Nas fases de expansão material, o capital dinheiro (D) põe em movimento uma massa cada vez maior de mercadorias (M), inclusive força de trabalho e dons da natureza; e em fases de expansão financeira, uma massa cada vez maior de capital dinheiro (D') liberta-se da forma mercadoria e a acumulação prossegue com negociações financeiras (como na fórmula abreviada de Marx, DD'). Em conjunto, essas duas épocas ou fases constituem o que chamei de *ciclo sistêmico de acumulação* (DMD')[44].

Partindo dessas premissas, identifiquei quatro ciclos desse tipo, cada um deles englobando um século "longo": o ciclo ibero-genovês, que cobre o século XV ao início do XVII; o ciclo holandês, do fim do século XVI ao fim do XVIII; o ciclo britânico, de meados do século XVIII ao início do XX; e o ciclo norte-americano, do fim do século XIX à mais recente expansão financeira. Cada ciclo recebe o nome do complexo específico de agentes governamentais e empresariais que o definiu e conduziu o sistema capitalista mundial rumo à expansão material e, em seguida, à expansão financeira que, em conjunto, constituem o ciclo. Os sucessivos ciclos sistêmicos de acumulação sobrepõem-se uns aos outros no início e no fim, porque as fases de expansão financeira foram não apenas o "outono" de evoluções importantes do capitalismo mundial, como também períodos em que um novo complexo governamental e empresarial dominante surgiu e, com o tempo, reorganizou o sistema, tornando possível nova expansão[45].

As expansões material e financeira são ambas processos de um sistema de acumulação e de domínio que aumentou em tamanho e alcance no decorrer dos séculos, mas envolveu, desde o princípio, grande número e variedade de agentes

---

[43] Fernand Braudel, *Civilization and Capitalism, 15th-18th Century*, v. 3: *The Perspective of the World*, p. 157, 164, 242-3, 246, destaques meus [ed. bras.: *Civilização material, economia e capitalismo, séculos XV-XVIII, v. 3, O tempo do mundo*].

[44] Giovanni Arrighi, *The Long Twentieth Century*, p. 4-6.

[45] Sobre a base teórica e histórica dos ciclos sistêmicos de acumulação, ver Giovanni Arrighi,*The Long Twentieth Century*. Para uma análise detalhada da transição da hegemonia holandesa para a britânica e da britânica para a americana, ver Giovanni Arrighi e Beverly J. Silver, *Chaos and Governance in the Modern World System* [ed. bras.: *Caos e governabilidade no moderno sistema mundial*].

A lógica territorial do capitalismo histórico

governamentais e empresariais. Em cada ciclo, as expansões materiais ocorrem em virtude do surgimento de um bloco específico de agentes governamentais e empresariais capazes de levar o sistema a novo ajuste espacial, que cria condições para o surgimento de divisões de trabalho mais amplas ou profundas. Nessas condições, o retorno do capital investido no comércio e na produção aumenta; o lucro tende a ser aplicado, de modo mais ou menos rotineiro, em mais expansão do comércio e da produção; e, conscientemente ou não, os principais centros do sistema cooperam para manter a expansão uns dos outros. Com o tempo, porém, o investimento de uma massa sempre crescente de lucro no comércio e na produção leva inevitavelmente à acumulação de capital bem acima do que pode ser reinvestido na compra e na venda de mercadorias sem a redução drástica da margem de lucro. Nesse ponto, os agentes capitalistas tendem a invadir a esfera de ação uns dos outros; a divisão de trabalho que antes definia os termos da cooperação mútua desfaz-se; e a concorrência torna-se cada vez mais nociva. A possibilidade de recuperar o capital investido no comércio e na produção diminui e os agentes capitalistas tendem a manter líquida uma proporção maior do seu fluxo de caixa. Arma-se o palco, assim, para a mudança de fase, da expansão material para a financeira.

Em todas as expansões financeiras de importância sistêmica, a acumulação de capital excedente em forma líquida teve três efeitos principais. Em primeiro lugar, transformou o capital excedente embutido na paisagem, na infraestrutura e nos meios de comércio e de produção em oferta cada vez maior de dinheiro e crédito. Em segundo lugar, privou governos e populações dos rendimentos retirados previamente do comércio e da produção, que não eram mais realizados porque se tornaram pouco lucrativos ou arriscados demais. Finalmente, e em boa parte como corolário dos dois primeiros efeitos, criou nichos de mercado altamente lucrativos para intermediários financeiros capazes de canalizar a oferta de liquidez cada vez maior para governos ou populações em dificuldade financeira ou para empreendedores públicos e privados que pretendiam abrir novos caminhos para a geração de lucro no comércio e na produção.

Via de regra, os agentes principais da expansão material precedente estavam em melhores condições para ocupar esses nichos de mercado altamente lucrativos e, assim, conduzir o sistema de acumulação para a expansão financeira. Essa capacidade de mudar de um tipo de liderança para outro foi a principal razão para que, depois de sofrer a crise sinalizadora de hegemonia, todos os centros dominantes do capitalismo mundial desfrutaram de uma *belle époque* de inflação de sua riqueza e poder, mas ainda assim significativa. A razão por que todas essas *belles époques* foram fenômenos temporários é que elas tenderam a aprofundar a crise de superacumulação subjacente, em vez de resolvê-la. Portanto, exacerbaram a concorrência econômica, os conflitos sociais e as rivalidades entre os Estados num nível além do poder de controle dos centros dominantes. Antes de passarmos para a discussão da natureza inconstante das lutas que se seguiram, devemos fazer duas observações.

A primeira é que todas as expansões financeiras trouxeram consigo a acumulação por desapropriação. Basta mencionar que emprestar capital excedente a governos e populações em dificuldade financeira só seria lucrativo na medida em que redistribuísse o patrimônio ou a renda dos tomadores dos empréstimos entre os agentes que controlavam o capital excedente. Na verdade, esse tipo de redistribuição maciça foi o ingrediente fundamental de todas as *belles époques* do capitalismo financeiro, desde a Florença renascentista até as eras Reagan e Clinton. Entretanto, por si só não constituiu solução para a crise subjacente de superacumulação. Pelo contrário, ao transferir o poder de compra de estratos e comunidades com preferência por liquidez mais baixa (ou seja, com menos disposição para acumular capital dinheiro) para estratos e comunidades com preferência por liquidez mais alta, tendeu a provocar uma superacumulação de capital ainda maior e a repetição das crises de lucratividade. Além disso, ao alienar os estratos e comunidades que estavam sendo expropriados, tendeu a provocar também a crise de legitimidade. Obviamente, a combinação entre crises de lucratividade e de legitimidade é a condição subjacente à qual Arendt e Harvey atribuem o imperialismo de suas respectivas épocas. No entanto, condições comparáveis também eram visíveis em expansões financeiras anteriores, exacerbando direta ou indiretamente os conflitos dentro dos Estados e entre eles[46].

Ao menos a princípio, a escalada dos conflitos entre Estados beneficiou os centros dominantes, porque inflacionou a necessidade financeira dos Estados e, desse modo, intensificou a competição mútua pelo capital móvel. Mas, em geral, assim que os conflitos se transformaram em grandes guerras, os centros dominantes perderam, até mesmo no âmbito financeiro, para centros emergentes que estavam em melhores condições de oferecer acumulação interminável de capital e poder com ajuste espacial de escala e alcance maiores que o anterior.

Isso nos leva à segunda observação, que diz respeito à transferência de capital excedente dos centros dominantes para os centros emergentes de desenvolvimento capitalista. Como observamos anteriormente, o papel que Marx

---

[46] Giovanni Arrighi, *The Long Twentieth Century*; Giovanni Arrighi e Beverly J. Silver, *Chaos and Governance in the Modern World System*, especialmente o capítulo 3.

A lógica territorial do capitalismo histórico

atribuiu ao sistema de crédito na promoção desses pontos de realocação indica uma cooperação invisível entre capitalistas que *reduz* a necessidade de acumulação por desapropriação nos centros emergentes. Também observamos que a sequência dos principais centros capitalistas de Marx (Veneza, Holanda, Inglaterra e Estados Unidos) indica uma série de ajustes espaciais de escala e alcance cada vez maiores que criaram condições para a solução da crise de superacumulação anterior e a decolagem de nova fase de expansão material. A isso devemos acrescentar que as guerras tiveram papel muito importante nisso. Em pelo menos dois casos (da Holanda para a Grã-Bretanha e da Grã-Bretanha para os Estados Unidos), a realocação do capital excedente de centros maduros para centros emergentes começou muito antes da escalada dos conflitos entre Estados. Entretanto, essa transferência antecipada criou pretensões ao patrimônio e à renda futura dos centros emergentes que fizeram retornar aos centros maduros um fluxo de juros, lucros e rendas igual ou superior ao investimento original. Portanto, ela fortaleceu a posição dos centros dominantes no mundo das altas finanças, em vez de enfraquecê-la. Mas assim que as guerras se intensificaram, a relação credor-devedor que ligava os centros maduros aos emergentes foi forçosamente invertida e a realocação para os centros emergentes tornou-se, ao mesmo tempo, mais substancial e permanente.

Os mecanismos da inversão variaram consideravelmente de uma transição para outra. Na inversão Holanda-Grã-Bretanha, o mecanismo principal foi a pilhagem da Índia durante e após a Guerra dos Sete Anos, que permitiu à Grã--Bretanha comprar dos holandeses sua dívida nacional e, assim, iniciar as Guerras Napoleônicas quase sem dívida externa. Na inversão Grã-Bretanha-Estados Unidos, o mecanismo fundamental foi os Estados Unidos terem fornecido, durante a guerra, armas, máquinas, alimentos e matérias-primas bem além daquilo que a Grã-Bretanha podia pagar com suas receitas correntes. Mas em ambos os casos a guerra foi ingrediente essencial na troca de guarda dos postos dominantes do capitalismo mundial[47].

---

[47] Quanto à inversão Holanda-Grã-Bretanha, ver Ralph Davis, *The Industrial Revolution and British Overseas Trade*, p. 55-6; Peter J. Cain e Anthony G. Hopkins, "The Political Economy of British Expansion Overseas, 1750-1914", p. 471; e Giovanni Arrighi, *The Long Twentieth Century*, p. 208-12. Quanto à inversão Grã-Bretanha-Estados Unidos, ver Barry Eichengreen e Richard Portes, "Debt and Default in the 1930s: Causes and Consequences", p. 601-3; Paul Kennedy, *The Rise and Fall of the Great Powers*, p. 268; Giovanni Arrighi e Beverly J. Silver, *Chaos and Governance in the Modern World System*, p. 73-7. As peculiaridades da inversão Estados Unidos-Ásia oriental em andamento já foram sugeridas na segunda parte deste livro e serão mais aprofundadas nos próximos capítulos.

Adam Smith em Pequim

Origem da estratégia capitalista de poder

Ao contrário da leitura de alguns críticos, meu conceito de ciclos sistêmicos de acumulação não retrata a história do capitalismo como "o eterno retorno do mesmo"[48]. Ele mostra, em vez disso, que, exatamente quando o "mesmo" (ou seja, as expansões financeiras recorrentes no sistema como um todo) parecia voltar, novas rodadas de concorrência entre capitalistas, rivalidade entre Estados, acumulação por desapropriação e produção de espaço em escala cada vez maior *revolucionavam* a geografia e o modo de funcionamento do capitalismo mundial, assim como a sua relação com as práticas imperialistas. Assim, se nos concentrarmos nos "recipientes de poder"[49] que abrigaram o "quartel-general" dos principais agentes capitalistas dos ciclos sucessivos de acumulação, veremos imediatamente uma progressão da cidade-Estado e da diáspora comercial cosmopolitana (os genoveses) para um Estado protonacional (as Províncias Unidas) com as sociedades anônimas oficiais, um Estado multinacional (o Reino Unido) com um império tributário que dava a volta ao mundo e um Estado nacional do tamanho de um continente (os Estados Unidos) com um sistema de grandes empresas transnacionais, bases militares e instituições de governança mundial que englobam o mundo todo[50].

Como mostra essa progressão, nenhum dos agentes que promoveram a formação e a expansão do capitalismo mundial corresponde ao Estado nacional mítico da teoria política e social: Gênova e as Províncias Unidas eram um pouco menos, o Reino Unido e os Estados Unidos um pouco mais que Estados nacionais. E desde o princípio, as redes de acumulação e poder que permitiram a esses agentes desempenhar o papel principal na formação e na expansão do capitalismo mundial não estavam "contidas" nos territórios metropolitanos que definiam sua identidade protonacional, multinacional ou nacional. Na verdade, o comércio de longa distância, as altas finanças e as práticas imperialistas relacionadas (ou seja, atividades guerreiras e de construção de impérios) eram fontes de lucro ainda mais essenciais para os primeiros agentes que para os últimos. Como sustenta Arendt, o imperialismo deve mesmo ser considerado "o primeiro estágio do domínio político

---

[48] Michael Hardt e Antonio Negri, *Empire*, p. 239 [ed. bras.: *Império*].

[49] Anthony Giddens criou essa expressão para caracterizar os Estados, especialmente os Estados nacionais. Como notará o leitor, a expressão é usada aqui para designar um conjunto mais amplo de organizações. Ver Anthony Giddens, *The Nation-State and Violence* [ed. bras.: *O Estado-nação e a violência*].

[50] Veja descrições detalhadas dessa progressão em Giovanni Arrighi, *The Long Twentieth Century*; e Giovanni Arrighi e Beverly J. Silver, *Chaos and Governance in the Modern World System*, capítulo 1; Giovanni Arrighi e Beverly J. Silver, "Capitalism and World (Dis)Order".

A lógica territorial do capitalismo histórico

da burguesia, em vez de último estágio do capitalismo"[51]. Mas esse primeiro estágio deve ser situado nas cidades-Estado do início da era moderna e não nos Estados nacionais do fim do século XIX, como ela sugere.

O fato de as práticas imperialistas terem sido fonte de lucro mais importante nos primeiros estágios da expansão capitalista do que nos últimos não significa que as políticas e as ações dos agentes posteriores tenham sido menos imperialistas que as dos primeiros. Ao contrário, tornaram-se ainda mais imperialistas, em razão da interpenetração crescente das estratégias de poder capitalista e territorialista. Essa tendência pode ser claramente observada quando se compara a geografia histórica dos sucessivos ciclos sistêmicos de acumulação.

Mesmo antes que o primeiro ciclo começasse a se materializar, algumas cidades-Estado italianas, mais notadamente Veneza, demonstraram a viabilidade da estratégia capitalista de poder no contexto europeu do início da era moderna. Os governantes que adotaram estratégias territorialistas buscavam acumular poder expandindo o tamanho de seus domínios territoriais. As burguesias que controlavam as cidades-Estado italianas, ao contrário, buscavam acumular poder expandindo seu domínio sobre o capital pecuniário e ao mesmo tempo abstinham-se de aquisições territoriais, a menos que fossem absolutamente essenciais para a acumulação de capital. O sucesso dessa estratégia baseou-se na interação de duas condições. Uma delas foi o equilíbrio de poder entre as grandes organizações territoriais do subcontinente europeu. Outra foi a extroversão do sistema de Estados europeu que estava surgindo, isto é, o fato de que a busca bem-sucedida por lucro e poder *dentro* da Europa dependia fundamentalmente do acesso privilegiado a recursos *fora* dela por meio do comércio ou da pilhagem. O equilíbrio de poder não só garantia a sobrevivência política das organizações capitalistas territorialmente parcimoniosas, como também assegurava que a competição por recursos financeiros entre as grandes organizações territoriais aumentaria o poder das organizações capitalistas que controlassem esses recursos. Ao mesmo tempo, a extroversão da luta europeia pelo poder garantia que essa competição seria constantemente renovada pela necessidade dos Estados de se superarem uns aos outros para obter acesso privilegiado aos recursos fora da Europa[52].

A princípio, a combinação dessas duas condições foi extremamente favorável para a estratégia capitalista de poder. De fato, foi tão favorável que seu agente de

---

[51] Hannah Arendt, *The Origins of Totalitarianism*, p. 138.
[52] Giovanni Arrighi, *The Long Twentieth Century*, caps. 1 e 2.

maior sucesso foi uma organização quase sem território. Afinal, a designação ibero-genovesa do primeiro ciclo sistêmico de acumulação não se refere à República de Gênova como tal, cidade-Estado que, durante todo o ciclo, teve vida politicamente precária e "continha" pouco poder. Refere-se, ao contrário, às redes comerciais e financeiras transcontinentais que permitiram à classe capitalista genovesa, organizada numa diáspora cosmopolita, tratar de igual para igual com os governantes mais poderosos da Europa e transformar a concorrência mútua desses governantes pelo capital num motor poderoso para a expansão do seu próprio capital. Dessa posição de força, a diáspora capitalista genovesa estabeleceu uma relação altamente lucrativa de troca política informal com os governantes de Portugal e da Espanha imperial. Em virtude dessa relação, os governantes ibéricos realizaram todas as atividades guerreiras e de formação do Estado envolvidas na criação de um mercado e de um império que davam a volta ao mundo, enquanto os capitalistas da diáspora genovesa se especializaram em facilitar essas atividades comercial e financeiramente. Ao contrário dos Fuggers, que se arruinaram por causa de sua ligação com a Espanha imperial, os genoveses provavelmente ganharam mais nessa relação do que seus parceiros ibéricos. Como observou Richard Ehrenberg, "não foram as minas de prata de Potosí, mas as feiras de câmbio genovesas que permitiram a Filipe II concretizar sua política de poder mundial década após década". Mas, nesse processo, como lamentou Suarez de Figueroa em 1617, Espanha e Portugal tornaram-se as "Índias dos genoveses"[53].

No segundo ciclo sistêmico de acumulação (holandês), as condições para a adoção da estratégia de poder estritamente capitalista continuaram favoráveis, mas não tão favoráveis quanto no primeiro ciclo. É verdade que os conflitos intensos que lançaram uns contra os outros os maiores Estados territoriais da Europa foram essenciais para a ascensão da Holanda e, em 1648, a Paz da Vestfália deu ao equilíbrio de poder europeu alguma estabilidade institucional. Além disso, no século XVII os holandeses só puderam expandir a escala espacial de suas operações do Báltico para o Atlântico e para o Oceano Índico com tamanha facilidade e rapidez porque os ibéricos já haviam conquistado as Américas e aberto um caminho marítimo direto para as Índias Orientais. Contudo, a paisagem geopolítica criada na Europa por um ajuste espacial ibérico que dava a volta ao mundo não deixava

---

[53] Ehrenberg é citado em Peter Kriedte, *Peasants, Landlords, and Merchant Capitalists: Europe and the World Economy, 1500-1800*, p. 47 [ed. port.: *Camponeses, senhores e mercadores: a Europa e a economia mundial (1500-1800)*], e Figueroa, em J. H. Elliott, *The Old World and the New 1492-1650*, p. 96 [ed. port.: *O velho mundo e o novo: 1492-1650*]. Veja detalhes sobre o ciclo ibero-genovês em Giovanni Arrighi, *The Long Twentieth Century*, p. 109-32, 145-51.

A lógica territorial do capitalismo histórico

espaço para o tipo de estratégia capitalista de poder que havia feito a fortuna da diáspora genovesa no "longo" século XVI. De fato, os holandeses conseguiram talhar a partir do império marítimo e territorial ibérico o sistema de entrepostos comerciais e de sociedades anônimas oficiais centrado em Amsterdã que se tornou a base do segundo ciclo sistêmico de acumulação precisamente por fazer o que os genoveses não estavam fazendo, ou seja, tornaram-se autossuficientes na guerra e na formação do Estado[54].

Violet Barbour afirmou que esse sistema centrado em Amsterdã foi o último caso de "verdadeiro império de comércio e de crédito [...] mantido por uma cidade por direito próprio, sem ser sustentado pelas forças do Estado moderno"[55]. Como as Províncias Unidas combinavam as características das cidades-Estado que estavam desaparecendo com as dos Estados nacionais que vinham surgindo, qualificá-las ou não como "estado moderno" é uma questão controversa. Mas sejam quais forem as características que se queiram enfatizar, parece que o ciclo holandês foi um divisor de águas entre duas épocas distintas de capitalismo histórico: a época da cidade, de um lado, e a do Estado territorial e da economia nacional, de outro.

> No coração da Europa inchada de sucesso e inclinada, no fim do século XVIII, a abraçar o mundo todo, *a zona central dominante teve de aumentar de tamanho para equilibrar a estrutura inteira*. As cidades que se mantinham sozinhas, ou quase sozinhas, já não tiravam renda suficiente das economias vizinhas, cuja força elas sugavam; em breve não estariam mais à altura da tarefa. Os Estados territoriais assumiriam o poder.[56]

Trataremos mais adiante do motivo por que a zona central tinha de "aumentar de tamanho" para "equilibrar a estrutura inteira". Por enquanto, observemos que o surgimento dos Estados territoriais como principais agentes da expansão capitalista provocou uma interpenetração muito maior do que antes entre capitalismo e imperialismo. Embora a fortuna da diáspora capitalista genovesa dependesse inteiramente das atividades de guerra e de construção de impérios de seus parceiros ibéricos, a diáspora propriamente dita absteve-se por completo dessas atividades. O capitalismo genovês e o imperialismo ibérico sustentavam um ao outro, mas por meio de uma relação de troca política que reproduzia, de ponta a ponta, suas identidades organizacionais distintas. Embora não houvesse essa se-

---

[54] Giovanni Arrighi, *The Long Twentieth Century*, p. 36-47, 127-51; Giovanni Arrighi e Beverly J. Silver, *Chaos and Governance in the Modern World System*, p. 39-41, 99-109.
[55] Violet Barbour, *Capitalism in Amsterdam in the Seventeenth Century*, p. 13.
[56] Fernand Braudel, *Civilization and Capitalism*, v. 3, p. 175; destaques meus.

paração no ciclo holandês, os oitenta anos de luta pela independência das Províncias Unidas contra a Espanha imperial dotaram o capitalismo holandês de identidade anti-imperialista duradoura. Mesmo depois de terminada a luta, Peter de la Court pôde retratar a Holanda como um "gato" numa selva de "feras selvagens". As feras selvagens eram os Estados territoriais da Europa: "Leões, tigres, lobos, raposas, ursos ou qualquer outra fera de rapina, que costumam perecer pela própria força e são pegas quando estão à espreita de outras". O gato se parece com o leão. Mas a Holanda era um gato e assim permaneceria porque "nós, que somos naturalmente mercadores, não podemos ser transformados em soldados" e "há mais a ser obtido por nós em tempo de paz e bom comércio, do que pela guerra e pela ruína do comércio"[57].

Na verdade, antes disso, o sistema de acumulação holandês, que de fato se beneficiaria mais com a paz do que com a guerra depois da Vestfália, fora construído sobre a guerra e a ruína do comércio ibérico. Além disso, no mundo não europeu, principalmente no arquipélago indonésio, o "gato da Holanda" não ficava atrás de nenhuma "fera de rapina" europeia no uso da violência a fim de destruir as paisagens de comércio e de produção existentes e criar paisagens mais favoráveis à acumulação interminável de capital holandês. No entanto, a metáfora de De la Court faz distinção entre o imperialismo dos grandes Estados territoriais da Europa e o capitalismo da territorialmente pequena república holandesa, que se manteve perceptível durante todo o ciclo holandês. Afinal, a estratégia de poder da república holandesa baseava-se primariamente não na expansão de seus domínios territoriais, mas sim na expansão do controle sobre o capital dinheiro e o sistema de crédito internacional. Ao combinar os pontos fortes das estratégias veneziana e genovesa, escorava-se no dinheiro e no crédito como meios fundamentais para que as lutas entre Estados territoriais da Europa se transformassem no motor da autoexpansão do capital holandês. Com o tempo, porém, a escalada das lutas solapou o sucesso da estratégia holandesa e, ao mesmo tempo, criou condições para a fusão completa do capitalismo com o imperialismo nas práticas do Estado que acabou se elevando a novo líder da expansão capitalista[58].

Para termos alguma noção das razões para essa fusão, precisamos voltar à tese de Braudel de que a escala territorial do centro dominante do sistema de acumulação tinha de crescer de algum modo para acompanhar o aumento da escala es-

---

[57] Citado em Peter Taylor, "Ten Years that Shook the World? The United Provinces as First Hegemonic State", p. 36, 38.

[58] Giovanni Arrighi, *The Long Twentieth Century*, p. 144-58; Giovanni Arrighi e Beverly J. Silver, *Chaos and Governance in the Modern World System*, p. 48-51.

A lógica territorial do capitalismo histórico

pacial do sistema. O próprio Braudel sugere que uma das principais razões por que a pequena escala territorial da Holanda se tornou uma desvantagem na sua manutenção como centro do sistema de acumulação globalizante europeu foi a escassez estrutural de mão de obra. "A Holanda", afirma, "só poderia cumprir seu papel de navio cargueiro se conseguisse obter a mão de obra necessária entre os miseráveis da Europa." Foi a pobreza do resto da Europa que "permitiu aos holandeses 'montar' sua República"[59]. Mas assim que um número crescente de Estados europeus buscou internalizar as fontes holandesas de riqueza e poder em seus próprios domínios por meio de alguma variante do mercantilismo e do imperialismo, a concorrência pelos recursos humanos europeus intensificou-se e o tamanho da república holandesa tornou-se desvantagem cada vez mais insuperável. Como lamentou Stavorinus:

> [...] desde o ano de 1740, as muitas guerras navais, o grande aumento do comércio e da navegação, principalmente em muitos países onde antes essas atividades eram pouco procuradas, e a consequente procura intensa e contínua de marinheiros capazes, tanto para navios de guerra quanto para navios mercantes, diminuiu tão consideravelmente o oferta deles que, em nosso próprio país, onde antes costumava haver grande abundância de marinheiros, é hoje com muita dificuldade e despesa que as naus conseguem obter o número justo de boas mãos para tripulá-las.[60]

E os holandeses não podiam competir com os grandes Estados territoriais na criação de colônias simplesmente porque havia poucos holandeses disponíveis para a tarefa. Como resultado, na América do Norte a maioria da população colonial e quase toda a classe abastada de mercadores, fazendeiros e profissionais liberais eram de origem britânica, acostumadas aos manufaturados de origem britânica e à venda por feitorias britânicas. Assim, os portos ingleses começaram a desafiar e depois a superar o comércio de entreposto de Amsterdã. Além disso, enquanto a indústria holandesa minguava, a inglesa expandia-se com rapidez sob o impacto conjunto do comércio atlântico e da crescente proteção governamental[61]. O sucesso britânico diante da concorrência holandesa, tanto na expansão comercial marítima quanto na expansão industrial nacional, reduziu aos poucos o quinhão do comércio de entreposto de Amsterdã. Mas o tiro de misericórdia na supremacia comercial holandesa veio com a disseminação do mercantilismo

---

[59] Fernand Braudel, *Civilization and Capitalism*, v. 3, p. 192-3.
[60] Citado em Charles R. Boxer, *The Dutch Seaborne Empire 1600-1800*, p. 109.
[61] Charles R. Boxer, *The Dutch Seaborne Empire*, p. 109; Ralph Davis, "The Rise of Protection in England, 1689-1786", p. 307; idem, "English Foreign Trade, 1700-1774", p. 115; W. E. Minchinton, *The Growth of English Overseas Trade in the Seventeenth and Eighteenth Centuries*, p. 13.

Adam Smith em Pequim

na região báltica e a consequente desorganização daquela que, até então, fora a "fonte do comércio" do capitalismo holandês[62].

A fusão do capitalismo com o imperialismo

Foi nesse contexto que o Reino Unido surgiu como novo líder da acumulação interminável de capital e poder por meio da fusão completa do capitalismo com o imperialismo. Assim que Londres substituiu Amsterdã como centro financeiro do sistema de Estados europeu globalizante na década de 1780, o Reino Unido tornou-se o principal beneficiário da competição pelo capital móvel entre os Estados. Nesse aspecto, foi herdeiro da tradição capitalista iniciada pelos genoveses no "longo" século XVI e ainda mais desenvolvida pelos holandeses no "longo" século XVII. Entretanto, em outros aspectos o Reino Unido também foi herdeiro da tradição imperialista iniciada pelos parceiros ibéricos dos genoveses, tradição que o "anti-imperialismo" dos holandeses e a estabilização do equilíbrio de poder europeu na Vestfália só revertera parcial e temporariamente[63].

Essa fusão peculiar de capitalismo com imperialismo ofereceu à acumulação interminável de capital e poder um ajuste espacial e organizacional que era diferente do ciclo holandês em aspectos muito importantes. Em termos geopolíticos, o sistema de Estados criado na Vestfália sob a liderança holandesa era verdadeiramente anárquico, isto é, caracterizado pela ausência de domínio central. O sistema entre Estados reconstituído depois das Guerras Napoleônicas, sob a liderança britânica, ao contrário, transformou o equilíbrio de poder europeu em instrumento de domínio britânico informal, ao menos por algum tempo. Depois de conquistar o controle do equilíbrio de poder durante as guerras, os britânicos deram vários passos para assegurar que ele permaneceria em suas mãos. Ao mesmo tempo em que asseguravam aos governos absolutistas da Europa continental, organizados na Santa Aliança, que só ocorreriam mudanças do equilíbrio de poder depois de consultado o recém-instituído Concerto da Europa, criaram dois contrapesos ao seu

---

[62] "A razão básica para o declínio decisivo do sistema holandês de comércio mundial, nas décadas de 1720 e 1730, foi a onda de mercantilismo industrial de novo estilo que varreu praticamente todo o continente desde cerca de 1720. [...] Até 1720, faltavam a países como Prússia, Rússia, Suécia e Dinamarca-Noruega os meios e, com a Grande Guerra do Norte em andamento, a oportunidade de emular o mercantilismo agressivo da Inglaterra e da França. Mas nos anos 1720 o senso aguçado de competição entre as potências do Norte, combinado com a difusão de novas tecnologias e habilidades, muitas vezes de origem holandesa ou huguenote, provocou uma mudança dramática. Nas duas décadas seguintes, a maior parte do norte da Europa incorporou-se ao arcabouço de política mercantilista industrial sistemática" (Jonathan Israel, *Dutch Primacy in World Trade, 1585-1740*, p. 383-4).

[63] Ver Giovanni Arrighi, *The Long Twentieth Century*, p. 47-58, 159-69.

250

A lógica territorial do capitalismo histórico

poder. Na Europa, exigiram e conseguiram que a França derrotada fosse incluída entre as grandes potências, se bem que mantida sob controle por estar entre as potências de segunda linha. Nas Américas, enfrentaram os planos da Santa Aliança de restaurar o domínio colonial afirmando o princípio da não intervenção na América Latina e convidando os Estados Unidos a apoiar o princípio. O que mais tarde se tornou a Doutrina Monroe – a ideia de que a Europa não devia intervir nos assuntos norte-americanos – foi a princípio uma política britânica[64].

Ao defender seu interesse nacional na preservação e na consolidação de uma estrutura de poder fragmentada e "equilibrada" na Europa continental, a Grã--Bretanha promoveu a noção de que seu poder mundial avassalador era exercido no interesse geral – no interesse tanto de antigos inimigos quanto de antigos aliados, tanto das novas repúblicas das Américas quanto das antigas monarquias da Europa. Essa noção foi consolidada com a liberalização *unilateral* do comércio da Grã-Bretanha, que culminou com a rejeição das Leis do Trigo em 1848 e das Leis da Navegação em 1849. Nos vinte anos seguintes, quase um terço das exportações do resto do mundo se dirigiram para a Grã-Bretanha. Os Estados Unidos, com quase 25% de todas as importações e exportações, era o maior parceiro comercial individual da Grã-Bretanha, e os países europeus respondiam por outros 25%. Com essa política, a Grã-Bretanha barateou o custo interno de insumos básicos e, ao mesmo tempo, forneceu os meios de pagamento para que outros países comprassem seus manufaturados. Também atraiu boa parte do mundo ocidental para sua órbita comercial, promovendo a cooperação entre os Estados e garantindo custos de proteção baixos para o comércio ultramarino e o império territorial[65].

Também nesse aspecto, o sistema de acumulação centrado no Reino Unido diferia radicalmente de seu antecessor holandês. Em ambos os sistemas, os territórios metropolitanos do Estado capitalista dominante exerciam o papel de entreposto central. Mas logo depois de se tornar predominante, o sistema holandês começou a ser questionado pelo mercantilismo agressivo da Grã-Bretanha e da França. O sistema britânico, em contraste, pôde se consolidar durante o período de paz mais longo da história europeia: a Paz dos Cem Anos de Polanyi (1815--1914). O controle britânico sobre o equilíbrio de poder europeu e sua centralidade no comércio mundial foram condições que se reforçaram mutuamente para

---

[64] Ver Karl Polanyi, *The Great Transformation*, p. 5-7, 259-62; David Weigall, *Britain and the World, 1815--1986: A Dictionary of International Relations*, p. 58, 111; Henry Kissinger, *A World Restored: European After Napoleon: The Politics of Conservatism in a Revolutionary Age*, p. 38-9 [ed. bras.: O *mundo restaurado*]; Alonso Aguilar, *Pan-Americanism from Monroe to the Present: a View from the Other Side*, p. 23-5.
[65] Michael Barratt Brown, *After Imperialism*, p. 63; Paul Kennedy, *The Rise and Fall of British Naval Mastery*, p. 156-64, 149-50; Joseph S. Nye, *Bound to Lead: The Changing Nature of American Power*, p. 53.

Adam Smith em Pequim

garantir essa longa paz. O primeiro reduzia a possibilidade de que algum Estado tivesse condições de desafiar a supremacia comercial britânica do mesmo modo que os britânicos haviam desafiado a supremacia holandesa depois da Vestfália. A segunda "engaiolava" um número crescente de Estados territoriais numa divisão de trabalho global que fortalecia o interesse de cada um deles em preservar o sistema centrado no Reino Unido. E quanto mais geral esse interesse se tornava, mais fácil era para a Grã-Bretanha manipular o equilíbrio de poder a fim de impedir o surgimento de ameaças à sua supremacia comercial.

Essa combinação de circunstâncias dependia fundamentalmente de uma terceira diferença entre os sistemas britânico e holandês. Enquanto o entreposto holandês era basicamente comercial, o britânico também era industrial, a "oficina do mundo". Havia muito tempo que a Inglaterra era um dos principais centros industriais da Europa. Mas foi só no decorrer do século XVIII que a expansão do comércio de entreposto da Inglaterra e as imensas despesas do governo com as Guerras Napoleônicas transformaram a capacidade industrial britânica num instrumento efetivo de engrandecimento nacional[66]. As Guerras Napoleônicas, em particular, foram uma virada decisiva. Nas palavras de McNeill:

> [...] a demanda do governo criou a indústria precoce do ferro, com excesso de capacidade instalada para as necessidades em tempo de paz, como demonstrou a depressão do pós-guerra, entre 1816 e 1820. Mas também criou condições para o crescimento futuro ao dar aos mestres ferreiros britânicos incentivos extraordinários para encontrar novos usos para o produto barato que suas grandes e novas fornalhas poderiam gerar. Assim, as exigências militares feitas à economia britânica contribuíram muito para moldar as fases subsequentes da Revolução Industrial, permitindo o aprimoramento dos motores a vapor e tornando possíveis inovações muito importantes, como as ferrovias e os navios de aço, numa época e sob condições que simplesmente não existiriam sem o impulso que a guerra deu à produção do ferro.[67]

No decorrer do século XIX, as ferrovias e os navios a vapor fizeram do globo uma única economia, numa interação nunca vista. Em 1848, não havia nada fora da Grã-Bretanha que lembrasse uma rede ferroviária. Nos cerca de trinta anos seguintes, observa Eric Hobsbawm, "as partes mais remotas do mundo [começaram] a ser unidas por meios de comunicação que não tinham precedentes em termos de regu-

---

[66] Giovanni Arrighi, *The Long Twentieth Century*, cap. 3.
[67] William McNeill, *The Pursuit of Power: Technology, Armed Force, and Society since A.D. 1000*, p. 211-2. Ver também Leland H. Jenks, *The Migration of British Capital to 1875*, p. 133-4, e Eric J. Hobsbawm, *Industry and Empire: An Economic History of Britain since 1750*, p. 34 [ed. bras.: *Da Revolução Industrial inglesa ao imperialismo*].

A lógica territorial do capitalismo histórico

laridade, capacidade de transportar quantidades imensas de mercadorias e de pessoas e, acima de tudo, velocidade". Quando esse sistema de transporte e comunicação tomou forma, o comércio mundial expandiu-se em ritmo inaudito. De meados da década de 1840 até meados da década de 1870, o volume de mercadorias transportadas por mar entre os principais Estados europeus mais que quadruplicou e o valor do comércio entre a Grã-Bretanha e o Império Otomano, a América Latina, a Índia e a Austrália aumentou em torno de seis vezes. Finalmente, essa expansão do comércio mundial intensificou a concorrência e a rivalidade entre os Estados. Mas nas décadas do meio do século, as vantagens de se ligar ao entreposto britânico para aproveitar seus equipamentos e seus recursos eram grandes demais para que qualquer Estado europeu voluntariamente as deixasse de lado[68].

Ao contrário do sistema comercial mundial holandês do século XVII, que foi sempre puramente mercantil, o sistema comercial mundial britânico do século XIX tornou-se um sistema integrado de transporte e de produção mecanizados. A Grã-Bretanha era, ao mesmo tempo, a principal organizadora e a principal beneficiária desse sistema, dentro do qual desempenhava a dupla função de câmara central de compensação e regulamentador. Enquanto a função de câmara de compensação era inseparável do papel britânico de oficina do mundo, a função de regulamentador central era inseparável do papel de principal construtor de impérios no mundo não europeu. Para voltar à metáfora de De la Court, ao contrário da Holanda, que era e continuou a ser um "gato", a Grã-Bretanha era e continuou a ser uma "fera de rapina" territorial, cuja conversão ao capitalismo só aumentou seu apetite pela expansão territorial. Como já observado, a pilhagem da Índia permitiu à Grã-Bretanha recomprar dos holandeses sua dívida nacional e iniciar as Guerras Napoleônicas quase sem dívida externa. Isso, portanto, facilitou a sextuplicação das despesas públicas britânicas entre 1792 e 1815, à qual McNeill atribui papel decisivo na configuração da fase capital-mercadoria da Revolução Industrial. E, mais importante, deu início ao processo de conquista de um império territorial no sul da Ásia que se tornaria o principal pilar do poder global da Grã-Bretanha.

O desenrolar desse processo de conquista territorial foi detalhado em outro texto[69]. Aqui, mencionarei simplesmente os dois aspectos principais de sua relação com a reprodução ampliada do poder britânico, um demográfico e outro financeiro. Os enormes recursos demográficos da Índia sustentaram o poder mundial britânico tanto comercial quanto militarmente. Em termos comerciais, os trabalha-

---

[68] Eric J. Hobsbawm, *The Age of Capital 1848-1875*, p. 37-9, 50-4 [ed. bras.: *A era do capital: 1848-1875*].

[69] Giovanni Arrighi e Beverly J. Silver, *Chaos and Governance in the Modern World System*, p. 106-14, 223-46.

dores indianos foram forçados a passar de grandes concorrentes da indústria têxtil europeia a grandes produtores de alimentos baratos e matérias-primas para a Europa. Em termos militares, como já mencionado no capítulo 5, o efetivo indiano foi organizado como exército colonial de estilo europeu, inteiramente financiado pelo contribuinte indiano e usado, durante todo o século XIX, na série infindável de guerras com as quais a Grã-Bretanha abriu a Ásia e a África ao comércio e aos investimentos ocidentais. Quanto ao aspecto financeiro, a desvalorização da moeda indiana, a imposição dos tristemente famosos "Home Charges" – com os quais a Índia foi obrigada a pagar pelo privilégio de ser pilhada e explorada pela Grã--Bretanha – e o controle do Banco da Inglaterra sobre as reservas de moeda estrangeira da Índia transformaram-na, em conjunto, no "pivô" da supremacia comercial e financeira mundial da Grã-Bretanha[70].

Sob a liderança britânica, a acumulação interminável de capital e poder embutiu-se assim num ajuste espacial de escala e alcance maior que o dos ciclos ibero-genovês e holandês. Mas pela mesma razão, acabou resultando numa superacumulação de capital ainda maior. Como nos primeiros ciclos, a princípio o centro dominante estava em melhores condições de aproveitar a intensificação da concorrência que marcou a mudança da fase de expansão material para a financeira. Entretanto, a *belle époque* que se seguiu no princípio do século XX foi apenas um preâmbulo da escalada de conflitos entre Estados que, mais uma vez, revolucionou a geografia histórica do capitalismo mundial. A "revolução" análoga do fim do século XVIII e início do XIX eliminara da luta pela liderança capitalista os Estados protonacionais, como as Províncias Unidas. Na "revolução" da primeira metade do século XX, foi a vez dos próprios Estados nacionais serem empurrados para fora da briga, a menos que controlassem complexos agrícolas, industriais e militares integrados de escala continental.

Como observa Andrew Gamble:

> A nova insegurança e os crescentes militarismo e jingoísmo na Grã-Bretanha [no fim do século XIX] surgiram porque de repente parecia que o mundo havia se enchido de potências industriais, cujas bases metropolitanas, em termos de recursos, efetivo humano e produção industrial, eram potencialmente muito mais poderosas que as da Grã-Bretanha.[71]

---

[70] Sobre esses e outros aspectos da cobrança de tributos da Índia, ver Michael Barratt Brown, *The Economics of Imperialism*, p. 133-6; B. R. Tomlinson, "India and the British Empire, 1880-1935"; Marcello de Cecco, *The International Gold Standard: Money and Empire*, p. 62-3; David Washbrook, "South Asia, the World System, and World Capitalism", p. 481; Amiya K. Bagchi, *Perilous Passage: Mankind and the Global Ascendancy of Capital*, p. 145-57, 239-43.

[71] Andrew Gamble, *Britain in Decline*, p. 58.

A lógica territorial do capitalismo histórico

A rápida industrialização da Alemanha unificada depois de 1870 foi especialmente problemática para os britânicos, porque criou condições para o surgimento de uma potência terrestre na Europa capaz de aspirar à supremacia continental e desafiar o domínio marítimo da Grã-Bretanha. Durante a Primeira Guerra Mundial, a Grã-Bretanha, juntamente com seus aliados, conseguiu conter a Alemanha e chegou a aumentar a extensão de seu império territorial ultramarino. Mas o custo financeiro desse sucesso político-militar arruinou sua capacidade de se manter como centro do capitalismo mundial.

Durante a guerra, a Grã-Bretanha continuou a servir de principal banqueiro e tomador de empréstimos nos mercados mundiais de crédito, não só para si, mas também para a Rússia, a Itália e a França. Parecia uma repetição do seu papel de "banqueiro da coalizão" no século XVIII. Entretanto, havia uma diferença fundamental: o imenso déficit comercial com os Estados Unidos, que fornecia bilhões de dólares em munição e alimentos para os aliados, mas exigia poucas mercadorias em troca. "Nem a transferência de ouro nem a venda do enorme volume de títulos em dólar da Grã-Bretanha poderiam preencher o buraco; o problema só se resolveria com empréstimos feitos nos mercados monetários de Nova York e Chicago para pagar em dólar os fornecedores de munição norte-americanos."[72] Quando o crédito da Grã-Bretanha se aproximou do fim, os Estados Unidos lançaram seu peso econômico e militar na luta e penderam a balança a favor de seu devedor. O controle do equilíbrio de poder europeu passara decididamente das mãos britânicas para as norte-americanas. O isolamento que o Canal da Mancha não mais garantia, o Atlântico ainda assegurava. Mais importante ainda, enquanto as inovações nos meios de transporte e de comunicação continuavam a superar as barreiras espaciais, a distância da América tornou-se desvantagem menor comercial e militarmente. "Na verdade, quando o Pacífico começou a despontar como zona econômica rival do Atlântico, a posição dos Estados Unidos tornou-se central: uma ilha do tamanho de um continente, com acesso ilimitado aos dois maiores oceanos do mundo."[73]

Essa "ilha do tamanho de um continente" vinha se formando há muito tempo. Era o produto espacial do processo secular de tomada e ocupação de território com o qual os Estados Unidos "internalizaram" o imperialismo desde os primórdios de sua história.

---

[72] Paul Kennedy, *The Rise and Fall of the Great Powers*, p. 268.
[73] Joshua S. Goldstein e David P. Rapkin, "After Insularity: Hegemony and the Future World Order", p. 946.

Os historiadores norte-americanos que falam com complacência da falta de colonialismo de povoadores característico das potências europeias apenas escondem o fato de que toda a história *interna* do imperialismo dos Estados Unidos foi um imenso processo de tomada e ocupação territorial. A ausência de territorialismo "externo" baseou-se num territorialismo "interno" sem precedentes.[74]

Como Clyde Barrow ressalta ao resumir a descrição que Charles Beard faz desse imperialismo interno:

A migração em direção ao oeste causou carnificina humana e destruição ambiental em escala imensa, enquanto os colonos norte-americanos avançavam para as sucessivas fronteiras, como gafanhotos que só paravam o tempo suficiente para saquear a terra e remover, matar ou marginalizar os habitantes nativos. Na verdade, às vésperas da Primeira Guerra Mundial, Beard ensinava aos alunos pacifistas de suas aulas que "seria ilusão pensar nos norte-americanos como povo pacífico; eles são e sempre foram um dos povos mais violentos da história.[75]

Se a "ilha" norte-americana do tamanho de um continente foi criada com destruição humana e ambiental maciça, foi a revolução dos transportes e a industrialização da guerra na segunda metade do século XIX que a transformaram em poderoso complexo agrícola, industrial e militar, com vantagens competitivas e estratégicas decisivas diante dos Estados europeus. É verdade que o império territorial mundial da Grã-Bretanha continha recursos ainda maiores do que o dos Estados Unidos. Ainda assim, a dispersão global e a fraca integração mútua dos domínios coloniais da Grã-Bretanha, em contraste com a concentração regional e a forte integração mútua, tanto política quanto econômica, dos domínios territoriais dos Estados Unidos, foram diferença importantíssima na configuração espacial dos Estados capitalistas dominantes do "longo" século XIX e do século XX, respectivamente. Como já notado, o extenso império da Grã-Bretanha foi ingrediente essencial na formação e na consolidação do sistema de acumulação centrado no Reino Unido. Mas assim que a competição entre os Estados pelo "espaço vital" intensificou-se, sob o impacto da revolução dos transportes e da industrialização da guerra, o custo da proteção dos domínios metropolitanos e ultramarinos da Grã-Bretanha começou a subir rapidamente e as possessões imperiais passaram de patrimônio a prejuízo. Ao mesmo tempo, a superação das barreiras espaciais proporcionada por esses mesmos

---

[74] Gareth Stedman Jones, "The History of US Imperialism", p. 216-17 [ed. bras.: "A história do imperialismo dos EUA" em *Ideologia na ciência social: ensaios críticos sobre a teoria social*]; destaque do original. Ver também John Agnew, *The United States in the World-Economy: A Regional Geography*.
[75] Clyde W. Barrow, "God, Money, and the State: the Spirits of American Empire", p. 28.

A lógica territorial do capitalismo histórico

dois fenômenos transformou o tamanho continental, a compacidade, a insularidade e o acesso direto dos Estados Unidos aos dois principais oceanos do mundo em vantagens estratégicas decisivas na crescente disputa de poder entre os Estados[76].

Não surpreende que a luta terminasse com o surgimento do mundo bipolar tantas vezes previsto no século XIX e no início do século XX: "a ordem internacional [...] agora passava 'de um sistema a outro'. Só os Estados Unidos e a União Soviética contavam [...] e, dos dois, a 'superpotência' norte-americana era imensamente superior"[77]. Como sublinhou Thomas McCormick, os líderes norte-americanos travaram a Segunda Guerra Mundial "não apenas para vencer seus inimigos, mas para criar no pós-guerra a base geopolítica de uma ordem mundial que construiriam e dominariam". Na busca desse fim ambicioso, ajudou o conhecimento do precedente britânico durante as Guerras Napoleônicas. Em particular,

> a Grã-Bretanha só entrou no principal teatro europeu quando a guerra havia chegado ao estágio final e decisivo. Sua presença militar direta serviu para inibir qualquer outra potência continental de tentar tomar o lugar da França na estrutura de poder do continente e reforçou a legitimidade de sua pretensão a ter voz dominante nas negociações de paz. De modo paralelo, os Estados Unidos só entraram no teatro europeu na fase final e determinante da Segunda Guerra Mundial. A Operação Overlord, a invasão da França em junho de 1944, e o avanço para leste, rumo à Alemanha, restringiram, de modo semelhante, as potenciais ambições russas no Ocidente e asseguraram o lugar dos Estados Unidos na cabeceira da mesa de paz.[78]

Essas analogias refletem o fato de que, em ambas as transições, o controle do equilíbrio de poder no sistema entre Estados era essencial para o aumento de poder do Estado hegemônico que estava surgindo. Mas o ajuste espacial e organizacional da acumulação interminável de capital e poder que passou a existir sob a hegemonia norte-americana não podia ser o mesmo da britânica. Tinha de refletir a nova geografia histórica do capitalismo, que brotara da destruição irrevogável do ajuste espacial britânico do século XIX. Essa nova geografia histórica formava as bases do mais ambicioso projeto político já concebido na história humana: a criação de um Estado mundial. É para a ascensão e queda desse projeto que nos voltaremos agora.

---

[76] Giovanni Arrighi e Beverly J. Silver, *Chaos and Governance in the Modern World System*, p. 66-84.
[77] Paul Kennedy, *The Rise and Fall of the Great Powers*, p. 357.
[78] Thomas J. McCormick, *America's Half Century: United States Foreign Policy in the Cold War*, p. 33-5.

9

O ESTADO MUNDIAL
QUE NUNCA EXISTIU

Pouco depois da Segunda Guerra Mundial, Ludwig Dehio argumentou que cada rodada da luta europeia pelo poder criara condições para a expansão geográfica do sistema de Estados soberanos centrado na Europa, para a "migração" do *locus* do poder mais para leste e oeste e para a mutação irreversível da estrutura do sistema em expansão. Na verdade, Dehio apresentou seu estudo dos mecanismos que reproduziram o equilíbrio de poder europeu nos cinco séculos anteriores como se versasse sobre "uma estrutura que deixou de existir [...], por assim dizer, como resultado de uma autópsia".

> O equilíbrio de poder no Ocidente só se manteve porque novos contrapesos, de territórios além de suas fronteiras, puderam ser cada vez mais jogados na balança contra as forças que buscavam a supremacia. [...] Na Segunda Guerra Mundial, as forças que partiram da Europa em emigrações sucessivas [...] voltaram-se para a região de onde tinham saído. [...] O antigo sistema pluralista de pequenos Estados ficou completamente à sombra das jovens potências gigantes que chamara em seu socorro. [...] Assim, o antigo arcabouço que abarcava a cena europeia [...] está se desfazendo. O palco, mais estreito, vem perdendo importância como cenário para um elenco forte, e só seu, e sendo absorvido pelo proscênio, mais largo. Em ambos os palcos, os dois gigantes mundiais assumem o papel de protagonistas. [...] O sistema dividido de Estados volta repetidamente à condição de fluxo. Mas hoje a antiga tendência europeia à divisão é trocada pela nova tendência global à unificação. E o ímpeto dessa tendência pode não cessar até que ela tenha se afirmado em todo o nosso planeta.[1]

Meio século depois que isso foi escrito, o colapso de um dos dois "gigantes mundiais" e a centralização ainda maior da capacidade militar global em mãos

---

[1] Ludwig Dehio, *The Precarious Balance: Four Centuries of the European Power Struggle*, p. 264-6, 269.

norte-americanas fizeram com que essas observações soassem proféticas. Mas bem antes que Dehio apontasse o falecimento da "antiga tendência europeia à divisão", Franklin D. Roosevelt já abordara a questão sobre o tipo de estrutura política que poderia surgir da "nova tendência global à unificação". Voltando-se para os trinta anos de guerras mundiais, revoluções, contrarrevoluções e o colapso econômico mais grave da história capitalista, ele se convenceu de que o caos mundial só poderia ser superado com uma reorganização fundamental da política do mundo. No centro de seu ponto de vista estava a ideia de que a segurança do mundo tinha de se basear no poder norte-americano, exercido por meio de instituições internacionais. "Mas para que um sistema desses tenha grande apelo ideológico para os povos sofredores do mundo, teria de emanar de uma instituição menos esotérica que o sistema monetário internacional e menos rude que o conjunto de alianças ou bases militares."[2]

O órgão decisivo seria a Organização das Nações Unidas, com seu apelo ao desejo universal de paz e ao anseio das nações pobres de independência e posterior igualdade com as ricas. Não sem razão, Schurmann acha verdadeiramente revolucionárias as consequências políticas dessa visão:

> Pela primeira vez na história do mundo, havia a institucionalização concreta da ideia de governo mundial. Enquanto a Liga das Nações se guiava pelo espírito essencialmente oitocentista de congresso de nações, as Nações Unidas guiavam-se abertamente pelas ideias políticas norte-americanas [...]. Não havia nada de revolucionário no tipo de sistema mundial que a Grã-Bretanha criou com seu império [...]. A verdadeira grandeza imperial da Grã-Bretanha era econômica, não política. As Nações Unidas, entretanto, eram e continuam a ser uma ideia política. A revolução norte-americana provou que é possível construir nações por meio de ações conscientes e deliberadas dos homens [...]. O que Roosevelt teve a audácia de conceber e implantar foi a extensão desse processo de construção de governo para o mundo como um todo.[3]

A visão de governo mundial de Roosevelt tinha objetivos sociais e inferências fiscais e financeiras. Era uma projeção consciente, em escala mundial, do New Deal norte-americano.

> A essência do New Deal era a noção de que o governo central deve gastar com liberalidade para obter segurança e progresso. Assim, a segurança no pós-guerra exigiria despesas liberais dos Estados Unidos para superar o caos criado pela guerra. A ajuda

---

[2] Franz Schurmann, *The Logic of World Power: An Inquiry into the Origins, Currents, and Contradictions of World Politics*, p. 68.
[3] Ibidem, p. 71.

O Estado mundial que nunca existiu

às [...] nações pobres teria o mesmo efeito que os programas de bem-estar social nos Estados Unidos: daria a elas segurança para superar o caos e impedir que se transformassem em revolucionários violentos. Enquanto isso, seriam inextricavelmente atraídas para o sistema revivido de mercado mundial. Trazidas para o sistema geral, tornar-se-iam responsáveis, como os sindicatos norte-americanos durante a guerra. Auxiliar a Grã-Bretanha e o restante da Europa ocidental reavivaria o crescimento econômico, o que estimularia o comércio transatlântico e, com isso, ajudaria a longo prazo a economia norte-americana. Os Estados Unidos gastaram somas enormes, incorrendo em déficits imensos, para sustentar o esforço de guerra. O resultado foi o crescimento econômico espantoso e inesperado. Os gastos no pós-guerra produziriam o mesmo efeito em escala mundial.[4]

E assim foi, mas só depois que o "mundo único" de Roosevelt, que incluía a União Soviética entre as nações pobres do mundo que seriam incorporadas à nova ordem para o bem e para a segurança de todos, tornou-se o "mundo livre" de Truman, que transformou a contenção do poder soviético no principal princípio organizador da hegemonia norte-americana. O idealismo revolucionário de Roosevelt, que via em instituições de governo mundial o principal instrumento para levar o New Deal ao mundo como um todo, foi substituído pelo realismo reformista de seus sucessores, que institucionalizaram o controle norte-americano do dinheiro mundial e o poder militar global como principais instrumentos da hegemonia norte-americana[5].

Afinal, o projeto de Roosevelt era simplesmente idealista demais para o gosto do Congresso e do empresariado norte-americano. O mundo era um lugar grande e caótico demais para que os Estados Unidos o reorganizassem à sua imagem, sobretudo se a reorganização tivesse de ser obtida por meio de órgãos de um governo mundial nos quais o governo norte-americano teria de se acomodar às opiniões e aos interesses tanto de amigos quanto de inimigos. O Congresso e a comunidade empresarial norte-americana eram "racionais" demais em seus cálculos do custo pecuniário e dos benefícios para a política externa norte-americana para liberar os meios necessários para realizar plano tão irreal. Na verdade, como observamos no capítulo 7, se a Coreia não "viesse" dar a Truman o que ele precisava para "apavorar o povo norte-americano", talvez nem o rearmamento norte-americano e europeu imaginado no NSC-68 recebesse verbas. Mas a Coreia veio e o imenso rearmamento durante e depois da Guerra da Coreia deu um impulso tremendo à economia norte-americana e mundial.

[4] Ibidem, p. 67.
[5] Ibidem, p. 5, 67, 77.

261

Adam Smith em Pequim

Com o governo dos Estados Unidos atuando como banco central extremamente permissivo, a ajuda militar norte-americana aos governos estrangeiros e os gastos militares diretos no exterior, que cresceram ambos sem parar entre 1950 e 1958 e de novo entre 1964 e 1973, devolveram a liquidez norte-americana ao comércio e à produção mundiais, fazendo-os crescer a um ritmo sem precedentes[6]. De acordo com McCormick, o período de 23 anos iniciado com a Guerra da Coreia e concluído com os acordos de paz de Paris de 1973, que praticamente puseram fim à Guerra do Vietnã, foi "o período de crescimento econômico mais constante e lucrativo da história do capitalismo mundial"[7].

É esse período que muitos chamam de idade de ouro do capitalismo. Embora a taxa de expansão do comércio e da produção mundiais nas décadas de 1950 e 1960 fosse realmente excepcional para os padrões históricos, dificilmente essa seria a primeira idade de ouro do capitalismo. Igualmente impressionante foi a era do capital de Hobsbawm (1848-1875), que observadores do fim do século XIX compararam à época das grandes navegações[8]. Como a "era do capital" cem anos antes, a idade de ouro das décadas de 1950 e 1960 terminou num longo período de expansão financeira que culminou no ressurgimento das práticas imperialistas. Devo afirmar que a verdadeira novidade do atual ressurgimento, comparado àquele de um século atrás, é a tentativa do poder hegemônico em declínio de resistir, transformando-se em Estado mundial. Essa tentativa é continuação, por outros meios e sob circunstâncias radicalmente diferentes, do projeto de governo mundial de Roosevelt. Embora a visão de Roosevelt de mundo único e New Deal global nunca tenha se concretizado, a versão em ponto menor e militarizada de Truman na Guerra Fria resultou numa grandiosa expansão do capital e do poder norte-americanos. Então, por que o projeto neoconservador fracassou tão retumbantemente ao repetir aquela experiência numa situação de centralização ainda maior da capacidade militar global em mãos norte-americanas?

A natureza mutável da proteção norte-americana

O conceito de Charles Tilly das atividades estatais como faces complementares da organização e da monopolização da violência permite-nos dar uma resposta simples a essa pergunta. Seja o que for que os governos façam, argumenta Tilly, eles "se destacam das outras organizações pela tendência a monopolizar os meios

[6] David P. Calleo, *The Atlantic Fantasy*, p. 86-7; Robert Gilpin, *The Political Economy of International Relations*, p. 133-4 [ed. bras.: *A economia política das relações internacionais*].
[7] Thomas J. McCormick, *America's Half Century: United States Foreign Policy in the Cold War*, p. 99.
[8] Eric J. Hobsbawm, *The Age of Capital 1848-1875*, p. 32 [ed. bras.: *A era do capital: 1848-1875*].

O Estado mundial que nunca existiu

concentrados de violência". Essa tendência concretiza-se em quatro tipos de atividade: proteção, formação do Estado, guerra e extração. A proteção é o "produto" mais característico das atividades governamentais. Como ressalta Tilly, "a palavra 'proteção' emite dois tons contrastantes". Com um deles, evoca a imagem reconfortante do amigo poderoso que oferece defesa contra o perigo. Com o outro, evoca a imagem sinistra do golpe do malfeitor, que obriga os mercadores a pagar tributo para evitar danos que o próprio malfeitor, tácita ou abertamente, ameaça causar.

> A imagem que a palavra "proteção" traz à lembrança depende principalmente de nossa avaliação da realidade e da externalidade da ameaça. Quem produz tanto o perigo quanto o escudo contra ele, por certo preço, é trapaceiro. Quem fornece o escudo necessário, mas tem pouco controle sobre o surgimento do perigo, classifica-se como *protetor legítimo*, ainda mais quando o preço não é mais alto que o dos concorrentes. Quem oferece escudo confiável e barato contra trapaceiros locais e saqueadores externos faz a melhor oferta de todas.

Por esse padrão, continua argumentando Tilly, é comum que a oferta de proteção feita pelos governos possa ser classificada como extorsão.

> Na medida em que as ameaças contra as quais um dado governo protege seus cidadãos são imaginárias ou consequência de suas atividades, o governo organizou uma extorsão disfarçada de proteção. Como é comum que os próprios governos simulem e até inventem ameaças de guerra externa, e como muitas vezes as atividades repressora e extrativa dos governos constituam as maiores ameaças imediatas ao meio de vida de seus próprios cidadãos, muitos governos funcionam essencialmente do mesmo modo que os *golpistas*. É claro que há uma diferença: os golpistas, pela definição convencional, trabalham sem a *santidade dos governos*.[9]

Assim como Arthur Stinchcombe, Tilly afirma que a legitimidade dos detentores do poder depende muito menos do consentimento daqueles sobre quem se exerce o poder do que do consentimento de outros detentores do poder. Tilly acrescenta a isso ser muito mais provável que outras autoridades "confirmem as decisões da autoridade questionada que controle uma força substancial; não só o medo de retaliação, como também o desejo de manter o ambiente estável recomendam essa regra geral"[10]. Portanto, a credibilidade da pretensão de um governo específico de oferecer proteção aumenta com o sucesso na monopolização dos

---

[9] Charles Tilly, "War Making and State Making as Organized Crime", p. 170-1, destaques meus.
[10] Arthur L. Stinchcombe, *Constructing Social Theories*, p. 150; Charles Tilly, "War Making and State Making as Organized Crime", p. 171.

meios concentrados de violência. Isso envolve a eliminação ou neutralização dos rivais, tanto dentro de seu domínio territorial (formação do Estado) quanto fora dele (guerra). E como a proteção, a formação do Estado e a guerra exigem recursos financeiros e materiais, a extração consiste em atividades por meio das quais os governos obtêm esses recursos. Realizadas com eficácia, cada uma dessas quatro atividades "em geral reforça as outras"[11].

O modelo de Tilly enfatiza a sinergia entre as atividades que produzem proteção, formam o Estado, fazem a guerra e realizam a extração para assegurar o sucesso governamental na monopolização dos meios concentrados de violência *em nível nacional*. Para aplicar o modelo ao caso norte-americano – um governo que vem tentando organizar e monopolizar meios concentrados de violência *em nível global* – são necessárias duas ressalvas. Em primeiro lugar, a formação do estado mundial reduz a distinção entre as atividades que formam o Estado e as que fazem a guerra, porque o futuro Estado mundial reivindica o mundo inteiro como seu domínio possível e, portanto, rejeita *de facto* a distinção entre domínios intra- -Estado e inter-Estados. Daí vem a descrição generalizada das muitas "guerras" que os Estados Unidos travaram desde o fim da Segunda Guerra Mundial como ações policiais, não como guerras. Em segundo lugar, como a "santidade dos governos" ainda pertence aos Estados nacionais, o futuro Estado mundial enfrenta mais dificuldade para se apresentar como organizador de "proteção legítima" e não de "golpe da proteção".

Tendo em mente essas ressalvas, podemos entender o fracasso do governo Bush ao repetir as realizações do governo Truman em termos da diferença entre o anômalo golpe da proteção e a proteção legítima. Apesar de todos os seus limites, o projeto diminuído e militarizado de governo mundial iniciado por Truman classificou-se como proteção legítima e assim foi percebido por grande número de detentores de poder em âmbito nacional. Isso se deveu em parte à confiança dos Estados Unidos, durante as décadas de 1950 e 1960, de que as Nações Unidas assegurariam que ao menos um pouco da "santidade dos governos", que ainda residia em nível nacional, fosse atribuída às atividades governamentais mundiais dos próprios Estados Unidos. Entretanto, as duas principais razões pelas quais o projeto norte-americano da Guerra Fria foi classificado como proteção legítima foram factuais, não institucionais.

A primeira razão, para parafrasearmos Tilly, foi que ela oferecia o escudo necessário contra um perigo que os Estados Unidos não haviam produzido. Embora

---

[11] Charles Tilly, "War Making and State Making as Organized Crime", p. 171, 181.

O Estado mundial que nunca existiu

em termos econômicos e políticos os Estados Unidos fossem o principal beneficiário da escalada de violência na primeira metade do século XX, o epicentro dessa escalada era a Europa, não os Estados Unidos. A Europa precisava muito do escudo porque, como observa Arno Mayer num contexto diferente, em ambas as guerras mundiais "o sacrifício de sangue da Europa foi incomensuravelmente maior e mais prejudicial que o dos Estados Unidos"[12]. Mas o sacrifício tinha origem nos conflitos europeus. Ao oferecer uma ordem mundial capaz de reduzir a possibilidade de que conflitos parecidos voltassem a ocorrer, os Estados Unidos classificaram-se, portanto, como protetor legítimo.

A segunda razão foi que os Estados Unidos ofereciam proteção eficaz a um preço imbatível. Roosevelt e Truman propunham, ambos, financiar a oferta mundial de proteção com o capital excedente que se acumulara nos Estados Unidos durante os trinta anos precedentes de caos mundial. Nenhum Estado, e muito menos nenhuma das instituições internacionais recém-criadas, tinha verba necessária para cobrir oferta tão boa. Na verdade, o principal problema do governo Truman não foi encontrar clientes para a proteção que ele oferecia, mas convencer o Congresso de que o investimento do capital excedente na produção de proteção em escala mundial era realmente do interesse nacional dos Estados Unidos. Foi com esse objetivo que Truman inflou habilmente a ameaça comunista.

Essa situação começou a mudar com a crise sinalizadora da hegemonia norte-americana no fim da década de 1960 e início da década de 1970. A Guerra do Vietnã mostrou que a proteção norte-americana não era tão confiável quanto os Estados Unidos afirmavam e seus clientes esperavam. Na Primeira e na Segunda Guerras Mundiais, os Estados Unidos tornaram-se ricos e poderosos porque deixaram que outros países travassem a maior parte dos combates reais; porque forneceram a eles crédito, alimentos e armas; porque os viram se aniquilar uns aos outros financeira e militarmente; e porque intervieram no fim da luta para garantir o resultado favorável ao seu interesse nacional. No Vietnã, ao contrário, eles tiveram de travar a maior parte dos combates num ambiente social, cultural e politicamente hostil, enquanto seus clientes da Europa e da Ásia oriental se fortaleciam como concorrentes econômicos e as multinacionais norte-americanas acumulavam lucros em mercados financeiros extraterritoriais, privando o governo dos Estados Unidos da tão necessária receita fiscal. Como resultado dessa combinação de circunstâncias, o poderio militar norte-americano perdeu credibilidade e o padrão ouro-dólar dos Estados Unidos desmoronou. Para piorar as coisas, as

[12] Arno J. Mayer, "Beyond the Drumbeat: Iraq, Preventive War, 'Old Europe'".

265

Nações Unidas transformaram-se em caixa de ressonância das queixas do Terceiro Mundo, gerando pouca legitimidade para o exercício dos Estados Unidos nas funções governamentais mundiais.

Após uma década de crise cada vez mais profunda, o governo Reagan deu início à transformação da proteção norte-americana legítima em golpe de proteção. Descartou as Nações Unidas como fonte de legitimidade da hegemonia norte--americana. Começou a intimidar o Japão – que era, por acaso, o cliente que mais dependia da proteção norte-americana e ao mesmo tempo o que acumulava capital excedente com mais rapidez – para reduzir a concorrência com os Estados Unidos por meio de restrições "voluntárias" das exportações (mecanismo nunca visto nos anais do comércio internacional) e do uso de seu capital excedente para financiar o orçamento e o déficit comercial crescentes dos Estados Unidos. Isso alterou o equilíbrio de terror com a União Soviética, provocando forte intensificação da corrida armamentista. Reagan ainda usou grande variedade de malfeitores locais (como Saddam Hussein) e fundamentalistas religiosos (como Osama bin Laden) para conter o Terceiro Mundo e o poder soviético. Assim, os Estados Unidos começaram a cobrar dos aliados o preço pela proteção e a produzir ao mesmo tempo o perigo contra o qual ofereceriam proteção mais tarde[13].

O fato de o governo Reagan ter conseguido minar o Terceiro Mundo e o poder soviético criou a ilusão, no governo de George Bush pai, de que o "império de bases" norte-americano poderia pagar a si mesmo. Como ressaltou Chalmers Johnson, esse império era (e é) muito mais vulnerável do que "os impérios antigos que se autofinanciavam" aos déficits comerciais e aos movimentos de capital. Entretanto, o império de bases norte-americano "às vezes ganha dinheiro, porque, como os gângsteres da década de 1930 que obrigavam as pessoas e as empresas sob seu domínio a pagar por proteção, os Estados Unidos pressionam os governos estrangeiros a pagar por seus projetos imperiais". A mais patente dessas ocasiões foi a primeira Guerra do Iraque. Ao fazer com que as Nações Unidas voltassem a dar legitimidade à guerra, o governo Bush conseguiu arrancar de seus clientes mais ricos e mais dependentes em termos militares (como Arábia Saudita, Kuwait, Emirados Árabes Unidos, Alemanha e principalmente Japão) um total de 54,1 bilhões de dólares; a contribuição de 7 bilhões dos Estados Unidos representou pouco

---

[13] A respeito de como a mudança de intervenção direta na luta contra o comunismo em favor do apoio à rebeldia de baixo nível de milícias privadas, promovida pelo governo Reagan, criou futuros terroristas, ver Mahmood Mamdani, *Good Muslim, Bad Muslim: America, the Cold War, and the Roots of Terror*.

O Estado mundial que nunca existiu

mais da metade dos 13 bilhões do Japão[14]. Além disso, essa soma exorbitante pagou proteção não contra um perigo como o comunismo, que os Estados Unidos não haviam criado, mas contra um perigo que, em parte, podia ser atribuído ao apoio dos Estados Unidos à guerra de Saddam Hussein contra o Irã.

A troca da proteção legítima pelo golpe da proteção continuou por outros meios no governo Clinton. A mediação da ONU como forma de gerar legitimidade para as ações policiais norte-americanas foi novamente descartada, dessa vez em favor da realização coletiva, por meio da Otan, de missões "humanitárias" selecionadas. Ao mesmo tempo, as instituições de Bretton Woods foram remodeladas como instrumentos do domínio norte-americano sobre um mercado global cada vez mais integrado. O "sucesso" das missões na Bósnia e no Kosovo, ao lado do aumento irresistível da bolha da nova economia, deu credenciais à descrição que a secretária de Estado, Madeleine Albright, fez dos Estados Unidos como "nação indispensável". Mas as bases dessa "indispensabilidade" não era a alegada capacidade dos Estados Unidos, como afirmou Albright, de "ver melhor o futuro do que os outros países"[15]. Ao contrário, era o temor geral do dano irreparável que as políticas norte-americanas poderiam causar ao resto do mundo. Os perigos contra os quais os Estados Unidos ofereciam proteção haviam sido ou poderiam ser criados pelos próprios Estados Unidos. E os trilhões de dólares que os governos estrangeiros começaram a despejar nos cofres do governo norte-americano mostraram que essa proteção já não era barata.

Os Estados Unidos são dispensáveis?

Assim, não foram os neoconservadores do governo Bush que começaram a transformação dos Estados Unidos de protetor legítimo em golpista. Quando chegaram ao poder, a transformação já estava em estágio avançado. Mas ao forçá-la

---

[14] Chalmers Johnson, *The Sorrows of Empire: Militarism, Secrecy, and the End of the Republic*, p. 25, 307. Segundo Johnson, mais tarde os Estados Unidos se gabaram de ter conseguido até um pequeno lucro líquido com o conflito. Ver também Eric J. Hobsbawm, *The Age of Extremes: A History of the World, 1914-1991*, p. 242 [ed. bras.: *Era dos extremos*]. Essa foi a primeira e única vez que os Estados Unidos não só tentaram fazer seus clientes pagar por suas grandes guerras, como também obtiveram sucesso na iniciativa. Por si só, o sucesso da extorsão não foi sinal de hegemonia, porque no ápice de sua hegemonia os Estados Unidos pagaram sozinhos por suas guerras e pela proteção que deram aos seus clientes. Foi, ao contrário, um sinal de que a hegemonia norte-americana deixara de ser "hege-*money*", mas ainda estava suficientemente arraigada para permitir que os Estados Unidos obrigassem seus clientes a pagar por proteção. Já o fato de George W. Bush não ter conseguido fazer os clientes norte-americanos pagarem pela segunda Guerra do Iraque (ver a seguir) pode ser considerado um sinal de que agora os Estados Unidos haviam perdido tanto a hege*money* quanto a hegemonia.

[15] Citado em Stephen Sestanovich, "Not Much Kinder and Gentler", *The New York Times*, 3/2/2005.

Adam Smith em Pequim

demais, sem querer acabaram mostrando seus limites, tanto militares quanto econômicos. Como vimos no capítulo 7, a tentativa de mostrar que o poderio militar norte-americano conseguiria policiar o mundo de maneira eficaz e ao mesmo tempo assegurar a persistente centralidade dos Estados Unidos na economia política global fracassou em ambos os aspectos. Hoje podemos atribuir esse duplo fracasso ao exagero na aplicação do golpe da proteção mundial.

O próprio Colin Powell chegou a evocar certa vez a sinistra imagem que Tilly fazia dessa proteção, quando disse que os Estados Unidos tinham de "ser o valentão da vizinhança". O resto do mundo aceitaria alegremente esse papel, prosseguiu ele, lembrando a imagem reconfortante da proteção, porque "podemos confiar" que os Estados Unidos "não abusarão desse poder"[16]. Não sabemos em que Powell baseou essa crença. Mas menos de um ano depois de os Estados Unidos invadirem o Iraque, as notícias do mundo todo mostravam que a imagem reconfortante da proteção norte-americana cedera lugar à imagem sinistra em que os Estados Unidos tentavam intimidar o mundo para que este se ajustasse à sua pauta de política externa. O mais importante foi que a tentativa não obteve êxito.

A mostra mais convincente disso foi a relutância até dos clientes mais fiéis dos Estados Unidos de fornecer a eles os recursos de que precisavam para sair do atoleiro iraquiano. Apesar da tentativa de Colin Powell de mostrar coragem quando declarou o sucesso da "conferência dos doadores", realizada em Madri em outubro de 2003, depois que o Conselho de Segurança da ONU dera alguma legitimidade legal à ocupação do Iraque, a soma doada ficou muito aquém das expectativas e, significativamente, do que havia sido obtido para a Guerra do Iraque, em 1991. As doações reais (isto é, as subvenções) somaram menos de um oitavo dos 36 bilhões de dólares pretendidos e bem menos de um quarto da contribuição de 20 bilhões dos Estados Unidos. Em contraste marcante com a extorsão extremamente bem-sucedida da primeira Guerra do Iraque, dessa vez os Estados Unidos voltaram de mãos abanando. A Alemanha e a Arábia Saudita não contribuíram com praticamente nada. Até a promessa de 1,5 bilhão de dólares do Japão, de longe a maior de Madri, foi reles se comparada aos 13 bilhões que os japoneses doaram na primeira Guerra do Iraque, sobretudo porque, em termos reais, o dólar norte-americano valia bem mais em 1991 que em 2003.

Esse violento declínio da capacidade dos Estados Unidos de cobrar de seus clientes o pagamento pela proteção que fornecem pode ser atribuído à ideia de que

---

[16] Citado em David Harvey, *The New Imperialism*, p. 80 [ed. bras.: *O novo imperialismo*].

O Estado mundial que nunca existiu

essa proteção se tornou contraproducente, seja porque os Estados Unidos espremeram demais alguns clientes, e depois os deixaram à mercê de perigos ainda maiores do que aqueles contra os quais foram protegidos, seja porque as ações dos Estados Unidos ameaçavam criar perigos futuros maiores do que aqueles contra os quais ofereciam proteção. Seja como for, como observou James Carroll com referência específica à Ásia ocidental, a "nação indispensável" só parecia ser "indispensável para a disseminação do caos".

> Iraquianos, libaneses, israelenses e palestinos escolhem todos opções violentas e suportam o peso de consequências violentas, mas o contexto em que essas escolhas são feitas foi criado principalmente pelas escolhas violentas feitas em Washington.[17]

Em parte, contudo, a drástica redução do pagamento de tributos pode ser atribuída à crença de que a necessidade de proteção, importante ou não, é menos obrigatória do que em 1991. Essa noção é muito mais generalizada do que faria supor o respeito ritualístico que ainda se deve ao poderio norte-americano. É provável que ele seja mais importante no caso dos clientes norte-americanos da Ásia oriental. Embora no passado muitos Estados da região vissem a proteção norte-americana como algo essencial para se contraporem à ameaça real ou imaginária que a China representava para sua segurança, hoje a China não é mais considerada ameaça grave e, mesmo que essa ameaça ressurgisse, a proteção norte-americana é considerada pouco confiável. Além disso, a capacidade dos Estados Unidos de cobrar pela proteção ficou ainda mais reduzida em relação aos seus clientes da Ásia oriental depois da combinação entre o aumento da dependência dos Estados Unidos para com o dinheiro asiático e a redução da dependência dos países da Ásia oriental para com o mercado norte-americano, com a consolidação da China como o maior mercado e de crescimento mais rápido.

Como já observado, a atração da China como parceiro econômico e estratégico vai bem além da região asiático-oriental. A ascensão da China lembra a ascensão norte-americana durante as guerras mundiais da primeira metade do século XX. Assim como os Estados Unidos surgiram como os verdadeiros vencedores da Segunda Guerra Mundial, depois que a União Soviética derrotou a Wehrmacht em 1942-1943, agora todos os indícios mostram a China como a verdadeira vencedo-

---

[17] James Carroll, "Reject the War", *International Herald Tribune*, 19/12/2006. Sobre o fato de as escolhas violentas dos Estados Unidos terem transformado o Iraque num campo de treinamento de terroristas do tamanho de um país, ver, entre outros, Daniel Benjamin e Steven Simon, *the Next Attack: The Failure of the War on Terror and a Strategy for Getting it Right*; e Paul Rogers, "The War on Terror: Past, Present, Future", *openDemocracy*, 24/8/2006.

Adam Smith em Pequim

ra da Guerra ao Terror, quer os Estados Unidos consigam ou não derrotar a Al Qaeda e a insurgência iraquiana[18].

No epílogo do livro trataremos da questão do tipo de nova ordem (ou desordem) mundial que pode surgir dessa "vitória". Por enquanto, observemos apenas que o novo imperialismo do Projeto para o Novo Século Norte-Americano marca provavelmente o fim inglório da luta de sessenta anos dos Estados Unidos para se tornar o centro organizador de um Estado mundial. A luta mudou o mundo, porém, mesmo em seus momentos mais triunfantes, os Estados Unidos nunca tiveram êxito na iniciativa. Ao final desse longo processo, tudo o que George W. Bush fez foi provar que Albright estava errada. "Acontece que os Estados Unidos", lamenta Michael Lind, "são uma nação dispensável".

> Na memória recente, nada se podia fazer sem os Estados Unidos. Hoje, entretanto, praticamente toda nova fundação internacional de instituições com alguma importância a longo prazo na diplomacia e no comércio globais acontece sem a participação norte-americana. [...] A Europa, a China, a Rússia, a América Latina e outras regiões e países estão tomando providências silenciosas cujo efeito [...] será fazer os Estados Unidos se reduzirem ao seu tamanho.[19]

"Desgastar drasticamente, em menos de quatro anos, a respeitada posição de liderança internacional construída pelos Estados Unidos nos últimos cem anos ou mais", escreveu Brian Urquhart às vésperas das eleições de novembro de 2004, "é um feito extraordinário."[20] Apesar desse "feito extraordinário", e para espanto do resto do mundo, não só as eleições levaram o presidente Bush de volta à Casa Branca, como também consolidaram o domínio do bloco neoconservador sobre todos os ramos do governo norte-americano. Depois da vitória eleitoral, tornou-se famosa a declaração de Bush de que ele havia conquistado "capital político" e agora pretendia gastá-lo à vontade. No entanto, se considerarmos a diferença entre os níveis de aprovação e de desaprovação como medida aproximada desse capital político, a Figura 9.1 mostra como, também nesse aspecto, Bush estava totalmente desligado da realidade.

---

[18] Em 2004, um palestrante recordou, no Institute of Electrical and Electronic Engineers, a velha piada de que os Estados Unidos travaram a Guerra Fria e o Japão a ganhou. "A nova piada", acrescentou, "é que os Estados Unidos estão travando a guerra ao terror, mas a China está ganhando" (Jean Kumagai e William Sweet, "East Asia Rising", *IEEE Spectrum Online*, disponível em: <www.spectrum. ieee.org>, acesso em 19/10/2004). Acontece que a piada revela um aspecto importante não só da dinâmica atual do capitalismo histórico, como também da dinâmica passada, esboçada no capítulo 8.
[19] Michael Lind, "How the U.S. Became the World's Dispensable Nation", *Financial Times*, 25/1/2005.
[20] Kwame Anthony Appiah et al., "The Election and America's Future", p. 16.

O Estado mundial que nunca existiu

Figura 9.1 – Nível de aprovação do presidente Bush de fevereiro de 2001 a outubro de 2006

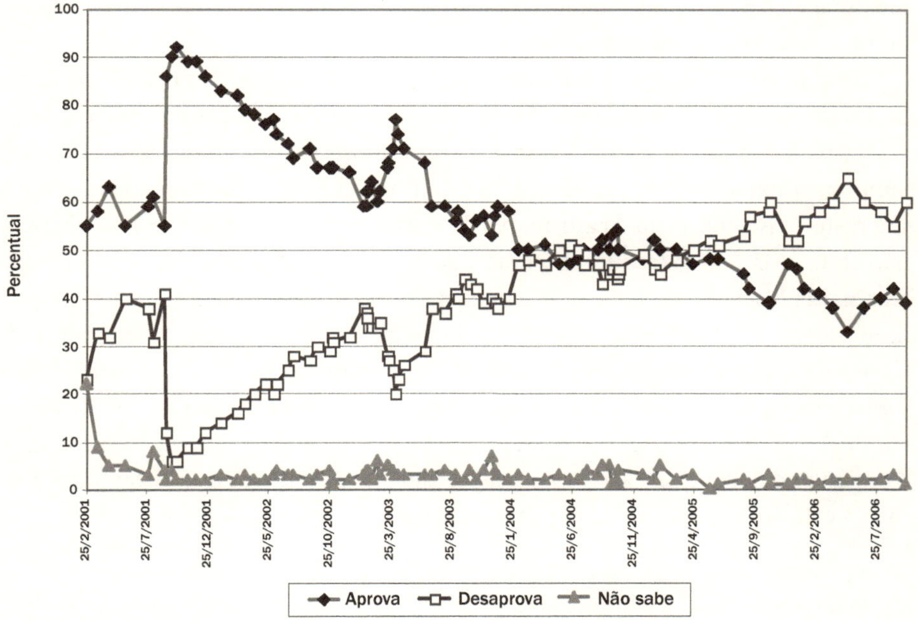

Fonte: Pesquisa *Washington Post* – ABC News.

O que a figura mostra é que, em primeiro lugar, a maior parte do capital político de Bush não foi "conquistada" por ele, mas ganha de presente de Bin Laden em 11 de setembro de 2001; em segundo lugar, apesar do ganho acentuado, porém efêmero, que se seguiu à invasão do Iraque em março de 2003, na época da reeleição, em 2004, ele já havia desperdiçado o presente e exalava os últimos estertores. O que deu a ele mais quatro anos na Casa Branca, além da falta de ideias dos concorrentes democratas para arrumar a bagunça feita por ele, foi a famosa astúcia do consultor Karl Rove, que inventou que era melhor travar a guerra ao terrorismo fora do que dentro do país e que, se não fossem derrotados no Iraque, os terroristas apareceriam nas ruas de São Francisco ou Des Moines. Esse argumento, eficaz para mais uma vez "apavorar o povo norte-americano" e reeleger Bush, dificilmente seria convincente para a maioria cada vez maior de iraquianos cujas vidas foram destroçadas ou interrompidas pelo caos provocado pelos Estados Unidos, e mesmo para todos os países estrangeiros que se sentiram ameaçados pela combinação de impiedade e negligência com que os Estados Unidos disseminaram o perigo contra o qual afirmavam protegê-los. Mas nem mesmo o povo norte-americano

Adam Smith em Pequim

pode ser enganado o tempo todo, e a esperteza de Karl Rove não conseguiria vencer para sempre a esperteza do processo histórico subjacente, de modo que, como mostra a Figura 9.1, pouco depois da segunda posse de Bush o desgaste do capital político recomeçou, inexoravelmente.

Uma virada importante foi a devastação provocada pelo furacão Katrina na Louisiana em setembro de 2005. "Se o 11 de Setembro é uma das pontas do governo Bush", escreveu Thomas Friedman, "o furacão Katrina é a outra. Se o 11 de Setembro soprou a favor do presidente Bush, o furacão Katrina lançou uma rajada no seu rosto."[21] Ao contrário da afirmativa de Bush e de Rumsfeld de que essa tragédia nada teve a ver com o Iraque, observa Mike Davis, "a ausência de mais de um terço da Guarda Nacional da Louisiana e boa parte do seu equipamento pesado atrapalhou, desde o princípio, as operações de resgate e atendimento às vítimas [...]. Como disse um representante ressentido do distrito devastado de St. Bernard ao *Times-Picayune*: 'A ajuda canadense chegou antes do Exército dos Estados Unidos'"[22]. E ao contrário da declaração de Bush de que ninguém poderia prever o rompimento dos diques de Nova Orleans, Katrina foi, nas palavras de Simon Schama, "a catástrofe mais anunciada da história recente norte-americana".

> Na eleição [de 2004], George W. Bush pediu aos norte-americanos que votassem nele como o homem que cumpriria melhor a obrigação mais essencial do governo: proteger de modo imparcial e vigilante seus cidadãos. Agora, a fraude da declaração voltou-se contra ele, não em Bagdá, mas nos distritos alagados da Louisiana.[23]

Na verdade, o Iraque e a Louisiana foram dois lados da mesma moeda de um país que, durante um quarto de século, somou a velha crença na mágica da alta tecnologia à mágica dos mercados autorregulados. Depois de invadir o Iraque com o lema "choque e medo", que pretendia "irradiar um poderio nunca visto na face da Terra", escreve Polly Toynbee, agora os Estados Unidos enfrentavam outro tipo de choque.

> É o choque de descobrir que [...] agora os Estados Unidos parecem um medonho dinossauro-robô que pisoteia a paisagem, um gigantesco brinquedo Power Ranger, exibido e cheio de pecinhas brilhantes, mas oco e sem força [...]. O Iraque demonstrou que mísseis inteligentes, tecnotruques *heavy-metal* e soldados com capacetes controlados eletronicamente pelo Comando Sul, em Tampa, na Flórida, são praticamente inúteis. As lições que os vietcongues de bicicleta acharam ter ensinado ao mastodonte estão

---

[21] "Osama and Katrina", *The New York Times*, 7/9/2005.
[22] "The Predators of New Orleans", *Le Monde Diplomatique*, edição em inglês, setembro de 2005. Ver também Robert Scheer, "Finally Fooling None of the People", *Los Angeles Times*, 13/9/2005.
[23] "Sorry Mr. President, Katrina Is Not 9/11", *The Guardian*, 12/9/2005.

O Estado mundial que nunca existiu

sendo aprendidas de novo, enquanto o fracasso e a calamidade encaram a Casa Branca bem de frente [...]. Enquanto os Estados Unidos descobrem que o poder de dobrar as nações é inútil sem o poder de construí-las, o choque e o medo se esvaem. Mas bastou o furacão Katrina para mostrar o verdadeiro vazio sob a carapaça norte-americana. Não admira que governar o Iraque estivesse muito além da competência de um país tão mal governado dentro de suas próprias fronteiras. Como um Estado onde metade dos eleitores não acredita no governo pode administrar bem alguma coisa? O que a grande catástrofe da Louisiana revelou foi um país que não é um país, mas sim indivíduos isolados e segmentados que levam vidas paralelas o mais longe possível uns dos outros, sem nada que os una além da ideia de uma bandeira.[24]

Voltamos, portanto, à tese de Arendt de que "a comunidade de Hobbes é uma estrutura vacilante", que "precisa sempre dispor de muletas novas vindas de fora" para evitar o risco de desmoronar "da noite para o dia no caos sem objetivo e sem sentido dos interesses privados do qual brotou". Mas é exatamente por isso que, quando a lembrança do furacão começou a se apagar, o medo dos prejuízos que Bush ainda pode causar à bandeira norte-americana começou a superar o medo de que os terroristas apareçam nas ruas de São Francisco ou Des Moines, causando ainda mais desgaste ao capital político do presidente. Em sua confissão mais notável até agora sobre o custo da guerra iraquiana para o seu mandato, Bush admitiu com relutância, em março de 2006: "Eu diria que estou gastando [meu] capital [político] na guerra"[25]. Nas eleições parlamentares de novembro de 2006, ele estava bem no vermelho; os democratas ganharam em ambas as casas do Congresso; todos os neoconservadores que restavam no governo foram trocados, com exceção de Cheney; e todos os sonhos de um novo século americano foram postos de lado em favor do controle dos prejuízos.

Reprise e trailer

"Da forma mais clara possível", escreveu Marx a Engels em 25 de setembro de 1857, "a história do *EXÉRCITO* demonstra a correção de nossas opiniões sobre a ligação entre as forças produtivas e as relações sociais."

Em termos gerais, o EXÉRCITO tem importância no desenvolvimento econômico. Por exemplo, foi no exército da Antiguidade que o *salaire* [sistema salarial] foi desenvolvi-

[24] "The Chasm Between Us", *The Guardian*, 9/9/2005. Encontra-se tese semelhante em Richard Drayton, "Shock, Awe and Hobbes Have Backfired on America's Neocons", *The Guardian*, 28/12/2005.
[25] Elisabeth Bumiller, "Bush Concedes Iraq War Erodes Political Status", *The New York Times*, 22/3/2006.

Adam Smith em Pequim

do. [...] Aí também se vê o primeiro uso de máquinas em grande escala. Até o valor especial dos metais e seu USO como dinheiro parece ter se baseado originalmente [...] em sua importância na guerra. Mais uma vez, a divisão de trabalho *dentro* de um setor foi praticada primeiro pelos exércitos. Além do mais, tudo isso é um resumo notável de toda a história das sociedades civis. Se houver tempo, é possível elaborar o raciocínio a partir desse ponto de vista.[26]

Se houvesse tempo, talvez Engels tivesse conseguido demonstrar a correção de suas opiniões e de Marx sobre a ligação entre as forças produtivas e as relações sociais, mas só se tivesse redefinido as forças produtivas para incluir aí a produção de proteção. E, mais importante, é muito provável que tivesse julgado necessário abordar a questão da ligação entre capitalismo, industrialismo e militarismo, implicitamente levantada pela observação de Smith de que a grande despesa gerada pela guerra moderna dá às nações ricas vantagem militar sobre as pobres. Como perguntamos no capítulo 3, dado o importante papel que a manufatura, o comércio exterior e a navegação desempenharam no caminho capitalista europeu, em comparação com o caminho "natural" baseado no mercado de Smith, capitalismo, industrialismo e militarismo não se fortaleceriam entre si num círculo virtuoso de enriquecimento e aumento do poder à custa do resto do mundo? Se assim for, quais seriam os limites desse enriquecimento e desse aumento do poder?

A descrição pioneira que William McNeill fez da busca do poder no caminho europeu de desenvolvimento, ao lado da análise desenvolvida neste e nos dois capítulos anteriores, sugere várias observações que podem nos ajudar a responder a essas perguntas. A primeira é que a comercialização da guerra e a incessante corrida armamentista caracterizaram o caminho ocidental de desenvolvimento capitalista desde seus primórdios nas cidades-Estado italianas até sua culminação no fracassado Estado mundial norte-americano. O assim chamado "keynesianismo militar" – prática pela qual os gastos militares promovem a renda dos cidadãos do Estado que pagou a despesa, aumentando assim a receita tributária e a capacidade de financiar novas rodadas de gastos militares –, assim como o capital financeiro e a empresa comercial transnacional, não são novidades do século XX. Ao desenvolver as relações de trabalho assalariado nas guerras e na formação do Estado, as cidades-Estado italianas já praticavam em pequena escala um tipo de keynesianismo militar, que transformou parte de seu custo de proteção em receita e, com isso, fez que as guerras parecessem pagar a si mesmas.

---

[26] Citado em Russell Johnson, "'Pre-Conditioning' for Industry: Civil War Military Service and the Making of an American Working Class"; destaques do original.

O Estado mundial que nunca existiu

Nas cidades italianas mais ricas circulava dinheiro [suficiente] para possibilitar aos cidadãos cobrar impostos de si mesmos e usar a receita arrecadada para comprar os serviços de estrangeiros armados. Então, simplesmente por gastar sua paga, os soldados contratados punham o dinheiro em circulação outra vez. Com isso, intensificavam as trocas de mercado que, a princípio, permitiram a essas cidades comercializar a violência armada. O sistema que surgia tendia assim a tornar-se auto-suficiente.[27]

Na verdade, o sistema em surgimento só poderia tornar-se realmente autossuficiente sob a condição de que os gastos militares gerassem receita maior que os impostos pagos para cobri-los. Isso nos leva à segunda observação de que, no sistema europeu, essa condição se satisfez, ao menos em alguns Estados, por meio do funcionamento conjunto de dois mecanismos. O primeiro foi o mecanismo do equilíbrio de poder, que permitiu ao Estado capitalista dominante de uma determinada época apropriar-se dos benefícios da concorrência interestatal e assim fazer as guerras pagarem de fato a si mesmas. O segundo foi a expansão externa sistemática, que exerceu dupla função: manteve viva a competição entre os Estados europeus para criar meios e técnicas de guerra cada vez mais sofisticados; e ao mesmo tempo permitiu que se apropriassem, no resto do mundo, dos recursos necessários para expandir sua receita comercial e tributária. McNeill resumiu o processo, referindo-se especificamente ao século e meio *anterior* à Revolução Industrial:

Na carlinga da Europa ocidental, um exército moderno e aperfeiçoado pressionava os rivais. Isso gerou perturbações locais e temporárias do equilíbrio de poder, que a diplomacia se mostrou capaz de conter. Entretanto, à margem do raio de ação europeu, o resultado foi a expansão sistemática, fosse na Índia, na Sibéria ou nas Américas. A expansão das fronteiras, por sua vez, sustentou a expansão da rede comercial, aumentou a riqueza tributária na Europa e tornou menos onerosa do que poderia ter sido a manutenção da instituição armada. Em resumo, a Europa lançou-se num círculo de autofortalecimento, em que a organização militar sustentava a expansão econômica e política à custa de outros povos e instituições políticas da Terra e era por ela sustentada.[28]

A terceira observação é que esse círculo de fortalecimento era ao mesmo tempo causa e efeito de inovações de dois tipos diferentes na produção de proteção. O primeiro tipo dizia respeito, como Marx sugeriu em sua carta a Engels, à divisão técnica de trabalho nos exércitos. Ao redescobrir e aperfeiçoar, no início do século XVII, as técnicas militares romanas havia muito esquecidas, Maurício de Nas-

[27] William McNeill, *The Pursuit of Power: Technology, Armed Force, and Society since A.D. 1000*, p. 74.
[28] Ibidem, p. 143.

Adam Smith em Pequim

sau reorganizou o exército holandês segundo as linhas com que a "administração científica" de Frederick W. Taylor reorganizaria a indústria norte-americana dali a dois séculos. Nassau reorganizou as técnicas do cerco para aumentar a eficiência da força de trabalho militar, reduzir custos em termos de baixas e facilitar a manutenção da disciplina nas fileiras do exército. Padronizou as marchas, o carregamento e o disparo dos canhões e fez da ordem unida uma atividade regular dos soldados. Também dividiu o exército em unidades táticas menores, aumentou o número de cabos, sargentos e oficiais e racionalizou as linhas de comando.

> Desse modo, o exército tornou-se um organismo articulado com sistema nervoso central que permitia reações sensíveis e mais ou menos inteligentes diante de circunstâncias imprevistas. Cada movimento levava a novo nível de exatidão e rapidez. Os movimentos individuais dos soldados ao atirar e marchar, assim como os movimentos dos batalhões no campo de batalha, podiam ser controlados e previstos como nunca se vira. Uma unidade bem treinada, ao dar atenção a cada movimento, podia aumentar o volume de munição lançada sobre o inimigo por minuto de batalha. A destreza e a decisão dos infantes enquanto indivíduos quase não tinham mais importância. A valentia e a coragem pessoal praticamente desapareceram sob a rotina blindada [...]. Mas os soldados treinados à moda mauriciana demonstravam automaticamente eficácia superior na batalha.[29]

O segundo tipo de inovação corresponde ao que Marx chama de "uso de máquinas em grande escala". Como observamos no capítulo 8, McNeill, entre outros, atribui papel fundamental à demanda militar na economia britânica durante as Guerras Napoleônicas, porque possibilitou o aprimoramento dos motores a vapor e inovações muito importantes, como as ferrovias e os navios de aço, numa época e sob condições que simplesmente não existiriam sem o impulso que a guerra deu à produção do ferro. Nesse sentido, a Revolução Industrial nos setores realmente importantes, ou seja, os de bens de capital, foi, em boa parte, subproduto da corrida armamentista europeia. Entretanto, a aplicação dos produtos e dos processos da indústria moderna nas atividades bélicas – que McNeill chama de "industrialização da guerra" – não tardou a dar a essa corrida um impulso nunca visto.

---

[29] A difusão da "administração científica" mauriciana pelos exércitos europeus teve dupla importância. Na Europa, neutralizou as vantagens de escala obtidas pela Espanha, portanto tendeu a igualar a capacidade militar e, assim, a reproduzir o equilíbrio de poder. Fora da Europa, permitiu aos sargentos europeus criar exércitos em miniatura, recrutando força de trabalho local para a proteção de postos comerciais europeus às margens do oceano Índico. "No século XVIII, essas tropas, embora minúsculas, demonstravam clara superioridade sobre os exércitos desajeitados que os governantes locais estavam acostumados a levar para os campos de batalha" (William McNeill, *The Pursuit of Power*, p. 127-39).

276

O Estado mundial que nunca existiu

A industrialização da guerra começou a sério na década de 1840, quando a marinha francesa adotou vapores blindados com canhões de grosso calibre que tornaram irremediavelmente obsoletos os navios de guerra de madeira. Quando a marinha francesa lançou ao mar vapores blindados cada vez mais sofisticados, a marinha britânica não teve escolha senão imitá-la. Quando outros Estados fizeram o mesmo, a corrida armamentista adquiriu ímpeto próprio, que nem a Grã-Bretanha nem a França podiam controlar.

A Guerra da Crimeia (de 1854 a 1856) foi uma virada muito importante nessa situação. Por volta de 1850, os métodos artesanais de produção ainda predominavam na indústria armamentista de toda a Europa, assim como na maioria dos ramos do setor de bens de capital. Mas entre 1855 e 1870, sob o impacto inicial da guerra, esses métodos foram substituídos pelo que, na época, era chamado de "sistema norte-americano de manufatura". O princípio básico era o uso de máquinas de usinagem automática ou semiautomática para fazer peças intercambiáveis de formato predeterminado. Essas máquinas eram caras e desperdiçavam material. "Mas se fosse necessário grande número de canhões, a automação pagava-se muitas vezes com a economia da produção em massa." O governo britânico e os fabricantes de canhões belgas foram os primeiros a importar as máquinas norte-americanas, mas até 1870 Áustria, França, Prússia, Rússia, Espanha, Dinamarca, Suécia, Turquia e até o Egito já haviam se juntado a eles. Consequentemente, a concorrência entre os Estados pela encomenda de armas pequenas livrou-se das algemas da produção artesanal; exércitos inteiros podiam ser reequipados em questão de anos, em vez de décadas, e essa aceleração, por si só, tornou-se um fator de incessantes inovações no projeto de armas menores[30].

Ao mesmo tempo, a empresa privada de grande escala tornou-se fator da corrida armamentista. A invenção mais importante provocada pela Guerra da Crimeia foi a descoberta do processo Bessemer de fabricação de aço, que tornou obsoletos os métodos mais antigos de fundição de canhões. Ao contrário do que ocorrera na produção de armas menores, em que os arsenais estatais fizeram mudanças pioneiras no processo de trabalho e no projeto dos produtos que lhes permitiram centralizar a produção à custa da pequena empresa privada, na produção de artilharia pesada quem primeiro adotou os novos métodos e materiais foram as grandes empresas privadas , que centralizaram as atividades antes desempenhadas pelos arsenais estatais.

Assim, surgiu na década de 1860 o setor armamentista global e industrializado [...]. Até arsenais governamentais tecnicamente eficientes, como os franceses, os britânicos e os

[30] Ibidem, p. 225-7, 233-6.

Adam Smith em Pequim

prussianos, sofreram o desafio persistente dos fabricantes privados, que nunca tiveram vergonha de destacar como seus produtos superavam o armamento feito pelo governo. Assim, a concorrência comercial somou sua força à rivalidade nacional na promoção de aperfeiçoamentos nos projetos de artilharia.[31]

A Guerra da Crimeia também deu novo impulso à construção de sistemas ferroviários nacionais em toda a Europa continental. A guerra mostrou que a tecnologia dos navios a vapor aumentava as vantagens logísticas das potências navais diante das potências terrestres. Enquanto soldados e suprimentos podiam ser enviados por mar da França e da Inglaterra até a Crimeia em três semanas, os soldados russos e os suprimentos enviados de Moscou demoravam às vezes três meses para chegar à frente de batalha. Além disso, o bloqueio britânico interrompeu a importação de novas armas por mar e cortou boa parte do fluxo de cereais e de outras exportações da Rússia, com o qual ela pagava os suprimentos que conseguia importar por terra. Portanto, a construção de sistemas ferroviários nacionais eficientes passou a ser vista não só na Rússia, mas no sul e no centro da Europa, como aspecto integrante das atividades de guerra e de formação do Estado, levando os governos europeus a uma verdadeira mania por ferrovias. Entre 1850 e 1870, 80 mil quilômetros de novas linhas férreas foram espalhadas pela Europa, contra 15 mil em todos os anos anteriores. Por sua vez, a integração de cima a baixo promovida por esse surto de construção de ferrovias tornou-se o fator mais importante na redução do desnível entre a industrialização da Grã-Bretanha e dos Estados europeus continentais[32].

A industrialização da guerra deu novo e tremendo impulso ao ciclo de autofortalecimento com que a organização militar europeia sustentava sua expansão econômica e política em detrimento de outros povos e instituições políticas da Terra e era por ela sustentada. Enquanto os navios a vapor e as ferrovias superavam os

---

[31] Esse foi apenas o princípio de um longo processo em que empresas comerciais se tornaram protagonistas da corrida armamentista e foram, por sua vez, por ela transformadas: "Conforme as fábricas de armas se tornavam pioneiras numa tecnologia após a outra – metalurgia do aço, química industrial, máquinas elétricas, comunicação por rádio, turbinas, motores diesel, óptica, calculadores (para controle de tiro), máquinas hidráulicas e assim por diante –, elas evoluíram no sentido de se tornarem imensas estruturas burocráticas de caráter quase público" (ibidem, p. 237, 241, 292).

[32] Paul Kennedy, *The Rise and Fall of the Great Powers: Economic Change and Military Conflict from 1500 to 2000*, p. 174 [ed. bras.: *Ascensão e queda das grandes potências*]; William L. McElwee, *The Art of War, Waterloo to Mons*, p. 106-10; David S. Landes, *The Unbound Prometheus: Technological Change and Industrial Development in Western Europe from 1750 to the Present*, p. 201-2 [ed. bras.: *Prometeu desacorrentado: transformação tecnológica e desenvolvimento industrial na Europa ocidental de 1750 até os dias de hoje*]. De acordo com Clive Trebilcock, a destinação de verbas públicas para a fabricação de armas entre 1890 e 1914 afetou as economias europeias quase da mesma maneira que, anteriormente, as ferrovias. Citado em William McNeill, *The Pursuit of Power*, p. 292.

O Estado mundial que nunca existiu

obstáculos naturais da geografia e da distância, "a enorme discrepância entre as organizações de guerra europeia e local tornou-se visível nas várias regiões do mundo, uma após outra". O recém-adquirido "quase monopólio das comunicações e dos transportes estratégicos, juntamente com a rápida evolução do arsenal, que estava sempre à frente de tudo aquilo em que os combatentes locais podiam pôr as mãos", tornou a expansão imperial "tão fácil e barata para os europeus quanto catastrófica para os asiáticos, os africanos e os povos da Oceania"[33].

A quarta observação relativa ao vínculo entre capitalismo, industrialismo e militarismo foi a importância do controle da liquidez mundial para se obter vantagem militar. Nesse aspecto, os capitalistas de Schumpeter dominaram os empreendedores. Assim, a liquidez abundante que se acumulou nas mãos dos britânicos ou passou por elas no século XIX foi um instrumento poderoso na luta competitiva, não apenas no mercado comercial, mas também na corrida armamentista. De meados da década de 1840 até a década de 1860, a França foi pioneira na maioria dos avanços tecnológicos introduzidos no projeto de navios de guerra. No entanto, cada avanço francês provocava investimentos na área naval na Grã-Bretanha que a França não conseguia acompanhar, de modo que foi "relativamente fácil para a Marinha Real britânica alcançar a França em termos técnicos e ultrapassá-la em termos numéricos, sempre que os franceses mudavam a base da competição"[34]. Esse padrão da corrida armamentista do século XIX foi iniciado de modo espetacular pela diáspora capitalista genovesa três séculos antes, quando, como observamos no capítulo 8, ela "sugou" seus parceiros ibéricos, que realizaram todo o trabalho de abrir novos continentes e rotas comerciais para a exploração europeia. Mas o padrão se repetiu na concorrência entre Estados Unidos e União Soviética durante a Guerra Fria. A principal inovação tecnológica da "guerra" foi o lançamento do Sputnik soviético, em outubro de 1957, mas suas conquistas foram totalmente obs-

---

[33] William McNeill, *The Pursuit of Power*, p. 143, 257-8. Como já observado, a facilidade e o custo baixo do imperialismo britânico na época vitoriana deveram-se principalmente à exploração forçada de recursos pecuniários e de efetivo militar da Índia. No que diz respeito a esta, o principal efeito da industrialização da guerra foi contrabalançar a sofisticação crescente da resistência armada indiana. Enquanto no fim do século XVIII os exércitos britânicos podiam derrotar exércitos indianos seis ou sete vezes maiores, na década de 1840 os britânicos tinham de usar exércitos do mesmo tamanho e com poder de fogo superior para derrotar os indianos. Ver Robert B. Marks, *The Origins of the Modern World: A Global and Ecological Narrative from the Fifteenth to the Twenty-first Century*, p. 153, e Philip D. Curtin, *The World and the West: The European Challenge and the Overseas Response in the Age of Empire*, cap. 2. Sobre certos aspectos catastróficos da expansão imperial europeia para os povos do futuro Sul global, ver Mike Davis, *Late Victorian Holocausts: El Niño Famines and the Making of the Third World* [ed. bras.: *Holocaustos coloniais*].

[34] William McNeill, *The Pursuit of Power*, p. 227-8.

curecidas pelo programa espacial iniciado pelos Estados Unidos em 1961, com uma abundância de verbas inteiramente fora do alcance da União Soviética.

Em resumo, a luta entre os Estados pelo controle dos recursos do mundo foi uma dimensão integrante da concorrência entre capitalistas que impulsionou a acumulação interminável de poder e capital através do caminho europeu de desenvolvimento. Na verdade, a corrida armamentista foi a fonte primária do fluxo interminável de inovações que criou de modo contínuo novas configurações espaciais de comércio e de produção, em escala e alcance cada vez maiores, e destruiu as configurações espaciais preexistentes. O que tornou o caminho europeu especificamente *capitalista* foi o fato de que o controle dos recursos financeiros do mundo constituiu vantagem decisiva na luta, acima de todos os outros recursos. Embora desde o princípio o industrialismo tenha sido parte integrante do caminho, a Revolução Industrial propriamente dita foi uma variável "interposta", mais que variável "independente": resultado de dois ou três séculos de interação entre capitalismo financeiro, militarismo e imperialismo, que então se tornou o estímulo mais forte da mistura. Além disso, assim que a industrialização se tornou o determinante principal do poderio militar, o círculo virtuoso de enriquecimento e aumento de poder do caminho europeu começou a se aproximar do limite. As lutas europeias pelo espaço que se considerava vital para a construção e a manutenção de complexos industriais-militares competitivos fugiram de controle e criaram uma brecha para a "revolta contra o Ocidente" da primeira metade do século XX, o que aumentou violentamente os custos e reduziu os benefícios da expansão territorial ultramarina. Ao mesmo tempo, isso provocou a "migração" do *locus* do poder mais para leste e oeste rumo aos dois Estados de dimensões continentais que já haviam adquirido todo o espaço de que precisavam para construir e manter complexos industriais-militares competitivos. O resultado foi a mutação irreversível na estrutura do sistema europeu globalizado que Dehio esboçou no trecho citado no início deste capítulo.

Sob o novo sistema, a capacidade militar global tornou-se na verdade um "duopólio" dos Estados Unidos e da União Soviética, mas a corrida armamentista continuou ainda mais intensa, impulsionada mais pelo "equilíbrio de terror" que pelo equilíbrio de poder. Como observa McNeill, "com a descoberta dos explosivos atômicos, o poder destrutivo do homem atingiu um novo nível suicida, ultrapassando em grau inimaginável o limite anterior". Por mais inimaginável que seja, esse grau foi ultrapassado novamente quando, na década seguinte a 1957, a instalação de centenas de mísseis de longo alcance permitiu que os Estados Unidos e a União Soviética fossem capazes de destruir cidades um do outro em questão de

O Estado mundial que nunca existiu

minutos. Em 1972, a assinatura do Tratado de Limitação de Armas Estratégicas, válido por cinco anos, consolidou o equilíbrio de terror entre as duas superpotências, mas não interrompeu a corrida armamentista – apenas transferiu-a para "outros tipos de arma não mencionados no tratado, pela simples razão de que ainda não existiam"[35].

Com a descoberta científica de novos sistemas de armas, mais ainda do que com a industrialização da guerra, a superpotência com maior controle sobre os recursos financeiros globais poderia virar a seu favor o equilíbrio de terror, elevando, ou ameaçando elevar, suas pesquisas a níveis que a outra potência simplesmente não poderia cobrir. Foi o que os Estados Unidos fizeram na década de 1980, levando a União Soviética à falência e a tendência de centralização da capacidade militar global às últimas consequências. Mas, embora tenha sido relativamente fácil converter a riqueza norte-americana em fonte de poder, converter o quase monopólio da capacidade militar global em fonte de riqueza tem sido bem mais problemático.

Ao tratar da relação entre riqueza e poder, Smith faz uma redução do poder que a riqueza confere ao poder de compra bem menos útil que a tese original de Hobbes – que Smith cita sem lhe fazer justiça. As anotações de Hobbes sobre o assunto seguem a observação de que "ter criados é poder, ter amigos é poder, porque são forças unidas", da qual ele deduziu a máxima de que "também a riqueza acumulada com liberalidade é poder, porque traz amigos e criados; sem liberalidade, não é isso que ocorre, porque nesse caso ela não defende, mas expõe os homens à inveja, como uma presa"[36].

Embora se refiram a indivíduos, essas observações são úteis principalmente para entendermos a evolução da lógica de poder dos Estados capitalistas no sistema europeu globalizante. Quando as cidades-Estado italianas foram as pioneiras da lógica de poder capitalista com imensa acumulação de capital em pequenos recipientes territoriais, elas usaram parte de sua riqueza para conquistar "amigos" e "criados", mas não o bastante para evitar que se tornassem presa dos grandes Estados territoriais que haviam mobilizado como aliados em suas lutas mútuas. De volta à metáfora de Peter de la Court, o mesmo destino atingiu o "gato da Holanda", que, apesar de seu grande domínio territorial e de sua extensa rede de comércio e de acumulação, teve cada vez mais dificuldades para deter as "feras de rapina" da selva europeia. A situação mudou quando uma fera de rapina, o "leão"

---

[35] Ibidem, p. 360, 368, 372-3.
[36] Thomas Hobbes, *Leviathan*, p. 150 [ed. bras.: *Leviatã, ou Matéria, forma e poder de um Estado eclesiástico e civil*].

Adam Smith em Pequim

da Inglaterra, tornou-se ela mesma o Estado capitalista dominante e usou os recursos que extraiu de seu império mundial, em primeiro lugar a Índia, para obter aliados e clientes no mundo europeu em expansão, principalmente nas Américas. Entretanto, como no caso de seus antecessores, a riqueza extraordinária do leão inglês deixou-o exposto à inveja dos outros Estados, que seguiram suas pegadas no industrialismo e no imperialismo e, desse modo, elevaram os custos e reduziram os benefícios de ambos.

A situação mudou de maneira ainda mais fabulosa quando os Estados Unidos se tornaram o líder do mundo capitalista e, na tentativa de conter as forças nacionalistas e comunistas, dedicaram-se a um projeto de governo mundial sem precedentes no sistema ocidental de Estados. Com esse fim, os Estados Unidos experimentaram a ideia de que "a riqueza acumulada com liberalidade é poder, porque traz amigos e criados". Embora a magnanimidade norte-americana tenha sido fundamental para ampliar o poder dos Estados Unidos nas primeiras fases da Guerra Fria, ela tendeu a transformar seus principais beneficiários (a Alemanha e o Japão) em concorrentes, minando, assim, seus próprios alicerces. Isso não significa que a magnanimidade nas relações entre os Estados seja necessariamente prejudicial e efêmera. Significa simplesmente que, para observar como a máxima de Hobbes funcionou de fato por longos períodos num contexto sistêmico diferente, e pode voltar a funcionar um dia, devemos mudar nosso foco no caminho europeu de desenvolvimento capitalista novamente para o caminho asiático-oriental de desenvolvimento com base no mercado – é o que faremos na quarta parte.

QUARTA PARTE

Linhagens da nova era asiática

10
O DESAFIO DA "ASCENSÃO PACÍFICA"

"O olho do furacão do mundo se deslocou [...] para a China. Quem entender esse poderoso império [...] terá a chave da política do mundo pelos próximos quinhentos anos." Foi assim que, em 1899, John Hay, secretário de Estado norte--americano, anunciou a Política de Portas Abertas que exigia para os Estados Unidos acesso comercial à China igual ao das outras grandes potências. Ao citar Hay mais de um século depois, Richard Holbrooke, ex-embaixador norte-americano nas Nações Unidas, afirmou que hoje "tudo é diferente e nada mudou". De "formas muito diferentes, os Estados Unidos ainda buscam uma porta aberta; o secretário do Tesouro e o Congresso enraivecido malham a China para que ela valorize sua moeda e dê às empresas norte-americanas maior possibilidade de concorrer com a grande economia que mais cresce no mundo"[1].

Com o devido respeito a Holbrooke, nesse aspecto a situação atual é radicalmente diferente da de um século atrás. Sob as regras da OMC, os Estados Unidos têm acesso comercial à China igual ao de qualquer outro país. Mais ainda, quando a China entrou para a OMC, em 2001, "concordou com um dos programas mais rápidos de corte de tarifas de importação e de abertura de mercado já aceito pelos novos membros" e, apesar dos problemas, "cumpriu os prazos e aprovou as leis"[2].

---

[1] Richard Holbrooke, "China Makes Its Move", *The Washington Post*, 27/5/2005.
[2] Howard Winn, "Accession has Brought Changes to China and OMC", *International Herald Tribune*, 7/11/2005. Entre outras coisas, a China só teve permissão de entrar para a OMC depois que concordou em deixar que outros membros da organização restringissem a exportação chinesa de tecidos e roupas caso tais exportações crescessem demais e causassem problemas no mercado. Em 2005, tanto a União Europeia quanto os Estados Unidos se aproveitaram do acordo para impor cotas às importações da China. Ver James Kanter e Keith Bradsher, "A Return to Quotas", *The New York Times*, 9/11/2005.

O problema das relações sino-americanas na virada do século XXI não é mais o acesso comercial dos Estados Unidos à China. É o fato de que a China substituiu os Estados Unidos como grande economia que mais cresce no mundo e busca o mesmo acesso comercial aos Estados Unidos que têm outros Estados. Nos termos da metáfora de Hay, o problema não é que o olho do furacão do mundo tenha se deslocado para a China – o que é mais verdadeiro hoje do que há um século. O problema é a noção generalizada nos Estados Unidos de que a "tempestade vermelha" centrada na China, como afirmou Lou Dobbs em seu programa de 27 de junho de 2005 na CNN, "está batendo em nossas praias".

Depois de cozinhar durante anos, a questão a respeito de até que ponto os Estados Unidos devem abrir a "porta" para as exportações e para os investimentos chineses ferveu no pânico gerado pelo lance da China National Offshore Oil Company (CNOOC) no caso da venda da empresa petrolífera norte-americana Unocal. Embora a Unocal já tivesse concordado com a compra pela Chevron, como acabou ocorrendo, em 30 de junho o Congresso aprovou uma resolução, por 398 votos a 15, que afirmava que permitir à CNOOC comprar a Unocal poderia "pôr em risco a segurança nacional dos Estados Unidos". Os ânimos acirraram-se. Um diretor da CIA durante o governo Clinton chamou a CNOOC de veículo empresarial de "uma ditadura comunista", repetindo a retórica da "tempestade vermelha" de Dobbs. Uma autoridade graduada do Departamento de Defesa do governo Reagan descreveu a iniciativa da CNOOC como passo para conceder à China os recursos necessários "para suplantar os Estados Unidos como maior potência econômica do mundo e, caso necessário, nos derrotar militarmente"[3].

Por mais difícil que seja dizer onde acaba o anticomunismo da Guerra Fria e onde começa a angústia com o surgimento de um novo concorrente, o pânico de 2005 com o lance da CNOOC pela Unocal lembra a ansiedade dos norte-americanos em razão da "ameaça japonesa" do fim da década de 1980. Naquela época, recorda Doug Henwood, afirmou-se que

> depois de destruir nossa base industrial com concorrência "desleal", os japoneses passaram a comprar o patrimônio norte-americano, como bônus do Tesouro, o Rockefeller Center e o MCA. É claro que a verdadeira ameaça era os Estados Unidos estarem enfrentando um forte concorrente econômico. [...] O fato de ser asiático deu aos ansiosos uma reserva profunda de veneno para usar. Então a bolha japonesa explodiu e a ameaça do perigo amarelo recuou. Mas está de volta, desta vez com rosto chinês.[4]

---

[3] Steve Lohr, "Who's Afraid of China Inc.?", *The New York Times*, 24/7/2005.
[4] Doug Henwood, "Chinese Shark Attack!", *The Nation*, 12/7/2005.

O desafio da "ascensão pacífica"

Até observadores como Krugman, que quinze anos atrás havia instado o público norte-americano a não entrar em pânico com a compra de empresas norte-americanas por japoneses, sentiu que o "desafio chinês parece bem mais grave que o japonês". Krugman não viu "nada de chocante" no fato de os chineses não parecerem mais "satisfeitos com o papel de financiadores passivos [da dívida externa norte-americana] e exig[ir]em o poder que vem com a propriedade". Na verdade, os Estados Unidos deviam se sentir aliviados de os chineses quererem usar seus dólares para comprar empresas norte-americanas, em vez de levá-las à falência. Mas ele viu duas razões pelas quais o investimento chinês difere do japonês de quinze anos atrás. Uma delas é que os chineses não demonstram tendência a "desperdiçar tanto dinheiro [com investimentos de prestígio] quanto os japoneses". Portanto, os investimentos chineses prometem ser um subsídio menor para os Estados Unidos que os japoneses. Mas a razão mais importante é que "a China, ao contrário do Japão, parece mesmo estar surgindo como rival estratégico dos Estados Unidos e concorrente no acesso a recursos escassos". Isso fez do lance chinês pela compra da Unocal, empresa de energia de alcance global, "mais do que mera proposta de negócios".

> A Unocal parece ser [...] exatamente o tipo de empresa que o governo chinês gostaria de controlar caso tenha em mira certo tipo de "jogo grande", em que as maiores potências econômicas se acotovelam pelo acesso ao petróleo longínquo e às reservas de gás natural. (Comprar uma empresa é bem mais barato, em vidas e dinheiro, do que invadir um país produtor de petróleo.) [...] Se fosse comigo, eu impediria o lance chinês pela Unocal. Mas seria bem mais fácil assumir essa posição caso os Estados Unidos não dependessem tanto da China, não só para comprar títulos da dívida, mas também para ajudar os Estados Unidos a lidar com a Coreia do Norte, agora que as forças armadas norte-americanas estão atoladas no Iraque.[5]

Parece que todos os sintomas da síndrome da China discutidos no capítulo 7 são visíveis nesse diagnóstico. Os ataques do 11 de Setembro deram aos neoconservadores do governo Bush a oportunidade áurea que vinham esperando para invadir o Iraque, com o duplo objetivo de superar a síndrome do Vietnã e aumentar o controle norte-americano sobre as fontes globais de energia. Embora o envolvimento na frente asiática ocidental significasse deixar de lado a campanha para conter a China havia muito defendida pelos neoconservadores, aos olhos deles era sensato esperar que a vitória rápida e fácil no Iraque criasse condições extremamente favoráveis para voltar à campanha com mais eficácia. Entretanto, no verão de 2004 já era óbvio que a invasão do Iraque não atingiria seus objetivos originais

---

[5] Paul Krugman, "The Chinese Challenge", *International Herald Tribune*, 28/6/2005.

e que, ao contrário, vinha facilitando a consolidação e a expansão do poder econômico e político da China na Ásia oriental e fora dela. Assim, nos círculos próximos ao governo Bush começou a insinuar-se a sensação de que a campanha para conter a China estava perdendo ímpeto e chegara a hora de criar alternativas mais realistas para o fracassado plano neoconservador.

O objetivo deste capítulo é examinar três dessas alternativas, os problemas que apresentam e as razões pelas quais a política norte-americana diante da China tem se caracterizado pela mistura incoerente das três. Todas foram propostas por conservadores, mas constituem possibilidades lógicas diferentes que, em suas variantes, pode-se esperar, conduzam a política norte-americana, seja qual for o partido que comande o galinheiro em Washington. É difícil dizer que plano acabará prevalecendo. Tudo o que podemos afirmar com certeza é que a retórica antichinesa atravessa as linhas partidárias e é improvável que um governo democrata se afaste do repertório de políticas aqui descrito.

Fazendo as pazes com a ascensão da China

Os Estados Unidos têm o hábito de mandar à China mensagens "estranhamente confusas".

> Jogue no campo capitalista, mas não seja bom a ponto de se tornar um dos astros. Eis a mensagem que, na melhor das hipóteses, assim como no caso da difamação do Japão na década de 1980, é paranoica e, na pior, racista. A nós, do Ocidente, pode-se confiar enorme poder econômico, mas não aos filhos de um deus menor.[6]

O pânico do lance da CNOOC na compra da Unocal provocou mensagens ainda mais contraditórias. "Entregamos à China o dinheiro que eles estão usando para tentar comprar a Unocal", disse Clyde V. Prestowitz, autoridade comercial do governo Reagan. "E agora dizemos aos chineses: 'Por favor, continuem investindo em nossos títulos, mas não invistam nem uma fatiazinha de seu lucro em empresas petrolíferas'. Isso é de fato confuso e hipócrita de nossa parte."[7] Pior ainda, os legisladores que "autorizaram a conquista 'preventiva' do país com a segunda maior reserva de petróleo do planeta [estão] agora questionando o direito da China de comprar uma empresa multinacional sediada nos Estados Unidos usando os dólares que ganhou com a exportação legal de produtos". Embora os asiáticos "[não] devam se sentir nem um pouco ameaçados [pelo fato de a] Unocal ser proprietária

---

[6] Robert Scheer, "On China at Least, Nixon was Right", *Los Angeles Times*, 26/7/2005.
[7] Citado em Steve Lohr, "Who's Afraid of China Inc.?".

O desafio da "ascensão pacífica"

de jazidas naturais de gás em seu continente", tanto democratas quanto republicanos alegam o direito norte-americano de impedir que os chineses comprem a Unocal por razões de segurança nacional, apesar do fato de os Estados Unidos serem "o único país com poderio militar para implantar ou impedir o bloqueio mundial do [petróleo] ou de qualquer outro recurso vital"[8].

Essas mensagens contraditórias e o caso da CNOOC como um todo foram um dos motivos pelos quais a política norte-americana passou a ter uma postura mais beligerante e antichinesa. Já na convenção republicana de agosto de 2004, em Nova York, foi proclamado que "os Estados Unidos ajudarão Taiwan a se defender". Naquele mesmo verão, a marinha norte-americana realizou a Operação Pulso do Verão 2004, que incluiu a mobilização simultânea no mar de sete dos doze grupos norte-americanos de ataque a cargueiros. Embora somente três desses grupos tenham ido para o Pacífico, a demonstração de força alarmou profundamente os chineses. Para acalmar as coisas, em 26 de outubro o secretário de Estado, Colin Powell, declarou à imprensa de Pequim que "Taiwan não é independente. Não goza de soberania como nação e essa continua a ser a nossa política, a nossa política firme [...]. Não queremos que nenhum dos lados adote ações unilaterais que prejudiquem o resultado final, a reunificação buscada por todos"[9].

Apesar da declaração inequívoca de Powell, depois das eleições de novembro e da transição do Departamento de Estado das mãos de Powell para as de Rice, a política norte-americana adotou visivelmente uma postura agressiva contra os chineses. Em 19 de fevereiro de 2005, os Estados Unidos e o Japão assinaram novo acordo militar e divulgaram uma declaração na qual, pela primeira vez, o Japão se uniu aos Estados Unidos para definir a segurança no estreito de Formosa como "objetivo estratégico comum". "Nada poderia ser mais assustador para os líderes chineses", observa Chalmers Johnson, "do que a revelação de que o Japão decididamente deu fim a seis décadas de pacifismo oficial ao reivindicar o direito de intervir no estreito de Formosa."[10] A agência de notícias oficial Nova China descreveu a declaração conjunta como "sem precedentes" e citou uma autoridade do Ministério do Exterior que teria dito que a China "se opõe resolutamente a que os Estados Unidos e o Japão divulguem quaisquer documentos bilaterais sobre a Taiwan chinesa que interfiram nos assuntos internos da China e firam a soberania do país"[11].

[8] Robert Scheer, "On China at Least, Nixon was Right". Ver também Amy Myers Jaffe, "China's Oil Thirst: Wasted Energy", *International Herald Tribune*, 28/7/2005.
[9] Chalmers Johnson, "No Longer the 'Lone' Superpower: Coming to Terms with China", p. 7.
[10] Idem.
[11] Citado em Michael T. Klare, "Revving Up the China Threat: New Stage in US China Policy", *Japan Focus*, 13/10/2005.

Alguns meses depois, em 4 de junho, Rumsfeld fez um discurso numa conferência estratégica em Singapura no qual observou que a China "parece estar expandindo seu poderio em mísseis, permitindo-lhe alcançar alvos em muitas regiões do mundo", e, além disso, vem "melhorando sua capacidade de projetar poder" na região. Depois, perguntou: "Já que nenhum país ameaça a China, devemos perguntar: Por que esse investimento crescente? Por que essas compras de armas, sempre grandes e cada vez maiores? Por que essa mobilização robusta e constante?". Considerando que os aviões e os navios de guerra norte-americanos patrulham constantemente o litoral chinês; que os mísseis nucleares norte-americanos estão apontados para a China; que bases norte-americanas cercam a China por todos os lados; e que nos últimos dez anos os Estados Unidos entregaram armas cada vez mais potentes a Taiwan, tudo isso considerado, como observa Michael Klare, "esses comentários devem ter sido espantosos" para Pequim. Espantosos ou não, os comentários "exibiram grau maior de beligerância contra a China do que todas as declarações oficiais norte-americanas desde o 11 de Setembro e assim foram retratadas, em geral, pela imprensa norte-americana e asiática"[12].

Um mês depois, um relatório sobre a capacidade de combate dos chineses, divulgado pelo Pentágono, confirmou a postura beligerante. Embora o documento destacasse tanto os pontos fracos quanto os pontos fortes da instituição militar chinesa, a tese principal era de que a China vinha expandindo sua capacidade de travar guerras fora de seu território e que isso constitui um desafio perigoso à ordem global. "O ritmo e o alcance da escalada militar da China já chegam ao ponto de pôr em risco o equilíbrio militar regional", afirmava o relatório. "As tendências atuais de modernização militar da China podem dar ao país poderio militar capaz de realizar uma série de operações militares na Ásia, bem além de Taiwan, o que potencialmente constituiu uma ameaça verossímil às modernas forças armadas que operam na região." Os chineses reagiram prontamente. Numa reunião convocada às pressas, uma autoridade do Ministério do Exterior disse ao embaixador norte-americano que o relatório disseminava de forma proposital a teoria da "ameaça chinesa". "Ele interfere grosseiramente nos assuntos internos da China e é uma provocação contra as relações entre a China e outros países."[13]

Na época em que o pânico gerado pelo lance da CNOOC na compra da Unocal ferveu no Congresso e na mídia, o governo Bush já havia retomado a campanha para conter e, se possível, reduzir o poder chinês. Nesse aspecto, contudo, por estar distraído com a guerra no Iraque, o governo ficou atrás do Congresso em termos

[12] Idem.
[13] Idem.

O desafio da "ascensão pacífica"

de sentimento antichinês, principalmente na questão do déficit comercial dos Estados Unidos e das práticas chinesas supostamente desleais que estariam na sua origem. Na verdade, podemos interpretar que a retomada, por parte do governo, de iniciativas antichinesas na esfera geopolítica visava contrabalançar a pressão no Congresso pelo aumento das iniciativas antichinesas na esfera comercial.

Tudo isso está incluído na distinção que o neoconservador Max Boot faz entre "a boa e a má difamação da China". Como explicou,

> a má difamação concentra-se nas queixas sobre a inundação de mercadorias chinesas em nosso mercado. O fato é que o sucesso delas mostra a falta de competitividade em nossa economia. Mas os comentários de Rumsfeld [de que a China está gastando demais com o orçamento militar e não está avançando rápido o suficiente em direção a um "governo mais aberto e representativo"] são boa difamação, porque o rápido acúmulo de armas na China [...] [ameaça] Taiwan e poderia provocar uma corrida armamentista que levaria Japão, Coreia do Sul e Taiwan a ter armas nucleares.

Na opinião de Boot, é por isso que os chineses deveriam frear os gastos militares, apesar de os gastos militares dos Estados Unidos serem cinco a dez vezes maiores que os da China, e aceitar o *status quo* asiático, com as tropas norte-americanas para garantir a segurança regional[14].

Os argumentos de Boot são bastante coerentes com a doutrina de Segurança Nacional de setembro de 2002, segundo a qual as tropas norte-americanas "serão suficientemente fortes para dissuadir possíveis adversários de buscar o crescimento militar na esperança de ultrapassar ou igualar o poderio dos Estados Unidos". No entanto, no novo clima de sensibilidade global à atitude agressiva dos Estados Unidos e à crescente dependência econômica destes em relação à China, o governo Bush teve de ir mais devagar na tentativa de preservar o poderio norte-americano. Daí a relutância em pôr em prática iniciativas protecionistas que provocassem medidas retaliativas por parte da China capazes de aumentar os juros norte-americanos, com consequências deflacionárias imprevisíveis sobre os gastos de consumo e construção norte-americanos. Como explicou Ben S. Bernanke, presidente do Conselho de Assessores Econômicos do presidente Bush (hoje presidente do Federal Reserve), em julho de 2005, o governo norte-americano achava que tinha "pouca opção além de ser paciente" no trabalho de criar condições para a troca de papéis que faria dos Estados Unidos uma nação mais produtora, aumentaria a exportação para a Ásia e induziria a Ásia, principalmente a China, a adotar um papel mais de consumidora[15].

---

[14] Citado em Roger Cohen, "Shaping China's Future Power", *The New York Times*, 12/6/2005.
[15] Louis Uchitelle, "China and the U. S. Embark on a Perilous Trip", *The New York Times*, 23/7/2005.

Apesar da maior beligerância contra a China em questões geopolíticas (a "boa difamação da China" de Boot), as dificuldades no Iraque exigiram postura mais realista até mesmo nessa esfera. O novo "realismo nascido no Iraque, realização tão cara em termos da postura e da credibilidade norte-americanas no mundo que complicou, e pode tornar impraticáveis, todos os novos exercícios de ação preventiva na guerra ao terror", logo se tornou evidente no "esforço para reparar alguns danos do primeiro [governo Bush] procurando os aliados, dando ouvidos a eles e tentando a ação cooperativa desde o Irã até o Kosovo"[16]. No entanto, foi difícil perceber essa postura mais realista nascida no Iraque no ponto em que ela seria mais importante: nas relações sino-americanas. Além disso, o que significaria "realismo" nas relações sino-americanas era (e ainda é) uma questão extremamente controversa, mesmo entre os conservadores. A enorme faixa de variação é bem ilustrada pelas posições radicalmente contrastantes de Robert Kaplan, Henry Kissinger e James Pinkerton.

Rumo a uma nova Guerra Fria?

A posição de Kaplan é uma elaboração da estratégia de Mearsheimer para conter o poder chinês com uma "coalizão de equilíbrio"[17]. Como Mearsheimer, Kaplan defende que a emergência da China como grande potência é inevitável, assim como o choque dessa emergência com os interesses norte-americanos. "Sempre que grandes potências surgiram [...] (Alemanha e Japão nas primeiras décadas do século XX, para citar dois exemplos recentes), elas tenderam a ser bastante insolentes – e com isso lançaram as relações internacionais num violento torvelinho. A China não será exceção." Muito legitimamente, na opinião de Kaplan,

> os chineses [investiram] em submarinos movidos a diesel e a energia nuclear [...] não só para proteger sua plataforma costeira, mas também para [...] salvaguardar as rotas marítimas de transporte de recursos energéticos do Oriente Médio e de outras partes do mundo. Naturalmente, não confiam nos Estados Unidos [...] para fazer isso por eles. Dado o que está em jogo e dado o que a História nos ensina sobre os conflitos que surgem quando todas as grandes potências defendem interesses legítimos, é provável que o resultado seja o conflito militar conclusivo do século XXI; se não for uma grande guerra com a China, talvez uma série de impasses no estilo da Guerra Fria, que se estendem por anos e décadas.[18]

---

[16] Roger Cohen, "Shaping China's Future Power".
[17] As opiniões de Mearsheimer foram citadas no capítulo 7 e serão discutidas mais integralmente no capítulo 11.
[18] Robert D. Kaplan, "How We Would Fight China", p. 50-1.

O desafio da "ascensão pacífica"

Para vencer essa nova Guerra Fria, os Estados Unidos "devem abordar o poder da maneira mais cautelosa, mecânica e utilitária possível, avaliando e reavaliando os equilíbrios regionais de poder", sem se "deixar levar pelo arrebatamento do internacionalismo liberal e do intervencionismo neoconservador". Como ocorreu no governo de presidentes republicanos moderados como George H. W. Bush, Gerald Ford e Richard Nixon, o gerenciamento dos riscos pode se tornar de novo uma "ideologia dominante". Aventuras militares como a guerra contra o Iraque terão de ser cuidadosamente evitadas.

> Mesmo que o Iraque se transforme numa história de sucesso democrático, com certeza será um sucesso arrancado das garras do fracasso, que ninguém, nas instituições militares ou diplomáticas, há de querer repetir – ainda mais na Ásia, onde as repercussões econômicas de uma aventura militar complicada seriam enormes [...], já que os Estados Unidos e a China [...] têm capacidade para continuar na luta mesmo que um ou outro perca uma grande batalha ou uma troca de mísseis.

Para evitar essa rota perigosa, Kaplan aconselha uma estratégia bismarckiana de contenção centrada no Comando Norte-Americano do Pacífico, conhecido como Pacom. Seguindo a linha do comentarista alemão Josef Joffe, ele afirma que a invasão do Afeganistão mostrou uma situação em que os Estados Unidos lembraram a Prússia de Bismarck. A Grã-Bretanha, a Rússia e a Áustria precisavam mais da Prússia do que umas das outras, tornando-as assim "raios" do "cubo da roda" de Berlim. A invasão do Afeganistão mostrou que os Estados Unidos podiam forjar coalizões diferentes em crises diferentes, porque as outras potências do mundo precisavam mais dos Estados Unidos do que umas das outras.

> Infelizmente, os Estados Unidos não capitalizaram de imediato esse novo arranjo do poder, porque faltou ao presidente George W. Bush a sutileza e o autocontrole concomitante de Bismarck, que compreendia que um sistema desses só duraria enquanto ninguém o subjugasse. É claro que foi exatamente isso que o governo Bush fez na preparação da invasão do Iraque, o que levou França, Alemanha, Rússia e China, juntamente com uma série de potências menores como Turquia, México e Chile, a se unirem contra nós.[19]

Felizmente, contudo, o sistema bismarckiano ainda prosperava no Pacífico, "auxiliado pelo pragmatismo de nossos oficiais lotados no Havaí, a cinco fusos horários de distância da estufa ideológica de Washington". Na verdade, afirmou Kaplan, o Pacom "é uma versão muito mais pura da superestrutura imperial de

---

[19] Ibidem, p. 50.

Bismarck do que tudo o que o governo Bush criou antes de invadir o Iraque". Ao negociar acordos bilaterais de segurança com países que têm poucos acordos dessa espécie entre si, as forças armadas norte-americanas criaram um tipo de aliança militar no Pacífico cujo centro é um "cubo de roda geográfico de relativo isolamento – as ilhas do Havaí –, com raios que chegam a aliados importantes, como Japão, Coreia do Sul, Tailândia, Singapura, Austrália, Nova Zelândia e Índia. Esses países, por sua vez, poderiam ser cubos secundários para nos ajudar a gerenciar os arquipélagos melanésio, micronésio e polinésio, entre outras regiões, e também o oceano Índico"[20].

Esse "constructo grande, porém ágil", desimpedido da burocracia diplomática, é um substituto "em pleno funcionamento" do sistema de alianças da segunda metade do século XX. "A guerra feita por comissões, como ocorre com a Otan, tornou-se simplesmente desajeitada demais para uma época que exige golpes leves e letais." Forjar a interoperabilidade com forças asiáticas amistosas, movendo constantemente os soldados norte-americanos de um treinamento para outro, "seria um aperfeiçoamento com relação à Otan, cujas boas condições de combate foram prejudicadas pela inclusão das precárias forças armadas do antigo bloco oriental". Além disso, "atualmente as tensões entre os Estados Unidos e a Europa impedem a integração militar, enquanto nossos aliados do Pacífico, com destaque para o Japão e para a Austrália, querem mais envolvimento militar com os Estados Unidos para contrabalançar a ascensão da marinha chinesa". Apostar no Pacom não significa abandonar a Otan. Ao contrário, "a vitalidade da própria Otan [...] poderia ser reanimada pela Guerra Fria no Pacífico; na verdade, o ressurgimento da Otan como instrumento indispensável de combate deveria ser a meta inabalável dos Estados Unidos".

> A Otan é para nós liderarmos, ao contrário da União Europeia, cada vez mais poderosa, cuja própria força de defesa, caso se torne realidade, surgiria inevitavelmente como poder regional concorrente, que poderia se alinhar com a China para alcançar o equilíbrio contra nós. [...] A Otan e a força de defesa europeia autônoma não podem ambas prosperar. Só uma prosperará, e deveríamos desejar que fosse a primeira, de modo que a Europa seja para nós um patrimônio militar, não uma desvantagem, quando enfrentarmos a China.[21]

Em outras palavras, a ideia de que os Estados Unidos "não se envolverão mais no jogo 'cínico' da política do poder [...] é ilusória". "Teremos constantemente de

---

[20] Ibidem, p. 51, 54-5.
[21] Ibidem, p. 64.

O desafio da "ascensão pacífica"

afastar a China de várias partes do mundo, assim como Richard Nixon afastou a União Soviética de Estados não muito perfeitos em termos morais." O palco será o Pacífico, em vez do Atlântico, e o ator principal será o Pacom, em vez da Otan. Mas o objetivo do jogo será praticamente o mesmo: "dissuadir a China de maneira tão sutil que, com o tempo, o mastodonte em ascensão seja atraído para o sistema de alianças do Pacom sem nenhuma grande conflagração – assim como a Otan acabou conseguindo neutralizar a União Soviética". Kaplan adverte que o esforço norte-americano nessa direção "exigirá cuidado especial, porque a China, ao contrário da antiga União Soviética (ou da Rússia dos dias de hoje, aliás), gaba-se tanto do 'poder duro' quanto do 'poder brando'". Ao criar comunidades de negócios e postos diplomáticos, e ao negociar acordos de construção e de comércio no mundo todo, "os chineses estão se tornando os mestres da influência indireta". Além disso,

> os empresários amam a ideia da China. [...] A mistura chinesa de autoritarismo tradicional e economia de mercado goza de grande encanto cultural em toda a Ásia e em outras partes do mundo. E como a China vem melhorando o bem-estar material de centenas de milhões de cidadãos, a luta dos dissidentes não tem o mesmo apelo de mercado que a luta dos Sakharovs e dos Sharanskis da União Soviética.[22]

Sem dúvida, a estratégia da nova Guerra Fria de Kaplan reflete uma corrente de pensamento importante no governo Bush. Por exemplo, segundo um especialista em segurança asiática e ex-autoridade da Defesa, "a palavra da moda no Pentágono é 'interoperabilidade' entre Estados Unidos e Taiwan". A cooperação está "mesmo chegando perto de restabelecer a aliança" que existia entre Taiwan e os Estados Unidos antes de Washington passar a reconhecer Pequim. Embora nem o Japão nem os Estados Unidos queiram admitir, um diplomata aposentado, hoje na Fundação Heritage, afirma que há "muito, muito mais do que se vê" nas trocas de informações entre as tropas japonesa e taiwanesa através do Comando Norte-americano do Pacífico[23].

É mais importante ainda que se possam perceber elementos da estratégia de Kaplan no depoimento do comandante do Pacom, almirante William Fallon, no

---

[22] Ibidem, p. 54.
[23] Mure Dickie, Victor Mallet, e Demetri Sevastopulo, "Washington is turning its attention from the Middle East to contemplate a previously disregarded threat that the Bush administration now sees as more worrying even than North Korea's nuclear weapons programme" [Washington está desviando a atenção do Oriente Médio para contemplar uma ameaça antes desdenhada e que agora o governo Bush considera ainda mais preocupante que o programa de armas nucleares da Coreia do Norte], *Financial Times*, 7/4/2005.

Comitê das Forças Armadas do Senado norte-americano, em 8 de março de 2005, três meses antes de o artigo de Kaplan ser publicado. Para contrabalançar a modernização militar da China, Fallon exigiu melhoras na capacidade norte-americana de combater mísseis e submarinos, além do estreitamento dos laços militares norte-americanos com os aliados asiáticos novos e antigos, no intuito de confinar a China ao seu território nacional. Ele descreveu o Plano de Cooperação para a Segurança no Teatro de Operações para melhorar a cooperação militar com os aliados norte-americanos na região como "um dos principais meios para aumentar a influência dos Estados Unidos, ampliar o acesso e promover a competência entre possíveis parceiros de coalizões". A cooperação inclui os típicos fornecimento de armas e assessoria militar, manobras militares conjuntas, consultas regulares entre oficiais militares superiores e expansão ou criação de bases militares norte-americanas. No Japão, por exemplo, o Pacom está cooperando no desenvolvimento conjunto de um sistema de defesa com mísseis balísticos regionais; nas Filipinas, auxilia na reorganização e na modernização das forças armadas nacionais; em Singapura, que já hospeda porta-aviões norte-americanos, "estamos explorando oportunidades para aumentar o acesso às instalações singapurianas". Fallon também descreveu iniciativas para atrair a Índia para a coalizão. "Nossa relação com o Estado-Maior Integrado de Defesa indiano e as Forças Armadas indianas continua a crescer", observou. "Os interesses norte-americano e indiano em segurança continua a convergir, enquanto nossa cooperação militar leva a uma parceria estratégica mais forte."[24]

Por esse depoimento, parece que a estratégia da nova Guerra Fria de Kaplan não passa de uma elaboração das políticas defendidas pelo próprio Pacom. Contudo, três meses depois de publicado o artigo de Kaplan, Fallon rejeitou explicitamente a ideia de que uma série de impasses no estilo da Guerra Fria, estendendo-se durante anos, seja o provável conflito militar que definirá o século XXI. "Temos conflito por causa da ascensão da China? Acredito que não", declarou. "À medida que crescerem, e quando aproveitarem a capacidade econômica para melhorar a capacidade militar, a pressão será inevitável", disse ele a respeito dos chineses. "Devíamos admitir isso como realidade. Não é um jogo de soma zero." Apesar das observações de Rumsfeld ao questionar os motivos para a China modernizar suas forças armadas, Fallon foi além e afirmou que recebera de Washington a missão clara de montar uma rede de contatos com o governo e com as forças

---

[24] Michael Klare, "Revving Up the China Threat".

O desafio da "ascensão pacífica"

armadas chinesas para que a sobreposição de poder possa ser gerenciada, em vez de combatida[25].

Não sabemos se isso é apenas retórica de palco para encobrir o que ocorre nos bastidores. Entretanto, sabemos que o caminho de Kaplan não é absolutamente o único de volta ao realismo de presidentes republicanos moderados como Nixon, Ford e Bush pai. Ao contrário, o pai intelectual desse realismo vem defendendo um caminho bem diferente.

Rumo ao ajuste e à acomodação?

Apesar de suas advertências sobre as diferenças fundamentais entre as fontes do poder chinês presente e do poder soviético passado, a estratégia de Kaplan baseia-se na premissa de que o desafio da China, assim como da União Soviética, é militar, em última instância, e pode ser enfrentado de maneira eficaz com a manipulação de um sistema de alianças militares centradas no Pacífico, não no Atlântico. Num artigo publicado mais ou menos na mesma época do de Kaplan, Kissinger apresentou uma posição realista radicalmente diferente. Embora concorde que o "centro de gravidade das questões mundiais está mudando do Atlântico [...] para o Pacífico", Kissinger questiona o pressuposto de que é inevitável o confronto estratégico com a China.

> Esse pressuposto é tão perigoso quanto errado. O sistema europeu do século XIX supunha que as principais potências acabariam defendendo seus interesses por meio da força. Todos os países achavam que a guerra seria curta e que, no final, sua posição estratégica melhoraria.[26]

Num mundo globalizado de armas nucleares, esses cálculos não fazem sentido. "A guerra entre grandes potências seria uma catástrofe para todos os participantes; não haveria vencedores." Além disso, o tipo de imperialismo militar que levou a Alemanha a desafiar a Grã-Bretanha com o progresso naval e a humilhar a Rússia na questão da Bósnia, em 1908, e a França nas duas crises que envolviam o Marrocos, em 1905 e 1911, "não faz o estilo chinês".

> Clausewitz, o principal teórico estrategista ocidental, aborda a preparação e a condução de uma batalha central. Sun Tzu, seu colega chinês, concentra-se no enfraquecimento psicológico do adversário. A China persegue seus objetivos com estudo meticuloso,

---

[25] Edward Cody, "Shifts in Pacific Force U.S. Military to Adapt Thinking", *The Washington Post*, 17/9/2005.

[26] Henry A. Kissinger, "China: Containment Won't Work", *The Washington Post*, 13/6/2005.

297

Adam Smith em Pequim

paciência e acúmulo de nuances; só raramente se arrisca num confronto em que o vencedor leva tudo.[27]

Por razões semelhantes, a China não é a União Soviética. A União Soviética era herdeira da tradição imperialista que possibilitou à Rússia se expandir da região em torno de Moscou até formar um império territorial que ia da Europa central a Vladivostok. "O Estado chinês, com suas dimensões atuais", ao contrário, "existe substancialmente há dois mil anos." E, mais importante, a afirmação de intenções cooperativas e a negação de desafio militar da China exprimem a realidade estratégica de uma situação em que,

> até na melhor das estimativas, o orçamento militar chinês é menos de 20% do orçamento norte-americano [...], mal supera, se é que supera, o do Japão e [é] bem menor que o orçamento de Japão, Índia e Rússia somados, todos na fronteira com a China – sem falar da modernização militar de Taiwan, sustentada por decisões norte-americanas tomadas em 2001. [...] Muito provavelmente, o desafio futuro da China a médio prazo será político e econômico, não militar.[28]

Segue daí que aplicar à China a política de contenção militar da Guerra Fria, como propõe Kaplan, "é pouco sensato". A Guerra Fria com os Estados Unidos pode, na verdade, ter "impacto potencialmente catastrófico [...] sobre a melhora constante do padrão de vida [chinês], da qual depende a legitimidade do governo". Mas não se conclui daí que a Guerra Fria com a China beneficiaria os Estados Unidos. "Teríamos poucos seguidores em todas as partes da Ásia. Os países asiáticos continuariam a ter comércio com a China. Aconteça o que acontecer, a China não desaparecerá." Portanto, é do interesse dos norte-americanos cooperar com a China na busca de um sistema internacional estável. Com esse objetivo, acrescenta Kissinger,

> [as] atitudes são psicologicamente importantes. A China precisa ter cuidado com políticas que pareçam excluir os Estados Unidos da Ásia e nossa sensibilidade para com os direitos humanos. Os Estados Unidos precisam entender que o tom intimidador evoca na China lembranças de uma arrogância imperialista e isso não é apropriado para tratar com um país que tem quatro mil anos de governo próprio e ininterrupto.[29]

A posição realista de Kissinger apresenta compatibilidade notável com a doutrina chinesa de *heping jueqi* (literalmente, "surgir precipitada e pacifica-

---

[27] Idem.
[28] Idem.
[29] Idem.

298

O desafio da "ascensão pacífica"

mente"). A doutrina foi apresentada em 2003 no Fórum de Boao para a Ásia – uma tentativa da China de criar um Fórum Econômico Mundial asiático à moda de Davos. Com base em estudos históricos encomendados pelo Politburo sobre experiências passadas de ascensão de potências e as reações que provocaram, ela foi apresentada como refutação da ideia de "ameaça chinesa" e como ofensiva atraente para contrabalançar a estratégia norte-americana de cercar a China com um sistema de bases militares e relações de segurança. O princípio central da doutrina é que a China pode evitar, e evitará, o caminho da agressão e da expansão seguido pelas potências anteriores no momento de sua ascensão. Nas palavras de Zheng Bijian, um dos elaboradores e principais defensores da doutrina, "a China não seguirá o caminho da Alemanha na Primeira Guerra Mundial, nem a da Alemanha e do Japão na Segunda Guerra Mundial, usando a violência para pilhar recursos e buscar a hegemonia mundial"[30]. Ao contrário, como explicou o pesquisador de uma entidade ligada ao governo, "a China visa crescer e avançar sem perturbar a ordem existente. Tentamos crescer de um modo que beneficie nossos vizinhos".[31]

Desde que foi lançada, a expressão "ascensão-surgimento pacífico" tem sido atacada em frentes opostas, dentro e fora do Partido Comunista. Num dos polos, seguindo a máxima de Deng Xiaoping de que a China deveria "esconder seu brilho", está quem sente que basta falar de *ascensão*, ainda que pacífica, para alimentar ideias de ameaça chinesa. No polo oposto, há quem sinta que falar de ascensão *pacífica* remete aos Estados Unidos e a Taiwan a mensagem de que eles podem intimidar a China de modo insolente. "Entre esses dois polos, esgueiram--se os líderes políticos."[32] Embora a expressão "ascensão pacífica" tenha sido discretamente abandonada em favor de "desenvolvimento pacífico" ou "coexistência pacífica", ainda assim a doutrina subjacente permaneceu firme, como testemunha a proclamação do presidente Hu Jintao, em 2004, sobre os "quatro nãos" ("não à hegemonia, não à força, não aos blocos, não à corrida armamentista") e os "quatro sins" ("à construção de confiança, à redução das dificuldades, ao desenvolvimento da cooperação e ao evitamento do confronto")[33]. Para as autoridades chinesas, não há contradição entre a doutrina de "desenvolvimento pacífico" e a determinação de promover forças armadas mais capazes, que elas

---

[30] Citado em Mark Leonard, "China's Long and Winding Road", *Financial Times*, 9-10/7/2005.

[31] Citado em Yoichi Funabashi, "China is Preparing a Peaceful Ascendancy", *International Herald Tribune*, 30/12/2003.

[32] Mark Leonard, "China's Long and Winding Road".

[33] Citado em Martine Bulard, "China: Middle Kingdom, World Centre", *Le Monde Diplomatique*, agosto de 2005.

veem como parte integrante do desenvolvimento da China e como reação natural às humilhações que sofreram desde as Guerras do Ópio, em meados do século XIX, até a brutal invasão e ocupação japonesa, entre 1931 e 1945. "A política de defesa nacional da China é de autoproteção", afirmou o primeiro-ministro Wen Jiabao em abril de 2005. "Nos últimos cem anos, a China sempre foi agredida pelos outros. Nunca enviou um único soldado para ocupar um centímetro que seja da terra de outro país."[34]

Hu reiterou o compromisso da China com o "desenvolvimento pacífico" durante uma visita às Nações Unidas, em Nova York, em setembro de 2005, destacando os desafios envolvidos na administração e no aumento da prosperidade de um país de 1,3 bilhão de habitantes. Segundo autoridades norte-americanas, tanto os desafios quanto a visão impressionaram Bush[35]. No entanto, pouco tempo depois, numa declaração abrangente da posição do governo Bush sobre a China, o vice-secretário de Estado, Robert Zoellick, descreveu os Estados Unidos como um "caldeirão de ansiedade". "As incertezas sobre como a China usará seu poder levarão os Estados Unidos e outros países a se proteger nas relações com ela. [...] Muitos países esperam que a China busque a 'ascensão pacífica', mas ninguém apostará seu futuro nisso." Apesar de admitir que a "China não quer conflito com os Estados Unidos", ele apresentou os pontos principais pelos quais será avaliado o comportamento chinês. São eles: explicar os gastos, as intenções e as doutrinas chinesas de defesa; dar maior abertura ao mercado, em vez de gerenciá-lo, inclusive no caso do mercado de câmbio; mostrar menos tolerância com o "roubo cada vez maior de propriedade intelectual e [com a] pirataria"; garantir o respeito da Coreia do Norte ao acordo que põe fim ao seu programa nuclear; apoiar iniciativas que acabem com o programa nuclear do Irã e prometer mais dinheiro ao Afeganistão e ao Iraque; abandonar as tentativas de "manobrar para obter mais poder" na Ásia com a construção de alianças separadas; acelerar as reformas políticas com a possibilidade de eleições em níveis municipal e estadual; e "parar de perseguir jornalistas que criam problemas"[36].

---

[34] Mure Dickie, Victor Mallet e Demetri Sevastopulo, "Washington is turning its attention from the Middle East...". Aqui, Wen deixou convenientemente de lado as invasões chinesas da Índia no início da década de 1960 e do Vietnã no fim dos anos 1970. No entanto, como veremos no capítulo 11, os ataques à imagem da China por parte de outros países (principalmente pelo Japão e pelas potências ocidentais) combina perfeitamente bem com o registro histórico, desde as Guerras do Ópio até a criação da República Popular da China.

[35] Peter Baker e Philip P. Pan, "Bush's Asia Trip Meets Low Expectations", *The Washington Post*, 21/11/2005.

[36] Glenn Kessler, "U.S. Says China Must Address Its Intentions", *The Washington Post*, 22/9/2005.

O desafio da "ascensão pacífica"

A própria extensão da lista de pontos importantes de Zoellick, muitos deles de verificação impossível ou realização improvável, revelou mais a ansiedade norte--americana do que um programa coerente. A falta de programa coerente tornou--se ainda mais evidente com as mensagens confusas que o governo norte-americano continuou enviando à China. Numa visita ao país em outubro de 2005, o secretário do Tesouro, John W. Snow, que criticou várias vezes a China por se recusar a permitir que o iuane flutuasse com mais liberdade, elogiou o plano quinquenal que o PCC havia acabado de aprovar, dizendo que era "não só benéfico para a China, como bom para o mundo". Aplaudiu principalmente o objetivo do plano de reduzir o imenso abismo entre os habitantes urbanos e a maioria de centenas de milhões de campesinos chineses, porque se a prosperidade dos campesinos chineses aumentasse, mesmo que marginalmente, eles provavelmente comprariam mais produtos norte-americanos e o déficit comercial dos Estados Unidos com a China diminuiria[37]. Pouco depois da partida de Snow, Rumsfeld em pessoa desembarcou em Pequim. Embora ainda criticasse o aumento dos gastos militares da China, chegou a um acordo com os colegas chineses para "dar as mãos a fim de atualizar os laços militares sino-americanos e torná-los coerentes com as relações bilaterais em geral". Na verdade, dizem que, nessa viagem, Rumsfeld tentou vender armas norte-americanas à China, embora criticasse publicamente seus líderes[38].

Na base dessas mensagens confusas podemos perceber as dificuldades que a perda de credibilidade do poderio militar norte-americano no Iraque criou para a capacidade de os Estados Unidos refrearem ou virarem a seu favor a "ascensão pacífica" da China. O fracasso no Iraque exigiu dose maior de realismo das políticas norte-americanas. No entanto, tornou-se mais difícil para os Estados Unidos mobilizar aliados no tipo de contenção do poder chinês a partir de bases militares que se vislumbra, por exemplo, na estratégia de "nova Guerra Fria" de Kaplan. Basta mencionar o caso de Singapura, que Kaplan louvou como modelo de aliado norte-americano na coalizão encabeçada pelo Pacom que ele defende. Como deixou claro Kishore Mahbuhani, influente reitor da Escola de Políticas Públicas Lee Kuan Yew, de Singapura, a cooperação deste país com o Pacom não inclui apoio às políticas norte-americanas que visam desestabilizar a China. Ao contrário, como muitos outros na Ásia oriental, ele considerava o fim súbito do domínio comunista na China como deflagrador de forças nacionalistas perigosas que levariam ao conflito na região sem benefício para ninguém[39].

---

[37] Tanaka Sakai, "Hu Jintao's Strategy for Handling Chinese Dissent and U.S. Pressure", *Japan Focus*, 20/11/2005.
[38] Idem.
[39] Michael Vatikiotis, "U.S. Sights are Back on China", *International Herald Tribune*, 7/6/2005.

Adam Smith em Pequim

Portanto, não surpreende que a tentativa norte-americana de cercar a China com um sistema de alianças militares não tenha dado em nada. Os laços dos Estados Unidos com o Vietnã e com a Índia nos setores militar e de informação melhoraram. Mas as relações entre esses dois países e a China melhoraram ainda mais. Ao mesmo tempo, depois de anos de inimizade com a China e de aliança prolongada com os Estados Unidos, a Indonésia estabeleceu uma parceria estratégica com Pequim que o presidente Hu saudou como o início de uma "nova era" nas relações entre os dois países. Mudança semelhante ocorreu na Coreia do Sul. Durante as visitas ao país em novembro de 2005, o presidente Bush ficou mortificado com o anúncio de Seul de que retiraria do Iraque um terço de seus soldados, enquanto o presidente Hu foi aplaudido de pé na assembleia sul-coreana e declarou que as relações entre a Coreia do Sul e a China tinham entrado na "melhor fase da História"[40]. Somente o Japão seguiu firme na criação de laços militares mais estreitos com os Estados Unidos. Entretanto, parece que esses laços estreitos isolaram mais o Japão do que a China. Ao lado da falta de tato das visitas de Koizumi ao santuário de Yasukumi, eles custaram ao Japão a cadeira havia muito desejada no Conselho de Segurança das Nações Unidas, assim como o cancelamento, em dezembro de 2005, da reunião tripartite com a China e a Coreia do Sul, que vinha sendo realizada todo ano, desde 1999, como atividade paralela às assembleias da Asean. Provavelmente foi por isso que a substituição de Koizumi por Shinzo Abe como primeiro-ministro do Japão, em 2006, foi bem recebida não só nas capitais asiáticas mas também no próprio Japão como a possível aurora de uma nova época de cooperação entre Japão e China[41].

Na ponta oposta à de Kaplan no espectro realista, a mistura de acomodação ao poder chinês com confiança nos mecanismos econômico-políticos de contenção defendida por Kissinger era certamente mais aceitável para os aliados reais e potenciais dos Estados Unidos, porém bem mais difícil de "vender" para o eleitorado norte-americano. A oposição quase unânime da Câmara de Deputados ao lance chinês na compra da Unocal foi apenas um dos muitos sinais de que o sentimento antichinês era mais forte no Congresso, em todos os partidos, do que nas instâncias executivas do

---

[40] Edward Cody, "Shifts in Pacific Force U. S. Military to Adapt Thinking"; Ellen Nakashima, "Vietnam, U.S. to Improve Intelligence, Military Ties", *The Washington Post*, 17/6/2005; John Burton, Victor Mallet e Richard McGregor, "A New Sphere of Influence: How Trade Clout is Winning China Allies Yet Stocking Distrust", *Financial Times*, 9/12/2005.

[41] Bruce Wallace, "Japan Looks at Ridding Military of its Shackles", *Los Angeles Times*, 23/11/2005; Tom Shanker, "U.S. and Japan Agree to Strengthen Military Ties", *The New York Times*, 30/10/2005; John Burton, Victor Mallet e Richard McGregor, "A New Sphere of Influence"; Victor Mallet, "Japan's Best Chance to Strike a Deal with China", *Financial Times*, 28/9/2006.

O desafio da "ascensão pacífica"

governo Bush[42]. A sinofobia tem tradição antiga na cultura popular norte-americana. Mas seu súbito ressurgimento na virada do século XXI foi provocado pela percepção de que a China, e não os Estados Unidos, era o principal beneficiário do projeto de globalização que os próprios Estados Unidos haviam patrocinado nas décadas de 1980 e 1990. Esperar que a maior integração econômica no Pacífico resolva a situação a favor dos Estados Unidos exigiria um grande ato de fé na competitividade da economia norte-americana. Embora a maioria do Congresso professasse essa fé, poucos se comportaram de acordo e, com isso, minaram a possibilidade de concretização de estratégias voltadas para a acomodação à "ascensão pacífica" da China.

Tertius gaudens?

É esse tipo de consideração que está por trás da defesa de outro caminho mais realista das políticas norte-americanas com relação à China. Em *The American Conservative*, Pinkerton criticou do mesmo modo que Kissinger as estratégias de contenção militar baseadas no Pacom, como a de Kaplan.

> Um clichê dessa época é que a China é análoga à Alemanha do kaiser Guilherme II: uma potência em ascensão que está procurando seu "lugar ao sol". Sendo assim, a questão é como deter os chineses. No caso da Alemanha, uma grande coalizão entre França, Grã-Bretanha, Rússia e Estados Unidos foi duas vezes necessária para colocar Berlim de joelhos. Ainda está por provar se os Estados Unidos conseguirão formar uma coalizão igualmente vasta para conter a China.[43]

Pinkerton considerou remota essa possibilidade. Pior ainda: em sua opinião, qualquer tentativa de formar essa coalizão provocaria uma guerra desastrosa com a China. No entanto, ele foi ainda mais crítico com relação à estratégia alternativa de acomodação. Sem se referir explicitamente a Kissinger, apelidou essa estratégia de "neoangellismo", em virtude de sua semelhança com a tese de Norman Angell, de 1910, de que a guerra se tornara obsoleta. As razões dadas por Angell para essa

---

[42] Guy Dinmore, Anna Fifield e Victor Mallet, "The Rivals", *Financial Times*, 18/3/2005. Outro sinal foi a briga entre o Congresso e o governo em relação à cobrança de tarifas sobre as importações chinesas para obrigar a China a valorizar sua moeda em relação ao dólar. Em abril de 2005, o Senado, controlado pelos republicanos, aprovou por 67 votos a 33 uma emenda, patrocinada pelo senador democrata Charles Schumer e pelo republicano Lindsey Graham, que visava impor uma tarifa de 27,5% sobre as importações da China caso esta não mudasse sua política de câmbio. Embora o governo tenha convencido Schumer e Graham a retirar a emenda, a pressão do Congresso obrigou-o a negociar com a China a restrição de exportação para os Estados Unidos (Edmund Andrews, "Bush's Choice: Anger China or Congress Over Currency", *The New York Times*, 17/5/2005).

[43] James P. Pinkerton, "Superpower Showdown", p. 5.

303

suposta obsolescência, como as dos "globalistas dogmáticos" de hoje, foram, em primeiro lugar, que as nações interligadas pela economia não tinham opção a não ser cooperar entre si politicamente e, em segundo lugar, que o poder militar e político já não trazia vantagens comerciais. Por mais que o neoangellismo seja tranquilizador para o empresariado, Pinkerton encontrou aí falhas fundamentais.

A principal delas é a terceirização. Em apoio à visão de que a terceirização é essencial para a competitividade dos Estados Unidos, Pinkerton citou o executivo de uma grande multinacional norte-americana que lhe disse: "Mostre-me uma empresa que não fabrique na China e eu lhe mostro uma empresa que pode ser competitivamente derrotada". No entanto, ele subestimou ao mesmo tempo a reação negativa que a terceirização gera nos Estados Unidos, como os trabalhadores que temem perder o emprego, e principalmente o prejuízo que ela causa à segurança nacional:

> [...] os Estados Unidos totalmente pós-industriais seriam incapazes de produzir os implementos necessários para uma guerra, caso fosse necessário. Na verdade, o Pentágono vem lutando para manter alguma base industrial interna nos Estados Unidos. [...] Se a tendência atual continuar, em breve os chineses poderão simplesmente desligar nossa economia da tomada – e então não seremos capazes de combater a China nem se quisermos, ou precisarmos, o que pode tornar a guerra ainda mais tentadora para os chineses.

E ele prossegue citando Leo Amery, político britânico conservador "que argumentou regularmente contra Angell e outros globalistas dogmáticos".

> Amery advertiu que a estratégia econômica mercantilista da Alemanha de mendigar aos vizinhos, ao contrário da postura angellista da Grã-Bretanha, dava ao kaiser uma vantagem perigosa na produção bélica. "As potências bem-sucedidas serão aquelas que tiverem a maior base industrial", profetizou Amery, e acrescentou que as que tiverem "poder industrial e poder de ciência e de invenção serão capazes de derrotar todas as outras". Como observou certa vez Winston Churchill, com quem Amery trabalhou no gabinete britânico da Segunda Guerra Mundial, o país envolvido em guerras precisa de ferramentas para terminar o serviço.[44]

A segunda falha é que o angellismo "não será aceitável em termos políticos para os norte-americanos belicosos e detratores de Pequim". Com toda a certeza, "a maioria das quinhentas maiores empresas da revista *Fortune* contratarão lobistas para manter abertas as rotas comerciais com o Oriente". No entanto, "todos os lobistas da K Street* não conseguiram abafar a fogueira de sentimentos antichine-

---

[44] Ibidem, p. 8.

* A rua K é uma das principais vias de Washington, capital dos Estados Unidos, onde se encontram vários institutos de pesquisa e escritórios de lobistas e de grupos que promovem interesses específicos. (N. T.)

O desafio da "ascensão pacífica"

ses que ardeu com o lance vencido da China National Overseas Oil Company na compra [...] da Unocal".

> Quando estão em jogo questões de *status* e primazia, parece que os cérebros de ervilha assumem o comando, reduzindo o pensamento racional – enquanto nacionalismo, xenofobia e reflexos mais primitivos crescem num primordialismo sanguinário. O resultado é previsível: como aconteceu com Angell noventa anos atrás, os novos Angells serão superados mais uma vez.[45]

Em resumo, embora a estratégia militar de contenção possa levar a uma guerra desastrosa com a China, porque "quando se finge durante muito tempo a coisa acaba acontecendo de verdade", o neoangellismo "perderia a luta política em Washington para o lado [nacionalista-militarista], que voltaria à guerra desastrosa com a China". Então, pergunta Pinkerton, o que fazer? "As únicas opções dos Estados Unidos são o jingoísmo militarista e o angellismo ingênuo?"[46] A melhor opção, afirmou, é uma estratégia bipartida. Ao lado de Michael Lind, ele defendeu a contenção da China na frente geopolítica por meio de uma estratégia de equilíbrio de poder.

> Durante séculos, [a Grã-Bretanha] jogou os rivais europeus uns contra os outros e isso funcionou bem para o império. Assim, se os britânicos conseguiram manipular Bourbons, Habsburgos, Hohenzollerns e Romanovs, talvez os Estados Unidos consigam manipular a rivalidade inevitável entre as potências asiáticas. Afinal de contas, é muita sorte que nós, norte-americanos, não tenhamos de enfrentar desafios em nosso próprio hemisfério, e provavelmente assim será por muito tempo ainda. E mais sorte ainda que três potências enormes – China, Índia e Japão – estejam todas juntas, assim como no passado estavam Espanha, França, Holanda e Alemanha.[47]

Em vez de enfrentar diretamente as potências asiáticas em ascensão, os Estados Unidos deveriam jogá-las umas contra as outras. Como lembra a expressão latina *tertius gaudens* – o terceiro, que se alegra* –, às vezes, em vez de se meter em todas as contendas, é melhor "segurar o casaco dos que brigam". Para o interesse nacional dos Estados Unidos, "a melhor Ásia seria aquela em que China, Índia, Japão e possivelmente algum outro 'tigre' briguem entre si pelo poder, enquanto gozamos do luxo afortunado dos terceiros que só assistem"[48].

---

[45] James P. Pinkerton, "Superpower Showdown", p. 8-9.
[46] Ibidem, p. 6-7, 9.
[47] Ibidem, p. 9.
* O ditado latino é "*Inter duos litigantes, tertius gaudens*": entre dois litigantes, o terceiro se alegra, ou seja, quando dois brigam um terceiro tira proveito. (N. T.)
[48] James P. Pinkerton, "Superpower Showdown", p. 1.

Um dos requisitos para o sucesso na concretização dessa estratégia é uma solução realista para o problema de Taiwan. Para impedir a guerra geral, assim como o norte voltou a se unir ao sul dos Estados Unidos depois da Guerra de Secessão, a China se juntará a Taiwan. "O governo federal de Washington [...] não veria com bons olhos nenhuma potência estrangeira que tentasse garantir a separação de Richmond. [...] Se adotassem uma *realpolitik* honesta, os Estados Unidos deveriam dizer a Taipé que a melhor saída é o retorno pacífico à pátria, como no caso de Hong Kong e Macau." Livre da questão de Taiwan, os Estados Unidos estariam em condições de colher os benefícios do conflito entre as três grandes potências da Ásia, em vez de suportar seu custo. "Assim, caso o Japão, por exemplo, marchasse pela via nuclear [...], outras potências asiáticas resistiriam a esse rearmamento japonês, mas seria problema deles, não nosso. É melhor ser o *tertius gaudens* nessas lutas asiáticas do que ser o infeliz participante principal."[49]

Entretanto, para se tornar o *tertius gaudens* na frente geopolítica, é preciso agir também na frente interna. "Os norte-americanos não deveriam fingir para si mesmos que a atual expansão do nosso mercado imobiliário nacional [...] garantirá a primazia geopolítica a longo prazo." Essa primazia só pode ser obtida por meio do "equivalente no século XXI do 'Relatório das Manufaturas' de Alexander Hamilton no século XVIII", ou seja, a definição de quais setores são essenciais para a segurança nacional e "uma política tecnológico-industrial conscienciosa para garantir que esses setores vitais permaneçam nacionais". Embora essa política neo-hamiltoniana aumente o custo dos bens de consumo, eleve os juros e talvez faça cair a bolsa de valores, esse "é um preço pequeno a pagar pela verdadeira segurança nacional". Pinkerton admitiu que essa estratégia bipartida estava além do horizonte atual da linha política e da sociedade norte-americanas. Ainda assim, esperava "que o pavoroso toque de despertar, quando acontecer, não seja danoso demais. A má política pode ser revertida, embora em geral, infelizmente, seja preciso uma derrota para chamar a atenção do público e dos formuladores de políticas"[50].

Essa estratégia do *tertius gaudens* tem precedentes muito mais importantes na história dos Estados Unidos do que Pinkerton admitiu. Em sua opinião, somente entre 1901 e 1909, principalmente durante os mandatos de Theodore Roosevelt, os Estados Unidos praticaram essa estratégia[51]. Na verdade, como vimos no capítulo 8, durante todo o século XIX e, mais ainda, na primeira metade do século XX, os

---

[49] Ibidem, p. 10.
[50] Ibidem, p. 11.
[51] Idem.

O desafio da "ascensão pacífica"

Estados Unidos beneficiaram-se muito dos conflitos que lançaram as potências europeias umas contra as outras. E sua capacidade de aproveitar as Guerras Mundiais do início do século XX em benefício próprio deveu-se tanto à autossuficiência e à eficiência técnica de seu complexo militar-industrial quanto ao seu relativo isolamento continental.

De forma declarada ou não, os Estados Unidos talvez tentem retomar essa tradição na esteira da derrota no Iraque. No entanto, os elementos asiáticos do modo de equilíbrio de poder defendido por Pinkerton já podem ser percebidos na atual política norte-americana. Talvez Koizumi tenha mesmo acreditado que repudiar as seis décadas de pacifismo oficial do Japão "para suplantar a Austrália como 'vice-xerife' de Washington na região asiática do Pacífico" fortaleceria o compromisso final do xerife com a proteção do Japão em caso de conflito com a China[52]. Mas também é possível que o estímulo passado e futuro que os Estados Unidos deram ao envolvimento do Japão na disputa taiwanesa pertença não à estratégia de construção de coalizões do tipo Kaplan, mas à estratégia de equilíbrio de poder do tipo Pinkerton. Ou seja, o estímulo dos Estados Unidos para que o Japão abandonasse seu passado pacifista recente e se tornasse novamente uma potência militar, com importância regional, pode vir a ser um modo de facilitar o desengajamento militar dos Estados Unidos na Ásia oriental por meio da criação de contrapesos militares à China no interior da Ásia.

É claro que essa eventualidade não precisa ser, e provavelmente não é, o objetivo não declarado da atual política norte-americana. Mas pode muito bem ser a solução de emergência (ou "plano B") à qual os Estados Unidos recorreriam com vantagens caso a tentativa de montar a coalizão antichinesa encabeçada pelo Pacom não se concretize ou se torne arriscada demais. Na verdade, a possibilidade de o fracasso no Iraque resultar no desengajamento militar dos Estados Unidos na região da Ásia oriental não escapou aos observadores taiwaneses. Assim, em outubro de 2005, numa entrevista à imprensa local, T'ien Hung-mao, ex-ministro de Relações Exteriores de Taiwan, afirmou:

> Se os Estados Unidos se retirarem do Iraque, serão varridos pelo isolacionismo e não desejarão se envolver no exterior, e a disseminação da hegemonia chinesa se acelerará. Com o fim da vontade dos Estados Unidos de lutar, a probabilidade de conflito militar no estreito de Formosa diminuirá. O governo taiwanês precisa se preparar para essa possibilidade e fazer planos realistas para lidar com essa situação.[53]

---

[52] Simon Tisdall, "Japan Emerges as America's Deputy Sheriff in the Pacific", *The Guardian*, 19/4/2005.

[53] Citado em Tanaka Sakai, "Hu Jintao's Strategy for Handling Chinese Dissent and U.S. Pressure".

Adam Smith em Pequim

O governo de Taiwan talvez não tenha muita vontade de se preparar para essa possibilidade. No entanto, é significativo que a indecisão, no fim de 2005, de financiar ou não o pacote de mais quatro anos de compra de armas oferecido por Washington tenha provocado indignação no Congresso norte-americano. Depois de observar que Taiwan havia acumulado reservas de dezenas de bilhões de dólares em moeda estrangeira, Tom Lantos, na época o democrata mais importante do comitê internacional da Câmara dos Deputados, declarou sombriamente: "Se querem nossa ajuda, o fato de implicarem com um pacote de 18 bilhões de dólares é um ultraje"[54].

Ultraje ou não, a indecisão de Taiwan trai não só a suspeita de que a proteção oferecida pela coalizão antichinesa e patrocinada pelos Estados Unidos pode não ser tão confiável assim. Também indica a contradição básica da estratégia do *tertius gaudens*. Se os Estados Unidos se desengajarem militarmente da região, por que as potências asiáticas deveriam intensificar os conflitos mútuos para o bem dos Estados Unidos, em vez de buscar a acomodação mútua para seu próprio bem? A capacidade dos Estados Unidos de serem o *tertius gaudens* nas lutas de poder entre os europeus no início do século XX dependeu fundamentalmente da intensidade e do ímpeto interno dessas lutas, para as quais não existe equivalente na Ásia contemporânea. Na verdade, como observado em capítulos anteriores, a Ásia oriental tem sido o verdadeiro *tertius gaudens* do fim do século XX e início do século XXI. Na década de 1980, o Japão e os quatro "tigres menores" foram os principais beneficiários da escalada da Guerra Fria entre os Estados Unidos e a União Soviética e, ultimamente, a China vem surgindo como a verdadeira vencedora da Guerra ao Terror norte-americana. É claro que sempre pode haver erros de cálculo. No entanto, em que pese a opinião de Lantos, não está claro por que os Estados asiáticos se envolveriam de repente numa corrida armamentista que beneficiaria a indústria bélica e a economia norte-americanas, mas solaparia gravemente a posição de credor que constitui a principal fonte do poder dos Estados asiáticos.

Na verdade, a primeira Cúpula da Ásia oriental, realizada em Kuala Lumpur em dezembro de 2005, já mostrou como seria difícil para os Estados Unidos jogar os Estados asiáticos uns contra os outros. Washington sempre se opôs à simples ideia de uma cúpula e promoveu a Apec, bem mais inclusiva, como fórum alternativo no qual os Estados Unidos seriam o participante mais influente. Entretanto, nos últimos anos, embora a influência norte-americana tenha diminuído na Apec diante

---

[54] Citado em Mure Dickie, Victor Mallet e Demetri Sevastopulo, "Washington is turning its attention from the Middle East...". Ver também Edward Cody, "Shifts in Pacific Force U.S. Military to Adapt Thinking".

O desafio da "ascensão pacífica"

da influência da China, a importância da expansão da Asean, que exclui os Estados Unidos e inclui a China em decisões que afetam a Ásia oriental, não para de aumentar[55]. "Enquanto a China e os Estados Unidos brigam pela predominância geopolítica, o resto da Ásia oriental quer apenas uma área comercial mais eficiente e acesso a um mercado maior. Neste momento, o maior mercado é a China." Como consequência, na cúpula da Asean realizada nas Filipinas em janeiro de 2007, a China ocupou o centro do palco, assinou um novo acordo de comércio de serviços e, o que foi mais importante, participou integralmente dos vários acordos que visam transformar a associação numa entidade semelhante à União Europeia[56].

A grande muralha de incógnitas

Em julho de 2004, um comentário publicado no *International Herald Tribune* lamentava a falta de estratégias norte-americanas para a China.

> Nossas ações escapam à classificação coerente. Tratamos a China como bom parceiro? Raramente. Tratamos a China como concorrente? Às vezes. Confiamos em nosso modo de agir? Quase nunca. Que bela linha política! Os Estados Unidos tiveram sorte porque não houve novas crises econômicas e políticas enquanto estavam ocupados com o Iraque.[57]

Dois anos e meio depois, os Estados Unidos ainda não podem falar de estratégias para China. A percepção de que a dificuldade dos Estados Unidos no Iraque consolidou o aumento de poder da China levou a uma escalada das iniciativas antichinesas e, ao mesmo tempo, a uma dose maior de realismo nas políticas norte-americanas. Mas a combinação que resulta daí ainda escapa a uma classificação coerente.

Podemos perceber pelo menos três razões principais para essa constante inexistência de uma política norte-americana coerente para a China. A primeira é que,

---

[55] A Asean primeiramente se expandiu para incluir China, Japão e Coreia do Sul na chamada Asean+3, logo após a crise financeira da Ásia oriental. A mudança pretendia explicitamente reduzir a influência dos Estados Unidos, vista em geral como responsável pela gravidade da crise. Já a expansão seguinte de Asean+3 para Asean+3+3, que incluiu Índia, Austrália e Nova Zelândia como parte integral da primeira cúpula da Ásia oriental, foi sobretudo considerada uma ação para contrabalançar a China, na ausência dos Estados Unidos. Ver Seth Mydans, "New Group for 'Asian Century' Shuns U.S.", *International Herald Tribune*, 12/12/2005; John Burton, Victor Mallet e Richard McGregor, "A New Sphere of Influence".
[56] Michael Vatikiotis, "East Asia Club Leaves U.S. Feeling Left Out", *International Herald Tribune*, 6/4/2005; Carlos H. Conde, "China and Asean Sign Broad Trade Accord", *International Herald Tribune*, 15/1/2007.
[57] Tom Manning, "America Needs a China Strategy", *International Herald Tribune*, 22/7/2004.

309

para o governo Bush, a batalha decisiva para conter o poder crescente da China ainda está sendo travada no Iraque. O antigo sonho da vitória fácil que permitiria aos Estados Unidos lidar com a China de uma posição vantajosa cedeu lugar ao objetivo de sair do Iraque com o mínimo de perda para a credibilidade norte-americana. Nessas circunstâncias, a retórica antichinesa e a tentativa de aumentar o poder do "vice-xerife" australiano e, principalmente, do japonês na Ásia oriental se intensificaram. Mas até que se livrem do atoleiro iraquiano, os Estados Unidos ainda terão de entreter a China. Desse ponto de vista, não há incoerência na política norte-americana para a China; apenas adaptação tática à necessidade de resgatar o que for possível da credibilidade norte-americana diante da China e do mundo em geral. Até os críticos do governo no Congresso concordam com isso. Uma antiga queixa dos democratas contra a invasão do Iraque era que ela desviava os Estados Unidos da tarefa de enfrentar a China. Mas quando a aventura iraquiana azedou, os próprios democratas se dividiram muito quanto ao que deveria ser feito para diminuir o prejuízo. Assim, o debate passou para a questão da retirada ou não do Iraque, deixando na sombra a preocupação com a "ameaça chinesa".

A segunda razão para a constante inexistência de uma política norte-americana coerente para a China é a dificuldade para se definir o interesse nacional dos Estados Unidos. Entre os observadores, há uma concordância bastante generalizada de que as estratégias de ajuste e de acomodação atendem aos interesses das empresas norte-americanas, principalmente das maiores[58]. As grandes empresas norte-americanas realmente abraçaram a expansão econômica chinesa com muito mais entusiasmo do que fizeram com a expansão econômica japonesa na década de 1980, apesar do desafio maior que a China representa para a predominância norte-americana a longo prazo.

> As boas-vindas que a China deu às empresas multinacionais e ao investimento estrangeiro fizeram muitos executivos ocidentais, tão críticos à falta de abertura do Japão mais de uma década atrás, abraçarem entusiasticamente a China, sua mão de obra barata e seu imenso mercado [...]. O Japão alcançou o Ocidente com rapidez por meio do licenciamento de tecnologia [...]. Mas a China tem tecnologia licenciada e, ao mesmo tempo, usou o poder de atração do imenso potencial do seu mercado para atrair investimentos estrangeiros. Isso não só trouxe mais investimentos como [...] também ajudou a proteger a China contra os choques comerciais. Hoje, muitas das multinacionais que

---

[58] Como mostram os trechos já citados, Kaplan e Pinkerton concordam nesse ponto. Embora Kissinger não diga nada explicitamente sobre o interesse das grandes empresas, ainda assim ele se sentiu obrigado a admitir, no artigo citado anteriormente, que sua empresa de consultoria trabalha para grandes empresas que fazem negócios com a China.

O desafio da "ascensão pacífica"

brigaram com os japoneses, como a indústria automobilística de Detroit, são grandes investidores na China, investidores que se opõem às restrições comerciais a isso.[59]

Ao mesmo tempo, contudo, o velho ditado que diz que o que é bom para a General Motors é bom para os Estados Unidos já não é inquestionável, sem falar que o Wal-Mart, o melhor freguês da China, substituiu a General Motors como maior empresa norte-americana. Expressando uma opinião bastante comum, Fishman afirmou que "a promessa da China parece tão magnífica para as grandes empresas norte-americanas e para os super-ricos que o interesse nacional dos Estados Unidos e a saúde da economia a longo prazo contam pouco"[60]. Em apoio a essa visão, é comum observar que quase metade das exportações e importações norte-americanas ocorrem dentro das grandes multinacionais, que transferem matérias-primas e componentes entre fábricas distantes e mandam a produção para fora das fronteiras nacionais de modo a reduzir os custos, principalmente os custos salariais. Embora empresas e investidores se beneficiem muito desse tipo de operação, afirma-se que as nações propriamente ditas, inclusive os Estados Unidos, não se beneficiam em nada[61].

Dada a possibilidade de conflito entre os interesses das grandes empresas norte--americanas e o interesse nacional dos Estados Unidos, nem todos concordam que a maior integração econômica sino-americana promova o interesse nacional. Os conservadores, como Pinkerton, enfatizam a ameaça da terceirização para a segurança nacional. Mas até os grandes expoentes do complexo militar-industrial norte-americano duvidam que seja possível manter a predominância militar norte--americana sem alguma terceirização, que de qualquer modo, quando envolve a China, é apenas marginal[62]. Os democratas e os sindicatos organizados enfatizam

---

[59] Keith Bradsher, "Like Japan in the 1980's, China Poses Big Economic Challenge", *The New York Times*, 2/3/2004.

[60] Ted Fishman, "Betting on China", *USA Today*, 16/2/2005.

[61] Ver, entre outros, William Greider, "Trade Truth that the Public Won't Hear", *International Herald Tribune*, 19/7/2005; e James Petras, "Statism or Free Markets: China Bashing and the Loss of US Competitiveness", *CounterPunch*, 22/10/2005.

[62] Um estudo recente do Pentágono identificou 79 fornecedores estrangeiros, principalmente da Europa ocidental, que fabricavam peças para doze dos mais importantes sistemas de armas norte--americanos. "Nosso trabalho é obter o melhor para o combatente", disse o chefe de compras de armas do Pentágono. "A inovação nem sempre é limitada por fronteiras. Queremos a melhor capacidade com o melhor preço e dos melhores fornecedores que pudermos encontrar." Já um dos vice--presidentes da Lockheed Martin, a maior fornecedora de material bélico dos Estados Unidos, declarou que o governo norte-americano não poderia obter todo o seu suprimento militar dentro do país, mesmo que quisesse. Os parceiros industriais norte-americanos sempre são procurados em primeiro lugar, mas em alguns casos a única opção é buscá-los no exterior. Ver Leslie Wayne, "U.S. Weapons, Foreign Flavor", *The New York Times*, 27/9/2005.

Adam Smith em Pequim

os empregos que foram perdidos para a China com o comércio e a terceirização e reivindicam medidas protetoras e a ação do governo para obrigar a China a valorizar sua moeda. Outros, porém, enfatizam o perigo ainda maior da queda rápida do dólar americano, que pode "pôr em perigo a influência política global dos Estados Unidos" e jogá-los "na armadilha da dívida em que sofreu durante muito tempo [...] a América Latina"[63]. E alguns apontam os benefícios que a inundação de mercadorias e de crédito baratos chineses traz não só para os super-ricos, como também para os estratos mais baixos da sociedade norte-americana.

> Os Estados Unidos estão afogados em dívidas [...]. Boa parte da dívida se deve a trabalhadores que fazem empréstimos um atrás do outro com cartão de crédito ou hipotecas duvidosas na tentativa de manter uma fração do estilo de vida inebriante da classe superior, que está cada vez mais rica. [...] A disseminação do endividamento é, hoje, um dos fenômenos sociais mais importantes dos Estados Unidos e permite aos menos abonados gastar mais do que têm e, assim, amenizar a sensação de terem sido passados para trás pelos ostensivamente ricos. Desde que os juros não subam demais, esse processo social continuará funcionando. Vem daí o peso de Hu [Jintao] no comércio varejista.[64]

Em resumo, como explica Krugman, os Estados Unidos "desenvolveram o vício da compra de dólares pelos chineses" – e, podemos acrescentar, de produtos chineses baratos – "e sofrerão dolorosos sintomas de abstinência quando ela acabar". Acabar com o vício pode tornar a indústria norte-americana mais competitiva, no entanto os dolorosos sintomas da abstinência virão primeiro[65]. Quanto mais a situação no Iraque piora, mais o governo Bush se torna dependente desse vício para impedir que tudo piore também na frente econômica e social interna. Daí a relutância do governo em pressionar a China a valorizar o iuane, os elogios ao plano quinquenal do PCC de 2005 e, em termos mais gerais, a discrição, maior que a do Congresso, das queixas contra a inundação de produtos chineses no mercado norte-americano e os empregos norte-americanos perdidos para a China.

A intensificação da retórica e das iniciativas antichinesas na frente geopolítica – para Boot, a "boa difamação da China" – não foi mera cortina de fumaça para essa maior contenção no ataque à China em questões econômicas – para Boot, a "má difamação da China". E também não foi mera bravata para assegurar

---

[63] Ted Fishman, "Betting on China".
[64] Roger Cohen, "China and the Politics of a U.S. Awash in Debt", *The International Herald Tribune*, 21/5/2005.
[65] Paul Krugman, "The Chinese Connection", *The New York Times*, 20/5/2005.

O desafio da "ascensão pacífica"

aos Estados clientes (e advertir os potenciais concorrentes), na Ásia oriental e no resto do mundo, que as dificuldades no Iraque não diminuíram a determinação norte-americana de conservar seu predomínio militar regional e global. Foi sobretudo a expressão do interesse nacional, do modo como é interpretado pelo núcleo da base eleitoral do Partido Republicano sob hegemonia neoconservadora.

Como argumentou Thomas Frank, um dos fenômenos políticos norte-americanos mais importantes das últimas duas décadas foi o surgimento do que ele chama de "conservadores por contrarreação". São principalmente norte-americanos brancos, da classe operária ou classe média, que reagiram à perda de *status* e de renda relativa identificando-se mais com Deus, com as forças armadas e com o Partido Republicano do que com os interesses de classe, com as organizações trabalhistas e com o Partido Democrata. Os neoconservadores exploraram com habilidade essa predisposição a fim de conquistar o voto popular e, uma vez no poder, pôr em prática as políticas que beneficiavam os ricos e reproduziam de modo indireto as frustrações que levaram a base popular a se identificar com Deus, com as forças armadas e com o Partido Republicano[66].

Desse ponto de vista, embora não do ponto de vista dos conservadores mais tradicionais dentro e fora do Partido Republicano, não importava que o governo e o consumidor norte-americanos se viciassem cada vez mais em crédito e produtos chineses baratos. O que mais importava era que o presidente norte-americano fosse considerado "um homem de verdade, firme, patriota e, para alguns, um agente divino na Casa Branca"[67]. Isso significou que a contenção na "má" difamação da China teve de ser acompanhada da intensificação da "boa" difamação da China a fim de alertar os líderes comunistas chineses a não ousar questionar a supremacia das forças armadas norte-americanas e a adotar as liberdades e os valores norte-americanos. E quanto mais graves eram os problemas das forças armadas norte-americanas no Iraque, mais evidente teria de ser o alerta. Em resumo, a segunda razão para a constante inexistência de uma política norte-americana coerente para a China foi a dupla aliança do governo Bush – de um lado, com as grandes empresas e com o

---

[66] Thomas Frank, *What's the Matter with Kansas?: How Conservatives Won the Heart of America*.

[67] Roger Cohen, "China and the Politics of a U.S. Awash in Debt". Como observa Cohen, "não há nada de muito novo quando alguém que enfrenta dificuldades econômicas se volta para Deus, para o patriotismo e para as forças armadas". Na verdade, há algumas semelhanças entre o jingoísmo militarista do início do século XXI nos Estados Unidos e o jingoísmo da Grã-Bretanha um século antes. A principal diferença é a ênfase muito maior em Deus do que no império no lado norte-americano de jingoísmo – ênfase profundamente enraizada na tradição religiosa do expansionismo norte-americano. Sobre a tradição religiosa do expansionismo norte-americano, ver Clyde W. Barrow, "God, Money, and the State: The Spirits of American Empire".

Adam Smith em Pequim

interesse dos ricos e, de outro, com os "conservadores por contrarreação". Desse ponto de vista, a incoerência das políticas norte-americanas para a China foi a expressão da necessidade que tinha o governo Bush de se acomodar à tendência do capital norte-americano de lucrar com a expansão econômica chinesa e, ao mesmo tempo, de paparicar a tendência nacionalista e militarista de sua base eleitoral.

A terceira e, para o atual propósito, última razão para a constante inexistência de uma política norte-americana coerente para a China foi a dificuldade de perceber as tendências atuais e futuras da economia política chinesa. Nesse aspecto, os observadores e políticos norte-americanos enfrentaram "a grande muralha de incógnitas". Há a percepção crescente de que "a própria magnitude e a velocidade do crescimento da China fazem dele um fator X imprevisível na economia [política] do mundo. Surpresas boas e más se multiplicarão: lucros, prejuízos, ameaças e oportunidades sem precedentes". Mas há pouca compreensão do que seriam essas surpresas.

> Tudo o que sabemos com certeza é que realmente não sabemos. Com um país grande como a China passando por mudança tão drástica – de economia de "comando e controle" para um sistema de mercado –, a possibilidade de alguém formar um quadro completo do que está acontecendo é pequena ou inexistente. No caso de um país menor, nossa ignorância não importaria tanto. No caso da China, é um tanto apavorante.[68]

É claro que o mais apavorante é que essa ignorância configurou a linha política de um país, os Estados Unidos, que tem capacidade para provocar o armagedon que esperam com alegria os grupos mais fanáticos de conservadores por contrarreação. O problema não é só o fato de que usar o conhecimento do presente e do passado para prever o futuro é sempre um empreendimento difícil e arriscado. O principal problema está, na verdade, no tipo de conhecimento mobilizado com esse objetivo. "A história chinesa", observa Lyric Hughes Hale, "é pouco estudada nos Estados Unidos." Muitos que falam sobre a China "distribuem alguns fatos numa pauta já bem desgastada" e, de modo muito conveniente, ignoram outros que não combinam com essa pauta[69]. Pior ainda: essa distri-

---

[68] Robert J. Samuelson, "Great Wall of Unknowns", *The Washington Post*, 26/5/2004.

[69] Por exemplo, os que se queixam dos 2 milhões de empregos industriais perdidos nos Estados Unidos, sobretudo para a China, silenciam sobre os "muitos milhões a mais de chineses [que] perderam os seus no mesmo período, principalmente por causa da reestruturação das empresas pertencentes ao Estado". E os que se queixam das violações de propriedade industrial na China esquecem muito convenientemente que leis semelhantes foram ignoradas no Japão até que as próprias empresas japonesas precisaram dessa mesma proteção (Lyric H. Hale, "It's a Juggernaut…Not! The China of Our Imagination Bears No Resemblance to Reality", *Los Angeles Times*, 22/5/2005).

314

O desafio da "ascensão pacífica"

buição de poucos fatos numa pauta bem desgastada também é evidente nos pressupostos que estão por trás das políticas norte-americanas para a China e das estratégias realistas alternativas já propostas e discutidas neste capítulo. Com exceção da estratégia de Kissinger, todas ignoram completamente a história chinesa e baseiam-se numa leitura bastante simplista da História ocidental. É claro que é necessário fazer uma leitura seletiva do passado para abrir caminho na grande muralha de incógnitas que cerca as possíveis consequências da ascensão da China. No entanto, qual leitura seletiva específica é mais útil para prever o que se pode ou não esperar é uma questão que não tem resposta fácil. É dessa questão que vamos tratar agora.

11

ESTADOS, MERCADOS E CAPITALISMO NO ORIENTE E NO OCIDENTE

Numa conversa recente com Mearsheimer, Zbigniew Brzezinski fez uma avaliação da "ascensão pacífica" da China que lembra muito a de Kissinger. "Claramente, a China está sendo assimilada pelo sistema internacional. Seus líderes parecem perceber que tentar desalojar os Estados Unidos seria inútil e que a disseminação cautelosa da influência chinesa é o caminho mais seguro para a predominância global." Contra essa avaliação, Mearsheimer reiterou a opinião de que "a China não pode crescer pacificamente". Caso seu fabuloso crescimento econômico continue nas próximas décadas, "é provável que os Estados Unidos e a China se envolvam numa intensa competição pela segurança, com considerável potencial de guerra. Provavelmente a maioria dos vizinhos da China, como Índia, Japão, Singapura, Coreia do Sul, Rússia e Vietnã, se unirá aos Estados Unidos para restringir o poder chinês"[1].

Essas opiniões contrastantes refletem diferenças de método. Mearsheimer privilegia a teoria em vez da realidade política, porque "não podemos saber como será a realidade política em 2025". A teoria da ascensão das grandes potências, por outro lado, pode nos dizer o que esperar "quando a China tiver um produto nacional bruto bem maior e suas forças armadas forem muito superiores às de hoje". Sua teoria tem uma "resposta simples e direta" sobre o que esperar: a China tentará "expulsar os Estados Unidos da Ásia, mais ou menos como os Estados Unidos expulsaram as grandes potências europeias do hemisfério ocidental"; e os Estados Unidos "buscarão conter a China e por fim enfraquecê-la a ponto de ela não ser mais capaz de dominar a Ásia [...], [comportando-se] diante da China mais ou menos como se comportaram diante da União Soviética durante a Guerra Fria"[2].

[1] Zbigniew Brzezinski e John J. Mearsheimer, "Clash of the Titans", p. 2.
[2] Ibidem, p. 2-3.

Brzezinski, ao contrário, privilegia a realidade política em vez da teoria, porque a "teoria, ao menos nas relações internacionais, é essencialmente retrospectiva. Quando acontece alguma coisa que não se encaixa na teoria, ela é revista". Ele suspeita que ocorrerá o mesmo na relação entre Estados Unidos e China. De um lado, as armas nucleares alteraram a política do poder. O fato de se ter evitado o conflito direto no impasse americano-soviético "deveu-se muito ao armamento, que torna a eliminação total das sociedades parte da dinâmica crescente da guerra. Diz muito o fato de os chineses não terem tentado adquirir capacidade militar para atacar os Estados Unidos". De outro lado, o modo como as grandes potências se comportam não é predeterminado. "Se os alemães e japoneses não tivessem se comportado daquele modo, seus regimes talvez não tivessem sido destruídos." Nesse aspecto, "os líderes chineses parecem muito mais flexíveis e sofisticados do que muitos aspirantes anteriores à condição de grande potência"[3].

Há muito a dizer sobre os dois métodos. O que acontece no "curto prazo" de uma ou duas décadas é determinado por uma série de fatos contingentes e aleatórios que, de um ponto de vista mais distante, como explicou Mearsheimer, "são diluídos da equação" por tendências subjacentes mais duráveis. A menos que tenhamos uma teoria apta a identificar e explicar essas tendências mais duráveis, nós nos perderemos tentando imaginar o que acontecerá quando a "poeira" dos fatos contingentes e aleatórios assentar. Entretanto, as tendências subjacentes duráveis não são imutáveis nem inelutáveis; e fatos contingentes e aleatórios não são mera "poeira". Em termos ideais, a teoria da sociedade e da política mundial deveria ser capaz de explicar as mudanças, assim como a continuidade, do comportamento e das interações mútuas dos atores principais; deveria permitir o aprendizado, se não pela própria teoria, ao menos pelas experiências históricas que a teoria tenta descrever e explicar; e deveria também especificar as condições nas quais os fatos contingentes e aleatórios, em vez de se "diluírem", podem abalar as tendências estabelecidas e facilitar o surgimento de novas. Não é tarefa fácil. Mas, para ser útil, a teoria das relações entre grandes potências dominantes e emergentes precisa atender a pelo menos duas exigências: tem de se basear nas experiências históricas mais concernentes ao problema estudado e precisa prever a possibilidade do rompimento com as tendências subjacentes. Se o problema da opinião de Brzezinski é que ela não tem fundamento teórico, o problema da de Mearsheimer é que ela exclui todo e qualquer desvio do resultado previsto (ou seja, o confronto militar) e tem como base fundamentos totalmente inadequados.

Mearsheimer subestima o papel que os mercados e o capital desempenharam historicamente como instrumento de poder por direito próprio. Ele vê o contínuo

---

[3] Ibidem, p. 3.

Estados, mercados e capitalismo no Oriente e no Ocidente

crescimento econômico da China como condição de sua transformação final em grande potência apta a desafiar militarmente os Estados Unidos. Mas, em seu esquema, somente a conversão do poder econômico no tipo de poder militar que hoje se concentra nas mãos dos Estados Unidos pode transformar a China numa verdadeira grande potência.

> Se os chineses forem espertos, [...] eles se concentrarão no fortalecimento de sua economia até que ela se torne maior que a economia norte-americana. Então, poderão traduzir essa força econômica em poderio militar e estabelecer uma situação em que estejam em condições de ditar os termos aos Estados da região e criar todo tipo de problema para os Estados Unidos. [...] A grande vantagem que os Estados Unidos têm agora é que não há nenhum Estado no hemisfério ocidental que seja capaz de ameaçar nem seus interesses de sobrevivência nem os de segurança. Assim, eles estão livres para percorrer o mundo e criar problemas no quintal alheio. Outros Estados, inclusive a China, é claro, têm o interesse oculto em criar problemas no quintal dos Estados Unidos para que estes tenham de concentrar sua atenção ali.[4]

A possibilidade de que seja mais "esperto" por parte dos chineses continuar usando a rápida expansão de seu mercado interno e da riqueza nacional como instrumentos de poder regional e global (como já vêm fazendo, enquanto o supostamente todo-poderoso aparato militar norte-americano está atolado no Iraque) é descartada com bases históricas enganosas. Ao desdenhar a tese de Brzezinski de que o desejo chinês de crescimento econômico constante torna improvável o conflito com os Estados Unidos, Mearsheimer argumenta que "essa lógica deveria ter sido aplicada à Alemanha antes da Primeira Guerra Mundial e à Alemanha e ao Japão antes da Segunda". No entanto, apesar de seu "impressionante crescimento econômico", a Alemanha deu início a ambas as guerras mundiais e o Japão começou o conflito na Ásia[5]. Na verdade, nem a Alemanha antes da Primeira Guerra Mundial nem a Alemanha e o Japão antes da Segunda tiveram tanto sucesso *econômico* assim. Tiveram, sim, grande sucesso *industrial*, mas, em termos de riqueza nacional, mal conseguiram reduzir a diferença de renda per capita que os separava da Grã-Bretanha e estavam atrás dos Estados Unidos[6]. O recurso à guerra pode ser

---

[4] Ibidem, p. 4.
[5] Ibidem, p. 3.
[6] David S. Landes, *The Unbound Prometheus: Technological Change and Industrial Development in Western Europe from 1750 to the Present*, p. 239 [ed. bras.: *Prometeu desacorrentado: transformação tecnológica e desenvolvimento industrial na Europa ocidental de 1750 até os dias de hoje*]; Giovanni Arrighi, *The Long Twentieth Century: Money, Power and the Origins of Our Times*, p. 334 [ed. bras.: *O longo século XX: dinheiro, poder e as origens de nosso tempo*].

Adam Smith em Pequim

interpretado, na verdade, como tentativa de obter por meios militares o poder que não conseguiam obter por meios econômicos.

Os Estados Unidos, por sua vez, não tiveram necessidade de desafiar militarmente a Grã-Bretanha para consolidar seu crescente poder econômico. Como vimos no capítulo 8, tudo que precisaram fazer foi, em primeiro lugar, deixar a Grã-Bretanha e seus contendores se esgotarem em termos militares e financeiros; em segundo lugar, enriquecer com o fornecimento de bens e de crédito ao contendor mais rico; e, em terceiro lugar, intervir na guerra em fase tardia, para ter condições de ditar os termos da paz e facilitar o exercício de seu próprio poder econômico na maior escala geográfica possível. Hoje, não há potência militar em surgimento com tendência ou capacidade para desafiar a potência dominante. Contudo, a potência dominante está envolvida numa guerra sem desfecho previsível que visa demonstrar o que evidentemente não pode ser demonstrado, ou seja, que ela pode impor ao mundo seus interesses e valores com base no poder destrutivo de suas forças armadas. Nessas circunstâncias, a melhor estratégia de poder da China diante dos Estados Unidos não poderia ser uma variante da estratégia norte-americana anterior diante da Grã-Bretanha? Não seria do máximo interesse da China, em primeiro lugar, deixar os Estados Unidos se exaurirem em termos militares e financeiros numa guerra interminável ao terror; em segundo lugar, enriquecer com o fornecimento de bens e de crédito a uma superpotência norte-americana cada vez mais incoerente; e, em terceiro lugar, usar a expansão de seu mercado nacional e de sua riqueza para conquistar aliados (inclusive algumas grandes empresas norte-americanas) na criação de uma nova ordem mundial centrada na China, mas não necessariamente militarmente dominada por ela?

A incapacidade de Mearsheimer de ao menos pensar nessa possibilidade faz parte da tendência geral de as análises norte-americanas sobre as consequências futuras da ascensão da China se concentrarem exclusivamente em casos de relações competitivas, e não cooperativas, entre as grandes potências dominantes e emergentes. Assim, a relação sino-americana contemporânea costuma ser comparada à relação da Alemanha com a Grã-Bretanha no fim do século XIX e início do XX, com a relação entre o Japão e os Estados Unidos no entreguerras ou com as relações soviético-americanas depois da Segunda Guerra Mundial. É surpreendente que a maioria dos observadores norte-americanos deixe de lado a comparação que parece ser a mais relevante, ou seja, aquela entre as relações sino-americanas de hoje e as relações entre a potência hegemônica dominante do fim do século XIX e início do XX (o Reino Unido) e a potência emergente mais bem-sucedida, na época,

320

Estados, mercados e capitalismo no Oriente e no Ocidente

em termos econômicos (os Estados Unidos). Essa foi uma relação que evoluiu da profunda hostilidade mútua para a cooperação cada vez mais íntima, exatamente quando os Estados Unidos começaram a questionar regional e globalmente a hegemonia britânica[7]. Se já aconteceu antes, por que não pode acontecer novamente? A teoria que não responde a essa pergunta e prevê que os Estados Unidos e a China rumam inevitavelmente para o confronto militar daqui a duas ou três décadas pode ser pior até do que nenhuma teoria. Essa avaliação se justifica principalmente diante do fato de que a teoria de Mearsheimer (assim como as posições de Kaplan e de Pinkerton discutidas no capítulo 10) deixa totalmente de lado a experiência histórica do sistema interestatal nativo da Ásia oriental. O principal objetivo deste capítulo é mostrar que não só a China (como observou Kissinger), como também todo o sistema de relações interestatais da Ásia oriental vêm se caracterizando por uma dinâmica de longo prazo que contrasta intensamente com a dinâmica ocidental na qual se baseia a teoria de Mearsheimer. Essa dinâmica diferente resultou na amplamente reconhecida primazia chinesa na formação do Estado e da economia nacional durante o século XVIII e no início do XIX. Mas também criou condições para a posterior incorporação subordinada do sistema da Ásia oriental à estrutura do sistema europeu globalizante. Essa incorporação subordinada transformou, mas não destruiu, o sistema regional preexistente de relações internacionais. E, mais importante, contribuiu também para a transformação contínua do próprio sistema ocidental incorporador. O resultado foi uma formação político-econômica híbrida, que criou um ambiente especialmente favorável para o renascimento econômico da Ásia oriental, e a consequente transformação do mundo para além do que as teorias com base na experiência ocidental são capazes de compreender.

A paz de quinhentos anos

Um dos grandes mitos da ciência social ocidental é o de que os Estados nacionais e sua organização num sistema interestatal são invenções europeias. Na verdade, com exceção de alguns Estados que foram criação de potências coloniais europeias (principalmente Indonésia, Malásia e Filipinas), os países mais impor-

---

[7] Como observou Brad DeLong em referência específica à possível evolução futura das atuais relações sino-americanas, já na década de 1840 os Estados Unidos e a Grã-Bretanha quase entraram em guerra em virtude das disputas territoriais no noroeste do Pacífico e do lucrativo comércio de peles que ali se praticava. Mas nas décadas seguintes a Grã-Bretanha preferiu se acomodar aos Estados Unidos, em vez de suprimi-los, estabelecendo laços econômicos e políticos cada vez mais estreitos. Citado em Greg Ip e Neil King Jr., "Is China's Rapid Economic Development Good for U.S.?", *The Wall Street Journal*, 27/6/2005.

Adam Smith em Pequim

tantes da Ásia oriental – de Japão, Coreia e China a Vietnã, Laos, Tailândia e Camboja –, eram Estados nacionais muito antes de todos os seus equivalentes europeus. Mais ainda, diretamente ou através do centro chinês, todos estavam ligados entre si por relações comerciais e diplomáticas e assim eram mantidos pelo entendimento conjunto dos princípios, das normas e das regras que regulamentavam a interação mútua, como num mundo entre outros mundos. A exemplo do que mostraram os estudiosos japoneses especializados na reconstrução do sistema comercial-tributário centrado na China, esse sistema apresentava semelhanças suficientes com o sistema interestatal europeu para que a comparação entre os dois fosse importante em termos analíticos[8].

Ambos os sistemas consistiam em uma multiplicidade de jurisdições políticas que bebiam da mesma herança cultural e comerciavam extensamente dentro da região. Embora o comércio transfronteiras tivesse maior regulamentação pública na Ásia oriental do que na Europa, desde o período Song (960-1276) o comércio privado ultramarino prosperou e transformou a natureza do comércio tributado, cujo principal objetivo, nas palavras de Takeshi Hamashita, "veio a ser a busca de lucro pelo comércio não oficial que era suplementar ao sistema oficial". Também é possível perceber analogias na competição interestatal que caracterizava os dois sistemas. Os domínios distintos que se mantinham unidos pelo sistema comercial-tributário centrado na China eram "bastante próximos para se influenciarem entre si, mas [...] distantes demais para se assimilarem e serem assimilados". O sistema comercial-tributário oferecia um arcabouço simbólico de interação político-econômica mútua que, não obstante, era suficientemente frouxo para dotar seus componentes periféricos de considerável autonomia em relação ao centro chinês. Assim, Japão e Vietnã eram membros periféricos do sistema, mas eram também concorrentes da China no exercício da função de conceder títulos imperiais: o Japão quando estabeleceu um relacionamento de tipo tributário com o reino Ryukyu e o Vietnã com relação ao Laos[9]. Sugihara defende explicitamente que a difusão dos melhores conhecimentos técnicos e organizacionais na região torna "possível pensar na presença de um

---

[8] Para um panorama geral da contribuição desses estudiosos, ver Satoshi Ikeda, "The History of the Capitalist World-System vs. The History of East-Southeast Asia", p. 49-76. A reconstrução japonesa parte do conceito inicial do sistema centrado na China, concebido por Fairbank e seus alunos (John K. Fairbank [ed.], *The Chinese World Order*), e dele se afasta criticamente. Sobre a relação entre as duas conceituações, ver Peter C. Perdue, "A Frontier View of Chineseness", p. 51-77.
[9] Takeshi Hamashita, "Tribute and Emigration: Japan and the Chinese Administration of Foreign Affairs", p. 75-6; idem, "The Tribute Trade System and Modern Asia", p. 92; idem, "The Intra-Regional System in East Asia in Modern Times", p. 114-24.

322

Estados, mercados e capitalismo no Oriente e no Ocidente

sistema político multicêntrico na Ásia oriental [...] com muitas características análogas ao sistema interestatal da Europa"[10].

Essas semelhanças tornam analiticamente importante a comparação entre os dois sistemas. Mas quando comparamos sua dinâmica, duas diferenças fundamentais tornam-se imediatamente evidentes. Em primeiro lugar, como discutido em capítulos anteriores, a dinâmica do sistema europeu caracterizava-se pela incessante competição militar entre seus componentes nacionais e pela tendência à expansão geográfica tanto do sistema quanto de seu centro mutável. Longos períodos de paz entre as potências europeias foram exceção, não regra. Assim, a "paz dos cem anos" (1815-1914) que se seguiu às Guerras Napoleônicas foi "um fenômeno nunca visto nos anais da civilização ocidental"[11]. Além disso, mesmo durante essa paz os Estados europeus se envolveram em incontáveis guerras de conquista no mundo não europeu e na escalada da corrida armamentista que culminou com a industrialização da guerra. Embora o resultado inicial desses envolvimentos tenha sido uma nova onda de expansão geográfica que reduziu os conflitos dentro do sistema europeu, o resultado final foi uma nova rodada de guerras entre as potências europeias (1914-1945) que resultou em destrutividade sem precedentes[12].

Em forte contraste com essa dinâmica, o sistema de Estados nacionais da Ásia oriental destacou-se pela quase ausência de competição militar interna e expansão geográfica externa. Assim, com exceção das guerras de fronteira da China, as quais discutiremos agora, os Estados nacionais do sistema asiático-oriental, antes de sua incorporação subordinada ao sistema europeu, viveram em paz quase ininterruptamente não apenas durante cem anos, mas sim durante trezentos anos. Esse longo período de paz ocorreu entre as duas invasões japonesas na Coreia que precipitaram a guerra com a China – as guerras sino-japonesas de 1592 a 1598 e de 1894 a 1895. Entre 1598 e 1894 houve apenas duas guerras que não envolveram a China – as siamo-birmanesas de 1607 a 1618 e de 1660 a 1662 – e três guerras rápidas que a envolveram – as guerras de 1659 a 1660 e de 1767 a 1771 com a Birmânia e a de 1788 a 1789 com o Vietnã. Na verdade, no que diz respeito à China, devíamos falar de uma paz de quinhentos anos, já que, nos duzentos

[10] Kaoru Sugihara, "The European Miracle and the East Asian Miracle: Towards a New Global Economic History", p. 38.

[11] Enquanto no período de 1815 a 1914 houve apenas três anos e meio de guerra entre as potências europeias (incluindo a Guerra da Crimeia), em cada um dos dois séculos anteriores a 1815 as potências europeias travaram em média sessenta a setenta anos de guerras entre si. Ver Karl Polanyi, *The Great Transformation: The Political and Economic Origins of Our Time*, p. 5 [ed. bras.: *A grande transformação: as origens da nossa época*].

[12] Ver capítulos 5 e 8.

Adam Smith em Pequim

anos anteriores à invasão japonesa da Coreia em 1592, a China só entrou em guerra contra outros Estados da Ásia oriental durante a invasão do Vietnã, entre 1406 e 1428, para restaurar a dinastia Tran[13].

A baixa frequência de guerras entre os Estados asiático-orientais associou-se a uma segunda diferença muito importante entre os sistemas asiático e europeu: a ausência de toda e qualquer tendência de os Estados asiático-orientais competirem entre si para construir impérios *ultramarinos* e de se envolverem em corridas armamentistas minimamente comparáveis à europeia. Mas os Estados da Ásia oriental competiam entre si. Sugihara, por exemplo, percebe uma relação competitiva em duas tendências complementares típicas do Japão durante a dinastia Tokugawa (1600-1868): a tentativa de criar um sistema comercial-tributário centrado no Japão e não mais na China e a extensa absorção de conhecimentos técnicos e organizacionais da Coreia e da China no campo da agricultura, da mineração e da manufatura. Como explica Heita Kawakatsu, com essas tendências "o Japão tentava se tornar uma pequena China em termos ideológicos e materiais"[14]. Entretanto, esse tipo de competição direcionou o caminho do desenvolvimento da Ásia oriental para a formação do Estado e da economia nacional, e não para a guerra e para a expansão territorial – ou seja, na direção contrária do caminho europeu.

Essa tese talvez pareça se opor à longa série de guerras que a China travou em suas fronteiras durante os últimos anos da dinastia Ming e nos primeiros 150 anos da dinastia Qing. Como observou Peter Perdue, a história do sistema centrado na China surge sob luz diferente quando é vista do "ponto de vista da fronteira". A presença de cavaleiros nômades que atacavam as fronteiras e várias vezes conquistaram a capital chinesa tornou a atividade militar especialmente importante na história dos limites norte e noroeste da China. A atividade militar destacou-se sobretudo quando os conquistadores do norte estabeleceram a dinastia Qing, em 1644, e decidiram garantir que outros invasores do norte não fizessem com eles o que eles tinham feito com os Ming.

---

[13] Com base em informações contidas em Jaques Gernet, *A History of Chinese Civilization*; Greville Stewart Parker Freeman-Grenville, *Historical Atlas of Islam*; "Ancient Battles and Wars of Siam and Thailand", em *Siamese and Thai History and Culture*, 1999, disponível em <http://www.usmta.com/Thai-History-Frame.htm>; "China, 1400-1900 A.D.", em *Timeline of Art History*, The Metropolitan Museum of Art, Nova York, outubro de 2004, disponível em <http://www.metmuseum.org/toah/ht/10/eac/ht10eac.htm>; e "Southeast Asia, 1400-1900 A.D.", em *Timeline of Art History*, The Metropolitan Museum of Art, Nova York, outubro de 2001, disponível em <http://www.metmuseum.org/toah/ht/08/sse/ht08sse.htm>.

[14] Kaoru Sugihara, "The European Miracle and the East Asian Miracle", p. 37-8; Heita Kawakatsu, "Historical Background", p. 6-7.

No norte e no noroeste, a China enfrentou povos muito mais poderosos e distintos do que nas outras fronteiras. Ali se tornou claro que a ameaça de força dava sustentação à ordem do rito comercial. Os Qing só puderam afirmar de fato que eram o polo central inconteste de um sistema tributário concentrado em Pequim depois de criar alianças militares com os mongóis orientais, exterminar os mongóis ocidentais rivais, conquistar Xinjiang e garantir a suserania formal do Tibete.[15]

A expansão territorial que se seguiu e as atividades militares que a sustentavam estabeleceram as fronteiras que todos os regimes chineses subsequentes tentaram preservar. O principal objetivo era transformar uma fronteira difícil de defender em periferia pacificada, em região-tampão contra os invasores e os conquistadores da Ásia central. Na década de 1760, assim que o objetivo foi atingido, a expansão territorial cessou e as atividades militares transformaram-se em atividades policiais que visavam consolidar o monopólio do uso da violência pelo Estado chinês dentro das fronteiras recém-criadas. Embora bastante substancial, essa expansão territorial empalidece quando comparada às ondas sucessivas de expansão europeia: a primeira expansão ibérica nas Américas e no sudeste da Ásia, a expansão russa contemporânea no norte da Ásia e a expansão holandesa no sudeste da Ásia, sem contar a expansão posterior da Grã-Bretanha no sul da Ásia e na África e de seus rebentos na América do Norte e na Austrália. Ao contrário dessas ondas sucessivas, a expansão Qing foi estritamente limitada no espaço e no tempo pelo objetivo de fortalecer as fronteiras, e não de ser um elo numa corrente "interminável" de expansões interligadas.

A diferença não foi apenas quantitativa, mas também qualitativa. A expansão territorial da China durante a dinastia Qing não se inseria no tipo de "ciclo de autofortalecimento", discutido no capítulo 8, no qual o aparato militar dos Estados europeus sustentava a expansão e era por ela sustentado à custa de outros povos e instituições políticas do globo. Não se observa nenhum ciclo desse tipo na Ásia oriental. A expansão territorial da China no período Qing não foi impulsionada pela competição com outros Estados para extrair recursos de periferias ultramarinas nem nela resultou. A lógica da economia política associada a esse tipo de competição tem pouco em comum com as práticas da China. "Em vez de extrair recursos da periferia, o mais provável era que o Estado chinês investisse nela. A expansão política para incorporar novas fronteiras comprometeu o governo com a remessa de recursos para a periferia, não com sua extração."[16]

---

[15] Peter Perdue, "A Frontier View of Chineseness", p. 60, 65.
[16] Roy Bin Wong, *China Transformed: Historical Change and the Limits of European Experience*, p. 148.

Essas dinâmicas diferentes dos sistemas europeu e asiático-oriental estavam intimamente ligadas a outras duas e, em certos aspectos, foram determinadas por elas: a diferença da distribuição de poder entre as unidades do sistema e a diferença do grau com que a fonte primária de poder se localizava dentro ou fora do sistema. Antes mesmo do século XVI "ampliado" da história europeia (de 1350 a 1650) e da era Ming da história asiático-oriental (de 1368 a 1643), o poder político, econômico e cultural nesta última estava muito mais concentrado no centro (China) do que na Europa, onde era muito mais difícil identificar um centro propriamente dito. Mas a diferença se acentuou ainda mais com a derrota do Japão ao tentar desafiar militarmente a centralidade chinesa, entre 1592 e 1598, e com a institucionalização do equilíbrio de poder europeu pelos Tratados de Vestfália, em 1648.

A estrutura equilibrada de poder do sistema europeu contribuiu, por si só, para a disposição dos Estados europeus em travar guerras entre si. Como destacou Polanyi, os mecanismos de equilíbrio de poder – ou seja, mecanismos pelos quais "três ou mais unidades capazes de exercer poder [...] se comportam de modo a combinar o poder das unidades mais fracas contra todo aumento de poder das mais fortes" – foram ingrediente fundamental para a organização dos cem anos de paz do século XIX. Entretanto, em termos históricos, os mecanismos de equilíbrio de poder só atingiram o objetivo de manter a independência das unidades participantes "com guerras constantes entre parceiros cambiáveis"[17]. A principal razão de esses mesmos mecanismos terem resultado em paz e não em guerra no século XIX foi que o poder político e econômico se concentrou de tal modo nas mãos da Grã-Bretanha que isso permitiu que ela transformasse o equilíbrio de poder, mecanismo que nenhum Estado jamais controlara individualmente e que funcionava por meio de guerras, em instrumento de domínio britânico informal para promover a paz[18].

A associação do aumento do desequilíbrio de poder com a redução da frequência de guerras ocorrida no século XIX dentro do sistema europeu indica que o desequilíbrio de poder típico do sistema asiático-oriental foi a razão da baixa frequência de guerras entre os Estados daquela região. No entanto, o fato de a concentração de poder nas mãos britânicas, ocorrida no século XIX, ter sido acompanhada da escalada da concorrência entre os Estados, tanto na produção de meios de guerra ainda mais destrutivos quanto no uso desses meios para ter acesso a re-

---

[17] Karl Polanyi, *The Great Transformation*, p. 5-7.
[18] Sobre a transformação britânica do equilíbrio de poder em instrumento de domínio informal, ver Giovanni Arrighi e Beverly J. Silver, *Chaos and Governance in the Modern World System*, p. 59-64 [ed. bras.: *Caos e governabilidade no moderno sistema mundial*].

Estados, mercados e capitalismo no Oriente e no Ocidente

cursos fora do sistema, indica que o maior desequilíbrio de poder não consegue explicar sozinho a quase ausência desses dois tipos de concorrência no sistema asiático-oriental. Seria preciso que outro ingrediente estivesse presente na "mistura" europeia e ausente da "mistura" asiático-oriental para que se produzisse esse padrão divergente de concorrência entre os Estados. O candidato mais plausível para isso é a maior extroversão do caminho europeu de desenvolvimento em comparação com o caminho asiático-oriental e em relação a ele.

Embora o comércio dentro, entre e por intermédio das jurisdições políticas tenha sido essencial para o funcionamento de ambos os sistemas, o peso econômico e político do comércio de grande distância em relação ao comércio de pequena distância era muito maior no sistema europeu do que no asiático-oriental. O comércio entre Oriente e Ocidente, especificamente, era uma fonte de riqueza e de poder muito mais importante para os Estados europeus do que para os asiáticos, sobretudo para a China. Foi essa assimetria fundamental que permitiu o sucesso de Veneza e levou os Estados ibéricos, instigados e auxiliados pelos rivais genoveses dos venezianos, a buscar a ligação direta com os mercados orientais[19]. Foi essa mesma assimetria, como veremos, a razão por trás dos baixos lucros, em relação aos custos, das expedições de Zheng He ao oceano Índico no século XV. Não fosse isso, ele poderia muito bem ter "circum-navegado a África e 'descoberto' Portugal várias décadas antes de as expedições do Infante Dom Henrique começarem a realmente avançar para o sul de Ceuta"[20]. A "descoberta" acidental das Américas por Colombo – enquanto procurava uma rota mais curta para a riqueza da Ásia – mudou os termos da assimetria, porque deu aos Estados europeus novos meios para tentar ingressar nos mercados asiáticos, além de nova fonte de riqueza e de poder

---

[19] Giovanni Arrighi, *The Long Twentieth Century*, cap. 2. A assimetria entre Oriente e Ocidente tem história longa, que remonta ao século XVI "ampliado" e ao período Ming. Ver Archibald Lewis, *The Islamic World and the West, A.D. 622-1492*, p. vii; Carlo Cipolla, *Before the Industrial Revolution: European Society and Economy, 1000-1700*, p. 206; Janet Abu-Lughod, *Before European Hegemony: The World System A.D. 1250-1350*, p. 106-7. Entretanto, neste estudo estamos interessados apenas na assimetria específica entre Oriente e Ocidente que configurou os fatos na Europa durante o século XVI "ampliado" e na Ásia oriental durante o período Ming, e que foi transformada por eles.

[20] Paul Kennedy, *The Rise and Fall of the Great Powers: Economic Change and Military Conflict from 1500 to 2000*, p. 7 [ed. bras.: *Ascensão e queda das grandes potências*]. Além disso, como explica McNeill, "é fácil supor que, se os chineses tivessem preferido dar continuidade às viagens ultramarinas de exploração, um almirante chinês que aproveitasse a corrente do Japão poderia ter chegado à baía de São Francisco várias décadas antes de Colombo tropeçar nas Antilhas" (William McNeill, "World History and the Rise and Fall of the West", p. 229). Com navios que provavelmente transportavam 1.500 toneladas, comparados à nau capitânia de 300 toneladas de Vasco da Gama, a capacidade naval chinesa dessa época não tinha rival. Ver William McNeill, *The Pursuit of Power: Technology, Armed Force, and Society since A.D. 1000*, p. 44.

no Atlântico. No entanto, mesmo depois de dois séculos da descoberta, Charles Davenant ainda afirmava que quem controlasse o comércio asiático teria condições de "impor a lei em todo o mundo comercial"[21].

No capítulo 8, argumentamos que essa extroversão da luta de poder europeia foi um dos principais determinantes para a combinação peculiar entre capitalismo, militarismo e territorialismo que impulsionou a globalização do sistema europeu. A dinâmica oposta do sistema asiático-oriental, no qual a introversão crescente da luta pelo poder gerou uma combinação de forças políticas e econômicas sem tendência à expansão territorial "interminável", pode ser agora tomada como indício contrafactual para apoiar aquela tese. Mas assim como o surgimento do caminho europeu extrovertido só pode ser entendido à luz da difusão das estratégias de poder iniciadas pelas cidades-Estado italianas, o surgimento do caminho asiático-oriental introvertido só pode ser entendido à luz do sucesso das políticas dos períodos Ming e Qing no desenvolvimento da economia de mercado que era, de longe, a maior da época.

A economia de mercado e o caminho "natural" da China para a opulência

Os mercados nacionais, assim como os Estados nacionais e os sistemas interestatais, não são invenção ocidental. Como vimos na primeira parte, Smith sabia muito bem aquilo que depois a ciência social ocidental esqueceu, ou seja, que durante o século XVIII o maior mercado nacional não estava na Europa, mas na China. A formação desse mercado nacional levou muito tempo, mas sua configuração no século XVIII resultou das atividades de formação do Estado do período Ming e início do período Qing.

Durante o período Song (1127-1276), ao sul, as elevadas despesas militares e as indenizações de guerra aos povos mongóis e tunguzes na fronteira norte da China, juntamente com a perda do controle da rota da seda e o enfraquecimento de monopólios governamentais lucrativos, como a produção de sal, ferro e vinho, levaram a corte Song a privilegiar o comércio marítimo como fonte de renda. Teve particular importância o estímulo da tecnologia de navegação por meio do apoio técnico e financeiro dos estaleiros. Depois de estrear o uso da bússola na navegação, os chineses, com seus juncos de proa aguçada, popa reta e base em ponta, puderam navegar em alta velocidade em mares turbulentos como nenhum outro navio do mundo. A pressão militar e as perdas territoriais no norte também pro-

---

[21] Citado em Eric Wolf, *Europe and the People without History*, p. 125.

Estados, mercados e capitalismo no Oriente e no Ocidente

vocaram enormes migrações rumo às regiões do sul, especialmente adequadas para o cultivo de arroz com elevada produtividade. Já que nesse tipo de cultura a chegada de mais mão de obra podia aumentar significativamente a produtividade da terra, a população daquelas regiões cresceu com rapidez e atingiu densidade muito maior que na Europa. Além disso, a eficiência do cultivo de arroz para assegurar excedentes de alimentos acima do nível da subsistência permitiu aos agricultores aumentar a quantidade e a variedade de produtos cultivados e comercializados e dedicar-se a atividades não agrícolas[22].

Sob o impacto conjunto do comércio marítimo e do desenvolvimento do cultivo de arroz, as regiões costeiras viveram uma longa retomada econômica baseada nos avanços da tecnologia de navegação, na consolidação da "rota marítima da seda" e no florescimento de Cantão, Quanzhou e cidades portuárias menores no litoral sul como centros de comércio tributário. Ao mesmo tempo, os povoados chineses em todo o sudeste insular da Ásia promoveram o comércio marítimo privado, que ultrapassou o comércio tributário oficial como principal forma de troca econômica entre a China e a Ásia marítima[23]. O constante apoio estatal ao comércio marítimo privado e a migração para o sudeste da Ásia no período Yuan (1277--1368) levaram à formação de redes comerciais ultramarinas chinesas nos mares do sul e no oceano Índico tão extensas quanto a rede europeia da mesma época. Nos períodos Song e Yuan, a tendência que mais tarde se tornaria típica do caminho europeu de desenvolvimento já estava presente na Ásia oriental[24].

Entretanto, na Ásia oriental essa tendência não levou à concorrência entre os Estados para construir impérios comerciais e territoriais ultramarinos, como aconteceu na Europa. Ao contrário, no período Ming ela foi controlada com políticas que priorizavam o comércio nacional e, às vezes, proibiam o comércio exterior. A mudança da capital de Nanquim para Pequim, de modo a proteger com mais eficiência a fronteira norte contra as invasões mongóis, levou para o norte os circuitos de trocas de mercado que haviam se formado no sul. Além disso, para

---

[22] Giovanni Arrighi, Po-keung Hui, Ho-fung Hung e Mark Selden, "Historical Capitalism, East and West", p. 269-70; Jung-pang Lo, "Maritime Commerce and its Relation to the Sung Navy", p. 77-91; Francesca Bray, *The Rice Economies: Technology and Development in Asian Societies*, p. 119; Mark Elvin, *The Pattern of the Chinese Past*, cap. 9; Ravi A. Palat, "Historical Transformations in Agrarian Systems Based on Wet-Rice Cultivation: Toward an Alternative Model of Social Change", p. 59.

[23] Jung-pang Lo, "Maritime Commerce and its Relation to the Sung Navy", p. 57-8; Po-keung Hui, "Overseas Chinese Business Networks: East Asian Economic Development in Historical Perspective", p. 29-30.

[24] Lien-sheng Yang, *Money and Credit in China: A Short History*; Mark Elvin, *The Pattern of the Chinese Past*, cap. 14; Yoshinobu Shiba, "Sung Foreign Trade: Its Scope and Organization", p. 106-7; Luquan Guan, *Songdai Guangzhou de haiwai maoyi* [O comércio marítimo de Guangzhou (Cantão) na dinastia Song], p. 57-60.

Adam Smith em Pequim

assegurar o suprimento de comida à capital e à região vizinha, os Ming recuperaram e ampliaram o sistema de canais que ligavam as regiões produtoras de arroz no sul ao centro político no norte, promovendo assim mais crescimento da economia de mercado e das "cidades de canal" na região do baixo Yang-tsé. Também foi importante a promoção da cultura de algodão no norte no início do período Ming. A especialização subsequente do norte na produção de algodão cru e do baixo Yang-tsé na manufatura de tecidos de algodão expandiu ainda mais o mercado nacional, patrocinando o comércio norte-sul ao longo do grande canal[25].

Enquanto promoviam a formação e a expansão do mercado nacional, os Ming tentavam centralizar o controle da receita impondo restrições administrativas ao comércio marítimo e à migração chinesa para o sudeste da Ásia. As sete grandes viagens do almirante Zheng He para o sudeste da Ásia através do oceano Índico entre 1405 e 1433 também visavam ampliar o controle do Estado sobre o comércio exterior. Entretanto, essas expedições se mostraram excessivamente caras e, quando os Ming passaram a se preocupar mais com as ameaças militares imediatas na fronteira norte, foram abandonadas. Por mais de um século depois de ter se voltado para o interior, o governo Ming continuou a promover o comércio interno, mas delimitou o comércio marítimo, atacou o comércio exterior não autorizado com a Ásia marítima, restringiu o número de missões tributárias e chegou a proibir a construção de navios mercantes[26].

Janet Abu-Lughod afirma que a China dos Ming ter abandonado o oceano Índico "deixou os estudiosos perplexos e até desesperados durante os últimos cem anos no mínimo". Em termos mais específicos:

> Quase a ponto de dominar uma parcela significativa do globo e de gozar de vantagem técnica não só na produção pacífica, como também no poderio naval e militar [...], por que [a China] virou as costas, retirou a esquadra e deixou um enorme vazio de poder que os mercadores muçulmanos, sem o apoio dos poderes marítimos estatais, estavam totalmente despreparados para ocupar, mas que seus colegas europeus se mostrariam mais do que capacitados e dispostos a preencher depois de um hiato de aproximadamente setenta anos?[27]

---

[25] Giovanni Arrighi, Po-keung Hui, Ho-fung Hung e Mark Selden, "Historical Capitalism, East and West", p. 271; Ho-fung Hung, "Imperial China and Capitalist Europe in the Eighteenth-Century Global Economy", p. 491-7.

[26] Gungwu Wang, "Ming Foreign Relations: Southeast Asia", p. 316-23; William McNeill, *The Pursuit of Power*, p. 47; Binchuan Zhang, "Mingqing haishang maoyi zhengce: biguanzishou?" [A política de comércio marítimo das épocas Ming e Qing: de portas fechadas e conservadora?], p. 49-51; Po-keung Hui, "Overseas Chinese Business Networks", p. 34-8, 53.

[27] Janet Abu-Lughod, *Before European Hegemony*, p. 321-2.

Estados, mercados e capitalismo no Oriente e no Ocidente

A assimetria já observada na busca de riqueza e poder entre os contextos europeu e asiático-oriental constitui uma resposta simples a essa pergunta. Os Estados europeus travaram guerras intermináveis para estabelecer o controle exclusivo das rotas marítimas que ligavam o Ocidente ao Oriente, porque o controle do comércio com o Oriente era recurso fundamental de sua busca de riqueza e poder. Para os governantes da China, ao contrário, o controle dessas rotas comerciais era muito menos importante do que as relações pacíficas com os Estados vizinhos e a integração de domínios populosos numa economia nacional de base agrícola. Portanto, foi extremamente sensato da parte dos Ming não desperdiçar recursos para controlar as rotas marítimas entre leste e oeste e se concentrar no desenvolvimento do mercado nacional, seguindo pela estrada que mais tarde Smith usaria como exemplo do caminho "natural" para a opulência.

Na verdade, até o "comércio tributário" da China – cujo alcance as expedições de Zheng He tentaram ampliar e em seguida os Ming reduziram – tinha mais custos econômicos que benefícios. Desde a criação do sistema tributário unificado nas dinastias Qin e Han, mais de mil anos antes, as relações tributárias entre a corte imperial chinesa e os Estados vassalos não envolviam cobrança de impostos. Ao contrário, os Estados vassalos ofereciam à corte imperial chinesa presentes apenas simbólicos e recebiam em troca outros muito mais valiosos, principalmente depois da dinastia Tang e com exceção única da dinastia Yuan. Assim, o que nominalmente era "tributo" revelou-se, na verdade, uma transação de mão dupla que permitia ao Reino Médio "comprar" a aliança dos Estados vassalos e, ao mesmo tempo, controlar o fluxo de gente e de mercadorias em suas fronteiras mais distantes[28].

A sustentabilidade e a eficácia dessa prática – que, em termos históricos mundiais, é a ilustração mais importante da validade do lema de Hobbes ("a riqueza acumulada com liberalidade é poder, porque traz amigos e criados") – dependiam de várias condições. A economia chinesa tinha de gerar os recursos necessários para comprar a aliança dos Estados vassalos; o Estado chinês tinha de estar em condições de exigir esses recursos; e os Estados vizinhos tinham de ser convencidos de que a tentativa de tomar recursos da economia e do Estado chineses por meios que fossem contrários à autoridade do governo chinês (como incursões, conquistas, guerras ou apenas comércio ilegal) não valeria a pena. No início do século XVI, apesar ou talvez por causa do sucesso na consolidação e na expansão da economia nacional, as introvertidas políticas Ming encontraram cada vez mais

---

[28] Ver Weinong Gao, *Zou xiang jinshi de Zhongquo yu 'chaogong' guo guanxi* [A relação entre a China e os Estados seus tributários na época moderna], p. 1-78.

331

Adam Smith em Pequim

dificuldades para reproduzir essas condições. A corrupção generalizada, o aumento da inflação e o déficit fiscal crescente na frente interna foram acompanhados de uma pressão externa cada vez maior, provocada pela expansão dos manchus ao norte e pelo comércio ilegal que escapava ao controle dos coletores de impostos do governo Ming no litoral sul. O comércio ilegal, realizado por mercadores chineses e japoneses armados, era ativamente encorajado pelos líderes guerreiros japoneses, que usavam o comércio lucrativo de produtos chineses para financiar suas guerras mútuas. Como os Ming estavam financeiramente comprometidos, obrigados a reduzir despesas no caro comércio tributário e incapazes de exercer controle militar eficaz nas regiões costeiras do sul, o comércio privado tornou-se mais uma vez a principal forma de troca econômica na região[29].

A degradação interna e as pressões externas fortaleciam-se mutuamente, gerando distúrbios sociais explosivos. Diante da crescente ingovernabilidade do império, os Ming tentaram resolver a crise por meio de reformas tributárias e de exploração do próspero comércio privado que pudessem reduzir o descontentamento dos camponeses. A corveia e a tributação na forma de produtos – duas das principais causas da miséria e da agitação dos camponeses – foram substituídas em grande parte por um único imposto que deveria ser pago em prata. O enfraquecido papel-moeda foi abandonado em favor do padrão-prata, e na década de 1560, para aumentar o fluxo de prata vindo do exterior, as restrições ao comércio com o sudeste da Ásia foram reduzidas e os mercadores licenciados passaram a ser tributados[30].

Essa mudança da política fiscal, monetária e comercial foi possibilitada e encorajada pelo fluxo maciço de prata gerado pelo comércio exterior, primeiramente com o Japão (o maior fornecedor de prata da região) e em seguida com a Europa e as Américas[31]. Embora as remessas espanholas de prata americana que

[29] James W. Tong, *Disorder Under Heaven: Collective Violence in the Ming Dynasty*, p. 115-29; Frederic Wakeman, *The Great Enterprise: The Manchu Reconstruction of Imperial Order in Seventeenth-Century China*, cap. 1; Ray Huang, "Fiscal Administration During the Ming Dynasty", p. 105-23; Ho-fung Hung, "Maritime Capitalism in Seventeenth-Century China: The Rise and Fall of Koxinga in Comparative Perspective", p. 12-8; John E. Wills Jr., "Maritime China From Wang Chih to Shih Lang: Themes in Peripheral History", p. 210-1.

[30] James W. Tong, *Disorder Under Heaven*; William S. Atwell, "Some Observations on the 'Seventeenth-Century Crisis' in China and Japan", p. 223-44; Dennis O. Flynn e Arturo Giraldez, "Born with 'Silver Spoon': The Origin of World Trade in 1571", p. 201-11; John E. Wills Jr., "Maritime China From Wang Chih to Shih Lang", p. 211; Jurgis Elisonas, "The Inseparable Trinity: Japan's Relations With China and Korea", p. 261-2; Ho-fung Hung, "Imperial China and Capitalist Europe in the Eighteenth-Century Global Economy", p. 498-500.

[31] William S. Atwell, "Ming China and the Emerging World Economy, *c.* 1470-1650", p. 403-16; Timothy Brooks, *The Confusions of Pleasure: Commerce and Culture in Ming China*, p. 205.

332

Estados, mercados e capitalismo no Oriente e no Ocidente

chegavam à China via Manila tenham reduzido a crise fiscal e social do país, as dificuldades financeiras dos Ming aumentaram por causa do custo elevado da guerra com o Japão na década de 1590, da declaração de guerra aos manchus na década de 1610 e da corrupção cada vez maior na corte e em todo o governo. A imposição, feita pelo Japão, de políticas restritivas ao comércio na década de 1630, combinada com o declínio acentuado do fornecimento de prata europeu nas décadas de 1630 e 1640, foi a gota d'água que fez o copo transbordar: a elevação do preço da prata agravou o fardo da tributação sobre o campesinato e provocou o ressurgimento da agitação em todo o império, culminando com a derrocada dos Ming em 1644[32].

Com a consolidação do domínio Qing, a antiga política Ming de privilégio do comércio interno em detrimento do externo voltou com ainda mais vigor. Entre 1661 e 1683, os Qing proibiram novamente o comércio marítimo privado e adotaram uma política de terra arrasada que transformou o litoral sudeste da China – um elo fundamental na ligação do mercado chinês com o mercado mundial – numa terra de ninguém que separou os dois. A proibição marítima foi suspensa em 1683, mas foi estabelecida uma regulamentação estrita à indústria naval que restringia o tamanho e a tonelagem dos juncos comerciais; foi proibido manter armas de fogo a bordo. Iniciava-se assim uma nova época em que o comércio era legal, mas a China marítima perdeu sua frágil autonomia. Além disso, em 1717, os súditos chineses foram proibidos novamente de se lançar ao mar em navios privados e, em 1757, a nomeação de Cantão como único porto legal para o comércio exterior selou o destino de todo o litoral sudeste por quase um século[33].

Enquanto o comércio exterior era desencorajado, a incorporação de terras fronteiriças por todos os lados não apenas aumentou a escala do mercado nacional como também reduziu o custo da proteção em todo o império, redução que os governantes Qing repassaram aos súditos na forma de impostos baixos e estáveis. A tributação baixa e estável foi acompanhada da ação estatal vigorosa para eliminar a corrupção burocrática e a evasão fiscal por meio de recenseamentos em todo o império, reformas fiscais e sistemas mais eficientes de coleta de informações. Foi igualmente importante a promoção da redistribuição e da recuperação de terras. Para consolidar seu poder diante dos senhores de terras Han, os primeiros Qing encorajaram a divisão constante das grandes propriedades em pequenos lotes e a

---

[32] William S. Atwell, "Some Observations on the 'Seventeenth-Century Crisis' in China and Japan" e "Ming China and the Emerging World Economy", p. 407-15.
[33] W. G. Skinner, "The Structure of Chinese History", p. 278-9; John E. Wills Jr., "Maritime China From Wang Chih to Shih Lang".

Adam Smith em Pequim

conversão dos trabalhadores servis sob contrato em meeiros. Ao mesmo tempo, iniciaram uma grande variedade de programas de recuperação de terras a fim de restabelecer a base fiscal sem aumentar os impostos[34].

A dupla "democratização" da posse da terra, com a divisão das grandes propriedades e a recuperação das terras, exigiu ação estatal maciça para manter e expandir a infraestrutura hidráulica. Como explicou Chen Hongmou, autoridade muito influente:

> Quando os pobres começam a cultivar novas terras, cabe ao governo fornecer auxílio oportuno para o desenvolvimento de sistemas locais de irrigação. Se o custo for alto demais para a sociedade local, é preciso fornecer fundos dos cofres oficiais. Se a decisão de quais obras hidráulicas construir for tomada com base apenas no que o próprio povo pode pagar, muito pouco será realizado.[35]

O envolvimento do governo no aprimoramento agrícola, na irrigação e no transporte fluvial foi parte integrante da ação dos Qing para contrabalançar a desigualdade espacial e temporal do desenvolvimento econômico. Como já observado, essa desigualdade foi compensada com políticas que estimulavam as tendências de mercado por meio do apoio econômico das periferias internas. Essas políticas incluíam o estímulo à migração para regiões menos povoadas por meio de informação, infraestrutura e empréstimos; iniciativas para disseminar novas formas de cultivo e especializações artesanais; grande investimento em infraestrutura para assegurar a subsistência em áreas ecologicamente marginais; e políticas tributárias territoriais que favoreciam as regiões mais pobres[36].

Quanto à desigualdade temporal, a peça central da ação dos Qing foi a grande expansão e a extraordinária coordenação da prática dos "celeiros sempre normais". O governo Qing confiava nos mecanismos de mercado para alimentar a imensa e

---

[34] Yeh-chien Wang, *Land Taxation in Imperial China, 1750-1911*; Peter C. Perdue, *Exhausting the Earth: State and Peasant in Hunan, 1500-1850*, p. 78-9; Ho-fung Hung, "Early Modernities and Contentious Politics in Mid-Qing China, c. 1740-1839", p. 482-3; Beatrice S. Bartlett, *Monarchs and Ministers: The Grand Council in Mid-Ch'ing China, 1723-1820*; Philip C. C. Huang, *The Peasant Economy and Social Change in North China*, p. 97-105; Junjian Jing, "Hierarchy in the Qing Dynasty", p. 169-81. Quando as políticas dos Qing resultaram num crescimento demográfico explosivo, o objetivo do melhoramento da terra passou do restabelecimento da base fiscal do governo central para a busca de novas fontes de alimento a fim de sustentar a população em rápido crescimento (William T. Rowe, *Saving the World: Chen Hongmou and Elite Consciousness in Eigteenth-Century China*, p. 56-7).

[35] Citado em William T. Rowe, *Saving the World*, p. 223.

[36] Kenneth Pomeranz, *The Great Divergence: Europe, China, and the Making of the Modern World Economy*, p. 250; Susan Mann, "Household Handicrafts and State Policy in Qing Times", p. 86; Roy Bin Wong, *China Transformed*, p. 148.

Estados, mercados e capitalismo no Oriente e no Ocidente

crescente população da China tanto quanto seus antecessores, ou talvez mais. Contudo, superou-os todos quando pôs a população a salvo das vicissitudes do mercado de grãos com um sistema de celeiros que permitia que comprasse e armazenasse cereais em épocas de abundância a preço baixo e os vendesse a preço abaixo do mercado em épocas de escassez e de preços anormalmente altos. Além disso, autoridades de alto escalão coordenavam o fluxo dos grãos entre os celeiros locais para garantir que todos pudessem enfrentar de maneira rápida e eficaz as excessivas flutuações cíclicas dos preços[37].

O resultado conjunto dessas políticas foi paz, prosperidade e crescimento demográfico notáveis, que fizeram da China, no século XVIII, o exemplo de caminho "natural" para a opulência de Smith, assim como fonte de inspiração para os defensores europeus do absolutismo benévolo, da meritocracia e da economia nacional de base agrícola. Embora nenhum pensador chinês do século XVIII tenha teorizado a contribuição da empresa autointeressada para a economia nacional, como observa Rowe, o já citado Chen Hongmou estimou que o mercado era instrumento de governo, assim como haviam feito Smith, Hobbes, Locke e Montesquieu.

> Chen não hesitou em apelar para o motivo do lucro para fazer com que a população local se engajasse em seus vários projetos de desenvolvimento, como a construção de novas estradas, a introdução de novas mercadorias para exportações regionais, a criação de celeiros comunitários e assim por diante. Numa formulação não muito distante da "mão invisível" de Adam Smith, Chen defende que esses projetos trarão lucro a todos [...] exatamente do mesmo modo como dão lucro aos indivíduos.[38]

Entretanto, nem Chen nem seus contemporâneos chineses "rejeitavam o ideal confucionista de harmonia social em favor da ideia de luta irrestrita no mercado [...] e a política generalizada do *laissez-faire*"[39]. Embora Smith não fosse nenhum confucionista, como vimos no capítulo 2, a ideia de pôr em risco a paz social e a segurança nacional em virtude da política generalizada do *laissez-faire* era tão estranha a ele quanto a Chen. Se estivesse no lugar de Chen, é difícil imaginar o que teria feito de diferente. É verdade que achava que o maior envolvimento no comércio exterior, ainda mais se realizado com navios chineses, poderia aumentar ainda mais a riqueza nacional da China. Mas a prioridade desenvolvimentista que o governo Qing atribuiu ao melhoramento agrícola, à redistribuição e à recuperação

---

[37] Pierre-Etienne Will e Roy Bin Wong, *Nourish the People: The State Civilian Granary System in China, 1650-1850*; William T. Rowe, *Saving the World*, p. 155-85.
[38] William T. Rowe, *Saving the World*, p. 201-2.
[39] Ibidem, p. 204.

de terras e à consolidação e à expansão do mercado interno é exatamente o que ele aconselhava em *A riqueza das nações*.

O problema da concepção de desenvolvimento de Chen e dos Qing não é a rejeição da política generalizada de *laissez-faire*, mas a cegueira diante da tempestade que estava prestes a atingir as praias chinesas. Como Smith, deixaram de ver que o caminho europeu para a opulência, aparentemente "antinatural", estava refazendo o mundo num processo de destruição criativa sem precedentes na história. Segundo McNeill: "Na verdade, os navios europeus viraram a Eurásia do avesso. A fronteira marítima superou a fronteira estépica como principal ponto de encontro com estrangeiros, e a autonomia dos Estados e dos povos asiáticos começou a desmoronar"[40]. Se Smith, que estava no epicentro da tempestade, não a viu chegar, Chen e os Qing são desculpáveis por também não tê-la visto. O que todos deixaram de perceber, como ainda acontece com muitos de nossos contemporâneos, foi a diferença fundamental entre os desenvolvimentos com base no mercado: o capitalista e o não capitalista.

Capitalistas numa economia de mercado não capitalista

Ao concluir seu estudo clássico sobre a formação do "maior Estado duradouro do mundo", Elvin sugere que a queda da China na armadilha de equilíbrio de alto nível foi resultado de seu próprio sucesso no desenvolvimento do imenso mercado nacional. O crescimento rápido da produção e da população tornou escassos todos os recursos, *exceto a mão de obra*, e isso, por sua vez, tornou cada vez mais problemáticas as inovações lucrativas.

> Com a queda do excedente da agricultura e, portanto, da renda e da demanda per capita, com o barateamento da mão de obra, porém com recursos e capital cada vez mais caros, com tecnologia agrícola e de transporte tão boa que não havia possibilidade de aprimoramentos simples, a estratégia racional tanto para os camponeses quanto para os mercadores tendia a seguir não tanto em direção às máquinas que poupam mão de obra, mas sim à economia de recursos e de capital fixo. O mercado imenso, porém quase estático, não criava gargalos no sistema de produção que pudessem estimular a criatividade. Quando havia carestias temporárias, a versatilidade mercantil, com base no transporte barato, era remédio mais rápido e mais certo que a invenção de máquinas. Essa situação pode ser descrita como "armadilha de equilíbrio de alto nível".[41]

Há certa ambiguidade nessa descrição de quando, exatamente, a China foi pega na armadilha de equilíbrio de alto nível. No entanto, Elvin faz duas afirmações que

[40] William McNeill, "World History and the Rise and Fall of the West", p. 231.
[41] Mark Elvin, *The Pattern of the Chinese Past*, p. 314.

Estados, mercados e capitalismo no Oriente e no Ocidente

ajudam não só a resolver a ambiguidade como a identificar a natureza do desenvolvimento com base no mercado no período Ming e no início do período Qing. A primeira delas é que o fim da servidão e da ocupação de terras como tal ocorriam no período Qing levou ao "surgimento de um tipo essencialmente novo de sociedade rural". E a segunda é que "as inovações e as invenções tecnológicas durante o período entre 800 e 1300 produziram mudanças tão grandes que só se pode descrever corretamente o resultado como 'revolução', e o crescimento chinês, daí em diante, desacelerou-se não só em comparação com a aceleração da Europa, mas também com seu próprio desempenho anterior"[42].

O desenvolvimento chinês ocorrido antes de 1300 está além do alcance desta investigação. Para os nossos propósitos, basta dizer que os indícios disponíveis, inclusive os de Elvin, dão credibilidade à tese de Christopher Chase-Dunn e de Thomas Hall de que o capitalismo "praticamente ocorreu primeiro" na China Song[43]. Nós mesmos já observamos, neste capítulo, que as tendências que se tornaram típicas do caminho capitalista europeu no século XVI "ampliado" já estavam presentes na China durante os períodos Song e Yuan. Seja como for, a desaceleração do crescimento chinês depois de 1300 pode ser interpretada como a primeira armadilha de equilíbrio de alto nível, a exemplo do que parece fazer o próprio Smith quando afirma que a China, "talvez até muito antes da época [de Marco Polo], tenha adquirido todo aquele conjunto de riquezas que a natureza de suas leis e de suas instituições lhe permite adquirir"[44].

Entretanto, essa interpretação se choca com o extraordinário crescimento econômico que Sugihara chama de "milagre chinês" do século XVIII e que, como mostra a Figura 1.1, permitiu que a participação da Ásia oriental no PIB mundial aumentasse ainda mais por quase meio século depois do princípio da Revolução Industrial britânica. Se a China entrou em estado estacionário por volta de 1300 ou antes, o que explica esse novo surto de crescimento econômico? As atividades de formação do Estado e da economia nacional dos Ming e dos primeiros Qing e o surgimento de "um tipo essencialmente novo de sociedade rural" no governo destes últimos não ajudaram a China a se libertar da armadilha de equilíbrio de alto nível? Tendo em mente a distinção que traçamos no capítulo 3 entre os desen-

---

[42] Ibidem, p. 318.

[43] Christopher Chase-Dunn e Thomas Hall, *Rise and Demise: Comparing World-Systems*, p. 47.

[44] Imediatamente, Smith faz a essa afirmativa uma ressalva que denuncia ambiguidade semelhante à de Elvin na datação do momento em que a China entrou em estado estacionário: "A China, contudo, embora talvez ainda possa se manter de pé, não parece caminhar para trás" (Adam Smith, *An Inquiry into the Nature and Causes of the Wealth of Nations*, p. 80-1 [ed. bras.: *A riqueza das nações*]).

Adam Smith em Pequim

volvimentos capitalista e não capitalista com base no mercado, podemos responder da seguinte maneira: em primeiro lugar, a tendência do crescimento smithiano de ser pego numa armadilha de equilíbrio de alto nível não exclui a existência de equilíbrios ainda mais altos, que podem ser atingidos com mudanças adequadas no ambiente geográfico e institucional no qual se insere a economia; em segundo lugar, pode-se interpretar melhor o "milagre" econômico chinês do século XVIII como a passagem da economia de um equilíbrio alto para outro mais alto ainda, em virtude principalmente das mudanças do ambiente institucional e geográfico realizadas pelas políticas Ming e Qing; em terceiro lugar, apesar dessa elevação, o desenvolvimento com base no mercado avançou na China numa direção diferente do da Europa, porque sua orientação se tornou menos e não mais capitalista[45].

Como argumentado nos capítulos 3 e 8, o caráter capitalista do desenvolvimento com base no mercado não é determinado pela presença de instituições e de propensões capitalistas, mas sim pela relação entre o poder do Estado e o capital. Pode-se acrescentar quantos capitalistas se queira à economia de mercado; se o Estado não estiver subordinado ao interesse de classe destes, a economia de mercado continua não capitalista. O próprio Braudel adota a China imperial como o exemplo que "mais oportunamente sustenta [sua] insistência em separar *economia de mercado* de *capitalismo*". Não só a China "[tinha] uma economia de mercado solidamente estabelecida [...] com cadeias de mercados locais, população numerosíssima de pequenos artesãos e mercadores itinerantes, movimentadas ruas comerciais e centros urbanos", como, além disso, os mercadores e os banqueiros da província de Shanxi e os chineses ultramarinos originários das províncias fujianas e do litoral sul se pareciam muito com as comunidades empresariais que constituíram as principais organizações capitalistas da Europa no século XVI. Ainda assim, a "hostilidade inconfundível a qualquer indivíduo que se tornasse 'anormalmente' rico" significava que "não podia haver capitalismo, a não ser dentro de alguns grupos bem definidos, apoiados e supervisionados pelo Estado e sempre mais ou menos à sua mercê"[46].

Braudel exagera a indefesa dos capitalistas diante do Estado hostil nos períodos Ming e Qing, sem contar as dinastias anteriores. Ainda assim é verdade que, na Ásia oriental, não há paralelo para a sequência de Estados cada vez mais poderosos

---

[45] Em termos da representação gráfica da Figura 3.1, a segunda proposição diz que o "milagre" econômico chinês do século XVIII é mais bem representado pela inclinação ascendente à direita da curva *dy/y*. A terceira proposição diz que, apesar dessa inclinação ascendente, o desenvolvimento da China com base no mercado não mostrou tendência ao tipo de expansão financeira e de "ajustes espaciais" recorrentes e de escala cada vez maior discutido no capítulo 8.

[46] Fernand Braudel, *Civilization and Capitalism, 15th-18th Century*, v. 2: *The Wheels of Commerce*, p. 153, 588-9, destaques do original.

Estados, mercados e capitalismo no Oriente e no Ocidente

que se identificaram com o capitalismo da Europa, das cidades-Estado italianas ao proto-Estado-nação holandês, findando no Estado nacional (a Grã-Bretanha) – no processo de se tornar o centro de um império marítimo e territorial que dava a volta ao mundo. Como argumentamos em capítulos anteriores, essa sequência, mais do que qualquer outra coisa, identifica o caminho europeu de desenvolvimento como capitalista. Do mesmo modo, a ausência de algo comparável a essa sequência é o sinal mais claro de que, no período Ming e no início do período Qing, o desenvolvimento com base no mercado na Ásia oriental permaneceu não capitalista. Intimamente ligada a isso estava a ausência de algo que lembrasse, mesmo de maneira remota, a corrida armamentista incessante e a expansão territorial ultramarina típica dos Estados europeus. Como explica Wong:

> Boa parte da riqueza comercial europeia foi sugada por governos necessitados, que ansiavam por expandir a base de sua receita para cobrir as despesas sempre crescentes das guerras. [...] Tanto os mercadores europeus quanto seus governos se beneficiaram dessa relação complexa, os primeiros por apurar lucros fabulosos e os últimos por assegurar a receita tão necessária. O Estado chinês no fim do período imperial não desenvolveu o mesmo tipo de dependência mútua com os mercadores ricos. Sem a escala de dificuldades financeiras encontradas na Europa entre os séculos XVI e XVIII, as autoridades chinesas tinham menos razão para imaginar novas formas de financiamento, imensos empréstimos de mercadores e o conceito de dívida pública e privada.[47]

O capitalismo na Ásia oriental não definhou com isso. Na China, como parte integrante da economia nacional, desenvolveram-se grandes organizações comerciais que controlavam redes extensas de intermediários e fornecedores. Mas entrar para o comércio, mesmo de longa distância, era muito mais fácil e acessível para os indivíduos de todo o país do que era na Europa[48]. Consequentemente, os capitalistas continuaram a ser um grupo social subordinado, sem capacidade de submeter o interesse geral ao interesse de sua própria classe. De fato, as melhores oportunidades de desenvolvimento do capitalismo na Ásia oriental não estavam no centro, mas ficavam, intersticialmente, na orla externa dos Estados do sistema. A materialização mais destacada dessa evolução foi a diáspora ultramarina chinesa, cuja resistência, flexibilidade e importância econômica duradoura têm poucos paralelos na história mundial. Apesar das restrições dos Ming, dos reveses e dos ataques periódicos de muçulmanos e de outros concorrentes, ela obteve lucro extraordiná-

---

[47] Roy Bin Wong, *China Transformed*, p. 146.
[48] Gary G. Hamilton e Wei-an Chang, "The Importance of Commerce in the Organization of China's Late Imperial Economy"; Roy Bin Wong, "The Role of the Chinese State in Long-distance Commerce".

Adam Smith em Pequim

rio e forneceu um fluxo constante de receita para os governos locais e de remessas de valores para as regiões litorâneas da China[49].

No século XVII, a transição do domínio Ming para o Qing criou condições para uma evolução que lembrava o que ocorria na Europa: a família Zheng criou um império comercial comparável ao império holandês. Com a mobilização de navios de guerra e armas de fogo à moda europeia, os Zheng eliminaram a concorrência portuguesa, enfrentaram com êxito os coletores de impostos e as forças navais dos Ming, monopolizaram o comércio de seda e cerâmica e estabeleceram uma área de influência que se estendia de Guangdong e Fujian até o Japão, Taiwan e o sudeste da Ásia. Em 1650, também criaram um Estado rebelde no litoral sudeste da China. Em 1662, quando não conseguiram derrotar os manchus no continente, recuaram para Taiwan, expulsaram os holandeses e criaram seu próprio reino. Um ex-governador holandês de Taiwan ficou tão impressionado com essas realizações que, em 1675, comparou a ascensão dos Zheng como potência marítima à ascensão dos holandeses, um século antes, na Europa. Essa comparação é um tanto exagerada, mas Chumei Ho tem bases sólidas para afirmar que "as redes de informações comerciais e políticas dos Zheng devem ter sido no mínimo tão eficazes quanto as de seus principais inimigos, os manchus e os holandeses [...]. Comprovadamente, a organização Zheng tinha algumas características iguais às da VOC [Vereenigde Oostindische Compagnie, ou Companhia das Índias Orientais]"[50].

É igualmente importante o fato de que os Zheng não foram atores insignificantes na transição dinástica. Aliados respeitados dos Ming nos primeiros estágios da luta, quando muitos membros da família Zheng se tornaram oficiais e generais do exército Ming, Zheng Zhilong tentou trocar de lado depois que o exército Qing invadiu Fujian, em 1647. A tentativa fracassou, já que os Qing reagiram às iniciativas de Zheng Zhilong prendendo-o e executando-o. No entanto, com Zheng Chenggong, o poder dos Zheng atingiu novo patamar. Durante as décadas de 1660 e 1670, o regime deles em Taiwan permaneceu, na prática, como reino independente, que cobrava impostos e comerciava com as Filipinas espanholas, os Ryukyus e vários reinos do sudeste da Ásia. Zheng Jing, sucessor de Zheng Chenggong, re-

---

[49] Po-keung Hui, "Overseas Chinese Business Networks", p. 35-6; John E. Wills Jr., "Relations With Maritime Europeans", p. 333; Gungwu Wang, *China and the Chinese Overseas*, p. 85-6; idem, "Ming Foreign Relations: Southeast Asia", p. 320-3.

[50] John E. Wills Jr., "Maritime China From Wang Chih to Shih Lang", p. 203-38; idem, "Relations With Maritime Europeans", p. 333-75; Young-tsu Wong, "Security and Warfare on the China Coast: The Taiwan Question in the Seventeenth Century", p. 111-96; Frederick Coyett, *Verwaerloosde Formosa*; Chumei Ho, "The Ceramic Trade in Asia, 1602-82", p. 44.

Estados, mercados e capitalismo no Oriente e no Ocidente

jeitou várias vezes as ofertas dos Qing de semiautonomia e propôs, em contrapartida, que fossem reconhecidos como vassalos tributários dos Qing, com base nos precedentes da Coreia e de Ryukyu. Entretanto, o imperador Kangxi insistiu que "os ladrões de Taiwan são fujianeses, Taiwan não é comparável à Coreia e ao Ryukyu". No fim das contas, por terem pedido demais, os Zheng não conseguiram nada e seu domínio acabou com a derrota militar de 1683[51].

A própria comparabilidade entre os Zheng e os impérios comerciais holandeses torna seus destinos opostos ainda mais instrutivos. No contexto europeu, os holandeses tornaram-se líderes da institucionalização do equilíbrio de poder entre os Estados, da passagem do poder para os estratos capitalistas dentro desses Estados e da intensificação da concorrência entre estes na construção de impérios ultramarinos. Na Ásia oriental, ao contrário, a queda do império Zheng abriu caminho para a desmilitarização dos mercadores chineses, a consolidação da formação da economia nacional, tanto na China dos Qing quanto no Japão dos Tokugawa, e o declínio acentuado do poder da China ultramarina em relação aos Estados territoriais da região. Como observa Pomeranz, o império Zheng "destaca-se como exemplo esclarecedor de um tipo de atividade bastante comparável à colonização e ao comércio armado europeus, mas que não fazia parte normal do sistema estatal chinês"[52].

Apesar do sucesso na promoção da Revolução Industriosa da Ásia oriental e no novo aumento da participação da Ásia oriental na produção mundial, as políticas introvertidas da China dos Qing e do Japão dos Tokugawa, como admite o próprio Sugihara, resultaram em forte contração do comércio entre os países asiáticos a partir do início do século XVIII[53]. Pior ainda, deixaram um vazio político na Ásia oriental marítima que os mercadores chineses desmilitarizados estavam mal equipados para preencher. Aos poucos, o vazio foi preenchido por Estados, companhias e mercadores europeus cuja capacidade de dominar a Ásia oriental marítima aumentou rapidamente na virada do século XVIII para o XIX. Foi fundamental nesse caso o declínio constante da indústria naval e da tecnologia de navegação chinesas numa época em que os europeus avançavam rapidamente em ambas[54].

---

[51] Ho-fung Hung, "Maritime Capitalism in Seventeenth-Century China", p. 33-7.
[52] Kenneth Pomeranz, *The Great Divergence*, p. 204.
[53] Kaoru Sugihara, "The European Miracle and the East Asian Miracle", p. 38-9.
[54] Jennifer Wayne Cushman, *Fields from the Sea: Chinese Junk Trade with Siam during the Late Eighteenth and Early Nineteenth Centuries*, p. 136; Po-keung Hui, "Overseas Chinese Business Networks", p. 79-80.

Nesse aspecto, a avaliação já citada de Smith de que o comércio exterior mais extenso seria do interesse nacional da China ("ainda mais se parte considerável [dele] fosse realizado com navios chineses") tinha alguma validade, não tanto em bases estritamente econômicas, mas com base na segurança nacional, ou seja, a capacidade da China de monitorar e enfrentar o crescente desafio naval representado pelos europeus. Entretanto, durante pelo menos um século, o principal problema de segurança dos Qing localizava-se na fronteira noroeste e na China Han, onde sua legitimidade, como governo de conquistadores estrangeiros, ainda era precária. Nessas circunstâncias, investir recursos na construção naval, na navegação e no comércio parecia, necessariamente e na melhor das hipóteses, um luxo e, na pior delas, a estrada mais segura para exigir mais do que se poderia dos recursos do império. Além disso, por que correr esse risco se os europeus competiam ferozmente entre si para despejar prata na China em troca de suas mercadorias? Como resultado da exportação altamente competitiva de seda, porcelana e chá e da demanda de prata que levou o preço do metal ao dobro do nível predominante em outras regiões do mundo, do século XVI até boa parte do século XVIII, mais de três quartos da prata do "Novo Mundo" acabou desembarcando na China[55]. É realmente difícil imaginar como seria possível que o sucesso do desenvolvimento autocentrado da China, que tanto impressionou até os europeus, não cegasse os Qing para o novo poder que os "bárbaros" agressivos vindos do mar traziam para a região.

Em resumo, a sinergia entre militarismo, industrialismo e capitalismo, típica do caminho europeu de desenvolvimento e que impulsionou a incessante expansão territorial ultramarina, e foi por ela sustentada, estava ausente da Ásia oriental. Em consequência, os Estados dessa região viveram períodos de paz muito mais longos que os Estados europeus, e a China pôde consolidar sua posição de maior economia de mercado do mundo. Contudo, a falta de envolvimento na expansão ultramarina e na corrida armamentista à moda europeia tornou a China e todo o sistema asiático-oriental vulneráveis ao massacre militar das potências europeias em expansão. Quando houve o massacre, a conclusão inevitável foi a incorporação subordinada da Ásia oriental ao sistema europeu globalizante.

Incorporação e hibridação

A incorporação subordinada da Ásia oriental ao sistema europeu e o fim da participação da região na produção mundial, como mostrado na Figura 1.1, não se

---

[55] Dennis O. Flynn e Arturo Giraldez, "Spanish Profitability in the Pacific: the Philippines in the Sixteenth and Seventeenth Centuries", p. 23-4.

Estados, mercados e capitalismo no Oriente e no Ocidente

deveram basicamente à vantagem competitiva da iniciativa econômica ocidental em relação à asiático-oriental, principalmente a chinesa. Como antecipamos no capítulo 3, ao contrário da afirmativa de Marx e Engels de que as mercadorias baratas eram a "artilharia pesada" com que a burguesia europeia "destru[iu] todas as muralhas da China", mesmo depois de as canhoneiras britânicas terem derrubado a muralha de regulamentos governamentais que impediam o acesso à economia nacional chinesa, os mercadores e os produtores britânicos tiveram dificuldade para vencer os colegas chineses na base da concorrência. A partir da década de 1830, a importação de tecidos de algodão da Grã-Bretanha devastou alguns setores e regiões da economia chinesa. Mas no mercado rural o tecido de algodão britânico nunca conseguiu competir com o tecido chinês, mais forte. Além disso, quando as importações estrangeiras substituíram a fiação manual do algodão, o uso do fio mais barato, produzido em máquinas, deu novo ímpeto ao setor nacional de tecelagem, que conseguiu se manter e até se expandir [56]. As empresas ocidentais que instalaram unidades de produção na China jamais conseguiram penetrar de fato no vasto interior do país e tiveram de contar com os comerciantes chineses para comprar matéria-prima e comercializar seus produtos. Os produtos e as empresas ocidentais tiveram êxito em alguns setores, mas, com exceção das ferrovias e das minas, o mercado chinês foi em geral sinônimo de frustração para os mercadores estrangeiros[57].

Longe de destruir as formas nativas de capitalismo, a incorporação da China à estrutura da economia capitalista centrada no Reino Unido provocou nova expansão das comunidades mercantis chinesas que haviam se desenvolvido nos interstícios do sistema comercial-tributário centrado na China. Quando as Guerras do Ópio e as revoltas internas abalaram a capacidade da corte Qing de regulamentar o fluxo de mercadorias e de pessoas nas fronteiras da China, surgiram inúmeras oportunidades lucrativas para essas comunidades. O comércio de ópio foi uma fonte importante de oportunidades, mas a maior delas surgiu no "comércio de trabalhadores" – fornecimento e transporte marítimo de trabalhadores sob contrato de servidão e transações financeiras associadas ao reenvio de fundos para a China. O comércio de *coolies* enriqueceu não só os mercadores individualmente como

---

[56] Linda Cooke Johnson, "Shanghai: An Emerging Jiangnan Port, 1638-1840", p. 171-4; Albert Feuerwerker, "Handicraft and Manufactured Cotton Textiles in China, 1871-1910", p. 371-5; Gary G. Hamilton e Wei-an Chang, "The Importance of Commerce in the Organization of China's Late Imperial Economy".

[57] Resat Kasaba, "Treaties and Friendships: British Imperialism, the Ottoman Empire, and China in the Nineteenth Century", p. 213-41; Ciyu Chen, "On the Foreign Trade of China in the 19th Century and the China-India-Britain Triangular Trade", p. 58-61; Alvin Y. So, *The South China Silk District*, p. 103-16; Andrew J. Nathan, "Imperialism's Effects on China", p. 5.

Adam Smith em Pequim

também as cidades portuárias de Singapura, Hong Kong, Penang e Macau, que se tornaram "recipientes" privilegiados da riqueza da diáspora empresarial chinesa. Com ele, intensificou-se também o povoamento chinês em todo o sudeste da Ásia, fortalecendo assim a capacidade do capital externo chinês de lucrar com a intermediação comercial e financeira na região, dentro das jurisdições e entre elas[58].

As pressões fiscais e financeiras geradas por guerras, rebeliões, condições comerciais adversas e desastres naturais forçaram a corte Qing não só a reduzir o controle das atividades dos chineses ultramarinos como também a buscar a ajuda financeira destes. Em troca dessa ajuda, a corte Qing concedeu-lhes cargos, títulos, proteção para propriedades e sociedades na China, assim como o acesso ao comércio de armas e ao negócio dos empréstimos governamentais, ambos muito lucrativos. Essa "troca política" não salvou os Qing; porém, até a derrocada final em 1911, foi grande fonte de enriquecimento para os capitalistas chineses estabelecidos no exterior[59].

Como observamos no capítulo 3, o próprio Marx não tinha tanta certeza do papel que a artilharia metafórica de mercadorias baratas desempenhou realmente na reconstrução do mundo para se adequar aos interesses da burguesia europeia; e mencionou de modo explícito as Guerras do Ópio como exemplo da importância constante da força militar como "parteira" da transformação. Na verdade, a força militar foi a chave para a sujeição da Ásia oriental ao Ocidente. Mais ainda, seu uso foi resultado direto da incapacidade dos mercadores britânicos de penetrar por meios legais no mercado chinês.

Durante a primeira metade do século XIX, observa Joseph Esherick, o ópio foi "a única via de entrada factível do Ocidente no mercado da China"[60]. No caso da Grã-Bretanha, foi muito mais do que isso, porque o fato de os britânicos venderem ópio indiano à China foi fundamental para a transferência de tributos da Índia para Londres. Como explicou o chefe do departamento estatístico da Câmara da Índia Oriental,

> A Índia, ao exportar ópio, auxilia o fornecimento de chá à Inglaterra. A China, ao consumir ópio, facilita as operações de receita entre a Índia e a Inglaterra. A Inglaterra, ao consumir chá, contribui para aumentar a demanda do ópio indiano.[61]

---

[58] Po-keung Hui, "Overseas Chinese Business Networks", cap. 3; David Northup, *Indentured Labor in the Age of Imperialism, 1834-1922*; Daniel R. Headrick, *The Tentacles of Progress: Technology Transfer in the Age of Imperialism, 1850-1940*, p. 259-303.

[59] Jung-fang Tsai, *Hong Kong in Chinese History: Community and Social Unrest in the British Colony, 1842-1913*, p. 63; Po-keung Hui, "Overseas Chinese Business Networks", cap. 3.

[60] Joseph Esherick, "Harvard on China: The Apologetics of Imperialism", p. 10.

[61] Edward Thornton, *India, its State and Prospects*, p. 89.

Estados, mercados e capitalismo no Oriente e no Ocidente

A necessidade de expandir o comércio entre Índia e China para facilitar as "operações de receita" entre Índia e Inglaterra foi, desde o início, o principal estímulo por trás da expansão do comércio de ópio. Já em 1786, lorde Cornwallis, na época governador-geral da Índia, destacou que a expansão do comércio entre Índia e China era essencial para pagar ao menos parte das exportações chinesas de chá e seda para a Grã-Bretanha e para outros países europeus e, acima de tudo, para transferir para a Inglaterra a imensa receita tributária de Bengala *sem grandes prejuízos devidos à depreciação da moeda*[62]. Depois que se aboliu o monopólio da Companhia das Índias Orientais sobre o comércio da Índia em 1813, esta redobrou os esforços para promover o contrabando de ópio para a China. As remessas aumentaram rapidamente – mais de três vezes entre as décadas de 1803 a 1813 e de 1823 a 1833, e a sensatez do argumento de Cornwallis justificou-se. De acordo com um relato contemporâneo,

> [com o comércio de ópio] a honorável Companhia teve durante anos uma receita imensa e, por meio dela, o governo e a nação britânicos também amealharam quantidade incalculável de vantagens políticas e financeiras. A mudança da balança comercial entre Grã-Bretanha e China a favor da primeira permitiu que a Índia aumentasse dez vezes o consumo de manufaturados britânicos; contribuiu diretamente para sustentar a vasta estrutura do domínio britânico no Oriente, reduzir as despesas do governo de Sua Majestade na Índia e, com as operações de câmbio e as remessas de chá, injetar receita abundante no Tesouro britânico e beneficiar a nação com 6 milhões de libras por ano.[63]

O fim do monopólio da Companhia das Índias Orientais na China, em 1833, intensificou a concorrência nesse ramo lucrativo do comércio britânico e encorajou os mercadores britânicos a exigir que o "braço forte da Inglaterra" derrubasse as restrições que o governo chinês impunha ao comércio de ópio. Longe de ceder às pressões britânicas, o governo chinês agiu rapidamente para suprimir esse comércio tão pernicioso para a China quanto benéfico para a Grã-Bretanha. Além do impacto deletério sobre o tecido social, com o número crescente de viciados, o comércio de ópio tinha efeitos extremamente destrutivos sobre a economia política chinesa. Os lucros do contrabando de ópio acabaram chegando às autoridades chinesas, cuja corrupção prejudicou a execução da política oficial em todas as esferas e, direta e indiretamente, alimentou a agitação social. Ao mesmo tempo, o comércio do ópio provocou enorme escoamento de prata da China para a Índia,

---

[62] Amiya Kumar Bagchi, *The Political Economy of Underdevelopment*, p. 96; Michael Greenberg, *British Trade and the Opening of China 1800-1842*, cap. 2.

[63] Citado em Michael Greenberg, *British Trade and the Opening of China 1800-1842*, p. 106-7.

que subiu de 1,6 milhão de taéis por ano entre 1814 e 1824 para 5,6 milhões de taéis por ano nos dois anos que precederam a primeira Guerra do Ópio[64]. Como enfatizava o édito imperial de 1838, que anunciava a decisão de destruir esse comércio, os efeitos da evasão para a integridade fiscal e financeira do Estado chinês foram devastadores. "Caso não se tomem providências em nossa defesa", declarava o édito, "a riqueza útil da China será jogada no abismo sem fundo das regiões ultramarinas"[65].

Ao encarregar o vigoroso e incorruptível Lin Zexu de extinguir o contrabando de ópio, o governo chinês não tinha a intenção de prejudicar as oportunidades comerciais em outros ramos do comércio exterior, como seda, chá e algodão, os quais continuou a promover. O próprio Lin teve o cuidado de distinguir o comércio ilegal de ópio, cuja supressão ele estava decidido a determinar com ou sem a cooperação do governo britânico, das formas legais de comércio, as quais foram objeto de um pedido seu ao governo britânico para serem estimuladas como substitutas do comércio ilegal[66]. Como não conseguiu convencer a Grã-Bretanha a cooperar na eliminação do tráfico em nome da lei internacional e da moralidade comum, passou a confiscar e a destruir o ópio contrabandeado e a prender os contrabandistas. Essa operação policial em território chinês foi acusada no Parlamento Britânico de "pecado grave, ofensa cruel, violação atroz da justiça, para qual a Inglaterra tem o direito, o direito estrito e inegável", pela "lei de Deus e do homem", de "exigir reparação pela força caso os apelos pacíficos não sejam atendidos"[67].

Evidentemente, duas visões bem diferentes da lei internacional e da moralidade comum dominavam a Grã-Bretanha e a China. Mas enquanto o ponto de vista chinês reivindicava o direito de impor e de fazer cumprir a lei somente em seu território, o ponto de vista britânico reivindicava o direito de impor e de fazer cumprir a lei não só em seu território, mas também na China. Para parafrasearmos Marx, entre direitos iguais a força decide, e a Grã-Bretanha tinha todo o poder de fogo necessário para fazer sua interpretação de certo e errado predominar sobre a chinesa. A China não tinha como responder ao navio de guerra a vapor que num só dia, em fevereiro de 1841, destruiu nove juncos de guerra, cinco for-

---

[64] Yen Zhongping et al., *Zhongguo jindai jingjishi tongji* [Coletânea de dados estatísticos da história econômica moderna chinesa], p. 34; Lin Manhong, "The Silver Drain of China and the Reduction in World Silver and Gold Production (1814-1850)", p. 11.

[65] Citado em Michael Greenberg, *British Trade and the Opening of China 1800*-1842, p. 143.

[66] Arthur Waley, *The Opium War through Chinese Eyes*, p. 18, 28-31, 46, 123; Yen-p'ing Hao, *The Commercial Revolution in Nineteenth-Century China*, p. 113-5.

[67] Citado em Bernard Semmel, *The Rise of Free Trade Imperialism*, p. 153; ver também David Edward Owen, *British Opium Policy in China and India*.

Estados, mercados e capitalismo no Oriente e no Ocidente

tes, dois postos militares e uma bateria costeira[68]. Depois de uma guerra desastrosa, da eclosão de grandes revoltas e de uma segunda guerra igualmente desastrosa com a Grã-Bretanha (dessa vez com a ajuda da França), a China praticamente deixou de ser o centro de um sistema interestatal asiático-oriental centrado em si mesmo. Ao contrário, no decurso de cerca de um século, ela tornou-se membro subordinado e cada vez mais periférico do sistema capitalista global. Esse *status* crescentemente periférico não foi resultado apenas da incorporação subordinada da Ásia oriental ao sistema europeu. Também foi importante a mudança radical das relações interestatais dentro da Ásia oriental, precipitada pelas tentativas chinesa e japonesa de seguir as pegadas do caminho europeu de desenvolvimento.

Como ressaltaram Kawakatsu e Hamashita, a modernização e a expansão territorial do Japão no fim do século XIX e início do XX foram a continuação, por novos meios, das tentativas japonesas de séculos antes de se tornar o centro do sistema comercial-tributário da Ásia oriental[69]. No entanto, a mudança do contexto sistêmico transformou radicalmente a natureza da concorrência interestatal que caracterizou o sistema asiático-oriental desde a consolidação dos regimes Tokugawa e Qing. No novo contexto, a concorrência entre os Estados na Ásia oriental tornou-se inseparável da tentativa de alcançar a perícia ocidental nos setores de bens de capital, cuja modernização (tanto na Ásia oriental quanto na Europa) estava intimamente associada ao aprimoramento da capacidade militar. A corrida armamentista, havia muito característica do sistema europeu, foi assim "internalizada" pelo sistema asiático-oriental[70].

Durante cerca de 25 anos depois de seu início, o esforço de industrialização produziu resultados econômicos semelhantes na China e no Japão. Às vésperas

---

[68] Geoffrey Parker, "Taking Up the Gun", p. 96. Como explica Kirti N. Chaudhuri, "Quando, depois de uma guerra desastrosa (1839-1842), o governo chinês concordou em abrir os portos aos comerciantes britânicos de ópio, não o fez por optar entre o certo e o errado; a opção era entre a sobrevivência e a destruição" (*Asia before Europe: Economy and Civilization of the Indian Ocean from the Rise of Islam to 1750*, p. 99).

[69] Heita Kawakatsu, "Historical Background", p. 6-7; Takeshi Hamashita, "The Tribute Trade System of Modern Asia", p. 20.

[70] Ao revelar violentamente todas as consequências da superioridade militar ocidental, as Guerras do Ópio despertaram os grupos dominantes da China e do Japão para a necessidade de uma modernização militar acelerada. Esse despertar levou Wei Yuan, autoridade acadêmica chinesa, a transformar a antiga ideia de usar os bárbaros para controlar os bárbaros na nova ideia de usar os *armamentos* bárbaros (e os meios de produzi-los) para controlar os bárbaros. Na China, essa ideia foi o centro do Movimento Autofortalecedor que começou depois da segunda Guerra do Ópio. Alguns anos depois, a restauração Meiji também abraçou a ideia e levou o Japão pelo mesmo caminho de modernização rápida. Ver Tingfu Tsiang, "The English and the Opium Trade", p. 144; John K. Fairbank, *The United States and China*, p. 197-8; Alvin Y. So e Stephen W. K. Chiu, *East Asia and the World-Economy*, p. 49-50.

347

Adam Smith em Pequim

da guerra sino-japonesa de 1894, "a disparidade entre o grau de desenvolvimento econômico moderno dos dois países ainda não era flagrante"[71]. No entanto, a vitória do Japão foi sintomática da diferença fundamental do impulso de industrialização entre os dois países. Na China, o principal fator para esse impulso foram as autoridades provinciais, cujo poder em relação ao governo central crescera consideravelmente durante a repressão das revoltas da década de 1850 e que usaram a industrialização para consolidar sua autonomia. No Japão, ao contrário, o impulso de industrialização foi parte integrante da restauração Meiji, que centralizou o poder nas mãos do governo nacional em detrimento das autoridades provinciais[72].

O resultado da guerra sino-japonesa, por sua vez, aprofundou a divergência subjacente entre as trajetórias de industrialização chinesa e japonesa. A derrota da China enfraqueceu a coesão nacional e deu início a meio século de caos político, marcado por mais restrições à soberania, enormes indenizações de guerra, a derrocada final do regime Qing e a autonomia crescente de senhores de guerra semissoberanos, e seguido da invasão japonesa e de repetidas guerras civis entre as forças nacionalistas e comunistas. Respondendo à pergunta de O'Brien que citamos no capítulo 1, é provável que esse colapso catastrófico do Estado seja a razão mais importante para que a China tenha levado tanto tempo para recuperar a posição e o *status* econômico de que gozava em termos globais em meados do século XVIII.

Em compensação, a vitória sobre a China em 1894, seguida da vitória sobre a Rússia na guerra de 1904-1905, transformou o Japão em "participante respeitável do jogo da política imperialista"[73], para parafrasearmos Akira Iriye. A obtenção de território chinês – mais notadamente de Taiwan, em 1895, e em seguida da península de Liaodong – e a conquista de todos os direitos e privilégios russos no sul da Manchúria, em 1905 – que culminou com o reconhecimento por parte da China da suserania japonesa na Coreia, anexada como colônia em 1910 –, forneceram postos avançados valiosos ao Japão, de onde ele poderia lançar futuros ataques à China, além de assegurar o suprimento ultramarino de alimentos baratos, matérias-primas e mercados. Ao mesmo tempo, as indenizações de guerra chinesas, que chegavam a mais de um terço da renda nacional do Japão, ajudaram o país a financiar a expansão da indústria pesada e a adequar sua moeda ao padrão-ouro. Isso, por sua vez, melhorou a classificação do risco de crédito do Japão em Londres

---

[71] Albert Feuerwerker, *China's Early Industrialization: Sheng Hsuan-Huai 1844-1916 and Mandarin Enterprise*, p. 53.
[72] Alvin Y. So e Stephen W. K. Chiu, *East Asia and the World-Economy*, p. 53, 68-72.
[73] Akira Iriye, "Imperialism in East Asia", p. 552.

Estados, mercados e capitalismo no Oriente e no Ocidente

e sua capacidade de obter recursos adicionais para a expansão industrial no país e a expansão imperialista no exterior[74].

Essa bifurcação dos caminhos de desenvolvimento chinês e japonês culminou, na década de 1930, com a substituição da Grã-Bretanha pelo Japão como potência dominante na região. Com a conquista da Manchúria pelos japoneses em 1931, seguida da ocupação do norte da China em 1935 e da invasão total do país a partir de 1937, e com a conquista subsequente de partes da Ásia central e de boa parte do Sudeste Asiático, finalmente pareceu que o Japão conseguira ocupar o centro da região. Entretanto, a aposta japonesa na supremacia regional não se manteve. Como mostrou a destruição maciça que a campanha de bombardeios estratégicos dos Estados Unidos causou no Japão nos últimos meses da Segunda Guerra, antes mesmo de Hiroshima e Nagasaki, o avanço dos japoneses no campo da tecnologia militar ocidental não podia se comparar ao avanço dos norte-americanos. Mas a aposta japonesa também fracassou porque suscitou forças contrárias na China que resistiam com a mesma firmeza tanto ao domínio japonês quanto ao domínio ocidental. Após a derrota do Japão, a formação da República Popular da China resistiria aos impulsos hegemônicos ocidentais numa luta pela centralidade na Ásia oriental que desde então configurou as tendências e os fatos da região.

A hegemonia norte-americana e a ascensão japonesa

A hibridação dos caminhos de desenvolvimento ocidental e asiático-oriental foi um processo de mão dupla. Enquanto no fim do século XIX e início do século XX a convergência ia basicamente da Ásia oriental em direção ao caminho ocidental – com consequências desastrosas para todos os Estados daquela parte do continente, inclusive para o Japão, cujo sucesso inicial no jogo da política imperialista terminou no holocausto nuclear de Hiroshima e Nagasaki –, na segunda metade do século XX foi a vez de o caminho ocidental convergir para a Ásia oriental. Essa convergência pouco notada começou com a criação do regime norte-americano da Guerra Fria.

A ocupação militar do Japão pelos Estados Unidos, em 1945, e a divisão da região em dois blocos antagônicos depois da Guerra da Coreia criaram, nas palavras de Cumings, um "regime vertical [norte-americano] consolidado com tratados de defesa bilateral (com Japão, Coreia do Sul, Taiwan e Filipinas) e regido pelo Departamento de Estado, que se elevou acima dos ministérios do Exterior desses quatro países".

---

[74] Mark Peattie, introdução a Ramon H. Myers e Mark R. Peattie, *The Japanese Colonial Empire, 1895-1945*, p. 16-8; Peter Duus, "Economic Dimensions of Meiji Imperialism: The Case of Korea, 1895-1910", p. 143, 161-2; Herbert Feis, *Europe: The World's Banker, 1870-1914*, p. 422-3.

Adam Smith em Pequim

Todos se tornaram Estados semi-soberanos, com profunda penetração das estruturas militares norte-americanas (controle operacional das forças armadas sul-coreanas, patrulhamento do estreito de Formosa pela Sétima Esquadra, instalações de defesa nos quatro países e bases militares nos respectivos territórios), e incapazes de manter iniciativas de defesa ou política externa independente. [...] Medidas diplomáticas sem muita importância cruzaram a cortina militar a partir de meados da década de 1950. [...] Mas a tendência predominante até os anos 1970 foi o regime norte-americano unilateral, com forte tendência às formas militares de comunicação.[75]

Não havia precedentes na Ásia oriental dessa natureza militarista do regime norte-americano unilateral, com exceção parcial do regime Yuan do fim do século XIII e início do século XIV e do regime centrado no Japão que se interrompeu no início do século XX. Ainda assim, o regime norte-americano mostrava três semelhanças importantes com o sistema comercial-tributário centrado na China. Em primeiro lugar, o mercado interno do Estado central era incomparavelmente maior que o dos Estados vassalos. Em segundo lugar, para receber a legitimação do regime e ter acesso ao mercado interno do Estado central, os Estados vassalos tiveram de aceitar uma relação de subordinação política ao Estado central. E, em terceiro lugar, em troca dessa subordinação política, os Estados vassalos recebiam "presentes" e tinham relações comerciais extremamente vantajosas com o Estado central. Esse foi o regime "magnânimo" de comércio e auxílio da pax americana no pós-guerra, ao qual tanto Ozawa quanto Sugihara atribuem a origem do renascimento da Ásia oriental[76].

À luz dessas semelhanças, podemos dizer que a supremacia norte-americana na Ásia oriental depois da Segunda Guerra Mundial se concretizou por meio da transformação da periferia do antigo sistema comercial-tributário centrado na China em periferia de um sistema comercial-tributário centrado nos Estados Unidos. No entanto, havia duas diferenças importantes entre os dois sistemas. A primeira era que o sistema centrado nos Estados Unidos não só possuía estrutura e orientação muito mais militaristas que os sistemas anteriores centrados na China, como também patrocinava a especialização funcional entre o Estado imperial e os vassalos, algo que não encontrava precedentes nesses sistemas antigos. Assim como na relação de trocas políticas ibero-genovesas durante o século XVI na Europa, analisada no capítulo 8, os Estados Unidos especializaram-se no fornecimento de proteção e na busca de poder político em termos regionais e globais,

---

[75] Bruce Cumings, "Japan and Northeast Asia into the Twenty-first Century", p. 155.
[76] Terutomo Ozawa, "Foreign Direct Investment and Structural Transformation: Japan as a Recycler of Market and Industry", p. 130; Kaoru Sugihara, "The East Asian Path of Economic Development: a Long-term Perspective", p. 81.

Estados, mercados e capitalismo no Oriente e no Ocidente

enquanto seus Estados vassalos na Ásia oriental se especializaram no comércio e na busca do lucro. Essa relação de troca política teve papel decisivo na promoção da espetacular expansão econômica japonesa que deu início ao renascimento da região. Como escreveu Schurmann na fase inicial dessa expansão: "Libertos do fardo dos gastos com a defesa, os governos japoneses [...] direcionaram todos os recursos e toda a energia para o expansionismo econômico, que trouxe riqueza para o Japão e levou suas empresas aos mais distantes confins do globo"[77].

A segunda diferença é que o regime da Guerra Fria centrado nos Estados Unidos, ao contrário dos regimes anteriores centrados na China, era extremamente instável na região e começou a desmoronar pouco depois de sua criação. A Guerra da Coreia instituiu o regime centrado nos Estados Unidos na Ásia oriental quando excluiu a República Popular da China da relação comercial e diplomática normal com a parte não comunista da região, por meio de bloqueios e ameaças de guerra apoiados por "um arquipélago de instalações militares norte-americanas"[78]. Mas a derrota na Guerra do Vietnã forçou os Estados Unidos a readmitir a China na relação comercial e diplomática normal com o resto da Ásia oriental. Assim, o alcance da integração e da expansão econômicas da região ampliou-se consideravelmente, mas a capacidade dos Estados Unidos de controlar o processo reduziu-se na mesma proporção[79].

A crise do regime militarista dos Estados Unidos e a expansão contemporânea do mercado nacional e da rede comercial regional do Japão marcaram o ressurgimento de um padrão de relações entre Estados que era mais próximo do padrão nativo (asiático-oriental) – no qual a centralidade era determinada, em primeiro lugar, pelo tamanho relativo e pela sofisticação das economias nacionais do sistema –, do que o padrão transplantado (ocidental), no qual a centralidade passara a ser determinada, em primeiro lugar, pela força relativa dos complexos industrial-militares do sistema. Enquanto a derrota dos Estados Unidos no Vietnã desnudava os limites do militarismo industrial como fonte de poder, a influência crescente do Japão na política mundial da década de 1980 mostrava a eficácia cada vez maior da fonte econômica de poder em comparação com a fonte militar. Não foi o aparato militar poderoso, mas sim as mercadorias e o crédito baratos japoneses que na década de 1980 possibilitaram aos Estados Unidos reverter o declínio vertiginoso que seu poder conhecera na década de 1970. A relação anterior de dependência

---

[77] Franz Schurmann, *The Logic of World Power: An Inquiry into the Origins, Currents, and Contradictions of World Politics*, p. 143.

[78] Bruce Cumings, "Japan and Northeast Asia into the Twenty-first Century", p. 154-5.

[79] Giovanni Arrighi, "The Rise of East Asia: World Systemic and Regional Aspects"; Mark Selden, "China, Japan and the Regional Political Economy of East Asia, 1945-1995".

Adam Smith em Pequim

política e econômica do Japão para com os Estados Unidos transformou-se, assim, numa relação de dependência mútua: o Japão continuou dependente da proteção militar norte-americana, mas a reprodução do aparato norte-americano como fornecedor de proteção passou a depender basicamente da indústria e do sistema financeiro japoneses.

O crescente poder econômico do Japão na década de 1980 não se baseou em nenhum grande avanço tecnológico. Seu principal alicerce era organizacional. Como defendemos no capítulo 6, a proliferação mundial de grandes empresas multinacionais verticalmente integradas intensificou a concorrência entre elas e obrigou-as a terceirizar atividades antes realizadas dentro da própria organização, passando-as a empresas menores. Assim, a tendência à integração vertical e à burocratização das empresas, que fez o capital norte-americano prosperar a partir da década de 1870, começou a ser superada pela tendência à rede informal e à revitalização subordinada dos pequenos negócios. Essa nova tendência se tornou evidente por toda parte, mas em lugar nenhum teve tanto sucesso quanto na Ásia oriental. De acordo com a Organização do Comércio Exterior do Japão, sem a ajuda das camadas múltiplas de fornecedores formalmente independentes, "as grandes empresas japonesas naufragariam e afundariam". A partir do início da década de 1970, o tamanho e o alcance desse sistema de terceirização de várias camadas aumentaram rapidamente e transbordaram para um número crescente de Estados da Ásia oriental[80].

Embora o ator principal desse transbordamento fosse a capital japonesa, ele dependeu muito das redes comerciais dos chineses ultramarinos, que, desde o princípio, foram os principais intermediários entre os japoneses e as empresas locais, não só em Singapura, Hong Kong e Taiwan, como na maioria dos países do sudeste da Ásia, onde a minoria étnica chinesa ocupava posição preponderante nas redes comerciais locais. Sendo assim, a expansão do sistema japonês de terceirização em várias camadas foi apoiada não só em cima, pelo patrocínio político norte-americano, mas também embaixo, pelo patrocínio comercial e financeiro chinês[81].

Com o tempo, porém, o duplo patrocínio começou a restringir a capacidade das empresas japonesas de liderar o processo de integração e de expansão econômicas da região. Como lamentou um representante das grandes empresas japonesas no início da década de 1990,

---

[80] Daniel I. Okimoto e Thomas P. Rohlen, *Inside the Japanese System: Readings on Contemporary Society and Political Economy*, p. 83-8; Giovanni Arrighi, Satoshi Ikeda e Alex Irwan, "The Rise of East Asia: One Miracle or Many?", p. 55 ss.

[81] Po-keung Hui, "Overseas Chinese Business Networks"; Alex Irwan, "Japanese and Ethnic Chinese Business Networks in Indonesia and Malaysia".

Estados, mercados e capitalismo no Oriente e no Ocidente

Não temos poderio militar. Não há como os empresários japoneses influenciarem as decisões políticas de outros países. [...] Essa é a diferença do empresariado norte-americano, e é algo em que os empresários japoneses têm de pensar.[82]

Essa diferença não significava apenas que o Japão não conseguiria igualar a capacidade dos Estados Unidos de influenciar a política de outros países. Também significava que as políticas do próprio Japão eram muito mais suscetíveis de serem moldadas pelos interesses norte-americanos do que a política norte-americana pelos interesses japoneses. Essa assimetria não seria problema enquanto o regime "magnânimo" de comércio e de auxílio do pós-guerra dos Estados Unidos estivesse em vigor. Entretanto, como afirmamos no capítulo 9, na década de 1980 e no início da década de 1990 esse regime foi substituído por um verdadeiro golpe de proteção, que pretendia extorquir concessões comerciais do Japão, como a enorme valorização do iene e as restrições voluntárias de exportação, assim como pagamentos diretos por proteção, como o que foi imposto para custear a Guerra do Golfo. Nessas circunstâncias, a lucratividade da relação de troca política do Japão com os Estados Unidos começou a murchar.

Pior ainda, as empresas norte-americanas começaram a se reestruturar para competir de modo mais eficaz com as empresas japonesas na exploração das ricas jazidas de mão de obra e de recursos empresariais da Ásia oriental, não apenas com investimentos diretos, mas também, e sobretudo, com todo tipo de sistemas de terceirização em estruturas organizacionais de integração frouxa. Como observamos no capítulo 10, essa tendência levou à substituição das grandes empresas verticalmente integradas, a exemplo da General Motors, por grandes empresas terceirizadas, como o Wal-Mart, como principais organizações empresariais norte-americanas. A exemplo do que mostraram Gary Hamilton e Wei-an Chang, os sistemas de terceirização "dirigidos pelo comprador", como o do Wal-Mart, foram característica distintiva das grandes empresas da China no fim do período imperial e até hoje continuam a ser a forma predominante de organização empresarial em Taiwan e Hong Kong[83]. Portanto, podemos interpretar a formação e a expansão das redes norte-americanas de terceirização como outro caso de convergência ocidental na direção dos padrões da Ásia oriental. Mas, apesar dessa convergência, o principal beneficiário da mobilização das redes de terceirização da Ásia oriental na competição cada vez mais acirrada entre as principais organizações capitalistas do mundo não foi o capital japonês nem o capital norte-americano. Ao contrário, foi

---

[82] Jonathan Friedland, "The Regional Challenge", *Far Eastern Economic Review*, 9/6/1994.

[83] Gary G. Hamilton e Wei-an Chang, "The Importance of Commerce in the Organization of China's Late Imperial Economy".

Adam Smith em Pequim

outra herança do caminho de desenvolvimento da Ásia oriental: a diáspora capitalista ultramarina chinesa.

Como já observado, as maiores oportunidades de crescimento da diáspora ultramarina chinesa, que durante séculos foi o principal viveiro das sementes de capitalismo que brotaram nos interstícios do sistema comercial-tributário centrado na China, surgiram com a incorporação subordinada da Ásia oriental à estrutura do sistema globalizante centrado no Reino Unido. No início do século XX, elementos da diáspora tentaram transformar seu crescente poder econômico em influência política na China continental, apoiando a revolução de 1911 e o Kuomintang (KMT) na época dos senhores guerreiros. Mas a tentativa fracassou por causa do caos político cada vez maior, da ocupação japonesa nas regiões litorâneas da China e, finalmente, da derrota do Kuomintang diante do Partido Comunista Chinês (PCC)[84].

Ao gerar um novo surto de migração chinesa para o sudeste da Ásia, principalmente Hong Kong e Taiwan, e para os Estados Unidos, a vitória comunista reforçou as fileiras empresariais da diáspora. Pouco depois, a Guerra da Coreia reviveu o fluxo de comércio inter-regional e criou novas oportunidades de negócios para os chineses ultramarinos; a saída das grandes empresas europeias e norte-americanas da época colonial e a chegada de novas empresas multinacionais em busca de parceiros competentes para *joint ventures* tiveram o mesmo efeito[85]. No entanto, sob o regime unilateral norte-americano que surgiu após a Guerra da Coreia, o papel dos chineses ultramarinos como intermediários comerciais entre a China continental e a região marítima circundante foi sufocado tanto pelo embargo norte-americano ao comércio com a República Popular da China quanto pelas restrições desta ao comércio. Além disso, nas décadas de 1950 e 1960 a expansão do capital ultramarino chinês foi impedida pela disseminação do nacionalismo e das ideologias e práticas de desenvolvimento nacional no sudeste da Ásia. Apesar desse ambiente desfavorável, as redes comerciais ultramarinas chinesas conseguiram consolidar o controle das elites dominantes sobre a maioria das economias da região[86].

---

[84] Sobre a relação entre a diáspora ultramarina chinesa e o nacionalismo chinês, ver Prasenjit Duara, "Nationalists Among Transnationals: Overseas Chinese and the Idea of China, 1900-1911", p. 39-59.

[85] Siu-lun Wong, *Emigrant Entrepreneurs*; Jamie Mackie, "Business Success Among Southeast Asian Chinese: The Role of Culture, Values, and Social Structures", p. 142.

[86] Christopher Baker, "Economic Reorganization and the Slump in Southeast Asia", p. 344-5; Yuan-li Wu e Chun-hsi Wu, *Economic Development in Southeast Asia: The Chinese Dimension*, p. 30-4; Jamie Mackie, "Changing Patterns of Chinese Big Business", p. 165; Po-keung Hui, "Overseas Chinese Business Networks", p. 184-5.

Estados, mercados e capitalismo no Oriente e no Ocidente

Assim, o capital ultramarino chinês estava muito bem posicionado para lucrar com a expansão transfronteiras do sistema japonês de terceirização em várias camadas e com a demanda crescente das empresas norte-americanas por parceiros comerciais na região. Quanto mais se acirrava a concorrência pelos recursos humanos de baixo custo e de elevada qualidade da Ásia oriental, mais os chineses ultramarinos se transformavam numa das redes capitalistas mais poderosas da região, superando em vários aspectos as redes de multinacionais norte-americanas e japonesas[87]. Mas a maior oportunidade de aumento de sua riqueza e poder veio com a reintegração da China continental ao mercado regional e global, na década de 1980. Nesse sentido, foi fundamental a abertura da República Popular da China ao comércio e aos investimentos externos, cujo êxito deu início a uma fase inteiramente nova do renascimento da Ásia oriental: a fase da volta da China ao centro da economia regional. É dessa nova fase que trataremos agora.

---

[87] Giovanni Arrighi, Po-keung Hui, Ho-fung Hung e Mark Selden, "Historical Capitalism, East and West", p. 316; Aihwa Ong e Donald M. Nonini (ed.), *Ungrounded Empires: The Cultural Politics of Modern Chinese Transnationalism*.

12
ORIGEM E DINÂMICA DA ASCENSÃO CHINESA

Ao contrário do que se acredita, a característica mais atraente da RPC para o capital estrangeiro não foi apenas sua imensa reserva de mão de obra barata; há muitas reservas como essa pelo mundo afora, mas em nenhum lugar atraíram tanto capital quanto na China. A característica mais atraente, como argumentaremos, foi a elevada qualidade dessa reserva em termos de saúde, educação e capacidade de autogerenciamento, combinada à expansão rápida das condições de oferta e demanda para a mobilização produtiva dessa reserva dentro da própria China. Além disso, essa combinação não foi criada pelo capital estrangeiro, mas sim por um processo de desenvolvimento baseado em tradições nativas – inclusive a tradição revolucionária que deu origem à RPC. O capital estrangeiro interveio tarde no processo, sustentando-o em certas direções, porém minando-o em outras.

O "casamenteiro" que facilitou o encontro entre o capital estrangeiro, as empresas chinesas fornecedoras de mão de obra e as autoridades do governo foi o capital da diáspora chinesa[1]. Esse papel de casamenteiro foi possibilitado pela determinação com que a RPC, no governo de Deng, buscou a ajuda dos chineses no exterior para abrir a China ao comércio e ao investimento internacionais e tentar recuperar Hong Kong, Macau e, finalmente, Taiwan, de acordo com o modelo "Uma nação, dois sistemas". Essa aliança se mostrou muito mais frutífera para o governo chinês do que a política de portas abertas para as grandes empresas norte-americanas, europeias e japonesas. Incomodadas com as regras que restringiam

---

[1] Sobre o capital da diáspora chinesa como "casamenteiro", ver, entre outros, Nicholas R. Lardy, *Foreign Trade and Economic Reform in China, 1978-1990*, p. 37-82; Kichiro Fukasaku e David Wall, *China's Long March to an Open Economy*, p. 26-42; Louis Kraar, "The New Power in Asia", p. 40. Sobre as origens da diáspora chinesa, ver o capítulo 11.

Adam Smith em Pequim

a liberdade de contratar e demitir funcionários, comprar e vender mercadorias e remeter lucros para fora da China, essas empresas tenderam a manter os investimentos no nível mínimo necessário para marcar posição na RPC. Já os chineses ultramarinos podiam contornar a maioria dos regulamentos, graças à familiaridade com o idioma, os costumes e os hábitos locais, à manipulação de vínculos comunitários e de parentesco – que reforçaram com doações generosas para instituições locais – e ao tratamento preferencial que recebiam das autoridades do PCC. Assim, enquanto as grandes empresas estrangeiras não cansavam de se queixar do "clima de investimentos", os empresários chineses começaram a se mudar de Hong Kong para Guandong, quase tão depressa quanto se mudaram de Xangai para Hong Kong quarenta anos antes (e em volume muito maior). Em 1988, encorajado pelo sucesso, o governo chinês redobrou os esforços para conquistar a confiança e a ajuda do capital chinês ultramarino, estendendo para os habitantes de Taiwan muitos privilégios antes concedidos aos moradores de Hong Kong[2].

Assim, muito antes do conflito da praça da Paz Celestial, criou-se uma aliança política entre o PCC e as empresas chinesas ultramarinas. O esfriamento das relações sino-americanas depois do ocorrido na praça enfraqueceu ainda mais o entusiasmo ocidental pelos investimentos na China. Embora o quinhão chinês dos investimentos totais diretos que o Japão realizou na Ásia oriental tenha crescido rapidamente de 5% em 1990 para 24% em 1993, esse aumento não restabeleceu a posição de liderança que o Japão havia exercido no processo de expansão e integração econômica regional durante as décadas de 1970 e 1980 (ver o capítulo 11). Ao contrário, refletiu a tentativa das empresas japonesas de alcançar os chineses ultramarinos no aproveitamento das oportunidades de lucro criadas pelas reformas econômicas da RPC. Em 1990, quando o investimento japonês decolou, o investimento conjunto de 12 bilhões de dólares de Hong Kong e Taiwan constituíam 75% de todo o investimento estrangeiro na China, quase 35 vezes a parte japonesa. E por mais que o investimento japonês tenha crescido a partir daí, ele mais seguiu do que liderou o *boom* dos investimentos estrangeiros na China[3]. Quando a ascensão chinesa ganhou ímpeto próprio na década de 1990, o capital japonês, norte-americano e europeu correu para a China com mais intensidade ainda. O investimento estran-

[2] Alvin Y. So e Stephen W. K. Chiu, *East Asia and the World-Economy*, cap. 11.

[3] Giovanni Arrighi, Po-keung Hui, Ho-fung Hung e Mark Selden, "Historical Capitalism, East and West", p. 316-7. Apesar da rápida expansão do investimento estrangeiro direto na década de 1990 e início dos anos 2000, os chineses ultramarinos ainda fornecem metade do dinheiro estrangeiro que é gasto com a criação de empresas na China (Ted C. Fishman, *China, INC: How the Rise of the Next Superpower Challenges America and the World*, p. 27).

358

Origem e dinâmica da ascensão chinesa

geiro direto, que totalizou apenas 20 bilhões de dólares durante toda a década de 1980, disparou para 200 bilhões em 2000 e então mais que dobrou, chegando a 450 bilhões nos três anos seguintes. "Mas embora os estrangeiros estivessem investindo", comenta Clyde Prestowitz, "foi apenas porque os chineses investiram mais."[4]

Em outras palavras, o capital estrangeiro aproveitou o bonde da expansão econômica, que não foi ele que iniciou nem liderou. O investimento estrangeiro direto teve papel importante no estímulo à exportação chinesa. Entretanto, como mostra a Figura 5.1, o *boom* das exportações foi um episódio tardio da ascensão chinesa. De qualquer modo, mesmo então o capital estrangeiro (principalmente o dos Estados Unidos) precisava mais da China do que a China precisava de capital estrangeiro. As empresas norte-americanas, da Intel à General Motors, "estão diante de uma exigência simples: investir na China para aproveitar a mão de obra barata e o crescimento rápido da economia do país ou perder a corrida para os seus rivais". A China, que antes era apenas um centro fabril, tornou-se o lugar certo para fabricar e vender produtos de alta tecnologia. "Todo mundo e mais alguém quer ir para a China. Há 1,2 bilhão de consumidores lá", diz o presidente do grupo norte-americano AEA de comércio de tecnologia. O vice-presidente da Corning, fabricante de componentes eletrônicos, concorda: "São poucos os países que dão a mesma impressão de que se tornarão tão importantes"[5].

Mas como a China se tornou tão importante? A que combinação de ações e de circunstâncias podemos atribuir essa transformação econômica extraordinária, "provavelmente a mais notável [...] da História", segundo Stiglitz[6]? E como o atual renascimento econômico está ligado à tradição mais antiga do desenvolvimento não capitalista baseado no mercado, ao eclipse de cem anos após as Guerras do Ópio e à tradição revolucionária que deu origem à RPC? Na busca de respostas a essas perguntas, começaremos descartando o mito de que é possível atribuir a ascensão chinesa à sua suposta adesão ao credo neoliberal.

A abertura da China: Smith contra Friedman

Afirmou-se muitas vezes que a expansão econômica da China se distingue da expansão japonesa anterior por ser mais aberta ao comércio e ao investimento estrangeiros. A observação está correta, mas não a conclusão de que a China adotou, portanto, a receita neoliberal do Consenso de Washington. Essa conclusão é

---

[4] Clyde Prestowitz, *Three Billion New Capitalists: The Great Shift of Wealth and Power to the East*, p. 61.
[5] "Is the Job Drain China's Fault?", *Business Week Online*, 13/10/2003; Michelle Kessler, "U.S. Firms: Doing Business in China Tough, But Critical", *USA Today*, 17/8/2004, p. 1-2.
[6] Joseph Stiglitz, "Development in Defiance of the Washington Consensus", *The Guardian*, 13/4/2006.

Adam Smith em Pequim

comum, tanto entre os intelectuais de esquerda quanto entre os promotores do Consenso. Deng Xiaoping, por exemplo, aparece em destaque, ao lado de Reagan, Pinochet e Thatcher, na capa de *A Brief History of Neoliberalism*, de David Harvey, e um capítulo inteiro do livro é dedicado ao neoliberalismo "com características chinesas". De modo semelhante, Peter Kwong diz que tanto Reagan quanto Deng "eram grandes fãs do guru neoliberal Milton Friedman".

> É curioso como os chineses tenham logo procurado a orientação de Friedman – um ano apenas depois de Thatcher ter iniciado suas violentas reformas "sem alternativa". Assim, ao mesmo tempo em que Ronald Reagan começava sua "revolução" nos Estados Unidos, eliminando as redes de segurança e de bem-estar social que funcionavam desde a época de Franklin Delano Roosevelt, Deng e seus partidários seguiram a receita de Friedman para "tirar o governo das costas do povo", lançando a China no universo neoliberal.[7]

Na outra ponta do espectro ideológico, os promotores institucionais do Consenso de Washington – o Banco Mundial, o FMI, o Tesouro dos Estados Unidos e o do Reino Unido, apoiados pela mídia formadora de opinião, como o *Financial Times* e o *Economist* – proclamaram que a redução da pobreza e da desigualdade de renda no mundo que acompanhou o crescimento econômico da China desde 1980 pode ser atribuída ao fato de os chineses terem adotado a política que eles receitavam[8]. A afirmativa é desmentida pela longa série de desastres econômicos que a adoção real da receita provocou na África subsaariana, na América Latina e na antiga União Soviética. À luz dessa experiência, James Galbraith pergunta se ainda deveríamos considerar a década de 1990 a "época áurea do capitalismo", em vez de "algo mais próximo da época áurea do socialismo reformado em dois países (China e Índia), ao lado de uma época de desastres para aqueles que seguiram a receita recomendada pelo *Economist*".

> Tanto a China quanto a Índia livraram-se dos bancos ocidentais na década de 1970 e pouparam-se da crise da dívida externa. Até hoje, ambas continuam a manter o controle do capital, de modo que o dinheiro especulativo não pode entrar e sair livremente. Até hoje, ambas continuam a ter grandes setores estatais na indústria pesada. [...] Sim, a China e a Índia tiveram bons resultados no geral. Mas isso se deve às reformas ou à regulamentação que continuam a impor? Sem dúvida, a resposta certa é: às duas.[9]

---

[7] Peter Kwong, "China and the US are Joined at the Hip: The Chinese Face of Neoliberalism", p. 1-2.
[8] Para um exame crítico dessas alegações, ver Robert Wade, "Is Globalization Reducing Poverty and Inequality?".
[9] James K. Galbraith, "Debunking *The Economist* Again", disponível em: <http://www.salon.com/opinion/feature/2004/03/22/economist/print.html>.

Origem e dinâmica da ascensão chinesa

Concentrando-se exclusivamente na China e não questionando, por enquanto, se o país praticou ou não o "socialismo reformado", em vez de alguma variante do capitalismo, a afirmativa de Galbraith de que as reformas da China não seguiram a receita neoliberal é apoiada pela tese de Stiglitz, citada no capítulo 1, de que o sucesso das reformas chinesas pode ser atribuído ao *não* abandono do gradualismo em favor das terapias de choque defendidas pelo Consenso de Washington; ao reconhecimento de que só se consegue manter a estabilidade social se a criação de empregos andar de mãos dadas com a reestruturação; e à busca de garantia de reutilização proveitosa dos recursos deslocados em virtude do aumento da concorrência. Embora a China tenha recebido bem os conselhos e a ajuda do Banco Mundial desde o princípio das reformas, ela o fez sempre em termos e em condições que serviam ao "interesse nacional" chinês e não aos interesses do Tesouro norte-americano e do capital ocidental. Como recorda Ramgopal Agarwala, a partir de sua experiência pessoal em Pequim como funcionário do Banco Mundial:

Talvez a China seja o melhor exemplo de país que deu ouvidos aos conselhos estrangeiros, mas tomou decisões em função de suas próprias circunstâncias sociais, políticas e econômicas. [...] Seja qual for a base do sucesso da China, com certeza não foi a adoção cega das políticas [do Consenso] de Washington. A reforma com "características chinesas" foi o traço que definiu o processo reformador da China.[10]

O governo chinês também acolheu bem o investimento estrangeiro direto, porém, mais uma vez, apenas se o considerasse algo que servisse ao interesse nacional. Assim, no início da década de 1990, informou sem muita cerimônia à Toshiba e a outras grandes empresas japonesas que, a menos que levassem consigo os fabricantes de peças, não precisavam nem se incomodar em mudar para o país[11]. Mais recentemente, as empresas automobilísticas chinesas conseguiram a proeza de realizar joint ventures simultâneas com empresas estrangeiras rivais, como, por exemplo, a Guangzhou Automotive com a Honda e a Toyota, algo que esta última sempre se recusou a fazer. Esse acordo permitiu ao parceiro chinês aprender as melhores práticas de ambos os concorrentes e ser o único, na rede tripartite, a ter acesso aos outros dois[12].

Em termos mais gerais, a desregulamentação e a privatização foram bem mais seletivas e avançaram em ritmo bem mais lento do que nos países que seguiram a

[10] Ramgopal Agarwala, *The Rise of China: Threat or Opportunity?*, p. 86-9.
[11] *Far Eastern Economic Review*, 6/9/1994, p. 45.
[12] Oded Shenkar, *The Chinese Century: Upper Saddle River*, p. 66; Ted C. Fishman, *China, INC*, p. 208-10.

361

Adam Smith em Pequim

receita neoliberal. Na verdade, a principal reforma não foi a privatização, mas a exposição das empresas estatais à concorrência de umas com as outras, com as grandes empresas estrangeiras e, acima de tudo, com uma cesta de empresas privadas, semiprivadas e comunitárias recém-criadas. A concorrência resultou no declínio acentuado da participação das estatais no emprego e na produção em relação ao período de 1949 a 1979; mas, como veremos agora, o papel do governo chinês na promoção do desenvolvimento não diminuiu. Ao contrário, o governo investiu quantias enormes no desenvolvimento de novos setores, na criação de novas Zonas de Processamento para Exportação (ZPEs), na expansão e na modernização da educação superior e em grandes projetos de infraestrutura, num nível sem precedentes em nenhum país de renda per capita comparável.

Graças ao tamanho continental e à imensa população do país, essas políticas permitiram ao governo chinês combinar as vantagens da industrialização voltada para a exportação, induzida em grande parte pelo investimento estrangeiro, com as vantagens de uma economia nacional centrada em si mesma e protegida informalmente pelo idioma, pelos costumes, pelas instituições e pelas redes, aos quais os estrangeiros só tinham acesso por intermediários locais. Uma boa ilustração dessa combinação são as imensas ZPEs que o governo chinês ergueu do nada e que hoje abrigam dois terços do total mundial de trabalhadores em zonas desse tipo. O simples tamanho da China permitiu que ela construísse três conglomerados industriais básicos, cada um com sua própria especialização: o delta do rio Pérola é especializado em indústrias que fazem uso intensivo de mão de obra, em produção e montagem de peças de reposição; o delta do rio Yang-tsé é especializado em setores que fazem uso intensivo de capital e em produção de carros, semicondutores, celulares e computadores; e Zhongguan Cun, em Pequim, é o vale do Silício da China. Mais que no resto do mundo, ali o governo intervém diretamente para promover a colaboração entre universidades, empresas e bancos estatais no desenvolvimento da informática[13].

---

[13] Loong-yu Au, "The Post MFA Era and the Rise of China", p. 10-3. Além dessas e outras ZPEs, conglomerados industriais de todo tipo proliferaram no país inteiro. "Embora os conglomerados fabris não sejam novos, e os da Itália são especialmente conhecidos, os chineses os levaram a um novo patamar", criando distritos industriais gigantescos, que foram cada um deles "construídos para se especializar na fabricação de uma única coisa, até algumas mercadorias muito comuns: cigarros, isqueiros, distintivos, gravatas, presilhas". Na região de Datang, mais de 10 mil famílias de 120 aldeias ganham a vida confeccionando meias. Em 2004, elas confeccionaram 9 bilhões de pares de meias, enquanto a cidade norte-americana de Fort Payne, nos Apalaches, que já se declarou a "capital mundial das meias", fabricou menos de 1 bilhão de pares. Entre as empresas de Datang ligadas às meias, há cerca de mil processadoras de material têxtil, 400 vendedores de fios, 300 empresas de tecelagem, 100 prensas, 300 embaladoras e 100 distribuidoras, além dos milhares de malharias com

362

Origem e dinâmica da ascensão chinesa

A divisão de trabalho entre as ZPEs ilustra também a estratégia do governo chinês para promover o desenvolvimento dos setores que fazem uso intensivo de conhecimento, mas sem abandonar os de uso intensivo de mão de obra. Para impor essa estratégia, que transformou várias cidades chinesas em incubadoras de pesquisa de alta tecnologia, o governo chinês modernizou e expandiu seu sistema educacional em ritmo e em escala sem precedentes, até mesmo para a Ásia oriental. Baseando-se nas conquistas excepcionais da era Mao no campo da educação primária, o governo aumentou o período médio de escolarização para cerca de oito anos e a população estudantil para 340 milhões de pessoas. Como consequência, as faculdades estatais da China produzem um número absoluto de formandos comparável ao de muitos países mais ricos que ela. Em 2002, por exemplo, 590 mil estudantes se formaram em ciência e tecnologia na China, contra 690 mil no Japão apenas um ou dois anos antes. Além disso, as instituições chinesas de ensino superior têm mostrado mais abertura às influências externas do que as instituições japonesas e coreanas. Não só suas principais universidades estão atualizando infraestrutura e pessoal acadêmico, como o contingente de estudantes chineses é o maior nos Estados Unidos e está em rápido crescimento na Europa, na Austrália, no Japão e em outros países. Além de o governo chinês oferecer todo tipo de incentivo para que os estudantes chineses no exterior voltem após o término de seus cursos, muitos deles, inclusive cientistas e executivos já formados, são atraídos pelas oportunidades oferecidas pelo rápido crescimento da economia chinesa[14].

Em resumo, o relativo gradualismo com que as reformas econômicas foram realizadas e a ação compensatória com a qual o governo buscou promover a sinergia entre a expansão do mercado nacional e as novas divisões sociais do trabalho mostram que a fé utópica que o credo neoliberal dedica aos benefícios das terapias de choque, aos governos minimalistas e aos mercados autorregulados era tão estranha aos reformadores chineses quanto a Smith. Na concepção smithiana de

---

8 teares em média cada (Don Lee, "China's Strategy Gives It the Edge in the Battle of Two Sock Capitals", *Los Angeles Times*, 10/4/2005).

[14] Yugui Guo, *Asia's Educational Edge: Current Achievements in Japan, Korea, Taiwan, China, and India*, p. 154-5; Loong-yu Au, "The Post MFA Era and the Rise of China"; Oded Shenkar, *The Chinese Century*, p. 4-5; Pallavi Aiyar, "Excellence in Education: The Chinese Way", *The Hindu*, 17/2/2006; Howard W. French, "China Luring Scholars to Make Universities Great", *The New York Times*, 24/10/2005; Chris Buckley, "Let a Thousand Ideas Flower: China Is a New Hotbed of Research", *The New York Times*, 13/9/2004. Segundo o *People's Daily* (17/11/2003) e as estatísticas do Ministério da Educação, mais de 580 mil estudantes chineses viajaram para o exterior para realizar estudos avançados desde o início das reformas, em 1978, e 150 mil deles voltaram para a China. Entre outras coisas, os estudantes que voltaram fundaram até 5 mil empresas em todo o país, gerando receitas que excedem os 10 bilhões de iuanes.

Adam Smith em Pequim

desenvolvimento com base no mercado esboçada no capítulo 2, os governos usam o mercado como instrumento de domínio e, ao liberar o comércio, fazem-no aos poucos, para não perturbar a "tranquilidade pública". Eles fazem os capitalistas, e não os trabalhadores, competir entre si, de modo que o lucro seja levado ao nível mínimo tolerável. Encorajam a divisão de trabalho entre unidades de produção e comunidades, e não no interior delas, e investem em educação para contrabalançar o efeito negativo da divisão do trabalho na qualidade intelectual da população. Dão prioridade à formação do mercado interno e ao desenvolvimento agrícola como base principal da industrialização e, com o tempo, ao investimento estrangeiro e ao comércio exterior. No entanto, caso essa prioridade entre em choque com "o primeiro dever do soberano" – "proteger a sociedade da violência e da invasão de outras sociedades independentes" –, Smith admite que a prioridade deve ser dada à indústria e ao comércio exterior.

A maioria das características do retorno da China à economia de mercado cabe nessa concepção de desenvolvimento com base no mercado, mais que na concepção de Marx de desenvolvimento capitalista, segundo a qual os governos desempenham o papel de comitês para gerenciar os problemas comuns da burguesia e, como tal, facilitar tanto a separação entre produtores diretos e meios de produção quanto a tendência dos acumuladores capitalistas de transferir para os trabalhadores a pressão competitiva. Com certeza, ao promover as exportações e a importação de *know-how* tecnológico, o governo chinês buscou a ajuda dos capitalistas estrangeiros e da diáspora chinesa em nível bem maior do que fizeram os governos Ming e Qing antes das Guerras do Ópio e a própria RPC de Mao. Na verdade, a relação com o capital da diáspora chinesa lembra muito a relação de troca política que Espanha e Portugal mantiveram com a diáspora capitalista genovesa no século XVI. No entanto, como observamos anteriormente, o governo chinês manteve o controle nessas relações, tornando-se ele mesmo um dos principais credores do Estado capitalista dominante (os Estados Unidos) e aceitando ajuda em termos e em condições que se adequassem ao interesse nacional da China. Não há delírio de imaginação que possa caracterizá-lo como escravo dos interesses capitalistas estrangeiros e da diáspora chinesa[15].

---

[15] A última prova disso é a enxurrada de novas barreiras que o governo chinês impôs em 2006 aos investidores estrangeiros, como a análise mais atenta das fusões com base estrangeira e as propostas de restrições em áreas que vão dos bancos ao comércio varejista e à indústria, algo que as empresas estrangeiras consideraram ainda mais alarmante por ter origem na crescente preocupação do governo com o universo cada vez maior de empresas nacionais chinesas e com questões sociais urgentes, como a pobreza e a desigualdade de renda (Andrew Batson e Mei Fong, "In Strategic Shift, China Hits Foreign Investors With New Hurdles", *Wall Street Journal*, 30/8/2006, p. A1).

Origem e dinâmica da ascensão chinesa

É mais difícil avaliar se o governo chinês está em via de se tornar um comitê de gerenciamento dos problemas comuns da burguesia que está surgindo dentro da própria China continental. Voltaremos a essa questão mais adiante; por ora, outra característica smithiana da transição da China para a economia de mercado recomenda cautela quando a qualificamos como transição para o capitalismo. Essa outra característica é o estímulo ativo do governo à concorrência não só entre capitais estrangeiros, mas entre todos os capitais, sejam eles estrangeiros ou nacionais, privados ou públicos. Na verdade, as reformas deram mais ênfase à intensificação da concorrência, com o desmembramento dos monopólios nacionais e a eliminação de barreiras, do que à privatização[16]. O resultado foi a superacumulação constante de capital e a pressão de queda do lucro que foram caracterizadas como "capitalismo selvagem chinês", mas que se assemelham sobretudo ao mundo smithiano de capitalistas forçados pela competição impiedosa a trabalhar em prol do interesse nacional.

> Um novo produto é introduzido, muitas vezes por uma companhia estrangeira, e em poucos meses uma série de fabricantes, muitos deles empresas privadas chinesas, começam a copiá-lo. Instala-se a concorrência crescente que faz os preços despencarem. E logo os produtores buscam novos mercados, cada vez mais no exterior. Impulsionando tudo isso, há um emaranhado de forças que geraram um dos mercados mais competitivos do mundo. Uma onda imensa de investimentos estrangeiros [...] ensinou ao país algumas das mais modernas técnicas fabris. O apetite feroz pela tecnologia estrangeira promoveu ganhos de produtividade em toda a economia, enquanto no país inteiro o zelo empresarial brotava dos escombros do antigo sistema de planejamento central.[17]

A competição cruel entre as empresas públicas e privadas resultou, certamente, em perturbações graves para a estabilidade de que os trabalhadores urbanos desfrutavam na época de Mao, assim como em incontáveis episódios de exploração, principalmente de trabalhadores migrantes[18]. Como veremos na seção que conclui o capítulo, as dificuldades dos trabalhadores urbanos demitidos e a exploração dos migrantes foram as causas principais da escalada das agitações trabalhistas e dos conflitos sociais do fim da década de 1990 e início da década de 2000. No entanto,

---

[16] Thomas G. Rawski, "Reforming China's Economy: What Have We Learned?", p. 142, 145; Ramgopal Agarwala, *The Rise of China*, p. 103-6.
[17] Karby Leggett e Peter Wonacott, "Burying the Competition", *Far Eastern Economic Review*, 17/10/2002. Para relatos semelhantes, consultar, entre outros, James Kynge, *China Shakes the World*, e Stephen Kotkin, "Living in China's World", *The New York Times*, 5/11/2006.
[18] Ver, entre outros, Anita Chan, "Globalization, China's Free (Read Bounded) Labor Market, and the Trade Union"; Jun Tang, "Selection from Report on Poverty and Anti-Poverty in Urban China"; Ching Kwan Lee e Mark Selden, "Durable Inequality: The Legacies of China's Revolutions and the Pitfalls of Reforms".

Adam Smith em Pequim

as dificuldades e as revoltas dos trabalhadores precisam ser inseridas no contexto das políticas governamentais que, também nesse aspecto, não abraçaram a principal receita neoliberal: sacrificar o bem-estar dos trabalhadores para incentivar a lucratividade. Não só a assistência médica, a aposentadoria e outros "benefícios obrigatórios" dos trabalhadores de joint ventures continuaram mais generosos e a demissão de trabalhadores mais difícil no mercado formal da China do que em países com renda per capita comparável ou maior, como também, o que é mais importante, a expansão da educação superior, o aumento rápido das oportunidades de emprego em novos setores, a redução tributária rural e outras reformas para estimular os camponeses a investir na economia agrária combinaram-se para criar a escassez de mão de obra que está solapando as bases da exploração dos migrantes. "Estamos vendo o fim do período áureo da mão de obra barata na China", declara um economista da Goldman Sachs. "Há abundância de trabalhadores, mas a oferta de operários sem instrução está diminuindo [...]. Os trabalhadores chineses [...] estão galgando a escala de valores mais depressa do que se esperava."[19]

As características smithianas das reformas chinesas que examinamos até aqui – o gradualismo das reformas e da ação estatal que visa expandir e atualizar a divisão social do trabalho; a expansão maciça da educação; a subordinação dos interesses capitalistas ao interesse nacional; e o estímulo ativo à concorrência entre capitalistas – todas elas contribuíram para essa escassez incipiente de mão de obra. Porém o fator mais importante talvez tenha sido uma quinta característica smithiana das reformas chinesas: o papel preponderante da formação do mercado interno e da melhoria das condições de vida nas áreas rurais. É desse fator importantíssimo que trataremos agora.

Acumulação sem desapropriação

Como Smith teria aconselhado, as reformas de Deng visaram primeiramente à economia interna e à agricultura. A principal reforma foi a introdução, entre 1978 e 1983, do Sistema de Responsabilidade Familiar, que retirou das comunas a responsabilidade das decisões e do controle dos excedentes agrícolas e devolveu-a às famílias rurais. Além disso, em 1979 e novamente em 1983, os preços dos produtos agrícolas foram elevados substancialmente. Como consequência, a produtividade e o lucro da atividade rural aumentaram de forma extraordinária, fortalecendo a tendência das empresas de comunas e de brigadas a produzir mer-

[19] David Barboza, "Labor Shortage in China May Lead to Trade Shift", *New York Times*, 3/4/2006; Thomas Fuller, "Worker Shortage in China: Are Higher Prices Ahead?", *Herald Tribune Online*, 20/4/2005; Simon Montlake, "China's Factories Hit an Unlikely Shortage: Labor", *Christian Science Monitor*, 1/5/2006; "China's People Problem", *The Economist*, 14/4/2005.

Origem e dinâmica da ascensão chinesa

cadorias não agrícolas. Por meio de várias barreiras institucionais contra a mobilidade espacial, o governo encorajou a mão de obra rural a "sair da terra sem sair da aldeia". No entanto, em 1983, os habitantes rurais tiveram permissão para se dedicar ao transporte e ao comércio de longa distância para buscar mercados para seus produtos. Foi a primeira vez, no decorrer de uma geração, que os agricultores chineses tiveram o direito de realizar negócios fora de suas aldeias natais. Em 1984, os regulamentos se tornaram ainda mais flexíveis e permitiram que os agricultores trabalhassem em cidades vizinhas, nas novas Empresas de Aldeias e de Municípios (EAMs) de propriedade coletiva[20].

O surgimento das EAMs foi provocado por duas outras reformas: a descentralização fiscal, que deu autonomia aos governos locais para promover o crescimento econômico e utilizar os restos fiscais como incentivos; e a avaliação dos quadros com base no desempenho econômico de suas localidades, o que deu aos governos locais um forte incentivo para apoiar o crescimento econômico. Assim, as EAMs tornaram-se a fonte primária da reorientação das energias empresariais dos quadros do partido e das autoridades do governo para os objetivos desenvolvimentistas. Sendo financeiramente autossuficientes em sua maioria, elas também se tornaram os principais agentes da realocação de excedentes agrícolas para a realização de atividades industriais com uso intensivo de mão de obra que pudessem absorver produtivamente o excesso de trabalhadores rurais[21].

O resultado foi o crescimento explosivo da força de trabalho rural envolvida em atividades não agrícolas: de 28 milhões de pessoas em 1978 para 176 milhões em 2003, tendo grande parte desse aumento ocorrido nas EAMs. Entre 1980 e 2004, as EAMs criaram quatro vezes mais empregos do que se perdeu em emprego público e urbano coletivo. Embora entre 1995 e 2004 o aumento de empregos nas EAMs tenha sido bem menor que a redução do emprego público e urbano coletivo, no fim do período as EAMs ainda empregavam duas vezes mais trabalhadores do que todas as empresas urbanas estrangeiras, privadas e de propriedade conjunta somadas[22].

---

[20] Fang Cai, Albert Park e Yaohui Zhao, "The Chinese Labor Market"; Jonathan Unger, *The Transformation of Rural China*.

[21] Jean Oi, *Rural China Takes Off: Institutional Foundations of Economic Reform*; Nan Lin, "Local Market Socialism: Local Corporatism in Action in Rural China"; Andrew Walder, "Local Governments as Industrial Firms: An Organizational Analysis of China's Transitional Economy"; Susan H. Whiting, *Power and Wealth in Rural China: The Political Economy of Institutional Change*; Juan Wang, "Going Beyond Township and Village Enterprises in Rural China", p. 179; Kellee S. Tsai, "Off Balance: The Unintended Consequences of Fiscal Federalism in China"; Justin Yifu Lin e Yang Yao, "Chinese Rural Industrialization in the Context of the East Asian Miracle".

[22] *Zhongguo Tongji Nianjian 2005* [Anuário Estatístico da China 2005] (Pequim, China Statistics Press) e *Zhongguo Nongye Tongji Nianjian 2005* [Anuário Agrícola da China 2005] (Pequim, China Agricultural Press).

Adam Smith em Pequim

O dinamismo das empresas rurais pegou os líderes chineses de surpresa. O desenvolvimento das EAMs, como admitiu Deng Xiaoping em 1993, "foi muito além das nossas expectativas". Enquanto isso, o governo já havia avançado para legalizar e regulamentar as EAMs. Em 1990, a propriedade coletiva das EAMs foi atribuída a todos os habitantes da cidade ou aldeia. Entretanto, cabia aos governos locais nomear e demitir administradores ou delegar essa responsabilidade a algum órgão governamental. A alocação dos lucros das EAMs também foi regulamentada, tornando obrigatório que mais da metade deles fosse reinvestido na própria empresa, a fim de modernizar e expandir a produção e aumentar as verbas destinadas à assistência social e aos prêmios, e a maior parte do que sobrasse fosse empregado em infraestrutura agrícola, prestação de serviços tecnológicos, previdência e assistência social públicas e investimento em novas empresas. No fim da década de 1990, houve tentativas de transformar os direitos de propriedade vagamente definidos em algum tipo de propriedade por ações ou puramente privada. Contudo, foi inviável impor todos os regulamentos, inclusive os que determinavam a alocação dos lucros, de modo que as EAMs passaram a se caracterizar por tamanha variedade de organização e de prática local que sua categorização se tornou extremamente difícil[23].

No entanto, retrospectivamente, apesar ou talvez por causa de sua variedade organizacional, as EAMs podem ter desempenhado papel fundamental na ascensão econômica chinesa, assim como as empresas com integração vertical e administração burocrática na ascensão norte-americana um século atrás. São muitas as suas contribuições para o sucesso das reformas. Em primeiro lugar, a orientação para o uso intensivo de mão de obra permitiu que as EAMs absorvessem os trabalhadores rurais excedentes e criassem renda no campo sem aumentar maciçamente a migração para as áreas urbanas. Na verdade, a maior parte da mobilidade da mão de obra na década de 1980 foi devida ao movimento dos agricultores que deixaram o plantio para trabalhar nas empresas coletivas rurais. Em segundo lugar, como as EAMs eram relativamente pouco regulamentadas, sua entrada em inúmeros mercados aumentou a pressão competitiva por toda parte, forçando não só as estatais, mas todas as empresas urbanas a melhorar seu

---

[23] Wing Thye Woo, "The Real Reasons for China's Growth", p. 129-37; Boudewijn R. A. Bouckaert, "Bureaupreneurs in China: We Did It Our Way – A Comparative Study of the Explanation of the Economic Successes of Town-village-enterprises in China"; Martin Hart-Landsberg e Paul Burkett, "China and Socialism: Market Reform and Class Struggle", p. 35; Justin Yifu Lin e Yang Yao, "Chinese Rural Industrialization in the Context of East Asian Miracle".

Origem e dinâmica da ascensão chinesa

desempenho[24]. Em terceiro lugar, as EAMs foram fonte importante de receita tributária rural, o que reduziu o fardo fiscal sobre os camponeses. Como os impostos e os tributos eram a principal fonte de queixas dos camponeses, elas contribuíram, assim, para a estabilidade social. Além disso, ao assumir muitos dos encargos e tributos que costumavam recair sobre os camponeses, elas também os ajudaram a proteger-se contra governos locais predatórios[25]. Em quarto lugar, e o mais importante em aspectos fundamentais, ao reinvestir localmente lucros e rendimentos, as EAMs expandiram o mercado interno e criaram condições para que houvesse novas rodadas de investimento, criação de empregos e divisão de trabalho[26].

Como observou Gillian Hart ao resumir as vantagens do desenvolvimento da China em comparação com a África do Sul – onde há muito tempo o campesinato foi desapropriado dos meios de produção sem que houvesse uma criação correspondente de condições de demanda para que fosse reabsorvido em empregos assalariados –, boa parte do crescimento econômico chinês pode ser atribuída à contribuição das EAMs para o reinvestimento e a redistribuição do lucro industrial nos circuitos locais e para o seu uso em escolas, clínicas e outras formas de consumo coletivo. Além disso, nas EAMs em que há distribuição de terras relativamente igualitária entre as famílias, como as que Hart visitou nas províncias de Sichuan e Hunan em 1992, os moradores podiam ganhar a vida combinando o cultivo intensivo em lotes minúsculos com o trabalho na indústria e em outras atividades não agrícolas. Na verdade,

> a principal força que impele o crescimento [das EAMs] é que, ao contrário das empresas urbanas, elas não têm de fornecer moradia, assistência médica, aposentadoria e outros benefícios aos trabalhadores. Com efeito, boa parte do custo de reprodução da mão de obra foi desviada da empresa, porém, ao menos em alguns casos, ela é financiada por mecanismos redistributivos.

Esse padrão, segundo sugere Hart, pôde ser observado não só na China, como também em Taiwan.

> O que distingue China e Taiwan – e que é muito diferente na África do Sul – é a reforma agrária redistributiva que teve início no fim da década de 1940 e efetivamente destruiu

---

[24] Fang Cai, Albert Park e Yaohui Zhao, "The Chinese Labor Market".
[25] Juan Wang, "Going Beyond Township and Village Enterprises in Rural China", p. 177-8; Thomas P. Bernstein e Xiaobo Lu, *Taxation without Representation in Contemporary Rural China*.
[26] Justin Yifu Lin e Yang Yao, "Chinese Rural Industrialization in the Context of the East Asian Miracle".

369

Adam Smith em Pequim

o poder de classe dos grandes proprietários de terras. As forças políticas que impulsionaram a reforma agrária na China e em Taiwan estavam intimamente ligadas e eram o exato oposto uma da outra. Mas tanto na China socialista e pós-socialista quanto na Taiwan "capitalista", a reforma redistributiva que definiu as transformações agrárias foi marcada pela acumulação industrial rápida e descentralizada *sem* desapropriação da terra [...]. O fato de que alguns dos casos mais extraordinários de produção industrial na segunda metade do século XX tenham ocorrido sem que os operários-camponeses fossem desapropriados de suas terras não só lança luz sobre as formas de acumulação claramente "não ocidentais" que estão por trás da concorrência global [...] [como também deveria nos levar a] rever os pressupostos teleológicos sobre "acumulação primitiva", segundo os quais a desapropriação é considerada um concomitante natural do desenvolvimento capitalista.[27]

Do ponto de vista desenvolvido neste livro, o apelo de Hart à revisão de pressupostos sobre a acumulação primitiva pode ser reformulado da seguinte maneira. A separação entre produtores agrícolas e meios de produção foi mais uma consequência da destruição criativa do capitalismo do que uma de suas precondições. A forma mais persistente e fundamental de acumulação primitiva – ou, como Harvey rebatizou o processo, de acumulação por desapropriação – foi o uso da força militar dos Estados ocidentais para oferecer à acumulação interminável de poder e capital ajustes espaciais de escala e alcance cada vez maiores. No entanto, as tentativas dos Estados Unidos de provocar o maior de todos os ajustes espaciais, transformando-se em Estado mundial, saíram pela culatra. Em vez de criar um Estado mundial, eles criaram um mercado mundial de volume e de densidade sem precedentes, no qual a região dotada do maior suprimento de mão de obra barata e de alta qualidade leva vantagem competitiva decisiva. Não é por acaso histórico que essa região é a Ásia oriental, herdeira da tradição de economia de mercado que, mais que todas as outras, mobilizou recursos humanos, ao invés de não humanos, e protegeu, ao invés de destruir, a independência econômica e o bem-estar dos produtores agrícolas.

Essa é mais uma reformulação da tese de Sugihara sobre a importância constante da Revolução Industriosa da Ásia oriental. A observação de Hart de que nas EAMs o cultivo intensivo de pequenos lotes de terra se combina com o trabalho na indústria e em outras formas de atividade não agrícola e com investimentos na melhoria da qualidade da mão de obra confirma a validade da tese. Mas o mesmo acontece com a observação frequente de que, mesmo em áreas urbanas, a principal

---

[27] Gillian Hart, *Disabling Globalization: Places of Power in Post-Apartheid South Africa*, p. 199-201.

370

Origem e dinâmica da ascensão chinesa

vantagem competitiva dos produtores chineses não é o salário baixo por si só, mas o uso de técnicas que empregam mão de obra instruída e barata, em vez de máquinas e administradores caros. Um bom exemplo disso é a fábrica de automóveis Wanfeng, perto de Xangai, onde "não há um único robô à vista". Como em muitas outras fábricas chinesas, as linhas de montagem são ocupadas por fileiras de rapazes recém-saídos das muitas escolas técnicas da China os quais trabalham com pouco mais do que grandes furadeiras elétricas, chaves de boca e martelos de borracha.

> Motores e painéis laterais que, numa fábrica ocidental, coreana ou japonesa, iriam de setor em setor por meio de esteiras automáticas são levadas à mão em carrinhos. É por isso que a Wanfeng consegue vender seus Jeep Tributes feitos à mão por 8 mil a 10 mil dólares no Oriente Médio. A empresa não está gastando dinheiro com máquinas multimilionárias para fazer carros; ao contrário, está usando operários muito bem capacitados [cujo] salário anual [...] é menor que o salário mensal dos recém-contratados em Detroit.[28]

Em termos gerais, como indica um informe no *Wall Street Journal*, os balanços contábeis que mostram o peso da folha salarial como apenas 10% do custo do produto acabado são enganosos, porque excluem o custo salarial dos componentes comprados e os custos fixos da empresa. Quando se somam esses custos, o gasto total com mão de obra fica na ordem de 40% a 60% do custo do produto final e, na China, esse custo da mão de obra é sempre mais baixo. Na verdade, em geral a principal vantagem competitiva da China não é que os operários custem 5% do que custam seus colegas norte-americanos, mas que os engenheiros e os gerentes de fábrica custem 35% ou menos. Do mesmo modo, as estatísticas que mostram que os operários norte-americanos que trabalham em fábricas com uso intensivo de capital são muito mais produtivos que seus colegas chineses ignoram o fato de que a produtividade mais elevada dos operários norte-americanos se deve à substituição de muitos deles por sistemas complexos de automação flexível e manejo de materiais, o que reduz o custo da mão de obra, mas aumenta o custo do capital e dos sistemas de apoio. Ao economizar capital e ao dar destaque maior ao papel da mão de obra, as fábricas chinesas invertem esse processo. O projeto das partes que serão fabricadas, manuseadas e montadas manualmente, por exemplo, reduz em até um terço o capital total necessário[29].

---

[28] Ted C. Fishman, *China INC*, p. 205-6. Para outros exemplos de substituição de equipamento caro por mão de obra de baixo custo, ver George Stalk e David Young, "Globalization Cost Advantage", *Washington Times*, 24/8/2004.

[29] Thomas Hout e Jean Lebreton, "The Real Contest Between America and China", *The Wall Street Journal Online*, 16/9/2003.

Adam Smith em Pequim

Além disso, como seria de esperar nas teses de Sugihara, as empresas chinesas substituem pela mão de obra instruída e barata não só as máquinas, mas também os administradores mais caros. Justificando a má opinião de Smith sobre a administração empresarial burocrática, a força de trabalho autogerenciada "também mantém baixo o custo administrativo".

> Apesar do número imenso de operários nas fábricas chinesas, as fileiras de gerentes que os supervisionam são extremamente pequenas para os padrões ocidentais. Dependendo do trabalho, é possível ver 15 gerentes para 5 mil operários, sinal de que eles gerenciam incrivelmente bem a si mesmos.[30]

Como já observado, as políticas governamentais no campo da educação dotaram a China de um reservatório de recursos humanos que, ao lado da enorme oferta de operários alfabetizados e industriosos, inclui um suprimento de engenheiros, cientistas e técnicos em rápida expansão. Essa oferta em expansão de trabalhadores do conhecimento facilita não só a substituição de máquinas e de administradores caros por mão de obra instruída e barata, como também, como defendia Smith, o aprimoramento da divisão social do trabalho para produção e inovações com uso intensivo de conhecimentos. Basta mencionar que, em 2003, embora os Estados Unidos gastassem quase cinco vezes mais do que a China com pesquisa e desenvolvimento, eles possuíam menos que o dobro de pesquisadores (1,3 milhão contra 743 mil). Além disso, nos últimos doze anos, os gastos da China com pesquisa e desenvolvimento cresceram ao ritmo de 17% ao ano, contra 4% a 5% nos Estados Unidos, no Japão e na União Europeia[31].

Origem social da ascensão chinesa

A semelhança entre a transformação em andamento da economia política chinesa e a concepção de Smith de desenvolvimento com base no mercado não significa absolutamente que as reformas de Deng se inspiraram nos textos de Smith. Como já observado, as práticas do alto funcionário Chen Hongmou no século XVIII antecederam o que Smith mais tarde teorizou em *A riqueza das nações*. Essas práticas se originaram não da teoria, mas da abordagem pragmática, inspirada pelas tradições chinesas, dos problemas de governança da China em meados do período Qing. Se Deng leu ou não os textos de Smith, a verdade

---

[30] Ted C. Fishman, "The Chinese Century", *The New York Times Magazine*, 4/7/2004.
[31] Ibidem; Gautam Naik, "China's Spending for Research Outpaces the U. S.", *The Wall Street Journal Online*, 29/9/2006.

372

Origem e dinâmica da ascensão chinesa

é que suas reformas nasceram da abordagem igualmente pragmática dos problemas de governança da China pós-Mao.

Assim, Wang Hui, da Universidade de Tsinghua, atribuiu recentemente a origem das reformas à reação, amplamente aprovada dentro e fora do PCC, contra "as lutas faccionais e o caráter caótico da política nos últimos anos da Revolução Cultural". Embora repudiasse totalmente a Revolução Cultural, ainda assim o PCC "não repudiou a Revolução Chinesa, nem os valores socialistas, nem a essência do pensamento de Mao Tsé-tung". Dois efeitos se seguiram.

> Primeiro, até certo ponto a tradição socialista serviu de restrição interna às reformas estatais. Toda vez que o sistema partidário estatal fazia uma grande mudança política, precisava fazê-la em diálogo com essa tradição. [...] Em seguida, a tradição socialista deu a operários, camponeses e outras coletividades sociais meios legítimos de contestar ou negociar os procedimentos estatais corruptos ou não-igualitários de conversão ao mercado. Assim, dentro do processo histórico de negação da Revolução Cultural, a reativação do legado da China também dá espaço para o desenvolvimento da política futura.[32]

No que diz respeito à relação entre as reformas e a tradição socialista da China, havia pelo menos duas boas razões para o PCC de Deng repudiar a Revolução Cultural, mas não a tradição criada pela Revolução Chinesa. Em primeiro lugar, as lutas entre facções e o caos político dos últimos anos da Revolução Cultural concluíram, mas ao mesmo tempo ameaçaram destruir, as realizações da Revolução Chinesa. Em segundo lugar, o massacre da Revolução Cultural não poupou o PCC, minando gravemente a base burocrática do poder e dos privilégios de seus quadros e autoridades. Assim, as reformas de Deng tiveram um duplo encanto: para as autoridades e os quadros do partido, como meio de recompor em bases novas seu poder e seus privilégios; para os cidadãos em geral, como meio de consolidar as realizações da Revolução Chinesa que a Revolução Cultural ameaçava destruir.

Como primeiro atrativo, as reformas criaram uma miríade de oportunidades com o intuito de reorientar as energias empresariais da esfera política para a econômica – que as autoridades e os quadros do partido logo aproveitaram para enriquecer e ganhar mais poder, em associação com as autoridades do governo e com os administradores das estatais, em geral eles próprios membros influentes do partido. Ao longo do processo, várias formas de acumulação por desapropriação, como apropriação de propriedades públicas, desvio de verbas e venda de direitos de uso da

---

[32] Hui Wang, "Depoliticized Politics, From East to West", p. 34, 44-5.

373

Adam Smith em Pequim

terra, tornaram-se o ponto de partida de fortunas imensas[33]. Entretanto, ainda não se sabe se esse enriquecimento e esse aumento de poder levaram à formação de uma classe capitalista e, mais importante, se essa classe, se é que ela existe, conseguiu assumir o controle dos picos dirigentes da economia e da sociedade chinesas. Com Jiang Zemin (1989-2002), a resposta positiva a ambas as questões parecia bastante plausível. Mas com Hu Jintao e Wen Jiabao, apesar do pouco tempo para avaliar suas orientações, parece estar ocorrendo uma reversão, o que torna essa resposta, principalmente à segunda questão, bem menos plausível[34].

Quanto ao atrativo das reformas de Deng para os cidadãos em geral, devemos primeiro admitir quão consideravelmente o sucesso das reformas dependeu das conquistas anteriores da Revolução Chinesa. Como observa Au Loong-yu, quando observadores ocidentais e japoneses louvam a instrução, a disposição de aprender e a disciplina da mão de obra chinesa, inclusive dos migrantes rurais, em comparação com a mão de obra indiana, "nunca lhes ocorre que um dos fatores que contribuíram para essa realização foi a grande transformação preliminar da reforma agrária e a construção coletiva da educação e da infraestrutura rural que se seguiu a ela, sem relação nenhuma com a reforma posterior do mercado"[35]. O *boom* da produção agrícola entre 1978 e 1984 teve algo a ver com as reformas,

---

[33] Yingyi Qian, "Enterprise Reforms in China: Agency Problems and Political Control"; Xueliang L. Ding, "The Illicit Asset Stripping of Chinese State Firms"; Ching Kwan Lee e Mark Selden, "Durable Inequality". Essas e outras formas de acumulação por desapropriação ocorreram em conjunto com a acumulação sem desapropriação enfatizada por Hart. Claro que é muito difícil dizer qual tendência predominou em momentos diferentes num país com o tamanho e com a complexidade da China, e é mais difícil ainda saber qual tendência tem mais chances de predominar no futuro. A posição apresentada no texto a seguir é que, com Jiang Zemin, a acumulação por desapropriação vinha crescendo e, não fosse a mudança política de Hu Jintao provocada pelo aumento da agitação social, ela talvez acabasse predominando.

[34] A reversão foi marcada não só pela mudança da política e pela maior preocupação dos novos líderes com a questão social, como também pelas campanhas constantes contra a corrupção para expurgar a estrutura do partido dos seguidores de Jiang e reforçar a capacidade tanto do PCC quanto do governo central de implementar efetivamente a mudança da linha política. Ver Joseph Kahn, "China's Anti-graft Bid Bolsters Top Leaders", *The International Herald Tribune*, 4/10/2006; Richard McGregor, "Push to Bring the Provinces into Line", *Financial Times*, 12/12/2006. Ainda é discutível se as reformas fortaleceram ou enfraqueceram a capacidade dos principais líderes do PCC e do governo central de implantar as políticas nos níveis provincial e local. Veja opiniões opostas sobre essa questão em Maria Edin, "State Capacity and Local Agent Control in China: CCP Cadre Management from a Township Perspective", e Ho-fung Hung, "Rise of China and the Global Overaccumulation Crisis".

[35] Loong-yu Au, "The Post MFA Era and the Rise of China", p. 10-3. Quando as reformas de Deng decolaram, a China já estava melhor que a Índia em todos os indicadores de desenvolvimento humano: nível de alfabetização, ingestão diária de calorias, taxa de mortalidade, taxa de mortalidade infantil, expectativa de vida e assim por diante. Ver Peter Nolan, *Transforming China: Globalization, Transition and Development*, p. 118.

Origem e dinâmica da ascensão chinesa

mas apenas porque se basearam no legado da época de Mao. Entre 1952 e 1978, as comunas mais que dobraram a terra agrícola irrigada da China e disseminaram tecnologias aprimoradas, como o maior uso de fertilizantes e do arroz semianão de alta produtividade, que em 1977 ocupava 80% da terra destinada ao cultivo de arroz no país. "Foi a combinação da base produtiva construída durante a época de Mao com os incentivos oferecidos pelo sistema de responsabilidade familiar que criou o *boom* da produção agrícola."[36]

Como mostram as Figuras 12.1 e 12.2, os maiores avanços da China na renda per capita (indicados pelo movimento ascendente da curva) ocorreram a partir de 1980. Mas o maior avanço na expectativa de vida adulta e, em menor grau, na alfabetização de adultos, ou seja, no bem-estar básico (mostrado no movimento da curva para a direita) ocorreu antes de 1980. Esse padrão é um bom sustentáculo para a afirmativa de que o sucesso econômico da China se baseou nas conquistas sociais extraordinárias da época de Mao. Num relatório publicado em 1981, até o Banco Mundial admitiu a importância delas.

> A realização mais notável da China durante as últimas três décadas foi a melhora das condições de vida dos grupos de baixa renda em termos de necessidades básicas, muito mais do que se deu com os grupos correspondentes da maioria dos outros países pobres. Todos têm trabalho; o fornecimento de alimentos é assegurado por meio de uma mistura de racionamento estatal com auto-seguro coletivo; as crianças não só estão quase todas na escola como também são comparativamente mais bem instruídas; e a grande maioria tem acesso a assistência médica básica e serviços de planejamento familiar. A expectativa de vida, cuja dependência de muitas outras variáveis econômicas e sociais talvez a torne o melhor indicador da extensão da pobreza real de um país, é espantosamente alta para um país com o nível de renda per capita da China.[37]

Se as reformas de Deng consolidaram ou reduziram essas realizações é uma questão controversa, que não será examinada aqui, a não ser por duas observações. Em primeiro lugar, os indicadores de bem-estar básico da população da China (expectativa de vida adulta e nível de alfabetização) melhoraram tanto antes da reforma que havia pouco espaço para novas e grandes melhorias. Mesmo assim, pelos indicadores mostrados nas figuras, observa-se que na época das reformas

---

[36] Ramgopal Agarwala, *The Rise of China*, p. 95-6. Quanto aos projetos de irrigação, expansão de estradas e ferrovias e plantio de arroz híbrido na época Mao como bases do crescimento na época das reformas, ver também Chris Bramall, *Sources of Chinese Economic Growth, 1978-1996*, p. 95-6, 137-8, 153, 248.

[37] Citado em Yuyu Li, "The Impact of Rural Migration on Village Development: a Comparative Study in Three Chinese Villages". Ver também Ramgopal Agarwala, *The Rise of China*, p. 55.

Figura 12.1 – Renda per capita e expectativa de vida adulta, 1960-2000

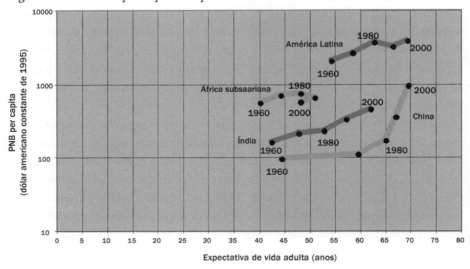

Fonte: Cálculos baseados no PNB, expectativa de vida adulta e população do Banco Mundial, *World Development Indicators*, 2004 e 2001.

Figura 12.2 – Renda per capita e alfabetização de adultos, 1970-2000

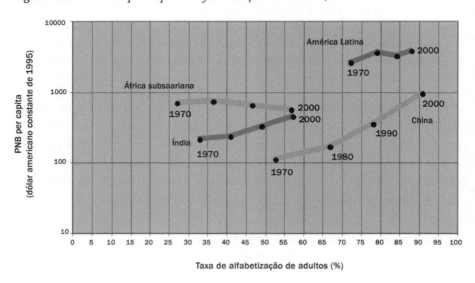

Fonte: Cálculos baseados no PNB e população do Banco Mundial, *World Development Indicators*, 2004 e 2001; e taxas de alfabetização de adultos do United Nations Population Division, 2005.

Origem e dinâmica da ascensão chinesa

eles melhoraram ainda mais, principalmente na alfabetização de adultos. Portanto, desse ponto de vista, parece que as reformas consolidaram as conquistas anteriores da Revolução Chinesa, em vez de reduzi-las.

Em segundo lugar, não se deve amesquinhar a importância do avanço da China na renda per capita na época das reformas, mesmo que isso não tenha significado melhoria proporcional no bem-estar básico. No mundo capitalista, como destacamos repetidas vezes, a riqueza nacional, medida pela renda per capita, é a fonte primária do poder nacional. Ainda que o propósito da busca do poder nacional tenha sido a transformação do mundo na direção do socialismo, o PCC tinha pouca opção além de entrar no jogo da política mundial e obedecer às regras capitalistas já existentes, como o próprio Mao sempre soube muito bem. Quando a derrota iminente no Vietnã obrigou os Estados Unidos a readmitir a China na relação comercial e diplomática normal com o restante da Ásia oriental e com o mundo em geral, a China comunista tinha todo o interesse em aproveitar a oportunidade oferecida por essa relação para promover a riqueza e o poder nacionais. Mesmo antes de a invasão norte-americana do Iraque dar novo ímpeto à ascensão chinesa, Richard Bernstein e Ross Munro identificaram, de forma crua porém perspicaz, a verdadeira importância política da passagem da China para a economia de mercado.

> A ironia das relações sino-americanas é que, quando a China estava nas garras do maoismo ideológico e demonstrava tamanha ferocidade ideológica que os norte-americanos a consideravam perigosa e ameaçadora, ela era, na verdade, um tigre de papel, fraca e praticamente sem influência global. Agora que despiu os farrapos do maoismo e embarcou numa rota pragmática de desenvolvimento econômico e comércio global, ela parece menos ameaçadora, mas na verdade está angariando os meios necessários para sustentar suas ambições e seus interesses globais com verdadeiro poder.[38]

Uma versão mais exata dessa avaliação é que, enquanto a China foi excluída do comércio global pela política norte-americana da Guerra Fria, e sentia-se ameaçada militarmente pela União Soviética, o PCC foi forçado a usar a ideologia como arma principal na luta para consolidar seu poder nacional e internacionalmente. Mas quando, nos últimos anos da Revolução Cultural, a arma ideológica começou a falhar, mais ou menos na mesma época em que os Estados Unidos buscavam a aliança com a China contra a União Soviética, preparou-se o palco para o uso pragmático do mercado como instrumento de aumento do poder nacional do PCC e internacional da RPC. Apesar de o júri ainda não ter decidido se houve aumento de poder do PCC – já que não se sabe se o controle que ele exerce sobre a sociedade e

---

[38] Richard Bernstein e Ross H. Munro, "The Coming Conflict with America", p. 22.

o Estado chinês se fortaleceu ou enfraqueceu –, no caso do aumento de poder da RPC o veredicto é que as reformas econômicas foram um sucesso retumbante.

Então por que mudar de rumo, como tem feito o PCC sob a nova liderança? O que provocou a mudança e em que direção se pode esperar que ela leve a economia e a sociedade chinesas? As observações de Wang Hui sobre a relação entre as reformas de Deng e a tradição da Revolução Chinesa nos dão uma pista sobre a resposta a essas perguntas. O fundamento dessa tradição foi um ramo chinês distinto do marxismo-leninismo que surgiu com a criação do Exército Vermelho, no fim da década de 1920, mas só se desenvolveu plenamente depois que o Japão ocupou as regiões litorâneas da China, no fim da década de 1930. Essa inovação ideológica tinha dois componentes principais.

Em primeiro lugar, enquanto o princípio leninista do partido de vanguarda se manteve, o ímpeto insurrecional da teoria leninista foi abandonado. Na estrutura estatal profundamente fragmentada da China de senhores guerreiros e do GMD, não havia "Palácio de Inverno" para atacar, ou melhor, havia palácios demais para que alguma estratégia insurrecional tivesse chance de sucesso. Os aspectos insurrecionais da teoria leninista foram, assim, substituídos pelo que mais tarde Mao teorizou como "linha de massa" – a ideia de que o partido de vanguarda devia ser não só professor, como também aluno das massas. "Esse conceito 'das massas para as massas'", observa Fairbank, "foi na verdade um tipo de democracia adequado à tradição chinesa, em que a autoridade da classe superior fez o melhor governo quando tinha no coração o verdadeiro interesse do povo local e, assim, governou a seu favor."[39]

Em segundo lugar, na busca de base social, o PCC deu prioridade ao campesinato em detrimento do proletariado urbano, a classe revolucionária de Marx e Lenin. Como demonstrou o massacre que o GMD cometeu contra os trabalhadores liderados pelos comunistas, em Xangai, as regiões litorâneas, onde se concentrava o grosso do proletariado urbano, eram um terreno traiçoeiro demais para se desafiar a dominação estrangeira e a hegemonia do GMD sobre a burguesia chinesa. Ainda mais afastados da base de expansão capitalista pelo exército do GMD, que havia sido treinado e equipado pelo Ocidente, o PCC e o Exército Vermelho não tiveram opção senão lançar raízes no campesinato das áreas mais pobres e remotas. O resultado, na descrição de Mark Selden, foi um "processo de socialização de mão dupla", no qual o partido-exército moldou as camadas inferiores da sociedade rural chinesa numa força revolucionária poderosa e foi, por sua vez, configurado pelas aspirações e pelos valores dessas camadas[40].

[39] John K. Fairbank, *China: A New History*, p. 319.
[40] Mark Selden, "Yan'an Communism Reconsidered", p. 37-8.

Origem e dinâmica da ascensão chinesa

A combinação dessas duas características com o ímpeto modernista do marxismo-leninismo foi o fundamento da tradição revolucionária chinesa e ajuda a explicar aspectos fundamentais do caminho de desenvolvimento chinês antes e depois das reformas, assim como as mudanças recentes na política sob o governo Hu. Ajuda a explicar, antes de tudo, por que na China de Mao, em contraste gritante com a União Soviética de Stalin, buscou-se modernizar não com a destruição, mas com a elevação econômica e educacional do campesinato. Em seguida, ajuda a explicar por que, antes e depois das reformas, a modernização chinesa se baseou não apenas na internalização da Revolução Industrial ocidental, mas também na retomada de características da Revolução Industriosa nativa, de base rural. Em terceiro lugar, ajuda a explicar por que sob o governo de Mao a tendência ao surgimento de uma burguesia urbana formada por autoridades e intelectuais ligados ao Estado e ao partido foi combatida com a "reeducação" em áreas rurais. Finalmente, ajuda a explicar por que as reformas de Deng foram iniciadas primeiro na agricultura e por que os novos rumos de Hu vão no sentido da expansão da assistência médica, da educação e da previdência social nas áreas rurais, sob a bandeira do "novo campo socialista".

Na raiz dessa tradição está o problema fundamental de como governar e desenvolver um país com população *rural* maior do que *toda* a população da África, da América Latina ou da Europa. Nenhum outro país, com exceção da Índia, nunca teve um problema sequer remotamente comparável[41]. Desse ponto de vista, por mais dolorosa que tenha sido a experiência para as autoridades e os intelectuais urbanos, a Revolução Cultural consolidou as bases rurais da Revolução Chinesa e lançou os alicerces para o sucesso das reformas econômicas. Basta mencionar que, em parte como resultado das políticas e em parte como resultado da desorganização dos setores urbanos provocada pela luta entre as facções, os produtos das empresas rurais tiveram grande demanda, o que levou à grande expansão das empresas de comunas e de brigadas, das quais em seguida surgiram muitas EAMs[42].

Ao mesmo tempo, a Revolução Cultural não só ameaçou o poder das autoridades estatais-partidárias e as conquistas sociais e políticas da Revolução Chinesa, como já observado, como ameaçou também todo o componente modernista da

---

[41] Como observou o estudioso chinês Pei Minxin, se contarmos os períodos em que o governo central perdeu o controle sobre grandes extensões de território, a China viveu mil anos de caos interno. Citado em Moises Naim, "Only a Miracle Can Save China from Itself", *Financial Times*, 15/9/2003.

[42] Justin Yifu Lin e Yang Yao, "Chinese Rural Industrialization in the Context of the East Asian Miracle"; Louis Putterman, "On the Past and Future of China's Township and Village-Owned Enterprises".

tradição revolucionária. Assim, o repúdio daquela em favor das reformas econômicas foi apresentado e aceito como essencial para a retomada do componente modernista. Com o tempo, porém, o próprio sucesso da retomada fez o pêndulo cair para o lado oposto, solapando seriamente a tradição revolucionária em meados da década de 1990. Dois fatos em particular marcaram essa tendência: o enorme aumento da desigualdade de renda e o crescente descontentamento popular com os procedimentos e os resultados das reformas.

Contradições sociais do sucesso econômico

O enorme aumento da desigualdade de renda nas áreas rurais e urbanas e entre elas, assim como entre classes, estratos sociais e províncias diferentes, é um dos fatos mais bem conhecidos sobre a passagem da China para a economia de mercado[43]. Enquanto essa tendência pôde ser apresentada, com credibilidade, como resultado de uma estratégia de desenvolvimento desequilibrado que criou oportunidades de progresso para a maioria, a resistência à desigualdade crescente foi limitada e pôde ser eliminada ou reprimida com facilidade. Com o passar do tempo, no entanto, essa desigualdade entrou em choque com a tradição revolucionária, corroendo seriamente a estabilidade social[44].

[43] Ver, entre outros, Yehua D. Wei, *Regional Development in China: States, Globalization and Inequality*; Carl Riskin, Zhao Renwei e Li Shih (eds.), *Retreat from Equality: Essays on the Changing Distribution of Income in China, 1988 to 1995*; Andrew Walder, "Markets and Income Inequality in Rural China: Political Advantage in an Expanding Economy"; Hui Wang, *China's New Order: Society, Politics and Economy in Transition*; Ximing Wu e Jeffrey M. Perloff, "China's Income Distribution Over Time: Reasons for Rising Inequality"; Yi Li, *The Structure and Evolution of Chinese Social Stratification*.

[44] Para explicar por que só recentemente o enorme aumento da desigualdade de renda se tornou um fator de desestabilização social, é preciso ter em mente três considerações. Em primeiro lugar, como já observado, a assistência social básica continuou melhorando durante as reformas. A maior privação relativa causada pela desigualdade crescente, portanto, foi acompanhada de menos privação absoluta. Em segundo lugar, o aumento da desigualdade na China, medido com indicadores sintéticos como o de Gini, deveu-se em boa parte à melhora (mais que à deterioração) da posição dos grupos de renda média. Ver, principalmente, Ximing Wu e Jeffrey M. Perloff, "China's Income Distribution over Time", Figuras 2 e 3. Por fim, de acordo com o Grupo de Pesquisas da Estrutura Social na China Contemporânea (Research Group for Social Structure in Contemporary China, Chinese Academy of Social Sciences, *Social Mobility in Contemporary China*, cap. 4), a desigualdade crescente no período das reformas foi acompanhada de *aumento* da mobilidade entre as gerações (ocupação dos pais em relação à ocupação dos filhos) e dentro das gerações (primeira ocupação em relação à ocupação atual). Os indivíduos das ocupações de renda mais baixa, portanto, tiveram mais oportunidades do que na época anterior às reformas de transformar a diferença de renda entre ocupações em ganho pessoal, passando para uma ocupação de maior rendimento; quanto maior a diferença, maior o ganho.

Origem e dinâmica da ascensão chinesa

Parece que as tradições da "linha de massa" e do "processo de socialização de mão dupla" tiveram seu papel nas reformas propriamente ditas[45]. Contudo, quanto mais as autoridades e os quadros do partido, locais e provinciais, redirecionavam suas energias empresariais para a esfera econômica e dedicavam-se a atos de acumulação por desapropriação, mais a tradição da "linha de massa" se tornava ficção e mais o "processo de socialização de mão dupla" entre o Estado-partido e os estratos inferiores da sociedade chinesa era substituído por um processo semelhante entre o Estado-partido e a burguesia nascente. Mesmo assim, como afirma Samir Amin num trecho citado no capítulo 1, a tradição revolucionária havia dotado os estratos inferiores da China de autoconfiança e de combatividade quase sem paralelos no Sul e, devemos acrescentar, no Norte do globo. E como ressalta Wang Hui, a constante adesão oficial do Estado-partido à tradição deu certa legitimidade a essa autoconfiança e a essa combatividade.

O resultado disso foi a proliferação de lutas sociais, tanto em áreas urbanas quanto em áreas rurais. Os casos oficialmente registrados de "distúrbios da ordem pública" – referência a protestos, quebra-quebras e outras formas de agitação social – aumentaram de cerca de 10 mil em 1993 para 50 mil em 2002, 58 mil em 2003, 74 mil em 2004 e 87 mil em 2005, declinando apenas levemente nos seis primeiros meses de 2006. Nas áreas rurais, até cerca de 2000, as principais queixas que provocavam a ação das massas eram impostos, tributos, cobranças e vários outros "fardos". Mais recentemente, o desvio da terra agricultável para o desenvolvimento industrial, imobiliário e infraestrutural, a degradação do meio ambiente e a corrupção de autoridades locais do governo e do partido tornaram-se os problemas mais explosivos. Episódios como a revolta de 2005, em Dongyang, causada pela poluição de uma fábrica de inseticidas, em que mais de 10 mil moradores derrotaram a polícia e obtiveram a suspensão do funcionamento da fábrica, "entraram para o folclore chinês como prova de que cidadãos decididos, agindo em massa, podem obrigar as autoridades a mudar de rumo e a atender às suas necessidades"[46].

---

[45] Em seu contato com os elaboradores da política chinesa, por exemplo, Agarwala verificou que "os líderes mais importantes demonstram maior interesse pela interação com os vários níveis da sociedade do que em sociedades com organização mais democrática, como a Índia" (Ramgopal Agarwala, *The Rise of China*, p. 90). Numa linha parecida, Stiglitz observou que "George Bush mostrou os perigos do excesso de segredo e do confinamento da tomada de decisões a um círculo fechado de bajuladores. Em compensação, muita gente fora da China não avalia bem até que ponto os líderes do país se comprometeram com extensas deliberações e consultas no esforço de resolver os enormes problemas que estão enfrentando" ("Development in Defiance of the Washington Consensus"). Ver também Thomas G. Rawski, "Reforming China's Economy", p. 142.

[46] Howard W. French, "Protesters in China Get Angrier and Bolder", *International Herald Tribune*, 20/7/2005; Thomas Friedman, "How to Look at China", *International Herald Tribune*, 10/11/2005;

Adam Smith em Pequim

Nas áreas urbanas, desde o fim da década de 1990, a "antiga" classe operária estatal reagiu às demissões em massa com uma onda de protestos que exigiu muitas vezes os padrões de justiça da tradição socialista e o contrato social da "tigela de arroz de ferro", estabelecido entre a classe operária e o Estado e que predominou durante as quatro primeiras décadas da RPC. Na maioria dos casos, a combinação de repressão com concessão conteve facilmente essa onda de protestos. No entanto, mais recentemente, uma série de passeatas nunca vista anunciou a chegada da agitação ao "novo" operariado, que é formado principalmente por jovens migrantes e constitui a coluna vertebral dos setores exportadores chineses. Combinadas à agitação crescente dos trabalhadores urbanos do setor de serviços, essas duas ondas estão fazendo ruir a ideia comum no Ocidente de que "não há movimento trabalhista na China": "hoje é possível ir a quase qualquer cidade do país", observa Robin Munro, do *China Labour Bulletin*, "e encontrar ali grandes protestos coletivos de trabalhadores". É um movimento trabalhista espontâneo e relativamente incipiente, mas o movimento trabalhista norte-americano também era assim em sua época áurea, na década de 1930[47].

Como observamos no capítulo 1, esse imenso surto de agitação social em áreas rurais e urbanas impôs um desafio totalmente novo aos líderes do PCC, e obrigou-os a mudar a retórica e a linha política para buscar um desenvolvimento mais equilibrado entre as áreas rurais e as áreas urbanas, entre as regiões, entre a economia e a sociedade, e, mais recentemente, a criar nova legislação trabalhista que visa aumentar os direitos dos trabalhadores. Se a mudança resgatará de fato a tradição socialista e redirecionará o desenvolvimento num sentido mais igualitário, só podemos especular. Entretanto, o que nos preocupa aqui não é tanto o destino da tradição socialista da China, mas sim as consequências mais amplas da ascensão chinesa para as relações entre as civilizações no mundo em geral. É para essas consequências que nos voltaremos agora.

Howard W. French, "20 Reported Killed as Chinese Unrest Escalates", *The New York Times*, 9/12/2005; Joshua Muldavin, "In Rural China, a Time Bomb Is Ticking", *International Herald Tribune*, 1/1/2006; Ching-Ching Ni, "Wave of Social Unrest Continues Across China", *Los Angeles Times*, 10/8/2006; Mark Magnier, "As China Spews Pollution, Villagers Rise Up", *Los Angeles Times*, 3/9/2006; idem, "China Says It's Calmed Down", *Los Angeles Times*, 8/11/2006; Ching Kwan Lee e Mark Selden, "Durable Inequality".

[47] Brendan Smith, Jeremy Brecher e Tim Costello, "China's Emerging Labor Movement", *ZNet*, <http://www.zmag.org>, 9/10/2006. Sobre a onda de agitação anterior, ver Ching Kwan Lee, "From the Specter of Mao to the Spirit of the Law: Labor Insurgency in China", e Ching Kwan Lee e Mark Selden, "Durable Inequality". Quanto ao contraste entre as duas ondas, ver Beverly Silver, "Labor Upsurges: From Detroit to Ulsan and Beyond", p. 445-7; idem, *Forças do trabalho: movimentos de trabalhadores e globalização desde 1870*, p. 73-4.

EPÍLOGO

A questão central da qual partimos é se, e em que condições, a ascensão chinesa, com todas as suas imperfeições e prováveis reveses futuros, pode ser considerada o arauto daquela maior igualdade e respeito mútuo entre os povos de ascendência europeia ou não que Smith previu e defendeu há 230 anos. A análise desenvolvida neste livro indica uma resposta positiva, mas com algumas ressalvas importantes.

Como vimos nos capítulos 7 e 9, o surgimento da China como a verdadeira vencedora da guerra ao terror dos Estados Unidos resultou na inversão da influência dos dois países na Ásia oriental e no mundo em geral. Uma das expressões dessa inversão foi o que Joshua Cooper Ramo chamou de Consenso de Pequim: o surgimento, liderado pela China, de um "caminho para os outros países do mundo" não só se desenvolverem, mas também "se encaixarem na ordem internacional, de modo a permitir que sejam verdadeiramente independentes, protejam seu modo de vida e suas opções políticas". Ramo destaca duas características do novo Consenso que são especialmente atraentes para os países do Sul do globo. A primeira é a "localização", o reconhecimento da importância de ajustar o desenvolvimento às necessidades locais, que diferem obrigatoriamente de um lugar para outro, em forte contraste com a receita "tamanho único" do Consenso de Washington, cada vez mais desacreditado; e a segunda é o "multilateralismo", o reconhecimento da importância da cooperação entre os Estados para construir uma nova ordem global com base na interdependência econômica, mas que respeite as diferenças políticas e culturais, em forte contraste com o unilateralismo das políticas norte-americanas. Como destacou Arif Dirlik, essas características do Consenso de Pequim podem levar o mundo em direções radicalmente diferentes. Podem levar à formação de um novo Bandung, ou seja, uma nova versão da aliança do Terceiro Mundo nas décadas de 1950 e 1960, visando, como o antigo, contrabalançar a subordinação econômica e política, mas adequado a uma

Adam Smith em Pequim

época de integração econômica global sem precedentes. Ou podem levar à cooptação dos Estados do Sul em alianças Norte-Sul que visem conter a subversão, liderada pela China, da hierarquia global da riqueza[1].

As alternativas mais "realistas" para a estratégia neoconservadora fracassada, que visavam conter a China e que foram discutidas no capítulo 10, indicam três tipos diferentes de aliança Norte-Sul. Cada um deles, argumentamos, tem seus problemas, o que resultou em políticas norte-americanas incoerentes em relação à China. Enquanto os Estados Unidos estiverem militarmente atolados na Ásia ocidental, é provável que persista a incoerência, independentemente de quem esteja no comando do galinheiro em Washington. Mas, implantadas com coerência ou não, todas as três estratégias têm potencial para fazer descarrilar a formação de uma nova aliança do Sul que seja capaz de contrabalançar o domínio do Norte.

O descarrilamento mais desastroso seria aquele implícito na estratégia do *tertius gaudens* de Pinkerton, que defende a reprise da primeira metade do século XX, quando os Estados Unidos se tornaram ricos e poderosos financiando e suprindo os Estados europeus em guerra entre si, com a diferença de que agora os Estados em guerra seriam asiáticos, e não europeus. O descarrilamento menos desastroso seria aquele implícito na estratégia de Kissinger, que vislumbra a cooptação da China numa ordem mundial reformada e centrada nos Estados Unidos, porque, se bem-sucedida, preservaria o domínio do Norte, mas pelo menos não lançaria a Ásia e o Sul do globo no caos e na guerra que o sucesso da estratégia do *tertius gaudens* acarretaria. Para o Sul, o custo e os riscos da estratégia de Kaplan – cercar a China com uma aliança militar encabeçada pelos Estados Unidos, numa reprise da Guerra Fria, mas dessa vez centrada na Ásia em vez da Europa – ficariam numa posição intermediária. Isso provocaria divisões profundas entre os países da Ásia e do hemisfério Sul, e traria de volta o risco do holocausto nuclear que a antiga Guerra Fria conseguiu evitar, mas obrigaria os Estados Unidos a tratar com certo respeito e a fazer certas concessões aos seus aliados do Sul, além de terem cautela ao provocar guerras em que se envolvessem diretamente. É claro que há outras possibilidades, algumas das quais já vêm sendo praticadas; mas todas são variantes ou combinações das estratégias de *tertius gaudens*, "cooptação" e "guerra fria"[2].

---

[1] Joshua Cooper Ramo, *The Beijing Consensus: Notes on the New Physics of Chinese Power*, p. 3-4; Arif Dirlik, "Beijing Consensus: Beijing 'Gongshi': Who Recognizes Whom and to What End?", p. 5-6.
[2] É claro que essas estratégias podem se voltar não só contra a China, como também contra outros Estados ou vínculos Sul–Sul em geral. Assim, parece que a oferta norte-americana de cooperação com

Epílogo

Não devíamos subestimar a tentação, para a China, de se contentar com a cooptação numa ordem mundial dominada pelos Estados Unidos ou pelo Norte e, para outros países do Sul, de buscar ou aceitar o apoio norte-americano em suas invejas e ciúmes mútuos. Mas também não devíamos superestimar o poder dos Estados Unidos, mesmo em conluio com a Europa, de ser bem-sucedido na implantação dessas estratégias. O fracasso no Iraque não confirmou somente os limites dos meios coercivos para impor a vontade do Norte contra a resistência do Sul. De modo mais importante no mundo capitalista, os alicerces financeiros do domínio dos Estados Unidos e do Norte estão fincados num terreno cada vez mais instável.

Nesse aspecto, a virada mais importante foi a crise financeira asiática de 1997 e 1998. Wade e Veneroso afirmaram que essa crise confirmou a validade da seguinte frase atribuída a Andrew Mellon: "Na depressão, o patrimônio volta ao seu justo proprietário".

A combinação imposta pelo FMI de desvalorizações enormes com liberalização financeira e a recuperação facilitada pelo mesmo Fundo podem ter precipitado a maior transferência de patrimônio, em tempos de paz, de proprietários nacionais para proprietários estrangeiros nos últimos cinquenta anos, no mundo inteiro, diminuindo as transferências de proprietários nacionais para proprietários norte-americanos na América Latina na década de 1980 e no México depois de 1994.[3]

Correto ao identificar os efeitos imediatos da crise, o diagnóstico errou totalmente nos efeitos a longo prazo sobre as relações Norte-Sul e sobre a capacidade do FMI de facilitar ainda mais a transferência do patrimônio do Sul para proprietários do Norte. Como mostra a Figura 7.1, a crise de 1997 e 1998 marca o início de uma enorme bifurcação entre o déficit do Norte e o superávit do resto do mundo nas transações correntes de seus respectivos balanços de pagamentos. A bifur-

---

a Índia no campo da tecnologia espacial e nuclear com uso duplo tinha o objetivo imediato de bloquear o gasoduto entre Irã, Paquistão e Índia e isolar o Irã e, ao mesmo tempo, romper uma ligação Sul–Sul de grande valor simbólico e material. Ver Ravi Palat, "India Suborned: The Global South and the Geopolitics of India's Vote Against Iran", *Japan Focus*, 24/10/2005. Do mesmo modo, os Estados Unidos e a União Europeia cooptaram a Índia e o Brasil para um agrupamento informal conhecido como Cinco Partes Interessadas [em inglês, Five Interested Parties, FIPS], formado pelos quatro países mais a Austrália, com o intuito de transformar esses dois países, líderes de uma aliança nascente no Sul, em parceiros de uma aliança entre Norte e Sul, na conferência iminente da OMC em 2005, em Hong Kong (Focus on the Global South, "The End of an Illusion: WTO Reform, Global Civil Society and the Road to Hong Kong", *Focus on Trade*, n. 108, abril de 2005).
[3] Robert Wade e Frank Veneroso, "The Asian Crisis: The High Debt Model Versus the Wall Street-Treasury-IMF Complex", p. 3-22.

385

Adam Smith em Pequim

cação reflete o fato de que há cada vez menos mercadorias e serviços que o Norte, principalmente os Estados Unidos, possa produzir a preço mais baixo que o resto do mundo. Boa parte do superávit do resto do mundo ainda flui para o entreposto financeiro norte-americano, tanto para financiar o déficit cada vez maior dos Estados Unidos quanto para ser reinvestido no mundo inteiro, inclusive no Sul do globo. Mas parte significativa e crescente desse superávit tem evitado o entreposto norte-americano, tanto para aumentar suas reservas cambiais quanto para correr diretamente para outros destinos no Sul, reduzindo assim o domínio do FMI e de outras instituições financeiras controladas pelo Norte sobre os países do Sul[4].

Inundados de dinheiro e ansiosos por recuperar o controle da política econômica, os países do Sul compraram suas dívidas de volta, reduzindo o portfólio de empréstimos do FMI ao nível mais baixo desde a década de 1980. Essa redução do portfólio de empréstimos, como observa o *Wall Street Journal*, "diminui muito a influência do FMI sobre a política econômica global", força-o a passar da "chave de braço" para a "persuasão" e reduz a receita dos juros e a reserva monetária. "Numa ironia que fez rir muitos ministros da Fazenda [do Sul], o órgão que durante tanto tempo pregou o aperto do cinto agora terá de praticá-lo em si mesmo."[5]

Apesar da compra maciça de títulos do Tesouro norte-americano, a China desempenhou o papel principal tanto no redirecionamento do superávit do Sul para destinos no próprio Sul quanto na apresentação aos países vizinhos e distantes do hemisfério Sul alternativas atraentes para o comércio, os investimentos e o auxílio dos países e das instituições financeiras do Norte. "Aí vem um novo jogador muito forte, com potencial para mudar a paisagem do auxílio internacional ao desenvolvimento", observou o diretor do Asian Development Bank (ADB) pouco depois que a China anunciou um extraordinário pacote de empréstimos anuais de 2 bilhões de dólares às Filipinas durante um período de três anos (o que

---

[4] A devastação das crises financeiras do passado contribuiu decididamente para o aumento das reservas monetárias dos países de renda baixa e média. Para a maioria deles, "essas reservas são simplesmente um seguro contra os desastres financeiros. Uma longa lista de países em desenvolvimento sofreu crises devastadoras nos últimos quinze anos: México em 1994; Tailândia, Indonésia e outros países asiáticos em 1997; Rússia em 1998; Brasil em 1999; e Argentina em 2002 [...]. Quando a poeira baixou sobre as ruínas de muitas ex-economias 'emergentes', os elaboradores de políticas do mundo em desenvolvimento adotaram novo credo: acumular o máximo possível de moeda estrangeira" (Eduardo Porter, "Are Poor Nations Wasting Their Money on Dollars?", *The New York Times*, 30/4/2006; idem, "Another Drink? Sure. China Is Paying", *The New York Times*, 5/6/2005; Frederick Kempe, "Why Economists Worry About Who Holds Foreign Currency Reserves", *The Wall Street Journal*, 9/5/2006).
[5] Matt Moffett e Bob Davis, "Booming Economy Leaves the IMF Groping for Mission", *The Wall Street Journal*, 21/4/2006.

386

Epílogo

fez os 200 milhões de dólares oferecidos pelo Banco Mundial e pelo ADB parecerem piada); superou facilmente o empréstimo de 1 bilhão de dólares em negociação com o Japão; e protegeu as Filipinas do desfavor de Washington quando o presidente Arroyo retirou seus soldados do Iraque. Esse foi apenas um dos muitos e cada vez mais frequentes acordos com os países do Sul em que a China supera as entidades do Norte com ofertas mais generosas de acesso aos seus recursos naturais, empréstimos maiores com menos exigências políticas e taxas de administração e projetos grandes e complicados de infraestrutura em regiões distantes por até a metade do custo dos concorrentes do Norte[6].

Para suplementar e complementar as iniciativas chinesas, os países ricos em petróleo também estão redirecionando seu superávit para o Sul. Tem sido de grande importância política e simbólica o fato de a Venezuela estar usando a receita extra obtida com o preço elevado do petróleo para livrar os países latino-americanos da subordinação aos interesses do Norte.

> Quando a Argentina precisou de empréstimos para dar adeus ao Fundo Monetário Internacional, a Venezuela cedeu-lhe 2,4 bilhões de dólares. A Venezuela comprou 300 milhões de dólares em títulos do Tesouro do Equador. Historicamente, Washington sempre teve enorme influência sobre a política econômica da América Latina por meio do controle das principais fontes de crédito, como o FMI, o Banco Mundial e o Banco Interamericano de Desenvolvimento. O papel da Venezuela como novo "emprestador de último recurso" reduziu essa influência.[7]

Tem sido igualmente importante e, em termos potenciais, mais prejudicial para o domínio financeiro do Norte o interesse recentemente demonstrado pela Arábia Saudita e por outros países da Ásia ocidental em retirar dos Estados Unidos e da Europa pelo menos uma parte de seus superávits e redirecioná-los para o sul e para o leste da Ásia. Segundo banqueiros ocidentais, "estamos vendo, com toda a certeza, um grande salto em termos de fluxo de negócios entre o Oriente Médio e a Ásia, em particular o sul da Ásia e a China". Embora, por enquanto, os investidores da Ásia ocidental não estejam retirando seu dinheiro dos Estados Unidos, "muito dinheiro novo gerado pelo preço mais elevado do petróleo não está indo para a América do Norte". As razões disso são em parte políticas: a impopularidade da guerra no Iraque e fatos como as reações nos Estados Unidos as quais obrigaram uma

[6] Jane Perlez, "China Competes With West in Aid to Its Neighbors", *The New York Times*, 18/9/2006; Victor Mallet, "Hunt for Resources in the Developing World", *Financial Times*, 12/12/2006.
[7] Mark Weisbrot, "The Failure of Hugo-bashing", *The Los Angeles Times*, 9/3/2006. Ver também Noam Chomsky, "Latin America and Asia are Breaking Free of Washington's Grip", *Japan Focus*, 15/3/2006.

empresa portuária de Dubai a vender propriedades norte-americanas depois de ter comprado a operadora portuária britânica P&O. Contudo, a razão mais forte é estritamente econômica: a China e todas as economias asiáticas que estão crescendo rapidamente querem o petróleo da Ásia ocidental, e o capital e a liquidez que foram gerados por esse petróleo na Ásia ocidental estão buscando investimentos com retorno maior do que aquele oferecido pelos títulos do Tesouro norte-americano[8].

Quando, na reunião anual do ADB em maio de 2006, Manmohan Singh, primeiro-ministro da Índia, conclamou os países asiáticos a redirecionar seus superávits para projetos de desenvolvimento na Ásia, um observador norte-americano achou o discurso "espantoso": "o arauto do fim do dólar e da hegemonia norte-americana"[9]. Meu argumento no capítulo 7 indica uma direção um tanto diferente: com toda a probabilidade, a hegemonia norte-americana, ao contrário da pura dominação, já acabou; mas assim como a libra esterlina continuou a ser usada como moeda internacional durante três ou quatro décadas depois do fim da hegemonia britânica, acontece o mesmo com o dólar. Entretanto, a questão realmente importante aqui não é se os países asiáticos e do hemisfério sul continuarão a usar dólares americanos como base de câmbio, coisa que provavelmente continuarão a fazer, em extensão que desconhecemos, ainda por muito tempo. A questão é, ao contrário, se eles continuarão a colocar o superávit de seus balanços de pagamentos à disposição dos órgãos controlados pelos Estados Unidos para ser transformado em instrumento de dominação do Norte ou se o usarão como instrumento de emancipação do Sul. Desse ponto de vista, não há nada de espantoso na declaração de Singh, que apenas dá suporte a uma prática que já vem ocorrendo. Na verdade, o espantoso é a falta de noção, tanto no Sul quanto no Norte, de até que ponto a contrarrevolução monetarista do início da década de 1980 saiu pela culatra e criou condições mais favoráveis do que nunca para que um novo Bandung dê vida à comunidade de civilizações que Smith vislumbrou há tanto tempo.

Afinal, um novo Bandung pode fazer o que o velho não conseguiu: mobilizar e usar o mercado global como instrumento de equalização das relações de poder entre Norte e Sul. As bases do antigo Bandung eram estritamente político-ideológicas e, sendo assim, foi fácil destruí-las com a contrarrevolução monetarista. As bases do Bandung que pode estar surgindo agora, por outro lado, são basicamente econômicas e, como tais, mais sólidas. Como disse Yashwant Sinha, ex-ministro do Exterior indiano, num discurso em 2003:

---

[8] Heather Timmons, "Asia Finding Rich Partners in Mideast", *The New York Times*, 1/12/2006.
[9] Anand Giridharadas, "Singh Urges Asian Self-reliance", *International Herald Tribune*, 5/5/2006.

Epílogo

No passado, o envolvimento da Índia com boa parte da Ásia, inclusive com o sudeste e o leste do continente, foi construído sobre a concepção idealista da irmandade asiática, que se baseava em experiências comuns de colonialismo e em laços culturais [...]. Hoje, contudo, o ritmo da região é determinado tanto pelo comércio, pelo investimento e pela produção quanto pela história e pela cultura.[10]

Nessas circunstâncias, a resistência do Norte à subversão da hierarquia global de riqueza e poder só pode ter sucesso com a colaboração generalizada do Sul. Nesse aspecto, é fundamental o que a China e a Índia, que respondem sozinhas por mais de um terço da população do mundo, decidirão fazer. Num comentário feito no *International Herald Tribune* sobre a notícia de que China e Índia estão fazendo investimentos imensos na economia uma da outra, Howard French perguntou de maneira bastante sagaz: "Se alguém dá algum crédito à noção de destruição criativa, o que poderia ser mais destrutivo para o *status quo* global?".

Somando mais de 2,3 bilhões de pessoas, o acordo entre Índia e China, segundo quase todos os padrões, faz daquele item um candidato instantâneo a *status* de padrão global. O que isso significa em termos práticos? Que o sucessor de um produto onipresente como o Microsoft Office poderá muito bem ser chinês [...]. Pode significar que o padrão dos celulares do futuro será decidido em conjunto na Ásia e não na Europa ou nos Estados Unidos [...]. O que isso claramente já significa é que essa história de o cômodo clube dos ricos – os Estados Unidos, as economias mais fortes da Europa ocidental e o Japão – determinar o ritmo do resto do mundo, distribuindo instruções e dando notas, está com os dias contados.[11]

Sim, é isso mesmo que significa, mas desde que os grupos dominantes do hemisfério Sul em geral, e da China e da Índia em particular, abram um caminho capaz de emancipar não só seus países como o mundo todo da devastação social e ecológica provocada pelo desenvolvimento capitalista ocidental. Uma inovação de tamanha importância histórica mundial exige certa consciência da impossibilidade de levar os benefícios da modernização à maioria da população mundial, a não ser que, para parafrasearmos Sugihara, o caminho ocidental de desenvolvimento convirja para o caminho da Ásia oriental, e não o contrário. Essa descoberta não é nova. Há quase oitenta anos, em dezembro de 1928, Mohandas Gandhi escreveu:

---

[10] Citado em Anand Giridharadas, "India Starts Flexing Economic Muscle", *International Herald Tribune*, 12/5/2005.
[11] Howard W. French, "The Cross-pollination of India and China", *International Herald Tribune*, 10/11/2005.

Que Deus impeça a Índia de adotar a industrialização à maneira do Ocidente. Hoje, o imperialismo econômico de um reino insular minúsculo [Inglaterra] mantém o mundo acorrentado. Se toda uma nação de 300 milhões de pessoas [a população da Índia na época] adotasse exploração econômica semelhante, devastaria o mundo como uma nuvem de gafanhotos.[12]

Na época, Gandhi já sabia o que muitos líderes da emancipação do Sul ainda têm de aprender ou esqueceram: o sucesso ocidental do caminho extrovertido da Revolução Industrial baseou-se na exclusão da imensa maioria da população mundial do acesso aos recursos naturais e humanos necessários para que ela se beneficiasse da industrialização global e não a custeasse. Assim, o caminho da Revolução Industrial nunca foi opção para essa maioria. As considerações de Elvin sobre as vantagens e as desvantagens desenvolvimentistas do imenso mercado nacional da China no século XVIII demonstram o absurdo da opinião contrária, ainda dominante entre historiadores e cientistas sociais em todo o espectro ideológico. O tamanho gigantesco do mercado da China criou oportunidades para a divisão social do trabalho que não existiam em mercados menores, mas também impediu inovações factíveis em economias menores. Entre 1741 e o início da década de 1770, por exemplo, a adoção da fiação mecânica triplicou o consumo de algodão cru na Grã-Bretanha.

> Realizar na China essa triplicação num mesmo período de mais ou menos trinta anos iria além da capacidade mundial de produção de algodão no século XVIII. Entre 1785 e 1833, a província de Kwang-tung, sozinha, importava da Índia seis vezes mais algodão em média do que a Grã-Bretanha inteira usava por ano na época da primeira roda-d'água de Arkwright. E, ainda, uma expansão das exportações chinesas de tecido de algodão comparável à da Grã-Bretanha no século XVIII, tanto em rapidez quanto em tamanho do mercado interno, seria grande demais para o poder de compra disponível no mundo naquela época.[13]

Em outras palavras, o sucesso econômico da Revolução Industrial da Grã--Bretanha dependeu do tamanho pequeno, tanto relativo quanto absoluto, da economia britânica. O tamanho pequeno absoluto fez que determinado aumento da importação de algodão cru e da exportação de manufaturas de algodão se traduzisse numa taxa de crescimento da economia muito mais alta do que numa economia do tamanho da China. E o tamanho pequeno com relação à economia global fez que o resto do mundo pudesse fornecer os recursos naturais e comprar os pro-

---

[12] Citado em Ramachandra Guha, *Environmentalism: A Global History*, p. 22.
[13] Mark Elvin, *The Pattern of the Chinese Past*, p. 313-4.

Epílogo

dutos necessários para sustentar a taxa elevada de crescimento numa extensão que seria inconcebível no caso da China. Se os governantes da China no período Qing fossem insanos o bastante para seguir as pegadas da Grã-Bretanha no caminho extrovertido da Revolução Industrial, teriam sido levados de volta à sanidade pela explosão do custo das importações, pela queda do preço das exportações e por tensões sociais insuportáveis dentro do país, muito antes de terem a chance de "devastar o mundo como uma nuvem de gafanhotos".

Duzentos anos depois, a China e a Índia enfrentam o mesmo problema, porém com maior intensidade. A substituição da ilha minúscula do Reino Unido pela ilha continental dos Estados Unidos como líder do caminho da Revolução Industrial resultou num aumento ainda maior da intensidade do uso dos recursos naturais não só na produção, como no consumo. Esse aumento maciço foi possível porque a imensa maioria da população mundial foi excluída dos padrões de produção e de consumo determinados pelos Estados Unidos. Mas assim que uma pequena minoria da população chinesa (e outra ainda menor da população indiana) conquistou acesso parcial a esses padrões, a validade da tese de Gandhi tornou-se óbvia para todos, menos para os defensores mais obtusos do modo de vida norte-americano. "O mundo, afinal de contas, não aguenta dois países [de grande população] que se comportem como os Estados Unidos. Falta o clima [...] e faltam também recursos." Bill McKibben diz que isso é uma "tragédia",

> [porque] a China, na verdade, está conseguindo algum bem mensurável com o crescimento. A população está comendo mais carne, mandando os [filhos] para a escola, aquecendo as cabanas. Enquanto isso, nós queimamos nove vezes mais energia per capita para ter ar-condicionado em salões de jogos e cortar grama de jardins de meio acre, usar picapes grandes e luxuosas para ir até a esquina, comer tomates que vêm de avião do Chile [...]. E é por isso que, quando se está na China, parece intuitivamente óbvio que o objetivo do século XXI é dar um jeito de desenvolver a economia das regiões mais pobres do mundo e, ao mesmo tempo, *subdesenvolver* a dos ricos [...], usando menos energia para que eles possam usar mais, e comendo menos carne para que eles possam comer mais [...]. Mas tente imaginar a possibilidade política nos Estados Unidos [...] de se admitir que não há espaço para que dois países se comportem dessa maneira, e que não temos direito ao nosso estilo de vida só porque chegamos primeiro. O pai do atual presidente [George Bush pai] anunciou, a caminho da conferência no Rio que deu origem ao protocolo de Kyoto, que "o modo de vida norte-americano não está sujeito a negociações". Eis aí o que define uma tragédia.[14]

---

[14] Bill McKibben, "The Great Leap: Scenes from China's Industrial Revolution", p. 52.

Adam Smith em Pequim

No fim das contas, o último ato da tragédia, encenado no Iraque, mostrou que os Estados Unidos não têm o poder de impor coercivamente ao mundo o seu direito a um modo de vida extravagante e, portanto, têm de pagar cada vez mais caro para preservá-lo[15]. Mas o fato é que nem mesmo um quarto da população da China e da Índia pode adotar o modo norte-americano de produzir e consumir sem matar por sufocação a si mesmo e ao resto do mundo. Também nesse aspecto os novos líderes da República Popular da China mostraram ter mais consciência que seus antecessores sobre os problemas ambientais causados pelo crescimento econômico que faz uso intensivo de energia. Foram criadas "cidades-modelo" que visam especificamente à proteção ambiental; florestas estão sendo replantadas; o plano quinquenal de 2006-2010 tem o objetivo ambicioso de reduzir em 20% o uso de energia na economia; e, com esse fim, foi anunciada uma política industrial de longo alcance, que proíbe 399 subsetores industriais e restringe outros 190. Ainda assim, não se sabe como essas e outras medidas poderão restaurar o equilíbrio ecológico gravemente comprometido se, como se espera, nos próximos quinze anos 300 milhões de moradores rurais ou mais se mudarem para as cidades, onde frotas cada vez maiores de veículos motorizados tomam o lugar das bicicletas[16].

Em resumo, inspirando-se demais no caminho ocidental de consumo excessivo de energia, o rápido crescimento econômico da China ainda não criou para si e para o mundo um caminho de desenvolvimento ecologicamente sustentável. Essa inspiração não só ameaça dar um fim prematuro ao "milagre econômico", em razão da pressão sobre os recursos já escassos (como ar e água limpos), como também, o que é mais importante, ela é a causa e o resultado da clivagem cada vez maior entre os que têm condições de se apropriar dos benefícios do rápido crescimento econômico e os que têm de pagar o preço por ele. Como vimos no capítulo 12, essa clivagem resultou numa grande onda de agitação popular, na qual as reclamações ecológicas se agigantaram e provocaram importante reorientação das políticas chinesas para o desenvolvimento mais equilibrado entre

---

[15] No apoio ávido à guerra contra o Iraque, Rupert Murdoch, o barão da imprensa, observou que a redução do preço do petróleo de 30 para 20 dólares seria uma boa coisa para a economia norte-americana (D. Kirkpatrick, "Mr. Murdoch's War", *The New York Times*, 7/4/2003). O fato de, após quatro anos de guerra, o preço do petróleo ter dobrado é bom indício do fracasso da tentativa dos Estados Unidos de impor coercivamente seu direito ao consumo destemperado de energia.

[16] Lester R. Brown, "A New World Order", *The Guardian*, 25/1/2006; *Quarterly Update*, World Bank Office, Pequim, fevereiro de 2006, p. 13-6; Keith Bradsher, "China Set to Act on Fuel Economy", *The New York Times*, 18/11/2003; James Kynge, "New Agenda for a New Generation", *Financial Times*, 16/12/2003; Andreas Lorenz, "China's Environmental Suicide: A Government Minister Speaks", *openDemocracy*, 5/4/2005.

Epílogo

as áreas rurais e as áreas urbanas, entre as regiões e entre a economia e a sociedade. Só precisamos acrescentar, para concluir este nosso estudo, que o resultado final dessa reorientação tem importância fundamental para o futuro não só da sociedade chinesa, como também da sociedade mundial.

Se essa reorientação conseguir reviver e consolidar as tradições chinesas de desenvolvimento baseado no mercado e centrado em si mesmo, de acumulação *sem* desapropriação, de mobilização de recursos humanos, ao invés de não humanos, e de governo com participação das massas na configuração das políticas, então existe a possibilidade de que a China esteja em posição de contribuir decisivamente para o surgimento de uma comunidade de civilizações que de fato respeite as diferenças culturais. Mas se a reorientação fracassar, a China pode se transformar num novo epicentro de caos social e político, o que facilitará as tentativas do Norte de restabelecer um domínio global esmagador ou, para parafrasearmos Schumpeter mais uma vez, de ajudar a humanidade a queimar nos horrores (ou glórias) da escalada de violência que acompanhou o fim da ordem mundial estabelecida pela Guerra Fria.

BIBLIOGRAFIA[1]

ABU-LUGHOD, Janet. *Before European Hegemony*: The World System A.D. 1250-1350. New York, Oxford University Press, 1989.

ADAS, Michael. *Machines as Measure of Men*: Science, Technology and Ideologies of Western Dominance. Ithaca, Cornell University Press, 1989.

AGARWALA, Ramgopal. *The Rise of China*: Threat or Opportunity?. New Delhi, Bookwell, 2002.

AGLIETTA, Michel. *A Theory of Capitalist Regulation*: The US Experience. London, New Left Books, 1979.

AGNEW, John. *The United States in the World-Economy*: A Regional Geography. Cambridge, Cambridge University Press, 1987.

AGUILAR, Alonso. *Pan-Americanism from Monroe to the Present*: A View from the Other Side. New York, Monthly Review Press, 1968.

AKAMATSU, K. A. Theory of Unbalanced Growth in the World Economy. *Weltwirtschaftliches Archiv*, v. 86, n. 1, p. 196-217, 1961.

AMIN, Samir. *Unequal Development*. New York, Monthly Review Press, 1976. [Ed. bras.: *Desenvolvimento desigual*. Rio de Janeiro, Forense-Universitaria, 1976.]

_____. China, Market Socialism, and U.S. Hegemony. *Review* (Fernand Braudel Center), v. 28, n. 3, p. 259-79, 2005.

AMSDEN, Alice. *The Rise of "The Rest"*. New York, Oxford University Press, 2001.

_____. Good-bye Dependency Theory, Hello Dependency Theory. *Studies in Comparative International Development*, v. 38, n. 1, p. 32-8, 2003.

ANDERSON, Perry. *Lineages of the Absolutist State*. London, New Left Books, 1979.

APPIAH, K. Anthony et al. The Election and America's Future. *The New York Review*, 4 nov. 2004. p. 6-17.

ARENDT, Hannah. *The Origins of Totalitarianism*. New York, Harcourt, Brace & World, 1966. [Ed. bras.: *Origens do totalitarismo*. São Paulo, Companhia das Letras, 2004.]

ARMSTRONG, Philip; GLYN, Andrew. *Accumulation, Profits, State Spending*: Data for Advanced Capitalist Countries 1952-1983. Oxford, Oxford Institute of Economics and Statistics, 1986.

ARMSTRONG, Philip; GLYN, Andrew; HARRISON, John. *Capitalism since World War II*: The Making and Breakup of the Great Boom. London, Fontana, 1984.

ARRIGHI, Giovanni. *The Geometry of Imperialism*. ed. rev. London, Verso, 1983.

---

[1] Os artigos de jornais e revistas citados nas notas de rodapé não constam desta bibliografia.

ARRIGHI, Giovanni. *The Long Twentieth Century*: Money, Power and the Origins of Our Times. London, Verso, 1994.

_____. *O longo século XX*: dinheiro, poder e as origens de nosso tempo. Rio de Janeiro/São Paulo, Contraponto/ Unesp, 1996.

_____. The Rise of East Asia: World Systemic and Regional Aspects. *International Journal of Sociology and Social Policy*, v. 16, n. 7, p. 6-44, 1996.

_____. The Social and Political Economy of Global Turbulence. *New Left Review*, v. 2, n. 20, p. 5-71, 2003.

_____. States, Markets and Capitalism, East and West. In: MILLER, Max (Org.). *Worlds of Capitalism*: Institutions, Economic Performance, and Governance in the Era of Globalization. London, Routledge, 2005.

_____. Hegemony Unravelling - I. *New Left Review*, v. 2, n. 32, p. 23-80, 2005

_____. Hegemony Unravelling - II. *New Left Review*, v. 2, n. 33, p. 83-116, 2005.

_____. The African Crisis: World Systemic and Regional Aspects. *New Left Review*, v. 2, n. 15, p. 5-36, 2002. [Ed. bras.: A crise africana: aspectos regionais e sistêmicos do mundo. In: SADER, Emir (Org.). *Contragolpes*: seleção de artigos da New Left Review. São Paulo, Boitempo, 2006.]

ARRIGHI, Giovanni; HOPKINS, Terence K.; WALLERSTEIN, Immanuel. *Antisystemic Movements*. London, Verso, 1989.

ARRIGHI, Giovanni; HUI, Po-keung; HUNG, Ho-fung; SELDEN, Mark. Historical Capitalism, East and West. In: ARRIGHI, Giovanni; HAMASHITA, Takeshi; SELDEN, Mark (Eds.). *The Resurgence of East Asia*: 500, 150 and 50 Year Perspectives. London/New York, Routledge, 2003. p. 259-333.

ARRIGHI, Giovanni; IKEDA, Satoshi; IRWAN, Alex. The Rise of East Asia: One Miracle or Many?. In: PALAT, Ravi A. (Ed.) *Pacific Asia and the Future of the World-Economy*. Westport, Connecticut, Greenwood Press, 1993. p. 42-65.

ARRIGHI, Giovanni; SILVER, Beverly J. Labor Movements and Capital Migration: The US and Western Europe in World-Historical Perspective. In: BERGQUIST, Charles (Ed.). *Labor in the Capitalist World-Economy*. Beverly Hills, California, Sage, 1984. p. 183-216.

_____; _____. *Chaos and Governance in the Modern World System*. Minneapolis, Minnesota, University of Minnesota Press, 1999.

_____; _____. *Caos e governabilidade no moderno sistema mundial*. Rio de Janeiro, Contraponto/ UFRJ, 2001.

_____; _____. Capitalism and World (Dis)Order. *Review of International Studies*, n. 27, p. 257-79, 2001.

ARRIGHI, Giovanni; SILVER, Beverly J.; BREWER, Benjamin D. Industrial Convergence and the Persistence of the North-South Divide. *Studies in Comparative International Development*, v. 38, n. 1, p. 3-31, 2003.

_____; _____; _____. A Reply to Alice Amsden. *Studies in Comparative International Development*, n. 38, v. 1, 2003.

_____; _____; _____. Industrial Convergence and the Persistence of the North-South Divide: A Rejoinder to Firebaugh. *Studies in Comparative International Development*, v. 40, n. 1, p. 83-8, 2005.

ATWELL, William S. Some Observations on the "Seventeenth-Century Crisis" in China and Japan. *Journal of Asian Studies*, n. 45, p. 223-44, 1986.

_____. Ming China and the Emerging World Economy, *c*. 1470-1650. In: TWITCHETT, Denis; MOTE, Frederick (Eds.). *The Cambridge History of China*. Cambridge, Cambridge University Press, 1998. v. 8 (2), The Ming Dynasty, p. 376-416.

Bibliografia

AU, Loong-yu. The Post MFA Era and the Rise of China. *Asian Labour Update*, n. 56, 2005. Disponível em: <http://www.globalmon.org.hk/eng/Post-MFA-era.pdf>.

BACEVICH, Andrew. A Modern Major General. *New Left Review*, v. 2, n. 29, p. 123-34, 2004.

BAGCHI, Amiya Kumar. *The Political Economy of Underdevelopment*. Cambridge, Cambridge University Press, 1982.

_____. *Perilous Passage*: Mankind and the Global Ascendancy of Capital. Lantham, Maryland, Rowman & Littlefield, 2005.

BAKER, Christopher. Economic Reorganization and the Slump in Southeast Asia. *Comparative Studies in Society and History*, v. 23, n. 3, p. 325-49, 1981.

BALAKRISHNAN, Gopal. *Debating Empire*. London/New York, Verso, 2003.

BARBOUR, Violet. *Capitalism in Amsterdam in the Seventeenth Century*. Baltimore, Johns Hopkins Press, 1950.

BARRACLOUGH, Geoffrey. *An Introduction to Contemporary History*. Harmondsworth, Penguin, 1967. [Ed. bras.: *Introdução à história contemporânea*. 3. ed. Rio de Janeiro, Zahar, 1964.]

BARRATT BROWN, Michael. *The Economics of Imperialism*. Hardmondsworth, Penguin, 1974.

_____. *After Imperialism*. London, Heinemann, 1963.

BARROW, Clyde W. God, Money, and the State: The Spirits of American Empire. Forschungsgruppe Europaische Gemeinschaften (FEG) Arbeitspapier Nr. 22, Universitat Marburg, Marburg, 2004.

BARTLETT, Beatrice S. *Monarchs and Ministers*: The Grand Council in Mid-Ch'ing China, 1723-1820. Berkeley, University of California Press, 1991.

BECATTINI, Giacomo. The Marshallian Industrial District as a Socio-Economic Notion. In: PYKE, Frank; BECATTINI, Giacomo; SENENBERGER, Werner (Eds.). *Industrial Districts and Inter-Firm Co-operation in Italy*. Geneva, International Institute for Labor Studies, 1990. p. 37-51.

BENJAMIN, Daniel; SIMON, Steven. *The Next Attack*: The Failure of the War on Terror and a Strategy for Getting it Right. New York, Times Books, 2005.

BERGESEN, Albert; SCHOENBERG, Ronald. Long Waves of Colonial Expansion and Contraction, 1415-1969. In: BERGESEN, Albert (Ed.). *Studies of the Modern World-System*. New York, Academic Press, 1980. p. 231-77.

BERNSTEIN, Richard; MUNRO, Ross H. The Coming Conflict with America. *Foreign Affairs*, v. 76, n. 2, p. 18-32, 1997.

BERNSTEIN, Thomas P.; LU, Xiaobo. *Taxation without Representation in Contemporary Rural China*. New York, Cambridge University Press, 2003.

BLACKBURN, Robin. *Banking on Death, or, Investing in Life*: The History and Future of Pensions. London, Verso, 2002.

BLOCK, Fred. *The Origins of International Economic Disorder*: A Study of the United States International Monetary Policy from World War II to the Present. Berkeley, University of California Press, 1977.

BOND, Brian (Ed.). *Victorian Military Campaigns*. London, Hutchinson, 1967.

BOUCKAERT, Boudewijn R. A. Bureaupreneurs in China: We Did It Our Way – A comparative study of the explanation of the economic successes of town-village-enterprises in China. Trabalho apresentado na EALE Conference, Liubliana, set. 2005.

BOXER, Charles R. *The Dutch Seaborne Empire 1600-1800*. New York, Knopf, 1965.

BRAMALL, Chris. *Sources of Chinese Economic Growth, 1978-1996*. New York, Oxford University Press, 2000.

BRAUDEL, Fernand. *Afterthoughts on Material Civilization and Capitalism*. Baltimore, Johns Hopkins University Press, 1977. [Ed. bras.: *A dinâmica do capitalismo*. Rio de Janeiro, Rocco, 1987.]

Adam Smith em Pequim

BRAUDEL, Fernand. *Civilization and Capitalism, 15th-18th Century*. New York, Harper & Row, 1982. v. 2, The Wheels of Commerce. [Ed. bras.: *Civilização material, economia e capitalismo, séculos XV-XVIII*. São Paulo, Martins Fontes, 1998. v. 2, Os jogos das trocas.]

_____. *Civilization and Capitalism, 15th-18th Century*, New York, Harper & Row, 1984. v. 3, The Perspective of the World. [Ed. bras.: *Civilização material, economia e capitalismo, séculos XV--XVIII*. São Paulo, Martins Fontes, 1998. v. 3, O tempo do mundo.]

BRAY, Francesca. *The Rice Economies*: Technology and Development in Asian Societies. Berkeley, University of California Press, 1986.

BRAVERMAN, Harry. *Labor and Monopoly Capital*: The Degradation of Work in the Twentieth Century. New York, Monthly Review Press, 1974. [Ed. bras.: *Trabalho e capital monopolista*: a degradação do trabalho no século XX. 3. ed. Rio de Janeiro, Zahar, 1981.]

BRENNER, Robert. The Origins of Capitalist Development: A Critique of Neo-Smithian Marxism. *New Left Review*, v. 1, n. 104, p. 25-92, 1977.

_____. World System Theory and the Transition to Capitalism: Historical and Theoretical Perspectives. Versão em inglês não publicada do artigo publicado em BLASCHKE, Jochen (Ed.). *Perspectiven des Weltsystems*. Frankfurt, Campus, 1983.

_____. The Economics of Global Turbulence: A Special Report on the World Economy, 1950-1998. *New Left Review*, v. 2, n. 229, p. 1-264, 1998.

_____. *The Boom and the Bubble*: The U.S. in the World Economy. London, Verso, 2002. [Ed. bras.: *O boom e a bolha*. Rio de Janeiro, Record, 2003.]

_____. *The Economics of Global Turbulence*: The Advanced Capitalist Economies from Long Boom to Long Downturn, 1945-2005. London, Verso, 2006.

BRENNER, Robert; ISETT, Christopher. England's Divergence from China's Yangzi Delta: Property Relations, Microeconomics, and Patterns of Development. *The Journal of Asian Studies*, v. 61, n. 2, p. 609-62, 2002.

BROOKS, Timothy. *The Confusions of Pleasure*: Commerce and Culture in Ming China. Berkeley, University of California Press, 1998.

BRZEZINSKI, Zbigniew; MEARSHEIMER, John J. Clash of the Titans. *Foreign Policy*, jan.-fev. 2005. Disponível em: <http://www.foreignpolicy.com>.

BRUSCO, Sebastiano. Small Firms and Industrial Districts: The Experience of Italy. In: KEEBLE, David; WEVER, Egbert (Eds.). *New Firms and Regional Development*. London, Croom Helm, 1986. p. 184-202.

BURAWOY, Michael. *Manufacturing Consent*: Changes in the Labor Process Under Monopoly Capitalism. Chicago, University of Chicago Press, 1982.

BURLEY, Ann-Marie. Regulating the World: Multilateralism, International Law, and the Projection of the New Deal Regulatory State. In: RUGGIE, John G. (Ed.) *Multilateralism Matters*: The Theory and Praxis of an Institutional Form. New York, Columbia University Press, 1993. p. 125-56.

CAI, Fang; PARK, Albert; ZHAO, Yaohui. The Chinese Labor Market. Trabalho apresentado na Segunda Conferência sobre a Transição Econômica da China: Origem, Mecanismos e Consequências, Pittsburgh, University of Pittsburgh, 5 a 7 de novembro de 2004.

CAIN, Peter J.; HOPKINS, Anthony G. The Political Economy of British Expansion Overseas, 1750--1914. *The Economic History Review*, v. 33, n. 4, p. 463-90, 1980.

CAIRNCROSS, Alec K. *Home and Foreign Investment, 1870-1913*: Studies in Capital Accumulation. Cambridge, Cambridge University Press, 1953.

CALLEO, David P. *The Atlantic Fantasy*. Baltimore, Johns Hopkins Press, 1970.

_____. *The Imperious Economy*. Cambridge, Massachusetts, Harvard University Press, 1982.

_____. *Beyond American Hegemony*: The Future of the Western Alliance. New York, Basic Books, 1987.

398

Bibliografia

CASTELLS, Manuel; PORTES, Alejandro. World Underneath: The Origins, Dynamics, and Effects of the Informal Economy. In: PORTES, Alejandro; CASTELLS, Manuel; BENTON, Lauren A. (Eds.) *The Informal Economy*: Studies in Advanced and Less Developed Countries. Baltimore, Maryland, The Johns Hopkins University Press, 1989. p. 11-39.

CHAN, Anita. Globalization, China's Free (Read Bounded) Labor Market, and the Trade Union. *Asia Pacific Business Review*, v. 6, n. 3-4, p. 260-79, 2000.

CHANDLER, Alfred. *The Visible Hand*: The Managerial Revolution in American Business. Cambridge, Massachusetts, The Belknap Press, 1977.

———. *Scale and Scope*: The Dynamics of Industrial Capitalism. Cambridge, Massachusetts, The Belknap Press, 1990.

CHAPMAN, Stanley D. *Merchant Enterprise in Britain*: From the Industrial Revolution to World War I. New York, Cambridge University Press, 1992.

CHASE-DUNN, Christopher; HALL, Thomas. *Rise and Demise*: Comparing World-Systems. Boulder, Colorado, Westview Press, 1997.

CHAUDHURI, Kirti N. *Asia before Europe*: Economy and Civilization of the Indian Ocean from the Rise of Islam to 1750. Cambridge, Cambridge University Press, 1990.

CHEN, Ciyu. On the Foreign Trade of China in the 19th Century and the China-India-Britain Triangular Trade. *Essays in Chinese Maritime History*, Taipei, Sun Yat-sen Institute for Social Sciences and Philosophy, Academia Sinica, 1984. p. 131-73.

CIPOLLA, Carlo. *Before the Industrial Revolution*: European Society and Economy, 1000-1700. New York, Norton, 1976.

CLANCY, Tom; ZINNI, Anthony; KOLTZ, Tony. *Battle Ready*. New York, Putnam, 2004.

CLARKE, Richard. *Against All Enemies*: Inside America's War on Terror. New York, Free Press, 2004.

COHEN, Benjamin. Phoenix Risen: The Resurrection of Global Finance. *World Politics*, n. 48, p. 268-96, 1996.

COHEN, Jerome B. *Japan's Postwar Economy*. Bloomington, Indiana, Indiana University Press, 1958.

COYETT, Frederick. Verwaerloosde Formosa [1675]. In: CAMPBELL, William (Ed.). *Formosa Under the Dutch*: Described From Contemporary Records. London, Kegan Paul, Trench, Trubner, 1903. p. 383-538.

CROTTY, James. Review of *Turbulence in the World Economy* by Robert Brenner. *Challenge*, v. 42, n. 3, p. 108-18, 1999.

CUMINGS, Bruce. The Origins and Development of the Northeast Asian Political Economy: Industrial Sectors, Product Cycles, and Political Consequences. In: DEYO, Frederic C. (Ed.) *The Political Economy of the New Asian Industrialism*. Ithaca, New York, Cornell University Press, 1987. p. 44-83.

———. The Political Economy of the Pacific Rim. In: PALAT, Ravi A. (Ed.) *Pacific-Asia and the Future of the World-System*. Westport, Connecticut, Greenwood Press, 1993. p. 21-37.

———. Global Realm with no Limit, Global Realm with no Name. *Radical History Review*, n. 57, p. 47-8, 1993.

———. Japan and Northeast Asia into the Twenty-first Century. In: KATZENSTEIN, Peter J.; SHIRAISHI, Takashi (Eds.). *Network Power*: Japan and Asia. Ithaca, New York, Cornell University Press, 1997. p. 136-68.

CURTIN, Philip D. *The World and the West*: The European Challenge and the Overseas Response in the Age of Empire. Cambridge, Cambridge University Press, 2000.

CUSHMAN, Jennifer Wayne. *Fields from the Sea*: Chinese Junk Trade with Siam during the Late Eighteenth and Early Nineteenth Centuries. Ithaca, Cornell University, 1993. (Studies on Southest Asia, Southest Asia Program).

Adam Smith em Pequim

DAVIS, Mike. *Late Victorian Holocausts*: El Niño Famines and the Making of the Third World. London, Verso, 2001. [Ed. bras.: *Holocaustos coloniais*. Rio de Janeiro, Record, 2002.]

DAVIS, Ralph. The Rise of Protection in England, 1689-1786. *Economic History Review*, second series, n. 19, p. 306-17, 1966.

_____. English Foreign Trade, 1700-1774. In: MINCHINTON, Walter E. (Ed.) *The Growth of English Overseas Trade in the Seventeenth and Eighteenth Centuries*. London, Methuen, 1969. p. 99-120.

_____. *The Industrial Revolution and British Overseas Trade*. Leicester, Leicester University Press, 1979.

DE CECCO, Marcello. Inflation and Structural Change in the Euro-Dollar Market. *EUI Working Papers*, n. 23, Florença, European University Institute, 1982.

_____. *The International Gold Standard*: Money and Empire. 2. ed. New York, St. Martin's Press, 1984.

DEHIO, Ludwig. *The Precarious Balance*: Four Centuries of the European Power Struggle. New York, Vintage, 1962.

DE VRIES, Jan. The Industrial Revolution and the Industrious Revolution. *Journal of Economic History*, v. 54. n. 2, p. 249-70, 1994.

DING, Xueliang L. The Illicit Asset Stripping of Chinese State Firms. *The China Journal*, n. 43, p. 1-28, 2000.

DIRLIK, Arif. Beijing Consensus: Beijing "Gongshi": Who Recognizes Whom and to What End? *Globalization and Autonomy Online Compendium*. Disponível em: <http://www.globalautonomy.ca/global1/position.jsp?index=PP_Dirlik_BeijingConsensus.xml>.

DRUCKER, Peter. *The Age of Discontinuity*. New York, Harper & Row, 1969. [Ed. bras.: *Uma era de descontinuidade*. Rio de Janeiro, Zahar, 1970.]

DUARA, Prasenjit. Nationalists Among Transnationals: Overseas Chinese and the Idea of China, 1900-1911. In: ONG, Aihwa; NONINI, Donald M. (Eds.) *Ungrounded Empires*: The Cultural Politics of Modern Chinese Transnationalism. New York, Routledge, 1997. p. 39-59.

DUUS, Peter. Economic Dimensions of Meiji Imperialism: The Case of Korea, 1895-1910. In: MYERS, Ramon H.; PEATTIE, Mark R. (Eds.) *The Japanese Colonial Empire, 1895-1945*. Princeton, Princeton University Press, 1984. p. 128-71.

EDIN, Maria. State Capacity and Local Agent Control in China: CCP Cadre Management from a Township Perspective. *The China Quarterly*, n. 173, p. 35-52, 2003.

EDWARDS, Richard. *Contested Terrain*. New York, Basic Books, 1979.

EICHENGREEN, Barry; PORTES, Richard. Debt and Default in the 1930s: Causes and Consequences. *European Economic Review*, n. 30, p. 599-640, 1986.

ELISONAS, Jurgis. The Inseparable Trinity: Japan's Relations With China and Korea. In: HALL, John (Ed.). *The Cambridge History of Japan*. Cambridge, Cambridge University Press, 1991. v. 4, Early Modern Japan, p. 235-300.

ELLIOTT, John E. Marx and Schumpeter on Capitalism's Creative Destruction: A Comparative Restatement. *The Quarterly Journal of Economics*, v. 95, n. 1, p. 45-68, 1980.

ELLIOTT, John H. *The Old World and the New 1492-1650*. Cambridge, Cambridge University Press, 1970. [Ed. port.: *O velho mundo e o novo*: 1492-1650. Lisboa, Querco, 1984.]

ELLIOTT, William Y. (Ed.) *The Political Economy of American Foreign Policy*: Its Concepts, Strategy, and Limits. New York, Henry Holt and Co., 1955.

ELVIN, Mark. *The Pattern of the Chinese Past*. Stanford, Stanford University Press, 1973.

ESHERICK, Joseph. Harvard on China: The Apologetics of Imperialism. *Bulletin of Concerned Asian Scholars*, v. 4, n. 4, p. 9-16, 1972.

400

Bibliografia

FAIRBANK, John K. (Ed.) *The Chinese World Order*. Cambridge, Massachusetts, Harvard University Press, 1968.

_____. *The United States and China*. Cambridge, Harvard University Press, 1983.

_____. Keeping Up with the New China. *The New York Review*, 16 mar. 1989. p. 17-20.

_____. *China*: a New History. Cambridge, Massachusetts, The Belknap Press, 1992.

FEIS, Herbert. *Europe*: The World's Banker, 1870-1914. New York, Norton, 1965.

FERGUSON, Niall. *Colossus*: The Price of America's Empire. New York, The Penguin Press, 2004.

FEUERWERKER, Albert. *China's Early Industrialization*: Sheng Hsuan-Huai 1844-1916 and Mandarin Enterprise. Cambridge, Harvard University Press, 1958.

_____. Handicraft and Manufactured Cotton Textiles in China, 1871-1910. *Journal of Economic History*, v. 30, n. 2, p. 338-78, 1970.

FISHMAN, Ted C. *China, INC*: How the Rise of the Next Superpower Challenges America and the World. New York, Scribner, 2005.

FLYNN, Dennis O.; FROST, Lionel; LATHAM, A. J. H. (Eds.) *Pacific Centuries*: Pacific and Pacific Rim History Since the Sixteenth Century. London, Routledge, 1999.

FLYNN, Dennis O.; GIRALDEZ, Arturo. Born with "Silver Spoon": The Origin of World Trade in 1571. *Journal of World History*, v. 6, n. 2, p. 201-11, 1995.

_____; _____. Spanish Profitability in the Pacific: The Philippines in the Sixteenth and Seventeenth Centuries. In: FLYNN, Dennis O.; FROST, Lionel; LATHAM, A. J. H. *Pacific Centuries*: Pacific and Pacific Rim History since the Sixteenth Centuries. London, Routledge, 1999.

FRANK, Andre Gunder. *Capitalism and Underdevelopment in Latin America*. New York, Monthly Review Press, 1969.

_____. On the Roots of Development and Underdevelopment in the New World: Smith and Marx vs the Weberians. *International Review of Sociology*, second series, v. 10, n. 2-3, p. 109-55, 1974.

_____. Multilateral Merchandise Trade Imbalances and Uneven Economic Development. *Journal of European Economic History*, v. 5, n. 2, p. 407-38, 1978.

_____. *ReOrient*: Global Economy in the Asian Age. Berkeley, University of California Press, 1998.

_____. Meet Uncle Sam – Without Clothes – Parading Around China and the World. 2005. Disponível em: <www.rrojasdatabank.info/agfrank/noclothes.htm>.

FRANK, Thomas. *What's the Matter with Kansas?*: How Conservatives Won the Heart of America. New York, Owl Books, 2005.

FREEMAN-GRENVILLE, Greville S. P. *Historical Atlas of Islam*. New York, Continuum Publishing Group, 2002.

FRIEDMAN, Thomas L. *The World Is Flat*: A Brief History of the Twenty-First Century. New York, Farrar, Straus and Giroux, 2005.

FUKASAKU, Kichiro; WALL, David. *China's Long March to an Open Economy*. Paris, OECD, 1994.

GAMBLE, Andrew. *Britain in Decline*. London, Macmillan, 1985.

GAO, Weinong. *Zou xiang jinshi de Zhongquo yu 'chaogong' guo guanxi*. Guangdong, Guangdong gaodeng jiaoyu chubanshe, 1993. Tradução literal do título: A relação entre a China e os Estados seus tributários na época moderna.

GERNET, Jaques. *A History of Chinese Civilization*. New York, Cambridge University Press, 1982.

GERSHMAN, John. Remaking Policy in Asia? *Foreign Policy in Focus*, nov. 2002. Disponível em: <http://www.fpif.org>.

GIDDENS, Anthony. *The Nation-State and Violence*. Berkeley, University of California Press, 1987. [Ed. bras.: *O Estado-nação e a violência*. São Paulo, Edusp, 2001.]

Adam Smith em Pequim

GILPIN, Robert. *The Political Economy of International Relations*. Princeton, Princeton University Press, 1987. [Ed. bras.: *A economia política das relações internacionais*. Brasília, UnB, 2002.]

GOLDSTEIN, Joshua S.; RAPKIN, David P. After Insularity: Hegemony and the Future World Order. *Futures*, n. 23, p. 935-59, 1991.

GORDON, David; EDWARDS, Richard; REICH, Michael. *Segmented Work, Divided Workers*: The Historical Transformation of Labor in the United States. New York, Cambridge University Press, 1982.

GRAMSCI, Antonio. *Selections from the Prison Notebooks*. New York, International Publishers, 1971.

GREENBERG, Michael. *British Trade and the Opening of China 1800-1842*. Cambridge, Cambridge University Press, 1951.

GUAN, Luquan. *Songdai Guangzhou de haiwai maoyi*. Guangzhou, Guangdong renmin chubanshe, 1994. Tradução literal do título: O comércio marítimo de Guangzhou (Cantão) na dinastia Song.

GUHA, Ramachandra. *Environmentalism*: a Global History. New York, Longman, 2000.

GUHA, Ranajit. Dominance Without Hegemony and Its Historiography. In: GUPTA, Ranajit (Ed.). *Subaltern Studies IV*. New York, Oxford University Press, 1992. p. 210-305.

GUO, Yugui. *Asia's Educational Edge*: Current Achievements in Japan, Korea, Taiwan, China, and India. Oxford, Lexington, 2005.

HAAKONSSEN, Knud. *The Science of a Legislator*: The Natural Jurisprudence of David Hume and Adam Smith. Cambridge, Cambridge University Press, 1981.

HAMASHITA, Takeshi. The Tribute Trade System of Modern Asia. *The Memoirs of the Toyo Bunko*, n. 46, 1988. p. 7-25.

_____. Tribute and Emigration: Japan and the Chinese Administration of Foreign Affairs. *Senri Ethnological Studies*, n. 25, p. 69-86, 1993.

_____. The Tribute Trade System and Modern Asia. In: LATHAM, A. J. H.; KAWAKATSU, Heita (Ed.). *Japanese Industrialization and the Asian Economy*. London/New York, Routledge, 1994. p. 91-107.

_____. The Intra-Regional System in East Asia in Modern Times. In: KATZENSTEIN, Peter J.; SHIRAISHI, Takashi (Eds.). *Network Power*: Japan and Asia. Ithaca, Cornell University Press, 1997. p. 113-35.

HAMILTON, Gary G.; CHANG, Wei-an. The Importance of Commerce in the Organization of China's Late Imperial Economy. In: ARRIGHI, Giovanni; HAMASHITA, Takeshi; SELDEN, Mark (Eds.). *The Resurgence of East Asia*: 500, 150 and 50 Year Perspectives. London/New York, Routledge, 2003. p. 173-213.

HAO, Yen-p'ing. *The Commercial Revolution in Nineteenth-Century China*: The Rise of Sino-Western Mercantile Capitalism. Berkeley, California, California University Press, 1986.

HARDT, Michael; NEGRI, Antonio. *Empire*. Cambridge, Massachusetts, Harvard University Press, 2000. [Ed. bras.: *Império*. 4. ed. Rio de Janeiro, Record, 2002.]

HARRISON, Bennett. *Lean and Mean*: The Changing Landscape of Corporate Power in the Age of Flexibility. New York, Basic Books, 1994.

HART, Gillian. *Disabling Globalization*: Places of Power in Post-Apartheid South Africa. Berkeley, University of California Press, 2002.

HART-LANDSBERG, Martin; BURKETT, Paul. China and Socialism: Market Reform and Class Struggle. *Monthly Review*, v. 56, n. 3, p. 7-123, 2004.

HARVEY, David. *Limits to Capital*. Oxford, B. Blackwell, 1982.

_____. Globalization in Question. *Rethinking Marxism*, v. 8, n. 4, p. 1-17, 1995.

402

Bibliografia

HARVEY, David. *Spaces of Hope*. Berkeley, University of California Press, 2000. [Ed. bras.: *Espaços de esperança*. São Paulo, Loyola, 2004.]

_____. *Spaces of Capital*: Towards a Critical Geography. New York, Routledge, 2001.

_____. *The New Imperialism*. New York, Oxford University Press, 2003. [Ed. bras.: *O novo imperialismo*. 2. ed. São Paulo, Loyola, 2005.]

_____. *A Brief History of Neoliberalism*. New York, Oxford University Press, 2005.

HEADRICK, Daniel R. *The Tentacles of Progress*: Technology Transfer in the Age of Imperialism, 1850-1940. London, Oxford University Press, 1988.

HEILBRONER, Robert. Economic Predictions. *The New Yorker*, 8 jul. 1991, p. 70-7.

HEGEL, G. W. *The Philosophy of Right*. New York, Oxford University Press, 1967. [Ed. bras.: *Princípios da filosofia do direito*. São Paulo, Martins Fontes, 1997.]

HELD, David; McGREW, Anthony; GOLDBLATT, David; PERRATON, Jonathan. *Global Transformations*. Stanford, California, Stanford University Press, 1999.

HERSH, Seymour M. The Stovepipe. *The New Yorker*, 27 out. 2003. p. 77-87.

_____. *Chain of Command*: The Road from 9/11 to Abu Ghraib. New York, Harper Collins, 2004. [Ed. bras.: *Cadeia de comando*. Rio de Janeiro, Ediouro, 2004.]

HIRSCHMAN, Albert O. *The Passions and the Interests*: Political Arguments for Capitalism before Its Triumph. Princeton, New Jersey, Princeton University Press, 1977. [Ed. bras.: *As paixões e os interesses*: argumentos políticos a favor do capitalismo antes do seu triunfo. Rio de Janeiro, Record, 2002.]

HO, Chumei. The Ceramic Trade in Asia, 1602-82. In: LATHAM, A. J. H.; KAWAKATSU, Heita (Eds.). *Japanese Industrialization and the Asian Economy*. London/New York, Routledge, 1994.

HOBBES, Thomas. *Leviathan*. Ed. por C. B. Macpherson. Harmondsworth, Penguin, 1968. [Ed. bras.: *Leviatã ou Matéria, forma e poder de um Estado eclesiástico e civil*. São Paulo, Nova Cultural, 1999. (Os Pensadores, v. 14).]

HOBSBAWM, Eric J. *Industry and Empire*: An Economic History of Britain since 1750. London, Weidenfeld and Nicolson, 1968. [Ed. bras.: *Da Revolução Industrial inglesa ao imperialismo*. 5. ed. Rio de Janeiro, Forense Universitária, 2003.]

_____. *The Age of Capital 1848-1875*. New York, New American Library, 1979. [Ed. bras.: *A era do capital*: 1848-1875. 11. ed. Rio de Janeiro, Paz e Terra, 2005.]

_____. *Nations and Nationalism since 1780*: Programme, Myth, Reality. Cambridge, Cambridge University Press, 1991. [Ed. bras.: *Nações e nacionalismo desde 1780*: programa, mito e realidade. 2. ed. Rio de Janeiro, Paz e Terra, 1998.]

_____. *The Age of Extremes*: A History of the World, 1914-1991. New York, Vintage, 1994. [Ed. bras.: *Era dos extremos*. 2. ed. São Paulo, Companhia das Letras, 2005.]

HOFSTADTER, Richard. *The Paranoid Style in American Politics and Other Essays*. Cambridge, Massachusetts, Harvard University Press, 1996.

HUANG, Philip C. C. *The Peasant Economy and Social Change in North China*. Stanford, California, Stanford University Press, 1985.

_____. *The Peasant Family and Rural Development in the Yangzi Delta, 1350-1988*. Stanford, Stanford University Press, 1990.

_____. Development or Involution in Eighteenth-Century Britain and China?: A Review of Kenneth Pomeranz's *The Great Divergence: China, Europe, and the Making of the Modern World Economy*. *The Journal of Asian Studies*, n. 61, v. 2, p. 501-38, 2002.

HUANG, Ray. Fiscal Administration During the Ming Dynasty. In: HUCKER, Charles O. (Ed.) *Chinese Government in Ming Times*. New York, Columbia University Press, 1969. p. 73-128.

Adam Smith em Pequim

HUGILL, Peter J. *World Trade since 1431*: Geography, Technology, and Capitalism. Baltimore, The Johns Hopkins University Press, 1993.

HUI, Po-keung. Overseas Chinese Business Networks: East Asian Economic Development in Historical Perspective. Tese de Doutoramento, Department of Sociology, State University of New York at Binghamton, 1995.

HUNG, Ho-fung. Imperial China and Capitalist Europe in the Eighteenth-Century Global Economy. *Review* (Fernand Braudel Center), v. 24, n. 4, p. 473-513, 2001.

_____. Maritime Capitalism in Seventeenth-Century China: The Rise and Fall of Koxinga in Comparative Perspective. Department of Sociology, Johns Hopkins University, 2001. (Manuscrito não publicado).

_____. Orientalist Knowledge and Social Theories: China and European Conceptions of East-West Differences from 1600 to 1900. *Sociological Theory*, n. 21, p. 3, 254-80, 2003.

_____. Early Modernities and Contentious Politics in Mid-Qing China, c. 1740-1839. *International Sociology*, v. 19. n. 4, p. 478-503, 2004.

_____. Rise of China and the Global Overaccumulation Crisis. Trabalho apresentado na Reunião Anual da Society for the Study of Social Problems, Montreal, ago. 2006.

HYMER, Stephen. The Multinational Corporation and the Law of Uneven Development. In: BHAGWATI, Jagdish N. (Ed.). *Economics and World Order*. New York, Macmillan, 1972. p. 113-40.

IKEDA, Satoshi. The History of the Capitalist World-System vs. The History of East-Southeast Asia. *Review* (Fernand Braudel Center), v. 19, n. 1, p. 49-76, 1996.

_____. World Production. In: HOPKINS, Terence K.; WALLERSTEIN, Immanuel et al. (Eds.). *The Age of Transition*: Trajectory of the World-System 1945-2025. London, Zed Books, 1996. p. 38-86.

INTERNATIONAL MONETARY FUND. *International Financial Statistics Yearbook*. Washington, D.C., International Monetary Fund, vários anos.

IRIYE, Akira. Imperialism in East Asia. In: CROWLEY, James (Ed.). *Modern East Asia*. New York, Harcourt, 1970. p. 122-50.

IRWAN, Alex. Japanese and Ethnic Chinese Business Networks in Indonesia and Malaysia. Tese de Doutoramento, Department of Sociology, State University of New York, Binghamton, 1995.

ISRAEL, Jonathan. *Dutch Primacy in World Trade, 1585-1740*. Oxford, Clarendon Press, 1989.

ITOH, Makoto. *The World Economic Crisis and Japanese Capitalism*. New York, St. Martin's Press, 1990.

JENKS, Leland H. *The Migration of British Capital to 1875*. New York/London, Knopf, 1938.

JING, Junjian. Hierarchy in the Qing Dynasty. *Social Science in China: A Quarterly Journal*, v. 3, n. 1, p. 156-92, 1982.

JOHNSON, Chalmers. Why I Intend to Vote for John Kerry. *The History News Network*, 14 jun. 2004. Disponível em: <http://hnn.us/>.

_____. *The Sorrows of Empire*: Militarism, Secrecy, and the End of the Republic. New York, Metropolitan Books, 2004.

_____. No Longer the "Lone" Superpower: Coming to Terms with China. Japan Policy Research Institute, 2005. Disponível em: <www.jpri.org>.

JOHNSON, Linda Cooke. Shanghai: An Emerging Jiangnan Port, 1638-1840. In: _____. (Ed.) *Cities of Jiangnan in Late Imperial China*. Albany, State University of New York Press, 1993. p. 151-82.

JOHNSON, Russell. "Pre-Conditioning" for Industry: Civil War Military Service and the Making of an American Working Class. Trabalho apresentado na XXV Annual North American Labor History Conference, Detroit, Wayne State University, 16-18 out. 2003.

Bibliografia

JUDT, Tony. Europe vs. America. *The New York Review*, 10 fev. 2005. p. 37-41.

KAPLAN, Robert D. How We would Fight China. *The Atlantic Monthly*, jun. 2005. p. 49-64.

KASABA, Resat. Treaties and Friendships: British Imperialism, the Ottoman Empire, and China in the Nineteenth Century. *Journal of World History*, v. 4, n. 2, p. 213-41, 1993.

KAWAKATSU, Heita. Historical Background. In: LATHAM, A. J. H.; KAWAKATSU, Heita (Eds.). *Japanese Industrialization and the Asian Economy*. London/New York, Routledge, 1994. p. 4-8.

KENNEDY, Paul. *The Rise and Fall of British Naval Mastery*. London, Scribner, 1976.

_____. *The Rise and Fall of the Great Powers*: Economic Change and Military Conflict from 1500 to 2000. New York, Random House, 1987. [Ed. bras.: *Ascensão e queda das grandes potências*. 16. ed. Rio de Janeiro, Campus, 1989.]

_____. Mission Impossible? *The New York Review*, 10 jun. 2004. p. 16-9.

KISSINGER, Henry. *A World Restored*: European After Napoleon: the Politics of Conservatism in a Revolutionary Age. New York, Grosset & Dunlap, 1964. [Ed. bras.: *O mundo restaurado*. Rio de Janeiro, José Olympio, 1973.]

KOJIMA, K. The "Flying Geese" Model of Asian Economic Development: Origin, Theoretical Extensions, and Regional Policy Implications. *Journal of Asian Economics*, n. 11, p. 375-401, 2000.

KOJIMA, Kiyoshi; OZAWA, Terutomo. Toward a Theory of Industrial Restructuring and Dynamic Comparative Advantage. *Hitotsubashi Journal of Economics*, v. 26, n. 2, p. 135-45, 1985.

KRAAR, Louis. The New Power in Asia. *Fortune*, 31 out. 1993. p. 38-44.

KRASNER, Stephen. A Trade Strategy for the United States. *Ethics and International Affairs*, n. 2, p. 17-35, 1988.

KREISLER, Harry. Through the Realist Lens. *Conversations with History*: Conversation with John Mearsheimer. Institute of International Studies, UC Berkeley, 8 abr. 2002. Disponível em: <http://globetrotter.berkeley.edu/>.

KRIEDTE, Peter. *Peasants, Landlords, and Merchant Capitalists*: Europe and the World Economy, 1500-1800. Cambridge, Cambridge University Press, 1983. [Ed. port.: *Camponeses, senhores e mercadores*: a Europa e a economia mundial (1500-1800). Lisboa, Teorema, s. d.]

KRIPPNER, Greta R. The Financialization of the American Economy. *Socio-Economic Review*, n. 3, p. 173-208, 2005.

KRUGMAN, Paul. The Myth of Asia's Miracle. *Foreign Affairs*, v. 73, n. 6, p. 62-78, 1994.

KWONG, Peter. China and the US are Joined at the Hip: The Chinese Face of Neoliberalism. *Counterpunch*, 7-8 out. 2006.

KYNGE, James. *China Shakes the World*. Boston, Massachusetts, Houghton Mifflin Company, 2006.

LANDES, David S. *The Unbound Prometheus*: Technological Change and Industrial Development in Western Europe from 1750 to the Present. Cambridge, Cambridge University Press, 1969. [Ed. bras.: *Prometeu desacorrentado*: transformação tecnológica e desenvolvimento industrial na Europa ocidental de 1750 até os dias de hoje. 2. ed. Rio de Janeiro, Elsevier, 2005.]

LARDY, Nicholas R. *Foreign Trade and Economic Reform in China, 1978-1990*. Cambridge, Cambridge University Press, 1992.

LEE, Ching Kwan. From the Specter of Mao to the Spirit of the Law: Labor Insurgency in China. *Theory and Society*, v. 31, n. 2, p. 189-228, 2002.

LEE, Ching Kwan; SELDEN, Mark. Durable Inequality: The Legacies of China's Revolutions and the Pitfalls of Reforms. In: FORAN, John; LANE, David; ZIVKOVIC, Andreja (Eds.). *Revolution in the Making of the Modern World*: Social Identities, Globalization, and Modernity. London, Routledge, 2007.

Adam Smith em Pequim

LEE, John. Trade and Economy in Preindustrial East Asia, c. 1500-c. 1800: East Asia in the Age of Global Integration. *The Journal of Asian Studies*, v. 58, n. 1, p. 2-26, 1999.

LEFEBVRE, Henri. *The Survival of Capitalism*: Reproduction of the Relations of Production. New York, St. Martin's Press, 1976. [Ed. port.: *A reprodução das relações de produção*. Porto, Escorpião, 1973.]

LEIBENSTEIN, Harvey. *Economic Backwardness and Economic Growth*. New York, Wiley, 1963. [Ed. bras.: *Atraso e desenvolvimento econômico*. Rio de Janeiro, Fundação Getulio Vargas, 1967.]

LEWIS, Archibald. *The Islamic World and the West, A.D. 622-1492*. New York, Wiley, 1970.

LI, Yi. *The Structure and Evolution of Chinese Social Stratification*. Lanham, Maryland, University Press of America, 2005.

LI, Yuyu. The Impact of Rural Migration on Village Development: A Comparative Study in Three Chinese Villages. Tese de Doutoramento, Department of Sociology, The Johns Hopkins University, Baltimore, Maryland, 2006.

LIN, Justin Yifu; YAO, Yang. Chinese Rural Industrialization in the Context of the East Asian Miracle. China Center for Economic Research, Beijing University, s. d. Disponível em: <http://www.esocialsciences.com/articles/displayArticles.asp?Article_ID=647>.

LIN, Manhong. The Silver Drain of China and the Reduction in World Silver and Gold Production (1814-1850). In: *Essays in Chinese Maritime History IV*, Taipei, Sun Yat-sen Institute for Social Sciences and Philosophy, Academia Sinica, 1991. p. 1-44.

LIN, Nan. Local Market Socialism: Local Corporatism in Action in Rural China. *Theory and Society*, n. 24, p. 301-54, 1995.

LIU, Binyan; LINK, Perry. A Great Leap Backward? *The New York Review*, p. 19-23, 8 out. 1998.

LO, Jung-pang. Maritime Commerce and its Relation to the Sung Navy. *Journal of the Economic and Social History of the Orient*, n. 12, p. 57-101, 1969.

LYNN, Barry. The Case for Breaking Up Wal-Mart. *Harper's Magazine*, 24 jul. 2006.

MACKIE, Jamie. Changing Patterns of Chinese Big Business. In: McVEY, Ruth (Ed.). *Southeast Asian Capitalists*. Southeast Asian Program, Cornell University, Ithaca, New York, 1992.

_____. Business Success Among Southeast Asian Chinese: The Role of Culture, Values, and Social Structures. In: HEFNER, Robert W. (Ed.) *Market Cultures*: Society and Morality in the New Asian Capitalism. Boulder, Westview Press, 1998.

MADDISON, Angus. *Contours of the World Economy, 1-2030 AD*. New York, Oxford University Press, 2007.

MAGDOFF, Harry; FOSTER, John Bellamy. China and Socialism: Market Reform and Class Struggle. Editors' Foreword. *Monthly Review*, v. 56, n. 3, p. 2-6, 2004.

MAMDANI, Mahmood. *Good Muslim, Bad Muslim*: America, the Cold War, and the Roots of Terror. New York, Pantheon, 2004.

MANN, Michael. *Incoherent Empire*. London, Verso, 2003.

MANN, Susan. Household Handicrafts and State Policy in Qing Times. In: LEONARD, Jane K.; WATT, John (Eds.). *To Achieve Security and Wealth*: The Qing State and the Economy. Ithaca, New York, Cornell University Press, 1992. p. 75-96.

MARKS, Robert B. *The Origins of the Modern World*: A Global and Ecological Narrative from the Fifteenth to the Twenty-first Century. Lantham, Maryland, Rowman & Littlefield, 2007.

MARSHALL, Alfred. *Industry and Trade*. London, Macmillan, 1919.

MARX, Karl. *Capital*. Moscou, Foreign Languages Publishing House, 1959. v. 1. [Ed. bras.: *O capital*. São Paulo, Nova Cultural, 1988.]

_____. *Capital*. Moscou, Foreign Languages Publishing House, 1962. v. 3.

Bibliografia

MARX, Karl. *Grundrisse*: Foundations of the Critique of Political Economy. New York, Vintage, 1973.

———. Crisis Theory (from *Theories of Surplus Value*). In: TUCKER, Robert C. (Ed.) *The Marx--Engels Reader*. New York, Norton, 1978.

MARX, Karl; ENGELS, Frederick. *The Communist Manifesto*. Harmondsworth, Penguin, 1967.

———. *Manifesto Comunista*. São Paulo, Boitempo, 1998.

MATHIAS, Peter. *The First Industrial Nation*: An Economic History of Britain 1700-1914. London, Methuen, 1969.

MAYER, Arno J. Beyond the Drumbeat: Iraq, Preventive War, "Old Europe". *Monthly Review*, v. 54, n. 10, mar. 2003.

McCORMICK, Thomas J. *America's Half Century*: United States Foreign Policy in the Cold War. Baltimore, The Johns Hopkins University Press, 1989.

McELWEE, William L. *The Art of War, Waterloo to Mons*. London, Weidenfeld & Nicolson, 1974.

McKIBBEN, Bill. The Great Leap: Scenes from China's Industrial Revolution. *Harper's Magazine*, Dec. 2005. p. 42-52.

McNAMARA, Robert. The True Dimension of the Task. *International Development Review*, n. 1, p. 1-7, 1970.

McNEILL, William. *The Pursuit of Power*: Technology, Armed Force, and Society since A.D. 1000. Chicago, The University of Chicago Press, 1982.

———. World History and the Rise and Fall of the West. *Journal of World History*, v. 9, n. 2, p. 215-37, 1998.

MEARSHEIMER, John J. *The Tragedy of Great Power Politics*. New York, W. W. Norton, 2001.

MINCHINTON, Walter E. (Ed.) *The Growth of English Overseas Trade in the Seventeenth And Eighteenth Centuries*. London, Methuen, 1969.

MOFFITT, Michael. *The World's Money*: International Banking from Bretton Woods to the Brink of Insolvency. New York, Simon & Schuster, 1983. [Ed. bras.: *Dinheiro do mundo*: de Bretton Woods à beira da insolvência. 2. ed. Rio de Janeiro, Paz e Terra, 1985.]

MULLER, Jerry Z. *Adam Smith in His Time and Ours*: Designing the Decent Society. New York, Free Press, 1993.

MURALIDHARAN, Sukumar. Israel: An Equal Partner in Occupation of Iraq. *Economic and Political Weekly*, 9 out. 2004. Disponível em: <www.epw.com.in>.

NAKAMURA, Takafusa. *The Postwar Japanese Economy*. Tokyo, Tokyo University Press, 1981.

NATHAN, Andrew J. Imperialism's Effects on China. *Bulletin of Concerned Asian Scholars*, v. 4, n. 4, p. 3-8, 1972.

NELSON, Richard. A Theory of the Low-level Equilibrium Trap in Underdeveloped Economies. *The American Economic Review*, v. 46, n. 4, p. 894-908, 1956.

NOLAN, Peter. *Transforming China*: Globalization, Transition and Development. London, Anthem Press, 2004.

NORTHUP, David. *Indentured Labor in the Age of Imperialism, 1834-1922*. Cambridge, Cambridge University Press, 1995.

NYE, Joseph S. *Bound to Lead*: The Changing Nature of American Power. New York, Basic Books, 1990.

O'BRIEN, Patrick. Metanarratives in Global Histories of Material Progress. *The International History Review*, v. 23, n. 2, p. 345-67, 2001.

O'CONNOR, James. *The Fiscal Crisis of the State*. New York, St. Martin's Press, 1973.

OI, Jean. *Rural China Takes Off*: Institutional Foundations of Economic Reform. Berkeley, University of California Press, 1999.

OKIMOTO, Daniel I.; ROHLEN, Thomas P. *Inside the Japanese System*: Readings on Contemporary Society and Political Economy. Stanford, Stanford University Press, 1988.

ONG, Aihwa; NONINI, Donald M. (Eds.) *Ungrounded Empires*: The Cultural Politics of Modern Chinese Transnationalism. New York, Routledge, 1997.

OWEN, David Edward. *British Opium Policy in China and India*. New Haven, Connecticut, Yale University Press, 1934.

OZAWA, Terutomo. *Multinationalism, Japanese Style*: The Political Economy of Outward Dependency. Princeton, New Jersey, Princeton University Press, 1979.

_____. Foreign Direct Investment and Structural Transformation: Japan as a Recycler of Market and Industry. *Business and the Contemporary World*, v. 5, n. 2, p. 129-50, 1993.

_____. Pax Americana-Led Macro-Clustering and Flying-Geese-Style Catch-Up in East Asia: Mechanisms of Regionalized Endogenous Growth. *Journal of Asian Economics*, n. 13, p. 699-713, 2003.

PALAT, Ravi A. Historical Transformations in Agrarian Systems Based on Wet-Rice Cultivation: Toward an Alternative Model of Social Change. In: McMICHAEL, Philip (Ed.). *Food and Agrarian Orders in the World-Economy*. Westport, Connecticut, Praeger, 1995. p. 55-77.

PANITCH, Leo; GINDIN, Sam. Global Capitalism and American Empire. In: PANITCH, Leo; LEYS, Colin (Eds.). *The New Imperial Challenge*. London, Merlin Press, 2003.

PARBONI, Riccardo. *The Dollar and its Rivals*. London, Verso, 1981.

PARKER, Geoffrey. Taking Up the Gun. *MHQ: The Quarterly Journal of Military History*, v. 1, n. 4, p. 88-101, 1989.

PARSONS, Talcott. The Distribution of Power in American Society. In: _____. *Structure and Process in Modern Societies*. New York, Free Press, 1960.

_____. Some Reflections on the Place of Force in Social Process. In: ECKSTEIN, Harry (Ed.). *Internal War*. Glencoe, Illinois, The Free Press, 1964. p. 33-70.

PEATTIE, Mark. Introduction. In: MYERS, Ramon; PEATTIE, Mark. *The Japanese Colonial Empire, 1895-1945*. Princeton, Princeton University Press, 1984. p. 3-26.

PERDUE, Peter C. *Exhausting the Earth*: State and Peasant in Hunan, 1500-1850. Cambridge, Massachusetts, Harvard University Press, 1987.

_____. A Frontier View of Chineseness. In: ARRIGHI, Giovanni; HAMASHITA, Takeshi; SELDEN, Mark (Eds.). *The Resurgence of East Asia*: 500, 150 and 50 Year Perspectives. London/New York, Routledge, 2003. pp. 51-77.

PHELPS BROWN, Ernest Henry. A Non-Monetarist View of the Pay Explosion. *Three Banks Review*, n. 105, p. 3-24, 1975.

PINKERTON, James P. Superpower Showdown. *The American Censervative*, 7 nov. 2005. Disponível em: <http://www.amconmag.com>.

PIORE, Michael J.; SABEL, Charles F. *The Second Industrial Divide*: Possibilities for Prosperity. New York, Basic Books, 1984.

POLANYI, Karl. *The Great Transformation*: The Political and Economic Origins of Our Time, Boston, Beacon Press, 1957. [Ed. bras.: *A grande transformação*: as origens da nossa época. 2. ed. Rio de Janeiro, Campus, 2000.]

POMERANZ, Kenneth. *The Great Divergence*: Europe, China, and the Making of the Modern World Economy. Princeton, Princeton University Press, 2000.

PRESTOWITZ, Clyde. *Three Billion New Capitalists*: The Great Shift of Wealth and Power to the East. New York, Basic Books, 2005.

PUTTERMAN, Louis. On the Past and Future of China's Township and Village-Owned Enterprises. *World Development*, v. 25, n. 10, p. 1639-55, 1997.

Bibliografia

QIAN, Yingyi. Enterprise Reforms in China: Agency Problems and Political Control. *Economics of Transition*, v. 4, n. 2, p. 427-47, 1996.

QUESNAY, François. From *Despotism in China*. In: SCHURMANN, Franz; SCHELL, Orville (Eds.). *Imperial China*. New York, Vintage, 1969. p. 115-20.

RAMO, Joshua Cooper. *The Beijing Consensus*: Notes on the New Physics of Chinese Power. London, Foreign Affairs Policy Centre, 2004.

RAWSKI, Thomas G. Reforming China's Economy: What Have We Learned? *The China Journal*, n. 41, p. 139-56, 1999.

RESEARCH GROUP FOR SOCIAL STRUCTURE IN CONTEMPORARY CHINA, Chinese Academy of Social Sciences. *Social Mobility in Contemporary China*. Montreal, America Quantum Media, 2005.

RISKIN, Carl; RENWEI, Zhao; SHIH, Li (Eds.). *Retreat from Equality*: Essays on the Changing Distribution of Income in China, 1988 to 1995. Armonk, New York, M. E. Sharpe, 2001.

ROSENBERG, Nathan. Adam Smith on the Division of Labour: Two Views or One? *Economica*, v. 32, n. 127, p. 127-39, 1965.

ROWE, William T. Modern Chinese Social History in Comparative Perspective. In: ROPP, Paul S. (Ed.) *Heritage of China*: Contemporary Perspectives on Chinese Civilization. Berkeley, University of California Press, 1990. p. 242-62.

_____. *Saving the World*: Chen Hongmou and Elite Consciousness in Eigteenth-Century China. Stanford, California, Stanford University Press, 2001.

ROZMAN, Gilbert. *The East Asian Region*: Confucian Heritage and its Modern Adaptation. Princeton, Princeton University Press, 1991.

SAUL, Samuel B. *The Myth of the Great Depression, 1873-1896*. London, Macmillan, 1969.

SCHLESINGER, Arthur Jr. The Making of a Mess. *The New York Review*, 22 set. 2004. p. 40-3.

SCHUMPETER, Joseph. *History of Economic Analysis*. New York, Oxford University Press, 1954. [Ed. bras.: *História da análise econômica*. Rio de Janeiro, Fundo de Cultura, 1964.]

_____. *Capitalism, Socialism, and Democracy*. London, George Allen & Unwin, 1954. [Ed. bras.: *Capitalismo, socialismo e democracia*. Rio de Janeiro, Zahar, 1984.]

_____. *The Theory of Economic Development*. New York, Oxford University Press, 1961. [Ed. bras.: *Teoria do desenvolvimento econômico*. São Paulo, Nova Cultural, 1997.]

_____. *Business Cycles*: A Theoretical, Historical, and Statistical Analysis of the Capitalist Process. New York, McGraw Hill, 1964.

SCHURMANN, Franz. *The Logic of World Power*: An Inquiry into the Origins, Currents, and Contradictions of World Politics. New York, Pantheon, 1974.

SEGAL, Adam. Is America Losing Its Edge? *Foreign Affairs*, nov.-dec. 2004. Disponível em: <http://www.foreignaffairs.org>.

SELDEN, Mark. Yan'an Communism Reconsidered. *Modern China*, v. 21, n. 1, p. 8-44, 1995.

_____. China, Japan and the Regional Political Economy of East Asia, 1945-1995. In: KATZENSTEIN, Peter; SHIRAISHI, Takashi (Eds.). *Network Power*: Japan and Asia. Ithaca, New York, Cornell University Press, 1997. p. 306-40.

SEMMEL, Bernard. *The Rise of Free Trade Imperialism*. Cambridge, Cambridge University Press, 1970.

SHAIKH, Anwar. Explaining the Global Economic Crisis. *Historical Materialism*, n. 5, p. 103-44, 1999.

SHAMBAUGH, David. China and Europe: The Emerging Axis. *Current History*, v. 103, n. 674, p. 243-8, sept. 2004.

Adam Smith em Pequim

SHENKAR, Oded. *The Chinese Century*. Upper Saddle River, New Jersey, Wharton School Publishing, 2006.

SHIBA, Yoshinobu. Sung Foreign Trade: Its Scope and Organization. In: ROSSABI, Morris (Ed.). *China among Equals*: The Middle Kingdom and its Neighbors, 10th-14th Centuries. Berkeley, University of California Press, 1983. p. 89-115.

SILVER, Beverly J. *Forces of Labor*: Workers' Movements and Globalization Since 1870. Cambridge, Cambridge University Press, 2003.

_____. *Forças do trabalho*: movimentos de trabalhadores e globalização desde 1870. São Paulo, Boitempo, 2005.

_____. Labor Upsurges: From Detroit to Ulsan and Beyond. *Critical Sociology*, v. 31, n. 3, p. 439-51, 2005.

SILVER, Beverly J.; ARRIGHI, Giovanni. Polanyi's "Double Movement": The *Belle Époques* of British and U.S. Hegemony Compared. *Politics and Society*, v. 31, n. 2, p. 325-55, 2003.

SKINNER, G. William. The Structure of Chinese History. *Journal of Asian Studies*, v. 44, n. 2, p. 271-92, 1985.

SKLAR, Martin J. *The Corporate Reconstruction of American Capitalism, 1890-1916*: The Market, the Law, and Politics. Cambridge, Cambridge University Press, 1988.

SMITH, Adam. *An Inquiry into the Nature and Causes of the Wealth of Nations*. London, Methuen, 1961. 2 v. [Ed. bras.: *A riqueza das nações*. São Paulo, Martins Fontes, 2003. 2 v.]

SMITH, Neil. *Uneven Development*: Nature, Capital and the Production of Space. Oxford, Basil Blackwell, 1984. [Ed. bras.: *Desenvolvimento desigual*: natureza, capital e a produção de espaço. Rio de Janeiro, Bertrand Brasil, 1988.]

SO, Alvin Y. *The South China Silk District*. Albany, State University of New York Press, 1986.

SO, Alvin Y.; CHIU, Stephen W. K. *East Asia and the World-Economy*. Newbury Park, California, Sage, 1995.

SOROS, George. *The Bubble of American Supremacy*: Correcting the Misuse of American Power. New York, Public Affair, 2004.

STEDMAN JONES, Gareth. The History of US Imperialism. In: BLACKBURN, Robin (Ed.). *Ideology in Social Science*. New York, Vintage, 1972. p. 207-37. [Ed. bras.: A história do imperialismo dos EUA. In: *Ideologia na ciência social*: ensaios críticos sobre a teoria social. Rio de Janeiro, Paz e Terra, 1982.]

STINCHCOMBE, Arthur L. *Constructing Social Theories*. New York, Harcourt, Brace & World, 1968.

STIGLITZ, Joseph. *Globalization and Its Discontents*. New York, Norton, 2002. [Ed. bras.: *A globalização e seus malefícios*: a promessa não cumprida de benefícios globais. 4. ed. São Paulo, Futura, 2003.]

STOPFORD, John M.; DUNNING, John H. *Multinationals*: Company Performance and Global Trends. London, Macmillan, 1983.

STRANGE, Susan. *Casino Capitalism*. Oxford, Basil Blackwell, 1986.

SUGIHARA, Kaoru. The European Miracle and the East Asian Miracle: Towards a New Global Economic History. *Sangyo to keizai*, v. 11, n. 12, p. 27-48, 1996.

_____. The East Asian Path of Economic Development: A Long-term Perspective. In: ARRIGHI, Giovanni; HAMASHITA, Takashi; SELDEN, Mark (Eds.). *The Resurgence of East Asia*: 500, 150 and 50 Year Perspectives. London/New York, Routledge, 2003. p. 78-123.

_____. The State and the Industrious Revolution in Japan. Global Economic History Network, Department of Economic History, London School of Economics, London, 2004. (Artigo para discussão, n. 02/04)

Bibliografia

SUMMERS, Lawrence H. America Overdrawn. *Foreign Policy*, n. 143, p. 46-9, 2004.

SUSKIND, Ron. *The Price of Loyalty*: George W. Bush, the White House, and the Education of Paul O'Neill. New York, Simon and Schuster, 2004.

SWEEZY, Paul. *The Theory of Capitalist Development*. London, Dobson, 1946. [Ed. bras.: *Teoria do desenvolvimento capitalista*: princípios de economia política marxista. 4. ed. Rio de Janeiro, Zahar, 1976.]

SYLOS-LABINI, Paolo. Competition: the Product Markets. In: WILSON, Thomas; SKINNER, Andrew S. (Eds.) *The Market and the State*: Essays in Honor of Adam Smith. Oxford, Clarendon Press, 1976. p. 200-32.

TANG, Jun. Selection from Report on Poverty and Anti-Poverty in Urban China. *Chinese Sociology and Anthropology*, v. 36, n. 2-3, 2003-2004.

TAYLOR, Peter. Ten Years that Shook the World?: The United Provinces as First Hegemonic State. *Sociological Perspectives*, v. 37, n. 1, p. 25-46, 1994.

THERBORN, Göran. *European Modernity and Beyond*: The Trajectory of European Societies, 1945- -2000. London, Sage Publications, 1995.

THORNTON, Edward. *India, its State and Prospects*. London, Parbury, Allen & Co., 1835.

TILLY, Charles. War Making and State Making as Organized Crime. In: EVANS, Peter B.; RUESCHE-MEYER, Dietrich; SKOCPOL, Theda (Eds.). *Bringing the State Back In*. Cambridge, Cambridge University Press, 1985. p. 169-91.

TOMLINSON, Brian R. India and the British Empire, 1880-1935. *The Indian Economic and Social History Review*, v. 12, n. 4, p. 337-80, 1975.

TONG, James W. *Disorder Under Heaven*: Collective Violence in the Ming Dynasty. Stanford, Stanford University Press, 1991.

TRONTI, Mario. *Operai e capitale*. Torino, Einaudi, 1971. [Ed. port.: *Operários e capital*. Porto, Afrontamento, 1976.]

TSAI, Jung-fang. *Hong Kong in Chinese History*: Community and Social Unrest in the British Colony, 1842-1913. New York, Columbia University Press, 1993.

TSAI, Kellee S. Off Balance: The Unintended Consequences of Fiscal Federalism in China. *Journal of Chinese Political Science*, v. 9, n. 2, p. 7-26, 2004.

TSIANG, Ting-fu. The English and the Opium Trade. In: SCHURMANN, Franz; SCHELL, Orville. (Eds.). *Imperial China*. New York, Vintage, 1967. p. 132-45.

UNGER, Jonathan. *The Transformation of Rural China*. Armonk, New York, M. E. Sharpe, 2002.

URQUHART, Brian. The Good General. *The New York Review*, 23 set. 2004. p. 28-33.

VEBLEN, Thorstein. *The Theory of Business Enterprise*. New Brunswick, New Jersey, Transaction Books, 1978. [Ed. bras.: *Teoria da empresa industrial*. Rio de Janeiro, Globo, 1966.]

VERNON, Raymond. International Investment and International Trade in the Product Cycle. *Quarterly Journal of Economics*, v. 80, n. 2, p. 190-207, 1966.

VERSLUYSEN, Eugène L. *The Political Economy of International Finance*. New York, St. Martin's Press, 1981.

WADE, Robert. East Asian Economic Success: Conflicting Perspectives, Partial Insights, Shaky Evidence. *World Politics*, n. 44, p. 270-320, 1992.

_____. Is Globalization Reducing Poverty and Inequality? *World Development*, v. 32, n. 4, p. 567-89, 2004.

WADE, Robert; VENEROSO, Frank. the Asian Crisis: The High Debt Model Versus the Wall Street-Treasury-IMF Complex. *New Left Review*, v. 1, n. 228, p. 3-22, 1998.

411

Adam Smith em Pequim

WAKEMAN, Frederic. *The Great Enterprise*: The Manchu Reconstruction of Imperial Order in Seventeenth-Century China. Berkeley, University of California Press, 1985.

WALDER, Andrew. Local Governments as Industrial Firms: An Organizational Analysis of China's Transitional Economy. *American Journal of Sociology*, v. 101, n. 2, p. 263-301, 1995.

_____. Markets and Income Inequality in Rural China: Political Advantage in an Expanding Economy. *American Sociological Review*, v. 67, n. 2, p. 231-53, 2002.

WALDINGER, Roger; ERICKSON, Chris; MILKMAN, Ruth et al. Helots No More: A Case Study of the Justice for Janitors Campaign in Los Angeles. In: BRONFENBRENNER, Kate et al. (Eds.) *Organizing to Win*. Ithaca, New York, Cornell University Press, 1998. p. 102-19.

WALEY, Arthur. *The Opium War through Chinese Eyes*. London, Allen & Unwin, 1958.

WALTER, Andrew. *World Power and World Money*. New York, St. Martin's Press, 1991.

WANG, Gungwu. *China and the Chinese Overseas*. Singapore, Times Academic Press, 1991.

_____. Ming Foreign Relations: Southeast Asia. In: TWITCHETT, Denis; MOTE, Frederick (Eds.). *The Cambridge History of China*. Cambridge, Cambridge University Press, 1998. v. 8 (2), The Ming Dynasty, p. 301-32.

WANG, Hui. *China's New Order*: Society, Politics and Economy in Transition. Cambridge, Massachusetts, Harvard University Press, 2003.

_____. Depoliticized Politics, From East to West. *New Left Review*, v. 2, n. 41, p. 29-45, 2006.

WANG, Juan. Going Beyond Township and Village Enterprises in Rural China. *Journal of Contemporary China*, v. 14, n. 42, p. 177-87, 2005.

WANG, Yeh-chien. *Land Taxation in Imperial China, 1750-1911*. Cambridge, Massachusetts, Harvard University Press, 1973.

WASHBROOK, David. South Asia, the World System, and World Capitalism. *The Journal of Asian Studies*, v. 49, n. 3, p. 479-508, 1990.

WEBER, Max. *General Economic History*. New York, Collier, 1961. [Ed. bras.: *História geral da economia*. São Paulo, Centauro, 2006.]

_____. *Economy and Society*. Berkeley, California, University of California Press, 1978. [Ed. bras.: *Economia e sociedade*. Brasília/São Paulo, Editora da Universidade de Brasília/Imprensa Oficial, 2004.]

WEI, Yehua D. *Regional Development in China*: States, Globalization and Inequality. New York, Routledge, 2000.

WEIGALL, David. *Britain and the World, 1815-1986*: A Dictionary of International Relations. New York, B. T. Batsford, 1987.

WERHANE, Patricia. *Adam Smith and His Legacy for Modern Capitalism*. New York, Oxford University Press, 1991.

WEST, Edwin G. Adam Smith's Two Views on the Division of Labour. *Economica*, v. 31, n. 122, p. 23--32, 1964.

WHITING, Susan H. *Power and Wealth in Rural China*: The Political Economy of Institutional Change. Cambridge, Cambridge University Press, 2001.

WILKINS, Mira. *The Emergence of Multinational Enterprise*: American Business Abroad from the Colonial Era to 1914. Cambridge, Cambridge University Press, 1970.

WILL, Pierre-Etienne; WONG, Roy Bin. *Nourish the People*: The State Civilian Granary System in China, 1650-1850. Ann Arbor, University of Michigan Press, 1991.

WILLS Jr., John E. Maritime China From Wang Chih to Shih Lang: Themes in Peripheral History. In: SPENCE, Jonathan D.; WILLS Jr., John E. (Eds.) *Conquest, Region, and Continuity in Seventeenth Century China*. New Haven/London, Yale University Press, 1979. p. 203-38.

Bibliografia

WILLS Jr., John E. Relations With Maritime Europeans. In: TWITCHETT, Denis; MOTE, Frederick (Eds.). *The Cambridge History of China*. Cambridge, Cambridge University Press, 1998. v. 8 (2), The Ming Dynasty, p. 333-75.

WINCH, Donald. *Adam Smith's Politics*: An Essay in Historiographic Revision. Cambridge, Cambridge University Press, 1978.

_____. Science of the Legislator: Adam Smith and After. *The Economic Journal*, n. 93, p. 501-20, 1983.

WOLF, Eric. *Europe and the People without History*. Berkeley, California, California University Press, 1982.

WONG, Roy Bin. *China Transformed*: Historical Change and the Limits of European Experience. Ithaca, Cornell University Press, 1997.

_____. The Role of the Chinese State in Long-distance Commerce. Global Economic History Network, Department of Economic History, London School of Economics, London, 2004. (Artigo para discussão, n. 05/04).

WONG, Siu-lun. *Emigrant Entrepreneurs*. Hong Kong, Oxford University Press, 1988.

WONG, Young-tsu. Security and Warfare on the China Coast: The Taiwan Question in the Seventeenth Century. *Monumenta Serica*, n. 35, p. 111-96, 1983.

WOO, Wing Thye. The Real Reasons for China's Growth. *The China Journal*, n. 41, p. 115-37, 1999.

WORLD BANK. *World Tables*. Washington D.C., World Bank, 1984. v. 1, 2.

_____. *World Development Indicators*. Washington, D.C., World Bank. Vários anos. 1 CD.

WRIGHT, Steve. *Storming Heaven*: Class Composition and Class Struggle in Italian Autonomist Marxism. London, Pluto, 2002.

_____. Children of a Lesser Marxism? *Historical Materialism*, v. 12, n. 1, p. 261-76, 2004.

WRIGLEY, Edward A. *Continuity, Chance and Change*: The Character of the Industrial Revolution in England. Cambridge, Cambridge University Press, 1988.

_____. The Limits to Growth: Malthus and the Classical Economists. In: TEITEBAUM, Michael S.; WINTER, Jay M. (Eds.) *Population and Resources in Western Intellectual Traditions*. Cambridge, Cambridge University Press, 1989.

WU, Ximing; PERLOFF, Jeffrey M. China's Income Distribution Over Time: Reasons for Rising Inequality. KUDARE *working paper* 977, University of California, Berkeley, 2004. Disponível em SSRN: <http://ssrn.com/abstract=506462>.

WU, Yuan-li; WU, Chun-hsi. *Economic Development in Southeast Asia*: The Chinese Dimension. Stanford, Hoover Institution Press, 1980.

YANG, Lien-sheng. *Money and Credit in China*: A Short History. Cambridge, Massachusetts, Harvard University Press, 1952.

YEN, Zhongping et al. *Zhongguo jindai jingjishi tongji*. Beijing, Scientific Publishers, 1957. Tradução literal do título: Coletânea de dados estatísticos da história econômica moderna chinesa.

ZHANG, Binchuan. Mingqing haishang maoyi zhengce: biguanzishou? *Selected Essays in Chinese Maritime History*, Taipei, Academia Sinica, n. 4, p. 45-59, 1991. Tradução literal do título: A política de comércio marítimo das épocas Ming e Qing: de portas fechadas e conservadoras?.

ZOLBERG, Aristide R. Response: Working-Class Dissolution. *International Labor and Working-Class History*, n. 47, p. 28-38, 1995.

ÍNDICE REMISSIVO

Abdulá, rei da Jordânia, 198
Abe, primeiro-ministro Shinzo, 302
Abu-Lughod, Janet, 327, 330
acumulação
    ciclos sistêmicos de, 240, 244-5
    por desapropriação, 232-6, 270
    primitiva, 97, 235, 370
    ver também desenvolvimento
Acheson, Dean, secretário de Estado, 186,
    187
Acordo Plaza, 117, 119, 120-1, 166, 170
    ver também Acordo Plaza invertido
Acordo Plaza invertido, 177, 121-3, 166,
    170
Acordo Smithsoniano (1971), 114
Adas, Michael, 19-20, 71
Afeganistão, *ver* Estados Unidos; União
    Soviética
África, 157, 217
África do Sul, 138, 152, 218, 369
Agarwala, Ramgopal, 361, 365, 375, 381
Aglietta, Michel, 35
Agnew, John, 256
Aguilar, Alonso, 251
ajuste espacial, 225, 227-9, 232, 235, 237,
    241-2
Akamatsu, Kaname, 51
Akira, Hayami, 47
Albright, Madeline, secretária de Estado,
    190, 267, 270
Alemanha, 112-3, 121, 126, 133, 135,
    141-2, 144, 163, 176, 178, 202, 213, 218,
    224, 255, 257, 266, 268, 282, 292-3, 297,
    299, 303-5, 319-20
América Latina, 12, 21, 156, 251, 253, 270,
    312, 360, 379, 385, 387
Amery, Leo, 304
Amin, Samir, 32, 112, 381
Amsden, Alice, 142

Anderson, Perry, 71
Angell, Norman, 303-5
Angola, 189
Apec, 213, 215, 217, 308-9
Arábia Saudita, 193, 266, 268, 387
Arendt, Hannah, 230, 233, 237-9, 242,
    244-5, 273
Argentina, 152, 217, 386-7
armadilhas de equilíbrio, *ver* Adam Smith
Armstrong, Philip, 136
Arrighi, Giovanni, 22, 86, 99, 101-2, 104,
    127, 135, 140, 142, 144-5, 148, 152-4,
    157, 160, 162, 165, 171-2, 174, 178, 203,
    221-2, 238, 240, 242-8, 250, 253, 257,
    326-7, 329-30, 351
Arroyo, presidente das Filipinas, 387
Asean, 309
Ásia, 21, 29, 388-9
    ver também Ásia oriental; Ásia ocidental
Ásia ocidental, 196-7, 223, 269
Ásia oriental
    crise (1997-1998), 30, 385
    e a hegemonia dos Estados Unidos,
    349-55
    incorporação ao sistema europeu, 342,
    347, 354
    e os mercados norte-americanos, 119,
    269
    ressurgimento econômico da, 17-8, 51,
    54, 85, 111, 355
    ver também Revolução Industriosa;
    sistemas interestatais
Asian Development Bank, 386
Atwell, William S., 332-3
Au, Loong-yu, 362-3, 374
Aulas de jurisprudência, 57
Austrália, 96, 149, 152, 195, 253, 294, 307,
    309-10
Áustria, 277

Bacevich, Andrew, 192, 194
Bagchi, Amiya K., 147, 254, 345
Baker, Christopher, 354
Balzac, Honoré de, 201-2
Banco Mundial, 164, 360-1, 375, 387
Banco de Compensações Internacionais, 239
Bank of International Settlement, *ver* Banco de Compensações Internacionais
Barbour, Violet, 247
Barraclough, Geoffrey, 17, 146
Barratt Brown, Michael, 111, 251, 254
Barrow, Clyde W., 256
Bartlett, Beatrice S., 334
Beard, Charles, 256
Becattini, Giacomo, 179
Bélgica, 277
belle époque eduardiana, *ver* belles époques
belles époques, 111, 127, 155, 161, 171-5, 188, 204, 241-2, 254
Benjamin, Daniel, 269
Bergesen, Albert, 146
Bernanke, Ben S., 291
Bernstein, Richard, 377
Bernstein, Thomas P., 369
Bin Laden, Osama, 187, 191, 266, 271
Birmânia, 323
Bismarck, Otto von, 293-4
Blackburn, Robin, 176
Block, Fred, 162
bloco soviético, *ver* União Soviética
Bond, Brian, 146
Boot, Max, 291-2, 312
Bouckaert, Boudewijn R. A., 368
Boxer, Charles R., 174, 294
Bramall, Chris, 375
Braudel, Fernand, 103-4, 239-40, 247-9, 338
Braverman, Harry, 35
Brasil, 117, 138, 217-8, 386
Brenner, Robert, 37-9, 43-4, 54, 82, 84, 89, 102, 111-8, 120, 122-9, 131-3, 136-45, 148-51, 162-3, 165, 169-73, 175-6

Bretton Woods, regime de, 144, 165, 202, 267
Brewer, Benjamin D., 99, 142
Brooks, Timothy, 332
Brown, Lester R., 392
Brzezinski, Zbigniew, 317-8
Budd, Alan, 157
Burawoy, Michael, 35
Burkett, Paul, 31, 368
Burley, Ann-Marie, 162
Bush, presidente George H. W. *ver* Estados Unidos, governo Bush
Bush, presidente George W. *ver* Estados Unidos, governo Bush

Cabral, Amílcar, 35
Cai, Fang, 367, 369
Cain, Peter J., 243
Cairncross, Alec K., 152
Calleo, David P., 168, 174, 262
Camboja, 189, 322
O capital, ver Marx
capitalismo
    financeiro, 96-8, 100-4, 150-3, 166-8, 171-3, 232-4, 240-3
    e imperialismo, 221-2, 238, 247-57
    industrial, 42, 149-50, 239
    e militarismo, 273-82
Carroll, James, 269
Carter, presidente James, *ver* Estados Unidos, governo Carter
Castells, Manuel, 154, 179
Castro, Fidel, 35
Chan, Anita, 365
Chandler, Alfred, 102, 127, 166, 177
Chang, Wei-an, 339, 343, 353
Chapman, Stanley D., 152
Chase-Dunn, Christopher, 337
Chaudhuri, K. N., 102, 347
Chávez, Hugo, 217
Chen, Ciyu, 343
Cheney, Richard, 187, 201, 273
Chevron, 286

Índice remissivo

Chile, 217, 293

China
 África do Sul, comparação com, 369-70
 avanço econômico na década de 1990,
  22-3, 30, 42, 375-7
 capacidade de desenvolvimento
  sustentável, 25, 389-93
 capital estrangeiro na, 228-9, 310-12,
  357-62
 e capitalismo, 39, 103, 336-42, 363-6
 CNOOC (China National Offshore Oil
  Company), 286, 288-91, 305
 e comércio de ópio, 343-5
 compradora de títulos do Tesouro
  norte-americano, 386, 388
 e o Consenso de Washington, 30, 359-61
 crescimento no século XVIII, 19, 20,
  47-8
 Deng Xiaoping, 29-33, 298-9, 357, 360,
  366, 368, 372-5, 378
 desenvolvimento com base no mercado
  na, 40-2, 84, 328-42, 363-66
 desenvolvimento do delta do Yang-tsé,
  43-6
 desigualdade de renda, 380-1
 diáspora ultramarina, 329, 339-40,
  352-5, 357-9
 divergência com relação à história social
  ocidental, 103
 EAMs, 367-70, 379
 Empresas de Aldeias e Municípios, ver
  EAMs
 estatais, 362-3
 gastos com pesquisa e desenvolvimento,
  372
 Guerras do Ópio (século XIX), 20, 42,
  89, 346-8
 Guerras Sino-Japonesas, 323, 348-9
 e a Guerra ao Terror, 270
 Hu, Jintao, 33, 217, 299, 301, 312, 374
 e o Iluminismo europeu, 19
 influência crescente em relação aos
  Estados Unidos, 23-4, 205, 213-9,
  269-70, 309-10, 314, 318, 383

Jiang, Zemin, 374
 Mao Tsé-tung, 35, 363-5, 373, 375-8
 mão de obra/trabalhadores, 30, 357,
  365-6, 371-2, 378, 382
 marxismo-leninismo chinês comparado
  ao soviético, 378-9
 novo campo socialista, 32-3
 e a OMC, 285-6
 Partido Comunista Chinês, ver PCC
 Paz de Quinhentos Anos, 321-4
 PCC (Partido Comunista Chinês), 354,
  358, 373-4, 377-8
 período Han, 331, 333, 342
 período Ming, 328-30, 332-3, 336,
  339-40, 364
 período Qing, 324-5, 331, 333-7,
  339-42, 344, 364, 391
 período Song no sul, 328-9, 336-7
 período Yuan, 329, 336-7
 Planos Quinquenais, 312, 392
 repressão na praça Tiananmen, 29, 358
 República Popular da China, ver RPC
 Revolução Cultural, 373, 379
 RPC, 349-51, 354-5, 357-9, 377-8, 382,
  392
 sistema educacional, 363-4
 Sistema de Responsabilidade Familiar,
  366
 e socialismo, 31-3, 39
 e teoria marxista, 33
 Wen, Jiabao, 300, 374
 ZPE (Zona de Processamento para
  Exportação), 362-3
 ver também Revolução Industriosa;
  sistemas interestatais; Smith, Adam;
  Taiwan; Estados Unidos
China National Offshore Oil Company
 (CNOOC), ver China
Chiu, Stephen W. K., 347, 348, 358
Churchill, Winston, 304
cidades-Estado italianas, 238, 281
 ver também entradas individuais
Singapura, 18, 294, 352
Clark, J. B., 55

417

Adam Smith em Pequim

Clarke, Richard, 187
Clinton, presidente William, *ver* Estados Unidos, governo Clinton
CNOOC, *ver* China
Cohen, Jerome B., 163
Cohen, Richard, 191
Cohen, Roger, 195, 214, 291-2, 312-3
comunidade de civilizações, 25
Connally, John B., 210
Consenso de Pequim, 30, 383
Consenso de Washington, 30, 58
Cooperação Econômica da Ásia e do Pacífico, *ver* Apec
Coreia
    do Norte, 135, 214
    do Sul, 18, 22, 138, 215, 218, 291, 294, 302, 317, 349
Cornwallis, lorde, governador-geral da Índia, 345
Crotty, James, 172
Cuba, 34, 217
Cumings, Bruce, 22, 51, 163, 185, 349, 305, 351
Cúpula das Filipinas (2007), 309
Curtin, Philip D., 279
Cushman, Jennifer Wayne, 341

Davenant, Charles, 328
Davis, Mike, 272, 279
Davis, Ralph, 243, 249
De Cecco, Marcello, 147-8, 166, 168, 254
De Gaulle, Charles, 137-8
De la Court, Peter, 248, 253, 281
De Vries, Jan, 48, 82
Dehio, Ludwig, 259-60, 280
DeLong, Brad, 321
Deng Xiaoping, *ver* China
depressões
    (1873-1896), 109, 111, 113, 126-7, 138, 239
    (década de 1930), 127, 172, 186, 236
desenvolvimento
    capitalista, 80, 85-105, 225-57, 275-82

crescimento sem, 40, 54
    com base no mercado, 70-3, 78-9, 81, 84-9, 106, 274-5, 328-36
    com uso intensivo de capital, 49-51, 54
    com uso intensivo de mão de obra, 54
    desigual, 112-3, 135, 162
    marxiano, 56
    padrão de "gansos voadores", 51
    schumpeteriano, 56
    smithiano, 85-7
    de subdesenvolvimento, 36-7
desenvolvimento capitalista, *ver* desenvolvimento
destruição criativa, 92, 94, 96, 98-9, 101, 227
Diderot, Denis, 71
Dirlik, Arif, 383-4
Dobbs, Lou, 286
Doha, conferência de, 209
dólar, *ver* Estados Unidos
Drucker, Peter, 178
Duara, Prasenjit, 354
Dulles, John Foster, 163
Dunning, John H., 154
Duus, Peter, 349

economia keynesiana nos Estados Unidos, *ver* Estados Unidos
economia mundial
    crise de lucratividade, 112-8
    expansão pós-guerra (décadas de 1950 e 1960), 112-3, 163
    longa retração (décadas de 1970 e 1980), 115-22, 163
    longas retrações comparadas, 126-9
    retomada (década de 1990), 122-4
    ver também depressões
Edin, Maria, 374
Edwards, Richard, 35
Egito, 277
Ehrenberg, Richard, 246
Eichengreen, Barry, 243
Elisonas, Jurgis, 332

418

Índice remissivo

Elliott, John E., 101
Elliott, J. H., 246
Elliott, William Y., 153
Elvin, Mark, 64, 329, 336-7, 390
Emirados Árabes Unidos, 266
Empresas de Aldeias e Municípios, *ver* China, EAMs
empresas estatais, *ver* China, estatais
Engels, Friedrich, 37, 273-4, 343
   ver também Manifesto Comunista
Equador, 387
Esherick, Joseph, 344
Espanha, 246, 305
Estados Unidos
   11/9 *ver* Onze de Setembro
   belle époque, *ver* belles époques
   China
      conflito com a China sobre o domínio asiático, 317-8, 351
      contenção/envolvimento, estratégias de, 213-5, 288-315, 317-21
      falta de estratégia para a, 309-11, 384
   Comando do Pacífico, 293-5, 296, 303, 307
   e a crise econômica mexicana, 121, 156
   déficit em transações correntes, 154-7, 174, 200-2, 235-6
   dependência em relação ao petróleo da Ásia ocidental, 193-4
   dólar
      desvalorização, 114, 144, 167-8, 208-12
      como moeda internacional, 210-2, 388
   economia keynesiana nos, 118, 119, 157, 162, 163
   economia de Reagan-Thatcher, 117, 118, 140, 143
   Estado da guerra e do bem-estar social, 162
   expansão econômica (décadas de 1950 e 1960), 112-3, 115, 136, 143, 262
   e a financeirização da economia, 150-1
   forças armadas
      bases militares, 21

   corrida armamentista, 279-80
   credibilidade das, 219, 266
   governos presidenciais
      Bush (George H. W.), 190, 266-7, 292-3, 391
      Bush (George W.), 23, 171-2, 186, 187, 191-3, 196-7, 198, 200, 201, 205, 206, 209, 212-3, 214, 217, 223, 224, 231, 237, 264, 270-3, 287, 291, 292, 293, 294, 300, 302, 381
      Carter, 120, 148, 210
      Clinton, 121, 125, 190, 195, 199, 205, 209, 214, 242, 267, 286
      Ford, 120, 293
      Johnson, 114
      Nixon, 114, 120, 137, 155, 193, 210, 214, 293, 295
      Reagan, 118, 119, 120, 125, 148, 189, 210, 211, 242, 266, 288, 360
      Roosevelt (Franklin D.), 162, 260, 261, 262, 265
      Roosevelt (Theodore), 306
      Truman, 162, 164, 186, 261, 262, 264, 265
   Guerra de Secessão, 306
   Guerra do Afeganistão, 145, 156-7, 189, 191, 192, 206, 293
   Guerra do Iraque, 25, 188, 192-4, 196-200, 206-7, 208, 222, 268, 290, 292-4, 387
   Guerra ao Terror, 191, 207, 214, 270
   e a Guerra do Vietnã, 21, 25, 34, 137, 143, 144, 145, 147, 155, 165, 167, 188-9, 190, 193-5, 222, 262, 265, 351, 377
   hegemonia dos, *ver* hegemonia
   Índia, relações com a, 213, 294, 296, 385
   Lei Geral de Comércio e Concorrência (Omnibus Trade and Competition Act) (1988), 119
   Lei de Impedimentos Estruturais (Structural Impediments Act) (1989), 119

419

Adam Smith em Pequim

mão de obra, 34-6, 133, 135-7, 155, 157--8, 173, 181
  e o mercado e a economia mundiais, 153-4, 208-13, 217-8
  multados pela OMC, 200
  multinacionais e grandes empresas, 33, 102, 127, 152-4, 167-8, 179, 181, 208-9, 310-1
  ver também entradas individuais
  como nação endividada, 172-3, 200-1, 203-7, 311-2
  como nação (in)dispensável, 267-70
  New Deal, 161-2, 261
  Onze de Setembro (2001), 23, 186, 187, 191, 206, 213, 231, 272, 290
  política da Guerra Fria, 164-5
  políticas monetaristas, 145, 148, 169, 173, 175-6
  proibição de petróleo no Japão (1941), 50
  queda de Wall Street (2000-2001), 206, 210
  renda de presidentes-executivos de empresas, 176
  retomada econômica (década de 1990), 173, 175-6
  e a Revolução Iraniana, 145
  síndrome do Vietnã, 188-95, 287
  sinofobia, 303
  e o Sul global, 25, 156, 164, 188-9, 200-2, 383-9
  Tesouro, 360, 361
EUA, *ver* Estados Unidos
eurodólar, crescimento do mercado de, 166
Europa
  ocidental, 21, 37, 41, 149, 163-4, 389
  oriental, 135
  Paz dos Cem Anos, 251
  ver também sistemas interestatais

Fairbank, John K., 29, 106, 322, 347, 378
Fallon, almirante William, 295-6
Federal Reserve, 122, 150, 169

Feis, Herbert, 349
Ferguson, Niall, 147, 200-2
ferrovias, importância para a economia global, 252
Feuerwerker, Albert, 343, 348
Figueroa, Suarez de, *ver* Suarez de Figueroa
Filipe II, 246
Filipinas, 296, 309, 321, 340, 349, 386-7
Fishman, Ted C., 219, 311-2, 358, 361, 371-2
Florença, 103, 242
Flynn, Dennis O., 332, 342
FMI, 202, 360, 385-7
Ford, president Gerald, *ver* Estados Unidos, governo Ford
Foster, John Bellamy, 32
França, 86, 102, 137, 174, 195, 224, 250-1, 255, 257, 277-9, 293, 297, 303, 305, 347
Frank, Andre Gunder, 37-9, 41-3, 46, 57, 101-2, 148
Frank, Thomas, 313
French, Howard W., 216, 363, 381, 389
Friedman, Milton, 57, 360
Friedman, Thomas, 36, 86, 196, 206, 208, 223, 224, 272, 381
Fukasuku, Kichiro, 357
Fundação Woodrow Wilson, 153
Furacão Katrina, 272, 273

G8, cúpula do
  Denver, 205
  Geórgia, 197
Galbraith, James K., 360, 361
Gamble, Andrew, 245
Gandhi, Mohandas, 389, 390, 391
Gao, Weinong, 331
Gates, Robert, secretário de Defesa, 192
General Motors, 178, 180, 311, 353, 359
Gênova, 103, 104, 244, 246
Gernet, Jacques, 324
Giddens, Anthony, 146, 244
Gindin, Sam, 185
Giraldez, Arturo, 332, 342

420

Índice remissivo

globalização
   do capitalismo industrial, 42-3
   vista por Marx e Engels, 36-7, 86
Glyn, Andrew, 136
Goldstein, Joshua S., 255
Goldwater, Barry, 231
Gordon, David, 35
Gordon, Michael R., 190
governo de presidentes, *ver* Estados Unidos
Grã-Bretanha
   dependência do império, 145-8, 202-3
   e financeirização da economia, 152-3
   Tesouro, 360
   ver também capitalismo;
      desenvolvimento capitalista; Europa;
      hegemonia; Revolução Industrial;
      sistemas interestatais
Graham, Lindsey, 303
Gramsci, Antonio, 89, 159, 160, 174, 224
Grande Divergência, 20, 24, 40, 43, 45, 46,
   47, 84, 85, 104, 106
grandes empresas, *ver* multinacionais
Greenberg, Michael, 345, 346
Greenspan, Alan, presidente do Federal
   Reserve, 122, 157, 158, 176
Granada, 189
Grundrisse, *ver* Marx
Guan, Luquan, 329
Guangzhou Automotive, 361
Guerra da Crimeia, 277, 278, 323
Guerra do Golfo (primeira guerra do
   Iraque) (1991), 185, 190, 204, 353
Guerra do Kosovo, 190, 191
Guerra Sino-Japonesa (1894), *ver* China
Guerra do Vietnã, *ver* Estados Unidos
Guerra do Yom Kippur, 168
Guha, Ramachandra, 390
Guha, Ranajit, 160, 161, 187
Guo, Yugui, 363

Haakonssen, Knud, 57, 58, 78
Hale, Lyric Hughes, 314
Hall, Thomas, 337

Halliday, Fred, 194, 198, 199
Hamashita, Takeshi, 322, 347
Hamilton, Alexander, 306
Hamilton, Gary G., 339, 343, 353
Hao, Yen-p'ing, 346
Hardt, Michael, 185, 186, 244
Harrison, Bennett, 154, 179, 180
Harrison, John, 136
Hart, Gillian, 369, 370
Hart-Landsberg, Martin, 31, 368
Harvey, David, 34-7, 157, 199, 221-39, 242,
   268, 360, 370
Hay, John, secretário de Estado, 285, 286
He, Qinglian, 31
Headrick, Daniel R., 344
Hegel, G. W. F., 230
hegemonia
   britânica, 163, 172, 200, 238-9, 257, 388
   crises de, 160-1
   definição de, 159-61
   dominação sem, 160-1, 188, 218-9
   holandesa, 172-4, 238-9
   norte-americana, 24-5, 145, 146, 148,
      161-5, 171-2, 185, 188, 194-5, 199,
      212, 219-20, 223-4, 237-9, 257, 266,
      349-55, 388
Heilbroner, Robert, 57
Held, David, 139
Henwood, Doug, 286
Hersh, Seymour, 198
Hirschman, Albert O., 76
Ho, Chi Minh, 35
Ho, Chumei, 340
Hobbes, Thomas, 76, 87, 230, 237, 272, 281,
   282, 331, 335
Hobsbawm, Eric J., 111, 134, 252, 253, 262,
   267
Hobson, John A., 221
Hofstadter, Richard, 230, 231
Holanda, 63, 64, 70, 71, 78, 81, 82, 97, 98,
   103, 174, 235, 243, 246, 248, 249, 253,
   281, 305
   ver também Smith, Adam; nações
      europeias; hegemonia

Holbrooke, Richard, 285
Honda, 361
Hong Kong, 18, 22, 23, 31, 306, 344, 352, 353, 354, 357, 358, 385
Hongmou, Chen, 334, 335, 336, 372
Hopkins, Anthony G., 243
Hopkins, Terence K., 86
Hu Jintao, *ver* China
Huang, Philip C. C., 40, 44, 45, 52, 54, 82, 84, 89, 334
Huang, Ray, 332
Hugill, Peter J., 152
Hui, Po-keung, 329, 330, 340, 341, 344, 352, 354, 355, 358
Hung, Ho-fung, 19, 329, 330, 332, 334, 341, 355, 358, 374
Hussein, Saddam, 189, 190, 193, 194, 198, 266, 267
Hymer, Stephen, 153

Ikeda, Satoshi, 154, 322, 352
Ikenberry, G. John, 185
imperialismo, 185, 221-2, 236
    ver também capitalismo
império, *ver* imperialismo
Império Otomano, 253
Índia
    relações dos Estados Unidos com a, 295, 302
Indonésia, 302, 321, 386
indústria armamentista, *ver* Revolução Industrial
industrialização da guerra, 276-8
Inglaterra, *ver* Grã-Bretanha
Intel, 359
Irã, 145, 189, 197, 198, 223, 267, 292, 300, 385
Iraque, 25, 147, 175, 187-9, 191-9, 200, 203, 205-8, 219, 222-5, 231, 237, 266-9, 271-3, 287, 290, 292-4, 300-2, 307, 309, 310, 312, 313, 319, 377, 385, 387, 392
    ver também Estados Unidos, Guerra do Iraque
Iriye, Akira, 348

Irwan, Alex, 352
Isett, Christopher, 43, 44
Israel, 197, 198, 199
Israel, Jonathan, 250
Itoh, Makoto, 136, 163, 168

Japão
    e o caminho de desenvolvimento baseado no mercado, 106
    derrota (1945), 348-9
    dependência com relação aos Estados Unidos, 22-3
    dominação asiática, 346-9
    e a economia norte-americana, 119, 121-2
    como Estado ocupado no pós-guerra (1945), 19, 21, 349-50
    expansão econômica (depois da Segunda Guerra Mundial), 112, 349-55
    força do iene (1995), 121, 211
    Guerra da Rússia (1904-5), 348
    guerras sino-japonesas, *ver* China
    industrialização, 49-50, 163, 347-8
    ocupação do norte da China, 349
    como parte do Primeiro Mundo, 20-1
    período Tokugawa (1600-1868), 324-5
    Restauração Meiji, 347
    Restrições Voluntárias de Exportação, 266, 353
    ver também Ásia oriental; Estados Unidos
Johnson, Chalmers, 192, 200, 213, 266, 267, 289
Johnson, Linda Cooke, 343
Johnson, presidente Lyndon, *ver* Estados Unidos, governo Johnson
Johnson, Russell, 274
Jones, Gareth Stedman, 256
Judt, Tony, 176

Kaplan, Robert D., 292-3, 295-8, 301-3, 307, 310, 321, 384
Kasaba, Resat, 343

Índice remissivo

Kautsky, Karl, 236
Kawakatsu, Heita, 324, 347
Kennan, George, 163
Kennedy, Paul, 223, 224, 243, 251, 255, 257, 278, 327
keynesianismo militar, 162, 274
Kissinger, Henry A., 251, 292, 297, 298, 302, 303, 310, 315, 317, 321, 384
Klare, Michael T., 289, 290, 296
Knight, Frank, 57
Koizumi, Junichiro, primeiro-ministro, 302, 307
Kojima, Kiyoshi, 51
Krasner, Stephen, 21
Kriedte, Peter, 246
Krippener, Greta R., 150, 151
Krugman, Paul, 29, 30, 178, 181, 192, 204, 207, 214, 231, 287, 312
Kuala Lampur, cúpula de (2005), 308
Kwait, 190
Kwong, Peter, 360
Kynge, James, 209, 365, 392

Landes, David S., 109, 110, 113, 158, 278, 319
Lantos, Tom, 308
Laos, 322
Lardy, Nicholas R., 357
Líbano, 188, 198
Liga das Nações, 260
Lefebvre, Henri, 225
Leibenstein, Harvey, 82
Leibniz, Gottfried von, 19, 71
Leis da Navegação, 251
Leis do Trigo, 251
Lewis, Archibald, 327
Li, Shih, 380
Li, Yi, 380
Libby, Lewis, 213
Líbia, 189
Lin, Justin Y., 367, 368, 369, 379
Lin, Manhong, 346
Lin, Nan, 367
Lin, Zexu, 346

Lind, Michael, 270, 305
Link, Perry, 31
Liu, Binyan, 31
Liu, Guoguang, 32
Lo, Jung-pang, 329
Locke, John, 335
Lu, Xiaobo, 369
Lula da Silva, Luiz Inácio, 217
Lynn, Barry, 181

McCain, John, 190
Macau, 306, 344, 357
McCormick, Thomas J., 162, 163, 186, 257, 262
McElwee, William L., 278
McKibben, Bill, 391
Mackie, Jamie, 354
Mackinder, Halford, 152, 181, 224
McNamara, Robert, 164, 165
McNeill, William, 252, 253, 274-80, 327, 330, 336
Madri, conferência dos doadores, 196, 268
Magdoff, Harry, 32
Mahbuhani, Kishore, 301
Malásia, 18, 321
Malthus, Thomas, 42, 62, 82
Mamdani, Mahmood, 189, 266
Manifesto Comunista, 36, 37, 88, 89
Mankiw, Greg, 214
Mann, Michael, 187, 193
Mann, Susan, 334
mão de obra
    e crises capitalistas, 131-40, 156-8, 163-4, 174
    migração, 131, 134, 139, 152
    ver também China; Marx, Karl; Smith, Adam; Estados Unidos
Mao Tsé-tung, ver China
Marks, Robert B., 279
Marshall, Alfred, 57, 179, 180
Marx, Karl
    concentração/centralização do capital, 94-6, 178
    crises capitalistas, 92-8, 125, 175-6

desenvolvimento capitalista, 80-5, 92-7, 101, 364
   e a dívida nacional, 96-7
   divisão do trabalho, 64-6, 90-1
   fórmula geral do capital (DMD'), 87, 240
   fórmula da troca da mercadoria (MDM'), 87
   população excedente, 95
   e Schumpeter, 98-101
   Smith, teorias comparadas às de, 85-97, 169, 274-5
   teoria implícita do desenvolvimento nacional, 85-7
   ver também Manifesto Comunista
marxismo
   e o capitalismo monopolista de Estado, 178-9
   crise de identidade no, 34-5
   marxismo-leninismo na China, *ver* China
   neosmithiano, 33-9, 43, 44
Mathias, Peter, 152
Maurício de Nassau, 275, 276
Mayer, Arno J., 265
Meade, Edward S., 177
Mearsheimer, John J., 213, 214, 292, 317-21
Mellon, Andrew, 385
México
   crise do peso (1994-1995), 121
Minchinton, W. E., 249
modelo do ciclo do produto, 139, 152
Moffitt, Michael, 145
Monroe, Doutrina, 251
Montesquieu, barão de, 71, 335
Muller, Jerry Z., 58
multinacionais e grandes empresas, 69, 112, 153-4, 166-8, 208, 265, 288, 304, 310, 311, 352, 354-5
Munro, Robin, 382
Munro, Ross H., 377
Muralidharan, Sukumar, 197
Murdoch, Rupert, 392
Myers, Ramon H., 41, 349

Nações Unidas, *ver* ONU
Nakamura, Takafusa, 163
Nathan, Andrew J., 343
navegação chinesa, 341
Negri, Antonio, 35, 185, 186, 244
Nelson, Richard, 82, 83
Nicarágua, 189
Nixon, presidente Richard, *ver* Estados Unidos, governo Nixon
Nolan, Peter, 374
Nova Ordem Econômica Internacional, 21
Nova Zelândia, 294, 309
Nye, Joseph S., 251

O'Brien, Patrick, 45, 46, 348
O'Connor, James, 162
Oi, Jean, 367
Okimoto, Daniel I., 352
OMC, 129, 200, 218, 285, 385
O'Neill, Paul, 210
Ong, Aiwa, 355
ONU
   Conselho de Segurança, 190, 196, 268, 302
Opep, 168
Operação Flight Suit ("Macacão de Piloto"), 214
Operação Pulso do Verão 2004, 289
ópio, comércio e guerras, *ver* China
Organização Mundial do Comércio, *ver* OMC
Otan, 191, 195, 267, 294, 295
ouro, padrão, 137-8
ouro-dólar, padrão, 113-4, 128, 137, 143, 145, 265
Owen, David Edward, 346
Ozawa, Terutomo, 18, 51, 126, 350

Pacom, *ver* Estados Unidos, Comando do Pacífico
Palat, Ravi A., 329, 385
Panamá, 189

Índice remissivo

Panitch, Leo, 185
Parboni, Riccardo, 145
Paris, acordos de paz, 262
Park, Albert, 367, 369
Parker, Geoffrey, 20, 347
Parsons, Talcott, 159, 160
Partido Comunista Chinês (PCC), *ver* China
Pax Americana, 162, 186, 350
Paz da Vestfália, 246, 248, 250, 252
Peattie, Mark R., 349
Pei, Minxin, 379
Perdue, Peter C., 322, 324, 325, 334
Petrodólares, 168
Phelps Brown, Ernest Henry, 136
Pinkerton, James P., 292, 303-7, 310, 311, 321, 384
Piore, Michael J., 154, 179
Plano Marshall, 163, 186
Polanyi, Karl, 58, 59, 231, 232, 251, 323, 326
Pomeranz, Kenneth, 20, 24, 41-8, 54, 81, 334, 341
Popov, Vladimir, 30
Portes, Alejandro, 154, 179
Portes, Richard, 243
Portugal, 34, 246, 327, 364
Powell, Colin, secretário de Estado, 192, 197, 268, 289
Powell, Doutrina, 190, 194
presidentes dos Estados Unidos, *ver* Estados Unidos
Prestowitz, Clyde V., 288, 359
Projeto para o Novo Século Norte-Americano, 186-7, 219, 223, 226, 270
proteção, significado duplo de, 262-4

Qian, Yingyi, 374
Quesnay, François, 19, 71

Ramo, Joshua Cooper, 30, 383, 384
Rapkin, David P., 255

Rawski, Thomas G., 29, 30, 365, 381
Reagan, Doutrina, 189
Reagan, presidente Ronald, *ver* Estados Unidos, governo Reagan
recipientes de poder, 244
Reich, Michael, 35-6
República Popular da China, *ver* China, RPC
Renwei, Zhao, 380
revolta contra o Ocidente, 17, 21, 24, 146, 280
Revolução Industrial
  Segunda Revolução Industrial, 127
  como subproduto da corrida armamentista, 276-81
Revolução Industriosa
  asiática oriental, 47, 51, 54, 57, 84, 85, 341, 370-4
  europeia, 54
Rice, Condoleezza, secretária de Estado, 289
Riqueza das nações, A, 19, 21, 24, 39, 42, 57, 58, 64, 65, 79, 84, 86, 88, 336, 337, 372
Riskin, Carl, 380
Rogoff, Kenneth S., 202
Rohlen, Thomas P., 352
Roosevelt, presidente Franklin D., *ver* Estados Unidos, governo Roosevelt
Roosevelt, president Theodore, *ver* Estados Unidos, governo Roosevelt
Rosenberg, Nathan, 66-8, 73
Rove, Karl, 271-2
Rousseau, Jean-Jacques, 71
Rowe, William T., 103, 334-5
Rozman, Gilbert, 17-8
RPC, *ver* China, RPC
Rubin, Robert, secretário do Tesouro, 121
Rumsfeld, Donald, secretário norte-americano, 187, 189, 207, 272, 290, 291, 296, 301
Rússia, 30, 213, 224, 250, 255, 270, 277, 278, 293, 295, 297, 298, 303, 317, 348, 386
  ver também União Soviética

Sable, Charles F., 154, 179
Salisbury, lorde, primeiro-ministro, 146
Salt (Tratado de Limitação de Armas
Estratégicas), 281
Saul, Samuel B., 109, 111
Schama, Simon, 272
Schlesinger, Arthur Jr., 187
Schoenberg, Ronald, 146
Schumer, Charles, 303
Schumpeter, Joseph, 23-4, 55-7, 60, 64-5,
80-1, 84-5, 92, 98-9, 100-1, 104-5, 152,
227, 279, 393
Schurmann, Franz, 161-2, 186, 260, 351
Segal, Adam, 208
Selden, Mark, 329, 330, 351, 355, 358, 365,
374, 378, 382
Semmel, Bernard, 346
Shaikh, Anwar, 150-1
Shambaugh, David, 218
Shenkar, Oded, 361, 363
Shiba, Yoshinobo, 329
Silver, Beverly J., 99, 102, 104, 127, 133,
135, 137-9, 140, 142, 153-4, 160, 162,
172, 174, 178, 203, 240, 242-4, 247-8,
253, 257, 326, 382
Simon, Steven, 269
Singh, Manmohan, primeiro-ministro, 388
Sinha, Yashwant, 388
sistemas interestatais
asiático oriental e europeu comparados,
321-8
incorporação da Ásia oriental ao
sistema europeu, 342-9
Skinner, W. G., 333
Sklar, Martin J., 126, 177
Smith, Adam
e a acumulação de capital, 59, 92, 93
e as armadilhas de equilíbrio, 41, 46, 64,
83-4, 96
condições urbanas e rurais, 73-5
conselhos aos legisladores, 57-8, 75, 77,
175

crescimento smithiano, 40-1, 44-6, 52,
56, 81
desenvolvimento econômico, 38, 63-4,
70-3, 78, 81, 82, 85-8, 91, 92, 175,
363-4
divisão do trabalho, 64-5, 78, 91, 372-3
e o interesse nacional, 61-2, 77-9
e as Leis da Navegação (1651), 78
e o livre comércio, 59
Marx, teorias comparadas às de, 85-96,
169, 274-5
e as reformas econômicas chinesas,
363-6, 372-3
sobre a apuração de lucros, 61-2, 74,
176-7
sobre a arte da guerra, 77-9
sobre a China, 20, 40-1, 63-4, 70-2, 75,
80, 81-2, 87, 328, 335, 337-8
sobre as colônias norte-americanas, 62-4
sobre o comércio exterior e o
investimento estrangeiro, 71-3, 75-8
sobre a concorrência, 59-62
sobre a economia política, 57-8
sobre as grandes empresas, 69-70,
178-81
sobre os mercados como instrumento
de governo, 57-9, 235
sobre as nações europeias, 40-1, 63-4,
70, 72, 75, 78, 80, 81-2, 87
sobre o poder e a riqueza, 76-80, 281
sobre os proprietários de terras, 62, 76-7
sobre os salários e os que vivem de
salário, 61-3, 74
sobre os trabalhadores rurais, 74-5
ver também marxismo, neosmithiano
Smith, Neil, 112
Snow, John W., secretário do Tesouro, 209,
301
Scowcroft, Brent, 193, 198
So, Alvin Y., 343, 347-8, 358
Somália, 190, 193
Soros, George, 193, 219

Índice remissivo

Sul global, *ver* Terceiro Mundo
Stavorinus, Johan, 249
Stiglitz, Joseph, 30, 359, 361, 381
Stinchcombe, Arthur, 263
Stopford, John M., 154
Strange, Susan, 167-8
Suarez de Figueroa, 246
Sugihara, Kaoru, 47-9, 50-2, 54, 57, 84-5, 106, 322-4, 337, 341, 350, 370, 372, 389
Suíça, 102
Summers, Lawrence H., 211-2
Suskind, Ron, 187
Sweezy, Paul, 93
Sylos-Labini, Paolo, 21, 60-1

Taiwan, 18, 22-3, 187, 213, 217-8, 289-91, 295, 298-9, 306-8, 340-1, 348-9, 352-4, 357-8, 369, 370
Tailândia, 18, 294, 322, 386
Tang, Jun, 365
Taylor, Frederick W., 276
Taylor, Peter, 248
Teoria dos sentimentos morais, 57
Terceiro Mundo, 21-2, 32, 34, 36, 138, 144-5, 164-5, 167, 189, 190, 266, 383
Thatcher, Margaret, primeira-ministra economia de Reagan-Thatcher, 117-8, 140, 143
Therborn, Göran, 134
Thornton, Edward, 344
T'ien Hung-mao, 307
Tilly, Charles, 262-4, 268
Tomlinson, Brian R., 146, 254
Tong, James W., 332
Toshiba, 361
Toynbee, Polly, 272
Toyota, 361
Tratado de Limitação de Armas Estratégicas, *ver* Salt
Trebilcock, Clive, 278
Tronti, Mario, 33-5, 37, 41-2, 178

Truman, Doutrina, 186
Truman, presidente Harry, *ver* Estados Unidos, governo Truman
Tsai, Jung-fang, 344
Tsai, Kellee S., 367
Tsiang, Ting-fu, 347
Turquia, 277, 293

Unger, Jonathan, 367
União Europeia, 217, 285, 294, 309, 372, 385
União Soviética
    colapso da, 22, 185, 188, 189, 204, 234-5
    desempenho econômico, 29-30
    invasão do Afeganistão, 145, 189
    ver também Rússia
Unocal, 286-90, 302, 305
Urquhart, Brian, 270

Vandenberg, Arthur, 186
Veblen, Thorstein, 109, 120, 126
Veneroso, Frank, 385
Veneza, 97-8, 100, 103, 235, 243, 245, 327
Venezuela, 217, 387
Vernon, Raymond, 139
Versluysen, Eugène L., 166
Vestfália, Paz da, *ver* Paz da Vestfália
Vietnã, 21, 25, 34, 135, 137, 143-5, 147, 155, 165, 167, 187-90, 192-5, 210, 213, 222, 262, 265, 287, 300, 302, 317, 322-4, 351, 377
Voltaire, 19, 71

Wade, Robert H., 159, 208, 360, 385
Wakeman, Frederic, 332
Walder, Andrew, 367, 380
Waldinger, Roger, 139
Waley, Arthur, 346
Wal-Mart, 180-2, 311, 353

Wall, David, 357
Wallerstein, Immanuel, 86
Walter, Andrew, 166
Wang, Gungwu, 330, 340
Wang, Hui, 373, 378, 380-1
Wang, Juan, 367, 369
Wang, Yeh-chien, 334
Washbrook, David, 147, 254
Weber, Max, 71, 104, 105
Wei, Yehua D., 380
Wei, Yuan, 347
Wen, Jiabao, *ver* China
Wen, Tiejun, 32
Werhane, Patricia, 57-8
West, Edwin G., 66
Whiting, Susan H., 367
Wilkins, Mira, 153
Will, Pierre-Etienne, 335
Wills Jr., John E., 332-3, 340
Winch, Donald, 57-9, 62
Wolf, Eric, 328
Wolf, Martin, 18, 208-9, 211
Wolfowitz, Paul, 187, 190, 213
Wong, Roy Bin, 40-3, 45, 47-8, 54, 81, 325, 334-5, 339
Wong, Siu-lun, 354
Woo, Wing Thye, 368

Wright, Elisabeth, 31
Wright, Steve, 35
Wrigley, Edward Anthony, 42-3
Wu, Chun-hsi, 354
Wu, Ximing, 380
Wu, Yuan-li, 354

Yang, Lien-sheng, 329
Yao, Yang, 367-9, 379

Zhang, Binchuan, 330
Zhao, Yaohui, 367, 369
Zheng, Biijan, 299
Zheng, Chenggong, 340
Zheng, ascensão e queda da família, 340-1
Zheng, He, 327, 330
Zheng, Jing, 340
Zheng, Zhilong, 340
Zinni, Anthony, general, 190, 192
Zoellick, Robert, vice-secretário de Estado, 300-1
Zolberg, Aristide R., 135
Zonas de Processamento para Exportação (ZPE), *ver* China, ZPE

Este livro foi composto em Minion, corpo 10,5,
e reimpresso em papel Avena 80g/m^2 pela gráfica
Forma Certa, para a Boitempo, em abril de 2025,
com tiragem de 500 exemplares.